Peter Finger
Familienrecht

Peter Finger

Familienrecht

mit familiensoziologischen und
familienpolitischen Schwerpunkten

Athenäum
1979

CIP-Kurztitelaufnahme der Deutschen Bibliothek

Finger, Peter:
Familienrecht : mit familiensoziolog. u.
familienpolit. Schwerpunkten / Peter Finger. –
Königstein/Ts. : Athenäum, 1979.
  ISBN 3–7610–6218–4

© 1979 Athenäum Verlag GmbH, Königstein/Ts.
Gesamtherstellung: Friedrich Pustet, Regensburg
Printed in Germany
ISBN 3-7610-6218-4

Inhaltsübersicht

Inhaltsverzeichnis

Einleitung

I.

Der rechtswissenschaftliche Büchermarkt wird immer unübersichtlicher, eine sicher nicht besonders originelle Klage. Namentlich vor dem Studenten türmt sich ein bedrohlicher Berg bedruckten Papiers auf, der kaum noch bezwingbar erscheint. Deshalb erstaunt das bescheidene Angebot an (aktueller) familienrechtlicher Literatur. Verlagsankündigungen[1] lassen für die nächste Zukunft wenig Abhilfe erwarten.[2] Selbst „herkömmliche" Lehr- oder Studienbücher (zu nennen sind vor allem[3] das soeben in 20. Auflage erschienene Kurzlehrbuch von Beitzke, Henrich, Familienrecht, 2. Auflage und Gastiger/Oswald, Familienrecht)[4] sind rar; zudem verweigern sie sich weitgehend Erkenntnissen aus benachbarten Sozialwissenschaften, nehmen kaum einmal dort entwickelte Fragestellungen auf,[5] ein gerade für das Familienrecht enttäuschendes und kurzschlüssiges Verfahren.[6] Familienrecht ist wohl das „gesellschaftsnächste" Gebiet des Zivilrechts. Es knüpft nicht erst an an isoliert geschaffene Kunstfiguren, sondern findet bestimmte Formen menschlicher Existenz und menschlichen Zusammenlebens immer schon vor, die es zu „ordnen" trachtet und trachten muß (was ich nicht als faden und blinden Soziologismus mißverstanden wissen möchte, schon gar nicht als Bekenntnis zu stets gleichbleibenden Ewigkeitswerten, zu anthropologischen Urwesenheiten, die eine bestimmte rechtliche Behandlung gleichsam „natürlich" nach sich ziehen); ein Wandel „dort" bedingt fast zwangsläufig auch einen Wandel in der rechtsförmigen Erfassung. „Andere" Sozialwissenschaften, die sich mit dem Phänomen „Familie" unter ihrem eigenen Blickwinkel beschäftigen, gewinnen daher für das Familienrecht ganz außerordentliche Bedeutung,[7] mit geringeren Transferproblemen als sonst.[8] Und, ein besonders glücklicher Umstand: Diese „anderen" Sozialwissenschaften weisen für den jeweils untersuchten Lebensausschnitt recht häufig unmittelbar „meßbare", greifbare Ergebnisse aus; sie sind nicht von vornherein überfordert, gilt es doch „lediglich", einzelne überschaubare Erscheinungen – Mann – Frau – Beziehung; Eltern – Kind – Verhältnis – zu „beschreiben" und zu „erklären" (wobei Schwierigkeiten namentlich für einen makrosoziologischen Teilaspekt,[9] den Einflüssen des Gesamtsystems „Gesellschaft" auf das ausgegliederte System „Familie", den Übergang von dieser Ebene auf die Ebene der Mikrosoziologie nicht verschwiegen oder bagatellisiert werden sollen). Ein Blick auf den tatsächlich erzielten Forschungsstand bestätigt diese Einschätzung, läßt die Erwartungen noch steigen. So findet die Familiensoziologie, wenn auch meist mit mikrosoziologischer Fragestellung, nach ruhigeren Zeiten in den Jahren nach 1955 wieder betonte Aufmerksamkeit, bei den Autoren und offensichtlich auch bei der Leserschaft; jedenfalls verleitet die Fülle des veröffentlichten Materials zu dieser Schlußfolgerung[10] ebenso wie die Verbreitung wohlfeiler Ausgaben. In anderen Fachrichtungen verläuft die Entwicklung ähnlich. Untersuchungen über die Mutterbindung des Kindes, die traumatisierenden Folgen einer

Trennung[11] (Endpunkte: anaklitische Depression und Marasmus),[12] über Lebenszyklen und ihre prägende Wirkung für die Ausbildung von Identität und Stabilität,[13] über primäre, sekundäre und weitere Sozialisation,[14] über Familie und seelische Krankheit – „folie à famille[15]" als Parallele zur „folie à deux" –, ihre Therapie,[16] über den Ablauf des Lebens in der Familie in aufeinanderfolgenden Stationen, mit jeweils eigener Strukturierung (= Familienzyklen), über Familienkonstellationen[17] und ihre späteren Folgen beherrschen das Feld. Die Familie ist, im weitesten Sinn, zum Fall[18] geworden, wenn nicht sogar, nach früheren Ausrufen bitteren, aber auch hilflosen Hasses – „familles, je vous hais![19]" – ihre Vernichtung (ihr Tod)[20] verlangt wird. Mehr oder weniger populärwissenschaftliche Abhandlungen und Ratgeber über den Patient Familie,[21] die Schwierigkeiten bei der Partnerwahl und bei der Aufrechterhaltung einmal eingegangener Beziehungen, über das Sexualverhalten beider Geschlechter, über Emanzipation von Frau und Kind belegen das weitverbreitete, allgemeine Interesse jenseits der Fachgrenzen.[22]

Schließlich hätte das umfassende gesellschaftspolitische Engagement der letzten Jahre mit familienrechtlicher Zielrichtuhg, das sich in oft leidenschaftlichen Diskussionen über neue Erziehungsformen und Erziehungsinhalte (Stichworte: „antiautoritäre" Kindererziehung, Kinderläden) niederschlug, in veränderte Lebensformen und Formen des Zusammenlebens unmittelbar umsetzte (Stichworte: „Wohngemeinschaft", „Kollektiv", „Kommune"), angesichts des weiten Nachhalls und der literarischen Beachtung einen Widerklang im juristischen Fachschrifttum erwarten lassen, als Beifall oder ebenfalls engagierte Absage. Sicher nicht[23] zufällig nahmen familienrechtliche Programme im Reformkatalog der sozial-liberalen Koalition nach früheren Vorarbeiten vordere Plätze ein:[24] Scheidungsrecht, Recht der Scheidungsfolgen,[25] Recht des nicht-ehelichen Kindes, Adoption und Adoptionsvermittlung, Dynamisierung von privaten Unterhaltsrenten, elterliche Sorge, JWG, § 218 StGB; auf kommunaler (Frankfurter) Ebene das Projekt Kita 3000, auf hessischer Landesebene der Streit um die Rahmenrichtlinien, insbesondere für Gesellschaftslehre.[26] In der politischen Auseinandersetzung wurden die vorgelegten Pläne mit persönlichem Einsatz verteidigt oder bekämpft. Ich erinnere nur an die heftigen Debatten um die Einführung einer materiellen Härteklausel im Scheidungsrecht, das Ringen um die Trennungsfristen, die vor Erhebung der Scheidungsklage verstrichen sein müssen, die Konzipierung der Unterhaltsfolgen und des Versorgungsausgleichs. Der Streit um die Ablösung der „elterlichen Gewalt" durch die „elterliche Sorge" dauert an.[27] § 218 StGB wurde in seiner „ersten Neufassung" (= Fristenlösung) vom BVerfG[28] verworfen. Inzwischen ist die Vorschrift in einem zweiten Durchgang umgeschaffen; nach Zeitungsberichten steht allerdings eine erneute Kontrolle für die jetzige Indikationenlösung durch das BVerfG bevor. Stiller geworden ist es um den Entwurf eines reformierten JWG.[29] Mancher Überschwang und Eifer der frühen Stunden mag nun verrauscht, manch' hohe (zu hohe?) Erwartung zurückgenommen sein. Das mühsame Alltagsgeschäft hat begonnen, die praktische Anwendung mit ihren ersten nüchternen Bestandsaufnahmen,[30] eine Basis für künftige Entwicklungen.

II.

1. Nach einer knappen Übersicht über die Rechtsprechung zu § 55 II EheG 1938 bzw. § 48 II EheG 1946/61 unter inhaltlichen (was sind die Entscheidungshintergründe?) und methodologischen Aspekten (= Rechtsfortbildung und ihre Grenzen) möchte ich in einem ersten Hauptteil die „Geschichte der Familie" seit Durchsetzung der industriellen Produktionsweise behandeln, für Deutschland also grob gesprochen den Zeitraum seit 1850. Für diesen Verlauf ist ein griffiges Klischee verbreitet, das dem Niedergang der agrarischen und handwerklichen Güterherstellung, dem gleichzeitigen Aufkommen von mechanisierten, arbeitsteiligen und kapitalintensiven Produktionsformen in der Fabrik einen in wesentlichen Zügen parallelen, von den ökonimischen Ereignissen beeinflußten oder gar hervorgebrachten Entwicklungsprozeß (oder richtiger: Prozeß des Niedergangs) der Familie zuweist.[31] Mit den Stichworten „Ganzes Haus[32]" und (moderne) „Kernfamilie" sind die Endpunkte markiert. Die schnell gebildete, dann ebenso schnell geläufige These vom (angeblichen) Funktionsverlust (T.Parsons) von Familie (M. Wolff:[33] Die – weitere Rechts- – Geschichte der Familie ist die Geschichte ihrer Zersetzung; aber auch MacIver:[34] As family lost function after function it found its own) beschreibt den Verfall (ebenso angeblich) dem Inhalt nach. Kontraktion[35] (E. Durkheim) wird auch auf diesem Sektor als allgemeine Gesetzlichkeit konstatiert. Doch klingen die weniger neutralen Klageerufe bald auf: Desintegration der Familie aus der Gesellschaft, Desorganisation,[36] mit allen häßlichen Folgen, die sich anschließen (oder anschließen sollen). Familie gerät so zum Ort schlichter Reproduktion (oder schlimmer: reiner Konsumtion), zum Hort stiller (oder schlimmer: abgekapselter) Intimität, ohne eigene Aufgaben über den engen Rahmen hinaus – Aufgaben, die sie zuvor eben wahrnehmen konnte und wahrnahm.

Bei näherem Zusehen zeigt sich allerdings bald, daß die so eindrucksvoll vorgetragenen Thesen die Realität höchst ungenau widerspiegeln. Hinter der Trauer über den im geschichtlichen Ablauf (angeblich) ausmachbaren „Funktionsverlust" von Familie verbergen sich eigene Zielsetzungen, mit bewahrendem, romantisierendem (und weitgehend anti-amanzipatorischem, undemokratischem) Charakter.[37] „Zurück zum guten, alten, natürlichen Leben, weg von der entfremdenden industriellen Produktion", so etwa ließe sich dieses Ziel zum Schlagwort verkürzen, verliert dann aber seine Überzeugungskraft.

Zudem war die Anzahl der Familien, die im „Ganzen Haus" vereinigt lebten, wohl immer schon beschränkt. Ein auf Abgeschlossenheit drängendes Zunftwesen wirkt sich dabei ebenso selbstverständlich aus wie feudale Grundherrschaft und, ganz vordergründig, die allgemeine zeitbedingte Not und die Knappheit der verfügbaren Mittel.

Schließlich: „Funktionsverlust" vom Familie klingt ungebührlich schrill; die naheliegende Alternative wird von vornherein übertönt, durch die einseitige Ausrichtung auf die Familie, die fehlende Blickwendung auf die jeweilige Funktion. Verkürzt und überspitzt: Ein Verlust in der einen Richtung kann ein wichtiger Gewinn in der anderen Richtung sein, wenn eben außerhalb der Familie die notwendigen Aufgaben zureichender erledigt werden können (und werden), Familie selbst ihren Inhalt verändert, vielfältige Betätigungschancen eröffnet durch die nun erst freigewordenen Kräfte.

2. Anschließen werde ich eine Diskussion familiensoziologischer Konzepte (institutionalistisch, systemtheoretisch, materialistisch), die die Familienrechtswissenschaft zur Kenntnis nehmen und verarbeiten muß (Dölle).

3. Den ersten Hauptteil beenden möchte ich mit einer Skizze des „Ehemodells" des BGB, der geschichtlichen Entwicklung seitdem. Informationen über diese Prozesse sind nur schwer zugänglich.

4. Die Darstellung des materiellen Familienrechts werde ich auf zwei Komplexe konzentrieren:[38] a. auf die Rechtsbeziehungen unter den Ehegatten (Schwerpunkt: 1. EheRG) und b. auf die Rechtsbeziehungen zwischen Eltern und ihren Kindern (Schwerpunkte: 1. EheRG, Reform des elterlichen Sorgerechts, BT-Ds 7/2060 und 8/111). Oft werde ich dabei Kritik anmelden, zu Ergebnissen gelangen, die sich vom herkömmlichen Stand der Dinge abheben. Das bitte ich jedoch nicht als zwanghafte Suche nach Originalität mißzuverstehen. Bedingt sind die Abweichungen zum einen, vielleicht sogar entscheidenden Teil durch die Öffnung der Rechtswissenschaft auf die benachbarten Sozialwissenschaften hin, um die ich mich wenigstens bemühe – Stichworte: Rollenverteilung in der Ehe, Kindeswohl. Zum anderen, das will ich gar nicht verhehlen, wirkt sich gesellschaftspolitisches Engagement aus. Neutralität im Familienrecht bedeutet besonders häufig nur Verteidigung des status quo. Schließlich verstehe ich eine Einführung in ein Rechtsgebiet nicht allein als Information über den Bestand, vielmehr auch als Anregung für die Zukunft.

Wegen der zunehmenden Bedeutung familienrechtlicher Kontakte mit Auslandsberührung[39] werde ich am Ende der einzelnen Abschnitte knappe Hinweise zum IPR geben.

III.

1. Dieses Buch basiert auf Vorarbeiten für meine familienrechtlichen Lehrveranstaltungen in der Gruppe der Pflicht- bzw. Wahlfächer nach dem Studienplan der Universität Frankfurt sowie meinen Seminaren.

Gelernt habe ich aus einer Arbeitsgruppe mit Praktikern (Richtern), die im Rahmen eines in Frankfurt laufenden Projekts stattfand.

2. Ansprechen möchte ich mit meiner Einführung Studenten der Rechtswissenschaft in fortgeschrittenem Semester (ab 4.), aber auch Vertreter sonstiger Fachrichtungen, die sich über den „bei Juristen" erreichten Diskussionsstand unterrichten wollen, schließlich jeden Interessierten mit familienrechtlichem Arbeitsschwerpunkt. Resonanz, selbst verärgerte, in Nachbardisziplinen würde mich besonders freuen.

Stand: 30. November 1978; vereinzelt konnte späteres Schrifttum noch in den Fußnoten berücksichtigt werden.

Frankfurt/Main, den

Anmerkungen

1 Angekündigt ist vor allem das Lehrbuch von Gernhuber, 3. Aufl., für Frühjahr 1979.
2 An „wichtigeren" familienrechtlichen Arbeiten sind für die letzten Jahre vor allem zu nennen Dörner, Industrialisierung und Familienrecht; Simitis/Zenz, Familie und Familienrecht, ein Reader mit familienrechtlichen und familiensoziologischen Texten; Heinsohn/Knieper, Theorie des Familienrechts, eine von einem materialistischen Ansatz ausgehende, dann konsequent durchgehaltene Familienrechtstheorie (und diese Konsequenz kehrt sich für mich zum maßgeblichen Kritikpunkt um) und Goldstein/Anna Freud/Solnit, Jenseits des Kindeswohls, schließlich Gernhuber, Neues Familienrecht, eine Sammlung kritischer Essays zu Einzelpunkten reformierten Familienrechts, mit einem Schwergewicht auf der Ebene der Sprachanalyse.
3 Immer noch wegweisend sind „daneben" die groß angelegten Werke von Dölle und Gernhuber (mit der angekündigten Neuauflage für Frühjahr 1979).
4 Kritisch zu Henrich nimmt Huhn, S. 31 ff. Stellung. Zur allgemeinen Misere auf dem Lehrbuchmarkt Henke, FAZ vom 21.5. 1977, S. 13.
5 Auch angesichts der tiefgreifenden Gesetzesreform (1. EheRG) ist diese Zurückhaltung unverständlich. Ohne eine Ausleuchtung des Hintergrundes der Reform bleiben die neugefaßten Vorschriften eher leblos; ohne Kennzeichnung der zunächst gesteckten Ziele des Reformgesetzgebers, des Diskussionsverlaufs und der notwendig gewordenen Rücknahmen und Korrekturen ist eine allgemeine Einschätzung kaum möglich. Beides stößt dann allerdings schnell ins Tor zu grundsätzlichen, die Grenzen eng gesteckter Fachkompetenz überschreitenden Untersuchungen auf.
6 Die inzwischen vielfältigen Kommentierungen zum 1. EheRG – zu nennen sind vor allem Ambrock, Rolland, Münchener Kommentar (MK) und Palandt (37.) – nehmen notwendig einen anderen Blickwinkel ein, beschränken sich auf eine Wiedergabe des Ist-Bestandes.
7 Ähnlich in der Einschätzung Lüderitz, JuS – Didaktik, S. 86/87; Münder/Kühn, S. 97 f.; Schünemann, S. 123. Vgl. auch den Bericht von Böllinger/Osborg.
8 Dazu insbesondere Hartwieg/Rebe, S. 24 f.
9 Damit soll keineswegs die von König (und nicht nur von ihm) herausgestrichene Trennung in eine Makroebene – Familie/Gesellschaft – und eine Mikroebene – interne Familienstruktur – unterschwellig als „richtig" eingeführt werden, vgl. dazu König, Handbuch, S. 28 ff. und (kritisch) Krüll, S. 159 f.; Zigann, S. 8 ff.
10 Ohne Anspruch auf auch nur annähernde Vollständigkeit erwähne ich: Claessens, Familie und Wertsystem; Oeter (Hrsg.), Familie und Gesellschaft; König, Materialien zur Soziologie der Familie (2.); ders., Die Familie der Gegenwart – innerhalb eines Jahres in 2. Aufl. erschienen; ders., Handbuch der empirischen Sozialforschung, Bd. 7 (zus. mit Rosenmayr); Claessens/Milhoffer, Reader zur Familiensoziologie; Weber-Kellermann, Die deutsche Familie; Rosenbaum, Familie und Gesellschaft; dies., Familie als Gegenstruktur zur Gesellschaft – beide innerhalb kurzer Zeit ebenfalls in zwei Auflagen erschienen; Milhoffer, Familie und Klasse; Schmidt-Relenberg/Luetkens/Rupp, Familiensoziologie; Mühlfeld, Familiensoziologie; Pflüger, Konflikt Familie; Mitterauer/Sieder, Vom Patriarchat zur Partnerschaft; Shorter, Die Geburt der modernen Familie (dazu Klippel, FamRZ 1978, 558); Wallner/Pohler-Funke, Soziologie der Familie; Zigann, Einführung in die Familiensoziologie; Filser, Einführung in die Familiensoziologie.
    Gängige Lehrbücher der Familiensoziologie wurden neu aufgelegt – Neidhardt, Familie in Deutschland (4.); Schwägler, Soziologie der Familie (2.) – oder ins Deutsche über-

setzt – Goode, Soziologie der Familie (5.). Die „Kölner Zeitschrift für Soziologie und Sozialpsychologie" widmete ihr Sonderheft 14 der Familiensoziologie (inzwischen in 2. Aufl.!); die Zeitschrift „Geschichte und Gesellschaft" behandelte in einem eigenen Heft des Jahres 1975 „Familie und Gesellschaft" (thematischer Schwerpunkt: Demographie und ihre Grenzen), ähnlich ausgerichtet sind die Sonderhefte 4 und 5 der „Annales" 1972.

11 Dazu nur Bowlby, Bindung und ders., Trennung.

12 Vgl. die ersten Untersuchungen von Spitz, Objektbeziehungen; ausführliche Diskussion bei Claessens, Wertsystem, S. 88 f.

13 Erikson, Identität nd Lebenszyklus. Vgl. den knappen Überblick über verschiedene Modelle aus diesem Bereich bei Blanck, S. 21 f.

14 Dazu insbes. der 2. Familienbericht, BT-Ds 7/3502 und Wurzbacher (Hrsg.), Die Familie als Sozialisationsfaktor (2.).

15 Foudrain, S. 327. Vgl. auch Bateson/Jackson/Laing u. a. (Hrsg.), Schizophrenie und Familie; Krüll, S. 94 f. und den Film „family life" von Kenneth Loach. Vgl. außerdem Watzlawick et al. in den verschiedenen kommunikationstheoretischen Arbeiten; kritisch dazu insbes. Schülein, Psychotechnik als Politik und ders., Leviathan 1976, 53; s. auch Gastager/Gastager, Die Fassadenfamilie. Vgl. auch Moeller, Kursbuch 55, 1 (19 f.).

16 Dazu insbes. die Diskussionen in der (neu gegründeten) Zeitschrift „Familiendynamik" sowie die Reihe „Texte zur Familiendynamik" bei Klett-Cotta, hrsg. von Stierlin, schließlich den Reader „Familientherapie", hrsg. von Boszormenyi-Nagy und Framo.

17 Dazu die Untersuchungen von Toman.

18 Huhn, Der Fall Familie.

19 André Gide, Les nourritures terrestres (1897), S. 74. Vollständig: „familles, je vous hais; foyers clos; portes refermées; possessions jalouses de bonheur."

20 Cooper, Der Tod der Familie.

21 Richter, Patient Familie.

22 Eine knappe Auswahl aus der Belletristik: Canetti, Die gespaltene Zunge; Christa Wolf, Kindheitsmuster; Zorn, Mars; Charles Bouillet, Abel, beschäftigen sich mit der Verarbeitung von Kindheitserfahrungen; Bergman, Szenen einer Ehe; Handke, Die linkshändige Frau; Walser, Jenseits der Liebe; Schwaiger, Wie kommt das Salz ins Meer? Born, Die erdabgewandte Seite der Geschichte; Schmidt, Ende einer Ehe, bemühen sich um Aufarbeitung von Familien- und Eheproblemen.

23 Unlängst beklagte Lüderitz die Enthaltsamkeit der Zivilrechtslehrervereinigung, vgl. AcP 178, 263. Mit dem Eherecht beschäftigte sich der 48. Deutsche Juristentag; neugegründet ist der „Deutsche Familiengerichtstag", vgl. FamRZ 1978, 557 – zu seinen Beschlüssen 1978 vgl. FamRZ 1978, 845

24 Für Rasehorn, RuP 1976, 169 (170) ein Grund, „ungläubig den Kopf zu schütteln", angesichts der „Resonanz", die entsprechende Fragestellungen im fachwissenschaftlichen Schrifttum gefunden haben; skeptischer inzwischen allerdings ders., ZRP 1978, 1.

25 Dazu schon die Gutachten von Maier-Reimer und Lüderitz zum 48. Dt. Juristentag (1970).

26 Vgl. dazu die Verpflichtung der hessischen Lehrer auf „Pluralität", „eine gemeinsame Basis", FR vom 5.4. 1978, S. 1.

27 Vgl. BT-Ds 7/2060 und 8/111; dazu im einzelnen Coester-Waltjen, ZRP 1977, 177; Lüderitz, FamRZ 1978, 415; Schulz, ZRP 1977, 302 (Bericht über den Alternativentwurf des Juristinnenbundes, dazu unten 3. Teil 9. Kapitel V. 2.)

28 BVerfGE 39,1; dazu Kriele, ZRP 1975, 73.
Vgl. inzwischen den „Bericht des Bundesministeriums für Jugend, Familie und Gesund-

heit über die Handhabung der Vorschriften des 5. Strafrechtsreformgesetzes und des 15. Strafrechtsänderungsgesetzes", dem Bundestagsausschuß für Jugend, Familie und Gesundheit am 6.6. 1977 zugeleitet, sowie die ministerielle Informationsbroschüre „Reform des § 218 StGB". Nur eine Zahl: Nach dem Bericht des BMfJFG wurden im Bundesgebiet im 2. Halbjahr 1976 13044 Schwangerschaftsabbrüche gemeldet; in Frankreich waren es 1976 hingegen 134403, le Monde vom 11.5. 1977, S. 12 – wohl ein bedrückender Beweis für die Unzulänglichkeit der bei uns vorherrschenden Praxis, insbesondere in der Beratung der notleidenden Frauen. Zahlen 1977 FR vom 22.6. 1978, S. 1: 54000/meist aus sozialen Gründen. Zum Ganzen Harig/Tietze, S. 273.

29 Barabas/Sachße, KJ 1975, 135 informieren über diesen Diskussionsentwurf. Vgl. inzwischen den Gesetzesentwurf der Bundesregierung vom 8.11. 1978. Inkrafttreten: 1982, Kosten: 1982 – 55 Mio DM, 1987 – 550 Mio DM; zu Einzelheiten knapp ZRP 1978, 136. Vgl. jetzt aber FR vom 22.12. 1978, S. 3 – Scheitern im Bundesrat.

30 Vgl. die Presseerklärung des Bundesjustizministers vom 26.6. 1978 – „Ein Jahr Reform des Ehe- und Familienrechts".

31 Allerdings gibt es auch Stimmen – und sie haben manches für sich –, die die Industrialisierung mit einer Erweiterung der Familie verbinden; die verelendeten Arbeiter seien gar nicht in der Lage gewesen, für sich selbst zu sorgen, Kooperation sei notwendig geworden, vgl. Laslett, S. 28 und Mitterauer, S. 132. Als Beleg vielleicht Zola, Germinal.

Mit dem „Funktionsverlust von Familie" soll sich ein am wirtschafts- und sozialwissenschaftlichen Institut der Universität Wien gestartetes, von der Stiftung Volkswagenwerk finanziertes Forschungsvorhaben beschäftigen, vgl. FR vom 9.4. 1977, Wochenendbeilage S. 4. Vgl. zu der gesamten Entwicklung Ariès, S. 406.

32 Für diese Beschreibung der erweiterten Familie spielt die Arbeit von Riehl, Die Familie, eine ganz maßgebliche Rolle; sie fand zwischen 1855 (die mir zugängliche 2. Aufl.) und 1904 (12. Aufl.) unverändert (!) sehr weite Verbreitung, wirkte – und sollte so wirken – als „Hausbuch für die deutsche Familie", beschreibt also viel weniger die Wirklichkeit als ein Ideal des Autors.

33 1/2. Aufl., Einl. § 1 II 2 S. 2.

34 Zitiert nach König, Gegenwartsfamilie (2.), S. 70; vgl. Claessens, Wertsystem, S. 52/53.

35 Vgl. zu diesem Punkt Hansen, Historische Familienforschung, S. 176 und Wallner/Pohler-Funke, S. 14; ausführlich Zigann, S. 75 f.

36 Neuerdings wird aber auch die „Überorganisation" der Familie beklagt (Unterschiede?), vgl. König, Handbuch, S. 150 f.

37 Am deutlichsten wird diese Ausrichtung wohl in der – in ihrem Einfluß kaum zu unterschätzenden – Arbeit von Riel, die allerdings ihre Ziele nicht verdeckt: „. . . nennt's meinetwegen eine Idylle vom deutschen Hause . . .", S. IX in der 2. Aufl. 1855. Dieser Charakter wird nicht immer klar genug gesehen, vgl. Brunner, S. 44 ff. und Egner, S. 59. Richtig dagegen Schwägler, S. 37; Zigann, S. 65 f.

38 Wobei jeweils Grenzüberschreitungen zwangsläufig sind: Pflegekinder (ein ganz trübes Kapitel, vgl. 3. Teil 12. Kapitel II.), Vormundschaft, Pflegschaft, Adoption – JWG.

39 Am LG Hamburg waren 1976 etwa 700 Scheidungsverfahren mit Auslandsberührung anhängig, dazu Berkemann, FamRZ 1977, 295.

1. TEIL

1. Kapitel

Die Rechtsprechung des BGH zu § 48 II EheG 1946/1961.

I. Einführung.

Der Nachweis der Abhängigkeit gerade des Familienrechts von gesellschaftlichen Faktoren,[1] seine Ausrichtung auf „außerrechtlich" entwickelte Vorstellungen von „gebotenem" (= richtigem) oder verworfenem (= falschem) Verhalten, die Betonung seiner Geschichtlichkeit, damit auch seiner Veränderbarkeit, ist nun keineswegs eine aufregende Neuigkeit. Im Gegenteil: Selbst „herkömmliche" Lehrbücher[2] stellen entsprechende Einsichten durchweg an den Ausgang ihrer Untersuchungen, oft allerdings eher gebrochen und halbherzig.[3] Zumindest die Reformdiskussionen der letzten Jahre über „familienrechtliche Projekte" – elterliche Gewalt – Schulrecht, Scheidungsrecht und Recht der Scheidungsfolgen, § 218 StGB –, die auf weiten Strecken eben mit „außerrechtlichen" Argumenten geführt wurden, sollten den letzten Zweifler überzeugt haben, daß eine Abkapselung des Rechts von seinem sozialen Hintergrund, seine Isolierung auf einen eigenen Bereich ausschließlicher Zuständigkeit mit Konservierung des einmal erreichten Bestandes, nicht erfolgen kann oder selbst Bekenntnisform annimmt.[4] Nicht allgemeine, menschliche Urwesenheiten – erfaßt in rechtlichen Ausprägungen – sind vor Angriffen und Zerfall zu schützen (die mehrfach wiedergegebene These von M. Wolff, nach der die Rechtsgeschichte der Familie lediglich „die Geschichte ihrer Zersetzung" sei,[5] klingt dabei ebenso an wie die verbreitete moderne Einkleidung, die den „Funktionsverlust von Familie" wortreich beklagt), nicht Relativierung „aller Wert" zu vermeiden, festgefügte Institutionen in ihrer Stabilität und ihrer Stabilisierung zu erhalten. Vielmehr sind gerade umgekehrt Hypostasierungen dieser Art als solche auszumachen, ihre Funktionalität für bestimmte Ziele zu kennzeichnen. Noch einmal anders gewendet: Nicht „die Familie" (welche?) ist als natürliche Urform (wiederum: welche?) unmittelbarer Gegenstand der Wesensschau, damit der rechtsförmigen Behandlung, eine Vorstellung, die in der bekannten Floskel, die die Familie zur (unseligen)[6] „Keimzelle des Staates" stilisiert, nur fortgesetzt wird;[7] im Gegenteil sind die Verbindungen zwischen konkreter geschichtlich-gesellschaftlicher Wirklichkeit und ebenso konkreter zeitbezogener rechtlicher Würdigung ohne Verklärungen nachzuzeichnen. Erst der Blick auf die Entstehungsbedingungen rechtlicher Regelungen ermöglicht Einsicht in die Bedeutung und Tragweite der jeweiligen Anordnung, erlaubt abgesicherte Interpretation (oder besser: Interpretation überhaupt); erst das Interesse für die gesellschaftliche Realität ertastet sich den Rahmen und die Chance für Veränderungen durch Rechtswandel. Blindem Relativismus ist mit diesen Forderungen keineswegs das Wort geredet. Die bei der Rechtsanwendung und Entscheidungsfindung jeweils maßgeblichen Gesichtspunkte und Wertungen sind vielmehr gerade aufzudecken, offen zu diskutieren, auf ihre Aussagekraft und ihre Verbindlichkeit zu befragen. Sachliche Auseinandersetzung, vor ausgeleuchtetem Hintergrund, tritt – idealtypisch, zugegeben – an die Stelle einer Dogmatisierung nicht näher erörterter Glaubenssätze.

Um es zu wiederholen: Originell sind diese Einsichten nicht. Auch die Rechtspraxis verfuhr in der Sache wohl stets entsprechend, „besann" sich auf die gesellschaftlichen Ursprünge der je verwendeten Rechtsregel. Doch geschah dies eher verborgen, wurde überdeckt durch den Einsatz „natürlicher", unmittelbar selbstverständlicher und faßbarer Grundwerte, aus sich selbst heraus plausibler, zwingender Argumentationsfiguren. Die Rechtsprechung des BGH zu § 48 II EheG 1946/1961 – und des RG zu gleichlautenden oder sachlich vergleichbaren früheren Bestimmungen – ist für diese Einschätzung ein schönes (oder schlechtes, nach Standort), jedenfalls außerordentlich simples,[8] vielleicht deshalb besonders einleuchtendes Beispiel; ich will diese Rechtsprechung voranstellen, dabei den vielfältigen Verkettungen rechtswissenschaftlicher Ergebnisfindung mit außerrechtlicher Orientierung und Verständigung nachspüren, sie kennzeichnen (wenn das gelingt). Mehrere Linien laufen dabei zusammen. *Inhaltlich* wirken sich bestimmte „Vorverständnisse" der urteilenden Instanzen in den jeweiligen Problemfeldern aus, setzen sich in die Erkenntnisse ungebrochen um; *methodologisch* bemerkenswert bleibt das eigentümliche Wechselspiel in der Aufgabenverteilung und -wahrnehmung zwischen Legislative und Richterbank, mit wichtigen Hinweisen auf die vom BGH für sich in Anspruch genommene Rolle bei der Ausbildung von Richterrecht. Selbst wenn die maßgeblichen gesetzlichen Vorschriften inzwischen außer Kraft getreten sind (1. EheRG), behält die ohnehin knappe Skizze weiterhin Bedeutung, nicht nur als historische Reminiszenz. § 48 II EheG 1946/1961[9] ist nicht mehr als ein äußerer Rahmen, der der Ausfüllung bedarf, und das Verfahren weckt das Interesse, nicht so sehr die gefundenen Einzelfolgen. Zudem sind sogar sachliche Spätfolgen nicht auszuschließen, erlaubt doch das 1. EheRG an mehreren Einbruchstellen die Aufnahme der Judikatur zu § 48 II EheG 1946/1961 oder wenigstens die Anlehnung an sie: bei § 1565 I 1 BGB – dem Grundtatbestand des Scheidungsrechts, ohne Hilfe durch eine der in § 1566 BGB niedergelegten Trennungsvermutungen; hier ist das Scheitern der Ehe durch sonstige Umstände zu belegen, darunter eben die Ehewidrigkeiten bekannter Art –, bei § 1565 II BGB – Scheidung der Ehe vor Ablauf der Mindestfrist nur in Härtefällen – und in der negativen Härteklausel aus § 1568 BGB, die Scheidung trotz erkannter „Scheidungsbedürftigkeit" wenigstens für eine Übergangszeit versagt,[10] bei der Schuldbewertung für die Verteilung der elterlichen Gewalt von „Scheidungswaisen", schließlich den Härteklauseln bei der Unterhaltsbemessung und beim Versorgungsausgleich.[11/12]

II. Die Rechtsprechung des RG und des BGH zum Zerrüttungstatbestand.

1. Die Praxis des RG zu § 55 II EheG 1938. [13]

Vorläufer von § 48 II EheG 1946 ist § 55 II EheG 1938. Diese Bestimmung entspricht § 48 II EheG 1946 in seiner Fassung vor der Änderung durch das FamRÄndG 1961,[14] lautet also:

„Hat der Ehegatte, der die Scheidung begehrt, die Zerrüttung ganz oder überwiegend verschuldet, so kann der andere der Scheidung widersprechen. Der Widerspruch ist nicht zu beachten, wenn die Aufrechterhaltung der Ehe bei richtiger Würdigung des Wesens der Ehe und des gesamten Verhaltens der Ehegatten sittlich nicht gerechtfertigt ist."

§ 55 *II* EheG 1938 nimmt ebenso wie später § 48 II EheG 1946 einen beträchtlichen Teil des in § 55 *I* EheG 1938 zugestandenen Raums (Scheidung *ohne* Verschulden bei unheilbarer – objektiver! – Ehezerrüttung nach dreijähriger Heimtrennung) wieder zurück, gewährt dem verlassenen Gatten eine Abwehrbefugnis gegen das Scheidungsbegehren der anderen Seite, die er zur „Rettung" seiner Ehe einsetzen kann. Objektive Gesichtspunkte (= Zerrüttungsprinzip) und subjektive Kriterien (= Schuldprinzip) werden damit in eigentümlicher Form miteinander vermischt; der „unschuldige" Gatte ist dem Widerspruch aus § 55 II EheG 1938 von vornherein nicht ausgeliefert, während die Position des „Schuldigen" um eben diesen Punkt verkürzt ist. Über die jeweilige Einstufung des Verhaltens des Klagenden als „verschuldet" oder „unverschuldet", jeweils schillernde Beschreibungen, offen für persönliche Prioritäten vorwiegend emotionaler Prägung, lassen sich sichtbar die Ergebnisse (mit-)steuern: Hohe Anforderungen an Schuldlosigkeit geben den Zugang frei zur Ausübung des Widerspruchs (und beseitigen nach weiteren Zwischenschritten, die die Judikatur namentlich des BGH bald gegangen ist, die Scheidung „ohne Schuldausspruch" praktisch gänzlich); „großzügigere" Betrachtung[15] dagegen öffnet der Scheidung aus § 55 I EheG 1938/§ 48 I EheG 1946/1961 ein weites Feld, übernimmt wichtige Aufgaben in einem Scheidungsrecht, das sonst auf Verschuldensgrundsätze abgestellt ist.[16] Weitere Einfallstore für Unwägbarkeiten hält die vage Fassung des Gesetzes offen. Über die „richtige Würdigung" des „Wesens der Ehe" werden die Meinungen ebenso auseinandergehen wie über die „sittlichen Maßstäbe", die bei der Aufrechterhaltung der Ehe oder ihrer Zerstörung einzusetzen sind. Gerade dann ist aber auch jeder Anspruch auf verbindliche Auslegung in eine Richtung, auf ein vorgefertigtes Modell anmaßend und verfehlt. Bescheidung tut not (und schon der Sprachstil kann dies zum Ausdruck bringen).

Wesentliche Vorentscheidungen über die Tragweite des § 55 II EheG 1938 (und später § 48 II EheG 1946) fällt die Rechtsprechung bereits mit einer formalen Qualifizierung des Widerspruchs im Vorfeld sachlicher Stellungnahme. Was ist

Regel, was Ausnahme? Das RG[17] erkannte den Widerspruch gegen ein Scheidungsbegehren nur im *Ausnahmefall* als beachtlich an. Seine Nichtbeachtung bedeute nicht seinerseits eine Ausnahme von der *Regel* des § 55 II EheG 1938, vielmehr gerade eine Rückkehr zur Regel des ersten Absatzes (also: Scheidung = Regel, Widerspruch = Ausnahme). Zulässig ist der Widerspruch lediglich dann, wenn besondere Gründe es rechtfertigen, den aus der Bindung drängenden Teil trotz der eingetretenen unheilbaren Zerrüttung an den durch die Ehe begründeten Pflichten festzuhalten.[18] Gewünschte „Bestrafung" des untreuen Partners (= Erhaltung der Ehe!) scheide als Gesichtspunkt aus; allein *sachliche* Gründe verlangten Beachtung.[19] Dazu im einzelnen:

RGZ 160, 144. – Die Parteien sind 44 Jahre (der Mann) und 40 Jahre alt. Aus der Ehe ist ein inzwischen 17jähriger Sohn hervorgegangen, dessen Bindung zum Vater selbst bei Fortbestand der Lebensgemeinschaft nicht enger werden dürfte.[20] Seit 8 Jahren ist die Ehe der Parteien keine wirkliche Gemeinschaft mehr,[21] eine bisher wohltuend emotionsfreie Schilderung der tatsächlichen Situation, in der die Partner leben. Mit leichtem Unbehagen, aber noch ohne tiefere Beunruhigung nimmt der Leser allerdings die folgenden Passagen zur Kenntnis.[22] Die Volksgemeinschaft (?) habe kein Interesse an der Erhaltung einer zerbrochenen Ehe; vielmehr könne gerade die Scheidung für die Betroffenen den Weg zu einer wertvollen Verbindung freimachen. Ein fast schamvoller Hinweis auf das noch „jugendliche" Alter begleitet die Erklärungen, bereitet den Einblick in die tieferen argumentativen Schichten der reichsgerichtlichen Rechtsprechung vor – bevölkerungspolitische Überlegungen gewinnen vorrangiges Gewicht.[23] Besonders deutlich wird diese Ausrichtung in RGZ 164, 155 (158). Der Ehemann ist bei der Verhandlung vor dem RG bereits 55 Jahre alt; um in einer „neuen Ehe" noch Kinder zu gebären, müsse die Frau (so das RG) vielleicht 20 Jahre jünger als der Mann sein, und eine solche Beziehung sei „vom bevölkerungspolitischen Standpunkt aus unerwünscht".[24] Weitere Entscheidungen bestätigen den Trend.

Insgesamt, das ergibt sich nach dieser Übersicht,[25] judiziert das RG vordergründig „scheidungsfreundlich".[26] Bei näherem Zusehen verdunkelt sich der Hintergrund schnell; die Hinwendung zur „Wirklichkeit", wie sie damals verstanden wurde, tritt plastisch und bedrückend hervor.[27]

2. § 48 II EheG 1946 in der Rechtsprechung des BGH.[28]

a) bis 1961
Der BGH zeigt sich anfänglich bei der Auslegung des zwischenzeitlich in Kraft getretenen, mit der früheren Bestimmung wortgleichen § 48 II EheG 1946 noch unsicher, ohne feste Leitlinien. Lediglich „außerhalb der Einzelehe gelegene Erwägungen, so besonders solche bevölkerungs- und rassenpolitischer Natur", seien gänzlich ohne Bedeutung,[29] immerhin ein zwar versteckt angebrachtes, aber nicht mißzuverstehendes Ettikett, mit dem der BGH die Rechtsprechung seines Vorläufers versieht.[30] Erst in der Folgezeit tastet sich der BGH vorsichtig vor, sucht

nach sicheren Markierungen.[31] Dabei „bewertet" er „sehr sorgfältig" das Verhalten der Eheleute in dieser Ehe, da andernfalls § 48 II EheG 1946 nicht vor „dem Sittengesetz" (?) Bestand haben könne.[32] Trotz der ausdrücklichen Erkenntnis,[33] es sei keine Regel zu entdecken, die „den für die Tragbarkeit der Ehe sprechenden Umständen" das größere Gewicht bemesse, schon gar nicht in der Umkehrung, legt sich der BGH[34] allerdings bald fest und fester, entwickelt damit in der Sache genau die Regel, deren Existenz er gleichzeitig wortreich bestreitet.[35] Leading case wird LM Nr. 26 zu § 48 II EheG 1946, eine in vielerlei Hinsicht bemerkenswerte Entscheidung. Der BGH führt aus:

a) Unrichtig sei jedenfalls – so noch das OLG – eine Abwägung, ob die begehrte Lösung von der Ehe oder der Widerstand des anderen Gatten höher (nach welchen Gesichtspunkten? P. F.) einzustufen sei. Maßgeblich werde vielmehr allein, ob der Fortbestand der Ehe mit der sittlichen Ordnung vereinbart werden könne.

b) „Nur wenn diese Frage zu verneinen, die Aufrechterhaltung der Ehe somit vom sittlichen Standpunkt aus nicht vertretbar, *also*[36] sittlich fehlsam *oder*, wie es der Senat (sc. in einer früheren Entscheidung, P. F.) ausgeführt hat, sittlich verwerflich sein würde, ist der Widerspruch des beklagten Ehegatten unbeachtlich.[37]" Schon die Wortwahl irritiert.[38] Und: Gehen tatsächlich die Gleichungen auf = „sittlich nicht vertretbar" = „sittlich fehlsam" = „sittlich verwerflich"? Steckt nicht in dieser Aufzählung auch eine Stufenfolge, vom kleineren zum größeren Übel? Schließlich: BGHZ 1, 262 (264), das frühere, ausdrücklich angesprochene Verfahren, enthält zwar ebenfalls die Gleichsetzung von „nicht gerechtfertigt = verwerflich". Doch bemüht sich der BGH auch dort nicht um weitere Absicherung, braucht es wohl nicht,[39] weil sich Z1, 262 nur ganz am Rande mit § 48 II EheG 1946 beschäftigt, als Interpretationshilfe für § 47 EheG.[40]

c) Weiter, mit Strenge: „Die Ehe besteht ihrem sittlichen Wesen nach, wie es auch das geltende Recht *trotz* (sic! P. F.) der von ihm vorgesehenen Ehescheidungsmöglichkeit zugrundelegt, in der Begründung und fortwährenden Verwirklichung einer bis zum Tode eines der Ehegatten fortdauernden und zur Familiengemeinschaft sich erweiternden Lebensgemeinschaft der Ehegatten."[41] Der Schluß liegt auf der Hand: „Nach diesem ihrem Lebensbild ist die Ehe grundsätzlich unlöslich."[42]

d) „Die Aufrechterhaltung der Ehe, zu der sich die Ehegatten miteinander verbunden haben und deren Verwirklichung sich auch in ihrem ehelichen Zusammenleben als möglich erwiesen hat, ist deshalb sittlich gerechtfertigt, solange ein Ehegatte in echter innerer Bindung an diesen Sinn der Ehe und in der Bereitschaft, ihn zu verwirklichen, die Scheidung ablehnt."[43]

e) Danach ist der Widerspruch nur dann unbeachtlich, wenn „das eheliche Zusammenleben von Anfang an durch objektive, von dem sittlich zu verantwortenden Willen der Ehegatten unabhängige Mängel so stark belastet und behindert war, daß die Entwicklung der Ehe zu einer echten und erfüllten Lebensgemeinschaft und damit die Erfüllung des Eheversprechens, insbesondere die Bewahrung der ehelichen Gesinnung von den Ehegatten auch bei aller zumutbaren Anstrengung ihrer sittlichen Kräfte nicht erwartet werden konnte, oder wenn festzustellen ist, daß auch bei dem widersprechenden Ehegatten eine echte innere Bindung an die Ehe und eine echte Bereitschaft, diese fortzusetzen, nicht vorhanden, der Widerspruch also von ihm nicht zur Verteidigung seiner in der Ehe verwurzelten persönlichen Würde, sondern nur aus sittlich nicht anerkennenswerten Beweggründen erhoben wird".[44]

Den (kleingedruckten) abschließenden Zusatz, „im vorliegenden Fall . . ." seien „diese Voraussetzungen nicht gegeben", akzeptiert der Leser nach den wuchtig gemeißelten Markierungen des BGH kleinlaut, in betroffener Selbstverständlichkeit.[45]

Allgemein bleibt: Der Widerspruch aus § 48 II EheG 1946 ist lediglich in seltenen Ausnahmen unbeachtlich; in aller Regel bringt er das Scheidungsbegehren aus § 48 I EheG 1946 zu Fall.[46] Die vom BGH zugelassenen Ausnahmen seien wiederholt: a. objektive Mängel im ehelichen Zusammenleben von Anbeginn (sie dürfen nicht von einem der Ehegatten sittlich zu verantworten sein) und b. Mißbrauch des Widerspruchsrechts[47] (der vorliegt, wenn dem widersprechenden Ehegatten die Bindung an die Ehe fehlt, er nicht bereit ist, die eheliche Gemeinschaft mit dem anderen Gatten fortzusetzen). Diese Kürzungen und Präzisierungen lösen für den mit der weiteren Entwicklung vertrauten Beobachter allerdings beträchtliche Verwunderung aus, nimmt der BGH doch in seiner Entscheidungspraxis seit 1955 eine Gesetzesänderung aus dem Jahre 1961 vorweg.[48] Und, nicht weniger beachtlich: Mit der „Verschärfung" zu Lasten des *schuldigen* (= klagenden) Partners – ihm kann im Grunde stets erfolgreich der Widerspruch entgegengesetzt werden, ohne daß es noch auf die Bewertung der Ehe und eine Prognose für die Zukunft ankäme – orientiert sich der BGH inhaltlich an einer Reformvorlage der Bundesregierung aus dem Jahre 1952 (§ 1571 II BGB – E), die aber gerade nicht Gesetz geworden ist,[49] die andererseits ausdrücklich als gebotene Korrektur unhaltbarer Zustände ausgegeben wurde, denn: „In dieser Bestimmung (gemeint ist § 48 II EheG 1946 vor seiner Neufassung 1961, P. F.) wird der sittliche Gehalt der Ehe eindeutig verkannt";[50] durch schlichte Auslegungskünste sind die tiefen Kluften, die die unterschiedlichen Fassungen voneinander trennen (oder trennen sollen), dann ebenso eindeutig jedoch nicht zu überbrücken.[51]

Neben den schon bekannten Ausnahmen für die Unbeachtlichkeit des Widerspruchs – objektive Mängel von Anbeginn (= „Fehlehe", mit schnell folgender, praktizierter Einsicht in die Fehlsamkeit des Entschlusses, da andernfalls die schicksalshafte Fortwirkung des einmal aufgenommenen Bündnisses „droht"),[52] Mißbrauch (= „Scheinwiderspruch", ausgeübt aus ehefremden, insbesondere finanziellen Beweggründen) – bleibt für § 48 I EheG 1946 *ein* Anwendungsfeld: das Scheidungsbegehren des *schuldlosen* Gatten. Damit wird der Zerrüttungstatbestand nun endgültig denaturiert, wenn auch zuzugeben ist, daß dieser Konflikt von vornherein in § 48 EheG 1946 angelegt ist. Scheidungsschuld wird, nur negativ gewendet, zum maßgeblichen Kriterium. Doch umstellt der BGH in der Folgezeit selbst dieses schmal gewordene Gelände, versperrt den letzten Zugang, schaltet § 48 I EheG 1946 in der Sache völlig aus. Schuldlosigkeit gerät zum nicht mehr erreichbaren Ideal; Barrieren, die sich vor der Entlastungswohltat auftürmen, wachsen immer höher und höher. Blutleerer Heroismus[53] wird verlangt; die Schwachen und Wankelmütigen, die Treulosen und Fehlsamen, damit im Grunde alle Eheleute, die sich zu entsprechend lichten Gefilde reinen und hehren Edelmuts nicht aufschwingen konnten, werden „verdammt", unbeeindruckt weiter in ihre (nun wirklich) ausweglose Verstrickung hinabgestoßen. Eine Auswahl:[54]

a) Infolge der Kriegsereignisse[55] (der mitgeteilte Sachverhalt ist unvollständig) gerät die beklagte Ehefrau mit einem gemeinsamen Kind in russische Gefangenschaft. Das Kind stirbt dort an Unterernährung, die Frau wird verstümmelt, körperlich gezeichnet. Über die Jahre der Trennung hinweg klammert sie sich an ihre Vorstellung von ehelichem Glück. Die Gewißheit, einem Menschen fest verbunden zu sein und Verbundenheit von ihm zu erfahren,[56] gibt ihr Halt und Trost in ihrer schweren Zeit. Bei der Rückkehr muß sie jedoch feststellen, daß sich ihr Mann von ihr gelöst hat, sich nicht „in der erforderlichen Weise darum bemüht, sie äußerlich und innerlich wieder zu Kräften zu bringen und die Voraussetzungen für die Aufnahme der ehelichen Lebensgemeinschaft zu schaffen".[57] Er empfindet – wie der BGH selbst äußert[58] – ihr Auftauchen als Störung, wünscht, „möglichst unbehelligt" zu bleiben. Damit allerdings setzt er eine von ihm zu vertretene (= schuldhafte) Ursache für das Zerbrechen der Ehe; der Widerspruch aus § 48 II EheG 1946 läßt das von ihm gerichtlich betriebene Scheidungsverfahren scheitern.

Für den BGH steht das rechtliche Verdikt über das sicherlich enttäuschende, bittere, schwer belastende Verhalten schnell fest: Der Mann vollzog eine Willensentscheidung, mit der er sich in Gegensatz zu den Pflichten setzte, die ihm als Ehemann oblagen, für deren Auswirkungen er verantwortlich ist. Die Alternative, „schicksalhafte Entwicklungen" – und einfach auch: menschliche Unzulänglichkeit, ohne Schuld – könnten die Beziehung zerstört haben, gerät von vornherein nicht ins Blickfeld. Über die Köpfe der Beteiligten hinweg baut sich ein bestimmtes Ehebild auf, auf dessen Formung und inhaltliche Gestaltung sie keinen Einfluß ausüben können, beansprucht Verbindlichkeit. Und, tatsächlich: Bei aller Bedrückung, die die Schilderung der Lebensumstände dieser Eheleute, insbesondere der Not und der Verzweiflung der Frau auslöst – gibt der BGH wirklich Lebenshilfe, wenn er die (gescheiterte) Ehe erhält? Ist der Ehefrau gedient, wenn sie sich der „rechtlichen" Trennung widersetzen kann, wird sie nicht gerade in Konflikten weiterhin verfangen, deren – sicher zunächst schmerzhafter – Aufbruch (oder auch nur Abbruch) wenigstens die Chance für einen Neubeginn böte? Sind diese Punkte keine Orientierungen für die rechtliche Entscheidung?

b)[59] Bald nach der Heirat (1940) wird der Ehemann zur Wehrmacht eingezogen. Seit 1942 haben sich die Parteien nicht mehr gesehen. Im Mai 1943 gerät der Mann in russische Kriegsgefangenschaft, aus der er im Juli 1946 entlassen wird. Seitdem lebt er in Frankfurt/Main. Seine Frau bleibt mit dem Kind in Oberschlesien (die Eheleute stammen aus dem Teil Oberschlesiens, der schon vor dem 2. Weltkrieg zu Polen gehörte). Das von Mannesseite eingeleitete Scheidunngsbegehren ist erfolglos.[60] Neue Gesichtspunkte für seine, die gewünschte Scheidung ablehnende Haltung äußert der BGH nicht, wiederholt lediglich bereits Bekanntes. Die auch weiterhin zu erwartende Trennung der Gatten wird nicht einmal erwähnt (hat sie ohne jede Bedeutung?).

c) 1940 schließen die Parteien die Ehe. 9 Monate später wird der Ehemann Soldat in der deutschen Wehrmacht. Anfang Mai 1945 gerät er in russische Gefangenschaft, aus der er im September 1945 heimkehrt. Seit 1951 ist er im Ruhrgebiet als Bergmann tätig; die Zwischenzeit verbrachte er bei den Eltern eines Kriegskameraden in Mittelfranken, danach bei seiner in Westfalen ansässigen Mutter. Seit 1946 steht er mit seiner Frau in Briefkontakt, die er letztmals 1944 bei einem Heimataufenthalt sehen konnte; sie war mit der gemeinsamen Tochter in Polen geblieben. Beide Gatten bemühten sich zunächst nachdrücklich um die Aufrechterhaltung ihrer Ehe. Wegen „der politischen Verhältnisse" konnten sie dieses Ziel jedoch nicht erreichen.[61] 1948 schlägt der Mann, der – wie der BGH selbst betont – „infolge der vergeblichen Versuche an der Möglichkeit, die Gemeinschaft mit der Beklagten wiederherzustellen, verzweifelte", die Scheidung der Ehe vor, findet jedoch Ablehnung. 1953 lernt er ein Mädchen kennen, mit dem er seitdem zusammenlebt. Im selben Jahr (1953) hält sich die Ehefrau bei Verwandten in Westfalen auf; sie besucht ihren Mann vor ihrer Rückkehr nach Polen zweimal, bittet um einen neuen Beginn. Doch widersetzt sich nun der Ehemann ihrem Wunsch.[62]

Der BGH verweigert die Scheidung (1960).

d) Ähnlich entscheidet der BGH in LM Nr. 44 zu § 48 II EheG 1946, wiederum in einem „Polen-Fall", mit einer tatsächlichen Abweichung: Der Ehemann kommt aus dem Krieg heim mit einer schweren Kriegsverletzung, die ständiger Pflege bedarf. Entsprechende Sorge findet er bei einer anderen Frau, ein Umstand, den der BGH wenigstens grundsätzlich akzeptieren will, aber ohne nähere Aufklärung des Sachverhalts über Art und Schwere der Verletzung, über den Grad der Arbeitsunfähigkeit und die Natur der gebotenen Pflegedienste – kann sie jeder Hilfsbereite leisten, ist es notwendig, daß ganz besonders enge Kontakte wie eben bei einem ständigen Zusammenleben bestehen? – nicht entscheiden kann, deshalb zurück in die Vorinstanz verweist.[63] Und, am Rande, erstmals als Gesichtspunkt genannt: Die Parteien haben nie einen gemeinsamen Haushalt geführt.

Die Liste ließe sich leicht verlängern, hielte dann aber lediglich stereotype Erklärungen des BGH zu jeweils geringfügig variierten Sachverhalten fest. Zwar deutet sich in der zuletzt präsentierten Entscheidung wohl auch ein langsamer Umschwung an; freudiges Aufatmen fällt gleichwohl schwer, rückt doch der BGH von seiner bisherigen Linie nicht vorbehaltlos und offen ab.[64] Lediglich einige Gewichte werden umverteilt; weiterhin sind die Eheleute in ihrer gescheiterten Situation unübersehbaren, in ihrem Ausgang kaum abschätzbaren Auseinandersetzungen auf Jahre hinaus ausgeliefert.

b) nach 1961

1961 wird § 48 II EheG 1946 (durch das FamRÄndG)[65] geändert, lautet nun:[66]

„Hat der Ehegatte, der die Scheidung begehrt, die Zerrüttung ganz oder überwiegend verschuldet, so darf die Ehe gegen den Widerspruch des anderen Ehegatten nicht geschieden werden, es sei denn, daß dem widersprechenden Ehegatten die Bindung an die Ehe und eine zumutbare Bereitschaft fehlen, die Ehe fortzusetzen."[67]

§ 48 II EheG 1946 ist damit vollständig umgepolt. Orientierte sich bisher, wenigstens dem trockenen Buchstaben nach, die Hinnahme des Widerspruchs oder seine Verwerfung als unbeachtlich (letztlich) an der Einschätzung der gesamten Ehesituation nach *objektiven* Kriterien, wird für den Richter jetzt die vermutete, inhaltlich auf Richtigkeit kontrollierte[68] Sicht des „verlassenen" Teils maßgeblich, seine *subjektiven* Vorstellungen und Fehler. Angesichts der zeitlich vorgelaufenen Rechtsprechung des BGH, die über eine besonders starre Haltung bei der Statuierung von „Zerrüttungsschuld" (ebenfalls ein subjektives Merkmal)[69] bereits seit längerem Ergebnisse für § 48 II EheG 1946 in eben diese Richtung vorsteuerte, ist der Wandel allerdings nicht einmal verwunderlich.

Beträchtliche Verwunderung löst hingegen ein Blick auf die Gesetzgebungsgeschichte aus, Erstaunen, das sich an einem deutlich in Erscheinung tretenden, erneuten merkwürdigen Wechselspiel zwischen Gesetzgebung und rechtsprechender Gewalt festmacht.[70] Im Bericht des Rechtsausschusses – Berichterstatterin ist die Abgeordnete Schwarzhaupt – heißt es: „Der BGH hat zur Beachtlichkeit des Widerspruchs eine Rechtsprechung entwickelt, die durch die Neufassung in den Gesetzeswortlaut aufgenommen werden soll."[71] Zum gleichen Punkt der BGH selbst:[72] „Diese vom Senat vertretene Auslegung des Gesetzes wird nicht nur durch dessen Wortlaut *gefordert*",[73] sie verdient vielmehr auch aus sittlichen Erwägungen den Vorzug.[74] Was trifft zu, die Selbstdarstellung des BGH oder die Thesen im Bericht des Rechtsausschusses?[75] In der Folgezeit vor nunmehr verändertem Hintergrund bleibt der BGH trotz einiger verbaler Zugeständnisse seiner früher schon entwickelten Rechtsprechung im wesentlichen, bei kleineren Abstrichen, treu – für sich kaum aufregend, kann er sich doch jetzt tatsächlich an eine Gesetzesfassung anlehnen, die seine Linien nachzieht (oder vorzeichnet).[76]

c) nach März 1968

Doch ist die Geschichte des § 48 II EheG 1946/1961 noch nicht zu Ende erzählt. Seit 1968 ist vielmehr ein erneuter Wandel in der Praxis des BGH zu vermelden, ein Wandel, der sich bereits im Sprachgebrauch (wohltuend) manifestiert. Wegweisend wird nach Vorläufern[77] BGH, LM Nr. 101 zu § 48 II EheG 1946/1961:

1933 schließen die Parteien die Ehe; aus der Ehe sind zwei – 1935 und 1940 geborene –Kinder hervorgegangen. Seit Januar 1962 leben die Gatten in der ehelichen Wohnung voneinander getrennt. Ende 1962 wird der Bruch auch äußerlich sichtbar vollzogen: Der Mann verläßt seine Frau (nach Erhebung der Scheidungsklage, aus § 43 EheG 1946, im April 1962 – erfolglos). 1965 betreibt er erneut das Scheidungsverfahren, nunmehr gestützt auf § 48 I EheG 1946. Als Gründe für die Abwendung von seiner Frau gibt er eine Reihe von Verfehlungen an: 1946 habe die Ehefrau die Ehe gebrochen, zudem habe sie ständig Schulden auf sich geladen, sei leichtfertig mit ererbten Geldern umgegangen. Schon vor 1960 habe er sich laufend Beschimpfungen ausgesetzt gesehen, nach 1960 seien die Tiraden zunehmend rüder und unflätiger geworden.

Vor dem OLG Köln bleibt die Klage erfolglos. Das OLG sieht den eigentlichen Anlaß für die innere Abkehr des Klägers von seiner Frau nicht in dem ihr angelasteten Fehlverhalten, vielmehr in seiner Zuwendung zu einer anderen Partnerin. Diese Handlungsweise aber habe der Mann zu vertreten; damit ist der Weg frei für den Widerspruch aus § 48 II EheG 1946.

Der BGH korrigiert:

Nach der Lebenserfahrung kann die Trennung vom Ehepartner ebenso Folge einer bereits eingetretenen Ehezerrüttung wie Ursache einer nun erst ausgelösten Zerstörung des Bandes sein.[78] In der Trennung wird oft nur die äußere Durchführung einer schon zuvor erfolgten inneren Lossagung liegen; sie allein besagt daher für die Schuldfrage noch nichts, sie gibt nicht einmal eine tatsächliche Vermutung. Da dem klagenden Ehegatten die Gründe für den Verlust der ehelichen Gesinnung beim anderen Teil nicht bekannt sein können – als Ergebnis innerer Vorgänge sind sie einem Außenstehenden notwendig verschlossen –, genügt er seiner prozessualen Darlegungspflicht, wenn er seinerseits den Verlust seiner ehelichen Gesinnung beleuchtet, Tatsachen liefert, die ihn entlasten. Allgemeine und nicht näher überprüfbare Behauptungen und Floskeln reichen allerdings nicht aus; vielmehr muß er sein Vorbringen so weit substantiieren, daß eine gewisse Wahrscheinlichkeit für die Richtigkeit spricht. Ergibt die rechtliche Würdigung, daß die Ehezerrüttung jedenfalls nicht *überwiegend* (kursiv von mir, P. F.) auf sein Verschulden zurückgeht, ist der Widerspruch von vornherein nicht zulässig. Und, als offene Absage an eigenes früheres Verfahren: „Der erkennende Senat hat diese (abweichende Rechtsprechung, P. F.) aufgegeben, weil sie der Fassung des § 48 EheG nicht entspricht und weil sie den Scheidungsgrund des § 48 EheG entgegen dem gesetzgeberischen Zweck ungebührlich einschränkt."[79]

Formal ist zum erneuten Umbruch anzumerken: Der BGH benutzt ein bestimmtes Vehikel – die Zerrüttungsschuld, vermittelt über Beweislastregeln –, um insgesamt § 48 EheG 1946/1961 wieder zu der Bedeutung zu verhelfen, die dieser Bestimmung zukommt. Das gleiche Vehikel – Zerrüttungsschuld, wiederum formalisiert über „tatsächliche Lebenserfahrungen", Vermutungen – wurde zuvor von ihm eingesetzt, um den Zugang zu § 48 I EheG 1946/1961 gerade zu versperren.[80] Damit bleibt ein Vorwurf, trotz allem: Die maßgeblichen tieferen Schichten der Meinungsbildung und Entscheidungsfindung, „das Leitbild", „das Ehemodell", werden nicht ausgeleuchtet. Die Argumentation verharrt auf einer Ebene vordergründigen, letztlich beliebigen Dezisionismus'; nichts beweist dies besser als ihre Umkehrbarkeit.[81]

Wie ist nun dieser Umschwung überhaupt zu erklären? Welche Kräfte sind maßgeblich; welche Einflüsse lassen sich konkret ausmachen? Zum einen, das wurde bei der Darstellung schon angedeutet, sieht sich der BGH nach 1960 vor allem gegenüber „Polen-" und „Rumänien-Ehen" angesichts der immer länger werdenden Trennungszeiten, der geringer werdenden Chancen auf eine Zusammenführung, der grundsätzlichen Fragwürdigkeit einer „Eheerhaltung" mehr und mehr zu verbalen Zugeständnissen gezwungen, die Rückwirkungen in der Sache nach sich ziehen (oder zumindest vorbereiten und ermöglichen); zum anderen, und das ist sicher der wichtigere Faktor, banal und mit Händen zu greifen: Am 1. 3. 1968 wurde beim BGH ein neuer Zivilsenat gebildet, bezeichnet weiterhin als der „IV. Senat", während das bisher zuständige Richtergremium aufgelöst bzw. umgebildet wurde (nunmehr tätig als „IX. Senat", berufen für Rechtsstreitigkeiten nach dem BEG und für Rückerstattungsansprüche, die mit Rückerstattungssachen zusammenhängen).[82] Deutlicher noch: Es sind von diesem Zeitpunkt an andere Personen,[83] die über Scheidungsbegehren und die Beachtlichkeit oder Unbeachtlichkeit von Widersprüchen befinden; ihre Vorstellungen prägen die Ergebnisse.[84]

3. Résumé.

Nach diesem Überblick über die Rechtsprechung zum Zerrüttungstatbestand im „alten" Scheidungsrecht, das allgemein auf Schuldzumessung aufbaute, ist festzuhalten:

1. Das RG entscheidet zu § 55 II EheG 1938 vergleichsweise „scheidungsfreundlich", ist aber beeinflußt, hinter aller vordergründigen „Liberalität", von
bevölkerungspolitischen und rasseerhaltenden Erwägungen;[85] der Widerspruch
des beklagten Ehegatten gegen das Scheidungsbegehren der anderen Seite wird zurückgedrängt, damit die Ehescheidung ermöglicht, wenn durch diesen Widerspruch eine neue, wertvolle (in eben der bestürzenden Verkürzung auf Fruchtbar-
keit und Kindersegen) Ehe verhindert wird.

2. Der BGH lehnt eine Fortsetzung der vom RG vorgebildeten Rechtsprechung
ausdrücklich ab, distanziert sich zudem deutlich von ihrer Ausrichtung. Doch
bleibt er zunächst ohne verbindliche Richtschnur, schwankt. Erst allmählich, dann
immer dezidierter, nimmt er dem Zerrüttungstatbestand aus § 48 I EheG 1946
weitgehend seine Wirkung. Die Ehescheidung aus dieser Bestimmung wird zur
seltenen Ausnahme.[86] Über stets höher gesteckte Anforderungen an Zerrüttungsschuld (oder besser: Zerrüttungsunschuld; nur der unschuldige Gatte ist von
vornherein vom Widerspruch aus § 48 II EheG 1946 „verschont") erreicht der
BGH zunehmende, schließlich praktisch grundsätzliche Beachtung des Widerspruchs aus § 48 II EheG 1946/1961. Wiederum: Ein bestimmtes Verständnis von
Ehe und Eheauflösung – Erinnerungsposten: „nach ihrem . . . Lebensbild ist die
Ehe . . . unlöslich"[87] – fertigt die entwickelten Folgen vor, über die Köpfe der Beteiligten hinweg.

3. 1961 wird § 48 II EheG 1946 umgestaltet, gibt nunmehr die zeitlich vorgelaufene Rechtsprechung des BGH inhaltlich wieder. Doch: Schon bald tritt ein erneuter Wandel ein, auf Veranlassung des BGH selbst. Das Ergebnis wirkt fast
skurril: *Vor* 1961 wird der BGH in seiner Praxis zu einer „milderen" Vorschrift
„strenger und strenger" (= „scheidungsfeindlich"), *nach* 1961 hingegen kehrt
sich diese Linie gerade um; der BGH judiziert nun bei „strengerer" Gesetzesfassung „milder" und „milder" (= „scheidungsfreundlich").

Sicher ist danach wohl eines: Jeder Versuch, die Rechtsprechung von RG und
BGH zu § 55 II EheG 1938/ § 48 II EheG 1946/1961 als schlichte Rechtsanwendung zu interpretieren, als Auslegung und Ableitung nach den herkömmlichen juristischen Regeln, scheitert von vornherein, wirkt in hohem Maße unglaubwürdig.
Offensichtlich sind diese Regeln um eine wesentliche Dimension zu erweitern –
den Bezug zur gesellschaftlichen Wirklichkeit, der aufzunehmen und offen zu er-
läutern ist, unter Aufdeckung der maßgeblichen Wertungsgesichtspunkte für eine
rechtsförmige Entscheidung, um der entsprechenden Behandlung von Wirklichkeit den Geruch von Lebensferne oder Beliebigkeit zu nehmen, sie mit legitimie-
render (und legitimierter) Kraft auszustatten. Der BGH – und früher das RG –
muß sich genau dieses Defizit ankreiden lassen (das führt über den eigentlich angesprochenen Bereich, § 48 II EheG 1946 nebst Vorläufern, weit hinaus), oder
schlimmer noch, die Verbindung weitgehend hinter Formalisierungen verborgen,
damit einer kritischen Überprüfung entzogen, sie immunisiert zu haben.

Erkenntnisse benachbarter Sozialwissenschaften, zwischenzeitlich abgelaufene
gesellschaftliche Entwicklungen sind von der Rechtsprechung nicht aufgenommen, jedenfalls nicht ausdrücklich. In knappe Fragen gekleidet (der Katalog läßt

sich unschwer erweitern): Welche Bedeutung kommt „Ehe" nach langjähriger Trennung der Gatten zu? Ist sie aufrechtzuerhalten, als „Institution", ist sie als leere Hülle, ohne Bedeutung für die betroffenen Partner abzustreifen? Welche Mechanismen führen zum Widerspruch aus § 48 II EheG 1946, welche Ängste? Wie wirken sich kirchliche Anordnungen aus, wie Säkularisierungserscheinungen? Wie ist § 48 III EheG 1946 (Eheerhalt im Interesse der Kinder) zu bewerten? Vor allem: Welches Verständnis von Ehe kann an die Stelle des vom BGH in seiner frühen Rechtsprechung entworfenen Bildes treten? Welche Entwicklungen sind aufzunehmen? Beides führt über den Bereich von § 48 II EheG 1946/1961 weit hinaus.

Anmerkungen

1 Diese allgemeine Beschreibung wählt Simitis, Vorwort zu Simitis/Zenz, S. 16.
2 Für alle Beitzke (19.), § 1 I S. 1.
3 Wiederum Beitzke (19.), § 1 I S. 1, der davon spricht, daß die Familie als soziales Phänomen älter als der Staat sei, zudem eine „gewisse Regelung" in sich zu tragen scheine; trotzdem bewiesen Geschichte und Rechtsvergleichung, daß ihre konkrete Ausgestaltung verschiedenartig ausfallen könne.
4 Dazu, sehr anschaulich, Simitis, Vorwort zu Simitis/Zenz, S. 17 f.
5 Einl. § 1 II 2 S. 2, nach Simitis, Vorwort zu Simitis/Zenz, S. 22 beibehalten bis zur 7. Aufl. 1931.
6 So Adorno, minima moralia, S. 17. Vgl. dazu auch Lecheler. FamRZ 1979, 1 unter Hinweis auf BVerfGE 6, 55 (71 f.).
7 Simitis, Vorwort zu Simitis/Zenz, S. 16.
8 Simpel ist dieses Beispiel in meinen Augen, weil eher äußerliche Gesichtspunkte faßbarer Art ausschlaggebendes Gewicht gewinnen: das nebenamtliche, nebenberufliche Engagement der Richter im IV. Senat des BGH; vgl. dazu BGHZ 45, 296 (298), ausdrücklich allerdings lediglich zur Änderung des Gesetzes im Jahre 1961. In aller Regel sind die Verbindungen erheblich komplexer, der Einfluß von Wirklichkeit oder ihrer Vorstellung auf Rechtsbildung gebrochener.
9 Wie jede andere gesetzliche Bestimmung mit Entscheidungsspielraum für den Anwender.
10 Vgl. dazu den Vorlegungsbeschluß des AG Sulingen, FamRZ 1977, 793, das die Begrenzung des § 1568 II BGB für unvereinbar mit Art. 6 I GG erklärt; sehr kritisch Lüke, NJW 1978, 139. Hillermeier, FamRZ 1976, 577 (579) will § 1568 II BGB „über § 242 BGB" korrigieren; wohl noch weitergehend Roth-Stielow, FamRZ 1977, 766.
11 Zu Schuldgesichtspunkten bei der Verteilung der elterlichen Gewalt nach der Ehescheidung vgl. Coester, FamRZ 1977, 217. Zum Unterhalt OLG Celle, FamRZ 1977, 726; OLG Hamburg, NJW 1978, 545.
Allgemein Diederichsen, NJW 1977, 273 (275 f.): Bisherige Scheidungsfälle sind Typisierungen von Zerrüttung, wirken daher auch nach dem 1.7. 1977 fort.
12 An eher versteckter Stelle ortet Kissel, Bd. 1, S. 19 eine zusätzliche Einbruchstelle: Das Grundbekenntnis in § 1353 I 1 BGB werde „im Zweifel" für die Aufrechterhaltung der Ehe sprechen; zustimmend Bergerfurth, FamRZ 1977, 835.

13 Vgl. ausführlich Rüthers, Auslegung, S. 404 f.; ders., Rechtsdenkenen, S. 23 f.

14 FamRÄndG vom 11. 5. 1961, BGBl. I 1221.

15 Beispiel: BGH, LM Nr. 77 zu § 48 II EheG 1946.

16 In der Statistik spielte § 48 I EheG 1946 (wie der Vorläufer) keine besondere Rolle. Lediglich um 10% der Ehescheidungen wurden auf diese Bestimmung gestützt, vgl. für die Jahre bis 1956 Wolf/Lüke/Hax, S. 470, 471. Nicht gesondert ausgewiesen ist dabei die Zahl der Scheidungsbegehren, die sich erfolgreich über den Widerspruch der anderen Seite hinwegsetzten. § 48 EheG 1946 ermöglichte eben auch eine „einverständliche" Scheidung. Neuere Zahlen sind in den statistischen Jahrbüchern für die Bundesrepublik Deutschland nachzulesen. Vgl. auch Kühn, ZRP 1975, 163; Pawlowski, DRiZ 1976, 101.

17 RGZ 160, 144 (147).

18 RGZ 160, 144 (147).

19 Das RG hält es offensichtlich nicht von vornherein für unerträglich, auch dem untreuen Partner die „Befugnis" einzuräumen, sich einseitig aus der Bindung zu lösen, vgl. dazu gleich im folgenden II. 2 den Überblick über die Praxis des BGH, der sich genau gegen diese Möglichkeit schon im Ansatz wendet.

20 § 48 III EheG 1946 – Aufrechterhaltung der Ehe im Interesse gemeinsamer, minderjähriger Kinder – findet keinen unmittelbaren Vorläufer im EheG 1938. Die Bewertung von Kindesinteressen spielte gleichwohl eine Rolle; sie fließt in die allgemeine Einschätzung der ehelichen Situation nach § 55 II EheG 1938 ein, vgl. Hoffmann/Stephan, § 48 Rn 136. Als Gesichtspunkt gänzlich ausgeschlossen wird der bevorstehende Verlust der beamtenrechtlichen Versorgungsbezüge für die Ehefrau; andernfalls könnten Unterschiede zwischen Beamtenehen und „anderen" Ehen aufbrechen, RGZ 160, 144 (148).

21 RGZ 160, 144 (147).

22 RGZ 160, 144 (146) – die sittliche Wertung einer Ehe dürfe nicht mehr von den Belangen der beteiligten Ehegatten ausgehen, sondern habe in den Vordergrund den Wert der Ehe für die völkischen Belange zu stellen, eine Bemerkung, die in Z 160, 144 noch wie ein selbst für lästig gehaltenes Lippenbekenntnis wirkt; deutlicher RGZ 168, 38; knapp und hart RGZ 164, 155.

23 Wie hier in der Einschätzung Soergel/Vogel (9.), § 48 EheG 1946, Rn 1. Vgl. – authentisch – RGRK (BGB)/Hallamik (9.), § 55 EheG 1938, Anm. 7; unentschieden in der Bewertung hingegen RGRK (BGB)/Wüstenberg (10./11.), § 48 EheG 1946, Anm. 189 ff., insbes. 195; a. A. Frantz, NJW 1949, 448.

24 Man führe sich die Auswirkungen deutlich vor Augen: Sind die Eheleute jung, scheidet das RG eher, stehen sie bereits in fortgeschrittenem Alter, versagt es eine Scheidung. Nicht so deutlich RGZ 159, 305 (311); besonders klar aber RG, DR 1944, 341.
Zur Rechtsprechung des RG insgesamt Rüthers, Auslegung, S. 404 f.; ders., Rechtsdenken, S. 23 f.

25 Diese Übersicht kann allein Tendenzen kennzeichnen, ist deshalb mit allen entsprechenden Vorbehalten auszustatten.

26 So Frantz, NJW 1949, 448/449, der sonst – trotz gegenteiliger Beteuerungen – eher zur Ehrenrettung des RG „angetreten" ist; Frantz beschränkt seine Bewertung deshalb auch allein auf den äußeren Anschein, den das RG erweckt habe. Vgl. zum Vergleich jedenfalls ders., DR 1941, 1028 (1031).

27 Zu „volkswirtschaftlichen" Gesichtspunkten vgl. von Scanzoni, DR 1940, 753 (756); zur Schaffenskraft des Mannes OLG Marienwerder, DR 1940, 448.

28 Zur Rechtsprechung des BGH in diesem Bereich vgl. insbesondere die Dokumentation der Humanistischen Union und Rüthers, Auslegung, S. 411 ff.

29 BGHZ 1, 87 (91).

30 Zur Judikatur der Oberlandesgerichte nach 1945 vgl. RGRK (BGB)/Wüstenberg (10./ 11.), § 48 EheG 1946, Anm. 196 ff.

31 Außerhalb der Bewertung der konkreten Ehesituation vermag der BGH anfänglich überhaupt keine Argumentationshilfen bei der Erfassung von § 48 II EheG 1946 zu entdecken, BGHZ 1, 87 (91 f.).

32 BGHZ 1, 87 (93).

33 BGHZ 1, 87 (91).

34 Die Anzahl der Entscheidungen des BGH zu § 48 II EheG 1946/1961 ist Legion. Schon deshalb kann hier nur ein knapper Überblick gegeben werden. Die Beschränkung auf die wesentlichen Linien erscheint – weil nur Tendenzen gekennzeichnet werden sollen – zudem gerechtfertigt. Sicher gelten die bereits in Fn 25 geäußerten Vorbehalte auch hier.

35 In BGHZ 1, 356 wird der Grundstein gelegt. Danach kann die Aufrechterhaltung einer Ehe trotz völliger Zerrüttung sittlich gerechtfertigt sein, wenn sie durch ihr vorheriges Bestehen im sittlichen Bewußtsein der Ehegatten unauslöschlich fortwirkt. Ähnlich BGHZ 2, 68 (72): „Es kann sittlich nicht gerechtfertigt sein, das Fortbestehen einer Ehe allein von der Willkür eines Ehegatten abhängig zu machen . . .“ (aber genau dies sieht § 48 I EheG 1946 vor!). Vgl. auch BGHZ 2, 98 (104).

36 Unterstreichungen hier wie im folgenden von mir, P. F.

37 LM Nr. 26 (Bl. 1 R) zu § 48 II EheG 1946.

38 Der BGH verwendet in einer Entscheidung von knapp 4 Seiten (im kleinen Format von LM) mindestens 36mal das Wort „Sittlichkeit“ (mit den Unterformen unsittlich, Sittengesetz usw.).

39 Auf diese Weise entstehen manchmal Entscheidungsketten, bildet sich eine später dann „feststehende Judikatur“ heraus, zum Vorgang vgl. Wiethölter KJ 1970, 121; zurückhaltender Lüderitz, AcP 168, 321.

40 Der Berichtsstil in BGHZ 1, 262 ist auffallend; man vergleiche nur die beiden Entscheidungen, die etwa 4½ Jahre auseinanderliegen.

41 LM Nr. 26 (Bl. 2) zu § 48 II EheG 1946.

42 LM Nr. 26 (Bl. 2) zu § 48 II EheG 1946. Vgl. dazu RGRK (BGB)/Wüstenberg (10./11.), § 48 EheG 1946, Anm. 116 (Wüstenberg war Mitglied des für Scheidungen zuständigen IV. Zivilsenats des BGH), der ausdrücklich auf die religiösen Bezüge des Eherechts abhebt, die sich dann eben auch in der Judikatur zu § 48 II EheG 1946 auswirken müssen; vgl. für einen verwandten Punkt Schwarzhaupt, FamRZ 1961, 466 (467).

43 LM Nr. 26 (Bl. 2) zu § 48 II EheG 1946.

44 BGH, LM Nr. 26 (Bl. 2 R) zu § 48 II EheG 1946.

45 Immerhin: Seit 1936 unterhielt der Ehemann ein „ehebrecherisches“ (aber doch bemerkenswert stabiles) Verhältnis zu einer anderen Frau, also im Zeitpunkt der Entscheidungsfindung seit beinahe 20 Jahren. Welchen Sinn die Erhaltung der „unheilbar zerrütteten Ehe“ – so der BGH selbst – haben soll, wird nicht unbedingt einsichtig, auch nicht durch die laufende Berufung auf das „Sittengesetz“ (welches?), das eben dies verlangen soll.

46 Als Erinnerungsposten: Für das RG stellte sich das Verhältnis von Regel und Ausnahme gerade umgekehrt dar, vgl. Fn 17.

47 Dazu BGH, LM Nr. 26 zu § 48 II EheG 1946.

48 Die Verwunderung wird sich legen. Der Gesetzgeber des FamRÄndG 1961 setzte sich für § 48 II EheG ausdrücklich zum Ziel, die vorgelaufene Rechtsprechung des BGH in

der Neufassung des Gesetzes wieder einzufangen, eine bemerkenswerte Aufteilung der Gewalten.

49 Vgl. zur Fassung und zur Vorgeschichte Müller-Freienfels, S. 155/156. Müller-Freienfels teilt auch die von mir (P. F.) vertretene Einschätzung, der BGH orientierte sich an § 1571 II BGB im Entwurf der Bundesregierung 1952, vgl. S. 156.
§ 1571 II BGB – E sah vor, daß der Widerspruch des schuldlosen Ehegatten gegen den Scheidungswunsch *stets* zu beachten ist.

50 (Staatssekretär Walter) Strauß, JZ 1952, 449 (459).

51 Markig auch in den weiteren Ausführungen Strauß, JZ 1952, 449 (459): „Es kann keine sittlich ausreichende Begründung dafür geben, daß der Ehegatte, der durch sein alleiniges schuldhaftes Verhalten die Ehe zerstört hat, die Möglichkeit erhält, sich gegen den Willen des anderen – schuldlosen – Ehegatten aus der Ehegemeinschaft auch rechtlich zu lösen." Nur bei (wenigstens) Mitverschulden des beklagten Gatten sah § 1571 II BGB – E vor, der Richter solle abwägen, ob die Aufrechterhaltung der Ehe sittlich gerechtfertigt sei oder nicht.

52 Vgl. BGHZ 1, 356; 8, 118. BGH, LM Nr. 4 zu § 48 II EheG 1946 zieht weitere Grenzen: Die Absage kurz nach Eheschließung darf nicht vollkommen grundlos sein; Beweisregel: Schweigt der Scheidungskläger, wird vermutet, daß er keine rechtfertigenden Gründe aufzeigen kann.

53 Müller-Freienfels, S. 158 lastet – weniger plastisch – dem BGH an, er führe eine „Lebensführungsschuld" ein, verkenne, daß die Ehezerrüttung auf vom menschlichen Willen unabhängigen schicksalshaften Vorgängen beruhen könne.

54 Vorläufer sind BGHZ 8, 118 – Trennung der Eheleute seit 8 Jahren, wobei Kriegsereignisse eine wichtige, aber nicht so ausschlaggebende Rolle wie später spielen – und BGH, LM Nr. 17 zu § 48 II 1946 – Trennung seit über 10 Jahren, wiederum veranlaßt durch kriegsbedingte Vorfälle.

55 BGH, LM Nr. 23 zu § 48 II EheG 1946.

56 Unmittelbare Kontakte bestanden allerdings zwischen den Eheleuten offensichtlich nicht; selbst der BGH erwähnt lediglich einen Brief des Mannes aus dem Jahre 1946 an Verwandte der Frau, LM Nr. 23 zu § 48 II EheG 1946.

57 BGH, LM Nr. 23 zu § 48 II EheG 1946.

58 BGH, LM Nr. 23 zu § 48 II EheG 1946.

59 Ähnlich, aber nicht begleitet von so tragischen Umständen wie LM Nr. 23 zu § 48 II EheG 1946, BGHZ 18, 13 (11 Jahre Trennung nach Krieg und Vertreibung aus der ursprünglichen Heimat).

60 BGH, LM Nr. 7 zu § 48 I EheG 1946 – eine Entscheidung aus dem Jahre 1957. Thesen dabei: Sicher sei zuzugeben, daß den äußeren Umständen erhebliches Gewicht beizulegen sei, die zur Zerrüttung der Ehe geführt haben. Auch dürfe nicht ein Maßstab – um „Verschulden" zu begründen, P. F. – angelegt werden, der sich an einer besonders hohen sittlichen Lebensauffassung oder einer heroischen Lebensführung als Leitbild orientiere; vielmehr seien lediglich sittliches Bewußtsein und sittliche Fähigkeiten zu verlangen, wie sie von jedem Gatten nach seiner sittlichen Bildung und Erziehung und „unter gewisser Berücksichtigung seiner Veranlagung zu erwarten" seien, BGH, LM Nr. 7 (Bl. 2) zu § 48 I EheG 1946. Doch muß „von Menschen aller Bildungsstufen und Berufsständen im allgemeinen auch bei einer erzwungenen langjährigen Trennung die Aufrechterhaltung der Verbindung mit dem Ehepartner . . . und die Wahrung der ehelichen Treue verlangt werden".

61 BGH, LM Nr. 39 zu § 48 II EheG 1946.

62 Er hatte, als die Chancen für eine Familienzusammenführung mit in polnisch verwalteten Gebieten verbliebenen Angehörigen stiegen, nichts mehr unternommen, entsprechende Wünsche seiner Frau unbeachtet gelassen.

63 Ähnlich BGHZ 36, 357, erneut eine „Polen-Ehe"; der Ehemann, kein Volksdeutscher, sondern polnischer Staatsangehöriger, bleibt nach dem Krieg in der Bundesrepublik Deutschland, einer ihm „fremden Umwelt". Er ist nunmehr als heimatloser Ausländer anerkannt. Seit einigen Jahren lebt er mit einer Russin zusammen. Der BGH ist wiederum bereit, dem Widerspruch aus § 48 II EheG 1946 der in Polen zurückgelassenen Frau die Wirksamkeit zu versagen: Als Fremder habe der Ehemann in einer ihm unbekannten Umgebung Kontakte gesucht, dann auch gefunden, bei einer Slawin. Menschlich – so der BGH – sei dies verständlich, wenn auch entsprechendes Verständnis nicht vom Schuldvorwurf entlaste. Allerdings könne in dieser Situation, trotz ursprünglichem Verschulden des Klägers, nunmehr, nach fast zwanzigjähriger Trennung, ein Übergewicht objektiver Umstände festzustellen sein, das das Fehlverhalten zurückdränge, BGHZ 36, 357 (365). Zur Aufklärung verweist der BGH zurück an das OLG. Und wichtig: Die Eheschließung fand am 22. 4. 1939 statt, am 25. 8. 1939 wurde der Mann zum polnischen Heer eingezogen – seither haben sich die Parteien nicht mehr gesehen.

64 Dieser Bruch folgt erst Jahre später, vgl. BGH, LM Nr. 84 zu § 48 II EheG 1946/1961 und BGH, LM Nr. 97 zu § 48 II EheG 1946/1961 sowie, als leading cases, BGH, LM Nr. 101 zu § 48 II EheG 1946/1961; BGH LM Nr. 102 zu § 48 II EheG 1946/1961 und BGHZ 53, 345. Zu diesen Entscheidungen und dem durch sie eingeleiteten Wandel der Rechtsprechung vgl. gleich im folgenden.

65 Vom 11. 8. 1961, BGBl. I 1221.

66 Übersicht über die Gesetzgebungsgeschichte bei Wolf, JZ 1967, 659.

67 Diese Fassung behielt Gültigkeit bis zum 30. 6. 1977.

68 Das beweist einen Punkt sehr deutlich: Zumindest durch diesen Bruch wird es möglich (oder besser:bleibt es möglich), daß sich ein vorgefertigtes Eheverständnis selbst gegen die Absichten der Eheleute durchsetzen kann.

69 Dieses Merkmal teilt die Eigenheiten des neugeschaffenen § 48 II EheG 1946/1961, wie sie gerade beschrieben wurden (Fn 68): Richtigkeitsmaßstäbe lassen sich, ohne aufgedeckte Hintergründe, ohne offengelegte legitimierte Kraft, in Parteivorstellungen „verpacken", leicht als die – eben korrigierten – Überzeugungen der Ehegatten ausgeben; bestimmte Ehemodelle sind auf diesem Weg ohne besondere Schwierigkeiten als verbindlich durchzusetzen.

70 Vgl. dazu auch schon bei Fn 50 und 51.

71 Schriftlicher Bericht des Rechtsausschusses (12. Ausschuß) – Ds 530 – zu BT-Ds III/2812, S. 9. Zur Geschichte des § 48 II EheG 1946 in der Fassung des FamRÄndG 1961 Schwarzhaupt, FamRZ 1961, 329 (333 f.); dies., FamRZ 1961, 466; aus richterlicher Sicht Scheld, FamRZ 1961, 332; Hammer, JZ 1968, 557 und Wolf, JZ 1968, 558.

72 BGHZ 18, 13 (17).

73 Unterstreichung von mir, P. F.

74 Zum Ganzen vgl. Lange, S. 355 (365 f.); Müller-Freienfels, S. 159 f. Leichte, aber unmißverständliche Kritik kommt sogar aus den eigenen Reihen, Johannsen, S. 47 (48 f.).

75 Auf dieser formalen Ebene läßt sich sicher kaum Einklang zwischen beiden Auffassungen herstellen – Stichwort, ohne Vertiefung: Richterrecht. Ärgerlich ist lediglich die inhaltliche Verschleierung; Wertungsfragen werden als notwendig vorgeschriebene Auslegungsfolgen ausgegeben, dann eben gegen Kritik abgeschirmt.

76 BGH, LM Nr. 43 zu § 48 II EheG 1946 („Rumänien-Ehe") – Trennung seit Kriegsende

reicht danach nur unter gewissen strengen Umständen aus, um den erhobenen Widerspruch aus dem Weg zu räumen; auf Dauer gesehen muß die Zusammenführung der Familie aussichtslos erscheinen, der Kläger seine aus der Ehe ableitbaren Verpflichtungen bisher ernstgenommen haben, Vereinsamung und innere Bedrängnis nunmehr drohen (besonders gefährlich in schon fortgeschrittenem Lebensalter). BGH, LM Nr. 46 zu § 48 II EheG 1946; BGH, LM Nr. 50 zu § 48 II EheG 1946 – bei 35jähriger Ehedauer ist ein selbst vorrangig auf Versorgungsinteressen gestützter Widerspruch nicht unbeachtlich (anders BGH, LM Nr. 68 zu § 48 II EheG 1946); BGHZ 39, 26; BGH, LM Nr. 59 zu § 48 II EheG 1946 – Unmöglichkeit des körperlichen Vollzugs der Ehe; BGHZ 39, 134; BGHZ 43, 45; BGH, LM Nr. 76 zu § 48 II EheG 1946 – Trennung seit 30 Jahren; die Parteien hatten 1936 nach jüdischem Ritus geheiratet, waren dann nach England emigriert.

BGH, LM Nr. 77 zu § 48 II EheG 1946 – extreme Gleichgültigkeit der gleichwohl widersprechenden Frau.

77 BGH, LM Nr. 84 zu § 48 II EheG 1946; BGH, LM Nr. 97 zu § 48 II EheG 1946. BGH, LM Nr. 101 zu § 48 II EheG 1946; BGH, LM Nr. 102 zu § 48 II EheG 1946 und BGHZ 53, 345.

78 BGH, LM Nr. 101 (Bl. 1 R) zu § 48 II EheG 1946.

79 BGHZ 53, 345 (349). Solche offene Absage an eigene bisherige Praxis ist selten; meist werden Umschwünge langsam vorbereitet, ohne unmittelbaren und offenen Bruch, oft wird auch die „neue Rechtsprechung" als lediglich geringfügig variierte Fortsetzung früherer Tätigkeit „ausgegeben". Die Erklärungen des BGH sind deshalb weittragend.

80 Auf einen einfachen Nenner gebracht: Hohe Anforderungen an Entlastung = Erschwerung (bis zum Ausschluß) der Scheidungsmöglichkeit aus § 48 I EheG 1946/1961, geringe Anforderungen = Erleichterung dieses Weges.

81 Vgl. dazu die Anmerkungen von Deubner, NJW 1969, 1645.

82 Auf diesen Umstand weist Johannsen in seiner Anmerkung zu BGHZ 53, 345, abgedruckt bei LM Nr. 103 zu § 48 II EheG 1946, hin. Johannsen muß es wissen; er gehörte dem IV. Senat vor dem 1. 3. 1968 und nach diesem Zeitpunkt an.

83 Alle anderen Mitglieder des IV. Senats wechselten, vgl. in diesem Zusammenhang auch die Äußerungen des Bundesrichters Raske, ebenfalls im IV. Senat bis 1. 3. 1968 tätig, in DRiZ 1960, 321 (322), dazu Müller-Freienfels, S. 155/156 und Johannsen, S. 47 (48 f.). Zum Vorgang insgesamt – „Recht von anonymen Richtern" – Lüderitz, AcP 168, 321.

84 Als – abschreckendes – Beispiel für immer noch harsche Folgen aus § 48 II EheG 1946 für die Beteiligten vgl. LG Frankfurt, FamRZ 1976, 342.

85 Besonders deutlich RG, DR 1944, 341; dazu Rüthers, Auslegung, S. 404 ff. und ders., Rechtsdenken, S. 23 f.

86 Vgl. die in Fn 16 mitgeteilten statistischen Daten, die belegen, daß § 48 I EheG 1946/1961 als Scheidungstatbestand ein Schattendasein am Rande des praktischen Rechtslebens spielte.

87 Zur Vorgehensweise, zu den Möglichkeiten im einzelnen vgl. einleuchtend, wenn auch knapp, Hofmann-Riem, S. 16 f.

2. Kapitel

Vom „Ganzen Haus" zur „modernen Kernfamilie".

I. Einführung. „Die Familie", W. H. Riehl.

Urahne, Großmutter, Mutter und Kind – diese rasch abgebrochene Gedichtzeile[1] beschreibt anschaulich eine verbreitete Vorstellung von Familie und Familienleben in „früherer Zeit" (wobei sich die angesprochene Vergangenheit ebensowenig eindeutig ausmachen läßt wie der Handlungsort; beides verliert sich bald im konturenschwachen Halbdunkel).[2] Werden die noch dünnen Linien nachgezogen, die freien Flächen ausgemalt, ergibt sich fast zwangsläufig ein Bild, das in seiner schönen Ausgewogenheit besticht, Vertrautheit und Vertraulichkeit bewirkt. Aufgenommen sind die „natürlichen" Unterschiede zwischen den Geschlechtern. Über die Frau – verstanden als Hausfrau und Mutter – werden Intimität und Lebensgefühl vermittelt; um sie geschart versammelt sich Alt und Jung, in beseelter Heimeligkeit. Der Mann dagegen bleibt außerhalb[3] des engen Kreises, erfüllt seine Aufgaben als Bollwerk gegen die als bedrohlich geschilderte Umwelt; er sorgt für Schutz und materielle Absicherung. Fein aber gut hörbar angeschlagen sind damit die Gegensatzpaare Innen und Außen, Echt und Falsch, Gemütvoll/Intim und Gefühllos/Entfremdet, Privat und Öffentlich. Auch Arbeitseinteilung und Rangzuweisung in der Familie folgen „selbstverständlich", scheinbar zwingend „natürlichen" Vorgegebenheiten, wirken über den engen Rahmen hinaus stabilisierend. Die jüngere Generation achtet und ehrt die Älteren, hört auf ihren Rat; die Alten finden Zufriedenheit in der Weitergabe ihres Wissens auf die Nachkommen. Herr und Knecht, Hausfrau und Magd, Meister und Geselle, Bauer und Einlieger, Erbe und Nichterbe sind nach Herkunft und Stellung voneinander geschieden (auf diesen Punkt wird streng geachtet, selbst in Äußerlichkeiten, wie etwa die Sitzordnung bei Tisch, Kleidervorschriften, Regeln für den Kirchgang belegen), doch vereint zu Hilfe und Bündnis. Gestrafft: In einer statischen, auf weiten Strecken sogar starren Form des Zusammenlebens wird jedem Mitglied ein fester Platz zugewiesen, mit eingegrenzten Aufgaben (und Möglichkeiten). Werdegang und Entwicklung sind vorgezeichnet, Abweichungen nahezu undenkbar (und Versuche in diese Richtung werden als Angriffe auf die gefügte Grundordnung, fast als Sakrileg,[4] hart bestraft,[5] mit Schimpf verfolgt, verachtet). Verluste an persönlicher Entfaltung, an Individualität sind – nicht als „wirklich" drückend empfunden, jedenfalls – „ausgeglichen" durch hohe Gruppenstabilität und Gruppensolidarität, durch Geborgenheit und Sicherheit. Zur Gruppe als Mittelpunkt – ich vermeide bewußt ihre Kennzeichnung als „Familie", um gar nicht erst unser modernes Verständnis von Familie, intim und zerbrechlich, einwirken zu lassen – orientiert sich die Existenz aller Mitglieder in einer sämtliche Lebensbereiche umfassenden Form; von dort beziehen sie ihre Kraft, dort suchen sie Erfüllung und Vollendung. Auf diesen, mit Vorbedacht eingefärbten Hintergrund ist die (klagende) These vom „Funktionsverlust" der Familie, ihrer Entwertung und Aushöhlung, recht eindrucksvoll zu projizieren. Sicherstellung gegen realisierte Gefahren und Einschnitte übernehmen anonyme Außeninstanzen (wiederum: wann eigentlich? warum?). Bisher intern erledigte Aufgaben werden ausgelagert auf darauf vorbereitete, mit den notwendigen materiellen Mitteln ausgestattete (wenigstens dem eigenen Anspruch nach) Apparate wie Krankenhäuser, Hospitäler, Altenheime, Versicherungssysteme. Kinderaufzucht und Kindererziehung, zuvor eher als Nebenpflicht erledigt[6] in der zu Produktion und Verzehr, Arbeit und Freizeit verbundenen, stets aber persönlich geprägten Einheit, sind versachlichten Institutionen zugewiesen, die zu diesem Zweck erst geschaffen werden (die dabei vielleicht „selbstverständliche" Ziele ersetzen durch eigens formulierte, deshalb „gefährlich" wirken). Das feste Band zerfasert, der sichernde Bund zerbricht. Scharfe Auswirkungen auf die Binnenverfassung der Gruppe, die um ihre wesentlichsten Aufgaben, ihren Wert gebracht wird, sind ebenso zwangsläufig wie nachhaltige Umprägungen der inneren Struktur der einzelnen Gruppenangehörigen. Der Weg in eine entfremdete, atomisierte Massengesellschaft scheint als Schicksal gewiesen,[7] die Richtung dorthin bereits eingeschlagen.

II. Stellungnahme.

1. Mit dieser kurzen Skizzierung will ich die (bloße) Schilderung abbrechen, aus mehreren Gründen. Für mich sind Linie und Gegenlinie kräftig verzeichnet, idealisiert oder verdunkelt; die Motive für die angebrachten Aufhellungen (oder Einschwärzungen) sind unschwer auszumachen. Riehl, ein engagierter, in seinem praktischen Einfluß kaum zu überschätzender[8] Verfechter der „guten alten" Tradition, der Lebensform des „Ganzen Hauses", noch heute als Begründer der deutschen Familiensoziologie verehrt,[9] verbirgt diese Beweggründe nicht einmal; im Gegenteil, er erklärt offen (und weist sich nicht als „Familiensoziologe" aus, sondern als „Sozialpolitiker"),[10] nicht ein Abbild der Wirklichkeit liefern, vielmehr durch ausdrückliche Setzungen, durch (verkappte) Forderungen erzieherisch wirken zu wollen – „... nennt's meinetwegen eine Idylle vom deutschen Hause ...".[11] Geplant ist eine vorwiegend politische Streitschrift, die sich in einen allgemeinen politischen Rahmen fügen soll und fügt. Sie entspringt, wie Schriften des ausgehenden 19. Jahrhunderts so oft, dem verbreiteten Bedürfnis nach einer beschaulichen, wärmenden Gegenwelt, als Reaktion auf die explosive industrielle Entwicklung. Programmatisch für die Flucht in die „machtgeschützte Innerlichkeit" (Th. Mann) ist der redaktionelle Vorspruch zur ersten Nummer der „Gartenlaube" 1853:

„Grüß euch Gott, liebe Leute im deutschen Lande! Zu den vielen Geschenken, die Euch der heilige Christ beschert hat, kommen auch wir mit einer Gabe – mit einem neuen Blättchen! Seht's Euch an in ruhiger Stunde, wenn Ihr im Kreise Eurer Lieben die langen Winterabende am traulichen Ofen sitzt oder im Frühlinge, wenn vom Apfelbaume die weiß und roten Blüten fallen, mit einigen Freunden in schattiger Laube – dann lest unsere Schrift. Ein Blatt soll's werden für's Haus und die Familie, ein Buch für Groß und Klein, für jeden, dem ein warmes Herz an den Rippen pocht, der noch Lust hat am Guten und Edlen! Fern von aller raisonierenden Politik und allem Gesinnungsstreit in Religions- und anderen Sachen wollen wir Euch in wahrhaft guten Erzählungen einführen in die Geschichte des Menschenherzens und der Völker, in die Kämpfe menschlicher Leidenschaften vergangener Zeiten. So wollen wir Euch unterhalten und unterhaltend belehren. Über das Ganze aber soll der Hauch der Poesie schweben wie der Duft auf der blühenden Blume, und es soll Euch anheimeln in unserer Gartenlaube, in der Ihr gut-deutsche Gemütlichkeit findet, die zu Herze spricht. So probiert's denn mit uns und Gott befohlen."[12]

In diesen Strudel der Verinnerlichung gerät auch das „Ganze Haus"; in seiner bekannten überhöhten Form erweist es sich damit als Rückzug aus der Wirklichkeit, als Zielpunkt enttäuschter Hoffnungen.

Der spezielle Charakter der Arbeit Riehls gerät in der Folgezeit mehr und mehr in Vergessenheit; Wunschvorstellungen werden für die Realität genommen,[13] zumindest als Realität ausgegeben, bewußt oder unbewußt.

2. Tatsächlich ist jeder Lobgesang auf das „Ganze Haus" unvollständig, bedrückend einseitig. Erfaßt sind lediglich Teilausschnitte. Von vornherein verstellt sind abweichende Blickwinkel, die erst eine Aussicht auf die verdeckten Segmente erlaubten. Das Licht aufmerksamer Zuwendung fällt nur auf manche Gruppen und Gruppenmitglieder, während andere schnell wieder in den Schatten treten, oft gar nicht erst bemerkt, eben „vergessen" werden. Im „Ganzen Haus" lebten, in unserer heutigen Einteilung, ganz unterschiedliche Gruppen zusammen, Angehörige des engeren Familienkreises (Eltern und ihre Kinder, Großeltern), entferntere und weitläufige Verwandte (jüngere, insbesondere nicht-erbberechtigte Geschwister, unverheiratete Brüder und Schwestern, Onkel und Tanten – Einlieger) sowie Außenstehende (Knechte, Mägde, Gesellen). Für die Hausfrau und den Familienvater – sie stehen im Brennpunkt – mag die Binnenverfassung des Hauses in mancher Hinsicht erträglich gewesen sein; immerhin sicherte sie für beide umfassende oder überwiegende Machtbefugnisse. Für die anderen Hausbewohner dagegen war die Situation hart und belastend, gestuft nach der jeweiligen Position im Machtgefälle, dem Abstand vom Zentrum der Macht. Auf der untersten Sprosse – Mägde,[14] Knechte, mitarbeitende jüngere Geschwister, sonstige Einlieger, Tagelöhner – herrschte nahezu vollständige Abhängigkeit, nicht allein in materieller Hinsicht. Ich kann mir jedenfalls gut vorstellen, daß die dort zusammengepferchten „Familienmitglieder", Bewußtsein für ihre Lage vorausgesetzt, die verklärende Begeisterung für das „Ganze Haus" nicht unbedingt geteilt hätten.

Selbst für die engeren Familienangehörigen sind Kummer, Sorge, Not und Furcht wohl passendere Kennzeichnungen der Wirklichkeit im „Ganzen Haus" als die sonst gängigen Floskeln, die Sicherheit, Geborgenheit, Auskommen und Glück signalisieren; allgemeine zeitbedingte Not *und* durch die besondere Familienform erzeugtes Leid wirken dabei bedrängend zusammen. Jedenfalls belegen erhaltene Altenteilungs- und Ruhegeldverträge – der gealterte Bauer zieht sich „vom Hof" zurück, überläßt dem Sohn die Wirtschaft – verbreitete Fremdheit und Hartherzigkeit untereinander mit unschöner Klarheit. Festgehalten ist mit Peinlichkeit und Geiz, welche Beiträge der Hofübernehmer aus der Ernte an die Altbauern zu leisten hat, wieviel Sack Getreide er zur Verfügung stellen muß, wieviel Eier, Geflügel, Fleisch, Gemüse. Umgekehrt wird dem Altenteiler ebenso kleinlich vorgeschrieben, welche Räume er benutzen darf, welche ihm verschlossen sind; manchmal war ihm ein kleines Häuschen, eine Kate in einer Ecke des Anwesens vorbehalten, manchmal mußte er sich in einen Winkel des Hauses, in Altenkammern, zurückziehen.[15] Achtung und Anerkennung durch die Jüngeren fanden die nicht mehr tätigen älteren Menschen offensichtlich „damals" ebensowenig wie heute; wie heute wurden sie weitgehend ausgeschlossen, übersehen, abgeschoben. Allerdings waren zumindest die materiellen Folgen für sie eher noch härter; allgemeines Elend und allgemeiner Mangel treffen die ohnehin schon Benachteiligten meist mit besonderer Schärfe und Grausamkeit.

Neben den Alten erlitten aber auch die Jungen, insbesondere die Kinder, bittere Harm und schreckliche Not, ein Meer von Tränen[16] (wiederum in deutlichem Gegensatz zu gängigen Klischees). Die Vermittlung von glücklichen und strahlenden Kindheitserfahrungen, die Kinder durchleben sollen, um zufriedene und tüchtige Erwachsene zu werden – für uns wenigstens als verbales Bekenntnis üblich geworden, vielleicht noch als Absichtserklärung – ist jedenfalls erst eine Erfindung und Zielbeschreibung aus allerjüngster Vergangenheit, für die die Markierung des 20. Jahrhunderts als „Jahrhundert des Kindes"[17] kaum mehr als einen ersten Hinweis gibt.[18] Die hohe Kindersterblichkeit ließ liebevolle und enge Beziehungen zwischen Eltern und Kindern kaum entstehen.[19] Kinderreichtum war zunächst ein schlicht materieller Faktor; Kinder waren als billige Arbeitskräfte auszunutzen, bildeten zudem Garantien für die Sicherung des Alters. Kinderarbeit schon weit vor der Zeit,[20] die uns so erschütternde Nachrichten über den Mißbrauch von Kindern und ihre auch physische Vernichtung in Fabriken und Bergwerken hinterlassen hat,[21] war ein völlig gängiges Ereignis, eben die Kehrseite der schönen Darstellung der Übergänge von Spiel und Arbeit, der Einübung beruflicher Fertigkeiten in spielerischer Selbstverständlichkeit,[22] des kindlichen Miterlebens elterlicher Plackerei. Zudem waren Abtreibungen und Kindestötungen, zumindest bis in die Mitte des 18. Jahrhunderts, auch Aussetzungen mißliebiger Nachkommen, durchaus verbreitet.[23]

Neben Kindern, Alten, „Abhängigen", Familienfremden zielt die rosige Beschreibung des Lebens im „Ganzen Haus" schließlich selbst für die Hausfrau an der Realität vorbei. Der erstrebte Kinderreichtum zwang sie in Schwangerschaft auf Schwangerschaft; nur ein Bruchteil der Lebendgeborenen erreichte das Erwachsenenalter.[24] Die Erschöpfung im Kindbett, hygienische Unzulänglichkeiten und die allgemeine körperliche Anstrengung – oft wurde viel zu früh die Arbeit

im Haus und Hof wieder aufgenommen – wirkten sich in häßlichem Zusammen-
klang stark lebensverkürzend aus. Frühe Witwerschaft war die verbreitete Folge[25]
(was wiederum die Notwendigkeit für den alternden Mann nach sich zog, eine
zweite Ehe einzugehen, um der Wirtschaft eine Vorsteherin zu geben, dem Betrieb
eine Meisterin).[26] Auf die sonstige Ausbeutung der Frau im „Ganzen Haus", auf
ihre Unfreiheit und Abhängigkeit will ich gar nicht erst näher eingehen; der einfache Hinweis mag ausreichen.

    3. Schließlich erweckt die schwärmerische Konzentration auf das „Ganze
Haus", die sich keinen Seitenblick gönnt, den unzutreffenden[27] Eindruck der
Ausschließlichkeit dieser Lebensform, ohne Alternative. Wunschdenken[28] macht
das als richtig empfundene Geschehen in halbdunkler Vergangenheit als tatsächlich einmal durchgängig vorhanden aus; störende Einflüsse werden abgedrängt,
um aus der besonderen Entdeckung Schlußfolgerungen für die abweichende, ent-
artete Gegenwart ziehen zu können. In betont unhistorischem Vorgehen – bezeichnet ist schon auf den ersten Blick die nun mehrfach angemerkte fehlende Lo-
kalisierung des „Ganzen Hauses" in einer bestimmten geschichtlichen Epoche –
wird von vornherein nicht ernsthaft versucht, Gegebenheiten, Entwicklungen,
ökonomische Faktoren als maßgeblich, prägend zu erfassen, den Gegenstand der
Untersuchung – eben das „Ganze Haus" – diesen Faktoren zuzuordnen, ihn auf
seine Füße zu stellen. Wird die Verknüpfung dagegen einmal angebracht – sie findet sich in der bekannten Parallelisierung von aufkommender Industrialisierung
mit ihren Zwängen und Zerschlagung des „Ganzen Hauses", der Auflösung zur
„Kernfamilie" –, bleibt sie im wesentlichen an der Oberfläche. Zu keinem Zeitpunkt kann das „Ganze Haus" oder eine andere erweiterte Familie die (nume-
risch) vorherrschende,[29] schon gar nicht die alleinige Form des Zusammenlebens
und Zusammenarbeitens gewesen sein; über die kulturelle Dominanz ist damit allerdings noch nichts gesagt. Alternativen waren stets verbreitet. Mehrere Linien
fließen ineinander, darunter mit Händen zu greifende: Da eine Eheschließung erst
erfolgen „durfte",[30] wenn die Hausstelle das Auskommen der gegründeten Familie sicherte, war das Heiratsalter auf Mannesseite notwendig hoch, oft 35 Jahre und
mehr, mit beträchtlichen Folgen nicht-ausgelebter Sexualität.[31] Andererseits war
die Lebenserwartung niedrig (und in dieses Datum setzt sich nicht nur die hohe
Kindersterblichkeit[32] um). Die Wahrscheinlichkeit, einem Haushalt vorzustehen
oder anzugehören, der – im männlichen Zweig – längerfristig, damit erst prägend,
mehr als zwei Generationen umfaßte, war danach eher gering.[33] Auf der Frauen-
seite bietet sich die Situation nicht wesentlich anders dar; über die besondere Erschöpfung der Frau durch Geburten, Arbeitsbeanspruchung, ihren verbreiteten
frühen Tod habe ich bereits berichtet. Die Versammlung von Urahne, Großmutter, Mutter und Kind unter einem Dach, um einen Herd wird also immer schon
die ganz seltene Ausnahme gewesen sein. In aller Regel wird selbst das „Ganze
Haus" kaum mehr als zwei Generationen (Eltern und Kinder), vielleicht noch
vorübergehend Großeltern oder einzelne Großelternteile umschlossen haben. Da
weiter die Bindung der entfernteren, mitarbeitenden Verwandten an den Hausstand erheblich geringer war als gemeinhin angenommen – der Wechsel aus einem

bäuerlichen oder handwerklichen Betrieb in einen anderen war üblich, lebenslanges „Einliegen" keineswegs häufig –,[34] sind weitere Abstriche zwingend. Immer mehr nähert sich dann allerdings das „Ganze Haus" durchaus Bekanntem, Vertrautem: der „Kleinfamilie".[35] Stets war zudem die Kleinfamilie neben dem „Ganzen Haus" verbreitet.[36] Beide Lebensformen[37] erweisen sich folglich nicht so sehr als Extrempunkte auf einer Skala unterschiedlicher Möglichkeiten mit kraß voneinander getrennter Binnenstruktur; vielmehr bewegen sie sich aufeinander zu, mit fließenden Übergängen. „Funktionsverlust" von Familie (= Ausgliederung von Familienfunktionen, die bisher die Binnenverfassung prägten) wird vor diesem Hintergrund als Hauptthema eines allgemeinen Klageliedes schnell ungeeignet. Die „ältere Kleinfamilie",[38] die vor allem in ärmeren Bevölkerungskreisen, bei Kleinbauern und Tagelöhnern, einkommensschwachen Handwerkern und Arbeitern alltäglich war, kann Schutz und Auskommen von vornherein nicht oder nur ganz unzureichend wahrgenommen haben. Not und Elend herrschten dort in besonders trauriger Eintracht.[39/40] Auch ihre Kennzeichnung als Produktionseinheit, in Einklang mit dem „Ganzen Haus",[41] trifft kaum die Sache: Was sollte dort schon produziert werden?[42]

4. Der „Schuldige" für die bejammerte Entwicklung, verantwortlich für die Zerschlagung der (vorindustriellen) Großfamilie, ihre Ablösung durch die am Endpunkt stehende „moderne Kleinfamilie", ist nach verbreiteter Überzeugung unschwer dingfest zu machen; gemeinhin wird auf einen entsprechenden Nachweis, der über die schlichte Anzeige hinausführt, daher auch nicht allzuviel argumentativer Aufwand verschwendet. Die arbeitsteilige, kapitalintensive, industrielle Produktionsweise entzog der alten, häuslichen Wirtschaft mit der Konkurrenzfähigkeit die materielle Basis, beseitigte sie schließlich überhaupt. Andere Lebensformen (und andere Formen des familiaren Zusammenlebens) wurden notwendig; der atomisierten, entfremdeten Produktion in der Fabrik entspricht die aufgesprengte Kleinfamilie. Sicher liegen diese Thesen nicht schlechthin neben der Sache; immerhin ist die zeitliche Koinzidenz beider Erscheinungen sofort auffällig, legt sachliche Verbindung nahe. Doch sind sie kurzschlüssig, vordergründig, spiegeln eher zufällig und am Rande ein Stück Wirklichkeit wider, wenigstens in ihrer gängigen Fassung, liefern kaum treffende und zureichende Erklärungen. Wiederum will ich mich kurz fassen, lediglich auf offensichtliche Unzulänglichkeiten hinlenken.

a) Sind „Großfamilie" und „Kleinfamilie" nebeneinander verbreitet, (und empirische Untersuchungen belegen ihr Nebeneinander),[43] sind für die *vor* einem Fixpunkt bereits vorhandenen, getrennten Entwicklungen eigene, besondere Ursprünge zu suchen, Ableitungen zu finden. Aufkommende Industrialisierung und entfremdete Arbeits- und Reproduktionsprozesse greifen als Erklärungsmuster sichtbar daneben. Hinweise auf frühe ähnliche Erscheinungen, auf Manufakturwirtschaft und Verlagssysteme, die immerhin beschränkte Marktgängigkeit der Güter[44] bereits herstellten, hauswirtschaftliche Idyllen sprengten, dann Auswirkungen auf die Familienstruktur nach sich zogen, sind eher als beiläufige Rückzugsgefechte zu werten, nicht als ehrlich gemeinte nachdrückliche Überzeugung.

Damit allein verliert der Ausgangssatz aber bereits viel von seiner schönen Griffig-keit.

b) Durch die (erste) industrielle Revolution wird sich die Gesamtzahl der „Fa-milien" (oder weitläufigen Verbände), die im „Ganzen Haus" oder in vergleich-baren, erweiterten Formen lebten, nicht einschneidend verändert haben.[45] Am bäuerlichen Lebensbereich liefen entsprechende Wandlungen nahezu spurlos vor-bei[46] (und gerade für diesen wichtigen Ausschnitt trifft wohl noch am ehesten die Beschreibung als „Ganzes Haus" zu). Nutznießer der einschneidenden ökonomi-schen Umwälzungen war praktisch allein das städtische Bürgertum – in Deutsch-land gelang es allerdings auch großen Teilen des Feudaladels, rechtzeitig auf den anrollenden Zug aufzuspringen –,[47] das sich als neue, wirtschaftliche Macht eta-blierte. Politisch dagegen blieb sein Einfluß gering,[48] stand zu den gebotenen oder erkämpfbaren Möglichkeiten in krassem, fast schon lächerlichem Mißverhältnis (anders etwa in Frankreich). Und, eine weitere deutsche Pikanterie: Verunsichert, perspektivlos – imitierte das „emanzipierte" Bürgertum in beträchtlichem Um-fang die Lebensweise und den Stil der (eben gerade nicht) Geschaßten, schlüpfte in die fremde Hülle.[49] Die Geschichte mancher Gründerfamilie und Kaufmanns-dynastie belegt diesen Prozeß eindrucksvoll. „Gerettet" ist damit die Großfamilie (diesmal adliger Prägung), nicht nur in ihren Äußerlichkeiten, als bloßer Rahmen, dem neue Inhalte eingepaßt werden; vielmehr bleibt auch die Binnenstruktur (weitgehend, das ist angesichts der technischen Fortschritte und historischen/ge-sellschaftlichen Umwälzungen selbstverständlich) unverändert erhalten, wie wie-derum Berichte über Macht und Verfall entsprechend organisierter Fabrikanten-, Industriellen- und Kaufmannsfamilien hinreichend verdeutlichen.[50]

c) Zum Teil sogar wird „die" aufkommende Industrialisierung nicht nur von unmittelbarer Verantwortlichkeit – als auslösender Faktor – für die Vernichtung des (wohlgemerkt) funktionstüchtigen „Ganzen Hauses" entlastet; vielmehr wird sie gerade mit der Ausbildung von neuen (familienförmigen) Schutz- und Solidar-gemeinschaften in Verbindung gebracht.[51] Tatsächlich sprechen manche guten Gründe für diese Annahme; Anonymität der notwendig mobil gewordenen, aus ihren Lebenszusammenhängen entwurzelten Arbeitskräfte, gleichartige Herkunft und ähnliches Schicksal drängen zu Zusammenhalt, Absicherung gegen drohende Gefahren, Organisierung eines gemeinsamen Lebens. Vielleicht sind „Gastarbei-terfamilien" bei uns gar nicht einmal so schlechte Beispiele für entsprechende Ver-läufe: Bittere Not bringt eben (oft) Solidarität hervor.[52]

d) Zudem sind räumliche Trennung der Familienmitglieder und völliges Ab-bröckeln oder gar Abbrechen der Verbindungen nicht selbstverständlich mitein-ander gleichzusetzen. Neuere Untersuchungen widerlegen die Mär von der allein auf sich gestellten, zersprengten Großstadtfamilie,[53] weisen die Häufigkeit und die Intensität von Kontakten gerade innerhalb der Verwandtengruppe über die Di-stanz hinweg nach;[54] regelmäßige gegenseitige Besuche, gemeinsam veranstaltete Festlichkeiten, erteilte Ratschläge und Ratersuchen bei wichtigen Entscheidun-gen, Kinderbetreuung und Haushaltshilfe belegen die Dichte im Beziehungsge-flecht.[55] Für jeden von uns sind doch inzwischen Bilder von (sonst alleinlebenden)

Großmüttern, die ihr Enkelkind aus dem Kindergarten abholen, versorgen, bis die Mutter abends von der Arbeit nach Hause kommt, von Großvätern, die so lange dort werkeln und reparieren, von (vielleicht sogar weitläufigen) Onkeln und Vettern, die miteinander Freizeit und Urlaub verbringen,[56] längst vertraut geworden. Informelle, oft zunächst zufällige und auf einzelne Lebensausschnitte und Interessen bezogene Annäherungen an Nachbarn, Arbeitskollegen und sonstige Freunde und Bekannte tun ein übriges, das um die separierte Kleinfamilie gespannte Netz fester, haltbarer zu flechten. Gerade diese aufgelockerten Gruppierungen tragen den Keim zu einer neuen Verdichtung in sich, als Wohngemeinschaft, Kollektiv,[57] „Großfamilie".

e) Schließlich sind jammernde Wehklagen über den „Funktionsverlust" von Familie von vornherein nur berechtigt,[58] wenn
– Funktionen tatsächlich verloren werden (und das ist auf weiten Strecken nicht der Fall, weil manche wichtigen Aufgaben der Familie zwar zugeschrieben, zu keinem fixierbaren Zeitpunkt dort aber wahrgenommen wurden);
– Funktionen ausgelagert sind, ohne daß ein anderer, tüchtiger Träger in Sicht wäre (immerhin werden die Verpflichtungen, die in Rede stehen, heute – wenigstens weitgehend – von eigens gegründeten, spezialisierten Instanzen erledigt. Mit allen Vorbehalten: Als Kind, Kranker, Einkommensloser, Altgewordener, Verlassener möchte ich auf unsere Systeme sozialer Sicherung und sozialer Leistung nicht verzichten, stattdessen der Fürsorge der „Familie" vertrauen);
– Familie nach entsprechender Entlastung als leere Hülle dasteht (bei einer Durchsicht wird sich zeigen, in welchen Bereichen wichtige, – vielleicht zuvor durch andere Bürden verschüttete – Aufgaben für die „Familie" angesiedelt sind); nicht die Möglichkeit bestände, eigene Lebensvorstellungen durchzusetzen, zu verwirklichen. Umgekehrt: wenn eine hilflose Auslieferung an bestimmte Formen des Zusammenseins zwangsläufig wäre, ohne realisierbare Aussichten auf Veränderung von innen und durch Ausbruch; gerade für diesen Ausschnitt sehe ich allerdings ganz außerordentliche Chancen,[59] Chancen, die auf der „Funktionsentlastung" der Familie, ihrer „Individualisierung" gerade aufbauen. Partnerschaft wird erst in der befreiten Verbindung zum zerbrechlichen, doch wertvollen und erfüllenden Bündnis, angewiesen auf Vertrauen, getragen von individuellen Glücks- und Verwirklichungsstreben, gelöst von harschen materiellen Zwängen, scheinbar objektiven – damit verbindlichen – Vorgegebenheiten;[60] persönliche Verantwortlichkeit und persönliche Bereitschaft, sich auf den anderen einzulassen, für dessen Zufriedenheit und Glück einzustehen, werden prägende, dann allein entscheidende Faktoren. Sicher wird auch Scheitern wahrscheinlicher und als ganz eigenes Versagen empfunden schmerzlicher. Doch tragen gerade die starke Befangenheit der eingebrachten Person, die (nahezu) unbeschränkte Zuständigkeit zu selbstbestimmter, verantworteter Gestaltung der auf autonomen Entschluß gegründeten Beziehung wesentliche emanzipatorische Tendenzen in sich, weisen über den engen Rahmen hinaus. Philemon und Baucis im stillen Glück im Winkel, ohne Bezug zur Welt, verloren in ihrer „privaten" Nische, abgekapselt aus der „Öffentlichkeit", drängen sich zwar (vielleicht) zunächst in die Vorstel-

lung, sind aber schnell auszumachen als häßliches Zerrbild[61] kleinfamilialer Wirklichkeit, nicht als notwendige Folge.

f) Résumé.

Was bleibt von den Thesen von der „Kontraktion" der Familie im industriellen Zeitalter, ihrer Verengung auf die „moderne Kleinfamilie", dem damit verbundenen „Funktionsverlust"? Widerlegt ist jedenfalls die schlichte Behauptung der Monokausalität = Industrialisierung als allein verantwortlicher Faktor für die Ausbildung der Kleinfamilie; vielmehr sind stets mehrere Formen familialen Zusammenlebens nebeneinander verbreitet, wobei sich die Klassenschichtung einer Gesellschaft als grobe, aber durchaus aussagekräftige Anknüpfung erweist. Typisch für die oberen Schichten waren/sind die verschiedenen Abarten der erweiterten Familie – dort ist/war auch, mit Einschränkungen, das „Ganze Haus" Realität –, während bei den unteren Schichten die Kleinfamilie überwiegt. An diesem Grundmuster ändert auch die aufkommende Industrialisierung nichts wesentliches; Industrialisierungsprozesse finden die Kleinfamilie als weithin übliche Lebensform längst schon vor, tragen selbst nur wenig zur Zerschlagung des „Ganzen Hauses"[62] bei, wenn diese Zerschlagung mit numerischen Daten gemessen wird. Verändert hat sich hingegen die kulturelle Dominanz;[63] große Massen bisher eben weitgehend Unbeachteter, Vergessener sind aus dem Schatten getreten, der sie umhüllte, verlangen Aufmerksamkeit und Interesse für ihre Lebensart, ihre Arbeitsorganisation und die bei ihnen vorherrschende Familienform,[64] erlangen endlich das Gewicht, das ihnen zukommt.

Funktionsverlust von Familie ist sicher ein Fakt; doch sind Klagerufe unbegründet, weil die ausgelagerten Funktionen von Außeninstanzen übernommen, dort meist zureichend erfüllt werden, wichtige (nun veränderte) Aufgaben ohnehin stets der Familie vorbehalten bleiben (oder dort erfüllt werden können), zudem diese Entlastung wichtige Freiräume zur Selbstentfaltung und Selbstverwirklichung erst schafft (oder wenigstens offenhält), ein verheißungsvoller Ausblick.

III. Die „moderne Kleinfamilie", ihre Struktur und ihre Funktionen.

Über die Leistungsfähigkeit der modernen Kleinfamilie, ihre Zulänglichkeit oder ihr Versagen bei der Erfüllung notwendiger Aufgaben und Lasten, bestehen stark voneinander divergierende Auffassungen, eben gerade auch auf einer Wertungsebene (die nicht stets nur eine Parallele zur Tatsachenebene abgibt). Hinter dem Satz: „Die . . . Rechtsgeschichte der Familie ist die Geschichte ihrer Zersetzung" ist unschwer – nicht so sehr Faktenermittlung, vielmehr – ein gerüttelt' Maß an undifferenzierter Enttäuschung, verbitterter Resignation auszumachen (und hinter den von mir – sehr knapp – entwickelten Einschätzungen ebenso unschwer das „Prinzip Hoffnung"). Transparenter, faßbarer werden entsprechende Äußerungen vielleicht, wenn sie in ihrer (komplexen) Abhängigkeit von der besonderen

Fragestellung, diese wieder bedingt durch die Grundausrichtung des jeweiligen Forschungsansatzes gesehen werden, das Erkenntnisinteresse und die durch vielfältige Einflüsse geprägte Einstellung zum Phänomen „Familie" und ihrer Einbindung in die Gesellschaft. Um mit einem einfachen Beispiel zu beginnen: Wer den richtigen Ort für die Betätigung der Frau und Ehefrau in Küche und Kinderstube sieht, wird für Frauenarbeit außer Haus und flankierende Maßnahmen wie Tagesmüttermodelle, Kindergärten, Vorschulerziehung wenig Verständnis haben, sie als „schlimme Entartung" geißeln. Wer – etwas weniger schlicht – Familie als Fluchtpunkt aus dem Übel der Welt feiert (hat eine schlechte Meinung über die Möglichkeiten praktischen Lebens und), wird für staatlichen Einfluß bei der Kindererziehung – der eben einen Bezug zur Öffentlichkeit wiederherstellt – vor allem Ablehnung und Verachtung aufbringen. Wer schließlich umgekehrt staatliche Maßnahmen und Hilfen in jedem einzelnen Aspekt nur als Deckmäntelchen für die Niedertracht allmächtiger Instanzen nach Art des Leviathan, bestenfalls als Krisenverwaltung ansieht, verstellt sich von vornherein den Blick für reformerische Linien und deren Chancen. Wer Familie als systemerhaltenden „Transmissionsriemen" zwischen Gesellschaft und Individuum einspannt, muß notwendig andere Vorstellungen von ihr, aber auch von der Gesellschaft und ihren Mitgliedern haben als ein Betrachter, der gerade diese Übertragung in ihrem schönen, flüssigen Funktionieren für äußerst gefährlich hält.

Für eine knappe Übersicht über den familiensoziologischen Stand der Dinge ist eine grobe Dreiteilung vielleicht einleuchtend. Sie soll behandeln 1. Familie als Institution, 2. Familie als gesellschaftliches Subsystem (im wesentlichen systemtheoretisch geprägt) und 3. materialistische Erklärungsansätze[65] (mit einer Zweiteilung in Familiensoziologie und Familienrechtstheorie). „Der Erkenntnis der sozialen Struktur der Familie kommt . . . für das Familienrecht besondere Bedeutung zu. Die Familienrechtswissenschaft muß die Grundlehren der Familiensoziologie kennen und verarbeiten"[66] (und Transferprobleme berücksichtigen).

1. Familie als Institution. Schelsky.

a) Exemplarisch für eine institutionalistische Betrachtung von Familie mit selbstverständlichen Folgerungen für familiale Leistungen und Aufgaben sollen die Arbeiten von Schelsky (vor allem „Wandlungen der deutschen Familie in der Gegenwart")[67] vorgestellt und eingeordnet werden; ihr Einfluß auch heute ist kaum abzuschätzen,[68] selbst wenn ihr Konzept (Familienprotokolle) zumindest bei Fachvertretern nachdrücklich nur noch selten verfolgt wird. Namentlich wegen der engen Affinität des Forschungsansatzes („Institutionalismus") zu rechtswissenschaftlichen Entwürfen und Gebräuchen („Familie als Institution") erscheint mir eine kritische Durchsicht zudem besonders geboten.

Schelsky's Arbeiten und Methoden sind in engem Zusammenhang mit den geschichtlichen und politischen Ereignissen zu sehen, die unmittelbar vorausgingen (selbst Thema werden): die Katastrophe des deutschen Zusammenbruchs 1945,

nach der Katastrophe des Hitler-Faschismus,[69] die – scheinbare! – Orientierungslosigkeit und Zerbrochenheit einer – ebenso scheinbaren – in jeder Hinsicht aus
den Fugen geratenen, zertrümmerten Gesellschaft. Auf der Suche nach der verlorenen Stabilität[70] entdeckt Schelsky – eben die Familie, die sich dem allgemeinen
Niedergang entgegenstemmt, sich in eine bessere Zukunft rettet, eigene Werthaftigkeit enthält.[71] Andererseits räumt Schelsky den fordernden Charakter seiner
Untersuchungen ein, die damit zu einem Teil nicht Wirklichkeit wiederspiegeln,
vielmehr Bekenntnisform annehmen. In dieser Beschränkung trifft er sich mit
W. H. Riehl; auch Schelsky hat durchaus politische/„praktische" Ziele im Auge,
die „Restaurierung und Stabilisierung der Familie in der Gesellschaft".[72] Vehikel
für eine entsprechende Stabilisierung der Familie wird ihre Erhöhung zur „Institution" (für die Begriffsbildung steht Schelsky wohl der Konzeption von Gehlen
am nächsten, ohne allerdings sonstige Bruchstücke zu verschmähen).[73] Abgeleitet
wird die Verdichtung bestimmter Teilbereiche oder existentieller Teilbedürfnisse
aus anthropologischen Vorgegebenheiten, „der Natur des Menschen".[74] Institutionen sind „die großen bewahrenden und verzehrenden, uns weit überdauernden
Ordnungen und Verhängnisse",[75] die Halt und Sicherheit gewähren,[76] andererseits selbst gegen Wandel abgeschirmt sind. Damit rückt eine doppelte Funktion
in den Mittelpunkt: Entlastung von stets neu zu treffenden Entscheidungen *und*
Freisetzung des nun verfügbaren Antriebsüberschusses.[77] Entlastung durch Institutionalisierung wird bei Schelsky[78] allerdings schnell auf eine mindere Ebene
heruntergespannt. Institutionen befriedigen „Minimalansprüche vitaler, biolo-
gisch-determinierter Grundbedürfnisse", dienen zur „Dauerbefriedigung der
künstlichen, abgeleiteten Bedürfnisse" und „wirken formend und führend sowohl
auf die abgeleiteten als auch auf die vitalen Bedürfnisse zurück" (die sich damit
als banal, trivial oder inferior[79] darstellen). Die Einschätzung von Rosenbaum,
Schelsky's Institutionen bezögen sich in ihrem Entlastungsaspekt vornehmlich auf
die „kleinen Seelen", während die Freisetzung schöpferischer Energie „den großen Männern" vorbehalten sei, trifft leider wohl den Kern.[80] Für die Menge und
den Durchschnitt bleibt der innere Aufschwung der Person uneingelöstes Versprechen;[81] die Konzeption insgesamt erweist sich als elitär. Der Blick zurück –
„Kräfte der Beharrung und Behauptung"[82] – verstärkt diese Wirkung noch. Immerhin eher zweifelhafte Erscheinungen wie mangelndes Realitätsbewußtsein,
Isolierung, politisches Desinteresse bis hin zur Apathie[83] werden bei Schelsky folgerichtig positiv beurteilt; sie koppeln die Institution Familie von gesamtgesellschaftlichen Entwicklungen ab, sichern den Binnenbestand. Ganz konkret:
Emanzipation und Berufstätigkeit der Frau[84] gefährden den gesonderten Hort,
liefern ihn den Zügen und Strömen der Zeit aus, reißen „ihn in die Spannungen
zwischen primären und abstrakten Sozialbeziehungen" hinein,[85] zerstören den
„seelischen Untergrund für ihre (sc. der Frau) Verhaltensweisen", die bisher eben
verwurzelt waren in den „Intimbeziehungen der kleinen familiären Gruppe".[86]
„Die vom außerfamiliären Beruf beider Ehegatten erfüllte Ehe ist vielleicht die
schärfste Reduzierung der Familie auf ihre Solidaritätsfunktionen",[87] womit
sachliche Unterstützung, verdinglichte Hilfe, Kühle gemeint sind, die der „Sphäre

persönlicher Vertrautheit und Fürsorge, der Isolierung der Häuslichkeit als eines in sich geschlossenen, eigenlebigen Daseinsbereichs gegenüber der Berufswelt und der Ergänzung und damit Erweiterung der Daseinsformen der Ehepartner"[88] als Schreckbild gegenübergestellt werden. Die Harmonisierung des Innenraumes dient als Kunstgriff, die Außenwelt als gefährlich zu verdunkeln;[89] die aufgetragenen lichten Farben für Innen lassen das Außen zusätzlich düster und unbehaust erscheinen. Vor der „affektsperrenden Sachlichkeit", der „kalten Disziplin", der Un-Ordnung des außerfamiliären Lebens wird die Familie in ihrer „mitfühlenden, auflockernden und menschlich warmen Atmosphäre"[90] zur Fluchtburg der Geborgenheit, zum Hort wahrer Menschlichkeit.[91] Öffentlichkeit (der gesamte Raum außerhalb der Familie) und Privatheit (identifiziert mit Familie) sind strikt voneinander getrennte Bereiche, ohne Vermittlung, mit je unterschiedlichen Formen von Autorität. Der „natürlichen" Autorität in der Familie – und gerade in der Entwicklung natürlicher Autorität liegt eine ihrer wichtigsten Leistungen – wird die „abstrakte Autorität" der Gesellschaft entgegengehalten.[92] Als Parallele zur bekannten Dichotomie Gemeinschaft/Gesellschaft taucht bei Schelsky das verwandte Paar Familie/Gesellschaft auf.[93] Die Harmonisierung der Innenwelt, die Angst vor der Kälte draußen sind, das ergaben schon die knappen Angaben zu Riehl und zur Entwicklung im „Ganzen Haus", gleichzeitig Idylle und Zerrbild.

Doch auch empirisch stehen Schelsky's Untersuchungen auf schwachen Füßen.[94] Sie stützen sich auf eine nicht allzu große Zahl von Familienmonographien, für sich schon ein angreifbares Verfahren. Stark überrepräsentiert sind zudem Flüchtlingsfamilien. Durch diese Auswahl werden Not und Entwurzelung als Schicksal allein bestimmend; die Wirklichkeit jedoch sah anders aus, vielfältiger. Vorübergehende Erscheinungen – und dieser Charakter erwies sich ungeahnt schnell – sind zur langfristigen Krise umgeformt; an einer Dauerkrise richten sich Schelsky's Erwartungen und Aussagen[95] insgesamt aus. Sie zielen daher daneben, wenn die Prognose den tatsächlichen Verlauf verfehlt (was eben eintrat). Ohne jedes Gespür bleibt Schelsky schließlich für klassen- oder schichtspezifische Eigenheiten der Familienstruktur, ein Mangel, der vor der äußerlich/einebnenden Notsituation vielleicht verständlich, angesichts der unübersehbaren gegenläufigen Tendenzen, der dann bald abgeschlossenen Restauration der (eben doch nicht im Kern getroffenen) Gesellschaft gleichwohl gravierend ist.[96] Stattdessen entwirft er das rasch zum gedankenlosen Klischee verkürzte, zum billigen Schlagwort im politischen Alltagsgeschäft verkommene Bild der „nivellierten Mittelstandsgesellschaft".[97] „Deshalb ist diese nivelliert mittelständische Gesellschaft nicht mehr von der Struktur der jeweiligen Sozialschichtung her zu verstehen, sondern sie ist wesentlich von ihrer Mobilität, von den sozialen Auf- und Abstiegsprozessen und der ihnen zugehörigen Mentalität her zu begreifen."[98]

b) Das von Schelsky vorgestellte dualistische Schema – Familie/Gesellschaft, Öffentlichkeit/Privatheit – verdeckt die stets vorhandenen Wechselbeziehungen zwischen den einzelnen Bereichen und Entwicklungen einer Gesellschaft, erweckt den äußeren Anschein, es gäbe unbeeinflußte, aus sich heraus lebende, nischenhafte Freiräume; dieser Anschein trügt. Schon für Schelsky war zunächst die Kennzeichnung der Familie als (gesellschaftliche) „Institution" ein Mittel, ihre Verschränktheit mit gesellschaftlichen Abläufen und ihre Abhängigkeit (mit möglichen Rückwirkungen) zu erfassen und zu beschreiben – „auf diese den Zusammenhang des Gesellschaftsaufbaus stabilisierende Ordnung der Gebilde, die sich in ihrer besonderen Dauerhaftigkeit und ihrer hierarchischen Zuordnung zueinander ausdrückt, zielt nun der soziologische Begriff der Institution".[99] In der Folge geht diese Einsicht verloren; Familie gewinnt Eigengewicht gegenüber der Gesellschaft.

Höchst gefährlich sind die politischen Auswirkungen der von Schelsky vorgenommenen krassen Zweiteilung. Die Außenwelt wird dargestellt als gefährliche, bedrohende, unmenschliche Wüstenei, während familiales Innen gleichgesetzt ist mit Harmonie, Glück, Menschsein schlechthin. Die Dämonisierung alles Öffentlichen – ein politisch' Lied, ein garstig' Lied – muß Desinteresse und Abwendung fast selbstverständlich nach sich ziehen. Neben diesem Aspekt der Notwendigkeit trägt die Flucht in die Idylle allerdings auch häßliche Züge der Unfreiheit: Die bürokratisierten Superstrukturen (der „öffentlichen Zone") werden als undurchdringbar und unüberschaubar verstanden; sie entziehen sich jedem Einfluß, jedem Versuch einer Veränderung und Gestaltung durch Schöpfungskraft und Erfindungsgabe der Menschen. Letztlich erweist sich Schelsky's Auffassung damit als zutiefst undemokratisch *und* pessimistisch;[100] sie stabilisiert Macht, Herrschaft und Autorität,[101] stellt sich zudem blind und taub gegenüber ihrem Tun. Selbst für die „Ausbeutung" der Familie durch die Gesellschaft hat Schelsky nur betroffenes Klagen übrig, ohne Erklärung, ohne Hoffnung und ohne Perspektive.

„Das Verhältnis der modernen Gesellschaft zur Familie ist das eines Unternehmens, das dauernd vom Kapital zehrt. Man hat schon des öfteren darauf hingewiesen, daß die Verhaltensweisen und Gesinnungen, die bisher den Bestand und den Gang der bürokratischen und industriellen Gesellschaftsordnungen ermöglichten, aus vorindustrieller Zeit stammen und ihre Wurzeln in den Institutionen der kleinen Gruppen haben, deren Grundlage wiederum die Industrie und Bürokratie zunehmend abbaut und vernichtet. Die wichtigste dieser Institutionen ist die Familie, und ihre Stellung in der Gesellschaft bildet den Kern dieser Problematik des Menschen in der modernen Zivilisation."[102]

Sexualität (vor allem weibliche) ist für Schelsky eine besorgniserregende Erscheinung; er spricht von der erschütternden und verderblichen Wirkung der Kinsey-Reporte. „Genauso wie die Soldaten in Korea (? P. F.)[103] werden Tausende von Frauen jetzt die ehelichen Schwierigkeiten, die sie sonst noch vielleicht als relativ selbstverständliches Eheschicksal hingenommen hätten, im Lichte der Statistiken der Kinsey-Reporte interpretieren und nun endlich wissen, was in ihrer Ehe anders sein könnte oder müßte."[104]

c) Institutionalistische Konzepte unterschiedlicher Form sind auch in rechtswissenschaftlichen Varianten beliebt und verbreitet, gerade für das Familienrecht[105] (oft allerdings eher schlicht; qua Auslegung wird aus der „Institution" entnommen, was ihr zuvor stillschweigend eingelegt wurde). Schelsky selbst weist ausdrücklich auf die Nähe beider Ansätze hin:

„Die soziologische und die juristische Theorie der Institution zielen beide auf die eigentümlichen Wesenszüge der Dauer und Kontinuität, der Stabilität und Harmonie eines Sozialgebildes im Bestand einer Gesellschaftsordnung und auf die damit verbundenen gesellschaftlichen Verhaltensweisen, aber sie nähern sich diesen Erscheinungen sozusagen von verschiedenen Seiten."[106]

Auf die Rechtsprechung des BGH zu § 48 II EheG 1946/1961 bin ich einleitend bereits eingegangen;[107] sie beruft sich auf das „Wesen" von Ehe und Familie, auf „Sittlichkeit", auf „Bindung" der Eheleute, setzt damit Denken in vorgegebenen Ordnungen (= Institutionen) an die Stelle von freiheitlichem Kontraktdenken.[108] Entsprechende Ansätze werden noch häufig begegnen, an unterschiedlicher Stelle, sind dann zu kennzeichnen und zu entmachten.[109]

2. Familie als System.

a) René König.

Einflußreicher noch als Schelsky, prägender für den Forschungsstand der deutschen Familiensoziologie nach dem 2. Weltkrieg ist wohl René König in seinen verschiedenen Arbeiten. Die Ansätze und Konzepte wechseln dabei von Zeit zu Zeit, werden verändert, ausgetauscht, oft ohne ausdrückliche Markierung. Dem damit erzielten Gewinn (Vielseitigkeit) steht leider auch manche herbe Einbuße gegenüber (fehlende Abstimmung der einzelnen Versatzstücke aufeinander);[110] selbst heftige Vorwürfe (Eklektizismus, Verwirrung,[111] Brüche) werden laut. Jedenfalls ist König's Position nicht immer einfach zu erfassen;[112] insbesondere wechseln Makro- und Mikroebene häufig, fast unentwirrbar, ab.

Zwei „Grundbetrachtungsweisen" der Familie entwirft König:[113]

„a) die Familie in gesamtgesellschaftlicher Betrachtung, d.h. sowohl in Bezug auf den gesamtgesellschaftlichen Zusammenhang wie in Bezug auf die Teilsysteme der Gesamtgesellschaft (z.B. Staat, Gemeinde, Wirtschaft, Politik, öffentliche Meinung, allgemeine sozialkulturelle Leitideen usf.) und
b) die Familie als eigenes System, d.h. als Kleingruppe mit ihrer Struktur und ihren Funktionen."[114]

Zugewiesen sind die Erklärungsmuster dem makrosoziologischen (Verhältnis Familie – Gesellschaft) bzw. dem mikrosoziologischen (Binnenbeziehung in der Familie) Teilbereich; beide Bereiche stehen (zunächst wenigstens) unvermittelt Seite an Seite.[115] Ein Einigungsvorschlag bleibt eher dunkel[116] (oder wiederholt lediglich die Aufgabe):

„Letztlich können die wirklichen Verhältnisse in einem gegebenen Familientyp einzig und allein durch die Interaktionen der verschiedenen Familienmitglieder untereinander erfaßt werden,[117] weshalb die strukturell-funktionale Analyse unbedingt der Ergänzung durch die

Interaktionsanalyse bedarf. Insofern als Interaktionen und ihre Häufigkeit ein wichtiger Maßstab bei der Identifizierung von Gruppen darstellen, leitet der interaktionistische Ansatz kontinuierlich über zu einer Gruppentheorie der Familie,[118] die unseres Erachtens die glücklichste Form der Verbindung aller gesamtgesellschaftlichen mit den strukturell-funktionalen Betrachtungsweisen darstellt, insofern der Begriff „Gruppe" allen gleichmäßig angehört und es damit gewissermaßen (? P. F.) erlaubt, familiensoziologische Probleme auf einer Ebene mit einer Fülle anderer soziologischer Probleme abzuhandeln; selbst die Kleingruppentheorie kann mit ihren Ergebnissen hier herangezogen werden . . .

Damit ist gewissermaßen (? P. F.) der Kreis am engsten gezogen, obwohl deutlich gesagt werden muß, daß diese Betrachtungsweise keinesfalls an mikrosoziologischer Beschränktheit leidet, was insbesondere deutlich wird, wenn man an die theoretischen Voraussetzungen des Interaktionismus in der Familiensoziologie denkt. . . . Damit ist wohl schlagend klargemacht, daß in dieser Konzeption nicht nur die Gruppenproblematik, sondern gleichzeitig die Frage nach dem Aufbau der sozial-kulturellen Person in einem gegebenen gesamtgesellschaftlichen Rahmen und die Relation der Familiengruppe zu den anderen sozialen Systemen und schließlich zur Gesamtgesellschaft behandelt wird."

Der ausgewiesene Methodenpluralismus ist beachtlich; nebeneinander tauchen strukturell-funktionale und interaktionistische Gesichtspunkte auf, gleichzeitig soll – über die „Gruppentheorie", da in ihr „gesamtgesellschaftliche Betrachtungsweisen" mit strukturell-funktionalen bzw. interaktionistischen Ausschnitten vereint sind[119] – der Bezug zur Gesellschaft geschaffen, Familie in ihrer Abhängigkeit von einer bestimmten gesellschaftlichen Wirklichkeit verstanden werden.[119] Im weiteren praktischen Verlauf löst König seine Versprechen allerdings nicht ein. Der Absicht, angesichts der bisher fast ausschließlich auf die Mikroebene der Familie eingeblendeten Raster nun der Makroebene erhöhte Aufmerksamkeit zu widmen,[120] folgen nach knapper Skizzierung „einiger makrosoziologischer Erklärungsansätze" durchgängig Untersuchungen mit mikrosoziologischer Fragestellung. Mehr noch: Im späteren Gang der Untersuchungen gerät nicht nur die eigene Grundüberzeugung zunehmend aus dem Blickfeld, sie kehrt sich sogar um; Familie wird nicht mehr als gesellschaftliche Erscheinung begriffen, vielmehr ihr gerade entgegengesetzt, als verhältnismäßig (? P. F.) autonomer Bereich.[121] Dabei wird die Wertung nicht auf die fast krankhafte Entartung, die „Desintegration der Familie",[122] beschränkt,[123] vielmehr allgemein angebracht. Andererseits, wiederum:

„Die Familie geht mit der Gesellschaft, d. h. jede Gesellschaft hat die Familie, die unter bestimmten sozialgeschichtlichen Voraussetzungen zu ihr gehört; dementsprechend entscheidet es sich aus den gesamtgesellschaftlichen Verhältnissen, wie sich die Beziehung der Familie zum gesamtgesellschaftlichen Prozeß darstellt."[124]

König wählt für die Entwicklung der „Makrosoziologie der Familie" als Themenkreise[125] „1. Familie und Gesellschaft, 2. Der Institutionalismus, 3. Wirtschaft und Familie, 4. Massenkommunikation und Familie".[126] Überrascht nimmt der Leser die Einstellung des Institutionalismus in diesen Katalog zur Kenntnis, und ebenso überrascht die mitgelieferte Begründung:

Der „gesamtgesellschaftliche Zusammenhang kann gar nicht ausgeschaltet werden, insofern als alle sozialen Institutionen miteinander zusammenhängen. In dieser Hinsicht ist die institutionalistische Analyse nicht nur die früher vorwaltende Art gesamtgesellschaftlicher Betrachtungsweise der Familie, sondern auch gewissermaßen (? P. F.) die verbreitetste, und das in einem solchen Ausmaß, daß man sich ihrer Eigenart oft gar nicht bewußt geworden ist".[127]

Das ist, mit Verlaub, eher platt;[128] aus der Verbreitung einer bestimmten Erscheinung folgt für ihre Funktion und ihre Struktur noch gar nichts.[129] Unter der Überschrift „Wirtschaft und Familie" (einem „Paradepferd der Familiensoziologie")[130] wendet sich König der Veränderung der familialen Binnenverfassung – Stichwort: Autoritätsverlust – durch das immer umfassender werdende Phänomen der „Lohnabhängigkeit"[131] zu, knüpft an an Mitscherlich's traurige Wegparole von der „vaterlosen Gesellschaft" (die „Tatsache der Lohnabhängigkeit sei verantwortlich für den Schwund der väterlichen Autorität in der modernen Familienwirklichkeit und Familienkonzeption"),[132] um ihr Horkheimers[133] Alternative, übrigens in der gleichen Möglichkeitsform, entgegenzusetzen („der in der Wirtschaft lohnabhängig gewordene Vater entschädige sich für seine entgangene Selbständigkeit in der Familie, trumpfe nun dort gerade auf"),[134] entwirft schließlich ein Arbeitsprogramm, das Stellungnahmen zu W. H. Riehl, der Entwicklung im Wilhelminischen Reich und in der Weimarer Zeit fordert und zusagt, immer im vagen Konjunktiv, zieht sich dann allerdings bald zurück („bisher liegt noch kaum Forschung zu dieser Fragestellung vor, so daß von nicht mehr als Vermutungen gesprochen werden kann",[135] eine wohl eher ausweichende[136] Behauptung).

„Bestenfalls wird soviel klar, daß vor der Frage nach dem Grad der politischen Mündigkeit oder Unmündigkeit die nach der Lohnabhängigkeit vielleicht (? P. F.) von mehr sekundärer Bedeutung ist."[137]
„Vielleicht (? P. F.) besteht ein viel engeres Verhältnis zwischen Herrschaftssystem und väterlicher Autorität als zwischen Wirtschaft und väterlicher Autorität, und zwar in Form einer eigentlichen Pluralität, indem einer politischen Entmündigung ein starker innerfamilialer Autoritarismus entspricht (was ist Ursache? was Wirkung? P. F.) und umgekehrt politische Mündigkeit eine Lockerung der väterlichen Autorität zur Folge hat"[138] (wiederum: Ursache? Wirkung?). Wer nun allerdings eine Auseinandersetzung mit den Thesen von Horkheimer („Autorität und Familie") und Adorno („Der autoritäre Charakter")[139] oder auch nur mit schichten- oder klassenspezifischen Sozialisationstheorien („Autorität in der Familie")[140] erwartet, sieht sich enttäuscht. Abrupt dreht König sich ab, behandelt „Armut und Familie", „Bedeutung der weiblichen Erwerbstätigkeit für die Familie", „Familieneinkommen".[141] Die eigentümliche, doppelte Verkürzung in König's Ansatz wird allerdings schnell verständlich: 1. „Wirtschaft" wird als tendenziell unveränderlicher Orientierungspunkt, als vorgegebenes Datum angesehen; dann ist es nur konsequent, einleug den Einflüssen dieses gesellschaftlichen Subsystems auf das Subsystem „Familie" nachzuspüren, Familie in ihrer „vielfältigen Interdependenz mit der als Totalität verstandenen Gesellschaft"[142] gar nicht erst zum Thema werden zu lassen. „Die makrosoziologische Betrachtung reduziert sich bei König infolgedessen überwiegend auf die Deskription bestimmter Wirkungen eines Partialbereiches (z. B. Wirtschaft, Massenkommunikation, Staat, öffentliche Meinung usw.)

auf einen anderen Partialbereich."[143] 2. Da „Wirtschaft" als Erscheinung weitgehend unerklärt bleibt, ist König's zweite Verkleinerung auf die schließlich tatsächlich nachgewiesenen Zusammenhänge – Familieneinkommen, Haushaltsbudget, „Armut" bestimmen das Leben in der Familie – zwangsläufig, entwertet das Gesamtkonzept jedoch endgültig (damit ist über die Richtigkeit der Ergebnisse im einzelnen natürlich nichts gesagt).[144]

„Massenkommunikation und Familie" behandelt die Ausbildung (oder Verbildung) „sozialmoralischer Leitideen" in der Familie,[145] die Funktion der Massenkommunikationsmittel als der elterlichen Macht parallele Sozialisationsinstanzen (eine eminent wichtige und folgenreiche Aufgabe).

„Die Vorstellungen von Liebe und Geschlechtsleben, von Ehe, Familie, Kindererziehung, Jugend und Alter werden in den fortgeschrittenen Industriegesellschaften von den institutionalisierten Medien der Massenkommunikation berührt, und zwar sowohl in ihrer positiven Gestaltungsmöglichkeiten wie in den Grenzen des Möglichen oder Erlaubten."[146]

In diesem Ausschnitt mag die Eindimensionalität[147] der Untersuchungen Erkenntnisse wenigstens nicht behindern, unschädlich sein (immerhin bleibt die Orientierung der Massenkommunikationsmittel auf den – nur vorgeblichen? – Publikumsgeschmack als Gegenlinie festzuhalten, mit der Folge gegenseitiger Verschränkung),[148] im einleitenden Kapitel „Familie und Gesellschaft" ist sie es nicht, wirkt dort ärgerlich und deplaciert. König's Interesse konzentriert sich ausschließlich auf mögliche staatliche Einflußnahme durch Gesetze;[149] durch den Erlaß von Gesetzen im familienrechtlichen Bereich ändere sich die Verfassung der Familie (sicher, P. F.; doch wird die Frage nicht einmal aufgeworfen, welche Einflüsse sich zu Änderungen von Gesetzen zusammenfinden, welche Kräfte sich entfalten). Betroffen sind nicht allein die internen Beziehungen, vielmehr auch die Außenkontakte („externe Beziehungen")[150] mit anderen Gruppen – die Familie wird zu einer (gesetzlich festgeschriebenen!) „Institution".[151] Da Recht (als Gesetz) dispositiv in die Zukunft vorgreift, können ihm allerdings „nach Erkenntnis besonderer Schwierigkeiten der Familie in der Gegenwart, im Interesse des „Familienschutzes" neue Aufgaben auferlegt werden, die entweder direkt im Familienrecht ihren Niederschlag finden oder aber sich in anderen Teilen des Rechts niederschlagen, die indirekt am Familienschutz mitwirken[152]" (Kündigungsschutz, Arbeitszeitregelung, Mutterschutz, Sozialversicherung usw.). Die Grenzen staatlicher Tätigkeit werden beschworen – „die alte Frage nach den Grenzen der Wirksamkeit des Staates und damit der Rechtssphäre" –,[153] aber ihr Verlauf wird nicht angegeben, nicht einmal näherungsweise. König vertraut offensichtlich (geheimnisvollen) Kräften des Brauchtums – „kann auf die Dauer nichts ausrichten, weil . . . hier die Sitte überlegen ist" –,[154] der sich selbst gegen staatliche Machtansprüche abschirmenden Privatsphäre.

„Außerdem stehen dem auch gewisse (? P. F.) Wertideen entgegen, die der Privatsphäre eine größere Bedeutung einräumen als früher. So zeigt sich auch entsprechend eine Rückläufigkeit dieser Art von Regelungen in den modernen Gesetzgebungswerken."[155]

Die folgenden schlichten Beschreibungen stehen in besonders bedrückendem Zwielicht; der Mangel scheint mir allerdings symptomatisch. Der gewählte Ansatz trägt die Gefahr in sich, das jeweils Bestehende abzusichern und zu rechtfertigen.

„Ein weiterer Eingriff des Staates entwickelt sich über die Ehegesetzgebung bei besonderen Rechtsmaßnahmen im Dienste der Bevölkerungspolitik, im Sinne einer eugenischen Politik und der Bevölkerungsvermehrung. In Deutschland traten diese Fragen während des Nationalsozialismus besonders kraß hervor. Ähnliches findet sich in der Sowjetunion, in der DDR, in Belgien, Frankreich, Schweden u. a. (sozialistischen und nicht-sozialistischen) Ländern jeweils unter anderen Voraussetzungen. Dabei sind manchmal (! P. F.) die Grenzen zwischen sinnvollen und übertriebenen (! P. F.) staatlichen Maßnahmen in dieser Hinsicht sehr schwer zu ziehen"[156] (diskutiert werden in fast schamvoller Selbstbeschränkung Ehestandsdarlehen für junge Familien und unterschiedliche Kindergeldsysteme, als ob sich damit der Problemkreis erschöpfend behandeln ließe). „Die gesamtgesellschaftliche Determination von Ehe und Familie auf dem Umweg über das Gesetz ist aber noch wesentlich subtiler, als es in den vorangehenden Hinweisen hervortritt . . . In einem System mit staatlicher Regelung des Rechtswesens (? P. F.) kehrt sich dieses Verhältnis gewissermaßen um, indem jetzt die Ehe nicht mehr aus der Perspektive der Familie, sondern die Familie aus der Perspektive der Ehe gesehen wird; die Ehe wird zur sachlichen (und nicht nur zeitlichen) Voraussetzung der Familie, wobei zumeist naturrechtliche Momente hervortreten (weltlich und theologisch). Das hat nicht nur zur Folge eine besonders intensive Regelung der Ehe (durch zwingendes Recht), sondern gleichzeitig eine nicht zu übersehende ideologische Umformung der Ehe, wobei der Staat gerade nicht als Wächter einer „neutralen" Ordnung, sondern häufig als Sanktion für bloß klerikale Ansprüche hervortritt . . . Die „Ehe als Sakrament" ist dann in Wahrheit keineswegs Ausdruck einer allgemein – staatsbürgerlichen Rechtsordnung, sondern eines ganz einseitigen kirchlichen Postulats, womit die Ideologisierung des Begriffs anhebt".[157] Besonders betont werden die Auswirkungen eines solchen – eben auch im staatlichen Bereich verbindlichen – vorgeprägten Ehebildes auf die Ehescheidung.[158]

Die Erkenntnis, „daß regelmäßig Vorstellungen der Mittelklassen die Ausgestaltung der Rechtsregeln bestimmen",[159] bleibt praktisch folgenlos, weckt König's Aufmerksamkeit allein für einen schmalen Ausschnitt: Eheähnliche Verhältnisse der Unterklassen seien als zwangsläufige Abweichungen von der (eben fremdgesetzten) Norm als Unzucht stigmatisiert, wenn nicht gar kriminalisiert (beides ziele an der Wirklichkeit weit vorbei), selbst wenn sie für sich die Tradition der Sitte auf die Waagschale werfen könnten.[160] Bei allgemeiner Vormundschaft des Staates über die Familie – was wohl schlicht heißen soll: Rechtsetzungsprärogative – muß ein Gesetzgebungswerk aber der Gefahr entgehen, „nur zum Ausdruck ideologischer Postulate der Kirchen oder bestimmter Teilgruppen der Gesellschaft" zu werden, es muß ausgerichtet sein „auf die objektiven Interessen aller sozialen Klassen und der verschiedenen Partner in der Familiengruppe"[161] (gerinnen dann „Konkubinate" zur Rechtsform?).

Deutlich wird bei diesen Aussagen zu „Gesellschaft und Familie" – viel richtiger: „Staatliche Rechtsetzung und Familie" – wiederum die Eindimensionalität in König's Ansatz. Recht wird als Fixpunkt genommen; den Auswirkungen und Veränderungen von Recht auf die Familie gilt das Interesse. Gruppeneinfluß auf Gesetzgebung und Rechtsprechung gerät lediglich am Rande ins Blickfeld. Rechtsbildung als schlechthin gesellschaftliches Ereignis wird nicht zum Thema.

Für Veränderungschancen durch Rechtswandel entwickelt König zwar einiges technisches Gespür, bricht aber schnell ab und wendet sich ins allgemeine, wenn er Rücksichtnahme auf die Interessen „aller sozialen Klassen" fordert (mit einem eigenen Organisationsvorschlag: Sichergestellt werde entsprechende Rücksicht durch Beteiligung von Familiensoziologen an den Arbeiten im Vorfeld[162] der Gesetzesformulierung). Und: Für die Richtung solcher Veränderungen fehlt die Wegweisung, für den Inhalt die Vorgabe.

Schließlich kommen der Familie als gesellschaftlichem Subsystem für andere (externe) soziale Systeme weittragende Erhaltungs- und Stabilisierungsfunktionen zu: Reproduktions-, Sozialisations-, Placierungs-, Haushalts- und Freizeitfunktionen und Funktionen des „sozialen Spannungsausgleichs".[163] Sie nimmt damit an der Aufgabe teil, die Erhaltung des gesellschaftlichen Gesamtsystems und seiner Mitglieder zu gewährleisten[164] – Systemrationalität, Fremdbestimmung, technokratisches Modell statt Werthaftigkeit, Selbstbestimmung, emanzipatorisches Programm; Formen treten an die Stelle von Inhalten.

Noch eine Schlußbemerkung zu den mikrosoziologischen Analysen König's: Auch dort ist nicht alles Gold, was glänzt; im Gegenteil, bei näherem Hinsehen zeigen sich manche matten Stellen.[165] Sinn der Eheschließung ist die „Gemeinschaft" der Ehegatten;[166] sie erschöpft sich nicht in „ihrer Eigenschaft als gesetzlich geregelte Gattenvereinigung zum Zwecke der Kindererzeugung und Kinderaufzucht".[167] „Dieser auf personalistischer Basis (d.h. auf dem Selbstwert der Person) begründeten Gemeinschaft werden dann alle einzelnen Einrichtungen sowohl der Ehe als auch der Familie dienstbar gemacht."[168] Gleichwohl umfaßt sie den „Menschen voll und ganz. Sie reicht von den biologischen und biopsychischen Substrukturen über die seelische Tiefenregion, die wirtschaftliche Selbstbehauptung bis in die höchsten geistigen Ordnungen",[169] gründet sich auf „gegenseitige Hilfe", nach der Formel „ich und du im wir" (für individuelle Hilfsbereitschaft lautet die Entsprechung „ich in dir und du in mir").[170] Paarbeziehung und Gruppenbeziehung sind deshalb voneinander zu unterscheiden, und für die Gruppenbeziehung werden Gruppensolidarität und Gruppenwohlfahrt maßgeblich, während die Paarbeziehung ganz auf personaler Basis aufgebaut ist.[171] Zur wahren Liebe – damit ist die „personale Basis" angesprochen – der „Ausdehnung und Verstärkung der eigenen Persönlichkeit", sind einzig „reiche Persönlichkeiten imstande, die überall über ihre Grenzen hinausfliehen und ihren Existenzsinn in andere Personen hineinprojizieren".[172] Sicher bleibt „personale Liebe" „in einem gewissen Maße" in der Ehe oder in der Familie Grundlage und Forderung. Doch bildet sie dennoch „nicht das Fundament der Ehe", selbst wenn sie in der modernen Ehe „vermittelt über eine ganz bestimmte Entwicklung zur Individualkultur weitgehend . . . als Einleitung der Ehe vorausgesetzt" wird. „Die personale Liebe schafft nur eine moderne Modifikation der Ehe."[173] „Wenn in der Familie, wo wir jeden einzelnen um seiner Einzigartigkeit willen schätzen und lieben, ein Glied durch den Tod ausscheidet, so ist dies gewiß ein unersetzlicher Verlust; aber die Familiengruppe lebt weiter. Es gilt hier sogar weitgehende Ersetzbarkeit der Gruppengenossen (etwa durch eine zweite Ehe)." Ganz anders steht es dagegen im Paarverhältnis – die Geliebte oder der Freund (warum nicht umgekehrt? P. F.) ist unersetzlich. „Der Tod der Liebe ist der Tod der Liebenden."[174] Die Ehe weist immer über das zu schmale Paarverhältnis hinaus,[175] sie wird kräftig überhöht, als vorgegebene übergreifende Ordnung verstanden, „institutionalisiert"; die einzelnen Mitglieder werden nicht in ihrer Individualität gesehen, vielmehr als schlichte Funktionsträger.[176] König's Einschätzung, seine Definition von Familie – „Familie als Gruppe verbindet ihre Mitglieder in einem Zusammenhang des intimen Gefühls, der Kooperation und der gegenseitigen Hilfe, wobei die Beziehungen der Familienmitglieder den Charakter der Intimität und der Gemeinschaft innerhalb der Gruppe haben"[177] – erlaube, „in den Begriff der Familie sowohl die überindividuell-allgemeine Gruppenordnung wie zugleich die individuelle Selbstdarstellung der Einzelpersonen bis in ihre Tiefenschicht aufzunehmen, so daß damit auch dem in der westlichen Sozialentwicklung zutage getretenen Selbstwertgefühl des Menschen Rechnung getragen ist, ohne daß jedoch darum alle Gruppenordnungen in einem überspannten Individualismus gesprengt würden",[178] ist vor diesem Hintergrund nicht unbedingt verständlich. Selbst die konkreten Ergebnisse belegen eher das Gegenteil: „Einzig im Sinne des Aufbaus einer solchen Gemeinschaft ist auch die fortschreitende Emanzipation der Ehefrau in den neueren Gesetzgebungswerken zu verstehen, nicht im Sinne eines individualistischen Frauenrechts. Der Frau soll die volle Selbstverantwortlichkeit gesichert werden, weil einzig zwischen selbstverantwortlichen Personen Gemeinschaft möglich ist."[179] Grundformen sozialer Ideale werden, neben der Liebe und der Vorstellung vom Selbstwert der Person, die Rücksicht, der Dienst und das Opfer[180] – Selbständigkeit, Mündigkeit, Konfliktbereitschaft, die Fähigkeit mit Konflikten umzugehen und ähnliche Persönlichkeitskomponenten (gegenwärtig oder als Erziehungsziel) spielen für König hingegen keine Rolle.[181] In grundlegenden Einschätzungen und Tendenzen unterscheidet er sich daher kaum von Schelsky.

b) Dieter Claessens.

Claessens Untersuchung nähert sich der Kernfamilie[182] und ihrer Leistungsfähigkeit mit einer verengten, allerdings eminent wichtigen Frage – der Frage nach der Vorbereitung des Nachwuchses auf das Leben in der Gesellschaft (wobei die Werte – Tradierung als kulturelle Erscheinung in den Mittelpunkt gerückt[183] ist). Welche Aufgaben erfüllt die Familie; welche Aufgaben kann überhaupt nur sie angemessen erfüllen? Doch wird der Blickwinkel sofort erweitert (ließe sich zudem auf andere Familienfunktionen einstellen): auf die „Verbindung mit Strukturmerkmalen der industrialisierten Gesellschaft", den „Prozeß der Säkularisierung, d. h. der Veränderung traditionaler in ‚offene' Gesellschaften bei Fortdauer der mit einer schichtspezifischen Erziehung verbundenen Probleme", auf „die Überlastung der Kern- und Kleinfamilie unter dem Streß widersprüchlicher Werte bei gleichzeitigem Organisationsdefizit des industriell-kapitalistischen Systems".[184] Einer schlichten Zuweisung zu festgefügten Kategorien entzieht sich dieser originelle und vielseitige Forschungsansatz allerdings von vornherein[185] (obwohl er insgesamt systemtheoretisch orientiert bleibt).

Ausgang ist die Erkenntnis der Unfertigkeit des Menschen bei seiner Geburt, seiner „Offenheit" und „Plastizität" („physiologischer Nesthocker"), die (im schlichtesten Sinn) existenzielle Notwendigkeit, Wärme und affektive Zufuhr gerade in dieser ersten Phase zu erfahren und zu erleben (vgl. die Arbeiten von R. Spitz, die sich mit den Folgen entsprechender Ausfälle beschäftigen – Hospitalisierungssyndrome, bis hin zu anaklitischer Depression und Marasmus).[186] Erst durch die zweite, jetzt „sozio-kulturelle Geburt" ringt sich der heranwachsende Mensch zur Lebensfähigkeit (und wiederum handgreiflich: zur Überlebensfähigkeit) durch. Claessens knüpft mit dieser Feststellung an den von König eingeführ-

ten Begriff – zweite, sozio-kulturelle Geburt des Menschen – an, beklagt aber gleichzeitig die vage Undifferenziertheit, trotz mancher Präzisierung im Detail.[187]
Für diese zweite sozio-kulturelle Geburt sind zu trennen:

„1. Ein Prozeß, in dem dem menschlichen Nachwuchs die Möglichkeit erschlossen wird, menschliche Eigenschaften zu entwickeln. Diese Möglichkeit ist zwar im menschlichen Säugling angelegt, die Anlage aber dazu muß aktiviert werden" (der Mensch ist eben ein Mängelwesen, das sich nicht eigentätig in seiner situativen Gefahr als kleiner Münchhausen am eigenen Zopf ziehend sichern kann; er braucht Unterstützung, die ihm aus „seiner Mängelhaftigkeit wenigstens zu Beginn seines Seins heraus- und in seine existenzielle, exzentrische Positionalität hineinhilft".[188] „Es ist dies der Prozeß der ‚emotionalen Fundierung' des Menschen."[189]
„2. Prozesse, in denen dem Nachwuchs die weitere Möglichkeit geboten wird, soziales Wesen zu werden, d. h. sich ‚eigentlich menschlich' zu entfalten. Es sind dies die Prozesse der Vermittlung von allgemeinen Kategorien des Weltvertrauens und Weltverständnisses. Damit zusammenhängend:
3. der Prozeß primärer Positions- und Statuszuweisung (primäre soziale Fixierung), durch den das Individuum ‚sozial abgesichert' wird und der ihm den Aufbau seiner ‚Ich-Identität' erst ermöglicht."[190]

Für diesen Ausschnitt entwickelt Claessens den Begriff der „Soziabilisierung" (nicht zu verwechseln mit der umfassenderen „Sozialisation"), setzt ausdrücklich „früher an als die Studien Fromms" („. . . in der Produktion gesellschaftlich erwünschter seelischer Strukturen (liegt) die wichtigste gesellschaftliche Funktion der Familie"),[191] da nicht der *Inhalt* entsprechender Vermittlung betroffen ist, vielmehr die grundlegende *Fähigkeit* zur Wertschaffung, an die erst später inhaltliche Wertschaffung anschließt (etwa identisch mit dem „Urvertrauen" im Sprachgebrauch von Erikson).[192] „Die Kernfamilie . . . kann von jeder Gesellschaft in ihren Dienst gestellt werden."[193]

„4. Prozesse spezifischer Formung des Individuums durch Interaktion zwischen Kind und Eltern respektive ersten Bezugspersonen. Diese Problematik beschäftigt zunehmend die Tiefenpsychologie, muß aber wegen ihrer soziologisch wichtigen Komponente berücksichtigt werden.
5. Der Prozeß der ‚sozio-kulturellen' Prägung des Individuums, in dem die Verinnerlichung der kulturspezifischen, wertorientierten sozialen Kontrolle erfolgt, und seine Modifizierung im Familienmilieu.
6. Der Prozeß der Vorbereitung des Individuums zur Übernahme einer ‚sozialen Rolle', der zwar nur theoretisch von dem der sozio-kulturellen Prägung zu trennen ist", aber gleichwohl getrennt betrachtet werden soll: Dem Menschen wird zuerst seine kulturelle, dann seine soziale Rolle zugewiesen.[194]

Für Claessens ergibt sich damit folgende Pyramide (= Sozialisation):

1. Stufe: „Soziabilisierung, d. h. emotionale Fundierung, Vermittlung grundlegender Weltaufordnungskategorien, primäre soziale Fixierung",

2. Stufe: „Enkulturation, modifiziert durch Eltern-Kind-Auseinandersetzungen und spezifisches Familienmilieu" (angesprochen ist Punkt 5. der Auflistung), und
3. Stufe: „Sekundäre soziale Fixierung".[195]

Eine Bewegung ist allerdings für alle Stufen stets mitlaufend, wenn auch unterschiedlich prägend: die Tradierung sozio-kultureller Werte.[196] Dabei übernimmt die Kernfamilie wesentliche Aufgaben; sie wird wichtigster Transmissionsriemen zwischen Gesellschaft und Individuum. Festzuhalten sind wiederum drei Ebenen: a. die der Werte, b. die der auf Werte verweisenden Symbole – „Werte (sind) abstrakt, das Individuum (braucht) aber gerade in den wichtigsten Phasen der Übernahme des kulturellen Wertsystems konkrete Anhaltspunkte, (deshalb) . . . ist offenbar ein Mittelglied zwischen Wertsystem und Individuum nötig" –,[197] symbolischen Akte und Verhaltelsweisen und c. das Individuum.[198] „Symbole sind . . . Verweisungen auf etwas hinter ihnen stehendes ‚anderes' – . . . Formen einer Aktion, eines Verhaltens ebenso wie die Tatsache eines bestimmten Verhaltens in einem bestimmten Kontext. Im kulturellen Zusammenhang wird keine Qualität für sich allein, sondern immer als ‚für etwas anderes stehend' angesehen."[199] Formen, als unmittelbar Greifbares, Beobachtbares überspielen die Bedeutung der Funktionen.[200]

Familie stellt sich dar als (besonderes) Handlungssystem, mit verschiedenen Teilbereichen: Spontaneität – hier sind Sympathie, emotionales Aufeinanderangewiesensein, Anerkennung leitend –, Dominanz/Autorität und Sachorientierung[201] – insgesamt eine „vibrierende Einheit"[202] mit stets wechselnden, einander überlappenden „Sphären", „Rollen", „Erwartungen",[203] so daß eine einlineare Beziehung zwischen den einzelnen Sphären und den jeweiligen Grundfunktionen des Verbandes nicht geschaffen werden kann.[204] An den Erwartungen der anderen Familienmitglieder orientiert sich der Heranwachsende sowohl im Hinblick „auf die ihm zugedachte Grundrolle als auch an den anderen Grundrollen . . . Das Familiensystem konditioniert das Kind auf seine Struktur, und das Kind nimmt die Beziehungen im System als persönlichkeits-strukturierende Elemente auf, es ‚internalisiert' sie."[205]

„1. Die Primär-Struktur der Persönlichkeit als ‚Handlungssystem' organisiert sich durch und um die Internalisierung derjenigen Systeme sozialer Objekte (gesellschaftlicher Systeme), die als die Grundeinheiten der Serie von sozialen Systemen fungieren, in die das Individuum im Laufe seines Lebens – durch sie hindurchlaufend – integriert wird bzw. muß.

Seine Persönlichkeitsstruktur ist daher in gewissem Sinn zu einem Teil einer Art ‚Spiegelbild' derjenigen Sozialstrukturen, die es selbst erlebt hat, so wie sie sich ihm darboten.

Die Grundorientierung der Persönlichkeit erfolgt im Zusammenspiel mit den individuellen Anlagen und allgemeinen, entwicklungspsychologischen Faktoren.

2. Die übernommenen Strukturelemente der Persönlichkeit erfahren einen . . . Prozeß der Differenzierung und Integration. Das ursprünglich einfachste Objektsystem wird zu einem zunehmend komplizierteren und komplexeren System, das insgesamt dann ‚Persönlichkeit' darstellt."[206]

Individuelles System und soziales System „Kernfamilie" sind in den frühesten Entwicklungsphasen des Kleinkindes tief und unmittelbar aufeinander bezogen;[207] erst im weiteren Ablauf heben sich beide voneinander ab, trennen sich. Die zweite, sozio-kulturelle Geburt hat ihr entscheidendes Stadium durchlaufen, die „exzentrische Position" kann eingenommen werden[208] (wobei wiederum die anderen Familienmitglieder wichtige, nun veränderte Aufgaben wahrnehmen). Als maßgebliche Faktoren für die „menschliche Persönlichkeitsentfaltung" streicht Claessens „Positions- und Statuszuweisung", „soziale Absicherung", „Solidarität" und „Konfliktfähigkeit" (wesentlich vermittelt über Kommunikationsfähigkeit) heraus,[209] jeweils kultur- und schichtspezifisch gebrochen, attestiert wiederum der Kernfamilie hervorragende Leistungsfähigkeit bei ihrer Aufgabenerfüllung. Insbesondere von den Eltern vor-gemachten Handlungen, Verhaltensweisen, Benennungsformen,[210] den von ihnen gesetzten „Symbolen", „Handlungsgestalten", aber auch „dem gesamten Milieu"[211] kommt hohe Wirksamkeit zu. Emotionale Fundierung des Kleinkindes leitet über zur Entstehung von Abfolgeerwartungen und Erwartungshaltungen, zur Intentionalität,[212] Qualitätszuwachs in der Welt suchen zu können.[213] Erwartungen der Außenwelt werden zu eigenen Erwartungen, in Gang gebracht durch den Mechanismus der „sozialen Kontrolle";[214] Außensteuerung und Innensteuerung des Individuums treten in ihr Verhältnis.[215]

Gekennzeichnet wird die Kernfamilie allerdings erst durch weitere Züge, die gerade entgegengesetzt angebracht scheinen, sich zur (möglichst bruchlosen) Wertvermittlung querlegen: Sie entwickelt hohe Eigendynamik, indem sie breiten Raum läßt für die Selbstdarstellung der einzelnen Mitglieder, Bereiche umschließt, die mit von außen eindringenden Verhaltensanforderungen nicht in Einklang stehen oder ihnen widersprechen, schließlich sogar Platz schafft für eigene Rituale. Doch, ein Paradox: Erst durch ihre eigene Dynamik wird die Kernfamilie wirklich geeignete Sozialisationsinstanz, kann die ihr zugewiesenen Aufgaben erfüllen.[216] Nur die Kernfamilie kann dauerhaft Zugang zur Gesellschaft, gleichzeitig Filterung der von dort stammenden Ansprüche leisten, eingewöhnen in die Spannungen des gesellschaftlichen Wertsystems, in die Widersprüchlichkeiten und Ausfälle, vorbereiten auf Auseinandersetzungen, Konflikte, Niederlagen, schließlich dumpfer Resignation vorbeugen und Überlebensfähigkeit sicherstellen;[217] nur sie gestattet die „Unterschreitung" von Normen, übernimmt damit Ventilfunktionen für Überdruck, nur sie erlaubt andererseits „in seltenen Randfällen des täglichen Lebens" das „Überschreiten von Normen", die abrupte Sprengung[218] (Claessens selbst nimmt hochgespannte Hoffnungen für die Gegenwart jedoch sofort zurück – „die Kernfamiliengruppe erscheint angesichts der geforderten Aufgaben daher als die eigentlich einzige gesellschaftliche Formation, in der sie gelöst werden *könnten*").[219] Damit sind die gesellschaftlichen Werthaltungen und Erwartungen offener Kritik oder Bagatellisierung zugänglich, ohne daß grundsätzlich die Loyalität zur Gesellschaft aufgekündigt wird;[220] „das Paradoxon (kann) gelebt werden, daß bei häufiger praktischer Untergehung oder Hintergehung von gesellschaftlichen Normen die Autorität der darüberstehenden Werte nicht berührt, sondern eher sogar gestärkt wird".[221]

Claessens' Schluß gerät skeptisch, noch über die ursprünglich im Konjunktiv anklingende Andeutung hinaus. Immerhin stehen neben der Kernfamilie andere Erziehungsagenturen bereit, deren Einfluß derzeit noch nicht abschätzbar (Schule, Vorschule, Kindergarten-peer groups), deren eigenständige oder zusätzliche Bedeutung weitgehend ungeklärt sind;[222] die ,,Unruhe und Beharrlichkeit des modernen Menschen (würde sich zum Teil) daraus ableiten lassen, daß er in der Kleinfamilie sein kulturelles Gegengewicht nicht mehr zureichend erhält, ihre Eigendynamik ihm aber eine eigenartig isoliert auftretende Gegengewichtigkeit verleiht".[223] Aktivitäten laufen leer, wie abgekoppelte, ausgeklinkte Mechanismen.[224]

Was ist festzuhalten? Claessens entwirft eine fein ausziselierte, detaillierte Theorie (familialer) Erziehung und Einübung in die jeweiligen Lebens- und Erlebensabschnitte, weist der Kernfamilie je entscheidende Funktionen als Sozialisationsinstanz zu. Emotionale Fundierung, vermittelt im wesentlichen durch einfache, dyadische Kontakte im Kind-Mutter-Vater-Geflecht (nicht als Ausdruck primärer Bindungskonstellationen verstanden, sondern als soziales System) wird durch sie ebenso optimal geschaffen wie ein allgemeines Weltvertrauen und Weltverständnis. Aufbau der Ich-Identität durch primäre Rollen- und Statuszuweisung geschieht dort so optimal wie spezifische Formung des Individuums durch Interaktionen mit den ersten Bezugspersonen und soziale und kulturelle Rollenverschreibung. Tradierung kultureller Werte – als Phänomen, das alle Entwicklungsstufen begleitet, gerade auf der Symbolisierungsebene – übernimmt in nun schon bekannt idealer Form die Kernfamilie, wobei sich ihre besondere Gespaltenheit in einen fest vorgeprägten Ausschnitt, einen Ausschnitt abgekoppelter Eigengesetzlichkeit bewährt: Sie ermöglicht das Ausleben existenzieller Paradoxien, verbindliche Werte angreifen und durchbrechen zu können, ohne ernsthaft ihre Verbindlichkeit in Zweifel zu ziehen. Doch wirkt Claessens'[225] Position oft unschlüssig, eigentümlich halbherzig. Seine an manchen Stellen aufklingenden grundsätzlichen Zweifel an der Leistungsfähigkeit der Kernfamilie habe ich bereits markiert; Claessens äußert sich vorsichtig, im vagen Konjunktiv. Seine auch verbale Skepsis in der Endbetrachtung habe ich wiedergegeben wie die Hoffnungen, die er in Alternativprojekte investiert. Schwärmerisches Umstilisieren des intimen Lebens in der Familie zur einzig wahren, erfüllten Menschlichkeit ist jedenfalls nicht sein Fall. Hingewiesen habe ich schließlich auf manche Verkürzung und Ausblendung, die für einen systemtheoretischen Ansatz unvermeidlich sind. Claessens sieht das selbst sehr klar: ,,Die Kernfamilie kann von jeder Gesellschaft in ihren Dienst genommen werden";[226] sie hat ,,über Erziehung eine deutliche Beziehung zur Herrschaftsstruktur in einer Gesellschaft".[227] Versuche, die gefährliche Eindimensionalität zu durchbrechen, bleiben gleichwohl unvollkommen, Arbeitsprogramm.[228] Angriffe, die schon gegen die von König gehaltenen Stellungen vorgetragen wurden, sind daher wieder aufzunehmen (wenn ihnen auch der erste Schwung durch freiwillige Rückzüge und Räumungsaktionen und nur schwache Verteidigung von vornherein genommen ist).

Rechtliche Erfassung hätte sich den gewonnenen Erkenntnissen anzupassen.
Die Kernfamilie wäre als wichtigste Sozialisationsinstanz „institutionell" abzusichern, Konkurrenten – Schule, berufliche Ausbildung – wären ihr zu- und unterzuordnen,[229] elterliche Erziehungsrechte vorrangig einzustufen (wobei allerdings Kindesrechte langsam an Bedeutung gewinnen müßten: Einbindung in die Familie dient der Vermittlung des Zugangs zur Welt, ist letztlich damit fremdgeprägt, ausgerichtet auf Interessen des Kindes, nicht der Eltern). Für Alternativprojekte wäre Raum zu schaffen (durch entsprechende Rechtsformen?).

3. Materialistische Konzepte.

a) Familiensoziologie.

Materialistische Entwürfe in der Familiensoziologie sind bisher im wesentlichen Entwürfe geblieben, von ihrer hohen Abstraktionsebene kaum in die Niederungen meßbarer Ergebnisse hinabgestiegen. Vollzieht sich der Abstieg doch einmal, sind die entwickelten Folgen nicht sonderlich originell und der eigenen Methode zwingend verpflichtet; vielmehr wiederholen sie meist schon längst Bekanntes ohne zusätzlichen Gewinn durch den verschobenen Blickwinkel. Einigkeit besteht lediglich im Ausgang, vor allem in der Absage an „bürgerliche Theoriebildung", mit manchmal recht unbefangenem Elan. Familie wird als Aspekt gesellschaftlicher Universalität verstanden, nicht als „Gegenstruktur",[230] die sich ausgrenzen, dabei relative Autonomie gewinnen könnte; sie ist beeinflußt, wirkt aber auch zurück, von anderen gesellschaftlichen Teilbereichen und dem Fortgang insgesamt – ein Wechselspiel[231] (das zielt gegen die einlineare Verknüpfung von Familie und Gesellschaft nach strukturell-funktionalen Mustern, das Herausbrechen von Einzelstücken aus der einheitlich und umfassend zu verstehenden Wirklichkeit). Die Theorie der Familie wird folglich zum Ausschnitt einer umfassenden Theorie der Gesellschaft.

„Die folgenden Überlegungen können lediglich die Richtung andeuten, in der eine Familiensoziologie zu forschen hätte, die ihren Gegenstand als das begreift, was er ist: als Teil einer Gesellschaftsstruktur, die durch die Gestaltung ihrer Produktionsverhältnisse geprägt ist."[232] Oder: „Die Reproduktion der Familie und gleichzeitig die der Arbeitskraft erfolgt als physische, soziale und psychische Reproduktion, wobei materielle Reproduktion voraussetzt, daß innerhalb der Familie diejenigen Gebrauchswerte benutzt und verbraucht werden, deren Produktion außerhalb der Familie sich vollzieht."[233] „In zweiter Linie vermittelt sich die Abhängigkeit der Familie als ideologische, den Überbau betreffende, und an diesem Punkt läßt sich eine ‚Schaltstelle' zwischen Familie und Gesellschaft aufweisen: Die Familie vermittelt die ihr aufgezwungenen Werte an ihre Mitglieder durch Sozialisation weiter."[234] Am Rande: Gerade diese Ausführungen von Schmidt-Relenberg/Luetkens/Rupp erscheinen mir symptomatisch. Sie führen über die, im übrigen erheblich differenzierteren, Folgerungen von Claessens („Familie als Transmissionsriemen" für die Weitergabe soziokultureller Wertvorstellungen zwischen Gesellschaft und Individuum) nicht hinaus. Und, ein ärgerlicher Mangel: Sie bestätigen, diesmal von anderer Warte, die besondere Eigenschaft der Familie als schlichte Reproduktions- und Konsumeinheit; Alternativen geraten nicht ins Blickfeld, der emanzipatorische Anspruch[235] geht verloren.

Konkrete Einzelinteressen – das leitet über zur Mikroebene – konzentrieren sich auf Einflüsse der „Organisation des kapitalistischen Produktionsprozesses"[236] auf die Struktur und die Verfassung der Familie; hierher zählen Regelung der Arbeitszeiten, Schichtarbeit, Akkordarbeit, Lohndifferenzierung, Standortfragen, Arbeitswege, Entlohnungsformen, Stellung im Produktionsprozeß, Freizeit, Einkommensverteilung,[237]

„Probleme der schichtenspezifischen Sozialisation,[238] Geschlechtsrollenzuweisung und Arbeitsteilung in der Familie",[239] schließlich Autorität in der Familie.[240] „Als Subsystem der Normierung muß die Familie die Werte widerspiegeln und vertreten, die den ökonomischen und politischen Bedingungen der Gesamtgesellschaft entsprechen. In einer kapitalistischen Gesellschaft sichern diese Bedingungen die Ausbeutung der einen Klasse durch die andere, und diese Sicherung erfordert den nicht-kritischen, in Widerstand ungeübten und ohnmächtigen, den fleißigen und angepaßten Menschen. Die Aufrechterhaltung kapitalistischer Produktionsweise gelingt um so besser, je mehr man die Mitglieder einer Gesellschaft so zurichtet und sozialisiert, daß ihnen die Antizipation anderer gesellschaftlicher, das heißt vor allem anderer ökonomischer Zustände absurd und widersinnig erscheint",[241] eine wenig differenzierte Antwort auf eine vielversprechende Frage – „woraus resultiert die autoritäre Struktur der Familie? Welche Wirkungen auf die Familienmitglieder hat sie?"[242] –, die hinter die Erkenntnisse von Horkheimer und Adorno weit zurückfällt. Und wiederum, zur stummen Resignation verleitend: Über die Köpfe der Beteiligten hinweg vollzieht sich ihr unabänderliches Schicksal, durch allmächtige Instanzen und Mechanismen,[243] dumpf und niederdrückend; vom „Prinzip Hoffnung" keine Spur, für den „aufrechten Gang" kein Raum. Dabei (ist) „die große Industrie mit der entscheidenden Rolle, die sie den Weibern, jungen Personen und Kindern beiderlei Geschlechts in gesellschaftlich organisierten Produktionsprozessen jenseits der Sphäre des Hauswesens zuweist, die neue ökonomische Grundlage für eine höhere Form der Familie und des Verhältnisses der beiden Geschlechter".[244] Bei allen Vorbehalten – zum Ausdruck kommt in dieser Einschätzung wenigstens die Möglichkeit einer veränderten Sinngebung, die Chance eines Funktions- und Richtungswechsels, zu Selbstbestimmung, Mündigkeit und Emanzipation.[245] Grundlegender Wandel der Familienstruktur wird erst erzwungen bei grundlegenden Umwälzungen der ökonomischen Basis, mit ihr – doch wer glaubt daran?

b) Familienrechtstheorie.

Unlängst haben Heinsohn und Knieper eine (materialistisch orientierte) „Theorie des Familienrechts" vorgelegt, mit den Schwerpunkten Geschlechtsrollenaufhebung, Kindesvernachlässigung, Geburtenrückgang.[246] Der Wahrnehmungsfilter ist allerdings von vornherein stark abgedunkelt; weite Teile der Realität sind ausgeblendet.[247] Knapp die Thesen: „Produktion von Nachwuchs" in einer Gesellschaft ist keineswegs eine „natürliche Angelegenheit" (wie man vielleicht glauben könnte), die sich außerhalb staatlichen Einflusses und außerhalb staatlicher Lenkung nach Gottesfügung und den Richtigkeitsvorstellungen der unmittelbar betroffenen Eltern und Kindern vollzieht; vielmehr stellen staatliche Instanzen ein ganzes Arsenal von leichten und schweren Waffen bereit, um sich – mit spezifischen Interessen – auf diesem Feld machtvoll durchzusetzen, auftretende Wider-

52

stände zu überwinden. Zwingende Kontrollmittel sind Ehehindernisse und Eheverbote[248] (wegen Armut, wegen Fehlens „einer vorteilhaften Wirtschaft", § 147 Preuß. GesindeO von 1794; ähnlich wirkten Konsensrechte des Landeigentümers, militärischen Oberbefehlhabers, beamtenrechtlichen Dienstherrn), Strafvorschriften, zivilrechtliche Formerfordernisse. Ziel: Die unorganische Zunahme der nichtbesitzenden Klasse gegenüber der besitzenden soll verhindert werden.[249] „Der junge Kapitalismus zerstörte jedoch unerbittlich die Voraussetzungen einer statischen Bevölkerung, die in der armenpolizeilichen[250] Ehe- und Fortpflanzungsbeschränkung unterstellt ist, und entzog gleichzeitig der Fürsorgeverpflichtung für Arme den Boden. Sowohl die sich entwickelnde Industrie wie auch die sich intensivierende und expandierende Landwirtschaft bedürfen einer wachsenden Bevölkerung."[251] Was liegt näher als die gezielte, taktierende Abschaffung staatlicher Eheverbote und Ehehindernisse?[252] Bald allerdings wird klar, daß die bloße Öffnung des Ehe- und Familienprivatrechts nicht ausreicht, um qualitätsgerechte (und quantitätsgerechte, P. F.) Kinderaufzucht zu gewährleisten;[253] flankierende öffentlich-rechtliche Maßnahmen werden notwendig. „Die Fortpflanzung der Lohnarbeiter muß nicht unmittelbar erzwungen werden (wie? P. F.); vielmehr genügt es, die Ausübung des Sexualtriebes ausschließlich an die Eheform zu binden."[254] Unheilvoll addieren sich Strafrecht (Kuppelei, Unzucht, Ehebruch, männliche Homosexualität, Inzest, Jugendschutz), besondere, erzwungene Verkehrsformen (Verlöbnis, Ehemündigkeit, lebenslanger Unterhalt, Registrierung als Zivilehe), Gewährleistung von Nachkommenschaft in der Ehe (§§ 218 StGB, 224 StGB), geschlechtliche Verweigerung als ehewidriges Verhalten mit harschen Folgen und privatrechtliche Institutionalisierung von Ehe und Familie (= „Verhaustierung" der Ehefrau im Sprachgebrauch von Heinsohn/Knieper)[255] zu häßlichem Druck. Die für die bürgerliche Familie passende rechtliche Hülle (Nachwuchserzeugung als Pakt, in dem sich Angebot und Nachfrage aller Beteiligten vereinen – Erbaussichten der Kinder, Unterhaltsforderungen der Frau, Altersversorgungswünsche des Produktionsmitteleigentümers)[256] wird der Lohnarbeiterfamilie übergestülpt, mit Gewalt und gegen ihre objektiven Interessen.[257] Eigentum an Produktionsmitteln ist nicht vorhanden, kann also nicht vererbt werden. Alterssicherung der Eltern ist den Kindern nicht „zumutbar", weil sie selbst zu wenig besitzen, nichts erhalten haben, was die Belastung rechtfertigen könnte (und wäre daher nicht hinlänglich als rechtliche Verpflichtung zu begründen[258] in einer Gesellschaft, deren bewegende Prinzipien Eigentum und Vertragsfreiheit – Tauschgesichtspunkte – sind). Unterhaltsansprüche der Ehefrau bieten kein vollwertiges Entgelt, werden nie Zahlungsgarantie unter Verschonung vor eigener Erwerbstätigkeit; wie der männliche Lohnarbeiter kann sich die Frau nur durch Verkauf ihrer Arbeitskraft am Leben erhalten.[259] „Die individuelle ökonomische Interessiertheit des Eigentümers von Produktionsmitteln an seinen Kindern (kann) auf den Lohnabhängigen nicht übertragen werden. Dessen materielle Lebenssituation verschlechtert sich während der Aufzuchtzeit, ohne daß er Hoffnung auf Gegenleistung in Zeiten seiner Arbeitsunfähigkeit hätte."[260] Kinder werden für ihn im wahrsten Sinne des Wortes zu „nutzlosen Fressern",[261] mehr noch, zu künftig gefährlichen Konkurrenten, die möglichst schnell aus eigener Kraft ihre Mäuler zu stopfen haben (Kinderarbeit – Schulzwang). Geburt und „Erziehung künftiger Kampfgenossen für den klassenbewußten Arbeiter", als Preis für die hingenommene Armut, bleibt „statistisch kaum von Belang"[262] (? P. F.), Rentensicherung wird nicht zum Gesichtspunkt (warum nicht? P. F.), um Versagungsinteressen entgegenzuwirken; deshalb bedient sich der Staat des Zwangs, um das Versiegen gesellschaftlichen Nachwuchses zu verhindern. Da Zeugung und „Aufzucht des Nachwuchses als Gratisarbeit über Gesetze . . . ab-verlangt werden, stellt sich . . . die Reproduktion der Gattung als einseitig gegen (die Lohnarbeiter) gerichtete Maßnahme dar".[263] Staatliche Unterstützungs- und Auffangprogramme – Kindergärten, Tagesmütter, Vorschulklassen usw.[264] – sind andererseits von vornherein zum Scheitern verurteilt; sie sind angewiesen auf Lohnerzieher, deren private Lebenszusammenhänge gerade außerhalb ihrer Arbeit liegen, die sich in ihrer Arbeit als Geldverdiener begreifen müssen.[265] Weshalb sollte ein Lohnerzieher (oder besser: sein Zerrbild, P. F.) „fleißig sein, mehr tun, als die Kinder mit geringstem Kraftaufwand über die vorgeschriebenen Stunden zu bringen"?[266] Nicht einmal mit besonderem Engagement sind die vorgefertigten Mauern niederzureißen; harte Gesetzlichkeit wirkt sich aus, nicht individuelles Fehlverhalten, denn: „Für die Erhaltung ihrer Arbeitskraft benötigen sie (die Lohnerzieher) nicht die besonderen Kinder ihrer Gruppe, sondern lediglich den Lohn, den ihr Aufkäufer – der Staat – offeriert", sie (die Lohnerzieher) haben „keine Veranlassung (objektiv!),[267] mehr zu wollen, als (ihre) Arbeitskraft so teuer wie möglich zu verkaufen und so schonend wie möglich einzusetzen".[268] Über-schießende Gratisproduktivkräfte – Mütterlichkeit, christliche Nächstenliebe[269] (der Katalog ließe sich doch erweitern, auf soziales Engagement, Hilfsbereitschaft, P. F.) sind nicht – mehr – verfügbar.[270]

Bisherige Angriffe gegen die Position von Heinsohn/Knieper haben einen ge-meinsamen Zielpunkt im Visier: die eigentümliche Verkürzung des Begriffs „Interesse".[271] Ein Lohnarbeiter *kann* danach gar keine anderen Interessen als die op-timale Verwertung seiner Arbeitskraft haben;[272] er *muß* die häßliche Rolle spielen, die ihm zugewiesen ist, die aber seine Möglichkeiten und seine wahren Bedürfnisse gar nicht erst aufnimmt. „Die Gesellschaftlichkeit seiner Existenz erschöpft sich im Austausch seiner Arbeitskraft gegen Kapital, er ist daher . . . nicht in der Lage, eine Subjektivität herauszubilden, die über die Lohnarbeiterexistenz hinaus-wiese."[273] Doch setzt sich die Logik des Kapitals eben nicht selbständig und un-korrigierbar über die Köpfe der Unterworfenen hinweg durch;[274] Voraussetzung ist vielmehr stets „die mehr oder minder unbewußte Übernahme einer Vielzahl von Verhaltensmustern, Einstellungen, Werthaltungen, bei deren Vorliegen be-stimmte materielle Lebensverhältnisse sich erst reproduzieren können".[275] Nur durch diesen Faktor „Subjektivität" lassen „sich (andererseits auch) die Bruch-stellen ausmachen, die die repressiven Wirkungszusammenhänge (freilegen) zu-gunsten alternativer, auf Kollektivität, Solidarität, Humanität zielender Handlun-gen, Motivationen, Überzeugungen, Einsichten".[276]

Heinsohn/Knieper selbst nehmen die Einwürfe ihrer Kontrahenten mit Gelassenheit zur Kenntnis;[277] sie fühlen sich von vornherein nicht getroffen, mißverstanden, beklagen zudem die Konzeptionslosigkeit der Entgegnungen. Ihr Buch erkläre *einen* für sie wesentlichen Aspekt der Wirklichkeit, sei kein Vademecum für alle Übel dieser Welt;[278] abweichende Erwartungen seien der Hoffnung des Lesers eines Liebesromans vergleichbar, der sich enttäuscht abwende, weil er Informationen über Eheeingehungs-Voraussetzungen vermisse.[279] Der gewählte Rahmen sei – nach den vorgenommenen, erforderlichen Schnitten – klar umrissen. Interesse stelle sich dar als ökonomisches oder Einkommens-Interesse,[280] unterscheide sich durch den so erzielten Grad an Präzision wohltuend von den vagen und diffusen, bislang verbreiteten Fassungen und Vorschlägen.[281] Damit sind sicher die eigenen Linie begradigt; doch bleiben die wesentlichen Einbruchstellen. Mir leuchtet schon nicht ein, warum „nur“ die Verkürzung des Blickwinkels auf den in einer Gesellschaft benötigten Nachwuchs in schlicht bevölkerungspolitischem Verständnis[282] geeignet sein soll, konzise Kriterien[283] für die Unterscheidung von bürgerlicher Familie und Familie der Lohnabhängigen zu liefern. Erreicht nicht die Einführung einfacher Merkmale – Einkommenshöhe, Status und Statuszuschreibung usw. – dasselbe Ziel schneller, ohne große Umwege und ohne Aufwand? Unverständlich bleibt mir weiterhin, warum (allein?) dieser Ansatz überzeugende Erklärungen für die „tiefgreifenden Wandlungen“ abgeben soll, denen die „Kleinfamilie in der bürgerlichen Gesellschaft“ unterworfen ist,[284] einmal abgesehen von der Verkürzung, die eine gradlinige Entwicklung von der Familienform des „Ganzen Hauses“ bis zur Kleinfamilie, diese dann in ihren Funktionsänderungen als schlichte Folge ökonomischer Veränderungen aufzeichnen will.[285] Und schließlich: Aus dem ökonomisch konturierten, auf Verwertung der Arbeitskraft (= Einkommenshöhe)[286] konzentrierten Interesse-Begriff von Heinsohn/Knieper sind, bei näherem Zusehen, sogar eindeutig vordergründig „ökonomische“ Aspekte ausgeblendet. „Aufzucht von Kampfgefährten“ ist selbst für den „klassenbewußten Arbeiter“ kein Gegengewicht gegen seine „eigentlichen“ Interessen, da statistisch ohne Belang;[287] größere Mühe wird jedoch auf diese Feststellung nicht verwendet. Rentensicherung[288] wird als Gesichtspunkt praktisch kommentarlos – unwillig? – vom Tisch gewischt, eine angesichts des inzwischen eingetretenen Rentendebakels kaum noch nachvollziehbare Haltung. Gar nicht erst ins Blickfeld geraten schließlich Solidarbeziehungen in der Familie – auch und gerade in Arbeiterfamilien –, noch bei äußerem Auseinanderbrechen, dem Auszug der Kinder oder ähnlichen Ereignissen. Eindrucksvoll haben die Untersuchungen von E. Pfeil[289] bewiesen, wie ein dichtes und greifbares, meßbares Geflecht gegenseitiger Hilfe und Unterstützung (Wohn- und Kostgeld; Arbeiten im Haushalt, gemeinsame Pläne und Vorhaben, durchaus materieller Art; Aufgaben der Großeltern gegenüber der jungen Familie) unter den einzelnen Familienmitgliedern geknüpft ist; von „unnützen Fressern“ keine Spur. „Kinderreichtum“ ist andererseits selbst für die bürgerliche Familie, in der „Eigentum an Produktionsmitteln zu vererben“ ist, nicht unbedingt „interessant“, da sinkende Kindersterblichkeit und höhere Lebenserwartung die „doppelte“ oder „mehrfache“ Absicherung überflüssig erscheinen lassen; zudem wird sie, jedenfalls sehr weitgehend, von gleichartigen oder ähnlich gepoolten Versorgungseinrichtungen ebenso erfaßt wie die „Lohnabhängigen-Familie" (Sozialversicherung usw.).

Die Situationsbeschreibung von Heinsohn/Knieper verfehlt damit die Wirklichkeit gleich auf beiden Seiten. Sicher steht es jedem Autor frei, sich die Begriffe auszusuchen, die ihm passend erscheinen, um aussagekräftige Erklärungen über die zum Untersuchungsgegenstand erhobenen Erscheinungen und eine Übersicht über das abgesteckte Feld zu ermöglichen; erweisen sich diese Begriffe allerdings als ungeeignet, nichtssagend, zu eng,[290] ist das erstrebte Ziel nicht zu erreichen: Die Brennweite ist falsch eingerichtet. Oder, um im Bild von Heinsohn/Knieper zu bleiben: Bei der Lektüre eines Liebesromans[291] ist es natürlich unsinnig, sachliche Informationen über die Voraussetzungen der Eingehung der Ehe zu erwarten, bei Ausfällen in dieser Richtung enttäuscht zu sein; doch würde mich als Leser kräftiger und, wie ich meine, berechtigter Ärger befallen, wenn mir schlichte Informationen über die formalen Voraussetzungen der Eheschließung als Interpretationsmuster für das Phänomen „Liebe" angeboten würden.

4. Résumé.

Faßbare, griffige Ergebnisse für das gesellschaftliche Ereignis „Familie" sind danach nicht zu finden, wenigstens soweit die Makroebene betroffen ist. Anders dagegen die Mikroebene; hier ist reichhaltiges Material für rechtswissenschaftlich orientierten Zugriff vorhanden oder wenigstens aufzubereiten. Mehr als ein Arbeitsprogramm kann auch ich nicht entwerfen, das seinerseits wiedeerum lediglich Richtungen weist, auf die gesellschaftliche Fundierung von Familie, auf ihre entsprechende Vorprägung, ihre Abhängigkeit, ihre Natur als Teil einer einheitlich verstandenen Wirklichkeit. Von vielleicht vergleichbaren Ansätzen[292] trennt mich folglich, neben dem Interesse an Einzelerscheinungen, nicht ein höherer Stand an erreichter Präzision, vielmehr – um es erneut zu betonen – das „Prinzip Hoffnung", das Vertrauen auf den „aufrechten Gang", das menschliche Möglichkeiten erst entfaltet. „Die Interessen an individueller wie gesellschaftlicher Emanzipation gehen in staatlicher Reformpolitik nicht restlos auf . . . Soweit sie darin enthalten sind, verwirklichen sie sich nicht von selbst, sondern müssen erkämpft werden."[293] Eine anschauliche Liste staatlicher Reformaufgaben – und hier findet Familienpolitik, die in Familienrecht einmündet, ein wichtiges Betätigungsfeld –, aber auch trauriger Versäumnisse, hat unlängst Zenz[294] vorgelegt, eine Liste, die sich unschwer verlängern ließe; schon jetzt reicht sie von der „Schaffung familiengerechter Wohnverhältnisse über kompensatorische Erziehungseinrichtungen (Kindergärten usw.) bis zu einer an elementaren Lebensbedürfnissen orientierten Neuorganisation der realen Arbeitswelt"[295] (ganz zu schweigen von „eigentlich" familienrechtlichen Themen, um „gutes"[296] und „richtiges" Leben *in* der Familie).

56

Anmerkungen

1 Der Feiertag, Gustav Schwab; vgl. Mitterauer/Sieder, S. 40.

2 Gar nicht erst versuchen will ich einen – auch nur knappen – Abriß der Geschichte der Familie seit der „Frühzeit"; Daten sind kaum zu finden, Verbindungen zu heutigen Verhältnissen äußerst locker (so in der Einschätzung auch Rosenbaum, Gesellschaftsstruktur (2.), S. 12/13); vgl. hingegen die Untersuchungen von Engels, Ursprung.

3 Dazu „Lied von der Glocke", Fr. Schiller. „Der Mann muß hinaus, ins feindliche Leben, muß wirken und streben und pflanzen und schaffen, erlisten, erraffen, muß wetten und wagen, das Glück zu erjagen"; darauf beruft sich auch Zigann, S. 20. Deutlicher noch Enke-Ferchland/Enke, S. 45 f.

4 Die Hexenverfolgungen und Hexenverfahren geben vielleicht einen Eindruck vom härtesten Umgang mit Nonkonformität (oder das, was dafür gehalten wurde), vgl. dazu Soldan-Heppe.

5 Nur als Hinweis Fontane, Grete Minde und die Stücke/Romane, die sich, am Ende des 19. Jahrhunderts gehäuft, mit dem Schicksal der aus der als dumpf empfundenen Ehe drängenden Frau beschäftigen, Flaubert, Madame Bovary; Fontane, Effi Briest; Ipsen, Nora.

6 Vgl. dazu den in seinem ikonographischen Verfahren sicher zum Teil bedenklichen Bericht über Kindererziehung im ancien régime von Ariès (Ariès versucht, Bilder zum Reden zu bringen, sie als sprechende Zeugen zu verwenden); ähnlich, abgestellt auf autobiographische Zeugnisse, Hardach-Pinke/Hardach und Könnecke.

7 Mitscherlich's Vision der „vaterlosen" Gesellschaft klingt an, vgl. dazu aber auch Horkheimer, S. 58: „Infolge der raum-zeitlichen Trennung von beruflicher und familiärer Existenz kann nun jeder bürgerliche Vater, auch wenn er im sozialen Leben eine armselige Funktion ausübt und einen krummen Rücken machen muß, zu Hause als Herr auftreten und die höchst wichtige Funktion ausüben, die Kinder (und die Frau, P. F.) an Bescheidung und Gehorsam zu gewöhnen."

8 Riehl's Buch „Die Familie" erlebte in rund 50 Jahren 12 Auflagen, blieb in dieser Zeit ohne wesentliche Veränderungen. Riehl bezeichnet es selbst gern als „Hausbuch für die deutsche Familie".

9 König, Handbuch, S. 5 bezeichnet Riehl (und LePlay) als die „anerkannten Klassiker" der empirischen Familiensoziologie; Schwägler, S. 33 relativiert, sieht in Riehl's Arbeiten lediglich „Anfänge einer konservativen Familiensoziologie".

10 Vgl. die Selbsteinschätzung bei Riehl, S. 89.

11 S. IX der 2. Aufl. 1855.

12 Abgedruckt bei Könneker, Einl. 2 S. 9/10.

13 Vgl. als Beispiele Brunner, S. 44 ff. und Egner, S. 59. Zu Brunner vgl. Hansen, Historische Familienforschung, S. 176 f. Im Ausgang unterliegen selbst Heinsohn/Knieper, S. 17; Rosenbaum, Gegenstruktur (2.), S. 109 f. und Schmidt-Relenberg/Luetkens/Rupp, S. 69 ff. dieser Fehleinschätzung.

14 Zur Situation der Dienstmädchen, noch im 19. Jahrhundert, vgl. Weber/Kellermann, S. 118 f.

15 Vgl. zum ganzen Weber/Kellermann, S. 149 f. Einzelheiten nennen Mitterauer/Sieder, S. 65 f.; Hansen, Historische Familienforschung, S. 214.

16 Hardach-Pinke/Hardach, S. 2.

17 Dazu auch Gernhuber, Neues Familienrecht, S. 46 f.

18 Vgl. wiederum die Untersuchungen von Ariès.

19 Ausführliche Datensammlung bei Shorter, S. 196 f. Vgl. Imhof, S. 197 f. und Mitterauer/Sieder, S. 62 f.

20 Mitterauer/Sieder, S. 62/63 erwähnen den verbreiteten Brauch, Söhne im Alter von 10–12 Jahren (offensichtlich zur Arbeit), Mädchen wenig später zu Gesindediensten aus dem Haus zu geben. Zur Kinderarbeit knapp Horkheimer, S. 36/37.

21 Marx, MEW 23, 416 f., mit ausführlicher Wiedergabe der Erfahrungsberichte englischer Fabrikinspektoren. Vgl. auch Engels, MEW 2, 360 f.

22 Selbstverständlich beschreiben auch diese Schilderungen nur Teilausschnitte aus der Wirklichkeit. Ariès und Hardach-Pinke/Hardach, berichten – aus Bildern, aus Erlebnisschilderungen – über sehr glückliche und erfüllte Kindheitserlebnisse aus dieser Zeit; ähnlich die Sammlung von Könneker. Eindrucksvoll war auch eine Ausstellung in Frankfurt von Zeichnungen und Vignetten (hauptsächlich Buchillustrationen) von Daniel Chodowiecki.

23 Lebrun, S. 147 f.

24 Vgl. die Daten bei Mitterauer/Sieder, S. 62 f.; ausführlich die Untersuchungen von Johansen.

25 Mitterauer/Sieder, S. 60.

26 Diese zweiten Ehen, mit erheblich jüngeren Frauen, bildeten, insbesondere im zünftig abgeschlossenen handwerklichen Bereich, eine „wichtige" Einbruchstelle für Außenseiter: Sie heirateten die – wiederum verwitwete – ältere Frau des Meisters, fanden so Eingang in Handwerk und Stadt. Bekanntes Beispiel aus Frankfurt: Druckerei Brönner.

27 Riehl selbst etwa ist sich der fehlenden Repräsentanz seiner Beschreibung für seine Zeit, die Mitte des 19. Jahrhunderts, durchaus bewußt, S. 150: „Die moderne Zeit kennt leider nur noch die Familie, nicht mehr das Haus, den freundlichen, gemütlichen Begriff des ganzen Hauses." Geschichtsforschung betreibt er ohnehin nicht, so daß seine Selbsteinschätzung auch vergangene Epochen umfassen würde. Vgl. zu diesem Punkt auch Schwägler, S. 37; Zigann, S. 65 f.

28 Kritisch insbesondere Mitterauer/Sieder, S. 38 f. – „Mythos von der vorindustriellen Großfamilie".

29 Ebenso, deutlich, Rosenbaum, Gesellschaftsstruktur (2.), S. 23 f.; ähnlich Gerhard, S. 81 f.

30 Vgl. zu entsprechend begründeten Eheverboten ausführlich Gerhard, S. 113 f. und Heinsohn/Knieper, S. 18 f. Zum Heiratsalter Dörner, S. 23 f.; Mitterauer/Sieder, S. 54 f.

31 Dazu Lebrun, S. 32.

32 Knappe, aber übersichtliche Zusammenstellung bei Lebrun, S. 5/6, 57 f.

33 Zu diesen Daten Mitterauer/Sieder, S. 74 f.

34 Mitterauer/Sieder, S. 82/83.

35 Der Sprachgebrauch „Kernfamilie – Kleinfamilie" ist wechselnd, nicht in jeder Hinsicht festgelegt, vgl. Zigann, S. 36 f. „Kleinfamilie" wird hier im schlichten Gegensatz zur „Großfamilie" (Ganzes Haus), Mehrgenerationenfamilie usw. verwendet; der Begriff bleibt dabei notwendig unscharf. „Kernfamilie" ist gekennzeichnet durch kulturspezifische Rollenzuweisungen in je eine Generationen- und Geschlechtsrolle, mit entsprechenden Grundpositionen; für eine strukturell-funktionale Grundposition wird eben diese Betrachtungsweise wichtig. Die Mehrgenerationenfamilie kann danach mehrere Kernfamilien umschließen.
Wichtig wird für den weiteren Gang die „moderne Kernfamilie", eine Kombination aus Kleinfamilie und Kernfamilie.

36 Wiederum ein Hinweis auf Riehl – s. Schwägler, S. 37 Fn 8 –, der sich durchaus dieses Nebeneinanders bewußt war; er erwähnt, als maßgebliche Ursache, insbesondere das Anerbenrecht, mit notwendiger kleinfamilialer Isolierung.

37 Einen Punkt habe ich nachzutragen: Weder: „Ganzes Haus" noch „Kernfamilie" sind universale Erscheinungen (eine besonders für die Kernfamilie gern verbreitete Einschätzung), vgl. dazu Zigann, S. 74 f. mit Nachweisen; beide Lebensformen werden auch hier nicht entsprechend eingestuft, vielleicht entgegen dem ersten Eindruck für den Leser.

38 Ohne daß eine zeitliche Fixierung vorgenommen werden soll.

39 König, Handbuch, S. 53; ihm folgend Zigann, S. 78.

40 In Anlehnung an König, Handbuch, S. 53.

41 Deutlich Lebrun, S. 169 f.

42 Richtig ist allerdings der Nachsatz (Lebrun, S. 169 f.): In sämtlichen Familientypen beherrschten „sachliche" Gesichtspunkte das Feld, nicht oder nur nachrangig emotionale Beziehungen.

43 Vgl. nur die Belege bei König, Handbuch, S. 62 f.

44 Laslett, S. 22 f.; vgl. für diesen Prozeß auch Medick, S. 254 ff.

45 Die Industrialisierung beseitigte danach nicht etwa das „Ganze Haus" schlechthin; vielmehr blieb diese Lebensform für manche gesellschaftliche Gruppierungen durchaus noch wichtig.

46 Auf dem Lande, für landwirtschaftliche Betriebe, sind Entwicklungen, die wenigstens Parallelen mit „Industrialisierungsprozessen" zeigen, immer noch in vollem Gang. König, Handbuch, S. 67 erwähnt ein besonders simples Beispiel für den Zusammenhang zwischen ökonomischen Daten und Familienform, das sich leicht über den engen Rahmen hinaus verwenden läßt: Der Einsatz von Pferden statt Ochsen als Zugtiere auf dem Anwesen entzog vielen Männern dort die Arbeitsmöglichkeit, vertrieb sie vom Hof, zerstörte die bisherige Struktur des Zusammenlebens.

47 Dazu Kühnl, S. 64 f. Dahrendorf, S. 63 f. weist auf eine umgekehrte Linie hin – die Nobilitierung, mit gerade in Deutschland skurrilen Eigenheiten: Farbentragen, Reserveoffizierswesen usw. Literarisches Beispiel: H. Mann, Der Untertan.

48 Kühnl, S. 68; Neumann, S. 23 f.; Wiethölter, Rechtswissenschaft, S. 174 f. Knapp Denninger, S. 93 f.; Dörner, S. 67; Ridder, Leviathan 1977, 467 (469); Troje, S. 239 f. Zum ganzen ausführlich Dahrendorf, S. 43 ff.

49 Vgl. wiederum Dahrendorf, S. 63. Zur Familie, S. 61: „Kein Bild der Familie hat sich tiefer in das deutsche Selbstverständnis und das ausländische Mißverständnis deutscher Gesellschaft eingegraben als gerade das der wilhelminischen Familie mit ihrer patriarchalischen Ordnung, der für Kinder, Küche, Kirche zuständigen Mutter und den Kindern am Gängelband."

50 Genügen soll hier der Hinweis auf Th. Mann, Buddenbrooks, und Freytag, Soll und Haben.

51 Vgl. den Hinweis bei Laslett, S. 28; knapp auch Mitterauer, S. 132. Ausführlich König, Handbuch, S. 73 f., unter Hinweis auf Entwicklungen im Zürcher Oberland.

52 Vgl. zum „Kostgänger" Theweleit, Bd. 1, S. 178 f.

53 Verstanden als „Eltern + minderjährige Kinder" oder „Elternrest", nach Auszug der Kinder.

54 Insbesondere sind die Arbeiten von Pfeil zu nennen.

55 Pfeil, S. 148 f. Auf sie bezieht sich König, Handbuch, S. 85 f.

56 Vgl. für entsprechende Bindungen, selbst über Generationen hinweg, mit ihren möglichen Auswirkungen das bei Stierlin, S. 115f. abgedruckte Familiengespräch.

57 Vgl. dazu nur Fengler, S. 99f. Entscheidend ablehnend gegenüber dieser Lebensform, für die sozialistischen Länder, Grandke, S. 22f.

58 Da andernfalls Familie, Familienfunktion *und* Gesellschaft auseinandergerissen werden, zutreffend Rosenbaum, Gesellschaftsstruktur (2.), S. 19.

59 Skeptisch Claessens, Wertsystem, S. 77.

60 Nur am Rande darf ich erinnern an Erscheinungen, die für uns außerordentlich belastend wirken müßten: Die väterliche Bestimmung des Ehepartners, Ehebund und Kinderzeugung als wirtschaftlich bedingte Faktoren, die allgemeine Not, die für persönliche Entwicklungen kaum Raum ließ.

61 Vgl. für die oft schwierig auszumachende Grenzziehung zwischen kleinbürgerlichem Lebensideal und neurotischer Abkapselung Richter, Familiendynamik 1976, 5 (15ff.). Zu modernen Entsprechungen vgl. Bopp, Kursbuch 55, 73f.

62 König, Handbuch, S. 72 stellt eine starke numerische Veränderung für die Oberschicht fest, die sich ebenfalls vorwiegend als Kleinfamilie zu organisieren beginnt.

63 König, Materialien, S. 143f.

64 Zum ganzen vgl. Zigann, S. 76. Polemisch Mühlfeld, S. 168f. In diesem Bereich hat die Parallele von Industrialisierung und Entwicklung zur Kleinfamilie ihren durchaus angemessenen Schwerpunkt; die Vermittlung ist nur vielfältig gebrochen, nicht unmittelbar, wie meist behauptet wird.

65 Knapp, aber instruktiv die Übersicht bei Michel, S. 27f. Sehr knapp Filser, S. 55f. Die Schwerpunktbildung, die ich vorgenommen habe, folgt Rosenbaum, Gegenstruktur (2.), S. 6ff.

66 Dölle, § 2 II 1 S. 17 (dort geschieht diese Kenntnisnahme dann auf knappen 2½ Seiten, bei einem Gesamtumfang beider Bände des Lehrbuchs von 2119 Seiten).

67 Darstellung und Deutung einer empirisch – soziologischen Tatbestandsaufnahme, 1967 in 5. Auflage erschienen; das praktische Material lieferte Wurzbacher in seiner Untersuchung von 164 (bundesdeutschen) Familienmonographien, inzwischen ebenfalls in 4. Aufl. vorliegend.

68 Rosenbaum, Gegenstruktur (2.), S. 6 weist insbesondere auf die Parallelen in Schelsky's Forschungskonzept mit den Rastern „kirchlicher Gesellschaftstheoretiker" (was immer das sei) hin. Vgl. auch Schmidt-Relenberg/Luetkens/Rupp, S. 31: „Tausende von Studenten haben das Buch exzerpiert, und die Ergebnisse der schelskyschen Analysen als Lebens- und Familienbrevier nach Hause getragen; Hunderte von Politikern haben das Buch oder zumindest seine zugkräftigen Kernsätze gelesen und als Grundlagen der offiziellen Familienpolitik der fünfziger und sechziger Jahre sowie als normative Klischees für die „moderne Gesellschaft" verwendet."

69 Schelsky, Wandlungen, S. 13; dazu auch Kocka, L 76 11, 112.

70 Schelsky, Wandlungen, S. 13 „. . . wird man die Einschätzung dieser Institution als Stabilitätsrest in unserer Gesellschaftskrise berechtigt finden." Ähnlich Gehlen, Technisches Zeitalter, S. 57.

71 Zweckrationale Gebilde – Betrieb, Schule usw. – scheiden als Stabilitätsfaktoren aus, da sie sich an entscheidender Stelle (1933 bis 1945) als zu krisenanfällig erwiesen haben, vgl. Rosenbaum, Gegenstruktur (2.), S. 38.

72 Schelsky, Wandlungen, S. 9. Rosenbaum, Gegenstruktur (2.), S. 36, Fn 161, macht auf den eigentümlichen Sprachgebrauch aufmerksam – Stabilität und Restaurierung werden praktisch synonym verwendet.

73 Dazu Rosenbaum, Gegenstruktur (2.), S. 25ff. und 35f.

74 Rosenbaum, Gegenstruktur (2.), S. 37.

75 Gehlen, Studien, S. 245.

76 Rosenbaum, Gegenstruktur (2.), S. 27.

77 Insofern hat die Bindung in Institutionen durchaus emanzipatorische Aspekte; doch werden diese Aspekte schnell überspielt, vgl. Gehlen, Technisches Zeitalter, S. 5 f. „Entlastung" wird „Überentlastung" gegenübergestellt, ohne daß eine sichere Abgrenzung gelingt, dazu Dörner, ARSP 51, 109 (118/119); vgl. auch Gehlen, Anthropologische Forschung, S. 60: Auch die Institutionen erfüllen ihre Aufgaben nicht mehr, weil „die zu reich, zu differenziert gewordene Kultur eine Entlastung mit sich bringt, die zu weit getrieben ist und die der Mensch nicht erträgt". Zum ganzen Rosenbaum, Gegenstruktur (2.), S. 29.

78 Stabilität, S. 272.

79 Rosenbaum, Gegenstruktur (2.), S. 36.

80 Rosenbaum, Gegenstruktur (2.), S. 36.

81 Rosenbaum, Gegenstruktur (2.), S. 36.

82 Schelsky, Wandlungen, S. 25. Vgl. zu dieser Perspektive in den Arbeiten Gehlens Jonas, S. 69 ff.

83 Schelsky, Wandlungen, S. 166: „Die Skepsis, das Desinteressement gegenüber der Gesamtgesellschaft, jener bekannte ‚ohne-uns'-Standpunkt, ist von der anderen Seite, der der intimen Gruppe, her gesehen die durchaus erfreuliche Zurückführung des Allgemeinen und Grundsätzlichen im sozialen Denken auf das Individuum und die Erfahrung der eigenen Existenz." Vgl. auch S. 255 f.

84 Schelsky, Wandlungen, S. 290 f.

85 Schelsky, Wandlungen, S. 309.

86 Schelsky, Wandlungen, S. 309.

87 Schelsky, Wandlungen, S. 309.

88 Schelsky, Wandlungen, S. 309.

89 Vgl. dazu Rosenbaum, Gegenstruktur (2.), S. 40.

90 Schelsky, Wandlungen, S. 355.

91 Rosenbaum, Gegenstruktur (2.), S. 40.

92 Schelsky, Wandlungen, S. 314 ff. Gerade diese Überlegungen bringen Schelsky's Gegnerschaft gegen Versuche hervor, „natürliche Autorität" abzubauen, sie durch gesellschaftlich vermittelte zu ersetzen, und weiter, den Zusammenhang zwischen autoritären Familienerlebnissen und entsprechenden politischen Grundausrichtungen nachzuweisen, vgl. Schelsky, Wandlungen, S. 327 f.

93 Zutreffend Rosenbaum, Gegenstruktur (2.), S. 39; Schmidt-Relenberg/Luetkens/Rupp, S. 32.

94 Dazu Schmidt-Relenberg/Luetkens/Rupp, S. 31.

95 Schelsky, Wandlungen, S. 75 f.; dazu Rosenbaum, Gegenstruktur (2.), S. 38 f.; Schmidt-Relenberg/Luetkens/Rupp, S. 32.

96 Schmidt-Relenberg/Luetkens/Rupp, S. 33.

97 Schelsky, Wandlungen, S. 228.

98 Schelsky, Wandlungen, S. 228. Der Text steht im Original gesperrt. Kritisch aus diesem Blickwinkel namentlich Schmidt-Relenberg/Luetkens/Rupp, S. 35.

99 Schelsky, Wandlungen, S. 30.

100 Ähnlich in dieser Einschätzung Rosenbaum, Gegenstruktur (2.), S. 40/41.

101 Rosenbaum, Gegenstruktur (2.), S. 42.

102 Schelsky, Wandlungen, S. 150.

103 Überrascht über diesen Vergleich auch Benard/Schlaffer, S. 33.

104 Schelsky, Soziologie der Sexualität, S. 57.
105 Vgl. neuerdings nur wieder Greiff.
106 Schelsky, Wandlungen, S. 30. Vgl. auch Schwägler, S. 60 f.
107 1. Teil 1. Kapitel.
108 Gegensatzpaar von Wiethölter, Rechtswissenschaft, S. 202.
109 Knapp Rüthers, Rechtsdenken, S. 57 f.
110 Rosenbaum, Gegenstruktur (2.), S. 55.
111 Rosenbaum, Gegenstruktur (2.), S. 55.
112 Eine besondere Rolle spielt wohl auch der unterschiedliche Zeitpunkt der Abfassung. Ältere Arbeiten erscheinen in neuer Auflage, ohne daß sie neueren Arbeiten in allen Punkten angepaßt werden. Besonders deutlich hebt sich besonders die letzte Untersuchung – Handbuch – von den älteren Vorläufern ab; ihr wird daher besonderes Gewicht beigemessen.
114 Handbuch, S. 28.
115 Rosenbaum, Gegenstruktur (2.), S. 55; Schmidt-Relenberg/Luetkens/Rupp, S. 67/68.
116 Unklar ist schon im Ausgang, ob König diese Thesen überhaupt als Einigungsvorschlag verstehen möchte; in Handbuch, S. 59 sind sie Einleitung für den Abschnitt „Interaktionsanalyse", dem mikrosoziologischen Bereich zugeordnet. Wie hier wohl Rosenbaum, Gegenstruktur (2.), S. 55.
117 Im Original kursiv.
118 Besonders kritisch Rosenbaum, Gegenstruktur (2.), S. 56.
119 Rosenbaum, Gegenstruktur (2.), S. 55 nennt dieses Wechselspiel „besonders verwirrend".
120 König, Handbuch, S. 28/29; hier wird der Beschäftigung mit Mikroerscheinungen „inflationäres" Überhandnehmen bescheinigt, gleichzeitig wird ihr „verborgene Ideologie" zugeschrieben.
121 Wörterbuch der Soziologie, S. 215; ähnlich Materialien, S. 66. Vielleicht deutet sich allerdings für diesen Ausschnitt ein grundsätzlicher Wandel an; immerhin ist das zunächst sehr in den Vordergrund geschobene Phänomen „Desintegration von Familie" aus gesellschaftlichen Zusammenhängen im Handbuch kein Thema mehr, nicht einmal mehr ein Stichwort.
122 Dazu Materialien, S. 55 ff., insbes. S. 62.
123 Auch Rosenbaum, Gegenstruktur (2.), S. 95 versteht die Einschätzung König's als allgemeine Aussage.
124 König, Materialien, S. 61.
125 Das Handbuch soll weiterhin im Mittelpunkt stehen, als (vielleicht) maßgeblichste Arbeit.
126 Handbuch, S. 28 ff.
127 König, Handbuch, S. 35.
128 Ähnlich Rosenbaum, Gegenstruktur (2.), S. 56.
129 Vgl. Rosenbaum, Gegenstruktur (2.), S. 56.
130 König, Handbuch, S. 39.
131 König, Handbuch, S. 39.
132 König, Handbuch, S. 39.
133 S. 58.
134 König, Handbuch, S. 39. Horkheimer formuliert (S. 58): „Infolge der raum-zeitlichen Trennung von beruflicher und familiärer Existenz kann nun jeder bürgerliche Vater, auch wenn er im sozialen Leben eine armselige Funktion ausübt, und einen krummen

Rücken machen muß, zu Hause als Herr auftreten und die höchst wichtige Funktion ausüben, die Kinder an Bescheidung und Gehorsam zu gewöhnen."

135 König, Handbuch, S. 40.
136 Zu dieser Tendenz in den familiensoziologischen Arbeiten König's Rosenbaum, Gegenstruktur (2.), S. 56.
137 König, Handbuch, S. 40.
138 König, Handbuch, S. 40.
139 Vgl. neuerdings auch die Untersuchungen von Mantell.
140 So der Titel der Untersuchungen von Caesar; umfassend Wurzbacher (Hrsg.), Die Familie als Sozialisationsfaktor (2.).
141 König, Handbuch, S. 40 f.
142 Rosenbaum, Gegenstruktur (2.), S. 63.
143 Rosenbaum, Gegenstruktur (2.), S. 63; ähnlich Schmidt-Relenberg/Luetkens/Rupp, S. 68.
144 Zu diesen Ergebnissen vgl. König, Handbuch, S. 40 f.
145 König, Handbuch, S. 48 f.
146 König, Handbuch, S. 50.
147 So auch Schwägler, S. 127.
148 Einmal abgesehen von der auch sonst fehlenden Isolierungsmöglichkeit dieses Bereiches aus anderen Zusammenhängen: Pressekonzentration, politischer Einfluß usw.
149 König, Handbuch, S. 29 f. Die Ausführungen zu „Gesellschaft und Familie", staatlichem Einfluß und staatlicher Kontrolle durch Gesetze sind zum Teil recht vordergründig, ein Beweis, wie sehr das Verhältnis von Rechts- und Sozialwissenschaften immer noch gestört ist, auf *beiden* Seiten.
150 König, Handbuch, S. 31.
151 König, Handbuch, S. 31.
152 König, Handbuch, S. 31.
153 König, Handbuch, S. 31 f.
154 König, Handbuch, S. 32.
155 König, Handbuch, S. 32.
156 König, Handbuch, S. 32.
157 König, Handbuch, S. 32/33.
158 König, Handbuch, S. 33.
159 König, Handbuch, S. 33.
160 König, Handbuch, S. 33. Im Mittelpunkt stehen nicht inhaltliche Interessen an der Art des Lebens dort, sondern Stabilitätsüberlegungen – wie verhält sich Familie zu dieser Lebensform, welche wechselseitigen Einflüsse sind festzustellen?
161 König, Handbuch, S. 33/34.
162 König, Handbuch, S. 34.
163 Schwägler, S. 127. Vgl. ein tabellarisches Beispiel bei Hill, S. 77/78.
164 Schmidt, S. 5.
165 Hier wird in erheblichem Umfang auf ältere Arbeiten zurückgegriffen; wie weit damit die gegenwärtige Position König's erfaßt wird, vermag ich nicht immer zu beurteilen. Zwar sind die Materialien 1974 in zweiter Auflage erschienen, doch stimmen sie nicht in allen Punkten mit den Erkenntnissen im Handbuch überein.
166 König, Materialien, S. 89.
167 König, Materialien, S. 89.
168 König, Materialien, S. 90.

169 König, Materialien, S. 90.
170 König, Materialien, S. 90.
171 König, Materialien, S. 91.
172 König, Materialien, S. 91.
173 König, Materialien, S. 92.
174 König, Materialien, S. 91.
175 König, Materialien, S. 92.
176 Richtig Rosenbaum, Gegenstruktur (2.), S. 91.
177 König, Materialien, S. 98.
178 König, Materialien, S. 98.
179 König, Materialien, S. 90. Zu weiteren Einzelheiten gerade in diesem Zusammenhang Rosenbaum, Gegenstruktur (2.), S. 99 f.
180 Gehlen/Schelsky, S. 147 (Verf.: König).
181 Richtig Rosenbaum, Gegenstruktur (2.), S. 101. Zu („offiziellen") Erziehungszielen vgl. 2. Familienbericht, S. 12ff.
182 Zu dieser Selbstbeschränkung Claessens, Wertsystem, S. 16 f.
183 Claessens, Wertsystem, S. 16.
184 Claessens, Wertsystem, S. 17.
185 Claessens, Wertsystem, S. 17 selbst fordert – gesicherte Erkenntnisse liegen kaum vor – „dringend notwendige empirische Untersuchungen über die Zusammenhänge zwischen Gesellschaft, Persönlichkeitsstruktur und Binnenstruktur der Familien einerseits, dem Herrschaftscharakter andererseits, besonders in der BRD".
186 Dazu Claessens, Wertsystem, S. 17 und (ausführlich) S. 88 f.
187 Claessens, Wertsystem, S. 15.
188 Claessens, Wertsystem, S. 23.
189 Claessens, Wertsystem, S. 27.
190 Claessens, Wertsystem, S. 28.
191 Fromm, S. 87.
192 Kindheit und Gesellschaft, S. 241 f.
193 Claessens, Wertsystem, S. 18.
194 Zum Ganzen vgl. Claessens, Wertsystem, S. 28.
195 Claessens, Wertsystem, S. 28/29.
196 Claessens, Wertsystem, S. 29.
197 Claessens, Wertsystem, S. 43.
198 Claessens, Wertsystem, S. 43.
199 Claessens, Wertsystem, S. 43.
200 Claessens, Wertsystem, S. 44.
201 Claessens, Wertsystem, S. 63; Claessens/Menne, S. 170 f.
202 Claessens, Wertsystem, S. 65 f.
203 Claessens, Wertsystem, S. 75 f.
204 Claessens, Wertsystem, S. 74.
205 Claessens, Wertsystem, S. 101.
206 Claessens, Wertsystem, S. 102.
207 Claessens, Wertsystem, S. 105.
208 Claessens, Wertsystem, S. 112.
209 Claessens, Wertsystem, S. 113 ff.
210 Claessens, Wertsystem, S. 125.
211 Claessens, Wertsystem, S. 126.

212 Claessens, Wertsystem, S. 127.
213 Claessens, Wertsystem, S. 128.
214 Claessens, Wertsystem, S. 131 f.
215 Zu den besonderen Leistungen der Kernfamilie bei der Enkulturation vgl. Claessens, Wertsystem, S. 147 f.
216 Claessens, Wertsystem, S. 170 f.
217 Claessens, Wertsystem, S. 172 f.
218 Claessens, Wertsystem, S. 175.
219 Im Original kursiv, vgl. Claessens, Wertsystem, S. 174.
220 Claessens, Wertsystem, S. 175.
221 Claessens, Wertsystem, S. 178.
222 Claessens, Wertsystem, S. 291, Fn 10.
223 Claessens, Wertsystem, S. 191/192.
224 Einige Hoffnung überträgt Claessens auf „alternative Lebensformen", insbesondere auf die Wohngruppe, vgl. Wertsystem, S. 77/78; Claessens/Menne, S. 189 f.
225 Die nachfolgende Kritik ändert nichts am gar nicht hoch genug zu veranschlagenden Verdienst Claessens' bei der Erforschung der „Einübung in gesellschaftliches Leben" durch familiäre Erziehung.
226 Claessens, Wertsystem, S. 18.
227 Claessens, Wertsystem, S. 15.
228 Dazu Claessens, Wertsystem, S. 17 f.
229 BVerfG, NJW 1978, 807 (zum Sexualkundeunterricht) läge wohl auf dieser Linie. Dazu Oppermann, JZ 1978, 289.
230 Rosenbaum, Gegenstruktur (2.), S. 106 f.
231 Rosenbaum, Gegenstruktur (2.), S. 107; ähnlich Schmidt-Relenberg/Luetkens/Rupp, S. 70 f.; knapp Mühlfeld, S. 174.
232 Rosenbaum, Gegenstruktur (2.), S. 107.
233 Schmidt-Relenberg/Luetkens/Rupp, S. 70.
234 Schmidt-Relenberg/Luetkens/Rupp, S. 71.
235 Dazu Claessens/Milhoffer in ihrer Einleitung, S. 14.
236 Rosenbaum, Gegenstruktur (2.), S. 115 ff.
237 Vgl. im einzelnen Rosenbaum, Gegenstruktur (2.), S. 115 f.
238 Rosenbaum, Gegenstruktur (2.), S. 127 f.; Schmidt-Relenberg/Luetkens/Rupp, S. 99 f.
239 Schmidt-Relenberg/Luetkens/Rupp, S. 82 f.
240 Schmidt-Relenberg/Luetkens/Rupp, S. 88 f. vgl. auch Mühlfeld, S. 113 f.
241 Schmidt-Relenberg/Luetkens/Rupp, S. 88.
242 Schmidt-Relenberg/Luetkens/Rupp, S. 88.
243 Zur Einschätzung anderer gesellschaftlicher Bereiche Schmidt-Relenberg/Luetkens/Rupp, S. 88; anders in der Tendenz Rosenbaum, Gegenstruktur (2.), S. 153 f., die ganz besondere Hoffnung auf „alternative Erziehungsprojekte" legt.
244 Marx, MEW 23, 514.
245 Claessens/Milhoffer, Einl. S. 14; ähnlich Troje, S. 226 f.
246 Knappe Skizze in KJ 1974, 1 sowie die Entgegnung in KJ 1975, 415.
247 Heinsohn/Knieper sind sich dieser Tatsache bewußt, vgl. besonders deutlich KJ 1975, 415.
248 Heinsohn/Knieper, S. 17 f.
249 Heinsohn/Knieper, S. 23.
250 Gesichtspunkte der Geringhaltung der Armenfürsorge – Einrichtungen spielten für Eheverbote ebenfalls eine Rolle.

251 Heinsohn/Knieper, S. 23.
252 Heinsohn/Knieper, S. 25 f.
253 Heinsohn/Knieper, S. 27.
254 Heinsohn/Knieper, S. 27.
255 S. 69 f.
256 Knapp KJ 1975, 415 (420).
257 Hinzu kommen Propagandamaßnahmen, familienfördernde Einzelgesetze (Kindergeld, Ehestandsdarlehen usw.), S. 91 f., 99 f.
258 Heinsohn/Knieper, S. 77.
259 Heinsohn/Knieper, S. 77.
260 Heinsohn/Knieper, S. 77; dies., KJ 1974, 1 (11/12).
261 So ausdrücklich Heinsohn/Knieper, S. 78; dies., KJ 1974, 1 (12).
262 Heinsohn/Knieper, S. 79.
263 Heinsohn/Knieper, S. 79.
264 Steuerhilfen, Kindergeld usw. erfordern hohen Aufwand, lösen zudem das Qualitätsproblem nicht, Barabas/Sachße, KJ 1975, 129 (133).
265 Heinsohn/Knieper, S. 225.
266 Heinsohn/Knieper, S. 227/228.
267 Deutlich Barabas/Sachße, KJ 1975, 129 (131).
268 Heinsohn/Knieper, S. 218/219.
269 Heinsohn/Knieper, S. 219 f.
270 Heinsohn/Knieper, S. 227/228; dazu auch Barabas/Sachße, KJ 1975, 129 (134).
271 Deutlich Barabas/Sachße, KJ 1975, 129 (131).
272 Barabas/Sachße, KJ 1975, 129 (131); Unterstreichung im Original kursiv.
273 Barabas/Sachße, KJ 1975, 129 (132).
274 Erd-Küchler, KJ 1975, 141.
275 Erd-Küchler, KJ 1975, 141 (142).
276 Erd-Küchler, KJ 1975, 141 (142). Erd-Küchler sieht im folgenden die Verwirklichung dieser Werte vorwiegend als Möglichkeit der Frau, im Anschluß an Marcuse, Jb. Politik 6, 86; Tömmel, Argument 93, 835 – dazu Menschik, Feminismus, S. 110 –, begibt sich damit allerdings auf ein gefährliches und wohl auswegloses Terrain, dazu Heinsohn/Knieper, KJ 1975, 415 (419) und Willi, Familiendynamik 1978, 2 (155).
277 KJ 1975, 415.
278 Heinsohn/Knieper, KJ 1975, 415 (420).
279 Heinsohn/Knieper, KJ 1975, 415 (420).
280 Heinsohn/Knieper, KJ 1975, 415 (416).
281 Heinsohn/Knieper, KJ 1975, 415 (416).
282 Richtig Barabas/Sachße, KJ 1975, 129.
283 Dazu Barabas/Sachße, KJ 1975, 129 (130).
284 Barabas/Sachße, KJ 1975, 129 (130)).
285 Heinsohn/Knieper, S. 17 f.
286 Heinsohn/Knieper, KJ 1975, 415 (420).
287 Heinsohn/Knieper, S. 78.
288 Heinsohn/Knieper, S. 78.
289 Pfeil, S. 148 f. Auf sie bezieht sich König, Handbuch, S. 55 f. Ähnlich für die USA Sussman/Burchinal, S. 99.
290 Zu diesem Punkt Barabas/Sachße, KJ 1975, 129 (134).
291 Heinsohn/Knieper, KJ 1975, 415 (420).

292 Vgl. gerade III. 3a.
293 Barabas/Sachße, KJ 1975, 129 (134).
294 Zenz, Handlexikon, S. 86 f.
295 Zenz, Handlexikon, S. 97.
296 Zenz, Handlexikon, S. 98. Zu diesen Möglichkeiten vgl. auch Troje, S. 225 f.

3. *Kapitel*

Ehe- und Familienmodell des BGB. Geschichtliche Entwicklung.

I. Motive, Protokolle.

Eherecht zeigt sich in seiner Gestalt und Tragweite zu erheblichen Teilen erst im Ehescheidungsrecht,[1] eine nur vordergründige Paradoxie. Dort fällt die Entscheidung, ob die gescheiterte Verbindung der Gatten aufgelöst werden kann und unter welchen Voraussetzungen oder ob sie zwangsweise (äußerlich) aufrechterhalten wird, über die Köpfe der Beteiligten hinweg und gegen die Stimmen ihrer Herzen. „Liberales Kontraktdenken"[2] schließt die Möglichkeit ein, unter eine inhaltlich beendete, abgeschlossene Beziehung ohne belastende Einschränkungen und Widerstände auch die formale Bestätigung ihres Endes zu setzen, neue Verbindungen in der Folgezeit einzugehen; institutionelles Denken stellt die Einrichtung Ehe („Institution") über die Person, kümmert sich nicht um individuelle Interessen: Glück oder Untergang, beides gilt gleich. Zwischen den Extremen sind (natürlich) mannigfache Zwischenformen angesiedelt.

Den Verfassern der „Motive zu dem Entwurfe eines Bürgerlichen Gesetzbuches für das Deutsche Reich" war die eigentümliche Bewährung des Eherechts im Recht der Ehescheidung sichtlich vertraut. Über grundlegende Zusammenhänge, „weltanschauliche" Hintergründe der Ehe äußern sie sich (folgerichtig) erstmalig bei der Regelung ihrer Trennung.[3] An Deutlichkeit lassen die Ausführungen nichts zu wünschen übrig, auch im Sprachstil:

„Der christlichen Gesammtanschauung[4] des deutschen Volkes entsprechend geht der Entwurf davon aus, daß im Eherechte, auch soviel die Auflösung der Ehe vor dem Tode eines der Ehegatten betrifft, nicht das Prinzip der individuellen Freiheit herrschen darf, sondern die Ehe als eine von dem Willen der Ehegatten unabhängige sittliche und rechtliche Ordnung anzusehen ist."[5] Daraus ergibt sich als Regel strenger Art: lebenslange Bindung, Unauflöslichkeit des Bandes. Ausnahmen allerdings sind zugelassen, hat „doch selbst die katholische Kirche die äußerste Konsequenz . . . nicht gezogen, indem sie im Falle des Ehebruches oder eines diesem gleichstehenden Fleischverbrechens dem unschuldigen Theile ein unbedingtes Recht auf Trennung von Tisch und Bett auf Lebenszeit gewährt".[6] Der Staat muß deshalb ein Scheidungsrecht einräumen, wenn „die sittlichen Grundlagen (der Ehe) zerstört, die Voraussetzungen dieser innigsten Lebensgemeinschaft gänzlich geschwunden sind und . . . die Ehe als segensbringend und veredelnd nicht mehr gedacht" werden kann.[7] Sittliche Forderungen haben menschliche Schwächen einzuplanen; umgekehrt jedoch darf ein entsprechender Ausweg nicht Sittenverfall und Laxheit begünstigen – beide Linien sind aufeinander abzustimmen.

Daneben sprechen auch schlichtere Überlegungen gegen die grundsätzliche Unscheidbar-

keit der Ehe. „Die Vortheile dieser Möglichkeit werden . . ., wenn man die realen Verhältnisse des Lebens ins Auge faßt, weit aufgewogen durch die Nachtheile und Gefahren, welche
das Verbot einer Wiederverheiratung für den Hausstand, die Nahrungsverhältnisse, die Erziehung der Kinder und für die Sittlichkeit mit sich bringen. Insbesondere ist es für den unschuldigen Theil eine große Härte, wenn er durch die Schuld des anderen Theils, welcher
seinerseits die ehelichen Pflichten mit Füßen getreten und jenem die Fortsetzung der Ehe
unerträglich gemacht hat, den bezeichneten Nachtheilen ausgesetzt und für die Lebenszeit
des anderen Theils an der Schließung einer neuen Ehe verhindert sein soll."[8] Kaum verhüllt
werden damit bevölkerungspolitische Argumente ins Feld geschickt; Gesichtspunkte der
„Gerechtigkeit"[9] bleiben diffus, gehen unter; Streben nach persönlichem Glück, Selbstverwirklichung der Gatten spielen offensichtlich von vornherein keine Rolle.

Wichtiger noch ist allerdings ein zweiter Kreis. „Für eine strengere Gestaltung des Scheidungsrechts sprechen aber auch vom staatlichen Standpunkte aus die gewichtigsten Gründe.
Der Staat hat ein dringendes Interesse daran, darauf hinzuwirken, daß die Ehe als Grundlage
der Gesittung und der Bildung so sei, wie sie sein soll, und deshalb das Bewußtsein des sittlichen Ernstes der Ehe und die Auffassung derselben als einer von dem Willen der Ehegatten
unabhängigen sittlichen Ordnung im Volke zu fördern. Dies geschieht durch Erschwerung
der Ehescheidung."[10] Eher als Früchte am Wegesrand fallen ab: Leichtsinnige Ehen werden
verhindert,[11] der besonderen Situation der Frau Rechnung getragen –" dazu kommt, daß
auf der Festigkeit der Ehe im Gegensatz zum Konkubinate die höhere sittliche Stellung des
weiblichen Geschlechts beruht" –,[12] Gefährdung der Kinder bekämpft und „öffentlicher
Wohlstand"[13] gesichert.

Konkreter Kompromiß: „In wesentlicher Uebereinstimmung mit der in der neueren Praxis vorwiegend vertretenen Auffassung des gemeinen protestantischen Eherechtes, sowie im
Anschluß und in Fortentwicklung der den preuß. Entwürfen über die Reform des landrecht-
lichen Ehescheidungsrechtes[14] aus den Jahren 1844, 1854, 1856, 1859, 1860 zu Grunde lie-
genden Prinzipien beruht der vorliegende Entwurf auf dem Grundsatze, daß ein Ehegatte
nur wegen schweren Verschuldens des anderen Ehegatten die Scheidung zu verlangen berechtigt sein soll. Jede Scheidung aus Willkür, insbesondere auch die Scheidung auf Grund
gegenseitiger Einwilligung der Ehegatten, ferner die Scheidung wegen zufälliger Umstände,
namentlich wegen körperlicher Gebrechen und wegen Geisteskrankheit, sowie die Scheidung wegen Religionswechsels ist ausgeschlossen. Für diesen Standpunkt sprechen die oben
S. 563 ff.[15] hervorgehobenen, dem Wesen der Ehe und der Natur derselben als eines Rechtsverhältnisses entnommenen allgemeinen Gesichtspunkte."[16] Unmittelbar ausgerichtet sind
diese Erklärungen auf das Preuß. ALR von 1794,[17] das insgesamt – geprägt von aufkläreri-
schen Ideen[18] – erheblich „scheidungsfreundlicher" eingestellt war; es kannte als Scheidungsgründe[19] Ehebruch und andere schwerwiegende Verletzungen der ehelichen Treue (§§
670–677), bösliches Verlassen des Partners (§§ 677–693), Versagung oder Unvermögen bei
der ehelichen Pflichterfüllung (§§ 694–697), „Raserey und Wahnsinn" (§ 698), Angriffe auf
Leben, Gesundheit, Ehre und Freiheit des Gatten (§§ 699–703), grobe Verbrechen gegen
Dritte (§§ 704–707), „unordentliche Lebensart" und Unterhaltspflichtverletzungen (§§
708–714), Wechsel der Religion oder der Glaubenszugehörigkeit (§ 715),[20] solange die Unterschiede bei Eingehung der Ehe ein Hindernis begründet hätten, sowie – und dieser Punkt
ist von besonderer Wichtigkeit[21] – in manchen Konstellationen Einverständnis der Eheleute
oder einseitige „Verstoßung". Getrennt werden können (auch) „ganz kinderlose Ehen . . .
auf dem Grund gegenseitiger Einwilligung", „sobald weder Leichtsinn, oder Übereilung,
noch heimlicher Zwang zu besorgen ist" (§ 716); eine behauptete einseitige Abneigung kann
zur Auflösung der Ehe führen, wenn „nach dem Inhalte der Acten der Widerwille so heftig

und tief eingewurzelt ist, daß zu einer Aussöhnung und zur Erreichung des Zwecks des Ehestandes gar keine Hoffnung mehr übrig sei", § 718 a. „Es muß aber in diesem Falle derjenige Ehegatte, welcher solchergestalt ohne eigentlichen gesetzmäßigen Grund, wider den Willen des Andern, auf der Scheidung beharrt, für den schuldigen Theil erkläret, und in die Scheidungsstrafen nach § 786 (= Abfindung in Bruchteilen des Vermögens, P. F.) verurtheilt werden", § 718 b. Hinter dieser Regelung steht zu einem (kleineren?) Teil die aufklärerische Überzeugung von der Rationalität menschlichen Handelns und Planens, von freizuhaltender Entscheidungsbefugnis und zugewiesener Verantwortung, zum anderen Teil schlicht – wieder einmal – bevölkerungspolitische Sorge: Die Scheidung darf nicht „gar zu dificil seyn, sonsten hindert das die Population. Denn sobald zwei Eheleute durchaus widereinander soweit aufgebracht und erzürnt sind, daß gar keine Vereinigung wieder zu hoffen stehet . . . so werden sie auch keine Kinder miteinander erzeugen, und das ist der Population zum Nachtheil. Dagegen wird ein solches Paar geschieden, und das Weib heirathet dann einen anderen Kerl, so kommen doch noch eher Kinder davon."[22] Vordergründige Interessen des Staates setzen sich durch; reglementierend wird in Privatrechtsverhältnisse der Untertanen eingegriffen. Individuelles Glücksstreben, Selbstentfaltung, gelebte persönliche Freiheit spielen dagegen nur eine Nebenrolle,[23] sind eher zufällige Randprodukte. Andererseits hält das Scheidungsrecht des Preuß. ALR durchaus Freiräume offen, schafft Möglichkeiten, die zu eigenen Zwecken genutzt werden können, reicht damit über den vorformulierten Einsatzbereich hinaus; erst das BGB fällt hinter den früheren Stand zurück, verstellt ausdrücklich und bewußt die Auswege. Einverständliche Scheidung, unter welch engen Voraussetzungen auch immer, ist für lange Jahrzehnte kein Diskussionsthema mehr, jedenfalls mit ernsthafter Durchsetzungschance (vgl. die einleitend berichtete Rspr. zu § 48 II EheG 1946/Vorläufer), bis in die Vorgeschichte des 1. EheRG.[24] Die Stellungnahme Menger's, deutlich abgehoben von seinen sonstigen Angriffen auf das BGB, die dem Eherecht in seiner nun gefundenen Form Ausgewogenheit bescheinigt, als Ziel allein das Ehegüterrecht, besonders aber das Recht des nichtehelichen Kindes, anvisiert – „am wenigsten tritt dieser einseitige Standpunkt unseres Familienrechts bei der Ehe hervor, welches Rechtsinstitut in den positiven Rechtssystemen und so auch im Entwurf eines deutschen bürgerlichen Gesetzbuches in einer gerechten und unparteilichen Weise geordnet ist" –,[25] ist vor diesem Hintergrund wenig verständlich.[26] Sie übersieht bittere Auswirkungen eines starren Rechts der Ehescheidung gerade für „die besitzlosen Volksklassen", die zu Fluchttoren und Umgehungspfaden, zu Arrangements und Manipulationen schon aus schlicht wirtschaftlichen Gründen keinen Zugang haben, festgehalten werden in ihren Fesseln. Deshalb waren schon damals deutliche Gegenstimmen zu vernehmen: „Wie ein dunkler Schatten aus dem dunkelsten Mittelalter ragt der Entwurf des BGB in die Gegenwart hinein."[27]

II. BGB.[28]

1. Im einzelnen legt das BGB fest (§§ 1564–1587), sehr knapp:

§ 1565. „Ein Ehegatte kann auf Scheidung klagen, wenn der andere Ehegatte sich des Ehebruchs oder einer nach den §§ 171, 175 des Strafgesetzbuchs strafbaren Handlung schuldig gemacht hat.

Das Recht des Ehegatten auf Scheidung ist ausgeschlossen, wenn er dem Ehebruch oder der strafbaren Handlung zugestimmt oder sich der Theilnahme schuldig macht."

§ 1566. „Ein Ehegatte kann auf Scheidung klagen, wenn der andere Ehegatte ihm nach dem Leben trachtet."[29]

§ 1567. „Ein Ehegatte kann auf Scheidung klagen, wenn der andere Ehegatte ihn böslich verlassen hat.

Bösliche Verlassung liegt nur vor: 1. Wenn ein Ehegatte, nachdem er zur Herstellung der häuslichen Gemeinschaft rechtskräftig verurtheilt worden ist, ein Jahr (vgl. heute § 1565 II BGB!) lang gegen den Willen des anderen Ehegatten in böslicher Absicht dem Urtheile nicht Folge geleistet hat;

2. wenn ein Ehegatte sich ein Jahr lang gegen den Willen des anderen Ehegatten in böslicher Absicht von der häuslichen Gemeinschaft ferngehalten hat und die Voraussetzungen für die öffentliche Zustellung (nach ZPO, P. F.) seit Jahresfrist gegen ihn bestanden haben.

Die Scheidung ist im Fall des Abs. II Nr. 2 unzulässig, wenn die Voraussetzungen für die öffentliche Zustellung am Schlusse der mündlichen Verhandlung, auf die das Urtheil ergeht, nicht mehr bestehen."

Praktische Einigkeit herrscht über den besonderen Charakter dieser Scheidungsgründe. Sie bieten ein „absolutes" Auflösungsrecht, unabhängig vom tatsächlichen Zustand der Ehe, unabhängig von den nachweisbaren Auswirkungen im Einzelfall. An ihr Vorhandensein knüpft ohne weitere Zwischenschritte die (selbstverständliche) Schlußfolgerung an, die Fortsetzung der Ehe sei durch schuldhaftes Verhalten des einen Ehegatten dem anderen unerträglich geworden und ihm als Rechtspflicht nicht mehr zuzumuten.[30] Ebenso leicht fällt die Einschätzung von § 1568 BGB als relativem Scheidungsgrund, der damit einen Anspruch auf Scheidung erst gewährt, wenn der Richter die Überzeugung gewinnt, eine so tiefe Zerrüttung des ehelichen Verhältnisses sei durch das vorgeworfene Fehlverhalten eingetreten, daß dem unschuldigen Ehegatten die Fosetzung der Lebensgemeinschaft als Bürde nicht auferlegt werden könne.[31]

§ 1568. „Ein Ehegatte kann auf Scheidung klagen, wenn der andere Ehegatte durch schwere Verletzung der durch die Ehe begründeten Pflichten oder durch ehrloses oder unsittliches Verhalten eine so tiefe Zerrüttung des ehelichen Verhältnisses verschuldet hat, daß dem Ehegatten (= Kläger, P. F.) die Fortsetzung der Ehe nicht zugemuthet werden kann. Als schwere Verletzung der Pflichten gilt auch grobe Mißhandlung."

Damit ist richterlichem Einfluß und richterlicher Wertung Tür und Tor geöffnet; eine Aufzählung einzelner Eheverfehlungen nach Art des Preuß. ALR hat sich das BGB gerade versagt.[32] Über Umfang und Zielrichtung sind in der Rückschau wohl nur noch Spekulationen möglich. Doch immerhin ein Datum: In der Ehescheidungsstatistik für Berlin erreichen im Jahre 1899 (zusprechende) Urteile „wegen Ehebruchs" einen Anteil von rund 30% – um diese Zahl pendelten sie auch zuvor –, steigen 1900 sprunghaft auf 70% an (!);[33] im Deutschen Reich stützen sich 1921 71,1% aller Scheidungen auf § 1565 BGB, bis 1931 sinkt diese Rate auf 42,7%, um 1956 (nun bezogen auf § 42 EheG 1946, der die strafbewehrten Zusätze zum Ehebruchstatbestand nicht mehr enthält, sicher ohne nennenswerten statistischen Niederschlag) bei 5%[34] anzulangen, ab 1969 dann schließlich aus der tabellarischen Übersicht praktisch ganz zu verschwinden (um 1%),[35] ein Ablauf, der sich mit umgekehrtem Vorzeichen für § 1568 BGB (bzw. seine Entsprechung in § 43 EheG 1946) nachzeichnen läßt.[36] Ob sich in diese Zahlen nicht Richterhaltungen unmittelbar umsetzen, vielleicht auch in der Prognose durch die Parteien und ihre Anwälte, Richterhaltungen, die sich in den Jahren seit Inkrafttreten des BGB eben verändert haben, mit der Bereitschaft, in „gescheiterten Ehen" Fehlverhalten schon festzustellen,[37] wo der Kollege von 1907 noch längst kein entsprechendes Urteil (mit Scheidungsfolge) gefällt hätte, es deshalb nötig war, auf den eindeutigen Tatbestand (= Ehebruch) auszuweichen? Die Alternative, um 1900 habe die Zahl der Ehebrüche flutartig zugenommen, seitdem seien Dämme und Wälle gegen diese Geißel immer dichter und hindernder geworden, ist für mich jedenfalls absurd.

§ 1569. „Ein Ehegatte kann auf Scheidung klagen, wenn der andere Ehegatte in Geisteskrankheit verfallen ist, die Geisteskrankheit während der Ehe mindestens drei Jahre gedauert und einen solchen Grad erreicht hat, daß die geistige Gemeinschaft zwischen den Ehegatten aufgehoben, auch jede Aussicht auf Wiederherstellung dieser Gemeinschaft aufgehoben ist."[38]

Weitere Scheidungsgründe sind nicht anerkannt, § 1564 BGB.

Wichtigste Scheidungsfolgen: § 1577 BGB – die geschiedene Frau behält den Mannesnamen –, § 1578 BGB – Unterhaltsverpflichtungen nach der Scheidung, ausgerichtet auf die Scheidungsschuld, differenziert nach Geschlechtern[39] – und §§ 1635, 1636 BGB – elterliche Gewalt und Besuchsrecht.[40]

2. Für die persönlichen Ehewirkungen der Gatten folgt das BGB einem besonders einfachen Prinzip[41] – „es entspricht der natürlichen Ordnung des Verhältnisses, daß die Entscheidung in allen das gemeinschaftliche eheliche Leben betreffenden Angelegenheiten bei Meinungsverschiedenheiten dem Manne zufällt"[42] (ähnlich die Gesetzesfassung in § 1354 BGB); der Mann bestimmt insbesondere Wohnort und Wohnung der Familie, § 1354 I Halbs. 2 BGB (lediglich in Mißbrauchsfällen ist die Frau an seine Anordnungen nicht gebunden, § 1354 II BGB). Hat sich die Frau einem Dritten gegenüber zu einer von ihr in Person zu bewirkenden Leistung verpflichtet, ist sie also insbesondere ein Dienst- oder Arbeitsverhältnis eingegangen, kann der Mann dieses Rechtsverhältnis fristlos kündigen, wenn ihn das Vormundschaftsgericht zu entsprechendem Vorgehen ermächtigt hat; das Vormundschaftsgericht hat die Ermächtigung zu erteilen, wenn sich ergibt, daß die außerhäusliche Betätigung der Frau die ehelichen Interessen beeinträchtigt (§ 1358 I BGB).[43] Vor diesem Hintergrund verwundert es nicht, daß noch in der 2. Kommission ernsthaft die Aufnahme eines § 1276 a gefordert wurde mit der Klarstellung, daß durch die Eheschließung die Geschäftsfähigkeit der Frau nicht eingeschränkt werde.[44] Auch in der Kommentarliteratur zum BGB wird der Grundsatz der vollen Geschäftsfähigkeit der Ehefrau beschworen,[45] doch ändern Schwüre dieser Form nichts an der besonderen Qualität des § 1358 BGB: De facto wird ein wesentlicher Bereich eigener Entfaltung fremder Bestimmung unterstellt; was ist das anderes als partieller Entzug der Geschäftsfähigkeit?[46]

Im übrigen enthält das BGB eine Vielzahl bekannter, vertrauter Regelungen. § 1355 BGB ordnet die Führung des Namens des Mannes als Ehenamen an. § 1356 I BGB überträgt der Frau die Leitung des Hauswesens, verpflichtet sie gleichzeitig auf diese Tätigkeit, legt ihr zudem auf, im Beruf und im Geschäft des Mannes mitzuarbeiten, soweit eine solche Tätigkeit den Lebensverhältnissen der Gatten entspricht. § 1357 BGB beschreibt die Schlüsselgewalt, als Fall gesetzlicher Vertretung,[47] so daß selbst eine subsidiäre Haftung der Frau nicht entstehen kann. § 1359 BGB schließlich statuiert die diligentia quam in suis als internen Haftungsmaßstab. Der allerdings sehr vage angedeutete partnerschaftliche Rahmen des § 1353 I BGB – „die Ehegatten sind einander zur ehelichen Lebensgemeinschaft verpflichtet" – ist durch die Folgeregeln jedenfalls nicht annähernd ausgefüllt worden.[48] Wiederum: „Wie ein dunkler Schatten aus dem dunkelsten Mittelalter ragt der Entwurf des BGB in die Gegenwart hinein."[49]

3. Die Unterhaltspflichten unter den Eheleuten (§§ 1360, 1361 BGB) sind in der Sache auf die persönlichen Ehewirkungen ausgerichtet, eine Selbstverständlichkeit. „Der Mann hat der Frau nach Maßgabe seiner Lebensstellung, seines Vermögens und seiner Erwerbsfähigkeit Unterhalt zu gewähren", § 1360 I BGB. Ist der Mann außerstande, sich selbst zu unterhalten, muß die Frau für ihn einspringen, „nach Maßgabe ihres Vermögens und ihrer Erwerbsfähigkeit", § 1360 II BGB. Dabei ist anerkannt, daß nicht erst die völlige Erschöpfung des Mannes bis zur Vermögenslosigkeit und Erwerbsunfähigkeit abgewartet werden muß; vielmehr hat die Ehefrau schon dann aus ihrem Vermögen zum Familienbedarf zuzuschießen, vielleicht den Stamm zu opfern, wenn ihr Gatte bei einer den Pflichten eines guten Haus- und Familienvaters entsprechenden Verwendung seiner Mittel nicht in der Lage ist, sich selbst und seine Familie in einer seiner Lebensstellung angemessenen Form zu unterhalten.[50] Und wichtig: Die Verpflichtung zur Mitarbeit in und Geschäft des Mannes (§ 1356 II BGB) ist nicht unterhaltsrechtlich konzipiert, sondern „beruht auf dem Wesen der Ehe";[51] das zeigt Folgen im ehelichen Güterrecht, vgl. § 1367 BGB (und für die Entgeltlichkeit der Leistung).

4. Höchst kompliziert ist das eheliche Güterrecht des BGB ausgestaltet, das über 100 verschiedene Regionalsysteme ablöst;[52] es stellt gesetzliche und vertragliche Ausschnitte gegenüber, unterscheidet im gesetzlichen Teilbereich einen ordentlichen und einen außerordentlichen Güterstand, gibt für den vertraglichen Sektor verbindliche Vorgaben (numerus clausus). Durch Wahl- und eigene Regelungsmöglichkeiten soll den Beteiligten freie Bewegung eingeräumt werden, gerade auch mit dem Ziel, ihnen den Rückgriff auf gewohnte Rechtsformen offenzuhalten (die damit eben als „alte" Bruchstücke in einen neu geschaffenen Rahmen eingefügt werden können).[53] Für den Güterstand einer bei Inkrafttreten des BGB schon bestehenden Ehe bleiben die früheren Gesetze maßgeblich (Unwandelbarkeit des Güterstatuts). Doch erfolgen in beträchtlichem Umfang landesrechtliche Überleitungen (Artt. 200, 218 EGBGB;[54] für landes- und standesherrliche Familien Artt. 57, 58 EGBGB, 109 WRV).

a. Ordentlicher gesetzlicher Güterstand[55] ist die ehemännliche Verwaltung und Nutznießung am eingebrachten Gut der Frau (§§ 1363–1425 BGB), außerordentlicher gesetzlicher Güterstand die Gütertrennung (§§ 1426–1431 BGB). Als Wahlgüterstände – Voraussetzung ist stets Abschluß eines entsprechenden Ehevertrages – sind die allgemeine Gütergemeinschaft (§§ 1437–1482; 1483–1518 BGB betreffen die fortgesetzte Gütergemeinschaft), die Errungenschaftsgemeinschaft (§§ 1519–1541 BGB) und die Fahrnisgemeinschaft (§§ 1542–1544 BGB) verfügbar; Verwaltung und Nutznießung des Mannes sowie Gütertrennung können zudem ausdrücklich als vertragliche Güterstände berufen werden.[56] Schließlich sind Kombinationen, spezielle Änderungen zulässig, allerdings in eher geringem Umfang (vgl. als Beispiele §§ 1368, 1376, 1380,[57] 1430 BGB sowie innerhalb der einzelnen Güterstände). Grundgedanken des ordentlichen Güterstandes der Verwaltung und Nutznießung des Mannes sind:

- Die Erträgnisse des Vermögens beider Ehegatten sind für Aufwand und Ausgaben in der Ehe bestimmt;
- um dieses Ziel zu erreichen, ist die Verwaltung auch des Frauenvermögens in die Hände des Mannes gelegt, der in der Regel größeres geschäftliches Geschick, Tatkraft und Tüchtigkeit mitbringt (oder mitbringen soll);
- die Erträgnisse des beiderseitigen Vermögens und die Arbeitseinkünfte beider Gatten – Ausnahme: selbständige Arbeits- oder Erwerbstätigkeit der Frau, außerhalb des § 1356 II BGB; insoweit werden Einnahmen Vorbehaltsgut – sind dem Mann überlassen, andererseits ist der Mann verpflichtet, die ehelichen Lasten zu tragen;
- an der Errungenschaft in der Ehe (Zugewinn, im heutigen Sprachgebrauch) nimmt die Frau nicht teil, sie braucht aber auch Verluste nicht mitzutragen; ein Ersatz für den Errungenschaftsanteil bildet das Erb- und Pflichtteilsrecht der mit dem Ehemann und dessen Familie nicht eigentlich „verwandten" Ehefrau;[58]
- jeder Gatte behält unbeschränktes Eigentum an seinen Vermögensbestandteilen, an beweglichem und unbeweglichem Vermögen sowie an verbrauchbaren Sachen (vgl. aber §§ 1376 Nr. 1, 1377 BGB); die Ehefrau wird „lediglich" in ihrer Verfügungsbefugnis beschränkt, männlicher Zugriff wird entsprechend erweitert.

Der Güterstand der Verwaltung und Nutznießung stellt sich damit als stark modifizierte Gütertrennung dar.[59]

Von der besonderen Verwaltung des Mannes betroffen ist allein das „eingebrachte Gut der Frau", § 1363 I BGB, während das Vorbehaltsgut abgesondert, eben vorbehalten bleibt. Zum eingebrachten Gut zählt Vermögen, das die Frau bei Eingehung der Ehe besitzt, Vermögen, das sie während der Ehe hinzuwirbt sowie nichtübertragbare Rechte, sofern sie nicht Vorbehaltsgut sind oder höchstpersönliche Ausübung voraussetzen, schließlich Miteigentumsanteile bei gemeinsamem Eigentum der Gatten. Vorbehaltsgut sind die persönlichen Gegenstände der Frau (§ 1366 BGB), Arbeitseinkommen und Einkünfte aus einem selbständigen – also jenseits des Rahmens des § 1356 II BGB – Erwerbsgeschäft, § 1367 BGB, Vermögen, das durch den Ehevertrag ausdrücklich zu Vorbehaltsgut erklärt (§ 1368 BGB) oder bei Erbfolge durch Vermächtnis oder Schenkung während der Ehe vom Zuwendenden als Vorbehaltsgut eingestuft wird (§ 1369 BGB), weiter Surrogatstücke für ausgeschiedene Teile (§ 1370 BGB). Festgehalten werden kann der Bestand durch ein entsprechendes Inventarverzeichnis, § 1372 BGB; nach außen gilt allerdings die scharfe Vermutung des § 1362 BGB (zugunsten der Gläubiger des Mannes). Die Verwaltungsbefugnis des Mannes umfaßt das Recht, die eingebrachten Sachen in Besitz zu nehmen (§ 1373 BGB). Dem Mann stehen zudem die Nutzungen zu (§ 1383 BGB – wie einem Nießbraucher). Für seine Maßnahmen hat er die Regeln ordnungsmäßiger Verwaltung zu beachten (§ 1374 BGB); auf Verlangen muß er seiner Frau Auskunft geben. Grundsätzlich ist ihm auch die Berufnis verschlossen, durch Geschäfte, die auf das eingebrachte Gut bezogen sind, die Ehefrau (persönlich/schuldrechtlich) zu verpflichten oder ohne ihre Zustimmung über einzelne Gegenstände zu verfügen (§ 1375 BGB; beides ist der Frau selbst zugewiesen). Doch sind die Ausnahmen vielzählig, decken wichtige Ausschnitte ab. Ohne Zustimmung kann der Ehemann Geldgeschäfte tätigen oder über andere verbrauchbare Sachen der Frau verfügen, Forderungen gegen seine Frau mit gegenläufigen Forderungen aufrechnen sowie Verbindlichkeiten der Frau zur Leistung eines zum eingebrachten Gut gehörenden Gegenstandes eben durch Leistung erfüllen (§ 1376 BGB), mit den Einschränkungen aus § 1377 BGB.

§ 1380 BGB gewährt schließlich dem Mann ein eigenes Prozeßführungsrecht für Rechtsstreitigkeiten, die auf das verwaltete eingebrachte Gut zielen.

Nach § 1384 BGB hat der Mann außer den Kosten, die durch die Nutzung entstehen, den Erhaltungsaufwand für die zum eingebrachten Gut gehörenden Gegenstände (nach den für den Nießbrauch geltenden Vorschriften) zu bestreiten, eine Regelung, die § 1385 BGB präzisiert und ergänzt (öffentliche und privatrechtliche Lasten, Versicherungsprämien u. ä.). § 1386 BGB belastet den Ehemann mit den Zinsen für Verbindlichkeiten der Frau aus dem eingebrachten Gut; § 1387 BGB ordnet die Verpflichtung zur Übernahme der Verfahrenskosten bei Rechtsstreitigkeiten an, die sich auf das verwaltete Gut beziehen. Und: § 1389 BGB, in apodiktischer Kürze: „Der Mann hat den ehelichen Aufwand zu tragen."[60]

Gegen reine Willkür ihres Gatten ist die Frau abgesichert durch §§ 1391, 1392 BGB – Pflicht zur Sicherheitsleistung, zur Hinterlegung – und § 1394 BGB – vorzeitige gerichtliche Durchsetzung der Forderungen, die sonst erst bei Beendigung des Güterstandes zu realisieren sind. §§ 1399 ff. BGB räumen ihr schließlich einen schmalen Ausschnitt eigener Zuständigkeit ein, unkontrolliert oder nur geringfügig kontrolliert durch ihren Mann (immerhin hängt die Wirksamkeit eines Verfügungsgeschäfts mit Bezug auf das eingebrachte Gut stets von der Einwilligung des Partners ab, § 1395 BGB).[61]

§§ 1410–1417 BGB beschäftigen sich mit der Schuldenhaftung. Grundsatz: Die Gläubiger des Mannes können nicht Befriedigung aus dem eingebrachten Gut verlangen, § 1410 BGB. Für die Gläubiger der Frau gilt § 1411 BGB, mit den Beschränkungen aus §§ 1412–1414 BGB. Allerdings stets: § 1362 BGB.

Beendigung des Güterstandes der Verwaltung und Nutznießung tritt ein bei Tod eines Ehegatten, Scheidung der Ehe, Wiederheirat des Mannes nach Todeserklärung der Frau,[62] bei gültigem Abschluß eines abweichenden Ehevertrages (Dritten gegenüber wirkt dieser Vertrag nur bei Eintragung im Güterrechtsregister), mit Rechtskraft eines Auflösungsurteils in einem von der Ehefrau angestrengten Verfahren, Zustellung einer inhaltlich gleichartigen einstweiligen Verfügung, mit Rechtskraft des Konkurseröffnungs-Beschlusses über das Mannesvermögen sowie bei Todeserklärung des Mannes. Keine Gründe sind: Konkurs der Frau, ihre Todeserklärung, Aufhebung der ehelichen Gemeinschaft (§ 1575 BGB), Verzicht des Mannes – sein Verzicht bleibt wirkungslos, da Verwaltungs- und Nutznießungsrechte ihm nicht zu persönlichem Gefallen eingeräumt sind, sich vielmehr sachliche Forderungen aus der ehelichen Gemeinschaft umsetzen.[63]

b. Außerordentlicher gesetzlicher Güterstand ist die Gütertrennung. Sie gilt in allen Ehen, die nicht durch Verwaltung und Nutznießung des Mannes „ausgezeichnet" sind und in denen eine anders lautende vertragliche Abrede fehlt. Erfaßt sind damit die Situationen der §§ 1426 I, 1364 BGB – Eheschließung mit einer in der Geschäftsfähigkeit beschränkten Frau ohne Zustimmung des gesetzlichen Vertreters –, §§ 1426 I, 1418–1420 BGB – Auflösung des ordentlichen gesetzlichen Güterstandes mit den dort beschriebenen Einzelheiten –, § 1470 I 1 BGB – Aufhebung der Gütergemeinschaft in den Fällen der §§ 1468, 1469 BGB –, §§ 1426 I, 1545 I BGB – Todeserklärung oder Konkurs des verwaltenden und nutznießenden Ehemannes – und § 1587 BGB – Wiederherstellung der ehelichen Gemeinschaft nach ihrer Aufhebung durch Urteil (§ 1575 BGB). Andererseits kann Gütertrennung durch entsprechenden Ehevertrag – nun als vertraglicher Güterstand – verbindlich eingeführt werden.

Inhaltlich bietet die Gütertrennung des BGB über ihre ersten Selbstverständlichkeiten – die unbeschränkte Rechtszuständigkeit jedes Gatten in seinem Bereich, mit den allgemeinen Eingrenzungen aus §§ 1353 ff. BGB – hinaus einige Überraschungen. Nach § 1427 I BGB hat der Mann den ehelichen Aufwand zu tragen; § 1427 II BGB legt seiner Frau die Verpflichtung auf, einen angemessenen Beitrag[64] aus den Einkünften ihres Vermögens oder aus ihrem Arbeits- oder Geschäftseinkommen zum Familienbudget zu leisten. § 1428 BGB garantiert für Frau und Kind gesicherte Priorität auf diesen Beitrag, falls eine erhebliche Gefährdung ihrer Unterhaltsforderungen gegen den Hausherrn und Vater zu besorgen ist. Und, besonders eigentümlich: § 1430 BGB sieht eine Grenzüberschreitung vor, eine weitgehende Annäherung an den ordentlichen Güterstand. „Überläßt die Frau ihr Vermögen ganz oder teilweise der Verwaltung des Mannes, so kann der Mann die Einkünfte, die er während seiner Verwaltung bezieht, nach freiem Ermessen verwenden, soweit nicht ihre Verwendung zur Bestreitung der Kosten der ordnungsgemäßen Verwaltung und zur Erfüllung solcher Verpflichtungen der Frau erforderlich ist, die bei ordnungsgemäßer Verwaltung aus den Einkünften des Vermögens bestritten werden. Die Frau kann eine abweichende Bestimmung treffen."

c. Zu den vertraglichen Güterständen lediglich eine knappe Skizzierung:
– Die allgemeine Gütergemeinschaft soll „die vollständige Lebensgemeinschaft der Ehegatten auch in vermögensrechtlicher Hinsicht zur Geltung bringen".[65] Folgerichtig sind die Anteile von beiden Seiten zu *einem* Vermögen, dem Gesamtgut (einer Gesamthand!) zusammengefaßt, mit einer schnellen Folge allerdings: Verwaltungsberechtigt ist der Mann. Abgetrennt vom Gesamtgut sind das Vorbehaltsgut (von Ehemann *und* Ehefrau) und das Sondergut (wiederum von beiden Gatten). Die Ausgestaltung im einzelnen ist verwickelt; ich komme auf sie bei der Schilderung des geltenden ehelichen Güterrechts zurück.[66]
Neben der allgemeinen Gütergemeinschaft stehen die partikulären Spielarten, die nur bestimmte Vermögensteile zusammenfassen. Es sind
– die Errungenschaftsgemeinschaft, in der das von den Eheleuten in der Ehe erworbene[67] Vermögen einheitlich zugeordnet wird; daneben – neben dem auf diese Weise geschaffenen Gesamtgut – liegt das eingebrachte Gut des Mannes sowie das eingebrachte Gut der Frau, vielleicht sogar Vorbehaltsgut der Frau (Vorbehaltsgut des Mannes ist ausgeschlossen).[68] Der Mann verfügt über Verwaltungsrechte für das Gesamtgut – wie bei der Gütergemeinschaft – und für das eingebrachte Gut der Frau – wie beim Güterstand der Verwaltung und Nutznießung –, eine schöne Summierung;
– die Fahrnisgemeinschaft, in der die bewegliche Habe beider Gatten zum Gesamtgut verbunden, der (vorhandene, eingebrachte) Grundbesitz aber jeweils gesondert gehalten,[69] damit dem Einfluß des Ehemannes entzogen wird.[70/71]
Eine Parallele zur heutigen Zugewinngemeinschaft – sie ist seit 1. 7. 1958 gesetzlicher Güterstand, mit einer umfassenden Übergangsregelung für „Altehen"[72] – kennt das BGB nicht, nicht einmal als Wahlgüterstand, ein Umstand, der schon früh nachhaltig bedauert wurde.[73]
d. Was bleibt? Durch die Regelung des BGB, die auf Vereinheitlichung, technische Rationalität dringt, sind Schwierigkeiten bei der gerichtlichen Arbeit[74] beseitigt. Komplikationen bei der Beurteilung von Geschäftsrisiken (Haftungsgrundlage, Kreditwürdigkeit, Verfügungsbefugnis über betroffene Vermögensstücke) ist weitgehend vorgebeugt,[75] insbesondere durch den „einfachen" Vorrang des Mannes im gesetzlichen Güterstand; Überraschungen (für die Geschäftspratner, die Gläubiger) sind nicht zu befürchten. Abweichungen von der Regel (Wahlgüterstände) erlangen erst Wirksamkeit nach außen, wenn sie im Güterrechtsregister verzeichnet sind. Und: Eine recht massive Begünstigung der Gläubiger des Mannes – der Mann wird meist geschäftlich tätig sein; schon die interne Verteilung der ehelichen Pflichten nach §§ 1353 ff. BGB wirkt sich aus – bringt § 1362 BGB, der eine einfache Eigentumsvermutung zu ihren Gunsten ausspricht, regelmäßig ihren Zugriff auf alle beweg-

lichen Gegenstände, die sich im Besitz eines der Ehegatten oder beider befinden, ermöglicht.
Im Schlagwort: Die auf Warentausch und Geldwirtschaft begründete und gerichtete Verkehrsgesellschaft schafft sich ein passendes eheliches Güterrecht. Doch ist damit allein nur
ein Teilaspekt der Wirklichkeit beschrieben; offene Brüche und versteckte Ungereimtheiten
sind vielfältig, die miteinander verwobenen Linien unterschiedlicher Herkunft und Qualität.
Dem Vereinheitlichungsstreben, verkürzt zur Rationalität des Warenumsatzes, zur Kalkulierbarkeit der Vorgänge, schlicht entgegengesetzt sind die Wahlmöglichkeiten, die das BGB
den Ehegatten eröffnet, selbst unter Berücksichtigung des Publizitätszwanges – ein Feld für
eigenständige Bestellung, mit der Gefahr erneuter Rechtszersplitterung durch private Vereinbarungen.[76] Doch wird diese Gefahr offensichtlich in Kauf genommen; dem Besitzbürgertum, informiert und mit entsprechenden Hilfen versehen, ist die Chance eingeräumt, den
in einer komplexen Wirtschaftsordnung auftretenden wechselnden Konstellationen und
Notwendigkeiten durch Anpassung der ökonomischen Basis der Ehe Rechnung zu tragen.[77]
Für die „besitzlosen Volksklassen" spielt dieser Gesichtspunkt dagegen kaum eine Rolle;
bei ihnen werden sich zudem Unkenntnis über die Rechtslage, befürchtete Kosten für umfassende Beratung[78] und die allgemeine Schwellenangst vor behördlichen oder scheinbehördlichen Instanzen zur unheilvollen Allianz aus schweigendem Nichtstun, Dulden und
Leiden zusammenschließen. An ihren Interessen zielt das Güterrecht des BGB vorbei – ob
der passende Güterstand wegen der gemeinschaftlichen Arbeit außer Haus tatsächlich die
Gütergemeinschaft ist, wie Menger[79] meint, erscheint mir allerdings zweifelhaft; mein Plädoyer gilt eher der Gütertrennung –, stülpt ihnen den Güterstand der Verwaltung und
Nutznießung des Ehemannes am eingebrachten Gut der Frau als vorgefertigte Rechtsform
über, wendet auf ihre dürftige Ehe das Güterrecht „der Geheimräte und Millionäre"[80] (zu
ergänzen: und Geheimrats- und Millionärstöchter)[81] an.

Gleichwohl hält das eheliche Güterrecht des BGB individuelle Freiräume offen, erlaubt
Eigengestaltung, Selbstbestimmung, wenn auch spezifisch beschränkt;[82] Vertragsdenken
überwindet Denken in vorgefaßten Formen und Schablonen. Weiterungen über den engen
Bereich hinaus wären zwangsläufig. Doch kehrt sich die freundliche Einschätzung bei nur
geringfügig verändertem Blickwinkel schnell um, wenn nicht „die Ehe" und der Mann, sondern die Frau in den Mittelpunkt gerückt wird. Ihre Situation als „partiell rechtsloser",
praktisch unmündiger Anhang des Mannes, die sich bei der Beschreibung der persönlichen
Ehewirkungen ebenso deutlich und bedrückend zeigte – deshalb ist mir die Auffassung Dörner's,[83] immerhin sei die interne Rollenverteilung in der Ehe nicht mehr starr fixiert, sondern
der Partnerbestimmung überlassen, damit wenigstens erweise sich die Anordnung des BGB
als im Kern freiheitlich – individualistisch, wenig verständlich; der Rahmen des § 1353 I
BGB, der tatsächlich Raum für eine partnerschaftliche, selbstbestimmte Binnenverfassung
läßt, ist durch die Folgebestimmungen gerade nicht ausgefüllt, im Gegenteil –,[84] findet sich
fortgesetzt. Die eheherrliche Überordnung wird auf das Vermögen der Frau erstreckt;[85] die
Frau ist der Aufsicht und Kontrolle des Mannes unterworfen, selbständiges Handeln erschwert oder abgeschnitten. Vor dem gesetzlichen Hintergrund wirkt auch die Auskunft der
Mot.[86] – nach dem „sittlichen Gesammtbewußtsein des deutschen Volkes" gebührt „der
Ehefrau in der Ehe prinzipiell eine gleichberechtigte Stellung mit dem Ehemanne"[87] – eher
gebrochen, als Trost. Sie ist nur verständlich, wenn „Gleichberechtigung" an „natürlichen
Vorgegebenheiten" gemessen wird, aus diesen Vorgegebenheiten männliche Überlegenheit,
weibliche Zweitrangigkeit zwanglos abgeleitet sind.[88] „Vielmehr behauptet sich, in der patriarchalischen Gestalt des Familienrechts, zumal im persönlichen Eherecht und im Ehegüterrecht", ein „konservatives Lebensbild",[89] das Umschichtungen des Berufslebens durch
die industrielle Revolution ebensowenig berücksichtigt wie aufklingende Emanzipationsbe-

strebungen.[90] Erneut zeigt sich die Janusköpfigkeit des BGB, der versuchte Ausgleich zwischen mehreren, teils gegenläufigen Wertsystemen, das unkoordinierte Nebeneinander verschieden geschichteter Regelungen, mit einem eher skeptischen Blick nach vorn, in die sich abzeichnende Zukunft, vor allem aber einem verharrenden (und neidvollen?) Blick zurück in eine abgelaufene Vergangenheit.[91]

5. Konservativen, patriarchalischen Leitbildern[92] verpflichtet ist schließlich das Kindschaftsrecht des BGB; hier hat die Zukunft nicht einmal begonnen. § 1626 BGB unterwirft das Kind, solange es minderjährig ist, der elterlichen Gewalt. Kraft dieser elterlichen Gewalt hat der Vater das Recht (und die Pflicht), für die Person und das Vermögen des Kindes zu sorgen, § 1627 BGB; dem Vater stehen Erziehung, Aufsicht und Aufenthaltsbestimmung zu, § 1631 I BGB. Abgeleitet aus seinem Erziehungsrecht kann er angemessene Zuchtmittel anwenden (dabei muß ihn das Vormundschaftsgericht auf Antrag unterstützen), § 1631 II BGB. Die Mutter hat allein untergeordnete, helfende Befugnisse; bei Meinungsverschiedenheiten führt der Vater stets das letzte Wort, § 1634 BGB. Solange das Kind dem elterlichen Hausstand angehört, dort erzogen und erhalten wird, ist es verpflichtet, nach Kräften und Lebensstellung im Hauswesen oder Geschäft der Eltern Dienste zu leisten, § 1617 BGB.

Ausführlichere Beachtung als die Personensorge – sie wird lediglich angesprochen; Richtschnüre für elterliches Handeln flicht das BGB nicht, insbesondere orientiert es „Elternrechte" nicht auf „Kindeswohl" als verbindliche Vorgabe,[93] läßt lediglich in den krassen Fällen des § 1666 I BGB vormundschaftsgerichtliche Eingriffe und Kontrolle zu[94] – findet die Vermögenssorge, §§ 1638–1665 BGB. Sachlich zeichnet sich die Sorge (des Vaters) für das Vermögen des Kindes durch vielfältige Berührungspunkte mit dem ordentlichen gesetzlichen Güterstand der Verwaltung und Nutznießung des Mannes am eingebrachten Gut der Frau aus;[95] auch der Vater verfügt über Verwaltungsrechte (§§ 1638 I, 1647 BGB), Nutznießungsbefugnisse (§ 1649ff. BGB), Ansprüche auf Aufwendungsersatz (§ 1648 BGB); auch der Vater hat die Lasten des seiner Nutznießung unterliegenden Vermögens zu tragen (§ 1654 I BGB), muß für die Kosten einer ordnungsmäßigen Verwaltung einspringen, für die Verfahrenskosten eines Rechtsstreits aufkommen, der für das Kind geführt wird[96] (§ 1654 II BGB), hat im Rahmen des § 1653 BGB Ersatz für verbrauchte Gegenstände zu leisten, schließlich nach Maßgabe des § 1664 BGB (diligentia quam in suis) für die Verwaltung und Nutznießung insgesamt gerade zu stehen. Doch gewinnt die Vermögenssorge nach §§ 1638ff. BGB als ein dem Interesse des minderjährigen Kindes dienendes Schutzinstitut, weniger als männliche Versorgungseinrichtung, eigene Züge, ist geprägt durch manche Beschränkung väterlicher Willkür (Muster: Anlage von Geld an mündelsicherem Ort, § 1642 BGB, Verbot von Schenkungen aus dem Kindesvermögen, § 1641 BGB, vormundschaftsgerichtliche Genehmigung nach § 1643 BGB).

§§ 1620–1623 BGB legen Ansprüche der Tochter auf eine Aussteuer fest; §§ 1624/1625 BGB beschreiben den rechtlichen Charakter der Ausstattung eines Kindes.

Eine bedrückende, aber auch eine eigenwillige Regelung enthält § 1635 BGB mit der Verteilung der elterlichen Sorge nach der Ehescheidung. Bedrückend wirkt die alleinige Ausrichtung auf Schuldgesichtspunkte:

„Ist die Ehe aus einem der in den §§ 1565 bis 1568 bestimmten Gründe geschieden, so steht, solange die geschiedenen Gatten leben, die Sorge für die Person des Kindes, wenn ein Ehegatte allein für schuldig erklärt ist, dem anderen Ehegatten zu", bedrückend wegen des unausweichlichen Automatismus', der durch keine elterliche Vereinbarung zur Seite geschoben, durch keine sachliche Erwägung überwunden werden kann (vgl. bis 30. 6. 1977 § 1671 III BGB, eingeschränkter gegenüber der Ursprungsfassung). Der eigenwillige Teil: „Sind beide Ehegatten für schuldig erklärt, so steht die Sorge für einen Sohn unter sechs Jahren oder für eine Tochter der Mutter, für einen Sohn, der über sechs Jahre als ist, dem Vater zu. Das Vormundschaftsgericht kann eine abweichende Anordnung treffen, wenn eine solche aus besonderen Gründen im Interesse des Kindes geboten ist; es kann die Anordnung aufheben, wenn sie nicht mehr erforderlich ist."

In allen Fällen – also auch bei Personensorge der Mutter! – bleibt das Vertretungsrecht für das Kind beim Vater, § 1635 III BGB.[97]

Nur ausnahmsweise kennt das BGB die elterliche Gewalt der Mutter, bei Tod des Vaters oder Todeserklärung, bei Verwirkung seiner elterlichen Gewalt und bei Auflösung der Ehe[98] (Verwirkungsgrund: § 1680 BGB – Verurteilung zu einer Zuchthausstrafe oder einer Gefängnisstrafe von mindestens sechs Monaten wegen eines an dem Kinde verübten Verbrechens oder vorsätzlichen Vergehens), § 1684 BGB. Ruht die elterliche Gewalt des Vaters, vgl. §§ 1676/1677 BGB (rechtliche und tatsächliche Verhinderung), übt sie die Mutter aus während der Dauer der Ehe,[99] mit Ausnahme des Rechts zur Nutznießung des Kindesvermögens, § 1685 I BGB. Unter den Voraussetzungen des § 1687 BGB ist ihr ein Beistand beizuordnen, der Unterstützung und Überwachung zu leisten hat, § 1689 BGB. Geht die Mutter eine neue Ehe ein, verliert sie die elterliche Gewalt, behält lediglich – unter den Beschränkungen des § 1696 BGB – das Recht und die Pflicht, für die Person des Kindes zu sorgen. Gemäß § 1773 ist ein Vormund zu bestellen (das kann auch die Mutter selbst sein,[100] jedoch nur mit Zustimmung ihres – *zweiten* – Ehemannes, § 1783 BGB).

„Das eheliche Kind ist seinen Eltern, solange es unter deren Erziehungsgewalt steht, kindlichen Gehorsam schuldig",[101] fast alttestamentarisch, unerbittlich – und repräsentiert sind die Eltern vor allem in der Person des Vaters!
6. Im Verhältnis zur Mutter und zu mütterlichen Verwandten hat das uneheliche Kind die Stellung eines ehelichen Kindes, § 1705 BGB; es trägt auch ihren Familiennamen, § 1706 I BGB. Doch ist die Mutter nicht Inhaberin der elterlichen Gewalt, § 1707 I BGB; vielmehr hat sie lediglich die Befugnis, für die Person des Kindes zu sorgen, § 1707 II BGB. Während seiner Minderjährigkeit bleibt das Kind unter Vormundschaft, § 1773 I BGB; zum Vormund kann sowohl der Vater wie die Mutter berufen werden[102] (neben anderen Vormündern).

Nach § 1708 I BGB ist der Vater verpflichtet, dem Kind bis zur Vollendung des sechzehnten Lebensjahres einen der Lebensstellung *der Mutter* entsprechenden

Unterhalt zu gewähren. Der Unterhalt umfaßt den gesamten Lebensbedarf sowie die Kosten der Erziehung und der Vorbildung zu einem Beruf (nach der Lebensstellung der Mutter, wohlgemerkt). Ist das Kind bei Vollendung des sechzehnten Lebensjahres infolge körperlicher oder geistiger Gebrechen (nicht aus anderen Gründen) außerstande, sich selbst zu unterhalten, hat es der Vater über diese Zeit hinaus zu versorgen, § 1707 II BGB. § 1709 I BGB bestimmt einen unterhaltsrechtlichen Vorrang des Vaters vor der Mutter und den Verwandten der Mutter; § 1707 II BGB sichert diesen Vorrang ab, durch Anordnung eines Forderungsübergangs auf den außer der der Reihe Leistenden.[103]

Oft leidvoll wirkte sich § 1717 BGB aus. „Als Vater des unehelichen Kindes im Sinne der §§ 1708 bis 1716 gilt, wer der Mutter innerhalb der Empfängniszeit beigewohnt hat, es sei denn, daß auch ein anderer ihr innerhalb dieser Zeit beigewohnt hat" (= exceptio plurium). „Eine Beiwohnung bleibt jedoch außer Betracht, wenn es den Umständen nach offenbar unmöglich ist, daß die Frau das Kind aus dieser Beiwohnung empfangen hat."

Die Beweiserleichterung für Frau und Kind aus § 1717 I BGG – uneheliche Vaterschaft wird angeknüpft an die schlichte Tatsache der „Beiwohnung" während der Empfängniszeit – wird damit sofort wieder ausgehöhlt. Der Mann kann nachweisen, seine Vaterschaft sei offenbar unmöglich (schwierig), oder, auch ein anderer Mann habe der Mutter innerhalb der Fristen aus § 1717 BGB „beigewohnt" (häufig nicht schwierig); nunmehr obliegt es der Mutter, darzutun, daß sie aus dieser Beiwohnung das Kind nicht empfangen haben kann. Ärgerlichem Mißbrauch ist Tür und Tor geöffnet (wobei sich Vorstellungen über das „Kavaliersdelikt" zusätzlich verschärfend „bewähren"). Nur wenig wird diese Beweislastverteilung durch das System des „zugeschobenen Eides", § 451 ZPO – „die Antretung des Beweises erfolgt durch die Erklärung, daß dem Gegner (= der Mutter, P. F.) über die bestimmt zu bezeichnende Tatsache der Eid zugeschoben werde" – gemildert; sind andere Beweismittel vorhanden, insbesondere eben ein Zeuge, versagt die Eideszuschiebung von vornherein (oder besser: sie ist nicht notwendig für den Beweispflichtigen). Angesichts des gering entwickelten Standes der medizinischen Wissenschaft führte das Vorbringen der Einrede „plurium concumbentium" recht ungehindert zum Freiwerden des Mannes, der auf Unterhalt (oder auf Anerkennung der unehelichen Vaterschaft) verklagt wurde; umgekehrt erlaubten lediglich die sich immer weiter verfeinernde medizinische Forschung und Technik das Fortgelten einer entsprechenden Regel bis zum 1. 7. 1970.[104] Blutgruppengutachten, mit vielfältigen Einzelmerkmalen, serologische/serostatistische Gutachten, erbbiologische Gutachten u. ä. entlarven Verteidigungsvorbringen häufig als das, was es tatsächlich ist: als Scheingefecht.

Schließlich § 1589 II BGB, eine besonders diskriminierende Regelung: „Ein uneheliches Kind und dessen Vater gelten nicht als verwandt"; ausgeschlossen sind damit sachliche Folgen „aus Kindschaft", vor allem die Erbberechtigung, doch zielt § 1589 II BGB weit über diesen Punkt hinaus, stempelt das uneheliche Kind zum Nachkommen minderer Art.

7. Der Gesamteindruck dieser Regelung des BGB ist zwiespältig. Durchaus „liberale"[105] Bereiche (zumindest mit offengehaltenen Freiräumen) wechseln sich ab mit konservativen, patriarchalischen Teilstücken. Allerdings überwiegt das beharrende Element beträchtlich. Um im früheren Bild zu bleiben: Der Januskopf ist aufmerksam der Vergangenheit zugewandt, während er für Gegenwart und Zukunft vorwiegend Unverständnis, jedenfalls eher Desinteresse am Rande übrig hat, weitgehend verständnislos bleibt für Entwicklungen, die bereits angelaufen sind. Partnerschaftliches Denken kommt über erste Ansätze im Eherecht nicht hinaus. Einverständnis der Eheleute ist als Scheidungsvoraussetzung nicht zugelassen. Für (rechtliche) Emanzipation von Frau und Kind von männlicher und väterlicher Vorherrschaft bleibt kein Raum. Die Abwertung der unehelichen Mutter und des Kindes ist bedrückend.

III. Weimarer Zeit.[106]

1. Das auf Scheidungsschuld aufgebaute Scheidungsrecht des BGB konnte sich erst gegen manche Widerstände durchsetzen.[107] Über den erreichten Stand hinaus – er war dürftig genug, war doch eine Scheidung ohne Verschulden allein bei Geisteskrankheit eines Gatten unter den Voraussetzungen des § 1569 BGB möglich – sollte auch, so von Anfang an die Kritik, allgemein eine Scheidung aus objektiven Gründen bei Zerrüttung der ehelichen Lebensgemeinschaft zulässig werden.[108] In der Weimarer Zeit wurden diese Stimmen lauter. Veränderte gesellschaftliche Verhältnisse[109] wirkten sich dabei ebenso aus wie die unmittelbaren Kriegsfolgen; oftmals ohnehin übereilt geschlossene „Kriegsehen" erwiesen sich gegenüber den Wirren von Kriegs- und Nachkriegszeit als wenig bestandskräftig, anfällig, ohne daß „Verschulden" oder „Fehlverhalten" des einen oder anderen Gatten sicher auszumachen gewesen wäre.[110] Zur Unterstützung entsprechender Reformpläne bildeten sich bald Vereinigungen, die sich mit dringlichen Eingaben und Petitionen an den Reichstag und den zuständigen Minister wandten. Gleichzeitig machten allerdings auch die Gegenkräfte mobil, insbesondere die Fuldaer Bischofskonferenz und der deutsche evangelische Kirchenausschuß,[111] bezogen gegen jede „Liberalisierung" des Scheidungsrechts (sprich: Räumung der Schuldbarrikaden) Front. Der weitere Verlauf wirkt vertraut. Anspruch und Wirklichkeit klaffen auseinander – und die „Wirklichkeit" behält die Oberhand.

Im Reichstag fanden die Reformpläne ihren ersten Niederschlag in einer Kleinen Anfrage der SPD (Juni 1921).[112] Am 1. Juli 1921 ließ der Reichsjustizminister antworten, in seinem Ministerium werde geprüft, ob § 1568 BGB zu ändern sei. Auf eine Kleine Anfrage seitens der Demokratischen Partei vom 7. 11. 1921 erklärte Radbruch – nunmehr Minister der Justiz –, ein Ministerialentwurf zum Scheidungsrecht werde gegenwärtig ausgearbeitet.[113] Am 12. 1. 1922 übersandte die Ministerialbürokratie den Landesregierungen „Vorläufige unverbindliche Grundlinien eines Gesetzes zur Änderung der Vorschriften des Bürgerlichen Gesetzbuches über die Ehescheidung."[114] Kernpunkt: Die Scheidung einer zerrütteten Ehe sollte stets schon möglich sein, wenn dem Kläger die Fortsetzung nicht weiter zumutbar erschien; eine Härteklausel oder ein Widerspruchsrecht des beklagten Partners – als Gegenmittel – waren nicht vorgesehen.[115] Zu einer Regierungsvorlage kam es wegen der Widerstände des Zentrums – es war in der Regierung vertreten – nicht. Deshalb legten verschiedene Parteien Initiativgesetzesentwürfe vor, die vom Reichstag beraten letztlich gleichwohl keine Ergebnisse nach sich zogen. Zu einer Änderung des Scheidungsrechts konnte man sich nicht durchringen;[116] der status quo blieb gesichert.

Am 25. 1. 1927 hielt der Vorsitzende des Rechtsausschusses, Kahl, ein umfangreiches und grundsätzliches Referat über die Reform des Rechts der Ehescheidung;[117] an den Rechtsausschuß waren die Entwürfe der USPD (24. 6. 1922), DP (30. 6. 1922, 26. 7. 1924 u. 6. 1. 1925) und der SPD (17. 7. 1922 u. 6. 3. 1925)[118] inzwischen zur weiteren Beratung und Verhandlung überwiesen. Kahl forderte die Einführung des Zerrüttungsprinzips, allerdings in eigentümlicher Gemengelage mit Schuldgesichtspunkten:[119] „Schlechthinnige Voraussetzung für mich ist die selbständige und ausdrückliche Beibehaltung des Scheidungsgrundes der verschuldeten Ehezerrüttung. Dem Rechtsbewußtsein jedenfalls allerweitester, ich behaupte überwiegender Kreise des deutschen Volkes entspricht es, daß für die Regelfälle nur bei Verschuldung geschieden werden kann, Regelfälle, demgegenüber die Scheidung wegen objektiver Ehezerrüttung als erkennbarer Ausnahmefall sich verhalten muß. Diese Rangordnung der Scheidungsgründe, wie sie im Bewußtsein des überwiegenden Teils des deutschen Volkes geblieben ist, darf auch im Gesetz keinen Abbruch erfahren, muß vielmehr hier ihren Ausdruck finden.“[120] Zudem, so die Hoffnung, sollte die Beibehaltung des verschuldeten Prinzips, seine Ergänzung lediglich in Randbereichen, eben diese Ergänzung[121] erleichtern. Um „Willkürbestimmungen“ (?) zu vermeiden, sollte Voraussetzung einer auf den Zerrüttungstatbestand gegründeten Scheidung stets einjährige Trennung der Gatten sein; zudem war den Eheleuten auferlegt, die Vermögens- und familienrechtlichen Folgen einer solchen Scheidung zuvor durch Vertrag bindend zu regeln, um sich den Weg zu ihr erst freizulegen.

Der ausgearbeitete Entwurf jedoch enthielt manche Änderung, manche Verschärfung. In offensichtlich realistischer Einschätzung der politischen Durchsetzungschancen war zu schwungvoller Elan zurückgenommen. Eine Scheidung wegen (objektiver) Zerrüttung der Ehe sollte zwar (wie nach den bisherigen Vorschlägen)[123] zulässig sein, wenn die Gatten seit mindestens einem Jahr getrennt lebten; doch sollte nur der Gatte berechtigt sein, aus dem Zerrüttungstatbestand zu klagen, der nicht durch sein alleiniges oder überwiegendes Verschulden die Ehe zerrüttet hatte (eine frühe Vorwegnahme von §§ 55 II EheG 1938/48 II EheG 1946). Am 14. 3. 1928 verabschiedete der Rechtsausschuß einen Vorschlag „Zur Einführung des Zerrüttungsprinzips“, der als mündlicher Bericht dem Plenum des Reichstages vorgelegt wurde (RT-Ds 4106, 3. Wahlperiode).[124] Zu einer Verhandlung kam es wegen der Auflösung des Reichstages nicht mehr. In der vierten Wahlperiode brachten die SPD und die KPD erneut Entwürfe für die Änderung des Ehescheidungsrechts, ergänzt um Bestimmungen der Unterhaltssicherung für den bedürftige Ehegatten, ein; die DP beantragte, die Reichsregierung zu beauftragen, auf der Grundlage der Vorschläge des Rechtsausschusses vom 14. 3. 1928 einen Gesetzesentwurf vorzulegen. Reichsjustizminister Koch-Weser erklärte darauf vor dem Plenum, er habe nach diesen Vorschlägen einen Entwurf bereits ausarbeiten lassen, der dem Ausschuß als Material zugehen werde; die Initiativanträge der Parteien wurden ebenfalls – 1. 12. 1928 – an den Rechtsausschuß überwiesen.[125] Da seit der Sitzung dieses Ausschusses vom 5. 11. 1929 die Abgeordneten des Zentrums allerdings die weitere Mitarbeit verweigerten,[126] war die Debatte, soweit Gesetzgebungsinstanzen betroffen sind,[127] für die Weimarer Zeit beendet. Eine kleine Partei blockierte eine wichtige Reform endgültig, mit Erfolg,[128] ein in der deutschen Parlamentsgeschichte nicht unbedingt singuläres Ereignis.

An den Stand der Diskussion aus den zwanziger Jahren knüpfte 1934 der Familienrechtsausschuß der Akademie für Deutsches Recht an; 1935 wurde eine erste Denkschrift vorgelegt.[129] 1937 veröffentlichte die wissenschaftliche Abteilung des Nationalsozialistischen Rechtswahrer-Bundes einen Gesetzesvorschlag, der sich von dem Entwurf der Akademie für Deutsches Recht lediglich unwesentlich unterschied.[130] Auch unter Leitung des Reichsjustizministers wurden Vorarbeiten vorangetrieben bis zu einem eigenen Entwurf.[131] Praktische Folgerungen zeitigten diese Bemühungen jedoch nicht. Erst die Besetzung Österreichs gab den äußeren, politischen Anstoß, das dort für die katholische Bevölkerung geltende kanonische Recht aufzuheben, dabei im gesamten deutschen Reichsgebiet einen einheitlichen Rechtszustand zu schaffen – EheG 1938.

2. Mit erheblich geringerem Elan wurden die Auseinandersetzungen um die persönlichen Ehewirkungen und um das eheliche Güterrecht geführt, obwohl der Konflikt mit Art. 109 I u. II WRV (Gleichheitssatz und Grundsatz der Gleichberechtigung der Geschlechter) auf der Hand liegt; Art. 119 I 2 WRV betont die Gleichberechtigung der Geschlechter noch einmal ausdrücklich für die internen Beziehungen in der Ehe. Doch wurde dem Gleichberechtigungsgrundsatz der WRV lediglich beschränkte Wirkung zugebilligt, ein Schicksal, das diese Regel mit anderen verfassungsrechtlichen Garantien teilte. Die Ausrichtung wurde allein auf „den Kreis der staatsbürgerlichen Rechte und Pflichten (d. h. derjenigen Rechte und Pflichten, die ein organschaftliches Handeln oder persönliche Dienstleistungen für den Staat zum Gegenstand haben)"[132] bezogen; zudem galt er nicht unbeschränkt, sondern nur „grundsätzlich", „d. h. unter Vorbehalt aller Reichs- und Landesgesetze, welche Ausnahmen . . . vorschreiben und zulassen".[133] Auf privatrechtliche Rechtsverhältnisse übte Art. 109 II WRV damit von vornherein keinen Einfluß aus; ausdrücklich gerechtfertigt wurden „Vorrechte des Ehemannes gegenüber der Ehefrau (z. B. § 1354 BGB)".[134] Ein Rückgriff auf natürliche Unterschiede zwischen den Geschlechtern, die eine ungleiche Behandlung – eben nach Maßgabe dieser natürlichen Unterschiede; Art. 109 II WRV verlangt keine schematische Gleichstellung von Mann und Frau, so wenig wie Art. 3 II GG – ist vor diesem Hintergrund schon nicht mehr erforderlich. Der Verweis auf Art. 110 I 2 WRV[135] – die Ehe „beruht auf der Gleichberechtigung der beiden Geschlechter" – blieb folgenlos, da die Reichsverfassung insoweit lediglichlich Absichtserklärungen, selbstentworfene Programme und Direktiven an den einfachen Gesetzgeber enthielt, jedenfalls kein aktuelles, anwendbares Recht.[136]

3. Auseinandersetzungen um die Reform des Kindschaftsrechts (elterliche Gewalt bei ehelichen Kindern, Unehelichkeit) sind in der Weimarer Zeit, jedenfalls mit ernstzunehmenden Durchsetzungschancen im parlamentarischen Bereich, gar nicht erst aufgeklungen.[137] Allerdings kam mancher Anstoß von außen, insbesondere durch das RKErzG vom 15.7. 1921[138] und das RJWG vom 9.7. 1922.[139]

IV. Ehegesetz 1938.

Äußerlicher, politischer Anlaß für den Erlaß des Ehegesetzes 1938 war die Besetzung Österreichs im März 1938, die sich damit bietende Gelegenheit, bei Aufhebung des kanonischen Rechts – es galt für die katholische Bevölkerung als Ehestatut – ein einheitliches Recht für das gesamte Deutsche Reich[140] in Kraft zu setzen. Die unerwartete Plötzlichkeit dieser Ereignisse sowie der Umstand, an Vorarbeiten der Akamie für Deutsches Recht anknüpfen zu müssen (?), die ihrerseits wieder auf Reformplänen der zwanziger Jahre (aus der Weimarer Zeit) beruhten, bewirkten eine insgesamt eher neutrale Gesetzesfassung, ohne Überfrachtung mit Auswüchsen und Verschrobenheiten nationalsozialistischer „Weltanschauung".[141] 1946 wurde das EheG 1938, nach Entfernung einiger Partien, im übrigen aber unverändert, dann auch als Alliiertes Kontrollratsgesetz übernommen; das spricht für sich. Erst die Kommentatoren brachten ihre dunkeln Verfärbungen an – „Auch die Ehe kann nicht Selbstzweck sein, sondern muß dem einen größeren Ziele, der Vermehrung der Art und Rasse, dienen. Nur das ist ihr Sinn und ihre Aufgabe",[142] oder: „Die Ehe ist die von der Volksgemeinschaft anerkannte, auf gegenseitiger Treue, Liebe und Achtung beruhende dauernde Lebensgemeinschaft zweier rassegleicher, erbgesunder Personen verschiedenen Geschlechts zum Zwecke der Wahrung und Förderung des Gemeinwohls durch einträchtige Zusammenarbeit und zum Zweck der Erzeugung rassegleicher, erbgesunder Kinder und ihrer Erziehung zu tüchtigen Volksgenossen" –,[143] zeichneten Linien vor, auf die namentlich die Rechtsprechung bald einschwenkte. Nur kurze Zeit ließ der Gesetzgeber auf sich warten; klingen in den wiedergegebenen Passagen die Nürnberger Gesetze und ähnliche Untaten „lediglich" an (vgl. aber schon §§ 4, 5 EheG), so enthüllt sich in der Folgezeit, bei Erlaß der Durchführungsbestimmungen zum EheG 1938[144] und sonstigen Regelungen im familienrechtlichen Umfeld, die Fratze des faschistischen Gewalthabers in ihrer ganzen Häßlichkeit.[145]

Im EheG 1938 geregelt wird die Ehefähigkeit – §§ 1–3 EheG –, Eheverbote – §§ 4–14 EheG; unter ihnen ragen § 4 EheG, der für Eheschließungen zwischen Staatsangehörigen deutschen oder artsverwandten Blutes und Personen artfremden Blutes auf das Gesetz zum Schutze des deutschen Blutes und der deutschen Ehre[146] verweist, und § 5 EheG heraus, mit Bezug auf das Erbgesundheitsgesetz –,[147] förmliche Voraussetzungen der Eheschließung – §§ 15–19 EheG –, sowie Nichtigkeitsgründe – §§ 20–34 EheG, mit traurigem Höhepunkt in § 20 EheG: „Eine Ehe ist nur in den Fällen nichtig, in denen dies im Gesetz zum Schutze des deutschen Blutes und der deutschen Ehre, im Gesetz zum Schutze der Erbgesundheit des deutschen Volkes oder in den §§ 21–26 dieses Gesetzes bestimmt ist", mit Folgeregelungen für die Gatten, vielleicht vorhandene Kinder und Dritte, die auf den Bestand der Ehe vertraut hatten –, schließlich die Aufhebungstatbestände der §§ 35–45 EheG (im wesentlichen Irrtums- und Drohungsfälle).[148]

Für das Scheidungsrecht begnügt sich das EheG 1938 mit geringfügigen Abweichungen von der Rechtslage nach dem BGB, mit einer formalen Umbildung der bisherigen Scheidungsgründe. Am Schuldprinzip als maßgeblichem Kern wird festgehalten. Daneben ist allerdings ein – neuer – Zerrüttungstatbestand geschaffen, der eine Ehescheidung nach dreijähriger Heimtrennung vorsieht, mit Widerspruchsbefugnis des nicht-schuldigen oder minder-schuldigen (beklagten) Gatten; der Widerspruch ist unbeachtlich, „wenn die Aufrechterhaltung der Ehe bei richtiger Würdigung des Wesens der Ehe und des gesamten Verhaltens beider Ehegatten nicht gerechtfertigt erscheint" (§ 55 II EheG).[149] Zu § 1569 BGB – Scheidung wegen Geisteskrankheit – gesellen sich als angelehnte Erweiterungen § 50 EheG (Scheidung bei krankhafter Störung der Geistestätigkeit), § 52 EheG (Scheidung wegen ansteckender oder ekelerregender Krankheit), § 53 EheG (Scheidung wegen Unfruchtbarkeit), wohlgemerkt Erweiterungen, die nicht auf schuldhaftes Fehlverhalten eines Ehepartners abgestellt sind. Härteklausel: § 54 EheG. Danach ergibt sich folgende Situation:

§ 47 I EheG ermöglicht die Scheidung bei Ehebruch des anderen Teils, § 48 EheG bei Verweigerung der Fortpflanzung; § 49 EheG faßt die im BGB bisher einzeln aufgezählten, besonderen Eheverfehlungen zusammen, vereinigt sie mit der Generalklausel des § 1568 BGB: „Ein Ehegatte kann Scheidung begehren, wenn der andere durch eine sonstige schwere Eheverfehlung oder durch ehrloses oder unsittliches Verhalten die Ehe schuldhaft so tief zerrüttet hat, daß die Wiederherstellung einer ihrem Wesen entsprechenden Lebensgemeinschaft nicht erwartet werden kann." In der Sache also wenig Neues.[150]

Für den Schuldausspruch bringt das Ehegesetz 1938 einige Differenzierungen über den Rahmen des BGB hinaus (das BGB kannte nur Alleinschuld oder Mitschuld beider Gatten). Zugelassen wird jetzt die Feststellung des überwiegenden Verschuldens eines Ehepartners (§ 60 II 2 EheG), mit Auswirkungen bei den Scheidungsfolgen, insbesondere beim Unterhalt (vgl. § 66 EheG). Im Unterhaltsrecht führt § 68 EheG bei gleichgewichtiger Schuld einen Anspruch aus „Billigkeitsgründen" (und in entsprechendem Umfang) für den bedürftigen Gatten ein (zu weiteren Einzelheiten für den Unterhalt vgl. §§ 66–79 EheG, mit der wichtigen Anerkennung von Unterhaltsverträgen, § 80 EheG; für die Namensführung der Frau §§ 62–65 EheG, zum Verhältnis zu den Kindern §§ 81 u. 82 EheG).

V. Ehegesetz 1946, KRG Nr. 16.

Das Ehegesetz 1946 entfernt aus dem Vorläufer von 1938 die Vorschriften „typisch national-sozialistischen Inhalts"[151] und Unrechts, bleibt sonst in seinen Zielsetzungen bescheiden, ohne Anspruch auf größeren Wandel oder umfassende Neuerung. Gestrichen sind – aus dem Scheidungsrecht[152] – § 48 EheG 1938 (Verweigerung der Fortpflanzung) und § 53 EheG 1938 (Unfruchtbarkeit) als selbständige Scheidungsgründe. Damit ist allerdings über ihre Verwendbarkeit im Rahmen des (nun) § 43 EheG 1946 als allgemeine schwere Eheverfehlung noch nichts gesagt;[153] die Übertünchung wirkt eher kosmetisch.

§ 48 EheG 1946 – diese Bestimmung entspricht sachlich § 55 EheG 1938, als Zerrüttungsfall ohne (oder jedenfalls mit abgemildertem, technisch umgedrehtem) Verschulden – löst sich in der nachfolgenden Praxis insbesondere des BGH recht schnell von den bevölkerungspolitischen Einschwärzungen, die namentlich das RG angebracht hatte; doch werden „liberale" Tendenzen – diesmal mit anderen Mitteln – bald im Keime erstickt,[154] Trennungs- und Scheidungsrechte mehr und mehr beschnitten, bis sich der Gesetzgeber 1961 nicht länger widersetzt, die vorgelaufene Rechtsprechung in einer sachlich auf sie zugeschnittenen Neufassung von § 48 II EheG 1946 wieder einfängt, ein eigentümliches Wechselspiel zwischen legislativer und judikativer Gewalt.

In der Scheidungsstatistik übernimmt § 48 II EheG 1946/1961 konsequent einen völlig untergeordneten Part.[155]

VI. Art. 117 I GG.

Gzwitzt durch die nicht unbedingt befriedigenden Erfahrungen[156] mit dem einfachen Gesetzgeber bei der Erfüllung von Verfassungsaufträgen nach der WRV gaben die Väter des GG ihrer Anordnung, den Grundsatz der Gleichberechtigung der Geschlechter zu beachten (Art. 3 II GG, bindend auch für die Legislative, Art. 1 III GG, ebenfalls eine Lehre aus der Weimarer Zeit), eine zeitliche Befristung mit auf den Weg. Am 31. 3. 1953 sollte das Art. 3 II GG widersprechende Recht außer Kraft treten, Art. 117 I GG – und trat außer Kraft, da bis zu diesem Zeitpunkt die notwendigen Reformarbeiten kaum eingeleitet, geschweige denn abgeschlossen waren. Für weite Partien des Familienrechts, insbesondere des ehelichen Güterrechts, begann „die schreckliche, die gesetzlose Zeit". Rechtsetzungsaufgaben mußten die Gerichte erfüllen, die sich eben nicht auf schlichte Untätigkeit zurückziehen konnten.[157] Nach bewegten Phasen des Übergangs gelang die Einigung. Als gesetzlicher Güterstand etablierte sich die Gütertrennung,[158] die offensichtlich als der geringste Eingriff empfunden wurde. Viel ruhiger verlief die Auseinandersetzung auf den anderen Schauplätzen, aus einfachen Gründen: Fast notwendig versperrt sich das eigentliche Kampffeld für unmittelbaren richterlichen Zugriff oder richterliche Kontrolle. Sicher ist der Verstoß von § 1354 BGB gegen das Gleichberechtigungsgebot evident (§ 1354 BGB bindet die Ehefrau nahezu unbeschränkt an Entscheidungen des Mannes), doch sind Rechtsstreitigkeiten vor dieser Kulisse allein kaum praktisch (immerhin sieht § 1354 BGB „Ausnahmen" bei Mißbrauch der männlichen Bestimmungsbefugnis, § 1358 BGB sogar vormundschaftsgerichtliches Einwirken beim Streit um das Arbeitsverhältnis und seine Kündigung vor – wer führt aber um diese Fragen Prozesse?). Sicher brechen sich männliche/väterliche Vorrechte gegenüber der Mutter bei der Erziehung der Kinder an Art. 3 II GG.[159] Doch wiederum: Isolierte Verfahren um den besonderen Bereich sind seltene Ausnahmen. Zum Streitpunkt werden die interne Aufgabenverteilung und die Rollenzuschreibung in der Ehe im Scheidungsprozeß, die „richtige" oder „falsche" Erziehung der Kinder bei § 1666 BGB, allerdings erst bei besonders krassen Entartungen; ohne große Schwierigkeiten lassen sich grundsätzliche Stellungnahmen und Bekenntnisse dabei vermeiden, konkrete Ergebnisse auf eher diffuse Erwägungen über das „Wesen der ehelichen Lebensgemeinschaft" oder „das Wohl des Kindes" stützen.[160]

VII. GleichberG 1958.

Erst reichlich spät kam der Gesetzgeber den ihm in Art. 117 GG verordneten Aufgaben nach, mit dem Erlaß des GleichberG vom 18. 6. 1957.[161] Schwerpunkte dieses Gesetzes sind neben einer Fülle von eher nebensächlichen Umstellungen, Formulierungsfeinheiten usw. das Recht der persönlichen Ehewirkungen (§§

1353–1362 BGB) sowie das eheliche Güterrecht, §§ 1363 ff. BGB; in beiden Bereichen sind die bisher von Männern und Ehemännern gehaltenen Bastionen erstürmt, weitgehend geschleift. Die persönlichen (Rechts-)Beziehungen der Gatten untereinander sind nicht mehr von männlicher Dominanz, männlichem Letztentscheid geprägt. Vielmehr sind sie – dem Worte nach; stets wirkt sich die tatsächliche Situation vor allem am Arbeitsmarkt aus, beläßt die Frau in ihren Abhängigkeiten – geprägt von gegenseitiger Rücksicht und Absprache, abgestellt auf Partnerschaft, persönliche Konfliktfähigkeit und Konfliktlösungsfähigkeit. Beseitigt sind die Güterstände der Errungenschaftsgemeinschaft und der Fahrnisgemeinschaft. Jedoch erklärt Art. 8 I Nr. 7 GleichberG für die Ehen, die bei Inkrafttreten des GleichberG (1. 7. 1958) als Errungenschaftsgemeinschaft oder Fahrnisgemeinschaft güterrechtlich organisiert sind, die Vorschriften für maßgeblich, die vor dem 1. 4. 1953 jeweils galten (Unwandelbarkeit des Güterstatuts). § 1409 I BGB verstellt den Eheleuten zwar die generelle Verweisung[162] auf die eben nicht mehr anerkannten Rechtsregeln durch Ehevertrag. Doch bleibt ein einfacher Ausweg: Da Vertragsfreiheit herrscht,[163] die Gatten für sich den Güterstand entwerfen können, den sie für passend und angemessen halten, sind durch spezielle Bezugnahmen (Vereinbarung der Gütergemeinschaft, Festlegung des eingebrachten Gutes,[164] des Immobilienvermögens als Vorbehaltsgut)[165] ganz ähnliche Wirkungen wie bisher zu erzielen. Zwischenformen dieser Art sind im Rahmen der vertraglich gewählten und ausstaffierten Güterstände zulässig,[166] soweit das GleichberG entsprechende Rechtsformen zur Verfügung stellt, Variationen toleriert. Für den Güterstand der Verwaltung und Nutznießung des Mannes am eingebrachten Gut der Frau ist dies allerdings nicht der Fall; hier versagt jeder Versuch einer Neuschöpfung[167] durch Vereinbarung. Ordentlicher gesetzlicher Güterstand wird die (noch heute maßgebliche) Zugewinngemeinschaft, zuvor unbekannt. Wesentlicher Unterschied zur Errungenschaftsgemeinschaft: Während der Ehe gesammelte Werte sind nicht einheitlich zusammengefaßt als Gesamtgut, mit Haftungsrisiken namentlich für die Frau; vielmehr bleibt jeder Ehegatte unbeschränkt zuständig für sein Vermögen (aber §§ 1365 ff. BGB) mit lediglich rechnerischem Ausgleich bei Ende der Ehe. Für den statistisch immer noch wichtigsten Fall der Auflösung – Tod eines Gatten – steht die reale Abrechnung nach Soll und Haben zur Disposition, kann ersetzt werden durch eine eigentümliche erbrechtliche Pauschalierung (Erhöhung des Pflichtteils um 1/4, § 1371 BGB). Außerordentlicher gesetzlicher Güterstand ist nach wie vor die Gütertrennung. Für die Vertragsgüterstände umfaßt das gesetzliche Angebot die Gütergemeinschaft und die Gütertrennung, mit den schon erwähnten Unterformen, Varianten, Kombinationen, §§ 1415–1418 BGB einerseits, § 1414 BGB andererseits.

Als Übergangsvorschriften, Regeln, die in der Diskussion um das 1. EheRG, insbesondere um den Versorgungsausgleich, als vorbildlich herausgestrichen werden, gelten:

– Art. 8 I Nr. 2 GleichberG. Hat eine Frau vor Inkrafttreten des GleichberG ihr Vermögen ganz oder teilweise der Verwaltung des Mannes übertragen, bestimmen sich die Rechtswirkungen, die sich aus der Überlassung ergeben, nach den Vorschriften des BGB n. F.,[168] § 1413 BGB.

- Art. 8 I Nr. 3 GleichberG. Haben die Ehegatten am 31. 3. 1953 im Güterstand der Verwaltung und Nutznießung des Mannes gelebt, so greifen, soweit nichts anderes vereinbart ist, vom Inkrafttreten des GleichberG an die Vorschriften über die Zugewinngemeinschaft ein. Doch kann jeder Gatte bis zum 30. 6. 1958 dem Amtsgericht gegenüber erklären, daß für die Ehe Gütertrennung gelten solle.[169]
- Art. 8 I Nr. 4 GleichberG. Haben die Ehegatten die Ehe zwischen dem 1. 4. 1953 und dem Inkrafttreten des GleichberG geschlossen, gelten die Vorschriften der Nr. 3. Haben die Ehegatten die Ehe erst nach Verkündung des GleichberG geschlossen, gilt Nr. 3 Abs. 2 (Ausschluß der Zugewinngemeinschaft durch einfache, einseitige Erklärung gegenüber dem Amtsgericht) dagegen nicht.
- Art. 8 I Nr. 5 GleichberG. Leben die Ehegatten zur Zeit des Inkrafttretens des GleichberG im Güterstand der Gütertrennung, gilt der neugeschaffene Güterstand der Gütertrennung für sie ohne Übergang (die Unterschiede sind minimal), mit den Ausnahmen aus Abs. 2.
- Art. 8 I Nr. 6 GleichberG. Die bisher bestehende allgemeine Gütergemeinschaft wird bruchlos übergeleitet in die neue Form. Haben die Ehegatten die allgemeine Gütergemeinschaft schon vor dem 31. 3. 1953 vereinbart, wird das Gesamtgut weiterhin vom Mann verwaltet; wurde die Vereinbarung später geschlossen, bleibt die dort getroffene Abrede maßgeblich.
- Art. 8 I Nr. 7 GleichberG, für die Fahrnis- und Errungenschaftsgemeinschaft.
- Art. 8 I Nr. 8 GleichberG.[170] Danach bestimmt sich das Rechtsverhältnis zwischen Eltern und ihren Kindern vom 1. 7. 1958 an nach dem GleichberG; Anordnungen des Vormundschaftsgerichts über Personen- oder Vermögenssorge für das Kind behalten jedoch Wirksamkeit.

Damit sieht das GleichberG einen ansehnlichen Katalog differenzierter Regelungen für den Übergang vor; tatsächlich dürftig, zumindest äußerlich, nimmt sich bei diesem Vorbild das 1. EheRG aus, das praktisch keinerlei Überleitung enthält (was allein noch keine Wertung sein kann; für die „fehlende" Überleitung von Altehen durch das 1. EheRG, namentlich im Hinblick auf den Versorgungsausgleich, sind durchaus gute Gründe sichtbar).[171]

VIII. FamRÄndG 1961.[172]

Kernpunkte des FamRÄndG 1961 sind neben einer Vielzahl kleinerer Änderungen, Anpassungen, Bereinigungen[173] die Anfechtung der Ehelichkeit (in diesem besonderen Klageverfahren, vgl. §§ 1593 ff. BGB, sind nun Mitwirkungsrechte des Staatsanwalts beseitigt) und die Annahme an Kindes Statt (mit einigen förmlichen Erleichterungen; allerdings können Formfragen schnell zu Sachfragen werden. Beispiele: Durch Absenkung der Altersgrenze auf die Vollendung des 35. Lebensjahres für den Annehmenden, § 1745, 1 BGB, mit zusätzlicher Befreiungsmöglichkeit aus §§ 1745, 1745 b BGB, ist der inhaltliche Wandel der Adoption immerhin eingeleitet – soziales Engagement, „Ersatzelternschaft" statt ökonomischer Gründe, „Familienerhalt", Vermögenssicherung, Kontinuität des Namens). Und: § 48 II EheG 1946 wird neugefaßt, die vorgelaufene Rechtsprechung des BGH damit wieder eingefangen.[174]

IX. NehelG.[175]

Schon das FamÄndG 1961 brachte für die uneheliche Kindschaft manche rechtliche Verbesserung. Nach § 1708 I 1 BGB dauerte die Unterhaltspflicht des Vaters bis zur Vollendung des achtzehnten Lebensjahres des Kindes (statt sechzehn) an; hatte das Kind am 1. 1. 1961 allerdings das sechzehnte Lebensjahr vollendet, blieb es beim bisherigen Zustand, Art. 9 II Nr. 2 FamRÄndG. § 1707 II BGB sah die Übertragung der elterlichen Gewalt durch das Vormundschaftsgericht auf die Mutter vor, über den eher tatsächlichen Rahmen der Personensorge hinaus. Dem Verfassungsauftrag des Art. 6 V GG – „Den unehelichen Kindern sind durch die Gesetzgebung die gleichen Bedingungen für ihre leibliche und seelische Entwicklung und ihre Stellung in der Gesellschaft zu schaffen wie den ehelichen Kindern" – kommt der Gesetzgeber aber erst mit dem Erlaß des NehelG nach. Bereits im Sprachgebrauch erlebt das betroffene Rechtsverhältnis eine Aufwertung; aus „Unehelichkeit" wird „Nichtehelichkeit", ein allerdings eher kosmetischer Schnitt. Wichtiger ist schon die Streichung des unglücklichen § 1589 II BGB – „Ein uneheliches Kind und dessen Vater gelten als nicht verwandt." Wesentliche Änderungen betreffen die nichteheliche Abstammung auf einer Verfahrensebene – im einzelnen ist dieses Verfahren beschrieben in §§ 1600aff. BGB; vorgesehen ist Vaterschaftsfeststellung durch Anerkennung oder durch gerichtliche Entscheidung, diese mit Wirkung für und gegen alle, § 1600a 1 BGB,[176] eine Regelung, die endlich das unter dem früheren Recht mögliche Nebeneinander von Unterhaltsklage und Statusklage, vielleicht mit verschiedenen Ergebnissen (Anschlußfrage: Wie steht es dann um eine Anpassung?), jedenfalls mit verschiedener Rechtskraftwirkung (lediglich die Gestaltungsklage wirkt umfassend, die Leistungsklage dagegen allein „inter partes") abschafft – und die nichteheliche Mutterschaft, auf einer materiell-rechtlichen Ebene. Die diskriminierende Unterwerfung unter die Amtsvormundschaft des Jugendamtes – § 1707 II BGB sah zuvor, seit 1962, nur die Möglichkeit einer Aufhebung vor, ließ die Mutter von der Einstellung und der Praxis des jeweils maßgeblichen Vormundschaftsrichters abhängen – ist schließlich beseitigt. Stattdessen erhält die nichteheliche Mutter nun unbeschränkt die elterliche Gewalt für ihr Kind, § 1705 BGB. Doch kann sich der Gesetzgeber offensichtlich zu vollem Vertrauen in ihre Ehrlichkeit und Unbefangenheit nicht durchdringen; ein Rest an Kontrolle scheint ihm besser, über §§

1706 ff. BGB. Nach diesen Bestimmungen ist für einen Teilausschnitt kindlicher Angelegenheiten ein Pfleger einzusetzen

„für die Feststellung der Vaterschaft und alle sonstigen Angelegenheiten, die die Feststellung des Eltern-Kind-Verhältnisses oder des Familiennamens des Kindes betreffen, für die Geltendmachung von Unterhaltsansprüchen einschließlich der Ansprüche auf eine an Stelle des Unterhalts zu gewährende Abfindung sowie die Verfügung über diese Ansprüche . . . sowie die Regelung von Erb- und Pflichtteilsrechten, die dem Kind im Falle des Todes des Vaters und seiner Verwandten zustehen", § 1706 BGB; Pfleger ist regelmäßig das Jugendamt, § 1709, 1 BGB. Auf Antrag der Mutter hat das Vormundschaftsgericht
– anzuordnen, daß die Pflegschaft nicht eintritt (§ 1707 I Nr. 1 BGB),
– die Pflegschaft aufzuheben (§ 1707 I Nr. 2 BGB) oder
– den Wirkungskreis des Pflegers zu beschränken (§ 1707 I Nr. 3 BGB).

Dem Antrag ist zu entsprechen, wenn die beantragte Anordnung dem Wohl des Kindes nicht widerspricht, § 1707 II 1 BGB, mit der jederzeitigen Änderung aus § 1707 II 2 BGB (ähnlich § 18 FGG). Diese Unterwerfung unter die Aufsicht eines Pflegers ist kaum weniger hinderlich als die vorherige Amtsvormundschaft des Jugendamtes. Empirische Belege für ihre Notwendigkeit existieren nicht; das Mißtrauen des Gesetzgebers in seiner allgemeinen Undifferenziertheit ist schon deshalb nicht zu rechtfertigen,[177] einmal abgesehen davon, daß ohnehin wohl eher Vorurteile über die moralische Qualität oder die Unerfahrenheit nichtehelicher Mütter für §§ 1705 ff. BGB ausschlaggebend sind.[178] Wie restriktiv § 1707 I BGB gehandhabt werden kann – und das schlägt auf die Aufgabenverteilung insgesamt zurück, könnte man sich doch bei „großzügiger" Praxis zu § 1707 I BGB mit der Kontrolle durch eine Pfleger vielleicht noch anfreunden –, beweist BayObLG FamRZ 1972, 521: Verschweigt eine nichteheliche Mutter beharrlich (?) den Namen des Erzeugers ihres Kindes, kann „in der Regel" die Pflegschaft aus § 1707 BGB nicht aufgehoben werden,[179] eine harte, nicht einmal unbedingt sinnvolle Sanktion, da brauchbare Anzeichen oder Beweismittel für die Ermittlung der Vaterschaft nur selten zu finden sein werden, falls die Mutter „beharrlich" die Namensnennung verweigert. Behördliche Schnüffelei von Amts wegen, in der Nachbarschaft und am Arbeitsplatz, um die Vaterschaft zu klären, ist jedenfalls eine ebenso skurrile wie bedrückende Vorstellung.

Für den Unterhalt des nichtehelichen Kindes gelten die §§ 1615 a ff. BGB. Entscheidend ist für Höhe und Umfang die Lebensstellung *beider* Eltern, nicht mehr die der Mutter allein, § 1615 c BGB. Zu zahlen ist mindestens der Regelunterhalt, § 1615 f. I BGB, der von der Bundesregierung mit Zustimmung des Bundesrates durch Rechtsverordnung festgesetzt wird (RegelunterhaltsVO, erstmals vom 27. 6. 1970, BGBl. I 1010); eine Herabsetzung in den Grenzen des § 1615 a BGB ist allerdings zulässig.

Nach dem NehelG ist das nichteheliche Kind nun auch erbberechtigt nach seinem Vater und dessen Verwandten (§ 1589 II BGB schloß zuvor diese Beteiligung aus); es zählt in den Kreis der gesetzlichen Erben erster Ordnung nach § 1924 I BGB. Doch ist die Entfernung von der Familie des Erblassers meist beträchtlich, ein Einschluß in die allgemeine Erbengemeinschaft mit Ehefrau und ehelichen Kindern wenig sinnvoll, nur Keim für Streitigkeiten (und Anlaß für den Vater, durch entsprechende Anordnungen vorzubeugen). Deshalb wird das nichteheliche Kind nach §§ 1934 a ff. BGB abgefunden – Erbersatzanspruch. Vgl. außerdem für den Pflichtteil § 2338 a BGB.

X. Résumé.

Insgesamt hinterläßt auch der knappe Überblick über die Reformen und Reformversuche seit Inkrafttreten des BGB einen zwiespältigen Eindruck. Auf der einen Seite ist nicht zu bestreiten, daß zwischenzeitlich manches in Bewegung geraten ist. Denkmäler sind eingerissen, Schwellen abgebaut, Hindernisse für Entfaltung und Selbstbestimmung im persönlichen Bereich beseitigt. Andererseits überwiegt das Halbherzige, Unfertige, Kompromißhafte. Als Beispiel nenne ich nur das NehelG: ob die *grundsätzliche* Einteilung des BGB in eheliche Kindschaft und nichteheliche Kindschaft die Wirklichkeit noch zureichend erfaßt, ob nicht umgekehrt eine Aufgabe dieser Kategorien und ihre Ersetzung durch „vollständige" Familie und „unvollständige" Familie ein getreueres Abbild erlaubt, „richtigere" Lösungen ermöglicht,[180] wird gar nicht erst gefragt. Unmittelbare rechtliche Ergebnisse wären dann etwa: Umgangsbefugnisse sind nicht danach zu differenzieren, ob das Kind ehelich (§ 1634 BGB) oder nichtehelich geboren wird (§ 1711 BGB berechtigt den Vater lediglich in Ausnahmen zum persönlichen Verkehr), sondern nach der Enge und Dichte der persönlichen Beziehungen, nach der Förderlichkeit für die Entwicklung des Kindes („Kindeswohl"), Gesichtspunkte, die nicht über Förmlichkeiten von vornherein abgeblockt werden dürfen, wie es in § 1711 BGB geschieht (in der Sache allerdings wohl meist zutreffend), andererseits aber auch nicht als „natürlich" und „selbstverständlich" vorauszusetzen sind wie in § 1634 BGB (wiederum: sachlich regelmäßig zutreffend, jedoch eher zufällig, durch die Ausrichtung auf unwichtige Nebensächlichkeiten). Unterhaltszahlungen sind nicht an der „hohen" oder „niedrigen" Qualität der Entstehung und Abkunft zu orientieren – mit Strafcharakter nach beiden Seiten bei Unehelichkeit –, sondern gleichmäßig an kindlichen Bedürfnissen und elterlichen Leistungsfähigkeiten u. v. a. Prinzipielle Diskussionen um Ziele, die es zu erreichen gilt, und die Wege dorthin werden zu selten geführt, einmal formulierte Pläne in der politischen Auseinandersetzung zu schnell zurückgenommen (die Weimarer Zeit ist dafür ein Beleg, das 1. EheRG ein anderer). Reformen begnügen sich mit eher technischem/bürokratischem „Fortschritt", bleiben im schlimmen Sinn „reformistisch", Stückwerk ohne große Konzeption. Ein Blick über die Grenzen des BGB hinaus wird kaum riskiert, und gerade in diesen Nachbargebieten (JWG, PStG, RuStAG, BSHG, ganz zu schweigen von „familienfremderen" Bereichen von „der Schaffung familiengerechter Wohnverhältnisse über kompensatorische Erziehungseinrichtungen bis zu einer elementaren Neuorganisation der realen Arbeitsbedingungen")[181] geschieht zu wenig,[182] trotz mancher tatkräftiger Anstrengung.[183]

XI. 1. EheRG.[184]

Einige dieser Vorwürfe richten sich auch an die Adresse des 1. EheRG. Trotz umfangreicher Vorarbeiten, engagierter Diskussionen von allen Seiten, mit hohem Einsatz und beträchtlichem Aufwand,[185] trotz erklärten Reformwillens und Reformeifers trägt die durchgesetzte Endfassung zu häufig das Signum des Aufgegebenen, Halbherzigen, als resignierter und manchmal enttäuschter Kompromiß. Ein neues Recht für mündige Bürger (so die Informationsbroschüre des BMJ) – sicher; doch ist das 1. EheRG an vielen Punkten hinter seinen Möglichkeiten zurückgeblieben, hinter Positionen gefallen, die zumindest im Prozeß der Meinungsfindung und Meinungsbildung schon erkämpft und gefestigt zu sein schienen. Nur wenige, knappe Beispiele: Einheitliche Instanz für Scheidungsverfahren und Folgesachen ist das Familiengericht, das die verwirrenden Vielfältigkeiten gerichtlicher Zuständigkeit zuvor ablöst, bei sich konzentriert; doch unterbleibt eine Beteiligung von „Nichtjuristen" am Entscheidungsprozeß, vielleicht auch in einem Vorstadium; gesetzgeberischer Phantasie hätte eine Form einfallen müssen, die sich nicht gleich an Art. 92 GG bricht. Entlastend, entkrampft, fair soll die gerichtliche Auseinandersetzung nach einer zerbrochenen Ehe geführt werden (wiederum aus der Informationsbroschüre zitiert); doch sind nicht alle Klippen beseitigt, die bisher hinderlich einer entsprechenden Verfahrensweise im Wege standen, mehr noch, es sind neue geschaffen. „Einverständliche" Scheidung ist zulässig nach einjähriger Trennungszeit der Gatten, und über die Trennung und die Dauer der Trennung „bestimmen" die Parteien, kraft ihrer Parteiherrschaft (daran ändert selbst § 616 I ZPO nichts wesentliches), eine Konventionalscheidung neuer Art mit allen Tücken und Schwächen. § 1567 I 2 BGB „erlaubt" die Trennung innerhalb der ehelichen Wohnung. Werden allerdings sonstige Anforderungen hochgeschraubt (tägliches Versorgen, Wäschewaschen, Essenkochen usw.[186] haben strikt zu unterbleiben), ist das Merkmal „Trennung" für manche Eheleute fast unerschwinglich. § 1565 II BGB – wohl eine der dunkelsten Stellen des neuen Scheidungsrechts – läßt Scheidung der Ehe vor Ablauf der Mindestfrist zu, wenn eine Fortsetzung für den Antragsteller aus Gründen, die in der Person des anderen Gatten liegen, eine unzumutbare Härte darstellen würde. Inzwischen verfestigte Praxis belegt die Härten, die diese Vorschrift anrichten kann. Ein Schwergewicht findet § 1565 II BGB bei Mißhandlungen, oft unter Alkoholeinfluß. Ist der geschlagene Gatte geflüchtet, hat sich eine eigene Wohnung gesucht, drohen keine weiteren Angriffe, soll § 1565 II BGB nicht erfüllt sein.[187] Die Folgerungen sind mißlich: Der Konflikt muß „verschärft" werden, weitere Attacken sind zu ertragen, um die Scheidung aus § 1565 II BGB nicht zu „blockieren". Und schließlich: § 1568 BGB, die Härteklausel, offen nach allen Seiten. Nicht einmal Schuldgesichtspunkte sind endgültig erledigt; kaum versteckt tauchen sie an manchen Stellen wieder auf, in § 1565 II BGB, bei § 1568 BGB, bei der Verteilung der elterlichen Gewalt nach der Ehescheidung, bei der Unterhaltsregelung, beim Zugewinn- und

Versorgungsausgleich. In all diesen Punkten könnte ich mir, ohne große Anstrengung, „bessere", fortschrittlichere Lösungen vorstellen;[188] fast überall waren zunächst andere (= bessere) Vorschläge zumindest einmal in der verfestigten Planung, zeichneten sich für eine erreichbare Zukunft ab.

Anmerkungen

1 Die Festlegung der persönlichen Ehewirkungen im Gesetz bleibt notwendig unverbindlicher, offen.
2 Wiethölter, Rechtswissenschaft, S. 200.
3 Mot. IV S. 562 f.
4 Die altertümliche Orthographie habe ich beibehalten.
5 Mot. IV S. 562.
6 Mot. IV S. 562.
7 Mot. IV S. 562.
8 Mot. IV S. 562/563.
9 So ausdrücklich Mot. IV. S. 562.
10 Mot. IV S. 563.
11 Mot. IV S. 563.
12 Mot. IV S. 563.
13 Mot. IV S. 563.
14 Das zielt auf das Preuß. ALR von 1794, dazu die Arbeit von Dörner.
15 Vgl. gerade bei Fn 3.
16 Mot. IV S. 567.
17 Zum Preuß. ALR ausführlich Gerhard, S. 154 f.
18 Dazu Wacke, FamRZ 1978, 217.
19 2. Teil 1. Titel 8. Abschnitt.
20 Vgl., mit vielen Einzelheiten, Dörner, S. 53 f.
21 Dörner, S. 58 – „in der Folgezeit oft als das Charakteristikum der gesamten Regelung" angesehen.
22 Kabinetts-Ordre Friedrich's II. vom 26. 5. 1783, abgedruckt bei Dörner, S. 59.
23 Richtig in der Einschätzung, Dörner. S. 59; anders (etwa) Staudinger/Engelmann (5./6.), Vorbem. 3 vor §§ 1564 ff.
24 Vgl. Prot. IV S. 422.
25 Menger, S. 41.
26 Menger's Einschätzung ist wesentlich zugeschnitten auf kirchliche Präformierung der ehelichen Lebensform und des dort gelebten Inhalts, S. 41 f.
27 Flugblatt der „Frauenbewegung", zitiert nach Dörner, S. 100.
28 Zur Geschichte seitdem – in Einzelheiten – MK/Rebmann, Einl. Rn 102 ff.
29 Streit herrschte in der Literatur um den Ernst der Absicht, um ihre Umsetzung in die Tat; verlangt wurde zwar kein Versuch (im strafrechtlichen Sinne), doch eine „Betätigung des ernstlichen Willens, den Tod des anderen Ehegatten herbeizuführen, wenn auch nur mittelbar", Staudinger/Engelmann (5./6.), § 1566 Anm. 2.
30 Staudinger/Engelmann (5./6.), Vorbem. 4 vor §§ 1564 ff.
31 Schon der Sprachgebrauch ist bezeichnend – Recht auf Scheidung, da Anspruch, Stau-

dinger/Engelmann (5./6.), Vorbem. 4 vor §§ 1564 ff.; starrem Denken dieser Art, das nach Berechtigungen und Verpflichtungen fragt, kann persönliche Betroffenheit, Befangenheit und Belastung gar nicht erst ins Blickfeld geraten.

32 Vgl. die Auseinandersetzung in Prot. IV, S. 413 ff.

33 Wolf/Lüke/Hax, S. 469 f.

34 Wolf/Lüke/Hax, S. 470 und 471.

35 Kühn, ZRP 1975, 163 (165).

36 Wolf/Lüke/Hax, S. 469 und Kühn, ZRP 1975, 163 (165 f.).

37 Dazu Kühn ZRP, 1975, 163.

38 Dieser Scheidungstatbestand wurde erst in der zweiten Lesung aufgenommen, vgl. Mot. IV S. 567, Prot. IV S. 424, im wesentlichen aus Praktikabilitätsgesichtspunkten. Über die Qualität – relativer oder absoluter Scheidungsgrund – herrschte Uneinigkeit, vgl. Staudinger/Engelmann (5./6.), Vorbem. 4 vor §§ 1564 ff.

39 § 1570 BGB enthielt schon die unglückliche Verzeihungsregel, § 1571 BGB verlangte eine besondere Frist für die Erhebung der Scheidungsklage (nicht länger als 6 Monate ab Kenntnis des Grundes).

40 Über formale Eheeingehungsvoraussetzungen, Aufhebungs- und Vernichtungsmöglichkeiten vgl. die knappe Übersicht bei III. – EheG 1938.

41 Anschaulich beschreibt Cosack dieses Prinzip als „eheherrliche Gewalt", § 279 II 1 S. 426; Lange, S. 353 spricht von der „konstitutionellen Monarchie des Mannes".

42 Mot. IV S. 105; dazu Lange S. 355 f.

43 Nach § 1358 II BGB ist das Kündigungsrecht ausgeschlossen bei Zustimmung des Mannes zur Verpflichtung seiner Frau oder bei vormundschaftsgerichtlicher Ersetzung dieser Zustimmung – sie erfolgte (u. a.) in Mißbrauchsfällen; im Ersten Entwurf war ein Ruhen ehemännlicher Einspruchsbefugnisse lediglich bei Getrenntleben der Gatten vorgesehen, Mot. I S. 313 gegen Prot. IV S. 101 ff. Im Zusammenhang mit § 1358 BGB wurde ernsthaft erörtert – Planck (4.), § 1358 Anm. 1 –, ob nicht manche entsprechenden Verträge der Frau nach § 138 BGB sittenwidrig und deshalb nichtig sein könnten, weil durch sie „die Rechte des Mannes auf ihre Person verletzt" würden. Das geht über (bekannte) wechselseitige Eigentumsverhältnisse der Gatten an bestimmten Körperpartien noch hinaus.

44 Vgl. Prot. IV S. 100.

45 Vgl. Staudinger/Engelmann (5./6.), § 1358 Anm. 1.

46 Deutlich dazu auch Cosack, § 279 VIII 1 S. 429 – die Ehefrau ist unmündig, Vormund ist der Ehemann.

47 Staudinger/Engelmann (5./6.), § 1357 Anm. 3 a.

48 Wenn auch die fehlende Beschreibung einzelner ehelicher Pflichten – im Gegensatz zum Preuß. ALR – wohltuend, erfrischend wirkt, wenigstens ahnen läßt, daß die Eheleute selbst zur Bestimmung ihrer Lebensform und der internen Ausfüllung berufen sind, vgl. dazu Dörner, S. 100.

49 Flugblatt der „Frauenbewegung", zitiert nach Dörner, S. 100.

50 Staudinger/Engelmann (5./6.), § 1360 Anm. 2.

51 Staudinger/Engelmann (5./6.), § 1360 Anm. 4.

52 Staudinger/Engelmann (5./6.), Einl. 4 zu §§ 1363 ff.

53 Staudinger/Engelmann (5./6.), Einl. 4 zu §§ 1363 ff.

54 Einen Überblick über die wichtigsten landesrechtlichen Regelungen bieten Staudinger/Engelmann (5./6.), Einl. 7 zu §§ 1363 ff.

55 Auf die Auseinandersetzungen während der Gesetzgebungsarbeiten kann ich hier schon aus Raumgründen nicht eingehen, vgl. Mot. IV. S. 133 ff. und Prot. IV. S. 116 ff.

56 Dazu Enneccerus/Kipp/Wolff (1./2.), § 41 IV 2 S. 144.

57 Enneccerus/Kipp/Wolff (1./2.), § 41 IV 1 S. 143/144.

58 Vgl. zu dieser Übersicht Staudinger/Engelmann (5./6.), § 1363 Anm. 1.

59 Staudinger/Engelmann (5./6.), § 1363 Anm. 1.

60 § 1389 II BGB: Die Frau kann verlangen, daß der Mann den Reinertrag des eingebrachten Gutes, soweit dieses zur Bestreitung des eigenen und des der Frau und den gemeinschaftlichen Abkömmlingen zu gewährenden Unterhalts erforderlich ist, ohne Rücksicht auf seine sonstigen Verpflichtungen zu diesem Zwecke verwendet.

61 Ganz schmale Ausnahmen: §§ 1401, 1402 BGB; wichtiger: § 1405 BGB – Erwerbsgeschäft. Die Vorschriften decken sich in ihrem Inhalt weitgehend mit den heutigen §§ 107 ff. BGB, so daß die Annahme mangelnder Geschäftsfähigkeit der Frau erneut Bestätigung findet.

62 Zu diesem Fall Staudinger/Engelmann (5./6.) Vorbem. 1 a vor §§ 1418 ff.

63 Zum ganzen Staudinger/Engelmann (5./6.), Vorbem. 1 und 2 vor §§ 1418 ff.

64 Ergänzt um § 1429 BGB – hiernach wird bei Aufwendungen der Frau vermutet, daß ihr die Absicht fehlt, später Ersatz zu verlangen.

65 Staudinger/Engelmann (5./6.), Vorbem. 4 vor §§ 1437 ff.

66 Vgl. unten 2. Teil 6. Kapitel.

67 Ausnahme: § 1521 BGB – Erwerb von Todes wegen, mit Rücksicht auf ein künftiges Erbrecht, durch Schenkung oder als Ausstattung wird rechnerisch dem eingebrachten Gut zugeschlagen, damit nicht als Errungenschaft behandelt; ebenso § 1522 BGB für unübertragbare Gegenstände. Vgl. auch §§ 1523, 1524 BGB.

68 Staudinger/Engelmann (5./6.), Vorbem. 4 vor §§ 1519 ff.

69 Dazu zählen nach § 1551 II BGB auch Rechte an Grundstücken.

70 Staudinger/Engelmann (5./6.), Vorbem. III vor §§ 1549 ff. streichen diesen Punkt als besonderen Vorteil heraus.

71 Für die unterschiedlichen Vermögensmassen und die Verwaltungsbefugnisse gelten die Ausführungen zur Errungenschaftsgemeinschaft entsprechend.

72 Vgl. dazu Art. 8 I Nr. 3 u. 4 GleichberG, ergänzt durch Art. 9 II Ziff. 7 FamRÄndG – letzte Nachfrist, bei bestimmten Mängeln, bis zum 31. 12. 1961.

73 Vgl. Enneccerus/Kipp/Wolff (2.), § 41 II 1 S. 148.

74 Dörner, S. 101 berichtet von einem Gebiet in Hessen, in dem für rund 600 000 Einwohner 32 verschiedene güterrechtliche Systeme galten; teilweise wurde ohne schriftliche Quellen, nach Anwaltsgutachten vor den Gerichten judiziert, zum Teil importierten wohl auch Richter, bei Versetzungen, einfach die von ihnen bisher angewandten Rechtsregeln.

75 Dörner, S. 102 f.

76 Dörner, S. 102.

77 Dörner, S. 102.

78 Dörner, S. 102.

79 Menger, S. 47/48.

80 Menger, S. 48/49.

81 Für sie stellt sich das Problem in ähnlicher Weise dar.

82 Dörner, S. 102 f.

83 S. 102.

84 Nur ein Beispiel: § 1356 BGB soll zwingendes Recht enthalten, Staudinger/Engelmann (5./6.), § 1356 Anm. 7. Damit sind Vereinbarungen über eine abweichende Aufgaben-

zuweisung nichtig; gültig bleiben lediglich Absprachen, die die Haushaltsleistungsgewalt der Ehefrau oder ihre Arbeitspflicht „in gewissem Umfang" begrenzen oder näher regeln.

85 Endemann, § 174 I S. 334.

86 Mot. IV S. 582.

87 Zusammenhang dort: Scheidung wegen Ehebruchs, für den der in den linksrheinischen Gebieten geltende C. c. differenziert. Immerhin bezieht auch Lange, S. 356 diese Stelle auf das eheliche Güterrecht.

88 Vgl. dazu Lange, S. 357, der die Äußerungen von Windscheid berichtet (1891); Windscheid war tätiger Mitarbeiter in der Ersten Kommission, die mit der Ausarbeitung des Entwurfs betraut war. Vgl. Wieacker, S. 469: „Die Frau ist dem Manne Gehorsam schuldig", und, immerhin zweifelnd: „Auch ein Züchtigungsrecht des Mannes läßt sich gemeinrechtlich nicht begründen."

89 Wieacker, S. 480.

90 Wieacker, S. 480.

91 Wieacker, S. 479. Vgl. neuerdings die Betrachtungen bei Gernhuber, Neues Familienrecht, S. 3ff.

92 Vgl. Wieacker, S. 480.

93 Vgl. allerdings Mot. IV S. 724, die den vormundschaftlichen Charakter der elterlichen Gewalt betonen.

94 Gefährdung des leiblichen und geistigen Wohls des Kindes. Vgl. auch §§ 1676 ff. BGB – Ruhen der elterlichen Gewalt des Vaters.

95 Staudinger/Engelmann (5./6.), Vorbem. 2 vor §§ 1638; weitergehend nach Cosack, §§ 309ff. S. 520 f.

96 Interne Verteilung gem. §§ 1415–1417, vgl. § 1660 BGB.

97 § 1636 BGB ordnet ein „Verkehrsrecht" des nicht-sorgeberechtigten Teils an, vgl. heute § 1634 BGB.

98 Besteht die Ehe fort, ist ein Vormund zu bestellen, eine sinnvolle Regelung, kann doch auf diesem Wege eher weiteren schädlichen Einflüssen des Vaters vorgebeugt werden als durch Übertragung der elterlichen Sorge auf die Mutter.

99 Wird die Ehe geschieden, erhält die Mutter die elterliche Gewalt unter den Voraussetzungen des § 1685 II BGB.

100 Staudinger/Engelmann (5./6.), § 1697 Anm. 3.

101 Mot. IV S. 713. Mot. IV S. 724 betonen zwar den vormundschaftlichen Charakter der elterlichen Erziehungsrechte – „im modernen Sinne" –, bleiben aber weitgehend folgenlos.

102 Staudinger/Engelmann (5./6.), § 1707 Anm. 1 a.

103 Zusätzliche Sicherheit für das Kind: § 1711 BGB – Unterhalt kann selbst für die Vergangenheit geltend gemacht werden –, § 1712 BGB – der Anspruch erlischt nicht mit dem Tode des Vaters – sowie § 1714 BGB – vormundschaftsgerichtliche Genehmigung für eine Unterhaltsvereinbarung, Unwirksamkeit eines Verzichts für die Zukunft.

104 § 1717 BGB wurde, mit anderen Bestimmungen, aufgehoben durch Art. 1 Ziff. 25 NehelG. Zu § 1717 BGB und dem jeweiligen medizinischen Forschungsstand vgl. knapp Lange, S. 368, 369.

105 Wieacker, S. 479.

106 Zu den Diskussionen in der Weimarer Zeit vgl. insbesondere BT – Ds 7/650, S. 65 f.

107 Vgl. dazu Wolf/Lüke/Hax, S. 73 und BT – Ds 7/650 S. 65.

108 Wolf/Lüke/Hax, S. 73.

109 BT – Ds 7/650, S.65.
110 BT – Ds 7/650, S.65f.
111 Wolf/Lüke/Hax, S.74; BT – Ds 7/650, S.66.
112 RT – Ds 2710, 1. Wahlperiode.
113 Wolf/Lüke/Hax, S.74; BT – Ds 7/650, S.66.
114 BT – Ds 7/650, S.65.
115 BT – Ds 7/650, S.66.
116 Zu den Einzelheiten Wolf/Lüke/Hax, S.74f.; BT – Ds 7/650, S.66, 67.
117 Kahl, DJZ 1927, 553.
118 BT – Ds 7/650, S.66; Einzelheiten dieser Anträge bei Kahl, DJZ 1927, 553 (558f.).
119 Lange, S.365; BT – Ds 7/650, S.66/67.
120 Kahl, DJZ 1927, 553 (560).
121 BT – Ds 7/650, S.67.
122 BT – Ds 7/650, S.67.
123 Vgl. dazu DJZ 1927, 1084; unrichtig daher BT – Ds 7/650, S.67, die von einer dreijährigen Trennung der Ehegatten als Scheidungsvoraussetzung ausgehen.
124 § 1568 a BGB hatte folgende Fassung: „Ein Ehegatte kann auf Scheidung klagen, wenn aus einem anderen Grunde eine so tiefe Zerrüttung des ehelichen Verhältnisses eingetreten ist, daß eine dem Wesen der Ehe entsprechende Fortsetzung der Lebensgemeinschaft nicht mehr erwartet werden kann, und wenn infolge der Zerrüttung die Lebensgemeinschaft der Ehegatten seit mindestens einem Jahr vor Erhebung der Klage nicht mehr besteht.

Das Recht eines Ehegatten auf Scheidung nach Abs. 1 ist ausgeschlossen, wenn er selbst einen Scheidungsgrund gegeben hat oder anderweitig die Zerrüttung der Ehe vorwiegend durch sein schuldhaftes Verhalten herbeigeführt worden ist."

Die Fassung der Vorschrift ist gegenüber den Ausarbeitungen Kahl's noch einmal modifiziert, vgl. Kahl, DJZ 1927, 553 (560), den Gesetzesvorschlag in DJZ 1927, 1084 und die Endfassung im Rechtsausschuß, BT – Ds 7/650, S.67.
125 BT – Ds 7/650, S.67.
126 Wolf/Lüke/Hax, S.25; BT – Ds 7/650, S.67.
127 Für das Schrifttum vgl. die Zusammenstellung bei Wolf/Lüke/Hax, S.75f.
128 Das Zentrum hatte in den Wahlen vom 20.5. 1928 12,1% der Stimmen erringen können; es verfügte über 62 Sitze im Reichstag, vgl. Pross, S.352.
129 Wolf/Lüke/Hax, S.77.
130 Wolf/Lüke/Hax, S.77/78. Zu sonstigen Gesetzesvorhaben aus dieser Zeit vgl. Gernhuber, Neues Familienrecht, S.12f.
131 Wolf/Lüke/Hax, S.78.
132 Anschütz (14.), Art.109 Anm. V 3.
133 Anschütz (14.), Art.109 Anm. V 3.
134 Anschütz (14.), Art.109 Anm. V 3.
135 Anschütz (14.), Art.109 Anm. V 3.
136 Anschütz (14.), Vorbem. 6 vor Artt. 109ff.
137 Vgl. allerdings die Forderungen Boehmer's, die eine verbesserte Stellung der „Brautkinder" anstrebten, NJW 1963, 1945 – ein Punkt, der erst während des 2. Weltkrieges seine volle (traurige) Bedeutung entfaltete, dort dann auch „gelöst" wurde (durch nachträgliche Eheschließung u. ä.); vgl. dazu auch Lange, S.375.
138 RGBl. I 939.
139 RGBl. I 633.

140 In den sudetendeutschen Gebieten wurde das EheG 1938 durch VO vom 22. 12. 1938
 – RGBl. I 1987 – mit Wirkung vom 1.1. 1939 eingeführt.

141 Ähnlich in der Einschätzung Wolf/Lüke/Hax, S.79.

142 Ein „Führer-Wort", von Freisler seinen Empfehlungen an den Reichsjustizminister für
 eine Änderung des Ehe- und Familienrechts vorangestellt.

143 Rilk, § 1 Anm. I.

144 Abgedruckt im Anhang (S. 307 ff.) bei von Scanzoni (3.); vgl. auch Maßfeller (2.), EheG
 1938, S. 3–83.

145 Traurige Blüten für Familie und Familienrecht die Arbeiten von Horst Becker und Isele.

146 Vom 15. 9. 1938, RGBl. I 1146.

147 Vom 18. 10. 1935, RGBl. I 1246.

148 Insgesamt sind die Änderungen, bis auf die zeitbedingten Zwischenspiele, eher unwesentlich, vgl. etwa die Gegenüberstellung des alten (von mir insoweit nicht behandelt)
 und des neuen Rechts bei von Scanzoni, jeweils bei den einzelnen Bestimmungen des
 EheG 1938.

149 Vgl. 1. Teil 1. Kapitel II. – die Rechtsprechung des RG zu § 55 EheG 1938.

150 Selbst wenn kein vom BGB anerkannter Scheidungsgrund unverändert übernommen
 wurde.

151 BT – Ds 7/650, S. 64.

152 Die Eheverbote der §§ 4 und 5 EheG 1938 sind – natürlich – gefallen.

153 Für die Verweigerung der Fortpflanzung vgl. Hoffmann/Stephan (2.), § 43 Rn 100 ff.

154 Vgl. 1. Teil 1. Kapitel II. – die Rechtsprechung des BGH zu § 48 II EheG 1946/1961.

155 Erste Übersichten bei Wolf/Lüke/Hax, S. 470/471.

156 Zum „Nachlaß" von Weimar im Familienrecht vgl. Gernhuber, Neues Familienrecht,
 S. 40 f.

157 Versuche, Art. 117 I GG selbst zu „kippen", mit der Behauptung, er sei lediglich politischer Programmsatz, deshalb bleibe auch das gesetzte Datum unverbindlich, scheiterten
 schnell, vgl. dazu Arnold, Art. 117 Anm. 1 mit vielen Nachweisen aus der Rechtsprechung, unter Hinweis auf BVerfGE 3, 225.
 Zur Geschichte Dölle, § 3 II S. 26.

158 Vgl. die Nachweise bei Arnold, Art. 117 Anm. 1 b.bb. (S. 10).

159 Allerdings war dieser Punkt nicht einmal für den Gesetzgeber des GleichberG einleuchtend; er schuf in § 1628 I BGB für Meinungsverschiedenheiten bei der Kindererer-
 ziehung einen Stichentscheid des Vaters – erst das BVerfG korrigierte, BVerfG, BGBl.
 1959 I 633 = NJW 1959, 1483.

160 Zutreffend Arnold, Art. 117 Anm. 1 b.bb. (S. 11).

161 BGBl. I 609, in Kraft seit 1. 7. 1958 (Ausnahmen: Art. 8 I Nr. 3, 4 und 5 GleichberG).

162 Dölle, § 43 C III 2 c.aa. S. 676.

163 Deutlich Palandt/Lauterbach (37.), § 1409 Anm. 1.

164 Palandt/Lauterbach (37.), § 1409 Anm. 2.

165 Dölle, § 43 C III 2 c.aa. S. 677.

166 Dölle, § 43 C III 2 c.aa. S. 677.

167 Dölle, § 43 C III 2 c.aa. S. 677.

168 Angesprochen ist damit das schuldrechtliche Grundverhältnis; eine dingliche Begründung von Nutznießungsrechten ist dem GleichberG fremd, sie ist abgeschafft, vgl.
 Dölle, § 43 C III 2 c.aa. S. 677. Ausweg: Nießbrauch.

169 Nur sehr wenige Gatten machten von dieser Möglichkeit Gebrauch, in rund 2% der
 betroffenen Ehen, vgl. Knur, S. 30.

170 Abgedruckt bei Krüger/Breetke/Nowack, Anhang S. 806.
171 Zum Streitstand Müller, NJW 1977, 1745; ders., NJW 1978, 2273 und Bogs, FamRZ
      1978, 81. Aus der Rechtsprechung OLG Hamm, NJW 1978, 761 und OLG Celle, NJW
      1978, 1333. Ausführlich unten 2. Teil 8. Kapitel IV. 8.
172 Vom 11. 8. 1961, BGBl. I 1221. Gleichzeitig wurde das JWG (neu) geschaffen, BGBl.
      I 1206.
173 Erst das FamRÄndG 1961 setzte eine Reihe von Bestimmungen aus der Zeit nach 1933
      ausdrücklich außer Kraft, vgl. Art. 9; wichtig auch Art. 7, die Anerkennung ausländi-
      scher Ehescheidungen.
174 Vgl. dazu 1. Teil 1. Kapitel.
175 Vom 19. 8. 1969, BGBl. I 1243, in Kraft seit 1. 7. 1970, Art. 12 § 27 NehelG.
176 Vor Anerkennung oder gerichtlicher Entscheidung können aus der angeblichen Vater-
      schaft keinerlei Rechte oder Pflichten abgeleitet werden, Beitzke (19.), § 23 I 2 S. 155.
177 Ebenso Simitis, Nichtehelichenrecht, S. 212.
178 Simitis, Nichtehelichenrecht, S. 212.
179 Ebenso OLG Karlsruhe, FamRZ 1972, 95; anders LG Offenburg, FamRZ 1971, 319.
      Zum Streitstand Zenz, § 1707 BGB, S. 233 f.
180 Vgl. auch Simitis, Nichtehelichenrecht, S. 212.
181 Zenz, Handwörterbuch, S. 97; vgl. auch die Forderungen von Röper, FamRZ 1976, 513
      (514) und die Untersuchungen/Programme von Assmann.
182 Simitis, Nichtehelichenrecht, S. 210 f.
183 Vgl. etwa die Geschichte der Reform des Jugendhilferechts, dazu Einleitung Fn 29.
184 Vom 14. 6. 1976, BGBl. I 1421, in Kraft zum Teil seit 1. 7. 1976, zum Teil seit 1. 7.
      1977, vgl. Art. 12 Nr. 13. Davor noch liegt das AdoptionsG vom 2. 7. 1976, BGBl. I
      1749, unterstützt durch das AdoptionsvermittlungsG vom 2. 7. 1976, BGBl. I 1762 und
      das Gesetz zur vereinfachten Abänderung von Unterhaltsrenten vom 6. 8. 1976, BGBl.
      I 2029.
185 Die umfassendste Dokumentation stammt – für die Zeit bis 1971 – von E. M. von
      Münch; die Geschichte danach ist widergespiegelt in BT – Ds 7/650, S. 67 f. Knapp, aber
      mit ausführlichen Verweisen, Lüderitz, Gutachten, S. 7 f. Vgl. auch Vogel, FamRZ 1976,
      481.
186 Dazu Hoffmann/Stephan (2.), § 48 Rn 22 (zum früheren Recht, EheG 1946/1961).
      Neuerdings BGH, FamRZ, 1978, 671.
187 Vgl. OLG Frankfurt 1978, 109; OLG Köln, NJW 1978, 645; OLG Frankfurt, NJW
      1978, 892. Etwas anders OLG Frankfurt, iwF 362/77.
188 In der – fortgeschrittenen – Diskussion befindet sich jetzt noch die Reform der „elterli-
      chen Gewalt" ihre Ersetzung durch die „elterliche Sorge", vgl. BT – Ds 7/2060, 8/111
      sowie den neugefaßten Entwurf der Regierungsparteien (dazu unten 2. Teil 9. Kapitel
      V. 3.).

2. TEIL

4. Kapitel

Verlöbnis und Eheschließung.

I. Verlöbnis.

1. Wie ein eigentümliches und starres Relikt aus der Vergangenheit[1] erscheinen mir §§ 1297 ff. BGB, mit einem Höhepunkt vielleicht in § 1300 BGB – Kranzgeld als immaterieller Schadensersatz. Vermögensrechtlich/finanzielle Interessen der Verlobten und ihrer Verwandten stehen im Vordergrund, zudem in einseitiger Ausrichtung. Heute bildet nicht mehr der Ausgleich/die Entschädigung geldwerter Aufwendungen den Mittelpunkt, vielmehr die (mögliche?) Vorwegnahme von Ehewirkungen (auch unterhaltsrechtlicher Natur), mit gesellschafts- und bereicherungsrechtlichem Niederschlag. Auf dieser Ebene decken §§ 1298 ff. BGB wesentliche Bedürfnisse des ehewilligen/verlassenen, zum Verlassen gezwungenen Verlobten ab, der sich finanziell engagierte, gewähren ihm Schutz, reichen aber andererseits nicht hin, sind zudem an mancher Stelle durchlöchert. Damit bleibt die wichtige Frage nach einer allgemeinen (nachträglichen) Kostenverteilung in vorehelichen oder eheähnlichen Beziehungen und nach ihrem Scheitern im Verlöbnisrecht ohne erschöpfende Antwort; ein schlichter Hinweis auf § 814 BGB, vielleicht sogar auf § 817 BGB (These: „Konkubinatsähnliche" Verbindungen sind sittenwidrig, färben auf – für sich neutrale – Zuwendungen ab), griffe sicher zu kurz. Personenrechtliche Regelungen fehlen praktisch gänzlich.

Mit Vehemenz und beträchtlichem Aufwand wird dagegen die Auseinandersetzung um die rechtliche Qualität des Verlöbnisses ausgetragen; allerdings befindet sich der Einsatz kaum in einem rechten Verhältnis zur sachlichen Tragweite des Streits. Als Beschreibungsformen treten sich gegenüber eine „rein" vertragsmäßige Variante – anwendbar sind die üblichen Vorschriften, die sich mit dem Abschluß, der Wirksamkeit und der Abwicklung von Verträgen beschäftigen –, eine familienrechtlich/personenrechtlich beeinflußte Spielart – auf die Besonderheiten des Rechtsverhältnisses ist Rücksicht zu nehmen, als Vertrag „sui generis" – und ein auf die tatsächlichen Bindungen der Partner abhebender Versuch,[2] der sich mit den Stichworten „sozialtypisches Verhalten" (was ist sozialtypisch im Verlöbnis? P. F.) oder faktischer Vertrag ungefähr markieren läßt. Maßgeblich soll die vorrangige Zuordnung zu einem der genannten Bereiche die durch das Verlöbnis im einzelnen erzeugten Rechtswirkungen steuern und Begründungen liefern (wie ist etwa einleuchtend zu erklären, daß die Verlobten sich bindend verpflichten, miteinander die Ehe einzugehen, wenn auch ohne zwangsweise Durchsetzung, vgl.

§ 1297 I BGB?), dann die Basis abgeben für die Rücktritts- und Schadensersatzforderungen aus §§ 1298 ff. BGB (sind diese Forderungen vertragsähnlich, deliktsähnlich? was sonst?), schließlich vor allem Anweisungen erteilen für die Behandlung der Minderjährigkeit.[3] Das Ableitungsverfahren ist jedoch meist simpel,
schon deshalb ohne großen Aussagewert. „Ist" das Verlöbnis ein „echter Vertrag", „gelten" die §§ 105 ff. BGB, also die Regeln über die Geschäftsfähigkeit,
„ist" das Verlöbnis ein familienrechtliches/personenrechtliches Verhältnis oder
gar eine tatsächliche Beziehung mit rechtlicher Verbindlichkeit, „gelten" diese
Vorschriften eben nicht. Nachteile und Vorzüge in der Sache weisen ohnehin
sämtliche Ansätze auf, mit unterschiedlichem Gewicht. Die vertragliche Form
muß zur Kenntnis nehmen, daß die Abschlußfolgen unabhängig von einem darauf
gerichteten Willen der Abschließenden eintreten (dagegen: Es bleibt, wie sonst oft,
die Eingehungsfreiheit, selbst wenn der Inhalt der gewählten Verbindung im wesentlichen schon bereitliegt), die personenrechtliche/familienrechtliche und die
tatsächliche Begründung sind auf ein höchst unsicheres Kriterium angewiesen (die
Einsichtsfähigkeit in das „Wesen des Verlöbnisses", seine Tragweite und Bedeutung), das an die Stelle der Geschäftsfähigkeit treten soll, die tatsächliche Variante
schließlich kann die Ersatzpflichten aus §§ 1297 ff. BGB nicht zureichend erklären[4] (dagegen: Diese Einschätzung setzt von vornherein eine vertragliche Qualifizierung von §§ 1297 ff. BGB voraus; schlicht ausgeblendet ist die Alternative: gesetzlich fixierte Verantwortlichkeit). Vielleicht ist vor diesem verwirrenden
Hintergrund eine Einstufung als „familienrechtlich geprägtes Verhältnis mit eheähnlichen Vorwirkungen"[5] ehrlich, aber auch ziemlich nichtssagend. Danach wird
das Verlöbnis im Ausgang als Vertrag behandelt (oder zumindest als vertragsähn-
licher Kontakt), freilich mit den „durch die familienrechtliche Natur gebotenen
Eigenheiten",[6] und diese Eigenheiten sind jeweils aufzudecken, der Zwang zu ge-
sonderter Erfassung und zu einer Abweichung darzutun. Das bedeutet (ohne Anspruch auf Vollständigkeit):

– Zur Eingehung des Verlöbnisses ist (unbeschränkte) Geschäftsfähigkeit notwendig.[7] Das
als Ersatz angebotene Kriterium der „tatsächlichen Einsicht"[8] oder „sittlichen Reife" der
Verlobten schafft Unsicherheiten, da verbindliche oder nur überprüfbare Maßstäbe fehlen.
Nach der Senkung der Volljährigkeitsgrenze auf die Vollendung des 18. Lebensjahres sollte
dem alten Streit ohnehin keine allzu große Bedeutung mehr geschenkt werden. Überdies:
Geht es hauptsächlich um den Schutz der beschränkt geschäftsfähigen/minderjährigen
Braut,[9] sind Hilfen leicht erreichbar. Der gesetzliche Vertreter kann noch nachträglich das
Geschäft durch Genehmigung wirksam werden lassen, wegen § 141 BGB selbst bei langfri-
stiger Verlobung eine greifende Lösung;[10] vor allem aber schafft § 109 II BGB für den Partner des minderjährigen Teils, Kenntnis des „Mangels" (= Minderjährigkeit) unterstellt, eine
„hinkende", einseitige Bindung.[11] Rücktritt des minderjährigen Verlobten, ohne Zustim-
mung/Genehmigung des gesetzlichen Vertreters, ist zulässig, trotz der Folgen (vgl. § 107
BGB); die persönliche Betroffenheit setzt sich durch, die keine Fremdbestimmung verträgt.[12]
– Willensmängel wirken sich nach den allgemeinen Regeln aus, §§ 116 ff. BGB (geheimer
Vorbehalt, Scheingeschäft, Mangel der Ernstlichkeit; Sittenwidrigkeit).[13]

– Anfechtungsmöglichkeiten aus §§ 119ff. BGB bestehen „an sich" neben §§ 1298ff. BGB, sind jedoch nach den Grundsätzen der Spezialität verdrängt. Anfechtungsgrund und Rücktrittsgrund werden regelmäßig inhaltlich übereinstimmen.[14] Decken sich beide Ausschnitte einmal nicht – mit einiger Phantasie sind Konstellationen zu entwerfen, in denen eine Anfechtung, jedoch kein Rücktritt zulässig ist[15] –, färben die Sonderregeln der §§ 1298ff. BGB die allgemeinen Vorschriften ein. Im familienrechtlichen Verhältnis überwiegt die persönliche Ausrichtung; sie verdrängt eine primär vermögensrechtliche Orientierung.[16]
– Besondere Formvorschriften für die Eingehung des Verlöbnisses sind nicht einzuhalten, insbesondere nicht §§ 11ff. EheG 1946; Verlobungsfeiern, Ringwechsel, ähnliche Zeremonien sind lediglich Indiz, nicht Voraussetzung.[17]
– Ehehindernisse stehen nur dann der Wirksamkeit der Verlobung entgegen, wenn eine Behebung scheitern muß[18] (aus § 138 BGB).
– Durch das Verlöbnis werden eheähnliche Vorwirkungen begründet (Hilfeleistung-Garantenstellung; Zeugnisverweigerungsrecht; Treue und Rücksichtsnahme);[19] über sonstige Folgen im einzelnen ist damit allerdings noch nichts gesagt („Unterhalt" u.ä.).

Vertragsrecht, §§ 812ff. BGB und §§ 823ff. BGB bleiben unberührt, ein Umstand von besonderer Tragweite, da diese Vorschriftengruppen die unzulängliche Regelung des Verlöbnisrechts im vermögensrechtlichen Sektor wenigstens abmildern; für geleistete Dienste/Zuwendungen jenseits der §§ 1298ff. BGB greifen die Entschädigungsregeln „aus Vertrag" oder über §§ 812ff. BGB ein. Mißbrauchsfällen ist mit § 823 BGB beizukommen[20] (wenn auch weiterhin Lücken klaffen).
2.a) Inhalt des Verlöbnisses ist die Pflicht zur Eingehung der Ehe. Über die Verbindlichkeit als Rechtspflicht mag man streiten.[21] Jedenfalls aber ist diese Rechtspflicht unvollständig, ohne Klagbarkeit, § 1297 I BGB.[22] Ein zur Absicherung gegebenes Versprechen einer Konventionalstrafe, selbst von dritter Seite, den Eltern oder sonstigen Verwandten,[23] ist nichtig, § 1297 II BGB.
b) Das Verlöbnis kann durch jederzeitigen Rücktritt[24] eines Teils gelöst werden (neben der Aufhebung durch Vertrag außerhalb der §§ 1298ff. BGB). Die Folgen sind unterschiedlich, danach gestuft, ob ein wichtiger Grund zum Rücktritt besteht oder ob der Bruch grundlos erfolgt. „Darf" ein Verlobter zurücktreten (§ 1298 III BGB), richten sich die gegenseitigen Verpflichtungen ausschließlich nach § 1301 BGB (Rückgabe der Geschenke nach den Regeln über die Herausgabe einer ungerechtfertigten Bereicherung; § 815 BGB kommt damit allerdings für den Rücktrittsgegner nicht ohne weiteres als Sanktion ins Spiel).[25] Fehlt ein wichtiger Grund für die Aufkündigung des Eheversprechens, ist dem anderen Verlobten und dessen Eltern sowie dritten Personen, die an Stelle der Eltern gehandelt haben, der Schaden zu ersetzen, der daraus entstanden ist, daß sie in Erwartung der Ehe Aufwendungen gemacht haben oder Verbindlichkeiten eingegangen sind, § 1298 I 1 BGB. Die Ersatzpflicht unter den Verlobten selbst ist noch einmal gesteigert, vgl. § 1298 I 2 BGB. Grenzen lediglich: § 1298 II BGB.[26] Inhaltlich müssen die Aufwendungen auf die bevorstehende Ehe bezogen sein (Wohnungsanmietung auf der einen, Bewirtung im üblichen freundschaftlichen Rahmen auf der anderen Seite).[27] Abgedeckt werden nicht Nachteile, sondern Schäden, also endgültige Defizite, die nicht ausgeglichen und nicht mehr auszugleichen sind[28] (Gegenbei-

spiel: anderweitig verwendete/verwendbare Aussteuer). Ausgerichtet bleibt der Anspruch auf das negative Interesse, die vermögensrechtliche Situation ohne das Eheversprechen, nicht auf das positive – fast eine Selbstverständlichkeit. Der Abwicklung nach § 1298 BGB gleichgestellt ist die mittelbare Lösung der Verlobung durch schuldhafte Veranlassung des Rücktritts des anderen Teils, § 1299 BGB.

c) Wirklichkeitsfremd ist § 1300 I BGB; die unbescholtene Verlobte kann, wenn sie „die Beiwohnung gestattet", auch für den Schaden, der nicht Vermögensschaden ist, eine billige Entschädigung in Geld verlangen. Die beliebte Orientierung des Streits um diese Regelung auf Art. 3 II GG – Gleichberechtigung der Geschlechter, deshalb Unwirksamkeit des § 1300 I BGB[29] – bringt allerdings eher eine Verzeichnung. Schlicht deplaziert und ärgerlich wirken auf mich Beschreibungsversuche des Merkmals „Unbescholtenheit", die Abgrenzung zur „Unberührtheit", schließlich die nüchterne Feststellung von „Bescholtenheit";[30] nicht viel wohler fühle ich mich bei den gängigen Vorgaben für die Schadensberechnung – „hauptsächlich ist zu berücksichtigen, welche Heiratsaussichten der Braut noch verblieben sind", wobei die an sich geringeren Chancen einer Frau, die sich erst in fortgeschrittenem Alter verlobt (und „hingibt"), schadensmindernd in Ansatz gebracht werden sollen.[31] Unschädlich ist § 1300 I BGB nur deshalb, weil die Entwicklung und die Zeit über ihn hinweggegangen sind, die Statistik ihn nicht mehr ausweist, selbst in Randbereichen, die von Bosheit, Haß und Rachsucht geprägt sind (andere Motive kann ich mir heute für ein Verfahren aus § 1300 I BGB kaum vorstellen; ob dann aber wirklich eine gerichtliche Instanz begründet sein sollte?).[32]

In Mißbrauchsfällen gelten §§ 823 ff., 847 BGB[33] (neben § 1300 I BGB), selbst zugunsten einer „bescholtenen" Verlobten.

d) Stets anwendbar bleiben die allgemeinen Vorschriften des Vertrags-/Bereicherungs-/Deliktsrechts, soweit sie andere Ausschnitte aus der Wirklichkeit erfassen als die §§ 1298 ff. BGB. Für vermögenswerte Zuwendungen unter den Verlobten greifen damit einfache Abwicklungsregeln ein: Arbeitsverträge, Gesellschaftsverträge, Darlehen, § 812 3. Fall BGB.[34] Von vornherein kann für diese geringere Form der persönlichen Bindung (= Verlöbnis) kein Streit entstehen, ob Dienstleistungen im Geschäft oder Betrieb des anderen Verlobten „unentgeltlich" sein sollen (vgl. § 1356 II BGB in der Fassung vor dem 1. EheRG); einer Hingabe von Geld oder sonstigen Barmitteln fehlt der – bei Eheleuten immerhin mögliche – Charakter als verlorener Zuschuß, wenigstens in aller Regel. Doch sind auch schnell die Grenzen[35] sichtbar. Für die gemeinsame Haushaltsführung etwa, bei einseitiger Kostenübernahme, versagt ein nachträglicher Ausgleich mit vertraglichen/vertragsähnlichen Instrumenten fast selbstverständlich. Dabei stehen nicht so sehr Erwägungen um Sittlichkeit und Sittenwidrigkeit im Vordergrund (§ 138 I BGB, mit der häßlichen Folge der Unangreifbarkeit einer entsprechend begründeten Position im Bereicherungsrecht, § 817, 2 BGB,[36] selten § 814 BGB); vielmehr fehlt es schon an einer Leistung („zweckgerichtete Zuwendung") zwischen den Partnern, an die Bereicherungsabwicklung oder vergleichbare Versuche anknüpfen könnten. Formen vorläufigen Zusammenlebens – und das greift weit über den Bereich „Verlöbnis" hinaus – sind nicht auf rechtliche Verdichtung orientiert, enthalten Risiken (und Chancen), die bei Scheitern der Verbindung kaum abzusenken und auszugleichen sind, wenn eine ausdrückliche Einigung zuvor nicht gelingt.

3. Für die Eingehung eines Verlöbnisses mit Auslandsbezug gilt Art. 13 I EGBGB; die persönlichen Voraussetzungen beurteilen sich nach dem Recht des jeweiligen Heimatstaates. Über die Geschäftsfähigkeit entscheidet Art. 7 EBGBG. Für die Folgen einer Auflösung ist das Heimatrecht des Verpflichteten maßgeblich, ohne daß es auf die rechtliche Qualifikation dieser Folgen (Delikt, Vertrag etc). ankäme. Art. 30 EGBGB[37] – ordre public – dient wie stets als Kontrolle für die Anwendung ausländischen Rechts; das Fehlen einer § 1300 I BGB entsprechenden Regelung dort ruft jedoch allein noch nicht zwingend das deutsche Recht auf den Plan.[38]

II. Eheschließung.

1.a) Für die Voraussetzungen der Eheschließung ist weiterhin das EheG 1946/ 1961 maßgeblich, in seiner Fassung durch das 1. EheRG. Danach kann ein geschäftsunfähiger Partner überhaupt nicht (§ 2 EheG 1946), ein Minderjähriger die Ehe nur dann eingehen, wenn der künftige Gatte volljährig ist und das Vormundschaftsgericht Befreiung vom Alterserfordernis des § 1 I EheG 1946/1961 erteilt (Befreiung kann erteilt werden, wenn der Heiratswillige mindestens das 16. Lebensjahr vollendet hat; die frühere Differenzierung in der Ehemündigkeit zwischen „Mann" und „Frau" – sie konnte vor Vollendung des 16. Lebensjahres heiraten, er mußte 18 Jahre alt sein, durfte nicht unter elterlicher Gewalt stehen – ist damit gefallen). Notwendig ist weiterhin bei Minderjährigen die Einwilligung des gesetzlichen Vertreters, § 3 EheG 1946/1961; unter den Voraussetzungen des § 3 III EheG 1946/1961 kann sie vom Vormundschaftsgericht ersetzt werden. Orientierungslinie für die gerichtliche Aufsicht bilden Interessen des Minderjährigen, weniger Prognosen über den Bestand der Ehe, schon gar nicht – leider war dieser Punkt für die Praxis oft ausschlaggebend – ein gewünschter, gesicherter und geordneter Familienstand für ein zu erwartendes Kind[39] („Legitimation").

b) Beseitigt sind die Eheverbote des § 4 II EheG 1946/1961 (frühere Geschlechtsgemeinschaft mit Voreltern oder Abkömmlingen des jetzigen Partners) und § 6 EheG 1946/1961 (Ehebruch, bei Feststellung im Scheidungsurteil und Nennung des Ehebrechers); für beide Fälle gab es allerdings schon vor dem 1. EheRG die Möglichkeit vormundschaftsgerichtlicher Befreiung. Geblieben sind § 5 EheG 1946/1961 – Doppelehe –, § 4 I EheG 1946/1961 – Verwandtschaft und Schwägerschaft – und § 7 EheG 1946/1961 – Annahme als Kind, die beiden letzten mit Befreiung durch das Vormundschaftsgericht.

Für die Frau statuiert § 8 EheG 1946/1961 eine besondere Wartezeit, vor deren

Ablauf keine neue Ehe eingegangen werden soll – Klärung von Abstammungsfragen.

Wichtig: § 10 EheG 1946/1961, Ehefähigkeitszeugnis für Ausländer,[40] mit Befreiung nach II.[41]

c) Für die Form der Eheschließung gelten § 11 EheG 1946/1961 – obligatorische Zivilehe – und § 13 EheG 1946/1961 – Erklärung beider Gatten vor dem Standesbeamten, miteinander die Ehe eingehen zu wollen; fakultativ greift § 12 EheG 1946/1961 ein – Aufgebot.

Wichtig: § 13a EheG 1946/1961 – der Standesbeamte soll die Verlobten vor der Eheschließung fragen, ob sie eine Erklärung darüber abgeben wollen, welchen Familiennamen sie führen (vgl. dazu § 1355 BGB); warum nur diese verklausulierte Fassung?[42]

2.a) Bei Auslandsbezug ordnet Art. 13 III EGBGB[43] alleinige Geltung deutscher Formvorschriften an, falls die Ehe im Inland geschlossen wird. Wird sie im Ausland eingegangen, ist für die Form zunächst das Wirkungsstatut bestimmend, also die Anordnung des Staates, die in der Sache das Rechtsverhältnis beherrscht, Art. 11 I 1 EGBGB. Ausreichend ist aber stets die Einhaltung der Ortsform, Art. 11 I 2 EGBGB,[44] wobei Qualifikationsfragen (ist kirchliche Trauung etwa Formbestandteil oder materiell-rechtliches Merkmal?)[45] vorrangig zu klären sind. Zum neuen Haager Übereinkommen über die Eheschließung und die Anerkennung von Ehen (noch nicht in Kraft) vgl. Böhme, StAZ 1977, 185. Art. 30 EGBGB – ordre public – greift selbst dann nicht ein, wenn die – leichtere – Ortsform von den Heiratswilligen bewußt gewählt wurde:[46] keine Umgehung, ein gerade bei Ehen mit südländischen Arbeitern wichtiger Punkt, sind doch damit die heimatlichen (kirchenrechtlich verankerten) Eheverbote und Ehehindernisse zur Seite geschoben[47] (Stichwort: Tøndern-Ehen).

b) Nach § 9 I RuStAG[48] soll der ausländische Ehegatte eines deutschen Staatsangehörigen eingebürgert werden (maßgeblich ist § 8 RuStAG), wenn

1. er seine bisherige Staatsangehörigkeit verliert oder aufgibt und

2. gewährleistet ist, daß er sich in die deutschen Lebensverhältnisse einordnen wird.

Hindernd sind „erhebliche Belange der Bundesrepublik Deutschland, insbesondere solche der äußeren und inneren Sicherheit sowie der zwischenstaatlichen Beziehungen". Diese Möglichkeit besteht auch dann, „wenn die Einbürgerung bis zum Ablauf eines Jahres nach dem Tode des deutschen Ehegatten oder nach der Rechtskraft des die Ehe auflösenden Urteils beantragt wird und dem Antragsteller die Sorge für die Person eines Kindes aus der Ehe zusteht, das bereits die deutsche Staatsangehörigkeit besitzt", § 9 RuStAG. Damit ist der bisherige Automatismus für ausländische Ehefrauen deutscher Männer beseitigt – Verstoß gegen Art. 3 II GG –, § 6 RuStAG a. F., ein neuer Automatismus für ausländische Männer deutscher Frauen hingegen nicht geschaffen (kaum möglich, da massive Interessen des Heimatstaates berührt sind). Immerhin ist die Schwelle zu § 8 RuStAG recht hoch: unbescholtener Lebenswandel, eigene Wohnung oder eigenes Unterkommen am Orte der Niederlassung und ausreichende Einkommensverhältnisse (. . . imstande ist, sich und seine Angehörigen zu ernähren . . .), ein in Zeiten wirtschaftlicher Rezession – und viele Ausländer sind von ihr besonders hart getroffen – schwierig zu erfüllendes Merkmal.[49]

c) Wichtig:[50] § 25 RuStAG. Danach verliert „ein deutscher Ehegatte, der im Inland weder Wohnsitz noch dauernden Aufenthalt hat, seine Staatsangehörigkeit mit dem Erwerb einer ausländischen Staatsangehörigkeit, wenn dieser Erwerb auf seinen Antrag oder auf den Antrag des anderen Gatten oder des gesetzlichen Vertreters erfolgt".[51] „Die Staatsangehörigkeit verliert nicht, wer vor dem Erwerb der ausländischen Staatsangehörigkeit auf seinen Antrag die schriftliche Genehmigung . . . zur Beibehaltung seiner Staatsangehörigkeit erhalten hat", § 25 II RuStAG. Ohne vorherige schriftliche Genehmigung geht die deutsche Staatsangehörigkeit danach verloren; heiratet ein Deutscher außerhalb eines EG-Landes – für EG-Länder gelten wenigstens erleichterte aufenthaltsrechtliche Bestimmungen –, scheitert diese Ehe, ist ihm die Rückkehr in sein Heimatland versperrt, nur im Rahmen der für jeden Fremden und Ausländer geltenden Ausnahmen „erlaubt", eine außerordentliche Gefahr,[52] gegen die nicht einmal vollständige Absicherung möglich ist (manche Staaten „verbieten" die Beibehaltung der früheren Staatsangehörigkeit).[53]

Zur Nichtigkeit der Ehe und zur Aufhebung[54] vgl. §§ 23–39 EheG 1946/1961.

Anmerkungen

1 Wie verhält sich dieses Rechtsgebiet, das an maßgeblicher Stelle mittelbar auf Schuldgesichtspunkte abhebt – vgl. etwa § 1298 BGB – zu den Zielen des 1. EheG, das eben diese Punkte für das Scheidungsrecht gestrichen hat?

2 Gegenüberstellung bei Beitzke (19.), § 5 S. 21 ff.; Dölle, § 6 III S. 62 ff.; Henrich (2.), § 2 I S. 6 f. Zum letzten Punkt Canaris, AcP 165, 1.
Ausführlich MK/Wacke, § 1297 Rn 3 f.

3 Inzwischen ist die Volljährigkeitsgrenze auf die Vollendung des 18. Lebensjahres gesenkt; das „förmliche" Verlöbnis befindet sich auf dem Rückzug. Ist der Schutz aus §§ 1298, 1299 BGB unabdingbar, reichen nicht §§ 812 ff. BGB aus?

4 Dölle, § 6 III 2 S. 63. Und: Wann liegt sozialtypisches Verhalten überhaupt vor?

5 Dölle, § 6 IV 1 S. 65.

6 Dölle, § 6 III S. 63; ähnlich Gernhuber, § 8 II S. 63 f.

7 Dölle, § 6 V 2 S. 68; OLG Bremen, FamRZ 1977, 555.

8 Henrich (2.), § 2 II 1 S. 9.

9 Beitzke (19.), § 5 I 2 S. 22.

10 Dölle, § 6 V 5 S. 72.

11 Dölle, § 6 V 2 S. 68 f.

12 Im Ergebnis wie hier Dölle, § 6 VI 2 S. 73.

13 Dazu Beitzke (19.), § 5 I 3 S. 23 f.; Dölle, § 6 V 3 S. 69.

14 Dölle, § 6 V 3 S. 69, 70.

15 Dölle, § 6 V 3 S. 69/70.

16 Ähnlich Dölle, § 6 V 3 S. 69/70.

17 Dölle, § 6 V 1 S. 57 – allgemeine Meinung.

18 Beitzke (19.), § 5 I 5 S. 23; Dölle, § 6 V 5 S. 71. Für das Ehehindernis des § 5 EheG 1946

– Doppelehe – mag man sich unter dem Blickwinkel des § 138 I BGB – Sittenwidrigkeit – streiten. Mein Vorschlag: Entscheidend ist der Ernst des gegebenen Versprechens, seine Realisierbarkeit, a. A. Beitzke (19.), § 5 I 6 S. 23; Dölle, § 6 V 5 S. 71/72.

19 Dazu Dölle, § 6 IV 2 S. 65. Eine Aufgabe der Arbeitsstelle (Dölle, § 6 IV 2 S. 65 spricht bezeichnenderweise allein für die Braut) kann unter keinen Umständen gefordert werden.

20 Zu diesen Punkten gleich 2. Vgl. auch OLG Stuttgart, FamRZ 1977, 545.

21 §§ 1298 ff. BGB setzen eine entsprechende Qualifizierung keineswegs voraus, wie Dölle meint, § 6 IV 1 S. 65.

22 Dölle, § 6 IV 1 S. 65 hält eine Feststellungsklage – Wirksamkeit des Verlöbnisses – jedenfalls für nicht von § 1297 BGB blockiert. Mein Vorschlag dagegen: fehlendes Rechtsschutzbedürfnis.

23 Dölle, § 6 IV 1 S. 65.

24 Zu den rechtlichen Voraussetzungen im einzelnen vgl. Dölle, § 6 VI 3 S. 74.

25 Rechtsfolgeverweisung, vgl. Dölle, § 6 VII S. 84 f., auch mit inhaltlich überzeugender Begründung; anders BGHZ 45, 258.

26 Nachteile infolge Kündigung eines Dienst- oder Arbeitsverhältnisses fallen aus diesem Rahmen, a. A. Dölle, § 6 VI 6b.cc. S. 77. Ausgleich erfolgt über §§ 823 ff. BGB, insbesondere § 826 BGB für Verleitungsfälle.

27 Dölle, § 6 VI 6b.bb. S. 77.

28 Dölle, § 6 VI 6b.bb. S. 77. Vgl. auch BGH, FamRZ 1961, 424 – Dienstleistungen für den anderen Verlobten.

29 Vgl. Dölle, § 6 VI 6c.cc. S. 79 f.

30 Zu diesem Streit vgl. Gernhuber, § 8 V 2 S. 72 f. und Palandt/Diederichsen(37.), § 1300 Anm. 2c: „Freiwilliger früherer Geschlechtsverkehr mit anderen Männern – sc. außerehelich, P. F. – schließt regelmäßig Unbescholtenheit aus."

31 Zu beiden Punkten Palandt/Diederichsen (37.), § 1300 Anm. 3, mit Beispielen aus der (älteren) Rechtsprechung. Immerhin werden diese Linien noch heute nachgezeichnet.

32 Besonders streng allerdings BGHZ 28, 375, der die Anwendung ausländischen Rechts, das eine § 1300 BGB entsprechende Regel nicht kennt, an Art. 30 EGBGB (dem deutschen ordre public) scheitern läßt, damit § 1300 BGB hohe Bedeutung und schlechthin verbindliche Durchsetzungsansprüche zumißt; a. A. OLG Düsseldorf, NJW 1967, 2121 (2123).

33 Dazu Dölle, § 6 VI 6d. S. 82 Fn 55.

34 Dazu im einzelnen 2. Teil 7. Kapitel, für Ehegatten. Hier: OLG Stuttgart, FamRZ 1977, 545.

35 Vgl. OLG Düsseldorf, FamRZ 1978, 109; dazu auch Roth – Stielow, JR 1978, 223, gegen ihn Brühl, FamRZ 1978, 859.

36 Zu Einzelfällen vgl. Palandt/Thomas (37.), § 817 Anm. 3c.dd.

37 Zum Ganzen Palandt/Heldrich (37.), Art. 13 EGBGB Anm. 8.

38 OLG Düsseldorf, NJW 1967, 2121 (2123) gegen BGHZ 28, 375.

39 Dazu Simitis, Vorwort zu Simitis/Zenz, S. 52/53; heutiger Stand: Palandt/Diederichsen (37.), § 1 EheG Anm. 4; § 3 EheG Anm. 5.

40 Vgl. dazu im einzelnen Palandt/Diederichsen (37.), § 10 EheG Anm. 1f.

41 Vgl. §§ 5a und 69b PStG. Zu den Einzelheiten Palandt/Diederichsen (37.), § 10 EheG Anm. 3 – Spanier, Italiener, die in Deutschland geschiedene Frauen heiraten wollten, von ihren Heimatbehörden jedoch kein Ehefähigkeitszeugnis ausgestellt erhalten, ein auf dem Höhepunkt der „Gastarbeiter"-Immigration alltägliches Ereignis.

42 Als einfache Alternative drängt sich doch geradezu auf: „Der Standesbeamte hat die Verlobten zu fragen, welchen Ehenamen sie führen wollen."

43 Vgl. auch das Haager Ehewirkungsabkommen, abgedruckt bei Palandt/Heldrich (37.), Anhang zu Art. 15 EGBGB.

44 Zu internationalen Abkommen vgl. Palandt/Heldrich (37.), Anhang zu Art. 13 EGBGB. Allgemein Firsching, § 28 2 S. 151 f.

45 Dazu Palandt/Heldrich (37.), Art. 11 EGBGB Anm. 2 + 3.

46 Palandt/Heldrich (37.), Art. 11 EGBGB Anm. 3a. E.; OLG Frankfurt, OLGZ 1967, 374 (377). Zur früheren Rechtslage vgl. Kegel, § 20 III 1 S. 298.

47 Auch der Gesichtspunkt der fehlenden „Anerkennung" durch das Heimatland ist für die deutsche Rechtsanwendung ohne Bedeutung, vgl. dazu OLG Frankfurt, OLGZ 1967, 374 (378/379).
   Zum gesamten Streit vgl. BVerfGE 31, 58 – Grundrechte und IPR; dazu Ferid, Festschrift Kegel, S. 473 und Müller-Freienfels, Festschrift Kegel, S. 55.

48 In Kraft seit 1. 1. 1970.

49 Zu Einzelheiten vgl. Makarov, § 8 RuStAG Anm. II 6d.

50 Verwirrend Beitzke (19.), § 12 II S. 50.

51 § 25 RuStAG verändert, unter dem Blickwinkel des Art. 3 II GG.

52 Zu Einzelheiten der Genehmigungspraxis vgl. Makarov, § 25 RuStAG Anm. II 6.

53 Makarov, § 25 RuStAG Anm. II 6.

54 Verfassungsrechtliche Bedenken gegen die Aufhebung der Ehe bei Wiethölter, Rechtswissenschaft, S. 202/203.

5. Kapitel

Persönliche Ehewirkungen. Unterhalt.

I. Persönliche Ehewirkungen.

1.a) Festgelegt sind die persönlichen Ehewirkungen, die rechtlichen Befugnisse und Verpflichtungen der Ehegatten untereinander aus der Ehe, durch §§ 1353–1357 BGB, mit einschneidenden Veränderungen durch das 1. EheRG in Richtung auf Gleichberechtigung der Geschlechter, Gestaltungsfreiheit, Partnerschaft. Schon in ihrer verbalen Ausstattung, mehr noch in ihrer Umsetzung in die Realität erwiesen sich die §§ 1353 a. F. ff. BGB (vor dem 1. EheRG) als einseitig, erfaßten die „Hausfrauenehe" (und schworen die Gatten auf sie ein), waren für abweichende Lebensstile und Lebenszusammenhänge weitgehend unpassend oder blockierten sie gar, zeigten sich für partnerschaftliche Möglichkeiten – immerhin klangen sie in § 1353 a. F. BGB durchaus an – ohne Gespür (und wiederum: blockten sie ab). Allerdings sind die praktischen Auswirkungen der familienrechtlichen Reform – wie stets – eher begrenzt. Flankierende Maßnahmen[1] sind notwendig, um von außen drängenden Zwängen Widerstand zu bieten, sie aufzufangen und umzuleiten; für diese stützende Absicherung kann sich Familienrecht lediglich offenhalten, kann beim Abbau mancher Hindernisse helfen, vielleicht noch selbst Anstöße liefern, kaum aber Führungsaufgaben übernehmen.

Bisher ist das 1. EheRG in dieser Hinsicht recht einsam geblieben – zu einsam, wie ich meine.

b) Das Recht der persönlichen Ehewirkungen stellt sich fast durchweg als zwingendes Recht dar, der Parteidisposition entzogen,[2] ein in einer Gesellschaft, die sonst auf Freiheit und Eigentum – versammelt in der bewegenden Kategorie Privatautonomie – vertraut, immerhin bemerkenswertes Ereignis.[3] Wieder einmal beweist sich die fehlende Geschlossenheit des BGB;[4] Bruchstücke aus verschiedenen Schichten und Entwicklungsstufen sind aneinandergereiht zu einem eben nicht einheitlichen Ganzen. Gestaltungsfreiheit ist in Teilbereichen gewährt, für bestimmte Interessen zur Verfügung gehalten; in anderen Teilbereichen sind entsprechende Chancen gerade abgeschnitten, ausgetauscht durch vorgefertigte, verbindliche Verhaltensmuster und Anweisungen. Institutionelles Rechtsdenken obsiegt gegen liberales Vertragsdenken[5] (mit vorwiegend konservativ – patriarchalischem[6] Inhalt). Gerade für das Familienrecht machen sich zudem vielfältige „außerrechtliche" Einflüsse bemerkbar, mit gleicher Zielrichtung, die letzte Bastionen individueller Verteidigung ohnehin stets schon besetzt halten.[7] Und, ein ärgerlicher Punkt, dem selbst in der notwendigen Abschwächung noch Berechtigung zukommt: Die Betonung „der realen Freiheit des Individuums bei der Ausgestaltung seiner persönlichen Lebensbezüge in Ehe und Familie . . . dient heute vor allem dazu (sonst vielleicht P. F!), erkennbare gesellschaftliche Verantwortung"[8] auf das einzelne Mitglied abzuwälzen, die Gesellschaft zu entlasten und zu rechtfertigen, Fehler und Mißstände als Folgen persönlichen Versagens und persönlicher Verantwortungslosigkeit auszugeben und zu tarnen.

2.a) § 1353 I 1 BGB rückt an den Anfang plakativ ein Bekenntnis: „Die Ehe wird auf Lebenszeit geschlossen." Der formelhafte Kompromiß dient im wesentlichen als Zugeständnis an die entschlossenen Gegner der Reformkonzeption für das Scheidungsrecht, als Beruhigung; im ursprünglichen Regierungsentwurf ist er nicht enthalten.[9] Offensichtlich soll dem letzten Zweifler nachdrücklich bestätigt werden, daß sich mit dem Übergang vom Schuldprinzip zum Zerrüttungsprinzip nichts an den „Grundaussagen unseres Eheverständisses"[10] geändert hat, eine leerlaufende Floskel. Ob damit allerdings die Bedeutung der Vorschrift zureichend erfaßt und erschöpfend beschrieben ist, ob nicht ganz im Gegenteil bald konkrete Folgen aus ihr abgeleitet werden, wird sich erst zeigen müssen. Bisherige Erfahrungen mit vorangestellten gesetzgeberischen Absichtserklärungen, Vorsprüchen, Präambeln lassen jedenfalls Skepsis aufkommen. Erste Befürchtungen[11] sind bereits Wahrheit geworden.[12]

b) § 1353 I 2 BGB legt die Ehegatten auf die Verpflichtung zur ehelichen Lebensgemeinschaft fest, eine Selbstverständlichkeit. Über Tragweite und Inhalt dieser Verpflichtung ist damit allerdings noch nichts gesagt. Einigkeit besteht lediglich über einen Punkt: Rechtlich erzwingbar sind gewünschte/verlangte Verhaltensformen, Tätigkeiten, Maßnahmen nicht, trotz Fortbestandes der Klage auf Herstellung des ehelichen Lebens, die eben auch Einzelanweisungen in sich birgt,[13] richtiges „Zusammensein" vorschreibt, falsches „verbietet", vgl. aber § 888 II ZPO.[14]

Inhaltlich schließt die eheliche Lebensgemeinschaft die häusliche Gemeinschaft der Gatten ein; dazu zählen die Wohnsitzwahl und die nähere Ausgestaltung der Wohngemeinschaft. Allerdings ist eine getrennte Haushaltsführung aus vernünftigen, sachlich überzeugenden Gründen nicht schlechthin als Verstoß gegen § 1353 I 2 BGB zu betrachten. Mobilität im beruflichen Bereich, Schul- und Ausbildungszwänge (Studenten in Numerus-clausus-Fächern) spielen ebenso eine Rolle wie Schulbesuch[15] der Kinder, Krankheits- und Versorgungsgesichtspunkte. Stets haben sich die Ehegatten aber zu bemühen, die Trennung zu überwinden, ihre Ursachen nach Kräften zu beseitigen; nur ausnahmsweise wird eine Absprache, auf Dauer nicht in Gemeinschaft leben zu wollen, anzuerkennen sein.

§ 1353 I 2 BGB verlangt weiter eheliche Treue (aus dem Wegfall von § 42 EheG 1946/1961 = Scheidung wegen Ehebruchs das Gegenteil zu folgern, halte ich für zumindest gewagt),[16] dagegen wohl kaum, bereits im Vorfeld ehelicher Untreue den bösen Schein zu unterlassen.[17] „Mündigen Partnern"[18] sind geringfügige Zugeständnisse zuzumuten;[19] eigene Ansprüche auf Bestätigung und Entfaltung behalten ihr Übergewicht. Schließlich haben die Eheleute einander Beistand zu leisten, Rücksicht und gegenseitige Achtung zu üben, sich ehefreundlich zu zeigen,[20] insgesamt eher vage Bekenntnisse als konkrete Hinweise oder gar Hilfen, die zudem völlig ins Allgemeine, Unverbindliche entschwinden, wenn als Gegenlinien Zumutbarkeits- oder Angemessenheitserwägungen[21] aufgebaut werden. Folgerungen im einzelnen sind umstritten, Positionen umkämpft.

Genauer nachzeichnen möchte ich die Diskussion für mehrere wichtige, das Zusammenleben der Partner prägende und Grundentscheidungen widerspiegelnde Teilausschnitte: Sexualität in der Ehe und Familienplanung, interne Arbeitsorganisation und Mitarbeit in Geschäft und Gewerbe des anderen Teils, Ansprüche auf Selbstbestimmung und (vielleicht kollidierende) Partnerwünsche/Ehepflichten; dabei ist zu bedenken, daß ein erheblicher Teil der früheren praktischen Brisanz – als Scheidungsvoraussetzung – nach dem 1. EheRG abgeklungen ist,[22] da sich ein Streit um diese Punkte erübrigt.

aa) Sexualität in der Ehe und Familienplanung, mit diesen Stichworten sind recht dunkle Punkte herkömmlichen Eheverständnisses markiert – ganz unzureichend in Wortwahl und Sprachstil, lauten doch die üblichen Kürzel „Geschlechtsgemeinschaft", „Exklusivität der Geschlechtsgemeinschaft", Verpflichtung zur Nachkommenschaft (mit korrespondierender Berechtigung – des Mannes, versteht sich).[23] Besonders traurige Abschnitte, für sich längst geschlossen, zeigen Nachwirkungen, beeindrucken und bedrücken durch ihre offensichtlich unerschütterliche Langlebigkeit.

„Die sittliche Ordnung will, daß sich der Verkehr der Geschlechter grundsätzlich in der Einehe vollziehe, weil der Sinn und die Folge das Kind ist. Um seinetwillen, um der personenhaften Würde und der Verantwortung der Geschlechtspartner willen ist dem Menschen die Einehe als Lebensform gesetzt. Nur in der Ordnung der Ehe und in der Gemeinschaft der Familie kann das Kind gedeihen und sich seiner menschlichen Bestimmung gemäß entfalten. Nur in dieser Ordnung und in dieser Gemeinschaft nehmen sich die Geschlechtspartner so ernst, wie sie es sich schulden. Gerade weil die naturhaft nächste Beziehung der Geschlechter so folgenreich und zugleich so verantwortungsgeladen ist, kann sie sich nur in der ehelichen Gemeinschaft zweier einander achtender und einander zu lebenslanger Treue verpflichteter Menschen sinnvoll erfüllen. Indem das Sittengesetz dem Menschen die Einehe und die Familie als verbindliche Lebensform gesetzt und indem es diese Ordnung auch zur Grundlage des Lebens der Völker und der Staaten gemacht hat, spricht es zugleich aus, daß sich der Verkehr der Geschlechter grundsätzlich nur in der Ehe vollziehen soll und daß der Verstoß dagegen ein elementares Gebot geschlechtlicher Zucht verletzt."[24]

Dieses ausführliche Zitat stammt aus einer – strafrechtlichen, die Strafbarkeit der Kuppelei für Eltern von Verlobten begründenden – Entscheidung des BGH aus dem Jahre 1954.[25] Ich halte die Thesen des BGH für „beklagenswert falsch",[26] um die Bezeichnung des BGH selbst zu verwenden, für steril, weltfremd, grausam, ohne Verständnis für persönliches Glück, Zufriedenheit, Emanzipation gerade durch erlebte und gelebte Sexualität mit einem geliebten Partner, gleichzeitig für „beklagenswert uneinsichtig" in ihrer Verkürzung von Ehe zur „Geschlechtsgemeinschaft" und „Nachkommenproduktion."[27]

„Es ist das klein- bis mittelbürgerliche Elternhaus – fast möchte man sagen: die Beamtenfamilie – der Jahrhundertwende, dem nahezu alle unsere höheren Richter entstammen, in dem ausschließlich der Vater einem Beruf nachging, und die Mutter auf Küche, Kinder und Kirche beschränkt blieb, es ist dies das Elternhaus, das der BGH als übergesetzlichen Maßstab in die Sterne projiziert."[28]

Konsequent verlangt der BGH – und das sind Ausstrahlungen in Randzonen, trotz des geräumten Zentrums seitdem (1954) – „Gewährung in ehelicher Zuneigung und Opferbereitschaft", verbietet „zur Schau getragenen Widerwillen und Gleichgültigkeit bei der Erfüllung ehelicher Pflichten."[29] Die Tragweite dieser Äußerungen belegt erst der Sachverhalt: Betroffen ist das eheliche Verhalten der Frau;[30] die Grobheit des Mannes, der seine Partnerin immer wieder zum verhaßten Geschlechtsverkehr zwingt, ihr Hingabe abverlangt, gerät gar nicht erst ins Blickfeld. Auch die weiteren Folgerungen bereiten wenig Schwierigkeiten. Gesundheitliche Hindernisse sind nach Kräften zu beseitigen (für Operationen wird lediglich die Einschränkung der „Gefahrlosigkeit"[31] angebracht), religiös begründete Enthaltsamkeit gibt kein Verweigerungsrecht;[32] allein „altersbedingte Reduktionen"[33] sind unschädlich. „Grundsätzlich"[34] besteht schließlich nach § 1353 I 2 BGB die Pflicht „zur Erzeugung und zum Empfang von Kindern und deren Erziehung";[35] Maßnahmen der Familienplanung „sollten"[36] nur nach entsprechender Vereinbarung der Ehepartner erfolgen, die jedoch keine rechtliche Verbindlichkeit besitzt, jederzeit zur Seite geschoben werden kann.[37] Wiederum ist die Kurzschlüssigkeit dieser Orientierung beklagenswert, mit ihrer Verkürzung der Gatten zu Geschlechts- und Aufzuchtsautomaten,[38] der Ehe auf bevölkerungspolitische Werterfüllung;[39] bitter wirkt das fehlende Gespür für Not und Leid ungewollt geborener Kinder,[40] enttäuschend die Achtlosigkeit gegenüber dem Streben nach Glück. Partnerschaftliches Zusammenleben, das sich um Wohlergehen und Zufriedenheit des anderen Teils kümmert, die ungehinderte Entwicklung wenigstens als Anspruch formuliert, verteilt die Gewichte anders. Kein Ehegatte kann daher unter Berufung auf den Pflichtenkatalog aus § 1353 I 2 BGB Zeugung oder Empfang von Kindern verlangen.[41] Folgerungen für die anderen Teilaspekte sind zwingend.

bb) Gefallen ist durch das 1. EheRG die bisherige (bedenkliche, Art. 3 II GG) Arbeitsteilung in der Ehe, vgl. auch § 1356 BGB. Über die selbst gesteckten Ziele schießt allerdings die vollständige Streichung von § 1356 II a. F. BGB hinaus; weniger Korrektur wäre einmal mehr gewesen. Um mit dieser negativen Seite zu beginnen: § 1356 II a. F. BGB legte jeden Ehegatten *kraft Gesetzes* zur Mitarbeit im Beruf oder Geschäft des anderen fest, soweit dies nach den beiderseitigen Lebensverhältnissen üblich war. Nunmehr richten sich entsprechende Mitarbeitspflichten allein nach § 1353 I 2 BGB.[42] Maßgeblich wird damit der Lebenszuschnitt in der betroffenen Ehe – enger[43] als das bisherige Merkmal aus § 1356 II a. F. BGB –, der über die Unterhaltspflichten, ihre Art und ihren Umfang entscheidet.[44] Jenseits der so abgesteckten Grenzen geben *vertragliche* Absprachen[45] den Ausschlag. Ergebnisse: Arbeitete vor dem Inkrafttreten des 1. EheRG die Ehefrau im Betrieb ihres Mannes nach § 1356 II a. F. BGB mit, namentlich in der Landwirtschaft, im Handwerk und im kleinen und mittleren Gewerbe eine alltägliche Erscheinung, entfällt für die Zukunft der Rechtsgrund gleichartiger Leistungen, wenn nicht der Rahmen des § 1356 I 2 BGB ausgefüllt ist; das wiederum hängt von der Größe des Betriebs, von der Situation der Beteiligten, vom Lebensstil in der Ehe ab. Intern droht Bereicherungsausgleich, §§ 812 ff. BGB;[46] nicht einmal eine Übergangsregelung mildert die Härte.[47] Wichtiger noch, nach außen: Wird die Ehefrau getötet, trifft den Schädiger keine Ersatzpflicht aus § 844 II BGB[48] (die Frau erfüllt keine *gesetzliche Unterhaltspflicht*), wird sie verletzt, versagt § 845 BGB[49] (keine *gesetzliche* Dienstleistung im Hauswesen oder Gewerbe eines Dritten).[50] Auch auf der anderen Seite ist nicht alles Gold, was glänzt. Beseitigt ist zwar die Ausrichtung der Mitarbeit auf die Üblichkeit, gemessen an den Lebensverhältnissen der Gatten, ersetzt durch § 1353 I 2 BGB, damit unterhaltsrechtlich geprägt (ob dieser Vorteil allerdings schwerwiegt, erscheint mir zweifelhaft);[51] der schlichten Gleichsetzung von „Üblichkeit" und „Unentgeltlichkeit" mit ihren häßlichen Folgen – für § 1356 I a. F. BGB durchaus verbreitet[52] – ist nun der Boden entzogen,[53] was natürlich nicht heißen kann, daß nach neuem Recht jeder Handschlag gegenseitige Entlohnungsforderungen auslöst.[54] Überhaupt nicht geregelt ist dagegen der Ausgleich unter den Ehegatten, die Vergütung nach allgemeinen vertragsrechtlichen Figuren (Geschäftsgrundlage, § 812 3. Fall BGB, Arbeits- und Gesellschaftsrecht etc.) – ein Bereich, in dem bisher die Rechtsprechung sicherlich mit einiger Erfindungsgabe, aber keineswegs schon endgültig befriedigend tätig geworden ist; der Rückzug des Gesetzgebers gerade an diesem Punkt, einer maßgeblichen Bruchstelle zwischen Vertragsrecht und Eherecht mit naheliegenden wechselseitigen[55] Ausstrahlungen, wirkt[56] deshalb herb enttäuschend.[57]

cc) Für beide Ehegatten bleiben unantastbare Zonen eigener Bestimmung und Entfaltung.[58] Doch sind die Grenzen rechtlicher Verbindlichkeit schnell erreicht. Die Freiheit des religiösen Bekenntnisses ist zwar ungehindert anerkannt,[59] bei der Betätigung und Ausübung im einzelnen hat aber jeder Gatte auf die „Belange der Familie", auf Wünsche und Erwartungen des anderen Rücksicht zu nehmen; diese Pflicht zur Rücksichtnahme setzt wohl schon beträchtlich vor dem Unterlassen „sektiererischen Verhaltens"[60] ein (ich würde im Hinblick auf Art. 4 GG die Grenzen weiter ziehen). Jeder Partner kann seinen Umgang selbst wählen, ohne scharfer Kontrolle zu unterliegen, ohne Überwachung seiner Korrespondenz fürchten zu müssen;[61] doch muß er bereits im Vorfeld ehelicher Untreue den bösen Schein vermeiden[62] (wiederum würde ich die Gewichte anders verteilen).

c) § 1353 II BGB berechtigt zur Absage an ein Verlangen nach Herstellung der ehelichen Lebensgemeinschaft, wenn sich dieses Verhalten als Mißbrauch[63] darstellt oder wenn die Ehe gescheitert ist. Gemäß § 1353 II 1 a. F. BGB konnte ein Ehegatte die Herstellung der Ehe verweigern, falls er berechtigt war, auf Scheidung zu klagen; durch die Verknüpfung mit II 2 war eine Auswahl gesichert: Lediglich bei Scheidung aus Verschulden nach §§ 42, 43 EheG 1946/1961 griff die Verweigerung, nicht in den schmalen Randbereichen des objektiven Scheiterns der Ehe, insbesondere bei § 48 EheG 1946.[64] Mit der Einführung des Zerrüttungsprinzips ist die Beschränkung gefallen. Aus dem Wortlaut der Bestimmung ist überdies zu folgern, daß nicht einmal mehr prognostizierter Erfolg des Scheidungsantrags Bedingung ist – lediglich auf das objektive Scheitern wird abgehoben –, eine unauffällige Abmilderung der Härteklausel aus § 1568 BGB[65] (die gerade deshalb aber endgültig in Frage steht); für das Scheitern der Ehe gelten § 1565 BGB und die in §§ 1566 ff. BGB festgeschriebenen sachlichen Vermutungen,[66] nicht jedoch – eine Selbstverständlichkeit – § 1566 I BGB = Einverständnis beider Gatten.[67] d) Prägend steht hinter der von mir angeregten – noch ganz unvollständigen – Verteilung ehelicher Pflichten aus § 1353 I BGB ein betont individualistisches Konzept, das die Einzelinteressen und Streben nach persönlichem Glück höher bewertet als Institutionalisierungen, Aufgehen und Unterordnung in Gemeinschaftlichkeit, Verantwortung gegenüber dem Partner rückbezieht und nur in diesem Rückbezug gelten läßt.

3. § 1356 BGB beseitigt den gesetzlichen Vorrang einer bestimmten Eheform („Hausfrauenehe"), mit der „natürlichen" Aufteilung in einen häuslichen Bereich – „Die Frau führt den Haushalt in eigener Verantwortung. Sie ist berechtigt, erwerbstätig zu sein, soweit dies mit ihren Pflichten in Ehe und Familie vereinbar ist", § 1356 I a. F. BGB –, der der Frau, einen außerhäuslichen Bereich, der ebenso selbstverständlich dem Mann zugewiesen scheint. Nunmehr regeln die Gatten ihre Aufgaben in ihrer Ehe in gegenseitigem Einvernehmen. Ist die Haushaltsführung einem der Ehepartner überlassen, wird er in eigener Verantwortung leitend tätig (vgl. § 1356 I BGB). Wiederum werden vorwiegend äußerliche Vorteile jedoch schnell ausgeglichen durch handfeste (unnötige) Nachteile, ein Vorgang, der an die Streichung von § 1356 II a. F. BGB und die damit verbundenen neu auftauchenden Streitfragen erinnert. Sicher ist es ein Schritt auf verwirklichte Gleichberechtigung hin, die Pflicht zur Haushaltsführung nicht von vornherein an die Geschlechtsrolle anzuknüpfen, vielmehr die Eheleute im „gegenseitigem Einvernehmen" bestimmen zu lassen (einmal abgesehen von der weitgehenden Folgenlosigkeit in der Realität;[68] nachdrückliche Bekenntnisse – Muster: BT – Ds 7/650, S. 98 – schaffen noch keine Verbesserungen, ersetzen nicht das Ringen um sie). „Gegenseitiges Einvernehmen", eine Absprache, ist durch § 1356 I 2 BGB verbunden mit „Überlassen" der Tätigkeit im Haushalt, einem Faktum, und sofort stellt sich die Anschlußfrage nach der Qualität des Vorgangs: Rechtsgeschäft[69]/zumindest rechtsgeschäftsähnlicher Akt oder reales Geschehen? Die Folgen für §§ 844 II, 845 BGB[70] sind naheliegend. Nur Unterhaltsverpflichtungen „kraft Gesetzes" lösen Schadensersatzforderungen aus, während vertragliche Vereinbarungen ohne entsprechenden Schutz bleiben.[71] Die faktische Übung in einer Ehe allein kann wohl nicht ausreichen; stets muß ihr ein gewisses Maß an Verbindlichkeit/Verläßlichkeit zukommen, da sonst ein organisiertes Leben und Zusammenleben schwer[72] möglich ist. Andererseits sind auch Absprachen über die interne Arbeits- und Aufgabenteilung nicht schlechthin bindend; Schwangerschaft, Niederkunft schaffen neue Marksteine, verlangen nach Änderungen.

An die Stelle der „Hausfrauenehe" sind keine neuen Leitbilder getreten – Erwerbstätigenehe, Doppelverdienerehe –,[73] mit unterschiedlicher Behandlung in den einzelnen Sektoren (dabei wäre für die Doppelverdienerehe – als Beispiel –

mit Fug und Recht nach einer überzeugenden Begründung für den Zugewinn- und Versorgungsausgleich[74] zu fragen; individuell gepolte Verteilung eines eben nicht individuell bedingten Mangels – kein gleicher Lohn für gleiche Arbeit, schlechtere Chancen in Schule, Hochschule und während der beruflichen Karriere[75] – reichen als Erklärung sicher nicht aus). Vielmehr lehnt der Gesetzgeber eine solche Verdichtung gerade ab,[76] um die Regelung des 1. EheRG für künftige Entwicklungen offenzuhalten. Wiederum: An der bisherigen Wirklichkeit wird sich ohnehin so bald nichts ändern.[77]

Nach § 1356 II 1 BGB sind beide Ehegatten berechtigt erwerbstätig zu sein. Allerdings ist als Schranke die Familienverträglichkeit angebracht, § 1356 II 2 BGB. „Die Pflicht zur Rücksichtnahme trifft Mann und Frau grundsätzlich in gleicher Weise. Sie gebietet u. a. beiden Ehegatten, ihre Erwerbstätigkeit so einzurichten, daß gemeinschaftliche Aufgaben wie die Haushaltführung sachgerecht erledigt werden können",[78] eine eher harmlose Umschreibung für eine gar nicht harmlose Tatsache. Da weiterhin die Haushaltsführung vorwiegend der Frau aufgebürdet wird, die Hausfrauenehe statistisch dominant bleibt, wird § 1356 II 2 BGB vor allem dazu dienen, weiblichen Verzicht auf eine berufliche Karriere zu fordern. Allerdings sind – und das kann nicht nachdrücklich genug betont werden – von vornherein mehrere Linien nicht zu übersehen, die in § 1356 II BGB zusammenlaufen und an verbreiteter Gleichberechtigungseuphorie kräftige Abstriche anbringen. Beruflicher Erfolg außer Haus bietet sicher die Chance „zu Selbständigkeit und Selbstbewußtsein",[79] Entwicklungen, die der Frau nicht versagt werden können. Schlichte Anpassung an die Situation des Mannes in der Arbeitswelt benutzt entsprechende Erklärungen hingegen vorwiegend als Etikett (Selbständigkeit und erstrittenes Selbstbewußtsein sind eben nicht die passenden Vokabeln, um die Arbeitswelt und die entsprechende Wirklichkeit der meisten Arbeitnehmer zureichend zu schildern), einmal abgesehen davon, daß von einer Anpassung auf weiten Strecken für die Frau überhaupt keine Rede sein kann. Gleichstellung markiert daher lediglich eine historisch wichtige Etappe, [80] den ersten Schritt. Erst die Beseitigung der als Gegenstück zu männlichen Privilegien entworfenen spezifischen Deklassierungen der Frau schafft Zugang zu neuen Differenzierungen, erlaubt die Überwindung von Uniformität.[81] Dabei gilt es, mit zweiten Schritten jenes Raster umzuformen, das

„spätestens mit dem kindlichen Spiel einsetzt, um dann Mann und Frau in antithetisch formulierte, überzeichnete Stereotype zu drängen, Weiblichkeit mithin nur als Kontrast und Kompensation der Männlichkeit zu präsentieren. In dem Maße, in dem es gelingt, die Stereotype zu durchbrechen, beispielsweise nicht von vornherein Angstfreiheit als Privileg des Mannes und Gefühlsbetontheit als Schwäche der Frau zu begreifen, läßt sich auch der scheinbar unvermeidliche Übergang aus einer unkritischen Rollenfixierung in eine nicht minder unkritische Rollenanpassung verhindern."[82]

Die Aufhebung von „Außenwelt-Idiotie"[83] der Frau, von Innenwelt-Idiotie des Mannes ist zu versuchen, in Richtung auf Bisexualität in dem von Richter[84] erfaßten Sinn. Zudem – schlichter – ist zu verhindern, daß Befreiungstaten einzig auf Kosten der Frau gehen, der nun neben ihrer Tätigkeit im Haushalt und bei der Kinderversorgung zusätzlich die Bewährung am Arbeitsplatz zugemutet wird;[85] neue Zeitreserven sind durch die Aufgabe des Leitbildes der Hausfrauenehe jedenfalls nicht verfügbar geworden.[86] Deshalb sind flankierende Maßnahmen notwendig (immer wieder zeigt sich die Wichtigkeit dieser Flankierung) wie Teilzeitbeschäftigungen und Umschulungen/Weiterbildungskurse für Frauen und Mütter, Arbeitsplatzsicherung, Tagesmüttermodelle und Kindergärten/Ganztagsschulen etc.[87] Ohne sie bleibt jede Reform des Familienrechts unvollständig, weitgehend Stückwerk.[88]

4. In mehrerer Hinsicht geändert ist § 1357 BGB;[89] allerdings überwiegt hier der Schatten das Licht eindeutig. Nach § 1357 I 1 a. F. BGB war die Frau berechtigt, Geschäfte, die innerhalb ihres häuslichen Wirkungskreises lagen, mit Wirkung für den Mann zu besorgen (= „Schlüsselgewalt"). Aus solchen Geschäften der Frau wurde der Mann (allein) berechtigt und verpflichtet; lediglich bei Zahlungsunfähigkeit ihres Ehemannes traf die Gattin eine subsidiäre Haftung, § 1357 I 2 Halbs. a. F. BGB. Damit deutet sich die Doppelgesichtigkeit von § 1357 I BGB bereits an. Neben der (beschränkten) Ermächtigung zum Abschluß von Geschäften („häuslicher Wirkungskreis") für die Ehefrau sind vor allem Gläubigerinteressen berücksichtigt.[90] § 1357 II a. F. BGB sah ein besonderes Recht des Mannes vor; er konnte die Schlüsselgewalt für seine Partnerin eingrenzen oder gänzlich ausschließen (Wirksamkeit gegenüber Dritten: § 1412 BGB – Eintragung ins Güterrechtsregister oder Kenntnis). Schwierigkeiten bereitete die Festlegung des ehefraulichen Wirkungskreises, namentlich bei der Zuziehung eines Arztes (auch für die Kinder),[91] der Beschaffung von Medikamenten, bei Verschuldungen,[92] schließlich bei beträchtlichem Umfang der eingegangenen Verbindlichkeit.[93] § 1357 a. F. BGB erwies sich insgesamt als konsequente Fortführung von § 1356 a. F. BGB, als Erstreckung der Hausfrauenehe „nach außen". Ebenso konsequent ist diese Verbindung in der jetzigen Regelung für den ersten Schritt beibehalten;[94] da die Ehegatten die Haushaltsführung im gegenseitigen Einvernehmen bestimmen, muß die Ausrichtung auf die weibliche Tätigkeit im Haus fallen. Nicht zwingend ist jedoch der nächste Schritt, die gleichmäßige „Schlüsselgewalt" für *beide* Eheleute ohne Bezug zur tatsächlichen Aufgabenverteilung in ihrer Ehe[95] mit gesamtschuldnerischer Einstandspflicht. Unter der Hand verwandelt sich die „Ermächtigung" des „schwächeren Teils", die ihn überhaupt erst in die Lage versetzte, seinen internen Verpflichtungen nachzukommen, zu einer reinen Schutzmaßnahme[96] für Gläubiger. Für sie stehen in jedem Fall *zwei* Schuldner bereit, was mit Art. 6 I GG nicht unbedingt vereinbar ist.[97] Wenig überzeugend ist weiter der Austausch des „häuslichen Wirkungskreises" gegen die „angemessene Deckung des Lebensbedarfs". Die amtliche Begründung schlägt Kapriolen – ihnen nachzuspüren verlangt „advokatorische Raffinesse" –,[98] liefert jedenfalls kaum zureichende Erklärungen. Offensichtlich ausgeschieden sollen „Geschäfte größeren Umfangs (sein), die ohne Schwierigkeiten zurückgestellt werden können";[99] doch entzieht sich ihre Bewertung der Erfahrung eines Geschäftspartners (das ist gemeint, wenn „Rechtssicherheit"[100] betont wird) wohl noch eher als die Zuweisung von Einzelmaßnahmen zum „häuslichen Wirkungskreis". Wahrscheinliches Ergebnis: „Angemessene Deckung des Lebensbedarfs" wird in Zukunft vorwiegend auf den „häuslichen Wirkungskreis" hin definiert werden.[101]

Geblieben ist § 1357 II BGB. Wichtige Neuerung: § 1357 III BGB.

5.a) Beseitigt ist die einfache Regelung des § 1355 1 a. F. BGB – „Ehe- und Familienname ist der Name des Mannes" –,[102] jedoch halbherzig,[103] praktisch auf dem Papier.[104] Andererseits kann mit der neuen Namensführung ein ausgesprochenes Verwirrspiel[105] beginnen, Folge höchst unpräziser Fassung, Ungenauigkeit, gesuchten Perfektionismus, der Lücken erst aufreißt. § 1355 I BGB legt als Grundsatz die Verpflichtung der Eheleute zu gemeinsamer Namensführung fest (Familienname; Ehename). Mit dieser scheinbaren Selbstverständlichkeit – ein Blick über die Grenzen lehrt allerdings, daß dort auch Selbstverständlichkeiten nicht so schnell hingenommen werden; die Namensgesetzgebung ignoriert „Zwänge" zum Teil schlicht, beläßt jedem Gatten seinen ursprünglichen Namen, zum Teil entwickelt sie beträchtliche Phantasie, um nicht doch wieder mit dem zweiten Satz in ausgetretenen Pfaden zu landen[106] – sind entscheidende Weichen bereits gestellt. Der Streit kann sich ernsthaft nur noch um eine Namenswahl in der Ehe oder um einen verordneten Doppelnamen drehen. Mit akzeptabel scheinenden Gründen (Vermeidung von Namensketten,[107] Unehrlichkeit wegen des notwendigen Abbruchs bereits in der zweiten Generation – welcher Bestandteil soll gekappt werden?) entscheidet sich der Gesetzgeber des 1. EheRG für die Wahlmöglichkeit. „Zum Ehenamen können die Ehegatten bei der Eheschließung durch Erklärung gegenüber dem Standesbeamten den Geburtsnamen des Mannes oder den Geburtsnamen der Frau bestimmen", § 1355 II 1 BGB. Versteckte Einbruchstelle in schöner Eintracht mit § 13a I EheG: „Treffen sie keine Bestimmung, so ist Ehename der Geburtsname des Mannes", § 1355 II 2 BGB.

Wird der Geburtsname eines Ehegatten – der Name, der in die Geburtsurkunde des Verlobten zur Zeit der Eheschließung einzutragen ist, § 1355 II 3 BGB, also auch im Wege jetzt erst vorzunehmender Korrekturen[108] – oder ein sonst im Zeitpunkt der Eheschließung geführter Name nicht Ehename, ist bei entsprechender Erklärung in öffentlich beglaubigter Form die einseitige Erteilung eines Doppelnamens vorgesehen: durch Voraussetzung des verlorenen Namens, § 1355 III BGB (= Beiname, wohlgemerkt einseitig, nicht als einheitlicher Familienname). Die praktische Verbesserung gegenüber der bisherigen Situation (Anfügung des weiblichen Geburtsnamens; sicher wird auch heute hauptsächlich die Frau von § 1355 III BGB betroffen sein) ist keineswegs so minimal wie der erste Blick glauben macht. Namensregister (Telephonbücher, Rechtsanwaltsverzeichnisse, Branchenkataloge etc.) sind nach dem Anfangsbuchstaben geordnet, und aus diesen Registern verschwand die Ehefrau trotz ihrer Wahl nach § 1355 2 a. F. BGB auf schwerliches Wiedersehen.

Einiges zur Verwirrung, die § 1355 BGB bietet:

Der Entwurf selbst[109] behandelt Herkunfts- und frühere Adelsbezeichnungen als Einzelnamen. Heiratet Graf von Brockdorf-Rantzau Anneliese Mayer zum Hofe, kann Anneliese für sich Mayer zum Hofe – von Brockdorf-Rantzau als Namen wählen,[110] eher skurril als wirklich schädlich. Tragen die Verlobten bisher schon Doppelnamen – Klaus Schmidt-

George und Karin Maier-Gutendorf, beide als Geburtsnamen in der Geburtsurkunde richtig vermerkt –, addieren sich Ehename und Beiname schon auf vier Bestandteile.[111] Vorangestellt werden kann nach § 1355 III BGB auch der „zur Zeit der Eheschließung geführte Name", also insbesondere der frühere Name (nicht Ehename!) des geschiedenen oder verwitweten Ehegatten, vgl. § 1355 IV 1 BGB. Heiratet Frau Maier-Schulze, die in erster Ehe mit Herrn Schulze verheiratet war, Herrn Müller, kann sie ihren Namen als Beinamen dem gewählten Ehenamen vorstellen – Maier-Schulze-Müller –,[112] ein Spielchen, das um weitere Variationen ohne besondere Mühe zu ergänzen ist.[113] Zur Wahl steht daneben: Maier-Müller (Rückgriff auf den Geburtsnamen, nicht den früheren persönlichen Ehenamen) oder Schulze-Müller.[114] Die Erklärung über die Namensführung aus § 1355 III BGB ist an keine Frist gebunden. Erfolgt sie nach der Eheschließung, ist § 15c II PStG zu beachten. Für Altehen – also Ehen, die vor dem 1.7. 1976 geschlossen wurden; § 1355 BGB trat bereits zum 1.7. 1976 in Kraft – ist eine Übergangsregelung vorgesehen (wohlgemerkt: im Rahmen des § 1355 III BGB, nicht allgemein für die Namensführung; insoweit bleibt es bei der alleinigen Geltung des Mannesnamens, § 1355 a. F. BGB), Art. 12 Nr. 2 1. EheRG.[115] Folgen: Frau Schulze, geborene Mayer, geschiedene Schüßler, ist seit mehreren Jahren in zweiter Ehe mit Herrn Schulze verheiratet; sie kann sich seit dem 1.7. 1976 nennen Mayer-Schulze oder Schüßler-Schulze, unabhängig davon, daß ihr früherer persönlicher Ehename Mayer-Schüßler war.[116]

Hauptmängel sind danach Namensketten in gar nicht so seltenen Ausnahmefällen, Undurchsichtigkeit durch zu zahlreiche, sachlich nicht gebotene Variations- und Kombinationsmöglichkeiten.[117] Ob es vor diesem Hintergrund nicht ehrlicher und „fairer" (= Art.3 II GG) gewesen wäre, auf einen gemeinsamen Ehenamen ganz zu verzichten oder eine aus den beiden Geburtsnamen zusammengesetzte Form vorzuschreiben, mit Abbruch der Namenskette bei vorhandenem Doppelnamen? Für die Kinder ließe sich die Weitergabe der elterlichen Namensbestandteile – in jedem Fall, also auch bei fehlendem Ehenamen – einführen, vielleicht mit endgültiger Festlegung durch sie ab einem bestimmten Lebensalter,[117a] wiederum mit Abbruch einer Namenskette dann bei Eheschließung.[118] Gefallen wäre ein Dogma, die Einheitlichkeit des Familiennamens,[119] gewonnen dagegen Übersichtlichkeit und verwirklichte Gleichberechtigung.

§ 1355 IV BGB hält für den verwitweten oder geschiedenen Ehegatten einen vierfachen[120] Zugriff offen. Grundsätzlich bleibt der Ehename aus dieser Ehe bestehen (am Rande: die früher in §§ 54ff. EheG 1946/1961 vorgesehenen Einflußnahmen/Eingriffe des Mannes sind beseitigt), kann allerdings zur Seite geschoben werden durch Wahl des Geburtsnamens oder eines anderen Namens, den der Ehegatte zur Zeit der Eheschließung getragen hatte; schließlich gilt, bei erneutem Eingehen einer Ehe, § 1355 III BGB.

b) Zum Namensrecht für eheliche und nichteheliche Kinder, bei Legitimation durch nachfolgende Ehe, bei Ehelicherklärung und Adoption vgl. Diederichsen, NJW 1976, 1169 und Ruthe, FamRZ 1976, 409.[121]

6. Für die persönlichen Ehewirkungen einer Ehe mit Auslandsbezug (mit manchmal schwierigen Qualifikationsfragen) gilt Art. 14 EGBGB.[122] Für deutsche Eheleute greifen in jedem Fall deutsche Gesetze ein, selbst wenn der Wohnsitz im Ausland liegt, Art. 14 I EGBGB (für den nachträglichen Wechsel vgl. Art. 14 II

EGBGB). Doch ist Art. 14 I EGBGB, die einseitige Kollisionsnorm, über den engen Rahmen hinaus zu erweitern;[123] maßgeblich wird stets das *jeweilige* gemeinsame Heimatrecht. Hatten die Gatten niemals ein gemeinsames Heimatrecht,[124] muß die Anknüpfung Art. 3 II GG beachten, schon auf der formalen Vorstufe, unabhängig von Inhalten. Die notwendigen Folgerungen im einzelnen sind dabei außerordentlich umstritten; sie sind für das gesamte deutsche internationale Familienrecht einheitlich zu ziehen, nicht nach wechselnden Kriterien für die verschiedenen Teilbereiche. Der Katalog der Lösungsvorschläge reicht von (überholter, Art. 3 II GG) ablehnender Überraschung – IPR als bloße Anknüpfung bleibt stets neutral, ohne materialen Kern, ein Verstoß gegen Art. 3 II GG ist nicht möglich –, über schlichte Gleichgültigkeit – IPR muß zu einer eindeutigen Zuordnung gelangen, Gleichberechtigung ist daher ein nicht erreichbares Ideal[125] – zu Vermittlungsschritten – entscheidend ist der gemeinsame gewöhnliche Aufenthaltsort der Eheleute [126] – und engagierten Versuchen[127] auf materiell-rechtlicher[128] und kollisionsrechtlicher Ebene, wobei neben dem gewöhnlichen Aufenthalt und anderen gemeinsamen Merkmalen für die persönlichen Ehewirkungen der Grundsatz des schwächeren Rechts eine besondere Rolle spielt: Anwendbar sind beide Heimatrechte der Gatten, kumulativ; nur die Berechtigungen sind anerkannt, die das eigene Recht gewährt, das fremde zuspricht[129] und umgekehrt, für die Pflichtenseite. Trotz aller zugestandenen Schwächen[130] scheint dieser Vorschlag mit Art. 3 II GG wohl noch am ehesten vereinbar zu sein[131] (für die persönlichen Ehewirkungen; in anderen Ausschnitten ist er kaum durchführbar, die Einheitlichkeit der Behandlung im deutschen internationalen Familienrecht damit schnell aufgegeben).

Zu Qualifikationsfragen Palandt/Heldrich (37.), Art. 14 EGBGB Anm. 3 + 4.

II. Arbeits- und Gesellschaftsrecht. Sonstiger vertraglicher Ausgleich unter den Gatten.

1. Mit dem Kürzel „vertraglicher Ausgleich unter den Ehegatten" – einzustellen sind Wegfall der Geschäftsgrundlage, § 812 3. Fall BGB, Arbeits- und Gesellschaftsverträge (Innengesellschaft) u. ä. – ist ein besonders umkämpftes Terrain des Ehevermögensrechts markiert; die weiteren Auswirkungen jedes Befriedungsversuchs über die zunächst noch eng gesteckten Grenzen hinaus sind deutlich sichtbar. Mit dem Einbruch von Vertragsrecht, das von den bekannten eigenen Rastern geprägt ist – Stichworte: Privatautonomie, Entfaltungsfreiheit – in das Familienrecht – Stichwort: Institutionalisierung – ist manche grundsätzliche Position nicht mehr zu halten; nicht vorgefertigte, unabänderliche Muster prägen das Bild, vielmehr rückt die Selbstbestimmung der Partner in den Mittelpunkt, bestimmt das Geschehen. Vor diesem Hintergrund ist die abwartende Haltung, das Zögern der Rechtssprechung, vertragliche Figuren und Instrumente zu verwen-

den, vielleicht verständlich, wird zudem durch § 1356 II a. F. BGB unterstützt, wenn auch die gänzliche Verweigerung nicht durchzuhalten war. Die Neufassung der Bestimmung, das Drängen auf Absprache – die weitgehend als rechtsgeschäftliche Vereinbarung qualifiziert werden muß[132] – erteilt zusätzliche Aufforderungen; Steuer- und Sozialversicherungsrecht setzen ohnehin unübersehbare Signale.[133]

a) § 1356 II a. F. BGB verpflichtete jeden Ehegatten – vorzugsweise die Frau – zur Mitarbeit im Beruf oder Geschäft des anderen Teils, soweit dies nach den Lebensverhältnissen in der Ehe üblich war. Die Frage nach einem möglichen Entgelt war schnell beantwortet: Üblichkeit der Hilfe wurde mit Unentgeltlichkeit recht weitgehend gleichgestellt.[134] Ausgeschaltet war damit einmal die Vergütung von eher geringwertigen, vorübergehenden Tätigkeiten – sicher zu Recht. Doch griff § 1356 II a. F. BGB weit über das usprünglich anvisierte Ziel hinaus, schloß Vergütungsansprüche selbst für anstrengende Tätigkeiten aus, die während langer Jahre geleistet wurden. Sicher kann die Ehe allein nicht ausschlaggebener Faktor für diese Benachteiligung sein, vgl. Art. 6 I GG; für eine Mitarbeit ohne den besonderen „Rechtsgrund" wären Zahlungsverpflichtungen aber zweifelsfrei.[135] Sonstige Entschädigung versagt, insbesondere aus §§ 1372ff. BGB (Zugewinnausgleich).[136] Nicht immer wird ein auszugleichender Zugewinn erzielt werden oder noch vorhanden sein, wobei sich besonders nachteilig die Berücksichtigung der Verbindlichkeiten auswirkt, §§ 1374, 1375 BGB.[137]

b) Eheleute *können* miteinander Arbeitsverträge abschließen; das ist inzwischen außer Streit.[138] Der früher oft erhobene Vorwurf der Manipulation – einem auf Gleichklang aufgebauten, nicht von Gegensätzen zerrissenen Verhältnis werde eine Rechtsform übergestülpt, die gerade diesen Interessenwiderstreit einschließe, dann auszugleichen versuche[139] – ist verhallt. In der Tat ist seine Berechtigung nicht einzusehen; nach der Einführung des Steuersplittings bei zusammenveranlagten Ehegatten verliert die steuerrechtliche Absetzbarkeit des Ehegattengehalts zudem viel von ihrer Verlockung, wenn auch manche Punkte durchaus bleiben, die eine „Einstellung des Gatten" attraktiv machen.[140] Auf der anderen Seite fallen gewichtige Vorteile für die Partner in die Waagschale[141] – Vergütungspflicht; Sozialversicherung, insbesondere Rentenversicherung, um nur einige zu nennen –, die kaum für Unverheiratete reserviert werden können, Art. 6 I GG. Der behauptete Vorrang des „Familienrechts" vor dem Arbeitsrecht, soweit ihm danach überhaupt noch selbständige Bedeutung zukommt,[142] erweist sich jedenfalls schnell als Zirkelschluß: die Frage, ob familienrechtlich geordnete Rechtsbeziehungen allgemein-vertraglich überlagert und umgeprägt werden können, gilt es doch gerade erst zu beantworten.[143]

c) Was geschieht jedoch, wenn sich die Ehegatten *nicht* einigen, *nicht* eindeutig in arbeitsrechtliche Vertragsbeziehungen miteinander getreten sind? – weiterhin der zentrale Punkt der Auseinandersetzung. Stillschweigender Abschluß genügt zwar, doch ist damit allein nicht viel gewonnen; wann liegt stillschweigende Übereinkunft vor, wann schlichtes Schweigen, aus dem eben *kein* Abschluß mehr gefolgert werden darf, wenn vertragliche Kategorien ernstgenommen werden sollen?[144] Auch „faktische Arbeits- oder Dienstleistungen" täuschen über den allgemeinen Mangel nicht hinweg. Auszugleichen sind mit diesen Lehrsätzen bestimmte Willensmängel, Fehler bei der Abwicklung, nicht aber die fehlende Bereitschaft, sich rechtsgeschäftlich zu binden.[145] Bleibt Bereicherungsrecht, insbesondere § 812 3. Fall BGB. Nur werden mit dieser Verlagerung die Schwierigkeiten nicht kleiner, eher im Gegenteil. Bereicherungsrecht mag im Ansatz durchaus geeignet sein, „Rückgewähr" bei nicht-gegenständlichen Vermögensverschiebungen wie insbesondere Dienst und Arbeit für einen anderen zu übernehmen,[146] wenn der Bereicherungsgegenstand bereits in der nach Leistung bzw. Eingriff „erlangten" *Verwendungsmöglichkeit* gesehen wird, nicht erst in ihrer konkreten Auswirkung und Verwendung durch den „Bereicherten".[147] Ersparnisgedanken spielen dann die maßgebliche Rolle.[148] Voraussetzung ist allerdings von vornherein die Erfaßbarkeit durch verbindliche (oder wenigstens annähernd verbindliche) Wertfestlegung in Tarifen, Tabellen u. ä. Daran fehlt es offensichtlich – und notwendig – für die Mitarbeit von Ehegatten/Familienangehörigen; sonstige, „ähnliche" Regelsätze – für Arzthelferinnen, Anwaltsgehilfen, Kontoristinnen – zielen zu weit an der Realität vorbei. Und schließlich: § 812 3. Fall BGB verlangt die Ausrichtung der eigenen Leistung auf eine Gegenleistung, die rechtlich nicht erzwingbar ist,[149] eine Zweckverknüpfung – und genau diese Erwartung fremder Tätigkeit (= Gegenleistung) fehlt; die Ehegatten handeln nach einem *gemeinsamen* Plan, im Hinblick auf *gemeinsame* Nutznießung, mit *gemeinsamer* Zielrichtung.[150] Selbst wenn man diese Skepsis nicht teilt – ist es wirklich so weltfremd, der mitarbeitenden Ehefrau die Ausrichtung ihrer Tätigkeit auf den Fortbestand der Ehe zuzutrauen? Ist dieser Fortbestand nur vage, unausgesprochene Hoffnung, wenn rund 30% aller Ehen scheitern? Sind an enttäuschte Hoffnungen nicht ebenfalls Rechtsfolgen anzuschließen, die die Enttäuschung wenigstens mildern? –, versagt Bereicherungsrecht. Lang andauernde Gemeinschaftsverhältnisse sind kaum über ein auf punktuellen Austausch und Rückabwicklung im Falle des Fehlschlagens ausgerichtetes Rechtsgebiet „abzurechnen". Wie steht es, wenn die Arbeitstätigkeit keinen nachhaltigen „Bereicherungseffekt" beim Empfänger auslöste, wie ist der Einwand zu bewerten, bei aufgezwungener Entgeltlichkeit wäre der Bereicherte selbst tätig geworden?[151] Die Auflösung der Ehe wirkt eben nicht zurück, beseitigt nicht den Rechtsgrund für die Vergangenheit.[152] Dem Vorschlag Gernhubers,[153] aus § 1353 BGB eine eigene familienrechtliche Vergütungspflicht abzuleiten, ist insbesondere die Rechtsprechung nicht gefolgt (wie ich finde, leider nicht). Lieb's Anregung – Einführung eines neuen § 1356a BGB:[154]

„Arbeiten Ehegatten beim Betrieb eines Unternehmens, das einem von ihnen (dem Unternehmer) allein gehört, ohne vertragliche Grundlage zusammen, so hat der Ehegatte, dem das Unternehmen nicht gehört, einen gewinnabhängigen, am Schluß jedes Rechnungsjahres fällig werdenden Ausgleichsanspruch, dessen Höhe seinem Beitrag zur Förderung des Unternehmens entspricht und sich insoweit nach den Umständen richtet. Tätigkeitsunabhängige Wertsteigerungen sind bei der Ermittlung des Gewinns nur dann zu berücksichtigen, wenn der Ehegatte, dem das Unternehmen nicht gehört, in einer dem Unternehmer gleichstehenden Weise mitgearbeitet hat.[155] Dieser Ausgleichsanspruch ist von der gesetzlichen Verpflichtung zur Mitarbeit (§ 1356 Abs. 2) unabhängig.

Endet die Zusammenarbeit, so hat sich der Unternehmer mit dem mitarbeitenden Gatten auseinanderzusetzen. Die Auseinandersetzung ist nach Maßgabe der Vorschriften der §§ 731 ff. vorzunehmen, wenn das Unternehmen im wesentlichen erst in der Ehe und mit etwa gleichwertigen Beiträgen der Ehegatten aufgebaut wurde. Endet die Zusammenarbeit durch Scheidung der Ehe und ist der Unternehmer nach dem Tenor des Scheidungsurteils allein oder überwiegend schuld an der Scheidung,[156] so steht dem Mitarbeitenden ein Übernahmerecht analog § 142 Abs. 2 und 3 HGB zu,[157] wenn er in der Lage ist, das Unternehmen selbst weiterzuführen. Eines gerichtlichen Verfahrens bedarf es abweichend von § 142 Abs. 2 HGB dazu nicht. Liegt die Schuld an der Scheidung beim Mitarbeitenden, so ist dieser auf eine Abfindung in Geld beschränkt; § 733 Abs. 2 ist entsprechend anzuwenden. Ebenfalls auf eine Abfindung in Geld beschränkt ist der Mitarbeitende dann, wenn der Unternehmer das Unternehmen bereits in die Ehe eingebracht hat. Wurde es vom Mitarbeitenden eingebracht, im Laufe der Ehe aber auf den anderen Ehegatten übertragen, so ist diese Übertragung im Regelfall rückgängig zu machen und der andere Ehegatte in Geld abzufinden.

Bei der Auseinandersetzung sind solche früheren Entnahmen, die ein Ehegatte allein in seinem Interesse vorgenommen hat, dem Unternehmenswert hinzuzurechnen, und bei der Ermittlung des Auseinandersetzungsanspruchs wieder abzusetzen.

Ist der Mitarbeitende nur in untergeordneter Weise tätig, so ist er an eventuellen Verlusten nicht beteiligt; sein Anspruch beschränkt sich auf Auszahlung des tätigkeitsbezogenen Gewinnanteils."[158]

– fand (manches ist revisionsbedürftig, manches kaum akzeptabel) beim Gesetzgeber kein Gehör.

d) Was bleibt? Die Eheleute müssen ihre vertraglichen Verpflichtungen (Arbeitsrecht) regeln, in allen Einzelheiten, vgl. dazu jetzt § 1356 I BGB; bedauerlich, daß der Gesetzgeber nicht ausdrücklich auf diese Notwendigkeit hinweist.[159] Ohne eine verbindliche Einigung kann Arbeitsrecht Ausgleichsfunktionen nur übernehmen, wenn sichere Hinweise für einen wenigstens stillschweigenden Abschluß auszumachen sind.

2. Im Ausgang ähnliches Kopfzerbrechen bereitet der Abschluß von Gesellschaftsverträgen unter Eheleuten;[160] allerdings war hier die Rechtsprechung von vornherein „großzügiger", vielleicht auch, weil sich für gesellschaftsvertragliche Vereinbarungen eher Anzeichen finden ließen als für Arbeitsverträge, die zudem ständig mit § 1356 II a. F. BGB kollidierten. Solche Anhaltspunkte – jenseits ausdrücklicher Absprache, die „selbstverständlich" zulässig ist[161] – bilden[162] die Mitarbeit im Geschäft des Partners über den Umfang des § 1356 II a. F. BGB hinaus (Betrieb einer Gastwirtschaft),[163] der Betrieb einer Metzgerei unter Einsatz der Arbeitskraft des Mannes und Kreditsicherung durch Belastung von Grundstücken der Ehefrau (Großhandel),[164] mit der Wiederholung der Kernthese, das Zusammenwirken dürfe sich nicht nur in der Verwirklichung der der ehelichen Lebensgemeinschaft immanenten Zwecke erschöpfen, müsse vielmehr diesen Rahmen verlassen,[165] umfangreiche Büroarbeiten (Fabrik für Polstereinlagen und Matratzen),[166] gemeinsame Gewinn- und Verlustbeteiligung (Gastwirtschaft, mit

Gärtnerei und Gemüsehandel),[167] Kapitaleinsatz zum Aufbau eines Geschäfts (Gaststätte).[168] Da meist eine Kennzeichnung nach außen fehlen wird, wirkt die Gesellschaft lediglich nach innen (= Innengesellschaft), mit zusätzlich beschränkter Funktion: Auseinandersetzung unter den Partnern, Abfindung des mitarbeitenden/investierenden Gatten nach Auflösung der Ehe.[169] Wiederum sind die Kritiker allerdings schnell auf dem Plan: Angemessene Ergebnisse werden letztlich nach diffusen Billigkeitskriterien gesucht, mit Unterstellungen für die Parteien und Willensfiktionen.[170] Nachteiliger noch wirkt die fehlende Prognostizierbarkeit der Rechtsprechung, die sich so wenig festlegt, stets auf besondere Gesichtspunkte der einzelnen Fallgestaltung vertraut und abhebt, danach entscheidet. Deshalb sollten die Eheleute ausdrückliche gesellschaftsvertragliche Vereinbarungen treffen, die deutliche Hinweise geben. Hinweise des Gesetzgebers auf diese Notwendigkeit fehlen, leider.[171]

3. Besonders liebäugelt der BGH in jüngster Zeit mit einem vermögensrechtlichen Ausgleich nach den Grundsätzen über den „Wegfall der Geschäftsgrundlage".[172] Dabei mag die fehlende Präzision dieses Instituts eine Rolle spielen, seine brauchbare Anlehnung an § 242 BGB; immerhin lassen sich alle Gesichtspunkte des Einzelfalls „berücksichtigen, wenn dem Richter ein Ermessensrahmen gegeben wird, wie § 242 BGB ihn bietet."[173] Dazu die Stationen:

– keine verlorene Schenkung, wenn der Ehemann zur beiderseitigen Alterssicherung Wertpapiere erwirbt, gemeinsame Verfügungsbefugnis mit seiner Frau vereinbart; übersteigt diese Zuwendung – die Papiere sind blockiert wegen des notwendig gemeinsamen Handelns – „das Maß, das mit Rücksicht auf die bisherige Mitarbeit der Ehefrau in der Ehe angemessen erscheint, so ist nach Scheidung der Ehe nach den Rechtsregeln über den Wegfall der Geschäftsgrundlage zu entscheiden, in welcher Weise die Zuwendung den veränderten Umständen anzupassen ist";[174]
– Ausgleich, ganz oder teilweise, wenn eine Arztfrau ihrem Mann Geld zum Aufbau der Praxis gibt, die Ehe später zerbricht[175] (Wegfall der Geschäftsgrundlage);
– Aufwendungen für den Kauf eines Hauses können vom Erlös (er ist zu verteilen) abgezogen werden, wenn sie in Erwartung einer länger dauernden Ehe entstanden sind.[176]

Die Flexibilität in den Voraussetzungen und in den Folgen (an die Stelle starrer Vergütungs- und Herausgabepflichten treten Anpassung, vorsichtige Umwandlung, Teilentschädigung) wird allerdings durch eine Reihe von Mängeln rasch wieder ausgeglichen; zu diesen Mängeln möchte ich gleich diese Flexibilität selbst zählen, da sie ihr Teil zur fehlenden Voraussehbarkeit gerichtlicher Erkenntnisse beiträgt. „Fortbestand der Ehe" als „Geschäftsgrundlage einer Zuwendung" nähert sich zudem stark dem für das Bereicherungsrecht (§ 812 3. Fall BGB; ähnlich für die condictio ob causam finitam) notwendigen Kriterium der Zweckverknüpfung zwischen Leistungshandlung und erwünschtem Erfolg; dort aber widersetzt sich die Rechtsprechung bisher mit Nachdruck einer Übernahme ins Ehe- und Familienrecht. Andererseits wendet der BGH § 812 3. Fall BGB in vergleichbaren Situationen – mit und ohne Zögern – an, bei Dienstleistungen in Erwartung künftiger erbrechtlicher Zuwendungen,[177] bei Hingabe von Mitteln zum gemeinsamen

Bau eines Wohnhauses (allerdings condictio ob causam finitam),[178] bei Übertragung von Miteigentum an einer Gaststätte unter den Eheleuten, um eine gemeinsame wirtschaftliche Existenz zu schaffen.[179] Einheitliche Handhabung ähnlicher oder benachbarter Fallgruppen scheint mir geboten und vorteilhaft. Bereicherungsrecht, mit seinen verbindlichen Anweisungen, seiner höheren technischen Präzision verdient dann aber wohl den Vorzug. Ein Punkt allerdings ist von vornherein klar: Wegfall der Geschäftsgrundlage und Bereicherungsrecht sind (teilweise) hilfreiche Mittel beim nachträglichen Ausgleich fehlgeleiteter, faßbarer Vermögensverschiebungen; beide Figuren bieten aber erhebliche Schwierigkeiten (bei der Berechnung und Festlegung der herauszugebenden Bereicherung) bei „bloß" tatsächlichen Dienst- oder Arbeitsleistungen (dazu gerade 1.b).

4. Der Stein des Weisen ist, das beweisen diese Untersuchungen deutlich, bisher nicht gefunden. Für künftige Entdecker bleibt Hoffnung, gegenüber ihren Ergebnissen aber auch Skepsis. Nicht dringend genug kann bis dahin den Eheleuten empfohlen werden, durch eindeutige vertragliche Fixierung[180] vorzubeugen.

III. Deliktsschutz in der Ehe/von Ehe.

1. Auch unter Eheleuten können deliktsrechtliche – und vergleichbare – Schadensersatzverpflichtungen entstehen. Haftungsmaßstab ist dabei die diligentia quam in suis, § 1359 BGB. Eine wichtige „Ausnahme"[181] betrifft den Bereich des Straßenverkehrs. Trotz grundsätzlicher Einstandspflicht des Versicherers gegen die gesetzliche Haftpflicht gegenüber Kraftfahrzeuginsassen und mitfahrenden Familienmitgliedern sind Ansprüche „von Angehörigen des Versicherungsnehmers, denen er auf Grund gesetzlicher Verpflichtung zur Zeit des Versicherungsfalles Unterhalt gewährt", von der Versicherung ausgeschlossen, § 11 Nr. 4 AKB,[182] eine in ihrem sachlichen Gehalt nicht unbedingt überzeugende Regelung,[183] die deshalb seit 1. 1. 1977 außer Kraft gesetzt wurde.

2. Umstritten und brisant ist die Frage nach dem Deliktsschutz „von Ehe". Gibt es Abwehransprüche gegen Störer von außen? Sind wenigstens Vermögensschäden – Detektivkosten, Unterhaltsaufwand für ein scheineheliches Kind, Prozeßkosten für die Anfechtung der Ehelichkeit etc. – abwälzbar? Können Eheleute untereinander eheliches Wohlverhalten und eheliche Pflichterfüllung über §§ 823 ff. BGB erzwingen? Allerdings ist zu diesem letzten Abschnitt das Ergebnis schnell gefunden: Interner, selbst nur mittelbarer Druck über drohenden Schadensersatz, Beseitigung, Unterlassung darf auf den Partner nicht ausgeübt werden; staatlich verhängte Sanktionen, wirtschaftliche Nachteile, die durch ein Gericht als ersatzfähig anerkannt werden, schließlich Geldbußen sind mit dem „sittlichen Wesen der Ehe" unvereinbar.[184] Ohnehin gilt § 888 II ZPO – fehlende Vollstreckbarkeit. Danach bleibt allein die aus § 1353 BGB abgeleitete Klage auf Herstellung des ehelichen Lebens,[185] mit auf weiten Strecken einer § 823 BGB ähnlichen Ausrichtung in den Voraussetzungen und in den Folgen (§ 888 II ZPO). Versteckt können die

Ehegatten über § 1353 BGB damit doch jeweils ihre Richtigkeitsvorstellungen vom Zusammenleben in der Ehe gerichtlich überprüfen, abweichende („unrichtige") Wünsche des Partners korrigieren lassen. Auf der anderen Seite werden in der Rechtspraxis nachweisbare Vermögensschäden nicht ersetzt; jeder staatliche Zwang in dieser Richtung ist mit dem „vorwiegend im Sittlichen wurzelnden Wesen der Ehe" nicht vereinbar.[186] Mich überzeugen diese Thesen nicht, in beiden Teilen (dazu gleich). Geschützt wird von der Rechtsprechung dagegen im Außenverhältnis der „räumlich-gegenständliche Bereich der Ehe". Diese Klage (Grundlage: § 823 I BGB, über Art. 6 I GG) kann gegen den Dritten, den Ehestörer, gerichtet werden, kann aber auch den anderen Gatten erfassen (und beide „Schädiger" zusammen, als Gesamtschuldner). Auf die besondere Zielrichtung – äußerer, gegenständlicher Lebensbereich – wird dabei jeweils streng geachtet; die Ehestörungsklage darf nicht dazu[187] mißbraucht werden, auf einem Umweg den sonst versagten Zwang zur Wiederherstellung der ehelichen Gemeinschaft oder Unterlassen schlicht ehewidrigen Verhaltens auszuüben.[188] Damit ist § 823 I BGB praktisch auf einen Punkt reduziert: Mit seiner Hilfe können Haus und Wohnung – vielleicht noch Geschäftsräume – gegen den Nebenbuhler, den Eindringling, die Geliebte verteidigt werden.[189] Die Stationen im einzelnen:[190] Zu erzwingen ist „die Entfernung der Ehebrecherin"[191] aus der gemeinsamen ehelichen Wohnung,[192] aus dem Mietshaus, in dem sich auch die Ehewohnung befindet – beide Wohnungen haben denselben Treppenaufgang und denselben Vorplatz –,[193] aus den Geschäftsräumen,[194] aus dem Haus der Schwiegereltern[195] – trotz eigenen Auszugs des klagenden Gatten –, aus der verlassenen Wohnung, in der sich aber die Kinder befinden,[196] schließlich auch der Haushälterin, obwohl keine „unmittelbaren, faßbaren" Angriffe auf die eheliche Lebensgemeinschaft nachgewiesen sind, da eben auch der böse Schein zu vermeiden ist.[197] Ob sich der (sicher notwendige) Schutz des Verletzten nicht ohne großen Aufwand, neutraler, mit allgemeinen Formen erreichen ließe: Persönlichkeitsrecht,[198] Gemeinschaftlichkeit der Ehewohnung,[199] Besitz?[200]

Schadensersatz in Geld für sonstige Schäden wird von der Rechtsprechung dagegen einhellig abgelehnt, mit der zur Floskel erstarrten These, die Unverträglichkeit entsprechender Ersatzpflichten mit dem sittlichen Wesen der Ehe behauptet. Betroffen sind unterschiedliche Konstellationen, Kosten eines Scheidungsverfahrens,[201] Kosten der Ehelichkeitsanfechtung,[202] unnötig geleisteter Unterhalt,[203] Körperschäden – eifersuchtsbedingte Magengeschwüre[204] – sowie immaterielle Schäden.[205] Bei aller Anerkennung der Grundlinie – keine Kommerzialisierung in der Ehe, kein materieller Druck auf die Gatten – bleibt manches Unbehagen. Erlittene Einbußen als Kosten „dem betrogenen Ehegatten aufbürden, heißt Pflichterfüllung statt Pflichtverletzung ahnden."[206] Ohnehin diskreditiert die Rechtsprechung den eigenen Ansatz durch mannigfache Versuche, praktisch doch die Überlagerung auf den Schädiger – aber eben jenseits der §§ 823 ff. BGB – zu erreichen: durch Bereicherungsrecht,[207] durch Unterhaltsrecht,[208] durch § 1709 II BGB[209] (und § 826 BGB).[210] Konsequenter wäre es wohl, gleich § 823 I BGB als Haftungsgrundlage bei nachgewiesenen Schäden und ersatzfähigen Positionen zuzulassen mit selbstverständlichen Auswirkungen für den untreuen, „frivolen"[211] Ehepartner: Auch ihn trifft die Verantwortlichkeit, und sei es im Regreß (§§ 426 ff. BGB).[212] Erreicht ist mit dieser Öffnung – wie nun schon häufig vorgeschlagen – die Relativierung familienrechtlicher Beziehungen. Die „Institution Ehe"[213] wird von ihrem Sockel gestoßen, verliert ihre Überhöhung und nur scheinbare Unantastbarkeit, gerät in die Niederungen allgemeiner Rechtsanwendung, im Vertragsrecht,[214] im Deliktsrecht[215] (was über die Zielrichtung im einzelnen gar nichts aussagt).

IV. Unterhalt.

1. Nach § 1360 BGB sind die Eheleute verpflichtet, durch ihre Arbeit und mit ihrem Vermögen die Familie angemessen zu unterhalten; ist einem Gatten die Haushaltsführung überlassen, erfüllt er seine Verpflichtung, durch Arbeit zum Unterhalt der Familie beizutragen, in der Regel eben durch die Führung des Haushalts, § 1360, 2 BGB. Unterhaltspflichten in der Ehe sind – formal – dem neuen partnerschaftlichen Ehebild angepaßt, um das sich das 1. EheRG bemüht. Eine besondere Ausrichtung auf die Haushaltstätigkeit der Frau – vgl. § 1360, 2 a. F. BGB – ist damit unvereinbar. Konsequent bringt § 1360, 2 BGB nur noch zum Ausdruck, daß „die Haushaltsführung durch einen Ehegatten regelmäßig eine gleichwertige und nicht ergänzungsbedürftige Beitragsleistung zum Familienunterhalt darstellt".[216] Art und Umfang des geschuldeten Unterhalts richten sich nach dem gewählten Leitbild – Haushaltsführungsehe, Doppelverdienerehe, Zuverdienstehe[217] etc. Besondere Anordnungen für die einzelnen Ehetypen sind nicht – Ausnahme § 1360, 2 BGB, der für die Haushaltsführungsehe wenigstens Hinweise gibt, Regelhaftigkeiten festlegt – getroffen.[218] Ebenso schweigt § 1360 BGB zu der in wirtschaftlich härteren Zeiten außerordentlich wichtigen Frage, wie weit unterhaltsrechtliche Erwägungen Rückwirkungen auf die Typenwahl haben können. Deutlicher: Wann treffen *Pflichten* zur Aufnahme einer Erwerbstätigkeit, zu Rückkehr in Lohn und Arbeit? § 1356 II BGB beschäftigt sich lediglich mit der Anspruchsseite, der *Berechtigung*, erwerbstätig zu sein. Zum Schweigen des Gesetzes:

„Einmal könnte es zu dem Mißverständnis führen, daß der den Haushalt führende Ehegatte im Notfall neben der Haushaltsführung erwerbstätig sein muß (? er muß es doch, P. F.). Zum anderen muß gerade dann, wenn eine besondere Notlage entsteht, eine Vereinbarung der Ehegatten darüber erfolgen, in welcher Weise Haushaltsführung und Erwerbstätigkeit gegeneinander abgegrenzt werden"[219] (und wenn eine Einigung mißlingt? P. F.)

Für die Höhe des Unterhalts – Angemessenheit – bringt § 1360a I BGB einige Präzisierungen. Geschuldet ist „alles, was nach den Verhältnissen der Ehegatten erforderlich ist, um die Kosten des Haushalts zu bestreiten und die persönlichen Bedürfnisse der Ehegatten und den Lebensbedarf der gemeinsamen unterhaltsberechtigten Kinder zu befriedigen". Zu den persönlichen Bedürfnissen der Ehegatten zählt Wacke[220] die Kosten für angemessene Kleidung, für ärztliche Behandlungen einschließlich eines Krankenhaus- oder Kuraufenthaltes, für geistige, künstlerische und politische Aktivitäten, auch innerhalb entsprechender Organisationen (Mitgliedsbeiträge), Kosten für Liebhabereien (Angemessenheit, Lebenszuschnitt in der Familie als selbstverständliche Begrenzungen), für Geselligkeiten, Gastlichkeiten, Besuche, für eine jährliche Urlaubsreise (! P. F.), für die Altersversorgung (wichtig, vgl. jetzt § 1578 III BGB) sowie ein Taschengeld; allerdings dürfte diese Aufzählung den erreichbaren Horizont vieler Familien verfehlen. Schul- und Ausbildungskosten sind dagegen von § 1360a BGB von vornherein nicht erfaßt, mit einer schmalen Ausnahme: Stand bei Eingehung der Ehe die Bedürftigkeit in dieser Richtung fest – Muster: Studentenehe –, ist die Finanzierung der Ausbildung bis zu ihrem üblichen Ende geschuldet,[221] falls die Ehe bis zu diesem Zeitpunkt hält; andernfalls gelten §§ 1569ff. BGB.[222] Vielleicht bleibt immerhin ein Vorteil bei diesem eher enttäuschenden Bestand: Staatliche Ausbildungsförderung, allerdings weitgehend familienabhängig (vgl. nur BAföG), springt ein; überhaupt bin ich der Meinung, daß Ausbildungsfragen dort ihren Schwerpunkt haben, nicht primär bei den Unterhaltpflichten in der Familie, ein Punkt, der für die jüngst heftig diskutierte „Zweitausbildung"[223] besonders wichtig wird, vgl. dazu unten 3. Teil, 10. Kapitel 3.

Zum Lebensbedarf rechnet § 1360a IV BGB die Kosten für einen Rechtsstreit, der eine persönliche Angelegenheit betrifft, sowie die Kosten für eine Strafverteidigung; kann ein Ehegatte diese Kosten nicht aufbringen, so hat sie der andere im Rahmen der Billigkeit vorzuschießen (Prozeßkostenvorschuß;[224] beachte aber auch die Möglichkeit der „Einstweiligen Befreiung von den Gerichtskosten" = Armenrecht nach §§ 114ff. ZPO, Beiordnung eines Anwalts nach § 115 I Nr. 3 ZPO). Betroffen aus § 1360a IV BGB ist vor allem der Scheidungsantrag.[225] Bei der Durchsetzung des Anspruchs auf Prozeßkostenvorschuß hilft § 620 Nr. 9 ZPO – einstweilige Anordnung im Eheverfahren.

2. Leben die Ehegatten getrennt, bestimmt sich der geschuldete Unterhalt nach ihren Lebensumständen und ihren Erwerbs- und Vermögensverhältnissen, § 1361 I 1 BGB;[226] ist ein Scheidungsverfahren anhängig – wohl der hauptsächliche Grund für Getrenntleben –, gehören zum Unterhalt vom Eintritt der Rechtshängigkeit an auch die Kosten einer angemessenen Versicherung für den Fall des Alters sowie der Berufs- oder Erwerbsunfähigkeit, § 1361 I 2 BGB, ein diskreter Hinweis auf § 1578 III BGB. Für den haushaltsführenden Teil gilt § 1361 II BGB; er kann auf eigene Erwerbstätigkeit als Einnahmequelle verwiesen werden, wenn dies von ihm nach seinen persönlichen Verhältnissen, insbesondere wegen einer früheren Erwerbstätigkeit unter Berücksichtigung der Dauer der Ehe, und nach den wirtschaftlichen Verhältnissen beider Ehegatten erwartet werden kann. Anhaltspunkte für die erforderliche Präzisierung liefert erst die amtliche Begründung. Beabsichtigt ist besonderer Schutz der im Haushalt wirkenden Ehefrau[227]

(tatsächliches Leitbild „Hausfrauenehe"), die durch die Trennung allein keine Einbußen in ihrem wirtschaftlichen Status hinnehmen soll. „Dadurch würde einer weiteren Trennung der Lebensschicksale der Ehegatten nur Vorschub geleistet und so das endgültige Scheitern der Ehe noch gefördert".[228] „Zwang zur Ehe",[229] jetzt durch „strafenden" Unterhalt bei Getrenntleben? wohl kaum.

„Den persönlichen Verhältnissen wird insbesondere die Tatsache einer früheren Erwerbstätigkeit zugeordnet, gleichgültig, ob diese vor oder während der Ehe ausgeübt worden ist. Ob wegen der früheren Erwerbstätigkeit auch nach der Trennung eine Erwerbstätigkeit erwartet werden kann, soll unter Berücksichtigung der Dauer der Ehe ermittelt werden. War ein Ehegatte zwar nicht während, wohl aber vor der Ehe erwerbstätig und war die Ehe nur von kurzer Dauer, so erscheint es gerechtfertigt, von ihm eine Erwerbstätigkeit zu verlangen. Deshalb muß die Dauer der Ehe hier berücksichtigt werden. Auch die Pflege oder Erziehung eines gemeinschaftlichen Kindes sowie Alter und Krankheit sind zu den persönlichen Verhältnissen zu rechnen, nicht jedoch die Frage, ob der Ehegatte die Trennung verschuldet hat,"[230] eine Vorwegnahme von §§ 1569 ff. BGB (Unterhalt nach der Scheidung), mit ausdrücklicher Absage an jeden Versuch, Schuldgesichtspunkte auch nur mittelbar Gewicht beizulegen (aber § 1361 III BGB).[231]

Für die Art der aufzunehmenden Tätigkeit werden „sämtliche Umstände des Einzelfalles"[232] maßgeblich, eine nicht gerade lichtvolle Erläuterung. Mit aller Vorsicht: In den „kritischen" Fällen (die Gatten können sich nicht einigen; die Ehefrau lehnt es ab, sich selbst zu unterhalten; die Ehe war nicht von ganz kurzer Dauer;[233] die Frau ist schon älter, hat Schwierigkeiten, sich auf dem Arbeitsmarkt wieder zurechtzufinden, objektiv und subjektiv) ordnet § 1361 Zahlungs- und Alimentierungspflichten des Mannes an, „mutet" der Frau keine Entlastung durch eigene Arbeit zu.[234] Vielleicht ist die grobe Markierung erlaubt: Getrenntlebenden-Unterhalt ist „besser" als Geschiedenen-Unterhalt.

§ 1361 III BGB erklärt § 1579 I 2–4, II BGB für anwendbar – Herabsetzung des Unterhalts aus Billigkeitsgründen. Nicht einmal versteckt übernehmen damit Schuldgesichtspunkte reglementierende Aufgaben.[235] Vielleicht erscheint es auf den ersten Blick tatsächlich bedrückend, daß nach dem 1. EheRG selbst der untreue, der frivole[236] Gatte Unterhaltsforderungen stellen kann gegen den traurigen, verlassenen, schuldlosen Teil;[237] doch gilt eben diese Folge auch für den Fall der Scheidung, ein Preis, der für eine insgesamt fairere, entkrampftere, richtigere Lösung zu zahlen ist.[238]

Zur Gleichartigkeit von ehelichem Unterhalt und Unterhalt nach der Scheidung (kann oder muß ein neues Verfahren betrieben werden?) vgl. Palandt/Diederichsen (37.), § 1360 Anm. 2d und Scheld, FamRZ 1978, 651.

§ 1361a BGB regelt die – vorläufige – Verteilung von Hausratsgegenständen bei getrenntlebenden Ehegatten, mit einer gerichtlichen Zuständigkeit, falls die Einigung mißlingt, § 1361a III BGB (vgl. auch § 18a HausratsVO;[239] zum Entscheidungsverbund im übrigen vgl. §§ 621, 623 ZPO). Im Scheidungsrechtsstreit kann eine einstweilige Anordnung beantragt werden, § 620 Nr. 7 ZPO. Wichtig: Über die *Ehewohnung* wird nach § 1361a BGB *nicht* entschieden;[240] lediglich nach §

620 Nr. 7 ZPO kann schon vor der Ehescheidung – aber eben im Verfahren – die Zuweisung der Wohnräume an einen Gatten (und die Anweisung an den anderen, die Wohnung zu verlassen) ausgesprochen, die Benutzung festgelegt werden[241] (weitere Einzelheiten 8. Kapitel III). Wegen der Tragweite dieser Maßnahme sieht § 620c ZPO als Rechtsmittel die sofortige Beschwerde vor.

V. § 1362 BGB.

Zugunsten der Gläubiger des Mannes und der Gläubiger der Frau wird vermutet, daß die im Besitz eines Ehegatten oder beider Ehegatten befindlichen beweglichen Sachen dem Schuldner gehören, § 1362 I 1 BGB, ein Schutz für die Gläubiger, die vor Verschleierungsversuchen und unredlichem Zusammenwirken der Eheleute bewahrt werden sollen (mit weit über dieses Ziel hinausschießender pauschalierter Wirkung). Die Vermutungen des § 1362 BGB sind allerdings widerlegbar, vgl. schon § 1362 II BGB. Sind Zwangsvollstreckungsmaßnahmen ausgebracht, bleibt der Weg über § 771 ZPO – Drittwiderspruchsklage, mit Nachweispflicht gegen § 1362 BGB für den Kläger; bei Verstößen gegen § 1362 I 2, II BGB hingegen steht § 766 ZPO offen[242] (materiell-rechtliche „Mängel" der Vollstreckung vs. Formfragen).

Anmerkungen

1 Ähnlich in der Einschätzung Zenz, Handlexikon, S. 97.
2 Palandt/Diederichsen (37.), Einf. 2 vor § 1353, allerdings inzwischen weitgehend leerlaufend; Rolland, § 1353 Rn 35.
3 §§ 1353 ff. BGB lassen für Parteidisposition seit dem 1. EheRG erheblichen Platz; die Einschätzung trifft also im wesentlichen die „alte" Rechtslage, vgl. Diederichsen, NJW 1977, 217/218.
4 Vgl. 1. Teil 3. Kapitel II. 4. a. E.
5 Wiethölter, Rechtswissenschaft, S. 200.
6 Wieacker, S. 479/480.
7 Zenz, Handlexikon, S. 97.
8 Zenz, Handlexikon, S. 97.
9 BT – Ds 7/650, S. 6; Rolland, § 1353 Rn 3.
10 So Bundesjustizminister Vogel, FamRZ 1977, 481 (482) im Anschluß an BT – Ds 7/4361, S. 6. Vogel weist, als bindende Vorgaben, auf BVerfGE10, 59 (66) zu §§ 1628, 1629 a. F. BGB (Stichentscheid des Vaters), damit auf das Verfassungsgebot aus Art. 6 I GG hin – wirklich überzeugend? § 1353 I 1 BGB ist jedenfalls deutlicher als § 13 II EheG 1946.
11 § 1353 I 1 BGB kann als „Auslegungshilfe in Grenzfällen" benutzt werden, so Kissel, Bd. 1, S. 19; ähnlich Schwab, FamRZ 1976, 491 (504).

12 Vgl. dazu AG Sulingen, FamRZ 1977, 793 und Roth-Stielow, FamRZ 1977, 766. A. A. Diederichsen, NJW 1977, 217 (218); Rolland, § 1353 Rn 3.

13 Palandt/Diederichsen (37.), § 1353 Anm. 2; Rolland, § 1353 Rn 2. Ausführlich Diederichsen, NJW 1977, 217 (219). Nach Wacke, FamRZ 1977, 505 (507) ist diese Klage ein Anachronismus.

14 Zur Vollstreckung anderer Klagen unter den Gatten vgl. MK/Wacke, § 1353 Rn 16.

15 Rolland, § 1353 Rn 11; a. A. wohl Diederichsen, NJW 1977, 217 (218).

16 Diederichsen, NJW 1977, 217 (218); Hillermeier, FamRZ 1975, 577; Rolland, § 1353 Rn 9.

17 So Rolland, § 1353 Rn 9, einschränkend Rn 24 f. Vgl. auch Wacke, FamRZ 1977, 505 (509).

18 Vgl. die Informationsbroschüre des Bundesministers der Justiz zum 1. EheRG.

19 Mündigen Partnern sollte auch „eheliche Untreue" als nicht schlechthin unüberwindliche Klippe erscheinen.

20 Zu diesem Katalog Rolland, § 1353 Rn 16 f. Neuerdings BGH, NJW 1978, 678: Informationspflicht aus § 1353 BGB für Vermögensbewegungen.

21 Wiederum Rolland, § 1353 Rn 16 f. Vgl. auch BT – Ds 7/4361 S. 7. Konkretes Ergebnis: BGH, NJW 1977, 378; LG München II, FamRZ 1978, 126 – Pflicht zur gemeinsamen Steuerveranlagung, wenn keine eigenen Nachteile drohen, dem Partner lediglich Vorteile winken, mit Schadensersatzverpflichtungen bei Verletzung; hierzu Tiedtke, FamRZ 1977, 686; ders., FamRZ 1978, 385. Auch Kürzung des Zugewinnausgleichs um diese Position ist möglich – beides wiederum ein schönes Zeichen, wie Schuldgesichtspunkte ihr Gewicht und ihre Bedeutung behalten, selbst wenn sie als steuernde Kriterien für das Scheidungsverfahren abgeschafft sind.

22 Weitergehend Wacke, FamRZ 1977, 505 (506/507), der die Frage nach der Rechtspflichtqualität aufwirft; eindeutig bejahend in dieser Richtung Lüke, AcP 178, 1 (5).

23 Dazu der Katalog bei Rolland, § 1353 Rn 7 f.

24 BGH, NJW 1954, 766 (767).

25 NJW 1954, 766. Zur weiteren Vorgeschichte Wiethölter, Rechtswissenschaft, S. 124 f. Zu den Nachwirkungen 1. Teil 1. Kapitel II 2 – Die Rechtsprechung des BGH zu § 48 II EheG 1946.

26 So der BGH selbst, über abweichende Ansichten, NJW 1954, 766 (767).

27 Zur weiteren Geschichte Wiethölter, Rechtswissenschaft, S. 127 f.

28 Kübler, AcP 162, 104 (124 f.). Weitergehend Lau, KJ 1975, 244 (248).

29 BGH, NJW 1967, 1078 (1079). Allerdings kann kaum ein Zweifel bestehen, daß die beklagte Ehefrau in dieser Entscheidung ganz kräftig Achtungsgebote und die eheliche Zuneigung zu ihrem Partner verletzte, durch ihre rüden Äußerungen, ihre in die Öffentlichkeit getragenen Anschuldigungen und Beleidigungen. Zustimmend Diederichsen, NJW 1977, 217 (218); ablehnend Rolland, § 1353 Rn 7. Wie hier Wiethölter, Rechtswissenschaft, S. 212.

30 In casu ist die vorgenommene Wertung sicher vertretbar, das Ergebnis „richtig"; doch wäre es auch mit geringerem Aufwand, nüchterner zu finden gewesen.

31 Gänzlich ablehnend Ambrock, § 1353 Anm. 9; wie hier Rolland, § 1353 Rn 7; ohne diese Einschränkung Diederichsen, NJW 1977, 217 (218) und Henrich, § 7 III 1a S. 35.

32 Mit Einschränkungen Rolland, § 1353 Rn 8.

33 Rolland, § 1353 Rn 7.

34 Palandt/Diederichsen (37.), § 1353 Anm. 2b. aa.

35 Palandt/Diederichsen (37.), § 1353 Anm. 2b. aa.

36 Palandt/Diederichsen (37.), § 1353 Anm. 2b. aa. Eingeschränkt Diederichsen, NJW 1977, 217 (218).

37 Palandt/Diederichsen (37.), § 1353 Anm. 2b. aa. Eingeschränkt Diederichsen, NJW 1977, 217 (218) – es fehlt der Hinweis auf die Unverbindlichkeit der Absprache. Anders Rolland, § 1353 Rn 10, mit vielen weiteren Nachweisen.

38 Engagiert gegen die Annahme entsprechender Rechtspflichten Wacke, FamRZ 1977, 505 (509) – „Herstellungsurteil wäre eine peinliche und ärgerliche Geschmacklosigkeit"; halbherzig Ambrock, § 1353 Anm. 4.

39 Dazu Rolland, § 1353 Rn 10, mit Nachweisen.

40 Wenigstens ein Lichtblick Palandt/Diederichsen (37.), § 1353 Anm. 2b. aa. – Schwangerschaftsunterbrechungen sind nur zulässig bei anerkannter Indikationslage, dann aber ohne Zustimmung des Ehemannes.

41 Lüke, AcP 178, 1 (6); Rolland, § 1353 Rn 10, mit Nachweisen. Engagiert Wacke, FamRZ 1977, 505 (509).

42 Vgl. dazu BT – Ds 7/650, 98. „Soweit die Mitarbeit nicht bereits durch die eheliche Lebensgemeinschaft selbst wegen ihrer besonderen Ausgestaltung im Einzelfall erfolgt, erscheint eine Verpflichtung der Ehegatten hierzu nicht länger gerechtfertigt."

43 Zu Gegenlinien Diederichsen, NJW 1977, 217 (220/221).

44 Richtig Diederichsen, NJW 1977, 217 (220); Rolland, § 1356 Rn 17.

45 Diederichsen, NJW 1977, 217, (220).

46 Diederichsen, NJW 1977, 217 (220).

47 Diederichsen, NJW 1977, 217 (220).

48 Bosch, FamRZ 1976, 401; Diederichsen, NJW 1977, 217 (220); Wacke, FamRZ 1977, 505 (519/520); anders – Unterhaltspflicht ist verletzt, so daß § 844 BGB eingreift – Holzhauer, JZ 1977, 729/730.

49 Diederichsen, NJW 1977, 217 (220); anders Holzhauer, JZ 1977, 729/730 – normativer Schaden.

50 Selbst die vom BGH vorgenommene Umformung versagt; in BGHZ 50, 304; 59, 172 wird dem verletzten Ehegatten selbst Schadensersatz zugesprochen, nicht dem Dienstberechtigten, da sich ein solcher Außenbezug von Arbeitstätigkeit nicht mit Artt. 1 II, 3 II GG verträgt. Vertraglich begründete Verpflichtungen sind jedenfalls nicht einbezogen, vgl. als Beispiel BGH, NJW 1962, 1612.

51 Vgl. die Ausführungen bei Palandt/Diederichsen (37.), § 1356 Anm. 4a.

52 Vgl. die Nachweise bei Rolland, § 1356 Rn 16.

53 Rolland, § 1356 Rn 16 a. E.

54 Rolland, § 1356 Rn 16 a E.

55 Zu den Auswirkungen von Familienrecht/Eherecht auf Vertragsrecht vgl. Rolland, § 1353 Rn 30 f.

56 Zu den einzelnen Erscheinungen vgl. im folgenden II.

57 Ähnlich in der Einschätzung, Diederichsen, NJW 1977, 217 (221).

58 Rolland, § 1353 Rn 24 f.; knapp Henrich, § 7 IV 2 S. 37.

59 Henrich, § 7 IV 2 S. 37; Müller-Freienfels, JZ 1964, 305 (zu BGHZ 38, 317); Rolland, § 1353 Rn 25.

60 Rolland, § 1353 Rn 25.

61 Rolland, § 1353 Rn 26.

62 Rolland, § 1353 Rn 9.

63 Dazu im einzelnen Rolland, § 1353 Rn 38 f. Allerdings sind die Mißbrauchsfälle – Schuldgesichtspunkte prägen sie – ein Fremdkörper im 1. EheRG.

64 Vgl. Palandt/Lauterbach (32.), § 1353 Anm. 6; Rolland, § 1353 Rn 39.

65 Ebenso Rolland, § 1353 Rn 39.

66 Diederichsen, NJW 1977, 217 (219); Rolland, § 1353 Rn 40.

67 MK/Wacke, § 1353 Rn 39; Palandt/Diederichsen (37.), § 1353 Anm. 3b. Kritisch deshalb Bosch, FamRZ 1977, 401. Vgl. dazu OLG Hamburg, NJW 1978, 644.

68 Flankierende Maßnahmen außerhalb des Familienrechts fehlen bisher sehr weitgehend, vgl. dazu Zenz, Handlexikon, S. 97f.

69 Dazu Diederichsen, NJW 1977, 217 (219); Palandt/Diederichsen (37.), § 1356 Anm. 2a. bb. Neuerdings Kurr, FamRZ 1978, 2.

70 § 845 BGB in seiner Umformung durch BGHZ 50, 304; 59, 172.

71 Schon deshalb wird die Rechtspraxis an einer Verpflichtung kraft Gesetzes, nicht kraft Vertrages festhalten, vgl. Diederichsen, NJW 1977, 217 (219).

72 Diederichsen, NJW 1977, 217 (219).

73 Dazu Ramm, JZ 1968, 41–90 (93).

74 Vgl. dazu Müller, NJW 1978, 2273.

75 Zur Sache 1/77, S. 24ff.

76 BT – Ds 7/670, S. 71; BT – Ds 7/4361, S. 7f.

77 Nur ein Datum: Seit rund achtzig Jahren ist die Quote der berufstätigen Frauen erstaunlich konstant geblieben, schwankt um 35% der Gesamtzahl der Erwerbstätigen, dazu BT – Ds 7/5866, S. 11 (Frauenquète); vgl. auch die Angaben bei Giesen, S. 309.

78 BT – Ds 7/650, S. 98.

79 BT – Ds 7/650, S. 98. Dazu auch Simitis, Vorwort zu Simitis/Zenz, S. 26.

80 Simitis, Vorwort zu Simitis/Zenz, S. 27.

81 Vgl. dazu die Arbeit von Scheu.

82 Simitis, Vorwort zu Simitis/Zenz, S. 27.

83 Enke-Ferchland/Enke, S. 53.

84 Lernziel Solidarität, S. 58.

85 Diederichsen, NJW 1977, 217 (220).

86 Diederichsen, NJW 1977, 217 (220), unter Hinweis auf die Mithilfe im Haushalt durch Ehemänner (dazu die Untersuchungen von Helge Pross).

87 Ähnlich wohl Diederichsen, NJW 1977, 217 (220).

88 Diederichsen, NJW 1977, 217 (220).

89 Zur Einordnung der neuen Bestimmung – gesetzliche Vertretung, familienrechtliche Befugnis eigener Art etc. – vgl. Büdenbender, FamRZ 1976, 662 (666); Wacke, FamRZ 1977, 505 (521f.). Zu den unterschiedlichen Handlungsmöglichkeiten – in eigenem, in fremdem Namen, unter Ausschluß des § 1357 BGB – Büdenbender, FamRZ 1976, 662 (666f.).

90 Schamvoll BT – Ds 7/650, S. 98/99 – „gewisses Interesse an der Sicherheit des Rechtsverkehrs", doch warum eigentlich?

91 Vgl. dazu die Einzelheiten bei Palandt/Lauterbach (32.), § 1357 Anm. 2b.

92 Palandt/Lauterbach (32.), § 1357 Anm. 2b a. E.; dazu auch Struck, MDR 1975, 449 (451).

93 Palandt/Lauterbach (32.), § 1357 Anm. 2b – entscheidend sollten hier die Lebensverhältnisse der Gatten sein.

94 Diederichsen, NJW 1977, 217 (221).

95 BT – Ds 7/650, S. 99 stellt wiederum auf „Rechtssicherheit" ab, die andernfalls gefährdet wäre, da die Verteilung unter den Eheleuten wandelbar sei. Kritisch Büdenbender, FamRZ 1976, 662 (663).

96 Herbe Kritik von Büdenbender, FamRZ 1976, 662 (663). Zum früheren Recht Struck, MDR 1975, 449 – Verstoß gegen Art. 6 I GG.

97 Struck, MDR 1975, 449; anders Wacke, FamRZ 1977, 505 (521). Vgl. auch Gernhuber, Neues Familienrecht, S. 133; Holzhauer, JZ 1977, 729 (731).

98 So Diederichsen, NJW 1977, 217 (221 Fn 61).

99 BT – Ds 7/650, S. 99; BT – Ds 7/4361, S. 26.

100 BT – Ds 7/650, 98/99.

101 Diederichsen, NJW 1977, 217 (221).

102 Mit der Möglichkeit für die Frau, ihren Mädchennamen anzuhängen.

103 § 13a I EheG 1946 wirkt sich besonders aus, in seiner verklausulierten Form.

104 Nach einer Meldung der FR – 24. 8. 1976, S. 10 – wählten in den ersten Wochen nach Inkrafttreten des 1. EheRG (für die Namensführung 1. 7. 1976) in Frankfurt von 501 eheschließenden Paaren 8 den Frauennamen; in Hamburg war das Verhältnis 1310 zu 38, in Gelsenkirchen (als Spitzenreiter gefeiert) 320 zu 12, also knapp 3,7%. Für diesen kleinen Rest spielen offensichtlich Alltagsnamen und „häßliche Namen" die ausschlaggebende Rolle. Zu optimistisch (12%) daher Wacke, FamRZ 1977, 505 (514 Fn 185). Eigentümlich Lüke, S. 631 – er hofft auf möglichst geringe Wahlbeteiligung, weil das neue Recht „so kompliziert sei".

105 Dazu Ruthe, FamRZ 1976, 409.

106 Einen vorzüglichen Überblick gibt Dölle, § 37 II 1 f. S. 463 f. Historisch Wacke, FamRZ 1977, 505 (510/511).

107 Vgl., allerdings nicht sonderlich nachdrücklich, BT – Ds 7/650, S. 96.

108 Diederichsen, NJW 1976, 1169 (1170).

109 BT – Ds 7/650, S. 96.

110 Beispiel in BT – Ds 7/650, S. 96.

111 BT – Ds 7/650, S. 96 enthielt noch eine Beschränkung auf diese Bestandteile, ohne allerdings festzuhalten, welche Teilstücke zu kappen sind, wenn insgesamt Überzahl erreicht ist; dies sollte den Verlobten zur Auswahl überlassen werden, die dann auf 12 Kombinationsmöglichkeiten kamen. Die Beschränkung ist inzwischen gefallen, vgl. Ruthe, FamRZ 1976, 409 (412 Fn 47); Wacke, FamRZ 1977, 505 (513).

112 Ruthe, FamRZ 1976, 409 (412); Wacke, FamRZ 1977, 505 (513). Anders Rolland, § 1355 Rn 39 – keine Voranstellung des persönlichen Namens, nur des Ehenamens.

113 Dazu Ruthe, FamRZ 1976, 409 (412).

114 Für Rolland, § 1355 Rn 39 ist dies die einzig zulässige Alternative zu Mayer-Müller.

115 In nicht unbedingt eindeutiger Fassung; betroffen ist jedoch § 1355 III BGB schlechthin, nicht lediglich in dem Teilausschnitt, in dem die Ehefrau bisher ihren Namen angehängt hatte, richtig Ruthe, FamRZ 1976, 409 (412 Fn 46); zweifelnd Rolland, § 1355 Rn 47. Sonst gilt Art. 12 Nr. 1 1. EheRG – danach richten sich die persönlichen Ehewirkungen nach dem 1. EheRG, selbst wenn die Ehe schon zuvor bestand. Das BVerfG hat inzwischen Eheleuten, die nach dem 1. 4. 1953 geheiratet haben, schlechthin die Wahl aus § 1355 n. F. BGB eröffnet, BVerfG FamRZ 1978, 667. Vgl. Fn 117a.

116 Ruthe, FamRZ 1976, 409 (412).

117 Ähnlich in der Beurteilung Diederichsen, NJW 1976, 1169 (1177); Lüke, S. 631; Ruthe, FamRZ 1976, 409 (417); Wacke, FamRZ 1977, 505 (517). Das Zusatzurteil von Ruthe – fast vollkommene Gleichberechtigung – mache ich mir allerdings nicht zu eigen.

117a Vgl. dazu G, im Bundestag verabschiedet am 14. 12. 1978. Danach wird das Wahlrecht aus § 1355 BGB auch für Altehen gewährt; ein mindestens 14 Jahre altes Kind erhält die Befugnis, über seine Namensführung selbst zu entscheiden. Ablauf insgesamt: 31. 3. 1980.

118 Vgl. dazu die Übersicht bei Dölle § 37 II 1 f. S. 463 f.; Ruthe, FamRZ 1976, 409 (417) über Rechtsordnungen in Nachbarländern – aus ihnen habe ich ausgewählt.

119 Durch die Voranstellung des Beinamens ist die Bedeutung des Ehenamens ohnehin stark zurückgenommen, zutreffend Diederichsen, NJW 1976, 1169 (1177) und Wacke, FamRZ 1977, 505 (517).

120 Oder mehrfachen, bei mehrfacher Scheidung, dazu MK/Wacke, § 1355 Rn 36.

121 Zu wichtigen Fragen nehme ich im Zusammenhang (unten 3. Teil) Stellung.

122 Zum Haager Ehewirkungsabkommen vgl. Palandt/Heldrich (37.), Anhang zu Art. 15 EGBGB.

123 Palandt/Heldrich (37.), Art. 4 EBGBG Anm. 1.

124 Bei Doppelstaatlern entscheidet die effektive Staatsangehörigkeit, Jayme, NJW 1977, 1378 (1380 f.).

125 Beides geklärt seit BVerfGE 31, 58.

126 So insbesondere Lüderitz, FamRZ 1970, 169; vgl. auch Kropholler FamRZ 1976, 316.

127 Vgl. die Übersicht bei Lüderitz, FamRZ 1970, 169 (170 f.) und Palandt/Heldrich (37.), Art. 14 EGBGB Anm. 2.

128 Müller-Freienfels, JZ 1957, 141 (146 f.) – das Heimatrecht ist anzuwenden, das inhaltlich Gleichberechtigungsgebote am intensivsten verwirklicht (wie sind aber Schlüsselgewalt gegen Namensführung, Zwang zur Geschlechtsgemeinschaft gegen Bekenntnisfreiheit abzuwägen? ungeklärte Schwierigkeiten).

Zu kollisionsrechtlichen Vorschlägen Palandt/Heldrich (37.), Art. 14 EGBGB Anm. 2, mit Nachweisen. Zur Rechtswahl Lüderitz, FamRZ 1970, 169 (171 f.).

129 Kegel, § 20 IV 1b S. 278 f. mit abgestuftem Katalog; Palandt/Heldrich (37.), Art. 14 EGBGB Anm. 2, mit Nachweisen (und Gegenstimmen). Ablehnend Lüderitz, FamRZ 1970, 169 (171).

130 Dazu Lüderitz, FamRZ 1970, 169 (171).

131 Manches spricht wohl auch für das Heimatrecht des Klägers – wenn ein Gerichtsverfahren eingeleitet ist –, in Anlehnung an Art. 17 EGBGB.

132 Dazu gerade I. 3. a. A.

133 MK/Wacke, § 1356 Rn 27, 28.

134 Dazu Palandt/Lauterbach (32.), § 1356 Anm. 3. Allerdings gab es schon immer Stimmen, die den Schluß von Üblichkeit auf Unentgeltlichkeit – auch wenn er vermittelt war – zu kurz fanden, sich um Abhilfe und Differenzierung bemühten, vgl. Palandt/Lauterbach (32.), § 1356 Anm. 3.

135 Vgl. dazu 4. Kapitel – Verlöbnis.

136 MK/Wacke, § 1356 Rn 24.

137 Zutreffend Diederichsen, NJW 1977, 217 (221 Fn 57), wenn er auf das gefährliche eheliche Geflecht von wirtschaftlichen, sexuellen und anderen Motiven aufmerksam macht, das hervorragend geeignet ist, Abhängigkeiten herzustellen und Ausbeutungsmechanismen zu verschleiern – Abhilfe tut Not, und sie liegt in der Anerkennung vertraglicher Gestaltung.

138 Ausführlich informieren über diese Punkte die Schriften von Burckhardt, Fenn und Lieb. Vgl. dazu auch Klunzinger, FamRZ 1972, 70. Zum früheren Streitstand Fenn, S. 242 f.

139 Fenn, S. 245 f.

140 MK/Wacke, § 1356 Rn 27, mit Hinweisen insbesondere auf die zunächst gegenläufige Rechtsprechung des BFH und des BVerfG – BVerfG, NJW 1957, 417; FamRZ 1962, 100 und 107.

141 MK/Wacke, § 1356 Rn 25.
142 Fenn, S. 244.
143 Knapp Klunzinger, FamRZ 1972, 70 (75).
144 Sehr deutlich Gernhuber, § 20 II 3 S. 185.
145 MK/Wacke, § 1356 Rn 24. Deshalb versagt auch „Wegfall der Geschäftsgrundlage".
146 Lieb, S. 86 f., 108.
147 Dazu Klunzinger, FamRZ 1972, 70 (71).
148 Lieb, S. 90 f.
149 Dazu Söllner, AcP 163, 20 mit historischer Herleitung.
150 Lieb, S. 116/117; ablehnend auch MK/Wacke, § 1356 Rn 24 a. E. mit Nachweisen.
151 Klunzinger, FamRZ, 1972 70 (73).
152 Deutlich MK/Wacke, § 1356 Rn 24 a. E.
153 § 20 II 4 S. 186 f.
154 S. 209.
155 Warum keine anteilige Berechtigung, bei geringer Mitarbeit? P. F.
156 Dieser Punkt wäre zu revidieren, P. F.
157 Inakzeptabel, P. F.
158 Allein dieser Vorschlag belegt die Komplexität der Situation.
159 MK/Wacke, § 1356 Rn 23, 25: In ihrem berechtigten Vertrauen auf die Weisheit des Gesetzgebers werden die Eheleute getäuscht; kritisch auch Diederichsen, NJW 1977, 217 (221).
160 Zur Gesellschaft in einem eheähnlichen Verhältnis vgl. OLG Düsseldorf, FamRZ 1978, 109.
161 MK/Wacke, § 1356 Rn 25.
162 Neuere Rechtsprechung bei Maiberg, DB 1975, 385; ausführlich Henrich, FamRZ 1975, 533 (535 f.).
163 BGHZ 8, 249.
164 BGHZ 31, 197 – mit Anknüpfung an den früheren Güterstand der Verwaltung und Nutznießung des Mannes am eingebrachten Gut der Frau: An ihre Stelle können Vereinbarungen getreten sein (und müssen es, um dem Mann fortbestehende Befugnisse zu verleiten), 204 f. Sonst spielt der Güterstand keine Rolle, Henrich, FamRZ 1975, 533 (535).
165 BGHZ 31, 197 (201/202). FamRZ 1961, 212 betrifft einen Fall, der Entschädigungsansprüche nach BEG thematisiert, ist deshalb ohne besondere Aussagekraft. BGH, FamRZ 1961, 301 – gemeinsamer Betrieb einer Landwirtscahft von 15 ha neben einigem Pachtland – lehnt die Annahme einer Gesellschaft ab.
166 BGH, FamRZ 1961, 431.
167 BGH, FamRZ 1962, 357.
168 BGHZ 47, 157. Ebenso BGH, NJW 1974, 2278 – anders BGH, NJW 1974, 2045, allerdings mit teilweiser Entschädigung unter dem Blickfeld „Wegfall der Geschäftsgrundlage"; ähnlich schon BGH, NJW 1972, 580 – anders wieder BGH, FamRZ 1975, 35.
169 Palandt/Diederichsen (37.), § 1356 Anm. 4 d a. E.
170 Vgl. MK/Wacke, § 1356 Rn 25 mit Nachweisen.
171 MK/Wacke, § 1356 Rn 25.
172 MK/Wacke, § 1356 Rn 25 a. E. Vgl. ausführlich Kühne, FamRZ 1978, 221.
173 Henrich, FamRZ 1975, 533 (537). Zu ergänzen wäre: auch im Eingriffsmittel; Stichwort: Anpassung.
174 BGH, FamRZ 1972, 201.

175 BGH, NJW 1974, 2045 mit Anm. Kühne, JR 1975, 157. Kein Ausgleich in BGH, JZ 1976, 486 mit Anm. Kühne.

176 OLG Düsseldorf, FamRZ 1976, 344.

177 Abgelehnt noch in BGH, NJW 1965, 1224 (aber nur, weil vertragliche Abreden vorgehen); zögernd BGH, NJW 1966, 542; dazu Canaris, BB 1967, 165 mit Nachweisen aus der älteren Judikatur.
Gänzlich ablehnend BGH, MDR 1966, 821.

178 BGH, NJW 1968, 245 (246).

179 BGH, WM 1972, 564 (allerdings verkürzt, durch die unterbliebenen Angriffe der Revision).

180 Zum ganzen Johannsen, WM 1978, 654.

181 Selbstverständlich bleiben Ansprüche dem „Grunde nach" bestehen – Kürzung vielleicht über §§ 254, 278 BGB, bei schuldhafter Unfallverursachung durch den Ehegatten, vgl. dazu Finger, JR 1972, 406 –, nur sind sie praktisch stark beeinträchtigt in ihrer Durchsetzbarkeit.

182 Ähnlich § 11 Nr. 3 AKB; danach sind Ansprüche des Versicherungsnehmers, Halters oder Eigentümers gegen mitversicherte Personen ausgeschlossen.

183 „Absurd" nach Kötz, S. 177. Zu Reformüberlegungen ebenfalls Kötz, S. 177 f.; Sennekamp, ZRP 1976, 89.: II Nr. 4 AKB ist außer Kraft seit 1. 1. 1977.

184 BGHZ 37, 36 (42).

185 Erinnern darf ich an die Einschätzung von Wacke, FamRZ 1977, 505 (507) – Anachronismus.

186 BGHZ 37, 36 (42).

187 BGHZ 34, 80 (84).

188 Dazu Palandt/Diederichsen (37.), Einf. 1 vor § 1353.

189 Leading case BGHZ 6, 360, in allerdings wenig überzeugender Differenzierung zwischen Mann und Frau. „Der Ehemann wird . . . dieses Recht in der Regel ohne Zuhilfenahme staatlicher Gewalt gegen Angriffe der Ehefrau oder Dritter schützen können", 366, zudem eine kaum verhohlene Empfehlung von Faustrecht.

190 Knapper Überblick bei Kötz, S. 43.

191 Palandt/Diederichsen (37.), Einf. 1 vor § 1353.

192 BGHZ 6, 360; BGH, FamRZ 1963, 553.

193 BGH, LM Nr. 1d zu § 823 (Af) BGB. Etwas weiter noch LG Zweibrücken, FamRZ 1964, 266.

194 BGH, LM Nr. 1b zu § 823 (Af) BGB; BGH, LM Nr. 2 zu § 823 (Af) BGB; BGH, LM Nr. 2 zu § 823 (Af) BGB; dies auch dann, wenn das Geschäft in einem anderen Gebäude liegt und die früher mitarbeitende Ehefrau sich jetzt fernhält, LG Hamburg, FamRZ 1964, 265.

195 BGH, FamRZ 1963, 553.

196 LG Saarbrücken, FamRZ 1967, 288; ähnlich schon BGH, FamRZ 1963, 553.

197 BGH, LM Nr. 4 zu § 823 (Af) BGB.

198 Dazu Palandt/Diederichsen (37.), Einf. 1 vor § 1353.

199 Struck, JZ 1976, 160 mit vielen weiteren Nachweisen.

200 Zu besitzrechtlichen Fragen BGH, NJW 1977, 43 und NJW 1978, 1529.

201 BGH, LM Nr. 6 zu § 823 (Af) BGB.

202 BGH, LM Nr. 5 zu § 823 (Af) BGB; BGHZ 26, 217.

203 BGHZ 26, 217. Grundlage dann aber doch: § 1709 II BGB. Zugesprochen wird auch – § 812 BGB – „Ersatz" für unnötig ausgegebene Entbindungskosten.

204 Kötz, S. 43; Gernhuber, § 17 III S. 145 erwähnt weiter Heilungskosten für psychische Schäden sowie Verluste durch eine mögliche Ehescheidung (Unterhalt, Mitarbeit).

205 Dazu BGH, NJW 1973, 991.

206 Gernhuber, § 17 III S. 147.

207 BGHZ 26, 217 für die Entbindungskosten.

208 BGHZ 57, 229 (wenigstens als Möglichkeit erwogen) für die Kosten der Anfechtung der Ehelichkeit.

209 BGHZ 26, 217. § 1709 II BGB (analog) wurde aber abgelehnt für den *nicht*-ehelichen Scheinvater, BGHZ 46, 219; anders heute § 1615b II BGB. Zum ganzen Wiethölter, Rechtswissenschaft, S. 204 f.

210 Lüke, AcP 178, 1 (10/11).

211 Dölle, § 32 II 1 S. 373.

212 Gernhuber, § 17 III 4 S. 147 f.; Dölle, § 32 II 2 S. 375 f.

213 Zu den Vorgängen insgesamt vgl. Wiethölter, Rechtswissenschaft, S. 205 f.

214 Dazu gerade II.

215 Zur Vollstreckung „normaler" Schadensersatzklagen, jenseits von § 888 II ZPO, vgl. MK/Wacke, § 1353 Rn 16.

216 BT – Ds 7/650, S. 99.

217 Diederichsen, NJW 1977, 217 (221).

218 Diederichsen, NJW 1977, 217 (221).

219 BT – Ds 7/650, S. 99 f. Zum ganzen Diederichsen, NJW 1977, 217 (221/222); vgl. auch MK/Wacke, § 1360 Rn 15.

220 MK/Wacke, § 1360a Rn 6 mit vielen Nachweisen.

221 Zum ganzen MK/Wacke, § 1360a Rn 8 und Palandt/Diederichsen (37.), § 1360a Anm. 1c.

222 Vgl. dabei § 1575 BGB.

223 Dazu BGH, FamRZ 1977, 629 mit Anm. Bosch; OLG Stuttgart, FamRZ 1976, 381 (Berufungsinstanz vor BGH, FamRZ 1977, 629).

224 Dazu Wacke, FamRZ 1977, 505 (526 f.).

225 Zunächst gestrichen, vgl. BT – Ds 7/650, S. 100, dann wieder eingeführt, BT – Ds 7/ 4361, S. 26. Zum Ganzen Wacke, FamRZ 1977, 505 (526/527). Für den Fortbestand der Ehe ist ein Streit um den Kostenvorschuß, vielleicht gar nach § 620 ZPO, sicher nicht besonders förderlich, vgl. schon BT – Ds 7/650, S. 100.

226 Ausführlich zur Berechnung OLG Stuttgart, NJW 1978, 1332.

227 BT – Ds 7/650, S. 101.

228 BT – Ds 7/650, S. 101.

229 So der Titel einer provozierenden Arbeit von Ernst Wolf, JZ 1967, 659. Dazu Weinkauff, JZ 1968, 15; Larenz, JZ 1968, 96 und die Entgegnung von Wolf, JZ 1968, 172.

230 BT – Ds 7/650, S. 101.

231 § 1579 I Nr. 1 BGB – kurze Dauer der Ehe – gilt im Rahmen des § 1361 BGB nicht. Dieser Gesichtspunkt spielt nur bei der Prüfung der Zumutbarkeit einer Erwerbstätigkeit für den anspruchstellenden Gatten eine Rolle, OLG Bremen, NJW 1978, 1864.

232 BT – Ds 7/650, S. 101. Maßgeblich sind weiterhin die beiderseitigen Einkommens- und Vermögensverhältnisse, die Verbindlichkeiten sowie vielleicht sonst bestehende Unterhaltspflichten, BT – Ds 7/650, S. 101. Zum Ganzen auch Diederichsen, NJW 1977, 217 (221/222).

233 OLG Bremen, NJW 1978, 1864.

234 Zur „Vorwegnahme" von § 1570 BGB vgl. OLG Düsseldorf, FamRZ 1978, 118.

235 Vgl. dazu im einzelnen Wacke, FamRZ 1977, 505 (527).
236 Dölle, § 32 II 1 S. 373.
237 Kritisch deshalb Wacke, FamRZ 1977, 505 (527).
238 Dazu Wacke, FamRZ 1977, 505 (527).
239 Zur Zuständigkeit vgl. § 11 HausratsVO und Wacke, FamRZ 1977, 505 (525).
240 Palandt/Diederichsen (37.), § 1361a Anm. 1.
241 Wie hier OLG Oldenburg, FamRZ 1978, 47; OLG Köln, NJW 1978, 1335; AG Lörrach, NJW 1978, 1330 – mit einer Erweiterung: Armenrechtsantrag reicht aus; OLG Stuttgart, FamRZ 1978, 686 – mit einer Ausnahme: einstweilige Verfügung nach allgemeinen Regeln, für eine Übergangszeit. Anders OLG Frankfurt, FamRZ 1978, 191. Zum Ganzen vgl. 8. Kapitel III und Deisenhofer, FamRZ 1979. 102.
242 Vgl. Palandt/Diederichsen (37.), § 1362 Anm. 2.

6. Kapitel

Eheliches Güterrecht.

I. Gesetzlicher Güterstand.

1. Gesetzlicher Güterstand ist seit Inkrafttreten des GleichberG vom 18. 6. 1957[1] die Zugewinngemeinschaft, §§ 1363 ff. BGB; abgelöst wird damit die (offen) gegen das Gebot der Gleichberechtigung der Geschlechter verstoßende Verwaltung und Nutznießung des Mannes am eingebrachten Gut der Frau. Lediglich die Wahlgüterstände der Errungenschafts- und der Fahrnisgemeinschaft befinden sich weiterhin unter dem Einfluß des vor dem 1. 4. 1953 geltenden Rechts – vgl. Art. 117 GG –, Art. 8 I Nr. 7 GleichberG.[2] Für den gesetzlichen Güterstand bestimmen Art. 8 I Nr. 3 und 4 GleichberG in differenzierter Überleitung:[3]

Nr. 3: Lebten die Ehegatten am 31. 3. 1953 im bisherigen Güterstand der Verwaltung und Nutznießung, gelten ab 1. 7. 1958 die Vorschriften des GleichberG; doch kann jeder Gatte bis zum 30. 6. 1958 dem Amtsgericht gegenüber erklären, daß für seine Ehe die Gütertrennung eingeführt werden soll.[4]
Nr. 4: Haben die Ehegatten die Ehe zwischen dem 1. 4. 1953 und dem 1. 7. 1958 geschlossen, bleibt es bei der Regelung nach Nr. 3; liegt die Eheschließung allerdings nach der Verkündung des GleichberG (18. 6. 1957), greift Nr. 3 Abs. 2 – Ausschluß der Zugewinngemeinschaft durch einseitige Erklärung gegenüber dem Amtsgericht – nicht ein, eine Beschränkung, die offensichtlich mit (eben nicht notwendigem) Vertrauensschutz zu begründen ist. In der Diskussion um das 1. EheRG, vor allem um den Versorgungsausgleich, der auf weiten Strecken dem Zugewinnausgleich verwandte Züge trägt, letztlich mit gleichartigen Überlegungen ausgebildet wurde, taucht der Hinweis auf diese feine Staffelung häufig auf, als Vorwurf mit der Folge der Verfassungswidrigkeit des Einbezugs von „Altehen" (= Ehen, die bereits vor dem 1. 7. 1977 bestanden) – unter unterschiedlichem Blickwinkel, hauptsächlich Artt. 6 I, 14 I,[5] 20 III, 33 V GG. Doch sollten in einer Debatte um die Zulässigkeit oder Unzulässigkeit gesetzlicher Rückwirkungen – das ist der Kern – nicht nur die formalen Argumente Gehör finden, vielmehr materiale Gesichtspunkte das Übergewicht gewinnen; für die Einführung des Versorgungsausgleichs *ohne* Übergang lassen sich durchaus zwingende sachliche Gründe anführen.[6]

Als Wahlgüterstände stehen die Gütergemeinschaft und die Gütertrennung zur Verfügung, mit Variationen und Kombinationen.[7] Grenze jeweils: das GleichberG selbst (und § 1409 BGB).
2. Die Grundlinien der Zugewinngemeinschaft sind durch §§ 1363 II, 1364 BGB vorgegeben. Danach werden das Vermögen des Mannes und das Vermögen der Frau *nicht* gemeinschaftliches Vermögen beider Ehegatten, § 1363 II Halbs. 1 BGB; „das gilt auch für Vermögen, das ein Ehegatte nach der Eheschließung er-

wirbt", § 1363 II 1 Halbs. 2 BGB. Nach § 1364 BGB ist jeder Ehegatte für die Verwaltung, einschließlich der Belastung, Veräußerung etc. selbständig zuständig, allein nach §§ 1365 ff. BGB intern eigentümlich beschränkt.

Ausgeglichen wird der reale Zugewinn jedes Partners bei Beendigung des Güterstandes, § 1363 II 2 BGB. Die Zugewinngemeinschaft stellt sich folglich dar als Gütertrennung mit abweichenden Randzonen (§§ 1365 ff. BGB) und einer rechnerischen Saldierung bei ihrer Auflösung. Sie versucht, Vorteile aus mehreren Richtungen miteinander zu vereinen, ist jedoch in ihrer Auswahl nicht immer glücklich (besonders gescheitert wohl in §§ 1365 ff. BGB und 1371 I BGB). Erhalten ist die fortdauernde Rechtsmacht jedes Gatten, seine Vermögensverhältnisse betreffend,[8] vermieden ist eine „echte" Gemeinschaft mit unüberschaubaren Haftungsrisiken nach dem Muster der Errungenschaftsgemeinschaft,[9] geschaffen ist ein abgeschirmter Binnenbereich, gesichert gegen Angriffe, die auf den „materiellen Bestand" der Ehe zielen, beteiligt ist der nicht-erwerbstätige Teil – in aller Regel die Frau, deren Hausarbeit endlich ernstgenommen wird, auf den beruflichen Erfolg und die Karriere ihres Mannes ausgerichtet[10] – am eben gemeinsam in der Ehe geschaffenen Zuwachs. Doch trüben dieses schöne Bild ganz handfeste Mängel (wiederum vor allem §§ 1365 ff., 1371 I BGB).

3. „Beschränkt" in seiner Verfügungsmacht trotz grundsätzlich durch die Eheschließung unberührter Verwaltungsbefugnis ist jeder Ehegatte für die in §§ 1365 ff. BGB behandelten Geschäfte. Insbesondere § 1365 BGB erweist sich dabei als unfertig und mißlungen. In weiten Bereichen, die durchaus schwerwiegende Gefährdungen der „Basis der Ehe" mit sich bringen, versagt die Regel ihren Schutz, läßt ungehindert Attacken und Schmälerungen bis zur völligen Erschöpfung zu, um andererseits bei nichtssagenden, unbedeutenden Maßnahmen mit aller Schärfe zuzugreifen. Nur ein Beispiel: „Belastet" der Ehemann sein Vermögen durch eine Bürgschaft bis an die Grenzen seiner Leistungsfähigkeit, zielt § 1365 BGB daneben; die Bürgschaft ist schuldrechtliches Geschäft, unterfällt von vornherein nicht dem Verdikt aus § 1365 BGB, der lediglich „Verfügungen" untersagt. Verkauft und veräußert die Ehefrau in einer Studentenehe ihren gebrauchten VW zum Preise von DM 1 200,-- (und besitzt sie sonst nichts), kann sich der Mann über §§ 1365, 1368 BGB zur Wehr setzen.[11] Von den vielfältigen Auslegungsschwierigkeiten, die § 1365 BGB bereitet, und den inzwischen angebrachten Korrekturen will ich noch gar nicht reden (dazu gleich). Nicht erfaßt und wohl auch in schlichten Prozessen der Rechtsanwendung nicht erfaßbar sind Einkommen und Arbeitskraft, die heute wesentlichen „Vermögensteile", Reserven und Notgroschen der Familie.[12] Stets droht, dazu zwingen die Verhältnisse, Entwertung von § 1364 BGB.[13] In dieser Situation sind grundsätzlich Zweifel an der Rechtssatzqualität von § 1365 BGB[14] vielleicht wirklich nur noch Übertreibungen, wenn auch polemisch.

a) Nach § 1365 I BGB kann sich ein Ehegatte nur mit Einwilligung des anderen Teils verpflichten, über sein Vermögen im ganzen zu verfügen, eine in ihrer Unklarheit und Zwiespältigkeit bemerkenswerte Aussage. Nimmt sie der Angewiesene beim Wort, sinkt sie schnell zur völligen Bedeutungslosigkeit herab. Rittner[15] ist es sicherlich nach langem und angestrengtem Nachdenken gelungen, wenigstens einen schmalen Bereich restlicher Gültigkeit auszumachen – bei CJC c. 585.[16] „Verfügungen über das Vermögen im ganzen" sind als technischer Akt dem deutschen Recht unbekannt; die dingliche Rechtslage kann jeweils nur konkret, bezogen auf ein ausgesondertes Stück, verändert werden. Zumindest irritierend wirkt weiter das eigentümliche sprachliche Verwirrspiel, das – aus welchen Gründen? – § 1365 I 1 BGB aufführt, mit mehrfachem Wechsel zwischen „Verpflichtung" und „Verfügung".[17] Und: Wie ist „Vermögen" zu verstehen? Sind Einkommen und Arbeitskraft eingeschlossen? Sind manche Geschäfte schlechthin aus dem Anwendungsbereich des § 1365 BGB ausgenommen, da ungefährlich? Wie sind reine Umformungen/Umschichtungen zu beurteilen?[18] Die Liste ist ohne große Anstrengungen fortzusetzen,[19] mit unterschiedlichen Spalten.

Zu den aufgeworfenen Fragen haben sich ungefähr folgende Positionen herausgebildet:

aa) Weitgehende Einigkeit besteht inzwischen über den Zweck von § 1365 I BGB, der wesentliche Interpretationshilfen gibt. Abgesichert wird die materielle Basis der Ehe und Familie, nicht oder nur sekundär[20] der künftige Anspruch auf Zugewinnausgleich, obwohl § 1365 I BGB Aufnahme gefunden hat unter die Vorschriften, die sich mit der Zugewinngemeinschaft beschäftigen, Bestandsschutz im Innenraum sich aber für jeden Güterstand als Aufgabe erweist.[21] Die Zugewinngemeinschaft findet die ausgedehnteste Verbreitung (= Typizität der Regelung); zudem übernehmen bei den Wahlgüterständen andere Vorschriftengruppen die Ziele, die §§ 1365 ff. BGB (unvollkommen) erreichen, vgl. etwa § 1423 ff. BGB.

bb) Ebenso ist praktisch Einvernehmen erzielt über den besonderen Angriff, der erst die Gegenwehr aus § 1365 I BGB auslöst. Nicht „das Vermögen im ganzen" muß im schlichten Wortsinn anvisiert werden; vielmehr reicht aus, wenn ein wesentlicher Vermögensteil, der „nahezu", „fast", im wesentlichen das gesamte Vermögen ausmacht, weggegeben werden soll. Dann liegt der nächste Schritt nicht fern: Auch Geschäfte über einzelne Gegenstände können aus § 1365 I BGB blokkiert sein, falls für diese Einzelgegenstände nur dieselbe Wertung zutrifft – „nahezu", „fast", „im wesentlichen, bei wirtschaftlicher Betrachtung". Die „Einzeltheorie" konnte die Widersacherin „Gesamttheorie"[22] zurückdrängen und überwinden. Wann allerdings die genaue Marke überschritten ist von der Bedeutungslosigkeit zur rechtlichen Relevanz, bereitet beträchtliches Kopfzerbrechen. Prozentuale Grenzen werden empfohlen[23] – wenig sinnvoll bei sehr großen und bei kleinen Vermögen und Resten –, feste verbleibende Teile schlechthin für ausreichend erklärt,[24] schließlich auf die konkreten Vermögensverhältnisse der jeweiligen Familie abgehoben[25] – und wiederum um Einkommen und Arbeitskraft als zulässige Bewertungsfaktoren oder als Daten ohne Wert gestritten.

cc) Unklarheit herrscht dagegen für die Folgen, die das Bekenntnis zur „Einzeltheorie" erst beschwört (obwohl der BGH manch klärendes Machtwort spricht, das für die Rechtspraxis „verbindlich" ist). Verkehrsinteressen verlangen Beachtung (ohne Belang für die „Gesamttheorie"), Geschäftspartner rufen nach Schutz. Ist – so der Kern – ein zusätzliches Korrektiv in Form eines subjektiven Elements in § 1365 I BGB erforderlich (= subjektive Theorie), muß also der Kontrahent positive Kenntnis von den Vermögensverhältnissen der Ehegatten haben (= strenge subjektive Theorie), reicht fahrlässige Unkenntnis bereits aus (= gemäßigte subjektive Theorie), um der ehelichen Gemeinschaft den einseitig geplanten Rechtsverlust zu ersparen, müssen umgekehrt sogar beide Seiten des inkriminierten Geschäfts die näheren Umstände kennen, die die Abwertung aus § 1365 I BGB auslösen (= Konsenstheorie) oder kommt es auf all' dies nicht an, entscheidet allein die objektive Situation in der Familie (= objektive Theorie)?[26] Die praktischen Auswirkungen sind erheblich. Jede subjektive Theorie verlagert den Zugriff von § 1365 I BGB nach hinten, jede Objektivierung bemüht sich um eine Grenzverschiebung nach vorn. Familienschutz kollidiert handfest mit Verkehrsschutz.

Für eine subjektive Theorie in ihrer „strengsten Fassung" votiert der BGH[27] mit mehreren, miteinander verwobenen Argumentationssträngen;[28] „Kenntnis" des Erwerbers von der besonderen Qualität des Gegenstandes – als Vermögen im ganzen – wird zusätzliches Tatbestandsstück in § 1365 I 1 BGB, mit Beweislastfolgen für den übergangenen Ehegatten, da er sich regelmäßig auf die Unwirksamkeit des ohne Zustimmung getätigten Abschlusses beruft.[29] Dabei bezieht sich der BGH auf eine angebliche Entscheidung des historischen Gesetzgebers für die subjektive Theorie – ein bemerkenswerter Fehlschluß –,[30] auf parallele Bestimmungen mit gleichartigen Folgerungen – §§ 419, 2382 BGB; doch sind diese Bestimmungen in den maßgeblichen Partien gerade nicht vergleichbar –,[31] auf eine besondere Gewichtsverteilung, die zwischen § 1365 BGB und § 1364 BGB vorgenommen werden müsse – ein Zirkel, da Freiheit des § 1364 BGB stets nur so weit reicht, wie § 1365 BGB sie zuläßt, Bindung aus § 1365 BGB sich an § 1364 BGB orientiert – und auf die Korrekturbedürftigkeit[32] der Einzeltheorie als Schwerpunkt. Dieser Ansatz (= strenge subjektive Theorie) führt einen faden Beigeschmack mit sich; danach wird die leichtfertige[33] Vertragspartei, die sich um nichts kümmert, deren Ignoranz auch von dritter Seite (Notar, Grundbuchamt) nicht beeinträchtigt wird, „belohnt", während der sorgfältige Teil, der Erkundigungen einholt, Nachforschungen anstellt, oft leer ausgeht. Wirksamer Familienschutz kann mit ihrer Hilfe kaum geleistet werden.[34] Objektive Theorien rücken andererseits Verkehrsinteressen stark (zu stark) in den Hintergrund, wenn es nicht gelingt, Ausgleich an anderer Stelle vorzunehmen. Mein früherer Vorschlag empfahl die Einbeziehung von Einkommen und Arbeitskraft in die Wertberechnung, mit manchen Vorteilen,[35] insbesondere durch das Abdrängen von § 1365 I 1 BGB in schmale Randbereiche, gleichwohl wirkungsvollem Schutz der materiellen Basis der Familie. Sicherstellung für Notzeiten erfolgt heute nicht mehr durch angesammelte, gesparte Kapitalien, vielmehr (eher) durch Arbeitsleistung und mit ihr im Zusammenhang stehende Versicherungen und Systeme sozialer Sicherheit. Doch sehe ich durchaus die Mängel, die vor allem durch eine (notwendige) Isolierung auf § 1365 I 1 BGB aufbrechen, die Wertungswidersprüche zu anderen Ausschnitten des ehelichen Güterrechts. Der Einwand, der Hinweis auf die Bedeutung des Arbeitseinkommens für die Zukunftssorge und die Absicherung der Familie sei ein Datum, das dem Normzweck des § 1365 BGB nicht zu integrieren sei, trifft daher wohl zu, zwingt zur Abkehr von der objektiven Theorie in ihrer Umformung.[36] Bleibt eine Hinwendung zur gemäßigten subjektiven Theorie – die wirksamen Familienschutz wenigstens im Ausgang leistet –, die um so leichter fällt, als sich die Rechtsprechung inzwischen langsam und vorsichtig von allzu strengen Alternativfassungen löst;[37] verbunden mit gemilderten Beweisanforderungen für den übergangenen Ehegatten – ihm ist ein Einblick in den tatsächlichen Informationsstand beim Erwerber versperrt – ist auf diesem Weg ein durchaus angemessener Ausgleich zwischen Erhaltungsinteressen der Familie und Bedürfnissen des Verkehrs zu bewirken.[38]

dd) Keine Berücksichtigung findet im Rahmen des § 1365 I 1 BGB die Gegenleistung, obwohl bei „gleichwertiger" Gegenleistung kaum Nachteile für die materielle Basis der Familie zu befürchten sind. Das Vermögen ist nicht nur in seinem abstrakten Bestand, sondern auch in seiner konkreten Organisationsform abgesichert.[39] Selbst bloße Umschichtungen, Veränderungen der Anlage sind daher zu blockieren, eine nicht unbedingt sinnvolle Folge.

ee) Vollstreckungszugriff durch Gläubiger wird von § 1365 I 1 BGB nicht verhindert (ebenso § 1369 BGB).

ff) Mehrere Rechtsgeschäfte, die für sich jeweils unbedenklich sind, zusammen aber in den Bereich des § 1365 I 1 BGB fielen, sind zustimmungsfrei wirksam, selbst bei nahem zeitlichen Zusammenhang; anders ist erst zu entscheiden, wenn die Zusammenhänge von den Kontrahenten bewußt ins Auge gefaßt wurden[40] (Beweisschwierigkeiten sind offensichtlich). Wiederum zeigt sich: § 1365 BGB ist eine nicht unbedingt einleuchtende Regel.

gg) Besonders verworren ist die Situation im Grundstücksrecht/Realkredit. Jede Belastung durch Grundpfandrechte – vorausgesetzt nur, dem belasteten Grundstück kommt die für § 1365 I 1 BGB erforderliche Qualität zu – erfaßt das Grundstück insgesamt, nicht lediglich in Ausschnitten. Ergebnis: Ein Eigentümer kann sein Grundstück teilen, die Teile veräußern – aber belasten kann er das Gesamtgrundstück nicht.[41] Vielleicht noch häßlicher: Bei der Aufnahme von Realkredit verlangen die kreditgewährenden Banken praktisch durchgängig die Zustimmung des anderen Ehegatten; „zur Sicherheit" verpflichten sie ihn dann persönlich für die Rückzahlung der Schuld als Gesamtschuldner,[42] seltener als Bürge. Wie weit diese Sitten durch eine veränderte Anwendung von § 1365 I 1 BGB zu bessern sind, ist nicht sicher zu klären; doch wird es dem von der Kreditaufnahme nichtbetroffenen Gatten wohl ein wenig leichter gemacht, sich als zusätzlichen Schuldner zu verweigern, wenn seine „Zustimmung" aus § 1365 I 1 BGB von vornherein nicht verlangt werden muß (wie häufig dieser Umstand als Verhandlungsargument genutzt wird, die Begründung der persönlichen Einstandspflicht als unwichtige Folge, als reine Formalie, wage ich mir gar nicht erst vorzustellen).

Damit ergibt sich als gegenwärtiger Stand der Dinge[43] und Vorschläge:

– Zustimmungsfrei ist die Bestellung eines dinglichen Vorkaufsrechts. Ebenfalls zustimmungsfrei ist die Übernahme einer Restkaufgeldhypothek (oder -grundschuld) als schlichte Erwerbsmodalität, dann auch die eigenständige Bestellung.

– Keine Zustimmung aus § 1365 I 1 BGB ist ferner erforderlich für die Sicherung eines von dritter Seite aufgenommenen Kredits für den Erwerb eines Grundstücks durch Hypothek oder Grundschuld (Erwerbsmodalität).

– Schließlich fällt die Bestellung einer Eigentümergrundschuld nicht unter § 1365 I 1 BGB, da der Außenbezug fehlt. Selbstverständliche Ergänzung: Eine Verfügung über die Eigentümergrundschuld löst die üblichen Folgen aus § 1365 I 1 BGB aus, falls eben die Voraussetzungen erfüllt sind.

– Jede andere Belastung eines Grundstücks führt zur Zustimmungspflichtigkeit, wenn das Grundstück „ausgeschöpft", nahezu oder praktisch verwertet wird.[44] Der Anschluß an die „Einzeltheorie" ist offensichtlich,

– die Hilflosigkeit des Versuchs, Veräußerungsgeschäfte mit Belastungen gleichzustellen, allerdings ebenfalls. Beide Geschäftsformen unterscheiden sich deutlich voneinander, trotz gleichartiger dogmatischer Ausgestaltung im Ausgangspunkt. Von „Werterschöpfung" kann daher allein bei einer tatsächlichen Weggabe gesprochen werden, kaum bei der Absicherung eines Kredits durch Hypothek oder Grundschuld. Schlichte Gleichbehandlung wird den funktionalen Unterschieden der Maßnahmen nicht gerecht, in schönem Gleichklang gleich an mehreren Stellen. Übersehen ist die Gleichwertigkeit aller Grundpfandrechte für den Bestand des Grundeigentums in dieser Hand; selbst nachrangige Pfandgläubiger kleinen Umfangs können den Eigentümer um sein Recht bringen (und niemand wird gegen eine dritte Hypothek von DM 4 200,– auf einem Grundstück mit einem Wert von DM 250 000,– aus § 1365 I BGB viel einwenden). Unverständlich ist die Ausnahme für Belastungen „bereits ausgebluteter" Grundstücke, da keine zusätzliche Gefährdung eintrete;[45] sie bleibt blind für Wertsteigerungen des Grundstücks und Aufrücken in der Rangfolge. Vor diesem Hintergrund spricht wohl tatsächlich manches dafür, die Bestellung von Grundpfandrechten schlechthin aus dem Anwendungsbereich von § 1365 I 1 BGB auszunehmen (Gernhuber: teleologische Reduktion).[46] Andererseits kommt auch Unbehagen hoch, öffnet sich doch ein wichtiger Ausschnitt für freies Handeln jedes Gatten, während ihm andere Ausschnitte ohne zwingende Gründe verschlossen sind; die Erinnerung an die mißlungene Fassung von § 1365 I 1 BGB insgesamt ändert an diesem Zwiespalt wenig.[47] Durch schlichte Operationen üblicher Rechtsanwendung ist die Bestimmung kaum auf ein allseitig befriedigendes, angemessenes Maß zurückzuführen.[48]

hh) Zu § 1365 I 1 BGB im Recht der Personengesellschaften MK/Gernhuber, § 1365 Rn 67 mit vielen Nachweisen.

ii) Entspricht das Rechtsgeschäft den Grundsätzen einer ordentlichen Verwaltung, kann das Vormundschaftsgericht die Zustimmung des anderen Ehegatten ersetzen, wenn sie ohne ausreichenden Grund verweigert wird, wenn Krankheit oder Abwesenheit die Abgabe der Erklärung hindern oder wenn mit einem Aufschub Gefahr verbunden wäre, § 1365 II BGB. Dieser Weg wird selten beschritten – zu selten, wie ich meine. Gibt schon die nicht feststellbare, ernsthafte Gefährdung[49] von Vermögensinteressen der Familie oder des sich weigernden Partners den Zugang zu § 1365 II BGB frei, erledigt sich ein beträchtlicher Teil der Auseinandersetzungen zum § 1365 I 1 BGB von selbst. In einer funktionierenden Ehe werden die Eheleute meist zur Einigung gelangen, und in der nicht (mehr) besonders einträchtigen Verbindung werden häufig Haß, Mißgunst, Bosheit eher ausschlaggebende Gründe sein, sich querzulegen als Sorge, Sicherheitsstreben, Rückkehrbereitschaft; jedenfalls belegt diese Einschätzung eine Durchsicht der (leider überwiegend kargen) Tatbestände gerichtlicher Entscheidungen[50] zu § 1365 I BGB. Sollte diesen Beweggründen aber tatsächlich Erfolg beschieden sein?

b) Nach § 1369 I BGB kann ein Ehegatte nur mit Einwilligung seines Partners über Haushaltsgegenstände verfügen oder sich zu einer entsprechenden Verfügung verpflichten; dabei deckt die Zustimmung zum schuldrechtlichen Grundtatbestand auch den dinglichen Erfüllungsakt.[51] Die Zielrichtung ist deutlich, deutlicher noch als in § 1365 BGB: Schutz der Familienbasis in ihrem realen Bestand. Maßgeblich wird die konkrete Widmung innerhalb der Familie als Teil des gemeinschaftlichen Haushalts, als persönlicher Gebrauchsgegenstand eines Gatten oder als Vermögensanlage. Nicht entscheidend ist der jeweilige Wert der Sache.[52] Auch die Eigentumsverhältnisse spielen keine Rolle. § 1369 I BGB ist daher selbst dann anwendbar, wenn der andere Gatte – dessen Zustimmung noch fehlt – alleiniger Rechtsinhaber ist,[53] eine verdeckte Einschränkung von § 932 BGB.[54] Andererseits sind wichtige Ausschnitte aus dem Zugriffsbereich des § 1369 I BGB ausgeklammert (das knüpft an die Kritik zu § 1365 I 1 BGB), Ausschnitte, die das künftige Schicksal der Familie viel nachhaltiger berühren als der Verkauf eines Schrankes oder einer Waschmaschine: Kündigung der Mietwohnung, Verkauf des Eigenheims (vielleicht § 1365 I 1 BGB) und ähnliche Vorgänge[55] sind zustimmungsfrei.

§ 1369 II BGB sieht eine Ersetzung der verweigerten Zustimmung durch das Vormundschaftsgericht vor, wie § 1365 II BGB.[56]

Bei Getrenntleben der Eheleute gilt § 1369 I BGB nicht. Das Gesetz selbst akzeptiert in § 1361a BGB die faktische Auflösung des Haushalts, eine Entscheidung, die nicht an anderer Stelle umgestoßen werden sollte.[57]

c) Nach § 1367 BGB sind einseitige Rechtsgeschäfte ohne die erforderliche Einwilligung des anderen Gatten unwirksam.

d) § 1366 I BGB spricht die schwebende Unwirksamkeit eines Vertrages aus, dem die notwendige Zustimmung des anderen Ehegatten fehlt. Bis zur endgültigen Klärung bleiben dem Geschäftspartner als Reaktion ein Widerruf, § 1366 II BGB (mit Einschränkungen, vgl. § 1366 II 2 BGB), oder die Aufforderung nach § 1366 III BGB.

e) § 1368 BGB gibt dem übergangenen Ehegatten griffige Abwehrmöglichkeiten; er kann die sich aus der Unwirksamkeit der Verfügung ergebenden Rechte gegen den Dritten gerichtlich geltend machen[58] (neben dem verfügenden Teil selbst; doch wird von diesem meist keine besondere Aktivität zu erwarten sein).[59]

f) Die Verfügungsbeschränkungen[60] der §§ 1365 ff. BGB können durch Ehevertrag isoliert abbedungen werden, ohne Wechsel des Güterstatuts.[61] Erweiterungen sind dagegen nicht zulässig, vgl. auch § 137 BGB und MK/Gernhuber, § 1365 Rn 99 ff.

4.a) Wird der besondere Güterstand durch den Tod eines Gatten beendet, erfolgt der Ausgleich des in der Ehe erzielten Zugewinns auf einfache Weise. Der Erbteil des überlebenden Teils erhöht sich um ein Viertel, § 1371 I BGB (dabei ist es unerheblich, ob in der Ehe überhaupt ein Zugewinn erzielt wurde) – *erbrechtliche Lö-*

sung. Neben Kindern beläuft sich der erhöhte Erbteil auf ¹/₂, in kinderloser Ehe auf ³/₄ der Erbschaft (oder ¹/₁, § 1931 II BGB). Die Vorteile der Pauschalierung liegen in der Vereinfachung der Abrechnung. Die sonst notwendige Bilanzierung der Vermögensmassen entfällt. Allerdings sind diese Vorteile durch das ErbStG vom 17. 4. 1974[62] zu einem erheblichen Teil wieder beseitigt, ist doch nun notwendig „Erbteil" und „Zugewinn" zu sondern; nur für den Erbteil ist Erbschaftssteuer zu zahlen, nicht für den Zugewinn.[63] Doch überwiegen ohnehin die Nachteile. Der Güterstand der Zugewinngemeinschaft ist für den statistisch immer noch wichtigsten Fall der Auflösung denaturiert,[64] Erbrecht und eheliches Güterrecht sind in eine unentwirrbare Gemengelage geraten, in der sich beider Ziele verwischen. Diese Vorwürfe behalten ihre Gültigkeit auch dann, wenn einer (weiteren) erbrechtlichen Positionsaufbesserung des überlebenden Gatten[65] das Wort geredet wird.[66] Nach dem erhöhten gesetzlichen Erbteil bemißt sich der Pflichtteil (= *großer* Pflichtteil).

Wird der überlebende Ehegatte nicht Erbe – der Erblasser hat eine abweichende letztwillige Verfügung getroffen – und steht ihm kein Vermächtnis zu, erfolgt der Ausgleich nach den allgemeinen Regeln, §§ 1373 ff. BGB als Abrechnung; in diesem Fall berechnet sich der Pflichtteil des überlebenden Gatten oder eines anderen Pflichtteilsberechtigten nach dem nichterhöhten gesetzlichen Erbteil des Ehegatten (= *kleiner* Pflichtteil), § 1371 II BGB. Dem Erben steht dabei kein Wahlrecht[67] zu; er kann also nicht – bei Enterbung – den großen Pflichtteil in Anspruch nehmen unter Verzicht auf den güterrechtlichen Ausgleich. Jedem Ehegatten bleibt unbenommen, den anderen Teil von der erbrechtlichen Lösung auszuschließen und auf die tatsächliche Bilanzierung des Vermögens zu verweisen, um eigene Richtigkeitsvorstellungen durchzusetzen, dem Erblasser nach § 1371 II BGB und dem erbrechtlichen Grundsatz der Testierfreiheit, dem Überlebenden nach § 1371 III BGB, ein formales Gleichgewicht, das nicht durch eine zusätzliche Befugnis zur Wahl des großen Pflichtteils bei Enterbung umgestoßen werden darf (was allerdings nur überzeugt, wenn § 1371 I BGB vorwiegend güterrechtlich zu qualifizieren ist).[68] Gleichwohl trennt der Schnitt zwischen der güterrechtlichen und der erbrechtlichen Lösung benachbarte, oft kaum unterscheidbare Fallgruppen kraß voneinander; die Enterbung schlechthin verweist auf § 1371 II BGB, während ein winziges Vermächtnis die meist „bessere" Erhöhung des Erbteils nach § 1371 I BGB mit sich bringt. Zudem verbindet der Erblasser wohl häufig keine besonderen Absichten mit seiner Wahl, wäre von den Folgen überrascht einfach deshalb, weil ihm diese Folgen unbekannt sein werden.[69]

Wichtig: § 1933 BGB.

§ 1371 IV BGB legt dem überlebenden Ehegatten die Verpflichtung auf, erbberechtigten oder erbersatzberechtigten[70] Abkömmlingen des Erblassers (aus einer anderen Verbindung oder Ehe) aus dem zusätzlichen Viertel – also: gesetzliche Erbfolge; § 1371 IV BGB gilt nicht bei gewillkürter Erbfolge – die Mittel zu einer angemessenen Ausbildung zu gewähren, eine Konsequenz aus § 1615 I BGB (Erlöschen des Unterhaltsanspruch mit dem Tode des Verpflichteten; Stiefeltern treffen keine Unterhaltsforderungen der Stiefkinder). Dieser Ausbildungsanspruch ist unabhängig von einer erbrechtlichen Beteiligung; allerdings kann ihn der Erblasser durch entsprechende letztwillige Verfügung entziehen.[71]

b) Wird der Güterstand aus anderen Gründen als durch Tod beendet – Regelfall: Scheidung, mit dem zusätzlichen Vorgriff nach § 1384 BGB –, wird bilanziert. Anfangs- und Endvermögen beider Gatten sind zu vergleichen; die Hälfte der Differenz eines möglichen Überschusses[72] ist auf den „ärmeren" Teil zu übertragen,[73] vgl. § 1373 ff. BGB. Besonderheiten auf beiden Seiten der Berechnung: Dem Anfangsvermögen hinzugerechnet (und damit neutralisiert) wird Vermögen, das ein Ehegatte nach Eintritt des Güterstandes von Todes wegen oder mit Rücksicht auf ein künftiges Erbrecht,[74] durch Schenkung oder als Ausstattung erwirbt, soweit es nicht nach den Umständen zu den Einkünften zu rechnen ist, § 1374 II BGB;[75] in das Endvermögen wird der Betrag (fiktiv) eingestellt (also aktiviert), um den dies Vermögen durch unentgeltliche Zuwendungen an Dritte, durch Verschwendung oder Benachteiligungen zu Lasten des ausgleichsberechtigten Partners vermindert ist, mit Ausnahmen nach Ablauf der kritischen Frist aus § 1375 III BGB, vgl. § 1375 II BGB. Verbindlichkeiten sind stets abzusetzen, am Anfang und am Ende.[76]

Beispiel 1:	Anfangsvermögen	Mann	DM 10 000,–	
	Anfangsvermögen	Frau	DM 5 000,–	
	Endvermögen	Mann	DM 60 000,–	
	Endvermögen	Frau	DM 7 000,–	
	Zugewinn	Mann	DM 50 000,–	
	Zugewinn	Frau	DM 2 000,–	
	Überschuß	Mann	DM 48 000,–	
	Ausgleichsforderung	Frau	DM 24 000,–	
Beispiel 2:	Anfangsvermögen	Mann	DM 0,–	und DM 100 000,– Schulden
	Anfangsvermögen	Frau	DM 10 000,–	
	Endvermögen	Mann	DM 10 000,–	
	Endvermögen	Frau	DM 20 000,–	
	(zu berücksichtigender) Zugewinn	Mann	DM 10 000,–	rechnerischer Zugewinn Mann: DM 110 000,–
	Zugewinn	Frau	DM 10 000,–	gleichwohl kein Ausgleich, vgl. §§ 1374, 1375 BGB.[77]

Für die Wertberechnung einzelner Vermögensstücke enthält § 1376 BGB lediglich erste Hinweise, läßt einen wichtigen Punkt offen: Wie sind unechte Steigerungen aus Inflationsverlusten auszuscheiden? Lösungsvorschlag: Am Anfang und am Ende vorhandene Gegenstände werden aus der Betrachtung und Erfassung schlicht ausgegliedert;[78] besser, weil allgemeiner verwendbar (und weniger undifferenziert): Der Kaufkraftschwund wird rechnerisch berücksichtigt nach der Formel „Wert des Anfangsvermögens × Lebenshaltungskostenindex bei Beendigung des Güterstandes: Lebenshaltungskostenindex bei Beginn des Güterstandes", die den Einsatzbetrag für das Anfangsvermögen ausweist.[79] Nominalismus als Prinzip („Mark gleich Mark") – vgl. §§ 3 WährG, 245 BGB – mit ohnehin zweifelhafter Dämpfungswirkung für inflationäre Entwicklungen verlangt lediglich Erfüllung einer Geldschuld in ihrem bezifferten Betrag, verteilt keine Anrechte auf scheinhafte Wertsteigerungen. Durch Ehevertrag können ohnehin – §§ 1373 ff. BGB sind weitgehend dispositiven Rechts – Teile des Vermögens aus der Berechnung und aus dem Ausgleich ausgenommen werden.[80] Wichtig: § 1378 III 2, 127a BGB[81] mit dem besonderen Formzwang für eine Parteivereinbarung über den Zugewinnausgleich während eines Verfahrens, das auf die Auflösung der Ehe gerichtet ist (und daraus ergibt sich, im Gegenschluß und für mich wichtiger: *Vor* Einleitung des Verfahrens können die Eheleute keinerlei verbindliche Regelung über die Verteilung des Zugewinns treffen,[82] der Ausgleichsanspruch ist ihrem Einfluß entzogen, vgl. auch § 1378 III 1 BGB).

§ 1377 BGB zwingt mittelbar zur Anfertigung eines Inventarverzeichnisses, insbesondere durch die Beweisregel in III (Vermutung, daß das Endvermögen eines Ehegatten den Zugewinn darstellt = Anfangsvermögen 0). § 1379 BGB räumt Auskunftsansprüche ein.

c) § 1378 II BGB begrenzt die Höhe der Ausgleichsforderung durch den Wert des Vermögens, das nach Abzug der Verbindlichkeiten bei Beendigung des Güterstandes vorhanden ist. Maßgeblicher Zeitpunkt wird damit bei vorzeitiger Auflösung durch Scheidung der Ehe der Eintritt der Rechtskraft des Scheidungsurteils. Zur Erinnerung: Zeitliche Orientierung für die Errechnung des Anspruchs auf Zugewinnausgleich, die Bilanzierung des jeweiligen Vermögens, ist die Rechtshändigkeit des Scheidungsantrags, § 1384 BGB. Die Lücken sind offensichtlich. Durch nachträgliche Transaktionen kann eine „an sich" bestehende Verpflichtung aus §§ 1371 ff. BGB erledigt, die Berechtigung der anderen Seite vernichtet werden. Eine Anpassung beider Schlüssel aneinander – auch § 1378 II BGB meint die Rechtshängigkeit des Scheidungsantrags[83] – scheitert gleichwohl. Nur durch die Absicherung aus § 1389 BGB sind grobe Enttäuschungen zu vermeiden (nach eigener Aktivität).

d) Nach § 1386 I BGB kann ein Ehegatte auf vorzeitigen Ausgleich des Zugewinns klagen, wenn der andere Teil längere Zeit hindurch seine wirtschaftlichen Verpflichtungen aus dem ehelichen Verhältnis nicht erfüllt und anzunehmen ist, daß er sich auch in Zukunft nicht bessern wird; § 1386 II BGB beschreibt besonders gefährliche Angriffe auf die Ausgleichsforderung. § 1386 III BGB sanktioniert beharrliche Auskunftsverweigerung. Wichtig: § 1389 BGB.

e) Gemäß § 1382 BGB kann das Familiengericht auf Antrag die Stundung der Ausgleichsforderung aussprechen (Verzinsung II, Sicherheitsleistung III), wenn die sofortige Zahlung den Schuldner besonders hart träfe, der Aufschub für den Gläubiger zumutbar erscheint. Nach § 1383 BGB können bestimmte Gegenstände auf den Berechtigten übertragen werden in Anrechnung auf die Ausgleichsforderung. § 1380 BGB schließlich regelt die Behandlung von Vorempfängen.

f) Nach § 1381 I BGB kann der Schuldner die Erfüllung der Ausgleichsforderung verweigern, soweit der Ausgleich des Zugewinns nach den Umständen des Falles grob unbillig wäre. Trotz des Hinweises in § 1381 II BGB und der damit hergestellten Verbindung zu wirtschaflich meßbarem Fehlverhalten wird die Bestimmung häufig als Bestrafung ehelicher Fehltritte, Untreue, Schuld mißbraucht.[84/85] Mit dem Übergang zum Zerrüttungsprinzip bei der Ehescheidung durch das 1. EheRG sind entsprechende Vorhaben zusätzlich zurückgedrängt,[86] doch immer noch nicht endgültig blockiert, da eben auch das 1. EheRG Einfallstore für Schulderwägungen freihält, vgl. nur § 1579 BGB.

II. Wahlgüterstände.

1. Durch Ehevertrag (§§ 1408 ff. BGB) können die Eheleute bei der Eheschließung oder später[87] ihre güterrechtlichen Beziehungen nach ihren Vorstellungen ordnen. Doch ist die Auswahl beschränkt auf die Gütergemeinschaft und die Gütertrennung (numerus clausus der Güterstände). Allerdings bleiben mannigfache kleinere Abweichungen – bestimmte Gegenstände werden aus dem Zugewinnausgleich herausgenommen, auf § 1365 BGB wird verzichtet, u. v. a. – und größere Umformungen, Kombinationen von Teilen zu unterschiedlichen Zielen. Grenzen zieht lediglich § 1409 BGB, der die pauschale Verweisung auf ein ausländisches oder früheres Recht verbietet[88] (und das GleichberG). Sehr wichtig: § 1408 II BGB erlaubt Ausschluß des Versorgungsausgleichs durch Ehevertrag, eine nicht unbedingt einleuchtende Schwächung der eigenen Position im Streit um die Verfassungswidrigkeit der Regelung des 1. EheRG (neben den Zweifeln, die die Bestimmung in ihrem eigenen Anwendungsfeld auslöst); fundamentale Gerechtigkeitserwägungen, die für die Einführung des Versorgungsausgleichs ins Feld geführt werden, selbst ohne Übergangsregelung für „Altehen“,[89] vertragen sich schlecht mit einer schlichten Abdingbarkeit durch Vereinbarung. Vgl. daneben § 1587o BGB.

2. Knapp ist die Behandlung der Gütertrennung, § 1414 BGB, fast eine Selbstverständlichkeit. Am Rande: Gütertrennung kann außerordentlicher gesetzlicher Güterstand sein.

3. Kompliziert hingegen wirkt die Ausgestaltung der Gütergemeinschaft, eines Güterstandes, der aus der Lebensgemeinschaft der Eheleute wenigstens dem Anspruch nach auch eine Vermögensgemeinschaft entwickelt. Als Vermögensmassen treten nebeneinander
– das Gesamtgut, § 1416 BGB,
– das Sondergut (von Mann und Frau), § 1417 BGB,
– das Vorbehaltsgut (von Mann und Frau), § 1418 BGB.
Sondergut und Vorbehaltsgut unterliegen eigener, das Gesamtgut gemeinsamer Verwaltung; doch kann diese Verwaltung nach § 1421 BGB auf einen Gatten allein übertragen werden. Für das Gesamtgut gelten §§ 1422 ff. BGB mit zum Teil aus dem Recht der Zugewinngemeinschaft bekannten Verfügungsbeschränkungen – § 1423 BGB untersagt Verfügungen über das Gesamtgut im ganzen –, zum Teil

eigenen; § 1424 BGB verbietet Geschäfte über Grundstücke, Schiffe und Schiffs-
bauwerke, § 1425 BGB Schenkungen.

Die Auseinandersetzung der Gütergemeinschaft richtet sich nach §§ 1471 ff.
BGB. Besonders kompliziert sind die Regeln für die fortgesetzte Gütergemeinschaft zwischen dem überlebenden Ehegatten und gemeinschaftlichen Abkömmlingen, § 1483 ff. BGB.

4. Güterrechtsregister: §§ 1558 ff. BGB.

Zum Verfahren vgl. 7. Kapitel IV und § 53a FGG.

III. IPR.

Gemäß Art. 15 I EGBGB wird das eheliche Güterrecht nach deutschem Recht beurteilt, wenn der Ehemann zur Zeit der Eheschließung Deutscher war, eine einseitige Kollisionsnorm, die nach allen Seiten zu erweitern ist. Maßgeblich ist daher
das *jeweilige* Heimatrecht des Mannes[90] (mit möglichen zwischenzeitlichen Änderungen). Wiederum ist der Verstoß gegen Art. 3 II GG offensichtlich, für das
eheliche Güterrecht aber besonders schwer zu lösen, da die sonst überwiegende
Anknüpfung nach dem Grundsatz des schwächeren Rechts (Kumulierung beider
Heimatrechte) versagt; Güterrecht tangiert stets Verkehrsinteressen, und Verkehrsinteressen werden verletzt, wird der Güterstand aus mehreren Bestandteilen
je individuell zusammengesetzt. Als Alternative bietet sich (mit Erstreckung auf
die anderen Bereiche des deutschen internationalen Familienrechts) der gemeinsame gewöhnliche Aufenthalt[91] an.

Für Flüchtlinge und Staatenlose gilt Art. 29 EGBGB.[92] Nach Art. 15 II EGBGB
bleiben bei einem Wechsel der Staatsangehörigkeit des Ehemannes die früheren
Bestimmungen gültig – Unwandelbarkeit des Güterstatuts.[93] Gleichzeitig ergibt
sich aus Art. 15 EGBGB der Grundsatz der Einheitlichkeit des Vermögenssta-
tuts,[94] allerdings durchbrochen in Art. 28 EGBGB. Wie stets stellen sich vorrangig
Qualifikationsfragen; § 1371 I BGB etwa ist güterrechtlich, nicht erbrechtlich zu
bewerten, unterfällt damit Art. 15 EGBGB, nicht Artt. 24 ff. EGBGB.

Wichtig: Für deutsches interlokales Recht ist der Grundsatz der Unwandelbarkeit des Güterstatuts aufgehoben;[95] ohnehin unterwirft das Gesetz vom 4. 8.
1969[96] „Vertriebene und Sowjetzonenflüchtlinge" güterrechtlich der Regelung
des BGB (mit Widerspruchsmöglichkeiten, vgl. §§ 2 und 3 des genannten Gesetzes).[97]

Anmerkungen

1 BGBl. I 609, in Kraft seit 1. 7. 1958 (Ausnahmen: Art. 8 I Nr. 3, 4 und 5 GleichberG).
2 Diese besondere „Rückwirkung" ist notwendig, da eben am 31.3. 1953 das frühere Recht außer Kraft getreten ist.
3 Zu weiteren Einzelheiten der Überleitung vgl. Beitzke (19.), § 13 II 5 S. 75 f.; ausführlich auch 1. Teil 3. Kapitel VII.
4 Von dieser Möglichkeit machte lediglich ein verschwindender Prozentsatz Gebrauch, vgl. Knur, S. 30 (rund 2%).
5 Vgl. insbesondere Bogs, FamRZ 1978, 81; Müller, NJW 1977, 1745; ders., NJW 1978, 2273 sowie OLG Hamm, NJW 1978, 761; OLG Celle, NJW 1978, 1333 (beides Vorlagebeschlüsse nach Art. 100 I 1 GG). Zeitungsmeldungen über „Hunderte" von Verfassungsbeschwerden sind weit übertrieben; im Juni 1978 belief sich ihre Zahl vielmehr auf 85, von denen allein 65 nicht zur Entscheidung angenommen wurden; daneben waren beim BVerfG 27 Vorlagebeschlüsse eingegangen, vgl. zum Ganzen Müller, NJW 1978, 2273.
6 Dazu im einzelnen 8. Kapitel IV. 8. Zum „umgekehrten" Fall – keine Erstreckung auf vor dem 1. 7. 1977 geschiedene Ehen – BVerfG, FamRZ 1978, 173.
7 Vgl. dazu 1. Teil 3. Kapitel VII.
8 Positiv und negativ, für die Schuldenseite – hier allerdings mit der besonderen Vergünstigung für die Gläubiger aus § 1362 BGB.
9 Beitzke (19.), § 14 S. 81 und oben 1. Teil 3. Kapitel VII.
10 Aus dieser Richtung stammen dann auch die Angriffe gegen die unpassende, weil undifferenzierte Einbeziehung der „Doppelverdienerehe", vgl. dazu (für den Versorgungsausgleich) auch Müller, NJW 1978, 2273.
11 So tatsächlich OLG Hamburg, MDR 1961, 690 (mit anderen Daten). Anders MK/Gernhuber, § 1365 Rn 13.
12 So mein Versuch in JZ 1975, 461; dazu MK/Gernhuber, § 1365 Rn 9; Sandrock, S. 841.
13 Vgl. OLG Hamburg, MDR 1961, 690.
14 Braga, FamRZ 1967, 652 mit Übersicht über den Verlauf der Entstehungsgeschichte.
15 FamRZ 1961, 1 (10); vgl. auch Finger, JZ 1975, 461 (462).
16 Bei der Aufnahme in den religiösen Stand fällt mit der feierlichen Profeßleistung das vorhandene weltliche Vermögen unter Ausschluß der sonstigen Erben an das Kloster oder unmittelbar an den Heiligen Stuhl. Für das Eherecht dürfte dieser Punkt keine statistische Rolle spielen, ganz abgesehen von der Tatsache, daß § 1365 I BGB bei Universalsukzession von vornherein nicht betroffen ist, BGH, FamRZ 1969, 323 (325).
17 Zu isolierten Verfügungen MK/Gernhuber, § 1365 Rn 35 unter Hinweis auf die praktische Bedeutungslosigkeit, da wichtige Teilbereiche (Kündigung eines Gesellschaftsverhältnisses) ausgenommen werden (zu Recht, P. F.).
18 Ehevertraglicher Verzicht, Eintragungsfähigkeit im Grundbuch, dazu Palandt/Diederichsen (37.), § 1365 Anm. 1; absolute Vermögenslosigkeit, vgl. Finger, JZ 1975, 461 Fn 4. Weiter: Wie wirkt sich § 1365 I 1 BGB bei Grundstücksbelastungen, bei Geschäften mit vollwertiger Gegenleistung, im Gesellschaftsrecht, in der Zwangsvollstreckung aus?
19 Eine Rolle spielt insbesondere der Beitritt zu einer Personengesellschaft.
20 BGH, FamRZ 1978, 396.
21 Finger, JZ 1975, 461, insbesondere Fn 2. Folgerung der Gegenmeinung: § 1365 I BGB greift lediglich ein, wenn der Ausgleichsspruch bedroht ist.

22 Dazu im einzelnen BGHZ 35, 135 (143); 43, 174 (175); BGH, FamRZ 1966, 72; BGH, FamRZ 1967, 382; BGH, FamRZ 1969, 322 und Finger, JZ 1975, 461 (462).
23 Magische Zahl wohl 25%, vgl. Finger, JZ 1975, 461 (462).
24 OLG Düsseldorf, FamRZ 1971, 650: Rest DM 10000,-, Veräußerung DM 90000,-; OLG Hamm, OLGZ 1971, 66 (67): Rest DM 10000,-, Veräußerung DM 50000,- – schematisch, ohne Kontakt zu den betroffenen Gatten.
25 Dazu Finger, JZ 1975, 461 (463f.).
26 Vgl. Finger, JZ 1975, 461 (464)).
27 Grundlegend BGHZ 43, 174 (177).
28 Dazu im einzelnen Finger, JZ 1975, 461 (464f.).
29 BGHZ 43, 174 (177). Diese Beweislast kann ein späterer Kläger kaum tragen; deshalb mildert die Rechtsprechung sie ab, mit eigentümlichem Bruch mit dem eigenen Ausgang, vgl. dazu Finger, JZ 1975, 461 (465 Fn 63).
30 Dazu erschöpfend Braga, FamRZ 1967, 652/653.
31 Finger, JZ 1975, 461 (464/465).
32 Mit dieser Begründung wäre auch jedes andere Korrektiv zu rechtfertigen, das § 1365 I BGB zurückdrängt.
33 Dazu Braga, FamRZ 1967, 652 (656); Finger, JZ 1975, 461 (465).
34 Die Konsenstheorie erledigt sich von selbst; sie wird heute nicht mehr vertreten, Finger, JZ 1975, 461 (464).
35 JZ 1975, 461 (466f.), im Anschluß an die Rechtsprechung von LG Berlin, FamRZ 1959, 64; OLG Frankfurt, BlGBW 1960, 351; OLG Frankfurt, NJW 1960, 2002; OLG Frankfurt, NJW 1960, 2190; OLG Hamburg, MDR 1961, 690; OLG Hamm, NJW 1967, 572 (574); BayOblG, BayOblGZ 1968, 97; OLG Hamm, OLGZ 1971, 66.
36 Einwände vor allem von MK/Gernhuber, § 1365 Rn 17; Sandrock, S. 843f. MK/Gernhuber, § 1365 Rn 28 hält Wiederbelebungsversuche nur für aussichtsreich, wenn sie feste Grenzen – 10%, DM 10000,- Rest o. ä. – einbringen, um Verkehrsinteressen zu genügen.
37 Finger, JZ 1975, 461 (465 Fn 63); leider fehlt bisher eine Absegnung durch den BGH.
38 Ähnlich MK/Gernhuber, § 1365 Rn 27; Sandrock, S. 847f.
39 Dazu nur MK/Gernhuber, § 1365 Rn 22.
40 MK/Gernhuber, § 1365 Rn 22, 23.
41 MK/Gernhuber, § 1365 Rn 59 zum früheren Stand der Dinge.
42 MK/Gernhuber, § 1365 Rn 62.
43 Ausführlich MK/Gernhuber, § 1365 Rn 53ff.
44 MK/Gernhuber, § 1365 Rn 60.
45 MK/Gernhuber, § 1365 Rn 60 a. E.
46 MK/Gernhuber, § 1365 Rn 61.
47 Zu weiteren Einzelheiten MK/Gernhuber, § 1365 Rn 64ff. Zur Belehrungspflicht der Notare BGH, NJW 1975, 1770. Zur Veränderung der Bezugsberechtigung aus einer Lebensversicherung BGH, FamRZ 1977, 383; zur Kündigung eines Arbeitsverhältnisses Finger, JZ 1975, 461 (468).
48 Gernhubers Einwand gegen mich – Arbeitskraft und Einkommen seien keine in § 1365 I 1 BGB integrationsfähigen Daten – trifft daher wohl zu.
49 Umkehrung von Palandt/Diederichsen (37.), § 1365 Anm. 5.
50 Dazu Finger, JZ 1975, 461 (463f.). Oft sind sie im Umfeld/Vorfeld streitiger Ehescheidungsverfahren angesiedelt, ohne sinnvolles eigenes Ziel – dem anderen Teil sollen Steine in den Weg gelegt werden.
51 Palandt/Diederichsen (37.), § 1369 Anm. 2 a. E.; der Unterschied im Wortlaut zu § 1365 BGB bleibt insoweit folgenlos.

52 Palandt/Diederichsen (37.), § 1369 Anm. 2.

53 Palandt/Diederichsen (37.), § 1369 Anm. 2. Unter Eigentumsvorbehalt erworbene Sachen unterfallen ohnehin § 1369 BGB.

54 Ein subjektives Tatbestandselement enthält § 1369 BGB nicht, im Gegensatz zu § 1365 BGB.

55 Palandt/Diederichsen (37.), § 1369 Anm. 2. Zustimmungsfrei sind ferner alle schuldrechtlichen Gebrauchsüberlassungsverträge über Hausrat, MK/Gernhuber, § 1369 Rn 28, weiterhin alle Maßnahmen, die gesetzliche Pfandrechte zur Entstehung bringen (§§ 559, 647 BGB), MK/Gernhuber, § 1369 Rn 27.

56 Zu weiteren Einzelheiten Palandt/Diederichsen (37.), § 1369 Anm. 2.

57 Wie hier MK/Gernhuber, § 1369 Rn 23; Palandt/Diederichsen (37.), § 1369 Anm. 2.

58 Nach § 1353 BGB ist der untreue Ehepartner zu Maßnahmen aus § 1368 BGB sogar verpflichtet, vgl. MK/Gernhuber, § 1368 Rn 4.
Zu den prozessualen Feinheiten – Formulierung des Klageantrages u. ä. – vgl. MK/Gernhuber, § 1368 Rn 8 ff.

59 Zu Schadensersatzansprüchen des Geschäftspartners Palandt/Diederichsen (37.), § 1368 Anm. 2; zu Gegenrechten (Aufrechnung, § 273 BGB) MK/Gernhuber, § 1368 Rn 15 f.

60 Zu ihrer Natur – „absolute Verfügungsbeschränkungen" – vgl. Finger, JZ 1975, 461 (465 Fn 71).

61 MK/Gernhuber, § 1368 Rn 27.

62 BGBl. I 939; dazu Gernhuber, Neues Familienrecht, S. 124.

63 Dazu Beitzke (19.), § 14 III 1 S. 90.

64 So ausdrücklich MK/Gernhuber, § 1371 Rn 4.

65 Dazu Coing, S. 41 f. Grundlegend anders wohl Beitzke (19.), § 14 III S. 90 f., der Abfluß des Vermögens in eine fremde Linie – Ehegatte vor den Kindern – beklagt.

66 Insgesamt sollte man diesen Punkt nicht überschätzen; Versorgungsaufgaben werden heute von anderen Einrichtungen als dem Erbrecht übernommen, insbesondere von Lebensversicherungen, Rentenkassen und sonstigen Systemen sozialer Vorsorge.

67 Geklärt seit BGHZ 42, 182; ausführlich MK/Gernhuber, § 1371 Rn 35. Zum Streitstand vor BGHZ 42, 182 – der Streit entzündet sich am Wortlaut des § 1371 II BGB – vgl. MK/Gernhuber, § 1371 Rn 35 Fn 20; Lange, NJW 1965, 369.

68 Richtig MK/Gernhuber, § 1371 Rn 35.

69 Zutreffend MK/Gernhuber, § 1371 Rn 35.

70 Nicht begünstigt sind nicht-erbberechtigte Abkömmlinge, für die die Erhöhung des Ehegattenerbrechts ohne Wirkung ist. Dazu MK/Gernhuber, § 1371 Rn 54.

71 MK/Gernhuber, § 1371 Rn 86.

72 Zum Einbezug des good-will einer Bäckerei vgl. BGH, FamRZ 1978, 332.

73 Ohne daß es auf den Grund seiner Armut ankäme. §§ 1373 ff. BGB erfassen auch die Doppelverdienerehe, was nicht unbedingt sinnvoll ist, gleichen für sie Ungleichheiten zwischen den Gatten persönlich aus, die keine persönliche Ursache haben (kein gleicher Lohn für gleiche Arbeit).

74 Das kann auch durch Kauf geschehen, vgl. BGH, NJW 1978, 1809.

75 Abschließende Regelung; deshalb sind Lotto- und Totogewinne ausgleichspflichtiger Zugewinn, dazu BGH, NJW 1977, 377. Auch Kapitalversicherungen sind auszugleichen, BGH, NJW 1977, 101.

76 Dadurch entstehen Ungereimtheiten. Hat ein Ehegatte bei der Schuldentilgung mitgewirkt, erhält er keinen Ausgleich, dazu Beitzke (19.), § 14 IV 3a S. 98 f.

77 Mit Variationen: Beträgt der Zugewinn der Frau DM 20000,-, muß sie die Hälfte des

Überschusses ausgleichen, obwohl DM 100000,- Mannesschulden getilgt wurden. Zu Einzelheiten der Anrechnung MK/Gernhuber, § 1374 Rn 16.

78 LG Berlin, FamRZ 1965, 438; dazu MK/Gernhuber, § 1365 Rn 7.

79 Dazu BGHZ 61, 385 und Palandt/Diederichsen (37.), § 1376 Anm. 3; Schwab, Handbuch, Rn 781 S. 306. Die Indexzahlen veröffentlicht jeweils das Statistische Bundesamt. Das Verfahren ist allerdings pauschal; richtiger – aber zu aufwendig – wäre die Entwicklung eigener Indices für Teilmärkte oder Marktsegmente, vgl. MK/Gernhuber, § 1365 Rn 6 und 7.

80 Dazu Beitzke (19.), § 14 II S. 98.

81 Zum Verhältnis zu sonstigen Eheverträgen in diesem Punkt vgl. Schwab, Handbuch, Rn 833 f. S. 325 f. Zu Vereinbarungen über den Wert von Anfangs- und Endvermögen vgl. Rn 836 u. 837 S. 326.

82 MK/Gernhuber, § 1378 Rn 21.

83 Dazu Ziege, NJW 1964, 2394.

84 OLG Karlsruhe, NJW 1964, 2112, abgemildert in der Revision, BGH, NJW 1966, 2109. Ähnlich wie der BGH OLG Hamm, FamRZ 1978, 687. AG Schweinfurt, NJW 1973, 1506 erstreckt § 1381 BGB sogar auf voreheliche Verfehlungen.

85 Wie hier Palandt/Diederichsen (37.), § 1381 Anm. 2c.

86 Ähnlich MK/Gernhuber, § 1381 Rn 32.

87 Wirksamkeit nach außen stets: § 1412 BGB.

88 Vgl. schon oben 1. Teil 3. Kapitel VII; Dölle, § 43 C III 2c S. 677.

89 Zu den verfassungsrechtlichen Bedenken vgl. 8. Kapitel IV 8.

90 Palandt/Heldrich (37.), Art. 15 EGBGB Anm. 2, unter Hinweis auf BGH, NJW 1969, 369. Zu Art. 3 II GG ebenfalls Palandt/Heldrich (37.), Art. 15 EGBGB Anm. 2. Nach BT – Ds 7/4361, S. 53 steht eine umfassende Neuregelung des deutschen internationalen Familienrechts bevor.

91 Kropholler, FamRZ 1976, 318 (319f.). Lösbar sind die Konflikte wohl nur durch gesetzliche Neuordnung – nach BVerfGE 31, 58 –, angekündigt in BT – Ds 7/4361, S. 53. Vgl. früher schon Kegel, § 20 V 1b S. 284 f. mit abgestuftem Katalog.

92 Vgl. dazu insbesondere AHKGes Nr. 23, abgedruckt bei Palandt/Heldrich (37.), Anhang zu Art. 29 EGBGB.

93 Dazu Palandt/Heldrich (37.), Art. 15 EGBGB Anm. 3.

94 Palandt/Heldrich (37.), Art. 15 EGBGB Anm. 3.

95 So Palandt/Heldrich (37.), Art. 15 EGBGB Anm. 1.

96 BGBl. I 1067.

97 Zu Qualifikationsfragen Kegel, § 20 V 2 S. 285 f.

7. Kapitel

Ehescheidung.[1]

I. Statistik.[2]

```
Tabelle 1 - Wohnbevölkerung in der Bundesrepublik
            Deutschland[3] (in Tausend)
1964        58.619
1965        59.148
1966        59.286
1967        59.5oo
1968        6o.o67
1969        6o.651
197o        61.3o2
1971        61.672
1972        61.976
1973        62.o54
1974        61.991
1975        61.644
```

```
Tabelle 2 - Eheschließungen          bezogen auf je
                                      1.ooo Einwohner

1965        492.128                   8,3
1966        484.562                   8,1
1967        483.1o1                   8,1
1968        444.15o                   7,4
1969        446.586                   7,3
197o        444.51o                   7,3
1971        432.o3o                   7,0
1972        415.132                   6,7
1973        394.6o3                   6,4
1974        377.265                   6,1
1975        386.429                   6,2
```

Die Zahl der Eheschließungen ist damit innerhalb von
1o Jahren auf rund $^3/_4$ des Ausgangswertes abgesunken.

Tabelle 3 - Wohnbevölkerung am 31.12.1975 nach Alters-
gruppen und Familienstand

A.	ledig				verheiratet			
	männlich		weiblich		männlich		weiblich	
in	1ooo	%	1ooo	%	1ooo	%	1ooo	%
unter 15	67o1	1oo	6382	99,9	-	-	o,1	o,1
15-2o	2337	99,5	2o9o	93,9	12	o,5	135	6,1
2o-25	1644	72,6	974	46,7	463	21,9	1o74	51,4
25-3o	787	37,o	3o8	15,4	1275	6o,o	1599	8o,o
3o-35	383	17,9	163	8,2	1669	77,7	17o5	85,9
35-4o	3o2	11,5	161	6,7	22o3	84,2	21o7	87,2
4o-45	182	7,9	132	6,9	1799	87,8	1642	85,8
45-5o	1o7	5,6	16o	8,3	1744	9o,2	1595	81,9
5o-55	67	4,3	2o6	9,7	1426	91,2	1589	74,7
55-6o	41	3,9	135	8,9	954	9o,6	988	65,o
6o-65	53	4,o	169	8,4	12o3	88,6	1o84	54,o
65-7o	55	4,2	184	9,3	1118	84,7	883	44,3
7o-75	46	4,4	177	11,o	825	78,5	527	32,9
über 75	41	4,2	245	12,o	6o3	61,1	327	16,o
insges.	12733	43,3	11492	35,6	15298	52,1	1526o	47,3

Auffallend ist die stark sinkende Rate verheirateter Frau-
en über 5o/55 Jahre. Doch spielen nicht männliche Scheidungs-
und Verstoßungswünsche die Hauptrolle, vielmehr wirken
sich "Folgeerscheinungen" des 2. Weltkrieges aus (das belegt auch Tabelle 3 B). Das nochmalige Ansteigen der
Eheschließungen nach dem 35. Lebensjahr wird wohl zu einem erheblichen Teil durch Zweitheiraten bewirkt; Scheidung bedeutet eher (versuchte) Korrektur eines Irrtums -
die überwiegende Mehrzahl aller Geschiedener heiratet
wieder -, nicht Absage an die Ehe überhaupt.
Und: Rund 1oo Mädchen unter 15 Jahren sind verheiratet
(vgl. heute § 1 II EheG, in veränderter Fassung).

B.	verwitwet				geschieden			
	männlich		weiblich		männlich		weiblich	
in	1ooo	%	1ooo	%	1ooo	%	1ooo	%
unter 15	–	–	–	–	–	–	–	–
15–2o	o	o	o,2	o,o	o	o	1,5	o,1
2o–25	1	o,o	3	o,2	11	o,5	35	1,7
25–3o	3	o,1	9	o,5	6o	2,9	81	4,1
3o–35	4	o,2	17	o,9	9o	4,2	99	5,o
35–4o	8	o,3	37	1,5	1o3	4,o	11o	4,6
4o–45	12	o,6	56	2,9	74	3,6	82	4,3
45–5o	2o	1,1	1o6	5,5	61	3,2	85	4,4
5o–55	26	1,7	233	11,o	43	2,8	99	4,7
55–6o	28	2,7	322	21,2	29	2,8	74	4,9
6o–65	64	4,8	666	33,2	36	2,7	86	4,3
65–7o	113	8,6	853	42,8	32	1,4	75	3,8
7o–75	159	15,1	851	53,o	2o	1,9	49	3,1
über 75	33o	33,5	1427	69,9	12	1,2	42	2,1
insges.	773	2,6	4585	14,2	576	2,o	924	2,9

In höherem Lebensalter wirkt sich die unterschiedliche
Lebenserwartung von Mann und Frau signifikant aus. Für
eine erhebliche Zahl von Frauen ist längeres Witwenda-
sein bitteres Schicksal.

Tabelle B erweckt (vielleicht) den Eindruck, Scheidung
der Ehe und Verwitwung seien gleichwertige statistische
Phänomene; das täuscht, angesichts der hohen Rate der
Wiederverheiratungen. In der Bundesrepublik werden gegenwärtig rund 1oo.ooo Ehen im Jahr geschieden; von den
Betroffenen "riskieren" sehr viele den Schritt ein zweites
Mal (legalisiert oder nicht). Tod des Partners - ohnehin meist erst am Lebensabend leidvoll erfahren - ist seltener von einer erneuten Bindung gefolgt, führt zu blei-
bender Einsamkeit und Isolierung.

Und wiederum: In der Altersgruppe zwischen 15 und 2o
sind bereits 15oo weibliche "Scheidungsfälle" zu verzeichnen, neben 2oo Witwenschaften.

Tabelle 4 - Scheidungszahlen		bezogen auf je 1ooo Einwohner	in % der Eheschlie-ßungen des Js.
1965	59.718	1,o	11,8
1967	62.835	1,o5	13,o
1968	65.264	1,o8	14,2
1969	72.3oo	1,19	16,1
197o	76.52o	1,26	17,5
1971	8o.444	1,31	18,5
1972	86.614	1,4o	2o,7
1973	9o.164	1,45	22,2
1974	98.584	1,59	26,o
1975	1o6.829	1,73	27,8

Die Scheidungsrate ist also auf fast $1^3/_4$ gestiegen, bei
auf rund $^3/_4$ gesunkenen Heiratsziffern. In der Relation
auf die im jeweiligen Jahr geschlossenen Ehen hat sie
sich in den letzten 1o Jahren mehr als verdoppelt - 1965
= 1. Danach ist es wohl nicht gewagt, etwa jeder dritten
Ehe ein offenes Scheitern, mit Scheidungsfolge, vorauszu-
sagen. § 1353 I 1 BGB: "Die Ehe wird auf Lebenszeit geschlossen."

Tabelle 5 - Scheidungszahlen nach Bundesländern		bezogen auf je 1ooo Einwohner	zum Bun-desdurch-schnitt
Schleswig-Holstein	5483	2,12	+ o,39
Hamburg	61o7	3,54	+ 1,81
Niedersachsen	11o81	1,53	- o,2o
Bremen	2364	3,28	+ 1,55
Nordrhein-Westfalen	26339	1,53	- o,2o
Hessen	1o35o	1,86	+ o,15
Rheinland-Pfalz	6357	1,73	--
Baden-Württ.	13921	1,51	- o,22
Bayern	16527	1,53	- o,2o

Saarland   1200   1,09   - o,64
Berlin   71oo   3,54   + 1,81
                         Bundesdurchschnitt 1,73

Für die unterschiedlichen Zahlen in den einzelnen Bundes-
ländern spielt offensichtlich weniger die Glaubenszuge-
hörigkeit/das religiöse Bekenntnis eine Rolle als die Eigenschaft als Stadtstaat/Industrie als Schwerpunkt -
Flächenstaat/Landwirtschaft als Schwerpunkt.

Tabelle 6^4 - Ehescheidungsziffern, bezogen auf 1ooo Ein-
                                                  wohner

191o	o,33
1935	o,75
1946	1,12
1947	1,68 } Auswirkungen des 2. Weltkriegs
1948	1,82
1957	o,86
1963	o,86
197o	1,26
1973	1,45
1975	1,73

Tabelle 7 - Eheauflösungen (bisher), nach Gründen

	insge-samt	Nichtig-keit	Aufhe-bung	§§ 42/43	§§ 44-46	§ 48	son-stige	Abwei-sung
195o	86341	834	767	73612	593	1o369	166	4681
1955	4886o	279	3o4	43291	467	4499	2o	3459
196o	49325	192	255	44952	427	3488	7	29o3
1965	59o39	1o2	2o9	53336	4o7	2973	2	2278
197o	76711	54	137	73123	372	2967	55	1541
1972	86734	35	85	82948	3o8	3315	43	11o2
1973	90291	34	93	86726	313	3o7o	55	1o91
1974	98694	37	73	951o6	251	3187	4o	1o1o
1975	1o6932	37	66	1o3226	265	378o	48	1117

1. Die gemeinsame Erfassung von §§ 42/43 EheG 1946 - Ehebruch und ehewidriges Verhalten - verdeckt die Tatsache,
   daß § 42 EheG 1946 (aus vielerlei Gründen, §§ 172 StGB,

6 EheG 1946, oft abgerungen gegen vor allem materielle
Zugeständnisse) immer geringere Bedeutung gewann. Die
Entwicklung verläuft von einem Anteil von rund 13,o %
1948, 5 % 1956[5] zur praktischen (schon vor dem 1.7.1977)
Folgenlosigkeit.

2. Die Rechtsprechung zu § 48 II EheG 1946 findet in der Statistik ihren unschönen Niederschlag. 195o, also noch vor
dem Eingreifen des BGH bzw. der Konsolidierung seiner Judikatur, sind noch über 1oooo Ehescheidungen aus dieser
Bestimmung erfolgreich (von rund 86ooo = 11,5 %), 1955
nur noch 4,5 % (allerdings sinkt auch die Gesamtzahl der
Scheidungsverfahren beträchtlich), nach 1965 (nochmalige
Verschärfung durch das FamRÄndG 1961) etwa 3ooo von fast
6oooo = 5 %, um 1975 bei 379o zu 1o6932 = 3 % anzulangen.
Andererseits ist die Entwicklung von den Parteien und ihren Anwälten offensichtlich richtig eingeschätzt worden:
Die Zahl der Klageabweisungen geht spürbar zurück.

3. Abgewiesen werden etwa 1 % aller Klagen[6].

4. Klagerücknahmen sind nicht erfaßt. Nach meinen Anwaltserfahrungen belaufen sie sich auf mindestens 3o %; allerdings kommt es nahezu immer zu einem "zweiten Durchgang",
in dem die Ehe dann doch geschieden wird. Die Parteien
können, mit ihren Problemen zu weitgehend allein gelassen, die Krise nicht bewältigen.
Als Bewegründe für die Rücknahme der Klage/des Antrags
wechseln "rationale" (etwa unterhalts-/versorgungsrecht-
liche Überlegungen) mit anderen Ursachen (Trennungs- und
Einsamkeitsängste, Rückkehrwünsche, Besitzansprüche) ab,
halten sich zahlenmäßig vielleicht die Waage.

5. Eheauflösungen oder Nichtigkeitsverfahren verlieren immer mehr an Gewicht - und wurden früher wohl manchmal als
Ausweg für "schwierige" Scheidungen benutzt.

6. Insgesamt - erneuter Hinweis - steigt die Zahl der geschiedenen Ehen, mit allen Folgeproblemen.

Tabelle 8 - Geschiedene Ehen nach Dauer, Klägerrolle und
Kinderzahl (1975)

A. Ehedauer
in Jahren

Ehedauer in Jahren	Geschiedene Ehen insges.	davon Kläger = Mann	/=Frau
o	668	223	445
1	4397	1419	2978
2	767o	2325	5345
3	8476	2527	5949
4	8428	2465	5963
5	8o39	2229	581o
6	7198	1962	5236
7	63o5	1727	4578
8	5785	16oo	4185
9	5218	1444	3774
1o	4962	1339	3623
11	4265	1125	314o
12	3937	1o19	2918
13	3673	977	2696
14	3427	9o3	2534
15	2999	788	2211
16-2o	1o844	2916	7928
2o-25	59o7	1761	4146
über 25	4631	19o8	2723
	1o6829	30657	76172

2,2 : 1

B. Dauer

Dauer	ohne minderjährige Kinder	1	2	3	4 und mehr
o	53o	1o9	19	6	7
1	3377	93o	67	16	6
2	5168	2277	188	31	12
3	5o12	2953	462	37	11
4	44o5	3227	713	72	22
5	38oo	3147	933	137	5o
6	288o	2922	1162	184	65
7	2262	2531	1217	23o	88
8	1852	2186	134o	319	121

9	1404	1876	1470	347	142
1o	1193	1678	1533	416	171
11	933	1335	1381	445	199
12	862	1o83	1332	461	264
13	750	972	1224	483	278
14	61o	859	1158	522	32o
15	468	753	984	474	32o
16-2o	2124	2694	31o8	1664	1254
2o-25	2658	1634	9o2	386	327
25 und mehr	3691	629	2o2	57	52
	43959	33795	19395	6287	3393

1. Das Märchen vom "verflixten 7. Jahr" erweist sich hiernach - eben als Märchen. Die Scheidungszahlen sind nur
   im ersten Ehejahr gering - wohl hauptsächlich durch ver-
   fahrenstechnische Besonderheiten bedingt, unabhängig von
   (heute) § 1565 I/II BGB -, erreichen im dritten Jahr einen Stand, den sie bis ins siebte Jahr fast unverändert
   beibehalten. Danach sinken sie ab, aber keineswegs
   schlagartig.
2. Erstaunlich ist die Zahl der Ehescheidungen nach langer
   Ehedauer. Offensichtlich wirkt sich hier der durch den
   Auszug der Kinder neu eingeleitete Familienzyklus[7] de-
   stabilisierend aus.
3. Erschreckend ist die hohe Zahl betroffener minderjähriger Kinder ("Scheidungswaisen"). Das kann andererseits
   nicht heißen, ihnen "zuliebe" zerbrochene Ehen schlechthin aufrechtzuerhalten. Schlimm für die Kinder ist das
   Scheitern der elterlichen Ehe im Ablauf, weniger schlimm
   im Vergleich die formalisierte Auflösung, vgl. allerdings § 1568 I BGB, an Anlehnung an den bisherigen § 48
   III EheG 1946/1961.
4. Aus der Ehe drängen mehrheitlich die Frauen. Jedem Kritiker, der mit gängigen Klischees im Hinterkopf nach ihrem
   Schutz ruft, deshalb Scheidungen "erschweren" will, sei
   dieser Umstand vorgehalten (was nicht umgekehrt heißen

soll, auf jeden Schutz undifferenziert und planlos zu
verzichten). Mehrere Linien fließen wohl zusammen. Einmal
gilt es offensichtlich immer noch als "chevaleresk", der
Ehefrau bei der Trennung bzw. der Dokumentation des Vorgangs
und seiner Erledigung die Initiative zu überlassen. Zum
anderen aber - eigene Anwaltserfahrungen - wird die Zahl
der Frauen immer größer, die bewußt und mit Nachdruck
die als unbefriedigend empfundene Ehebindung abstreifen;
Frauen sind zunehmend weniger bereit - oft anders als
ihre Partner -, sich zu arrangieren, Kompromisse einzugehen, zu verzichten[8], haben wohl auch meist nur geringen Ausgleich für erlittene Verbitterungen und Enttäuschungen in Form von außerhäuslichen oder beruflichen
Erfolgen.

Tabelle 9[9] - Zahl der minderjährigen Scheidungswaisen

1950	83296
1956	42389
1963	49180
1964	55509
1965	59827
1966	60249
1967	67906
1968	71620
1969	80001
1970	86057
1971	90245
1972	95702
1973	98536
1974	106725
1975	107216

Wohlgemerkt: Diese Tabelle weist nicht den Gesamtbe-
stand aus, nennt vielmehr die pro Jahr aus der Scheidung ihrer Eltern betroffenen Kinder. Insgesamt - ich
halte diese Schätzung für realistisch - sind inzwischen

wohl rund 1 Million minderjähriger Kinder[10] Scheidungs-
waisen (wenn auch der größte Teil von ihnen bald einen
"Vaterersatz" oder einen "Mutterersatz" nach erneuter
Heirat des Elternteils finden wird, bei dem das Kind
lebt, dann aber mit den zusätzlichen Folgeproblemen im
Stiefkind - Stiefvater/Stiefmutter - Verhältnis).

Tabelle 1o - Komplette Familien, Alleinstehende (Männer
und Frauen) nach Familienstand und Kinderzahl; Stand: Mai 1976[11]

A. in Tausend   alleinstehende Männer   /Frauen
   insges.   **Ehe**paare

	insges.	Ehepaare	alleinstehende Männer	/Frauen
"Fami- lien"	22377	15255	1522	5600
ohne Kin- der	11489	5823	1317	4348
mit 1 Kind	4983	3958	14o	84o
2 Kinder	3731	3422	44	265
3 Kinder	1444	1337	15	92
4 Kinder und mehr	776	714	6	55
"Familien" mit Kindern	1o888	9432	2o5	1252
Kinder	2o328	18123	3o2	19o3

B. Von den alleinstehenden Männern waren

	verheiratet/ getrennt	verwitwet	geschieden
"Fami- lien"	3o5	754	456
ohne Kin- der	28o	636	4o1
mit 1 Kind	17	79	38
2 Kinder	6	24	13
3 Kinder	-	1o	-
4 Kinder und mehr	-	-	-
"Familien" mit Kindern	25	118	55
Kinder	38	178	79

C. Von den alleinstehenden Frauen waren

"Fami- lien"	ledig	verheiratet/ getrennt	verwitwet	geschieden
lien"	116	187	4423	874
ohne Kinder	-	118	3728	5o3
mit 1 Kind	1o3	4o	489	2o8
2 Kinder	11	18	134	1o2
3 Kinder	-	7	45	39
4 Kinder und mehr	-	5	27	22
"Familien" mit Kindern	116	69	695	371
Kinder	135	119	1o17	632

1. Ledige Männer mit Kindern sind nicht gesondert ausgewiesen; sie sind in der Sammelspalte "alleinstehende Männer" enthalten (vgl. 2.).

2. Auffallend sind die stark unterschiedlichen Zahlen geschiedener Frauen und geschiedener Männer mit Kindern. Hier wirkt sich die gerichtliche Praxis aus, die noch in der Vorwegnahme durch die Parteien und ihre Anwälte ihren Niederschlag findet - Mütter sind eben doch die besseren "Mütter".

3. Erfaßt sind nur die ledigen Kinder.

Tabelle 11 - Durchschnittliches Heiratsalter nach dem bisherigen Familienstand der Partner

Männer

	insges.	ledig	verwitwet	geschieden
195o	31,0	28,1	48,7	39,5
196o	28,5	25,9	54,7	4o,7
197o	28,3	25,6	57,1	38,4
1975	28,4	25,3	57,8	37,9

Frauen

	insges.	ledig	verwitwet	geschieden
195o	27,4	25,4	36,3	34,8
196o	25,2	23,7	4o,1	36,6
197o	24,4	23,0	48,1	35,0
1975	25,1	22,7	49,6	34,6

Tabelle 12 - Eheschließende nach dem bisherigen Familienstand

A.   Männer

	ledig	verwitwet	geschieden	insges.	Auslän.
unter 16	-	-	-	-	-
16-17	-	-	-	-	-
17-18	76	-	-	76	67
18-19	4260	-	1	4261	249
19-2o	16768	1	7	16776	651
2o-21	27655	1	33	27689	1o7o
21-22	3187o	5	96	31971	1537
22-23	35575	12	25o	35847	1875
23-24	35373	13	556	35942	2o64
24-25	32569	3o	973	33572	196o
25-26	28519	35	1383	29937	1881
26-27	23412	63	1881	25356	1797
27-28	17389	62	2o28	19479	1639
28-29	13o52	7o	2284	15406	14o3
29-3o	8668	6o	2125	1o253	1o27
3o-31	7345	86	2422	9853	863
31-32	6736	114	2724	9574	718
32-33	5384	128	265o	8162	6o7
33-34	4491	137	2657	7285	526
34-35	3969	158	2725	6852	437
35-4o	1o535	1o17	1o883	22425	1553
4o-45	2783	11o7	5869	9759	665
45-5o	1o76	1579	4412	7o67	385
5o-55	455	1795	2793	5o43	237
55-6o	216	1563	1345	3124	121
6o-65	215	25o8	13o2	4o25	92
65-7o	147	2281	767	3195	53
7o und mehr	118	316o	474	3752	47
insges.	318o56	15985	5264o	386681	23524
davon Ausländer	2o181	363	298o	23524	-

B.   Frauen

	ledig	verwitwet	geschieden	insges.	Ausl.
unter 16	161	–	1	162	147
16–17	3596	–	1	3597	341
17–18	963o	–	1o	964o	646
18–19	39889	7	82	39978	1285
19–2o	46o31	9	268	46308	1468
2o–21	48227	31	619	48877	147o
21–22	4152o	43	1o96	42659	1515
22–23	32328	61	15o2	33841	1469
23–24	24336	76	1928	2634o	1381
24–25	183o2	91	24o4	2o797	1275
25–26	13529	124	2611	16264	1139
26–27	9456	117	2764	12337	97o
27–28	6348	1o6	2724	9178	84o
28–29	4743	145	2548	7436	734
29–3o	2845	113	2o69	5o27	534
3o–31	2625	143	2227	4995	495
31–32	2353	146	2479	4978	368
32–33	1951	165	2184	43oo	3o7
33–34	17o3	142	2o98	3943	217
34–35	1536	2o2	2147	3885	231
35–4o	5o19	1o38	8472	14529	751
4o–45	2315	995	4562	7872	385
45–5o	187o	1297	3295	6462	259
5o–55	1566	1676	2425	5667	152
55–6o	569	1266	1o53	2888	57
6o–65	393	1329	843	2565	32
65–7o	169	888	368	1425	27
7o und mehr	111	432	138	681	14
insges.	323121	1o642	52918	386681	185o9
davon Aus- länder	15783	3o7	2419	185o9	–

C. Von den Männern heirateten

	ledig	verwitwet	geschieden	insges.
eine ledige Frau	293o53	5172	24896	313121
eine verwit- wete Frau	2421	5322	2829	1o642
eine geschie- dene Frau	22582	5491	24845	52918

Ehescheidungszahlen: rund 1ooooo im Jahr.

Tabelle 13 - Geburtenziffern (einschließlich der Totgeborenen)

	männlich	weiblich	insges.	Lebendgeb./1ooo Einw.
1961	52o59o	492o97	1o12687	18,o
1962	5238o1	494751	1o18552	17,9
1963	541812	512311	1o54123	18,3
1964	547979	517458	1o65437	18,2
1965	53693o	5o7398	1o44328	17,7
1966	539492	51o853	1o5o345	17,6
1967	523634	495825	1o19459	17,o
1968	4982o2	471623	969825	16,1
1969	46443o	439o26	9o3456	14,8
197o	416321	394487	81o8o8	13,4
1971	4oo423	3781o3	778526	12,7
1972	36o337	34o877	7o1214	11,3
1973	326181	3o9452	635633	1o,3
1974	32148o	3o4893	626373	1o,1
1975	3o9135	291377	6oo512	9,7

(davon Totgeborene 4689, von ihnen 426 nichtehelich;
nichteheliche Geburten insgesamt 36774).

Die Rate der nichtehelichen Geburten, bezogen auf je 1ooo
Lebendgeborene, ist erstaunlich konstant.

1961	59,5	1973	62,7
1965	46,9	1974	62,7
1968	47,6	1975	61,2
197o	54,6		
1972	6o,5		

1. 1975 besitzen von 1ooo Lebeudgeborenen 16o eine ausländische Staatsangehörigkeit, also genau 16 % (das ist fast
jedes sechste Kind!). Die sozialen Folgeprobleme' aus der
bisher weitgehend unterbliebenen Integration der ausländischen Mitbürger - Schwerpunkt: "Gastarbeiter" aus dem
europäischen Süden und Südosten - gerade unter diesem
Aspekt liegen auf der Hand. Absolute Zahl: ∿ 1ooooo Kinder (wohlgemerkt, Geburtsjahrgang 1975). Für diese Kinder gibt es nicht ausreichend Schulen, kaum Ausbildungs-
plätze, nur düstere Berufsaussichten - Karrieren am Rande der Gesellschaft mit hoher Kriminalitätsanfälligkeit.

2. Um 1967 setzt eine Entwicklung ein, die gemeinhin als
"Pillenknick" bezeichnet wird, wohl weniger eine unmittelbare Folge der fortschreitenden erleichterten Gebur-
tenkontrolle (vgl. gleich 3.) als ein Vorgang, der in
allen Industriestaaten mit ganz unterschiedlichen Strukturen, unterschiedlicher Familienplanung und ihrer Verbreitung ähnlich verläuft. Zum Teil dreht sich die Richtung allerdings wieder um; in der DDR etwa ist seit einigen Jahren ein ausgesprochener "Baby-Boom" zu verzeichnen, entscheidend ausgelöst wohl durch die materiellen
Anreize (Ehegründungsdarlehen, die von den jungen Eheleuten "abgekindert" werden können), neben anderen Punkten (Kindergartenplätze, Arbeitsplatzsicherungs-Programm-
me u.ä.).
Der Geburtenrückgang bildet den Hintergrund für so verschiedene Bereiche wie Rentenfinanzierung und ihre Schwierigkeit, Lehrerarbeitslosigkeit, numerus u.v.a. Die Al-
terspyramide ist entscheidend aus dem Gleichgewicht geraten. Geburtenstarke Jahrgänge drängen sich jetzt noch
durch die Ausbildungseinrichtungen, wobei abzusehen ist,
daß der angestaute "Berg" um 1985-199o (auf die Hochschule bezogen, sonst entsprechend früher) abgebaut
sein wird. Die dann folgenden Generationen werden später kaum den altgewordenen Rentnern und Pensionären ihr

Auskommen sichern können.

Absolut nimmt die Bevölkerung der Bundesrepublik um rund 2ooooo Einwohner pro Jahr ab, davon allein 13oooo aus "Geburtendefiziten".

3. Für mich überraschend: Die Nichtehelichenrate steigt seit einiger Zeit wieder an; der Pillenknick spielt hier offensichtlich eine untergeordnete Rolle, obwohl doch alle Vermutungen in die Gegenrichtung zielten.

4. Die Rate der totgeborenen nichtehelichen Kinder beträgt rund 9 % aller Totgeborenen; sie liegt damit erheblich über der zu erwartenden Zahl von rund 6 % (insgesamt ist die Kindersterblichkeit bei uns leider bedrückend hoch, über der Quote vergleichbarer Länder).

Tabelle 14 - Alter der Mütter

	ehelich	nichtehelich	Ausländer	Totgeborene
bis 14	2	89	18	2
15	7o	423	1oo	4
16	929	162o	482	23
17	4324	3o66	12o1	66
18	1o424	4121	23o3	1o8
19	18231	38o1	3855	135
2o	24455	3278	54o7	189
21	29889	2885	6o75	214
22	35257	233o	6597	245
23	4oo22	1987	7332	281
24	41948	1678	6711	249
25	45782	16o4	81o4	326
26	44547	1291	7144	278
27	39828	1o87	668o	297
28	34727	871	5817	228
29	28511	768	478o	2o7
3o	2183o	59o	4328	164
31	24151	654	3478	195
32	2o752	597	2731	162
33	17327	524	2594	133

34	17o54	581	1977	165
35	15237	582	2o96	161
36	12537	5o2	1465	151
37	9732	4o7	1144	147
38	73o7	359	945	112
39	5983	349	742	113
4o	4459	274	569	1o7
41	3273	197	4o3	78
42	2o34	119	299	51
43	1366	83	196	34
44	898	4o	121	28
gesamt	562805	36767	95699	4653
über 44	933	37	174	36

Tabelle 15 - Erwerbstätigkeit

männlich	55,1 %
weiblich	29,7 %
insgesamt	41,8 %

Tabelle 16 - Erwerbspersonen
A.   in Tausend

Alter	insg.	männl.	weibl. insg.	ledig	verheir.	verw./gesch.
15-2o	2382	1283	1o99	1o24	74	–
2o-25	3oo7	164o	1367	719	619	29
25-3o	2946	1814	1132	239	824	69
3o-35	2923	1941	982	12o	782	8o
35-4o	3763	2538	1225	127	99o	1o5
4o-45	3o23	2o19	1oo4	1o9	795	1oo
45-5o	2939	1921	1o18	139	747	131
5o-55	255o	15o9	1o41	177	669	195
55-6o	158o	967	613	1o9	335	17o
6o-65	1oo6	712	294	51	138	1o4
mehr als 65	579	349	23o	48	82	1oo
insg.	26696	16o91	1ooo5	2863	6o55	1o87

B. Erwerbsquoten, in Prozent der Wohnbevölkerung entsprechenden Alters, des Geschlechts und Familienstandes

	männlich	weiblich zus.	ledig	verheir.	verw./gesch.
15-2o	52,8	47,9	47,2	59,9	-
2o-25	79,9	68,8	74,9	62,6	8o,6
25-3o	9o,6	57,8	83,o	52,1	79,2
3o-35	96,9	51,8	87,4	47,3	77,1
35-4o	98,4	51,o	87,4	46,9	74,2
4o-45	97,9	51,3	88,1	46,8	72,8
45-5o	96,8	5o,9	88,6	45,3	69,o
5o-55	93,3	48,1	85,8	4o,9	6o,o
55-6o	85,4	38,3	77,5	31,4	42,7
6o-65	52,3	14,7	31,7	12,7	14,o
mehr als 65	1o,o	4,1	8,1	4,5	3,1
insg.	73,5	38,6	56,3	39,3	2o,o

Die Frauen-Erwerbstätigenquote insgesamt hat sich seit dem
Ende des letzten Jahrhunderts praktisch nicht verändert[12]
(! P.F.); doch ist ein bemerkenswerter Wandel in der Zusammensetzung eingetreten: Statt der Arbeit im Haus oder Gewerbe - als mit arbeitendes Familienmitglied - oder als
Selbständiger prägt nun die außerhäusliche Arbeit in Abhängigkeit das Bild[13]. Zudem sind in viel größerem Umfang
als früher verheiratete Frauen und Mütter im Erwerbsleben
tätig[14].
Auf strukturelle Besonderheiten der weiblichen Erwerbstätigkeit - Stichwort: kein gleicher Lohn für gleiche Arbeit,
Leichtlohngruppen, Teilzeitarbeit u.v.a. - kann ich hier
nicht eingehen.

II. Grundzüge des Scheidungsrechts[15]

Kernstücke des 1. EheRG bilden das Scheidungsrecht und das Recht der Scheidungsfolgen; beide Bereiche sind in das BGB rückgegliedert, lösen insoweit das
EheG 1946/1961 ab. Prägend wirken sich für die Neufassung vor allem zwei miteinander eng verwobene Linien aus. Zum einen ist das bisher für das Scheidungsverfahren selbst maßgebliche, die Scheidungsfolgen immerhin mitsteuernde
Merkmal der Scheidungsschuld gefallen, ausgewechselt durch einen objektiven,
entlasteten Gesichtspunkt: das Scheitern der Ehe (vgl. § 1565 I 1 BGB: „Eine Ehe
kann nur geschieden werden, wenn sie gescheitert ist"). Um es zu wiederholen,
schärfer noch: Auf die Zerrüttungsschuld kommt nichts an; entscheidend ist allein
die Tatsache der Zerrüttung, die zusätzlich formalisiert wird über die Vermutungen aus § 1566 BGB. Vom Schuldprinzip, das nach subjektiver Verantwortlichkeit
fragt, Übersicht und Beherrschbarkeit des Lebensausschnitts Ehe voraussetzt,
zum (gemischten, da nicht streng durchgehaltenen) Zerrüttungsprinzip, so ließe
sich der Wandel im Kürzel beschreiben. Damit wird nicht nur die Auseinandersetzung zwischen den Gatten, soweit sie nach außen dringt, „entkrampft", für sich
schon ein wichtiger Punkt (dazu gleich). Vielmehr steht im Hintergrund die kaum
verhohlene Einsicht, eine auf individuelles Verschulden nach gleichwohl verallge-
meinerten Maßstäben ausgerichtete Suche verkenne die tiefe persönliche Betroffenheit der Parteien, die intime Eigengesetzlichkeit, die Außenkontrolle nicht ver-
trage, verfehle daher die Wirklichkeit. Entwicklungen in der Ehe, Annäherung
und Entfernung, seien mit notwendig groben Schuldrastern kaum zureichend zu
erfassen. Für ein zivilgerichtliches Verfahren, das der Herrschaft der Parteien über
den Tatsachenstoff (trotz §§ 611 I, 613, 614 I u. II, 615 I, 616 ZPO, die sämtlich
Parteiverfügung einschränken im Vergleich zu anderen zivilrechtlichen Streitigkeiten) und ihrer Disposition über den Ablauf unterworfen (Ausnahmen: §§ 612
IV, 614 I u. II, 617 ZPO), nicht schlechthin auf materielle Wahrheit (Grenzen:
§ 138 ZPO) eingeschworen ist, allein in Randzonen Korrekturen findet durch be-
hördlich angeordnete Nachforschungen (= „Inquisitionsmaxime"), gewinnt
diese Einsicht zusätzliches Gewicht. Vereinfachung, Entlastung durch wenigstens
äußerliche Ehrlichkeit und Fairneß sollen künftig die gerichtliche Abwicklung der
gescheiterten Beziehung prägen, Zielbestimmungen, die für ein Gerichtsverfahren
fast selbstverständlich erscheinen; gleichwohl wurde gegen sie bisher zu oft in bedrückender Blindheit verstoßen, von den streitenden Parteien und ihren Anwälten, aber auch von den urteilenden Richtern. Unsachlichkeiten, Lügen, Häme
steckten das Terrain ab, zeichneten die Kampffronten vor (und legten die Kon-
troll- und Entscheidungsinstanzen darauf fest). Da die Parteien durch formale
Anforderungen wenig festgelegt (vgl. § 138 ZPO) über den Tatsachenstoff verfüg-
ten, konnten sie eben auch auswählen, welche Einzelheiten aus ihren Lebenszusammenhängen vorgelegt werden sollten; sie konnten ihr Vorbringen „beschränken", dann Verabredungen im Vorfeld treffen über den Tatsachenvortrag im
Verfahren. „Zugeständnisse" waren völlig üblich, auf beiden Seiten, mit Druck

und Gegendruck, Zwang und Nachgeben, im häßlichen Wechselspiel. Am Ende entwickelte sich der ganze Ablauf zu einer Verhöhnung der Gerichte und des Rechts. Der „Verzicht" auf den Vorwurf einer bestimmten Ehewidrigkeit – als Makel empfunden –, ihre Ersetzung durch „Harmlosigkeiten" wie „Verweigerung des ehelichen Verkehrs", allgemeine „Beschimpfungen und Beleidigungen" ohne nähere Präzisierung, war häufig nur zu erkaufen durch Zuschläge im Unterhaltspunkt, beim Zugewinnausgleich oder bei der Hausratsverteilung, vor allem aber im Bereich des § 1671 BGB. „Meine Mandantin wird Ihnen Ehebruch, zumindest ehewidriges Verhalten mit der Zeugin X. anlasten. Sie ist allerdings zu einer Beschränkung des Parteivortrags bereit, wenn Sie sich in angemessener Form bei der materiellen Absicherung erkenntlich zeigen,[16] zudem Ihr Einverständnis zu einer Übertragung der elterlichen Gewalt für die Kinder auf sie erklären", so und ähnlich lauteten die einleitenden Floskeln in der anwaltlichen Korrespondenz vor Klageerhebung. Meist gelang eine Einigung; schließlich waren die Gatten durchaus scheidungswillig. „Lediglich" die Nebenpunkte waren offen, harrten noch der Regelung.[17] Fachleute (= Anwälte) vermittelten mehr oder weniger hilfreich. Parteirollen wurden den Streitenden zugewiesen, Verhalten und Erklärungen bei Gericht abgesprochen. Besonders betrüblich wirkten im Hintergrund die Drohungen aus § 172 StGB (Strafbarkeit des Ehebruchs), § 6 EheG 1946/1961 (Eheverbot, bezogen auf den im Scheidungsurteil namentlich angeprangerten Ehebrecher, mit Befreiungsmöglichkeit durch das Vormundschaftsgericht) und § 624 a. F. ZPO (der eben diese Anprangerung vorsah), Vorschriften, die inzwischen beseitigt sind. „Scheinprozesse mit verabredeten Ehewidrigkeiten, bei beiderseitiger, von einer Partei freilich meist teuer erkaufter Scheidungsbereitschaft unter der Regie eines Spezialisten laufen ab. Die Rolle des Schuldigen ist vorher unter den Parteien verteilt. Dem einen oder anderen Gatten nicht passende gesetzliche Rechtsfolgen sind intern abgedungen. Heuchelei, Lüge und Korruption beherrschen das Bild. Das ganze hat schließlich mit Recht nichts mehr zu tun. Die überdrehte Schraube entwertet nur noch das Recht und macht es lächerlich."[18] „Nirgendwo wird mehr gelogen als im Ehescheidungsverfahren" (Heinrich Lehmann, 1928).[19] Jeder Anwalt und mit Scheidungen befaßte Richter[20] wird diese herben Vorwürfe bestätigen, sie als (mehr oder weniger) berechtigt anerkennen, Vorwürfe, die gar nicht ernst genug genommen werden können. Ein so weit von der Wirklichkeit entferntes Verfahren, das den Beteiligten das Mitspielen in einer unwürdigen Komödie zumutet („Großes Scheidungstheater"),[21] von vornherein ihrer Situation nicht gerecht wird und nicht gerecht werden will (unschwer läßt sich die tiefe Betroffenheit von Eheleuten vorstellen, die – dem undurchschaubaren und unehrlichen Ablauf vor Gericht ausgeliefert – sich verhöhnt und beleidigt fühlten), muß langfristig die Achtung vor dem Recht und vor der Redlichkeit gerichtlicher Instanzen schmälern und erschüttern. Weitgespannte Hoffnungen auf „umfassende Besserung" durch das 1. EheRG sind allerdings schnell zu enttäuschen;[22] ein wesentliches Reformziel scheint mir damit zu einem Teil verfehlt. Auf manchen Strecken wird auch in Zukunft mit falschen Karten gespielt, werden den Gerichten getürkte Sachverhalte unterbreitet, dort mit Augenzwinkern als Realität akzeptiert werden, in der hinreichend bekannten Unempfindlichkeit gegenüber diesem Mangel. Die Einbruchstellen sind leicht auszumachen: § 1565 II BGB – Mindestdauer der Trennung ein Jahr, Scheidung allein in Härtefällen –, § 1566 BGB, mit den gegen einen widerstrebenden Partner schwer beweisbaren Trennungszeiten,[23] § 1565 I BGB und § 1568 BGB. Schärfer: Zusagen auf „großzügigen Unterhalt" oder in anderen Nebenpunkten der Folgenregelung sind erst die Voraussetzung, um vom Partner das „Eingeständnis" der Trennung zu einem bestimmten Zeitpunkt zu erreichen; wie einfach ist es doch, sich über das Trennungsdatum zu verständigen! Sicher bleibt ein wichtiger Vorteil: Das 1. EheRG bringt für die „einverständlich Scheidungswilligen" ein überschaubares und entlastetes Verfahren, zwingt sie nicht von vornherein zu Scheingefechten, bietet für die Niederlegung der Scheidungsfolgen einen passenden Rahmen (= echte Konventionalscheidung).[24] Doch bleiben eben manche matten Stellen.

In einem Winkel können sogar neue Kulissen[25] aufgebaut werden. § 1566 I BGB setzt eine Vereinbarung über die Scheidungsfolgen in der Form des § 630 ZPO – Anwaltszwang! – voraus, § 1565 I BGB nicht, verlockt damit (zu Recht, wie ich finde – Kosten!).

Zwei Punkte nur am Rande vorweg. Die Umstellung auf das „Zerrüttungsprinzip" ist für sich nicht ehefeindlich, die gleich mehrfache[26] Versicherung des Gesetzgebers, die Orientierung der Neuregelung verstoße nicht gegen Art. 6 I GG, deshalb „zutreffend". Nach allen Erfahrungen geht die weitaus überwiegende Mehrzahl der geschiedenen Eheleute recht bald wieder eine neue Bindung ein. Scheidung wird lediglich als (versuchte) Korrektur eines Irrtums verstanden. Und: Der gefürchtete „Run" auf die Gerichte nach der Erleichterung der Scheidung durch das beschworene Heer der nur auf diese Möglichkeit lauernden untreuen Ehemänner und Ehefrauen, die sich zuvor am standhaften Widerstand des treuen Partners brachen, hat noch nicht eingesetzt, im Gegenteil, an der Scheidungsfront ist die Lage eher durch abwartende Zurückhaltung gekennzeichnet[27] (wobei Hiobsbotschaften über Kostensteigerungen ihre eigene abschreckende Wirkung entfalten, für Gerichts- und Anwaltskosten, für Verluste an Altersversorgung,[28] für Unterhaltslasten); allerdings beginnen sich die Verhältnisse langsam wieder zu „normalisieren" (= auf den Stand einzupendeln, den sie vor dem 30. 6. 1977 einnahmen). Mit diesen Änderungen paßt sich das Scheidungsrecht den gesellschaftlichen Vorläufen und dem eingetretenen Wandel an, Erscheinungen, die bisher zu beiläufig und nicht ernsthaft zur Kenntnis genommen wurden. „Ehe" wird ihrer institutionellen Überhöhung entkleidet, zurückgeführt auf einen für individuelle Konzepte passenden Rahmen. Selbstverwirklichung der Partner in einer frei gewählten und ausgefüllten Rechtsform wird zum Programm, mit erreichbarer Trennung bei Versagen und Scheitern. Vermieden ist die Fesselung in einen nur noch beengenden Käfig – für alle Beteiligten schmerzlich – wie es bisher leider zuweilen geschehen konnte. Die einleitende Übersicht über die Rechtsprechung des BGH zu § 48 II EheG 1946/1961 belegt diesen Vorwurf zur Genüge.[29] Zyklischen Abläufen[30] in der Familie – die Durchsicht der Scheidungsstatistik beweist die unmittelbaren Auswirkungen zyklischer Umbrüche, durch Auszug der Kinder als markantestem Beispiel – ist Rechnung getragen; Ehegatten, die diese Entwicklungen erleben, sich selbst verändert sehen und ihre äußere Lebenssituation dem anpassen wollen, wird eine neue Chance geboten. Für ein auf individuelle Entfaltung der Eheleute angelegtes Eherecht ein „passendes" Scheidungsrecht – dieser Schritt scheint mir nur folgerichtig, bei allen Bedenken und Einwänden gegen das 1. EheRG sonst.

III. Scheidungsgründe.

1.a) § 1565 I 1 BGB ordnet lapidar an: „Eine Ehe kann geschieden werden, wenn sie gescheitert ist." Zerrüttung[31] der Ehe in der von § 1565 I 2 BGB vorgesehenen Form ist damit nach dem 1. EheRG *einziger* Scheidungsgrund. Allerdings kann dieser Umstand auf dreifache Weise belegt werden: nach § 1565 I 1 BGB, nach § 1566 I BGB bei beiderseitigem Scheidungswunsch, schließlich nach § 1566 II BGB gegen den Widerstand des anderen Gatten. „Wer heiratet, legt sein Leben in die Hand des anderen und räumt ihm die Möglichkeit ein, es – schuldhaft oder nicht – zu zerstören. Das Recht kann diese natürliche Sachlage nicht aufheben."[32] Der Vorwurf, nunmehr sei verantwortungsloses Verhalten konzessiert und die einseitige Verstoßung erlaubt,[33] zielt deshalb daneben, entlarvt sich im übrigen in seiner unsachlichen Polemik selbst.[34]

Nach § 1565 I 2 BGB ist die Ehe gescheitert, wenn die Lebensgemeinschaft der Gatten nicht mehr besteht und nicht erwartet werden kann, daß die Eheleute sie wieder herstellen. Verknüpft sind folglich Elemente der Rückschau und der Vorausschau,[35] eine Wertung aus der Vergangenheit/Gegenwart mit einer Prognose für die Zukunft. „Scheitern" der Ehe soll dabei über die schlichte (!) Zerrüttung hinausgehen, die Endgültigkeit und die Schwere des Auseinanderlebens belegen;[36] ernste Schwierigkeiten allein sollen noch keine Scheidung auslösen. Zudem ist – so der Reformgesetzgeber –

„der Begriff der Zerrüttung zu eng mit der Vorstellung verknüpft, daß ein Ehegatte oder beide Ehegatten durch ehewidrige Handlungen ihre Ehe zerrüttet haben. Das Wort „Scheitern" bringt dagegen besser zum Ausdruck, daß das Mißlingen der Ehe auch durch einen schicksalhaften Verlauf, auf den die Ehegatten keinen Einfluß haben, oder durch die Unvereinbarkeit ihrer Charaktere bewirkt werden kann und ein Unglück für beide Partner ist."[37]

Doch ändert dieser Streit um Worte nichts an der Sache. „Scheitern" der Ehe und „Zerrüttung" sind Synonima und werden vom 1. EheRG entsprechend eingesetzt. Man stelle sich nur die Reaktion auf den Einwurf vor, das 1. EheRG habe *nicht* das Zerrüttungsprinzip eingeführt.[38]
Maßgeblicher Bezugspunkt ist die konkret betroffene Ehe in ihrem Lebenszuschnitt, vgl. § 1565 I 2 BGB – „. . . wenn *die* Lebensgemeinschaft *der* Ehegatten nicht mehr besteht . . ." –, nicht ein allgemeines, idealisiertes Wunschbild.[39] Noch

das Ehegesetz 1946/1961 stellte auf eine „dem Wesen der Ehe" entsprechende Lebensgemeinschaft ab,[40] eine Betrachtung, die nicht beibehalten werden kann. Vorgegeben sind „lediglich" die Grundstrukturen der Ehe, während ihre Umsetzung und Ausfüllung in alltägliches Zusammenleben, damit erst ihre Verwirklichung den Eheleuten überlassen ist.[41]

„Ob die Lebensgemeinschaft der Ehegatten noch vorhanden ist, kann nur im Einzelfall, unter Berücksichtigung der Eigenart der Ehegatten, ihrer sozialen und wirtschaftlichen Lage, ihrer sittlichen Einstellung, ihres Alters, ihrer Gesundheit und anderer Umstände beurteilt werden. Der Richter wird daher gehalten sein, die Lebensverhältnisse der Ehegatten im Einzelfall zu überprüfen. Er darf daraus, daß einzelne Merkmale üblichen ehelichen Zusammenlebens fehlen, noch nicht schließen, daß die Lebensgemeinschaft der Ehegatten nicht mehr besteht; denn es kann sein, daß ein solches Merkmal nicht zur Lebensgemeinschaft dieser Ehegatten gehört."[42]

Ausdrücklich abgesehen wird von einer Beschränkung der Prüfung auf ein offen sichtbares Merkmal: die häusliche Gemeinschaft; leicht sei es möglich, daß trotz äußerer Trennung die innere Verbindung (= Lebensgemeinschaft) nicht zerbrochen sei,[43] trotz § 1567 BGB. Anzudeuten (und mehr) scheint sich nun allerdings die Verpflichtung des angerufenen Gerichts zu umfassenden Eheanalyse[44] noch weit über das bekannte Maß hinaus, verbunden mit einer Zukunftsvision/Voraussicht über die künftige Entwicklung. Erforderlich wird die weiträumige Klärung ehelicher Interna – das gern beschriebene „Waschen schmutziger Wäsche" – in durchaus vertrauten Bahnen.[45] Hilfreich greifen besondere Verfahrensgrundsätze ein. So kann nach § 616 I ZPO (beachte § 616 II ZPO) das Gericht von Amts wegen die Aufnahme von Beweisen anordnen und nach Anhörung der Ehegatten auch solche Tatsachen berücksichtigen, die von ihnen nicht vorgebracht sind. Allerdings bauen sich bald hemmend natürliche Barrieren auf. Das Innenleben der Ehe ist praktisch notwendig jedem Blick von außen verschlossen; zumindest kann das entscheidende Gericht ohne fremde Hilfe – und wie soll es sie finden? – kaum etwas ausmachen. Doch bleiben eben Einbruchstellen. Wieder einmal wird ein erklärtes Reformziel – die Abstinenz gegenüber der ehelichen Intimsphäre – verfehlt, selbst wenn die Alltagspraxis manche Milderung mit sich bringt.[46] Und ärgerlicher noch: Durch das betonte Interesse für § 1565 I 1 BGB und die einzelnen Zerrüttungsursachen, mit der zusätzlich verlockenden und bereits praktizierten Gleichstellung mit Eheverfehlungen nach § 43 EheG 1946/1961 (nur ohne Schuldvorwurf)[47] werden die allgemeinen Scheidungsgründe (= § 1566 BGB) entwertet[48] bis zur offenen Diskreditierung;[49] das spielt eine erhebliche Rolle für Scheidungsbegehren, die an § 1566 II BGB scheitern, sei es, daß die dreijährige Frist tatsächlich nicht abgelaufen ist, sei es, daß lediglich ein entsprechender Nachweis nicht gelingt. Jedenfalls ist das Schwergewicht auf § 1566 BGB zu verlagern, auf die dort niedergelegten stark formalisierten Zerrüttungsvermutungen. Erst § 1566 BGB kann die Entlastungsaufgaben erfüllen, die dem Scheidungsrecht des 1. EheRG zugeschrieben und aufgebürdet sind; § 630 ZPO stört leider dieses Bild.[50]

Für § 1565 I 1 BGB bleibt ein zwiespältiger Eindruck. Werden die Erfahrungen mit §§ 42/43 EheG 1946/1961 aufgenommen, als Zerrüttungsursachen die früheren „Scheidungsgründe" (objektiviert)[51] herangezogen, wird das 1. EheRG auf kaltem Wege umgepolt. Überzeugter Vorläufer bei Aktivitäten in dieser Richtung ist insbesondere das OLG Köln;[52] Mitstreiter halten wohl noch das Visier geschlossen. Wird dagegen auf den Anschluß an das EheG 1946/1961 verzichtet, wird mit der Eigenständigkeit des 1. EheRG ernstgemacht, brechen kaum zu behebende Widersprüche zwischen §§ 1565 I 1 BGB und 1566 II BGB auf. Beispiel: Bei einigen Gerichten „reicht" die einseitige Erklärung eines Gatten, die Ehe mit dem Partner nicht fortsetzen zu wollen,[53] aus, um das Scheitern der Ehe nach § 1565 I 1 BGB zu belegen, obwohl der verlassene, enttäuschte Teil widerstrebt und die Fristen aus § 1566 II BGB eben nicht abgelaufen sind.[54]

b) Vollends werden Schuldgesichtspunkte[55] über § 1565 II BGB für die Ehescheidung maßgeblich (oder können zumindest maßgeblich werden). Danach darf ein Scheidungsausspruch nicht erfolgen, wenn die Eheleute noch nicht ein Jahr getrennt leben und Gründe in der Person des *anderen* Gatten (hier verfährt die Judikatur manchmal zu förmlich, wenn etwa Suicidäußerungen nicht auf ihre mögliche Verursachung durch den Partner untersucht, sie stets und allein den Gefährdeten zugerechnet werden)[56] nicht dargetan sind, die die Fortsetzung der Ehe für den Antragsteller als unzumutbare Härte[57] erscheinen ließen. Offensichtlich ist „unzumutbare Härte" nach § 1565 II BGB mit „Eheverfehlung" nach §§ 42/43 EheG 19946/1961 teilweise identisch, wenn auch in gesteigerter Qualität. Entscheidungsermessen ist mit dieser weiten Fassung Tür und Tor geöffnet; bald werden wir wieder eine – diesmal an § 1565 II BGB ausgerichtete – unterschiedliche Scheidungsgeographie zu beklagen haben: Scheidung einer Ehe wird abhängig vom Wohnsitz der Parteien, vom zuständigen Gericht, vom Anfangsbuchstaben des Ehenamens, ein wenig erfreulicher Zustand (der leider schon im bisherigen Recht bestand).

Sicher scheinen bisher allein die Endpunkte. Nicht erforderlich ist, daß der Antragsgegner „ein so verabscheuungswürdiger Mensch (sein muß), daß es neben ihm nicht auszuhalten und die Fortsetzung der Ehe mit ihm eine Strafe ist";[58] andererseits ist nicht schon jede Fortführung einer gescheiterten Ehe schlechthin unzumutbar.[59] In der praktischen Rechtsanwendung finden sich diese markigen Unterscheidungen allerdings kaum wieder; den Opfern gewalttätiger, oft alkoholabhängiger Männer wird die Zuflucht zu § 1565 II BGB häufig versagt, „betrogenen" Ehefrauen hingegen eher bereitwillig eröffnet. Der Einwand, über § 1565 II BGB seien übereilte Scheidungswünsche[60] abzulocken, überzeugt wenig;[61] Eheberatung, erfahrene Gesprächsbereitschaft noch im Verfahren leisten für diesen Punkt sicher mehr eine harte Förmlichkeit (= Fristablauf), die völlig undifferenziert zupackt und die Parteien mit ihren Problemen allein läßt. Empfehlungen an die Rechtsprechung, § 1565 II BGB „großzügig" auszulegen,[62] bleiben unverbindlich. Erste Erfahrungen beweisen zudem, wie ungehört sie verhallt sind. Ganz im Gegenteil wird inzwischen immer überzeugter betont, daß § 1565 BGB „eng" aufzufassen sei,[63] als Ausnahmeregel. § 1565 II BGB übernimmt danach die

Aufgabe, Scheidungswünsche wenigstens zeitlich zu neutralisieren, sie „erheblich zu erschweren"; schon „aus verfassungsrechtlichen Gründen" (Art. 6 I GG) darf „einer allzu leichten und raschen Auflösbarkeit der Ehe kein Vorschub geleistet werden".[64] Nahezu einhellig blockt die Rechtsprechung der Oberlandesgerichte schließlich sogar[65] den Versuch ab, § 1565 II BGB auf den (rechtsmißbräuchlichen)[66] einseitigen Scheidungswunsch zu beschränken, einverständliche Scheidungsverlangen hingegen schlechthin aus dem Anwendungsbereich der Vorschrift auszunehmen.[67] Stellen beide Parteien Scheidungsanträge aus § 1565 II BGB, ist ihnen zu entsprechen, wenn wechselseitig jeweils die besonderen Voraussetzungen vorliegen (§ 630 ZPO ist nicht zu beachten).[68] Auch dem Ausweichen auf den Grundtatbestand aus § 1565 I 1 BGB, ohne Präzisierung im Trennungspunkt,[69] kann schnell ein Riegel vorgeschoben werden; die Sperre aus § 1565 II BGB als eheerhaltende Tatsache qualifiziert, damit aus der umfassenden Dispositionsbefugnis der Parteien herausgenommen und über § 616 I ZPO der (eingeschränkten) Amtsermittlung der Gerichte unterworfen. Ist die Trennungszeit von einem Jahr nicht abgelaufen, werden besondere Härten nicht vorgebracht oder nicht belegt, wird der Scheidungsantrag abgewiesen (wohl als unzulässig).[70] Vielleicht ist es tatsächlich möglich, den eigentümlichen Bruch in § 1565 II BGB äußerlich zu kitten – Aufrechterhalten einer anerkannt gescheiterten Ehe –, indem „Scheitern der Ehe" und „besondere Härte durch Fortsetzung" miteinander verschränkt, bei fehlender Härte schon kein endgültiges Scheitern festgestellt wird[71] (damit wäre die bisher übliche Rangfolge beseitigt, zunächst das Scheitern selbständig anzumerken, dann über die Zumutbarkeit des Zuwartens[72] nachzudenken). Doch halte ich solche Korrekturen für vorwiegend kosmetisch; in der Sache wird eben doch eine „an sich" zerbrochene und nicht mehr wertvolle Ehe aus formalen Gründen durchgesetzt (was mich nicht überzeugt). Das Unheil, das mit dieser für die Nöte der Beteiligten verständnislosen Härte angerichtet wird, ist beträchtlich; jede Abwiegelung greift an der Wirklichkeit vorbei. § 1565 II BGB hat einen tatsächlichen Schwerpunkt bei handgreiflichen Streitigkeiten unter den Eheleuten – oft alkoholbedingt –, bei Tätlichkeiten, Schlägen,[73] erfüllt – oder verfehlt – Schutzaufgaben gegenüber der (meist ist sie es, trotz Spiegel 27/78) Frau; an meine Beispiele[74] darf ich erinnern.[75] Ist es wirklich sinnvoll, auf das Maß der fortbestehenden Gefährdung abzuheben und danach zu differenzieren, ob dem mißhandelten Teil weitere Angriffe drohen, vor allem dem Auszug aus der ehelichen Wohnung entscheidendes Gewicht beizumessen?[76] Werden nicht die Kämpfe zwischen den Eheleuten ganz unnötig verschärft, die Fronten verhärtet, wenn die einfache Flucht aus dem Konflikt mit dem „Verlust" des Scheidungsrechts aus § 1565 II BGB „bestraft" wird?[77] Ohnehin kann das klageabweisende Urteil leicht vermieden werden. Die Einlegung eines Rechtsmittels wird das Verfahren wohl stets über die Frist aus § 1565 II BGB hinaus verlängern; auch die Klärung der versicherungsrechtlichen Fragen im Zusammenhang mit dem Versorgungsausgleich eignet sich zum Taktieren. Andererseits wirkt § 628 ZPO störend, wenn nicht beide Bestimmungen parallel verstanden werden, ein Vorgang, der durch die identische Wortwahl – „unzumutbare Härte" – immerhin nahegelegt wird.[78]

Umgekehrt ist die Rechtsprechung[79] recht gerne bereit, die Frist aus § 1565 II BGB zur Seite zu schieben, wenn durch Fehlverhalten auf die Ehe selbst gezielt wird, wenn also ein Partner „hartnäckig" seine ehelichen Pflichten im Kern verletzt, insbesondere eine neue Beziehung eingegangen ist.[80] Nicht einmal eine Mindestdauer der Trennung wird verlangt;[81] eine Ehescheidung ist damit sogar schon vor der Trennung möglich. Immerhin ein Lichtblick: Kleinere Härten können sich zum großen Vorwurf addieren, dann § 1565 II BGB begründen („der Tropfen, der das Faß zum Überlaufen bringt").[82]

Die praktische Bedeutung der Bestimmung aus § 1565 II BGB darf jedenfalls nicht unterschätzt werden. Nach einer Auszählung von Ehescheidungen aus Hessen zur Vorbereitung eines Organisationsstatus (N = 1000) wurden über 80% der Klagen im ersten Trennungsjahr erhoben, knapp über 50% bereits in den ersten beiden Monaten[83] (eine Untersuchung zur Rechtslage nach EheG 1946/1961).

2. a) In den Mittelpunkt sollten die in § 1566 BGB niedergelegten Formalisierungen rücken. Erst sie bringen die notwendige Vereinfachung, Entlastung, Entkrampfung. Nach § 1566 I BGB wird Scheitern der Ehe (unwiderleglich) vermutet,[84] wenn die Ehegatten seit einem Jahr getrennt leben, beide gemeinsam die Scheidung beantragen oder der Antragsgegner der Scheidung zustimmt. Geschieden wird allerdings selbst bei Vorliegen eines der in § 1566 BGB genannten Scheidungsgründe aus dem Grundtatbestand (§ 1565 I 1 BGB). Lediglich das Beweisthema ändert sich. Nicht die Zerrüttung ist Gegenstand der Verhandlung, vielmehr an „ihrer Stelle" als schlechthin maßgebliches Indiz die Trennungszeit.[85] Die Vermutung aus § 1566 I BGB ist unwiderleglich, ebenso wie in § 1566 II BGB, der Beweis des Gegenteils also ausgeschlossen. Auch bei sicherer Überzeugung des Gerichts von der „Heilbarkeit" der Ehestörung *muß* die Scheidung ausgesprochen werden (vgl. allerdings § 614 ZPO); der Schluß, dieser Automatismus verstoße gegen Art. 6 I GG[86] – vielleicht noch gegen andere Verfassungsgrundsätze; immerhin entspricht die Vorstellung, der Richter sei nichts anderes als „Scheidungsautomat",[87] nicht unbedingt unserem Rechtsverständnis – erscheint gleichwohl voreilig und verfehlt, ohne Verständnis für die Ziele, die das 1. EheRG mit seinen unüberprüfbaren Zerrüttungsvermutungen gerade errreichen wollte.[88]

b) Nach § 1566 BGB wird unwiderleglich vermutet,[89] daß die Ehe gescheitert ist, wenn die Ehegatten seit drei Jahren getrennt leben (= einseitige Scheidung). Allerdings kann sich der Antragsgegner auf § 1568 BGB berufen, bis zur Dauer von fünf Jahren nach der Trennung. Informelle Verzögerungsmöglichkeiten bestehen ohnehin (wie bei § 1566 I BGB; dort wiegen diese Punkte nicht so schwer, wegen des beiderseitigen Scheidungswunsches) durch verfahrensrechtliche Zwänge/Besonderheiten.[90]

c) Damit ergeben sich folgende Zeitabschnitte[91]/Scheidungsstufen:

aa) Die Ehegatten leben nicht oder noch nicht ein Jahr getrennt.

Eine Scheidung ist erfolgreich nach der Härteklausel aus § 1565 II BGB, dann nicht dem umgekehrten Härteeinwand aus § 1568 BGB ausgesetzt;[92] ich vermag mir keine Konstellation auszumalen, in der die Fortsetzung der ehelichen Gemeinschaft für den Antragsteller eine unzumutbare Härte abgibt, die Scheidung den Antragsgegner aber ebenfalls unzumutbar hart träfe.

bb) Die Ehegatten leben seit einem Jahr, aber noch nicht seit drei Jahren getrennt. Bei einverständlicher Scheidung greift § 1566 I BGB ein (§ 630 ZPO), ungehindert durch § 1568 I 1. Var. BGB;[93] die Aufrechterhaltung einer gescheiterten Ehe gegen den Wunsch beider Gatten im Interesse der Kinder scheint mir ein Widerspruch in sich: Wie sollen diese Eltern ihre Kinder weiter annehmen, sich liebevoll um sie kümmern? Bei streitiger Scheidung ist nach § 1565 I 2 BGB vorzugehen, mit Widerspruch aus § 1568 BGB.

cc) Die Ehegatten leben seit drei Jahren getrennt. Hier eröffnet § 1566 II BGB den Weg zu einer Scheidung gegen die erklärten Absichten des Antragsgegners, wiederum mit Widerspruch aus § 1568 BGB.

dd) Erst nach Ablauf von fünf Jahren Trennung fällt auch die letzte Hürde, § 1568 II BGB.

Vorschlag Lüderitz:[94] Gleitende Trennungszeit, bezogen auf die Dauer der Ehe.

3. In § 1567 BGB ist die Trennung der Gatten beschrieben als Aufhebung der häuslichen Gemeinschaft, einem rein faktischen Zustand ohne Verbindung mit einem „Recht auf Getrenntleben" (so früher). Doch wird ein weiteres, subjektives Moment hinzugefügt: Ein Ehegatte muß die häusliche Gemeinschaft erkennbar nicht herstellen *wollen*, weil er sie ablehnt.[95] Deshalb sollte eine Trennung auch möglich sein, wenn die häusliche Gemeinschaft nicht vollständig zerbrochen ist,[96] die Eheleute sich aber als getrennt verstehen (anschauliche Gründe bei Brüggemann, FamRZ 1978, 91 (92)), sicherlich wichtiger als das Gegenteil (Fortbestand der ehelichen Lebensgemeinschaft trotz äußerlicher Trennung).[97] Gerade im Hinblick auf § 1567 I 2 BGB und der dort vorgesehenen Trennung in der bisher gemeinschaftlichen Wohnung sind diese Zusätze von Bedeutung, um das eher unwürdige und kleinkrümelige Stöbern in alltäglichen Lebensgewohnheiten der Eheleute zu vermeiden – „Kochen Sie noch für Ihren Mann? Waschen Sie für ihn? Wer kauft ein? Erhalten Sie Wirtschaftsgeld?" –, nicht einen ganz unnötigen Zwang zu offener Feindschaft auszuüben.[98]

Ohne jede Einschränkung begrüßenswert ist § 1567 II BGB, eine Absage an die unglückliche bisherige „Verzeihung" des § 49 EheG 1946/61, die schematisch gleichgesetzt wurde mit Fortführung oder Wiederaufnahme intimer Beziehungen; daher die richterliche Routinefrage nach dem letzten ehelichen Verkehr.[99]

4. Nach § 1568 BGB[100] – Verfahren § 616 III ZPO – soll eine Ehe nicht geschieden werden, obwohl sie gescheitert ist, „wenn und solange ihre Aufrechterhaltung im Interesse der aus der Ehe hervorgegangenen minderjährigen Kinder aus besonderen Gründen ausnahmsweise notwendig ist (1. Var.), oder wenn und solange die Scheidung für den Antragsgegner, der sie ablehnt, auf Grund außergewöhnlicher Umstände eine so schwere Härte darstellen würde, daß die Aufrechterhaltung der Ehe auch unter Berücksichtigung der Belange des Antragstellers ausnahmsweise geboten erscheint" (2. Var.), eine Reminiszenz an § 48 II u. III EheG 1946 (Fassung 1961).

Gefallen sind diese Barrieren erst fünf Jahre nach der Trennung (§ 1568 II BGB), und die Anschlußfrage nach dem Sinn der von vornherein auf höchstens zwei

Jahre befristeten „Rettung" der Ehe drängt sich geradezu auf. Angesichts der Verfeindung unter den Gatten, wie sie bisher für § 48 II EheG 1946/1961 typisch war, sicher für § 1568 BGB typisch bleiben wird, fällt eine Hoffnung von vornherein aus: Die endgültige Erhaltung der Ehe kann nicht einmal Fernziel der Härteklauseln sein (im übrigen in § 1568 I BGB deutlich angesprochen – Scheitern ist vorausgesetzt, einschließlich der negativen Prognose aus § 1565 I 2 BGB). Zudem kann ich mir nur mit einiger Phantasie Konstellationen vorstellen, die wenigstens tatsächlich die Anforderungen aus § 1568 BGB erfüllen, muß dabei aber schon Daten aus der amtlichen Begründung oder der Kommentarliteratur zu Hilfe nehmen, die für sich betrachtet kaum überzeugen. Mit anderen Worten: § 1568 BGB ist eine praktisch leerlaufende Vorschrift,[101] wie auch eine Anfrage beim OLG Frankfurt belegt; danach ist in inzwischen rund 500 dort durchgelaufenen Ehescheidungsverfahren zweimal § 1568 BGB von den Parteien in Anspruch genommen, nicht einmal vom Gericht akzeptiert worden. Veröffentlichte zusprechende Entscheidungen sind mir bisher ebenfalls unbekannt. Gleichwohl bleibt § 1568 BGB unübersehbar, wegen der angesammelten Vagheiten, undurchsichtigen Begriffshülsen, Leerformeln höchst gefährlich und zu unterschiedlichem Einsatz geeignet, im Alltagsgeschäft damit wohl gar nicht so sehr leerlaufend. Erzwungene Zugeständnisse vor dem Hintergrund des drohenden Bezuges auf die besondere Härteklausel werden also weiterhin bittere Realität sein.

In der politischen und rechtspolitischen Auseinanderstzung im Vorfeld des 1. EheRG übernahm § 1568 BGB trotz seines nachdrücklich betonten Ausnahmecharakters folgerichtig eine Hauptrolle, fand erst zum Schluß zu seiner jetzigen Fassung, als Kompromiß. Die Diskussion drehte sich dabei hauptsächlich um zwei Punkte: Sollte eine Härteklausel überhaupt befristet werden? Auf welche Zeit? Sollten auch materielle Härten Berücksichtigung finden?[102] Verkürzt verlief die Geschichte (ein Beispiel für Gruppeneinfluß auf Gesetzesfindung) so:

Im ursprünglichen Entwurf war eine unbefristete Härteklausel vorgesehen (BT – Ds 7/ 650),[103] jedoch ohne Verbindung mit „Kindesinteressen"; sie blieben unberücksichtigt. Wirtschaftliche Umstände waren ausdrücklich ausgeschlossen. Andererseits war § 1566 I BGB (damals Scheidung gegen den Willen des Antragsgegners nach dreijähriger Trennung) als widerlegliche Vermutung ausgestaltet, jedem Gegenbeweis zugänglich. Nach dem letzten Beschluß des Rechtsausschusses vom 27. 11. 1975 – BT – Ds 7/4361 – sollte die Härteklausel sogar auf den Grundtatbestand aus § 1565 I 2 BGB beschränkt sein, unanwendbar in den Fällen des (heutigen) § 1566 II BGB; zudem wurde § 1566 II BGB zur (ebenfalls) unwiderleglichen Vermutung umgeformt. Die jetzige Endfassung wurde erst im Vermittlungsausschuß entworfen – ein nicht unbedingt glückliches Verfahren[104] – nach Geben und Nehmen von beiden Seiten. Die Opposition konnte ihre Vorstellungen über den Charakter der Zerrüttungsvermutungen nicht durchbringen (sie sind nach wie vor unwiderlich erhalten), erkämpfte als Ausgleich Zugeständnisse bei der Härteklausel: Die Befristung auf drei Jahre Trennung fiel (nun eben fünf Jahre); aufgenommen wurden ausdrücklich Kindesbelange, die die Aufrechterhaltung einer gescheiterten Ehe fordern können, sowie (nicht ausdrücklich, aber deutlich) materielle Härten für den verlassenen Gatten.[105] Die Regierungskoalition rang sich ihr Einlenken ab, wohl in der Hoffnung, durch das Einfügen zusätzlicher gehäufter Kriterien[106] die Härteklausel auf ein seltenes Randdasein zurechtgeschnitten und damit eben praktisch entschärft zu haben. Statistisch gesehen ist § 1566 BGB sicher das wichtigere Kampffeld; nur hilft das den aus § 1568 BGB bedrängten Eheleuten nicht weiter. Ob § 1568 BGB wirklich einen der Einbrüche darstellt, „(der) durch die Mauern der schematischen Regelung des Gesetzes hindurch dem eminent wichtigen Gedanken der Gerechtigkeit im Einzelfall"[107] zur Geltung verhelfen soll, erscheint mir angesichts der schlechten Erfahrungen mit der Rechtsprechung zu § 48 II EheG 1946/1961 und den Vorläufern mehr als zweifelhaft.[108] Mein Vorschlag jedenfalls (wie die bisherige Judikatur): außerordentlich zurückhaltende Anwendung von § 1568 BGB.[109]

„Ob der Ehegatte, der nicht geschieden sein will, durch eine Scheidung besonders hart betroffen würde, beurteilt sich nach seinem Wesen, nach seinen geistigen oder körperlichen Veranlagung, seiner Stellung und seinen Leistungen in der ehelichen Lebensgemeinschaft und den Lebensumständen, in die er durch die Scheidung eintreten würde. Die Härteklausel kann immer nur zum Schutze des einzelnen Ehegatten angewendet werden. Sie soll in ungewöhnlichen Einzelfällen die Möglichkeit offen lassen, unerträgliche Härten für einen Ehegatten zu vermeiden",[110] Formulierungen, die nicht allzu viel Licht in das Auslegungsdunkel um § 1568 BGB bringen (entstanden aus der seltenen, weitgehend tautologischen Wiederholung von „besonderen Gründen", „ausnahmsweise", „notwendig", „außergewöhnliche Umstände", „so schwere Härte", „besondere Belange", „ausnahmsweise geboten" etc.). „Normale" Folgen einer Trennung und Lösung der Ehe solle nicht ausreichen;[111] doch was sind normale Folgen? Als Beispiele für über das Maß an „normaler" Härte hinausgehende besondere Härten nennt die Begründung schwere Krankheit, Verlassen zu einer Zeit besonderer Schicksalsschläge, schicksalhafter Verlauf der Ehe sowie – eine erneute Einschränkung – die planmäßige, einseitige und bewußte Zerstörung durch einen der Gatten,[112] schließlich materielle Nachteile.[113] Gerade die letzten beiden Punkte überzeugen wenig. Lastende Schicksalsschläge, schicksalhafter Verlauf der Ehe waren schon die Schlagworte, die bei § 48 II EheG 1946/1961 eheerhaltend, tatsächlich zerstörerisch eingesetzt wurden. Scheidungsschuld selbst in nochmaliger Qualifizierung kann kaum einen geeigneten Hintergrund für § 1568 BGB bilden. Zudem sollte die Vorstellung von der hinterhältigen Niedertracht des untreuen, frivolen Gatten, der sich aus reiner Bosheit von seinem treuen, ehrlichen, liebevollen Partner trennt, endlich aufgegeben werden. Not, Einsamkeit, Unglück in der Ehe, durch die Ehe (für beide Teile) – das ist die Realität, auch wenn es manchmal nicht so scheint.[114] Wenig verständlich ist selbst die „neutralere" Begründung in BT – Ds 7/4361, S. 13. Danach soll dem verlassenen Ehegatten durch den in § 1568 BGB vorgesehenen Aufschub Gelegenheit und Zeit geboten werden, sich auf die neue Situation einzustellen. Doch ist seine Weigerung aus § 1568 BGB gerade von einem gegensätzlichen Motiv bestimmt: Der vollzogene Bruch wird nicht akzeptiert; die Chance zum Neubeginn bestand schon während der Trennungszeit,[115] ohne daß sie genutzt wurde.

Werden diese Einschränkungen für § 1568 BGB ernstgenommen, ist ein eigener Anwendungsbereich der Bestimmung praktisch nicht mehr sichtbar. Doch muß ich beharren: Auch in § 48 II u. III EheG 1946/1961 – sicher mühevoller als in § 1568 BGB – war eine „zurückhaltende" Interpretation, die nicht jedem Widerspruch gleich zum Durchbruch verholfen hätte, denkbar und diskutabel (vgl. nur die Scheidungsstatistik für die ersten Jahre des noch tastenden Abwartens durch den BGH). Schnell allerdings wurden die Ruder herumgeworfen, über die Härteklausel damals Schicksale und Lebenswege vernichtet. Das sollte sich nicht, auch nicht in kleinerer Ausgabe, wiederholen.[116] Am Rande: Die Befristung der Härteklausel auf die Zeit von fünf Jahren nach der Trennung ist wohl „notwendig", stellt den Sinn der Regelung aber endgültig in Frage. [117] Rettung der Ehe für höchstens zwei Jahre, Hinwegschreiten über „außergewöhnliche Härten" – ihr Vorliegen einmal angenommen –, nur weil ein wenig mehr Zeit verstrichen ist, sind für den Richter harsche Zumutungen. Eine Korrektur über § 242 BGB – das wurde bereits vorgeschlagen – [118] – oder ähnliche Bestimmungen erscheint andererseits besonders verfehlt, da eindeutig dem Regelgsziel des § 1568 II BGB widersprechend. [119]

Aus der bisherigen Rechtsprechung der Oberlandesgerichte (zu § 1568 BGB): [120] OLG Celle, FamRZ 1977, 648 – bei zuvor erfolgreichem Widerspruch aus § 48 II EheG 1946/1961 wird die Anwendung von § 1568 BGB versagt. Allerdings ist die Frist aus § 1568 II BGB längst verstrichen (Trennung: 1952). [121] OLG Koblenz, FamRZ 1977, 791 – kinderlose Ehe, Trennung 1974. Ehedauer: 19 Jahre, davor 10 Jahre Verlobungszeit. Die Antragsgegnerin beruft sich auf § 1568 BGB, da die Eheauflösung für sie eine besondere seelische Härte darstellen würde. Ihr ganzes Leben habe sie ihrem Mann untergeordnet, habe ihm zuliebe auf Kinder verzichtet, deshalb mehrere Abtreibungen vorgenommen; nur in der Ehe finde sie Erfüllung – kein § 1568 BGB. Die Verweigerung der Scheidung bringe für die Ehefrau keine sichtbare Verbesserung (so das OLG), die Aufrechterhaltung der Ehe vertusche lediglich die bereits vollzogene Realität. Die Härten seien notwendige Folgen der Trennung, damit aber keine geeigneten (BT – Ds 7/650, S. 116) Verteidigungsmittel.

OLG Hamm, FamRZ 1977, 802 – kein § 1568 BGB bei „Verstoßung" aus der bisherigen gesellschaftlichen Stellung [122] bei leider dürftigem Tatsachenvortrag: Die Antragsgegnerin berief sich auf „Schwierigkeiten" als geschiedene Frau in ihrer kleinen Heimatgemeinde.

OLG Schleswig, FamRZ 1977, 802. Die Antragstellerin, eine promovierte Tierärztin, wandte sich vom Antragsgegner, einem Angestellten (warum werden diese Punkte erwähnt?), ab wegen seines übermäßigen Alkoholkonsums. Trennung: 19. 10. 1975. Bis Ende 1975 lag der Ehemann im Krankenhaus, rang mit dem Tode, wobei der Krankenhausaufenthalt mit verursacht war durch den jahrelangen Alkoholmißbrauch. Während dieser Zeit besuchte ihn seine Frau mehrfach, kümmerte sich um einige Äußerlichkeiten, wusch auch seine Wäsche. Die nun begehrte Scheidung würde ihn – so der Mann – hart treffen. Er hänge an Frau und Kindern; durch Rückschläge stehe bei seiner labilen psychischen Verfassung „Rückkehr" zum Alkohol zu befürchten, vielleicht sogar ein Suicid.

Die Ehefrau befindet sich in schlechter gesundheitlicher Verfassung, ausgelastet durch die Pflege ihrer drei Kinder. Zusätzliche Aufgaben und Dienste für ihren Mann – er ist ohnehin anderweits bereits versorgt – kann sie nicht übernehmen, Halt und Kraft ihrem angegriffenen Partner nicht vermitteln (so das OLG). Durch den Fortbestand der Ehe werden ihre eigenen Interessen erheblich angetastet. Ihr ist Gelegenheit zu bieten, auch in rechtlich klaren Verhältnissen einen Neubeginn für sich und ihre Kinder zu suchen. Überdies – und das zielt auf BT – Ds 7/4361, S. 13 – hätte sich der Mann längst auf die veränderte Situation einstellen können.

Das Ergebnis des OLG Schleswig ist sicher überzeugend. Gleichwohl bleibt: Wäre die Entscheidung anders ausgefallen, wenn nicht eine „überlegte und ruhige" (promovierte Tierärztin), sondern eine eher emotional reagierende Frau aus der Ehe hinausgestrebt wäre? Würde es einen Unterschied machen, daß eine weniger ausgelastete und erschöpfte Gattin durchaus noch Hilfe und Beistand bieten könnte? Wäre bei „echten" Krankheiten eine andere Verteilung richtig? Und: Die Berufung auf § 1568 BGB verzögerte in casu den äußeren Trennungsprozeß um sicher mindestens ein Jahr, ein Jahr Hoffnung und Kampf, Unentschiedenheit, ein Jahr verlorene Zeit für einen Neubeginn für alle Beteiligten – sinnvoll?

OLG Düsseldorf, FamRZ 1978, 36. Eheschließung 1971, jetziges Lebensalter der Parteien: er 46, sie 52 Jahre, Trennung 1973 (rund 1¹/₂ Jahre nach der Eheschließung); Abweisung der Scheidungsklage durch das LG aus § 48 II EheG 1946/1961. Im Berufungsrechtszug – Antragsgrund nunmehr § 1566 II BGB – bezieht sich die Antragsgegnerin auf § 1568 BGB. Alleiniger Ehezerstörer sei ihr Mann; Knall auf Fall sei er aus der ehelichen Wohnung ausgezogen, um mit einer anderen Frau zusammenzuleben, mit der schon zuvor „verbotene" Beziehungen bestanden hätten. Durch den Auszug und das danach eingeleitete Scheidungsverfahren habe sich ihr Herzleiden so verschlechtert, daß sie nur noch bei ständiger Medikamenteneinnahme und fürsorgerischer Pflege ihrer Angehörigen auskommen könne. Außerdem sei ihre Versorgung nicht gesichert; zwar stehe ihr ein Unterhaltsanspruch gegen ihren Mann zu – Alter, Krankheit –, doch sei das Verhältnis zu Forderungen sonstiger Unterhaltsberechtigter nicht geklärt. Der Antragsgegner begehre die Scheidung, um mit der anderen Frau die Ehe einzugehen.[123] Das OLG Düsseldorf lehnt die Anwendung von § 1568 BGB ab. Die geltend gemachten materiellen Härten seien – wenn überhaupt meßbar – jedenfalls nicht außergewöhnlich. Die Krankheit der Antragsgegnerin – das zielt auf immaterielle Härten – sei schon vor der Eheschließung vorhanden gewesen, habe sich in der Ehe nicht wesentlich verschlechtert. *So* schlimm scheine diese Krankheit ohnehin nicht zu sein (die Ehefrau war zum Gerichtstermin ohne begleitende Hilfe erschienen). Die Ehe habe nur kurze Zeit gedauert.

Wiederum: Das Ergebnis überzeugt. Nur erschreckt nicht schon die Tatsache, daß eine doch recht unzureichende Berufung auf § 1568 BGB auf Jahre hinaus die Scheidung der anderen Seite blockieren kann? Ist es ein legitimes Ziel, die Eheschließung mit einer anderen Frau – die vielleicht auch noch jünger ist – zu bekämpfen und zu verhindern (es zumindest zu wollen)?

OLG Celle, FamRZ 1978, 508. Die Parteien heirateten mit 19 Jahren. Nach fast sechsjähriger Ehe wurde ein Sohn geboren, der jetzt zwei Jahre alt ist. Dieser Sohn leidet wegen Schädigung bestimmter Nervenzentren an Gleichgewichtsstörungen, Strabismus, Mikrognathie und Klumpfüßen. Der Ehemann wandte sich etwa ein Jahr nach der Geburt des kranken Kindes einer anderen Frau zu, lebt inzwischen bei seinen Eltern, besucht das Kind, das von seiner Ehefrau versorgt wird, in regelmäßigen Abständen.

Dem Scheidungsbegehren setzt die Antragsgegnerin § 1568 BGB entgegen, mit doppelter Begründung. Das kranke Kind brauche den Vater, sie allein fühle sich außerstande, die auf sie einstürzenden Probleme zu bewältigen; nach wie vor habe sie eine enge Bindung an die Ehe. Das OLG Celle versagt die Härteklausel. Körperliche Unterstützung könne die Ehefrau bei ihren Eltern finden, seelischer Beistand sei ohnehin nicht erzwingbar. Im übrigen habe sich „die lebenstapfere" Frau bereits mit der Scheidung abgefunden, wie sich aus ihrem gesamten Verhalten bei der Betreuung des Sohnes bei Behördengängen nach Klinikaufenthalten ergebe. Dann aber könne § 1568 BGB nicht eingreifen.[123a]

Gänzlich aus dem Rahmen fällt AG Sulingen, FamRZ 1977, 793.[124] Das AG hält (offensichtlich) die Anwendung von § 1568 BGB für möglich – anders ist der Vorlegungsbeschluß an das BVerfG nicht zu verstehen –, obwohl die Parteien seit 1944 (!) getrennt leben. Leider fehlen sonstige Angaben über die näheren Umstände der Trennung und die Lebensverhältnisse der Gatten. Der gewählte Sprachgebrauch – die einseitige Verstoßung wird beschworen, auf orientalische Rechte wird genüßlich verwiesen, die noch „weitergehen" – macht aber ohnehin schnell klar, wohin die Reise gehen soll: Die ganze Richtung wird als unpassend empfunden, ohne ernsthafte Auseinandersetzung mit den Reformzielen.

IV. Verfahren[125]

Zuständig für den Scheidungsantrag (etwas weiter § 606 ZPO, gleichzeitig maß-
geblich für die örtliche Zuständigkeit) und sonstige Familiensachen nach § 621
ZPO ist das Familiengericht,[126] gebildet als Abteilung des Amtsgerichts, § 23 b
I 1 GVG. Wichtige Besonderheiten nach dem 1. EheRG, gleichzeitig erklärtes Reformziel: der Entscheidungsverbund[127] von Haupt- und Folgesachen, §§ 623 ff.
ZPO. Damit sind die bisher vorhandenen, schwer zu übersehenden unterschiedlichen gerichtlichen Kompetenzen mit unterschiedlichen Verfahrensprinzipien –
Landgericht, Amtsgericht, Vormundschaftsgericht etc. – (weitgehend[128]) beseitigt
und ersetzt durch eine Instanz mit einem Verfahren und gebündelter Entscheidung;[129] beibehalten ist gleichwohl das Nebeneinander differierender Verfahrensgrundsätze, vgl. etwa § 621a ZPO. Über die elterliche Gewalt für gemeinschaftliche Kinder aus der Ehe und über den Versorgungsausgleich ist dabei selbst
ohne entsprechenden Antrag zusammen mit der Scheidung zu verhandeln und zu
urteilen, vgl. § 623 III 1 ZPO. Ausnahmen: § 628 ZPO. Für die Scheidung aus §§
1565, 1566 I BGB – einjährige Trennung, Einverständnis – gilt § 630 ZPO, als
Scheidungserschwernis empfunden und willkommen geheißen.[130] Die entsprechende Antragsschrift eines Ehegatten muß danach jedenfalls enthalten[131] (§ 623
III ZPO bleibt unberührt):

1. Die Mitteilung, daß der andere Ehegatte der Scheidung zustimmt oder in gleicher Weise
die Scheidung beantragen wird;
2. einen übereinstimmenden Vorschlag der Ehegatten zur Regelung der elterlichen Gewalt
über ein gemeinschaftliches Kind und des persönlichen Verkehrs des nichtsorgeberechtigten
Teils mit dem Kinde;
3. die Einigung der Ehegatten über die Regelung der Unterhaltpflicht gegenüber einem
Kinde, die durch die Ehebegründete gesetzliche Unterhaltpflicht untereinander sowie die
Rechtsverhältnisse an der Ehewohnung und am Hausrat.

Nach § 630 III ZPO soll dem Scheidungsantrag erst stattgegeben werden, wenn
über die in 3. bezeichneten Scheidungsfolgen ein vollstreckbarer Schuldtitel vorliegt. Gemäß § 794 I Nr. 1 u. 5 ZPO sind notwendig eine notarielle Urkunde oder
ein zu Protokoll des Gerichts erklärter Vergleich, beides mit lästiger Kostenfolge,
da für den Vergleichsschluß bei Gericht anwaltliche Vertretung gefordert ist (vgl.
dazu § 78 ZPO).[132] Als verlockender Ausweg bietet sich § 1565 I 1 BGB an; das
Scheidungsbegehren wird nicht auf die Trennungszeit als Indiz für das Scheitern
der Ehe gestützt, vielmehr wird der allgemeine Grundtatbestand angezogen, mit
konkreten Nachweisen für das Eheschicksal und das Zerbrechen der Bindung.
Dieser Weg ist gangbar,[133] selbst wenn damit ein Teil der mit § 630 ZPO verbundenen Ziele verfehlt wird; verstellt ist er erst, wenn die Parteien versuchen, durch
ihr Einverständnis auch über § 1565 II BGB zu disponieren[134] (durch schlichte
Absprachen beim Trennungszeitpunkt läßt sich derselbe Effekt allerdings ohne
große Schwierigkeiten erreichen).

Nach § 614 ZPO[135] kann das Gericht ein Scheidungsverfahren von Amts wegen aussetzen, wenn nach seiner freien Überzeugung die konkrete Aussicht auf Fortsetzung der Ehe besteht, bei länger als einjähriger Trennungszeit jedoch nicht gegen den Widerspruch beider Gatten (das gilt auch für gegenläufige Scheidungsbegehren).[136] Beantragt der Kläger (= Antragsteller im Scheidungsverfahren) die Aussetzung, darf eine Ehescheidung nicht erfolgen, bevor dem Antrag stattgegeben wurde, § 614 III ZPO. Die Aussetzung kann nur einmal wiederholt werden; sie darf nicht länger als ein Jahr, bei mindestens dreijähriger Trennungszeit nicht länger als sechs Monate dauern. Mit der Aussetzung soll das Gericht den Ehegatten nahelegen, eine Eheberatungsstelle aufzusuchen, § 614 IV ZPO; das hätte für meinen Geschmack zwingender formuliert werden können.[137]

Als Rechtsmittel gegen die Entscheidungen des Familiengerichts aus §§ 606, 621 Nr. 4, 5, 8, 629 I ZPO[138] ist die Berufung an das OLG statthaft, § 119 I Nr. 1 GVG; gegen die in Beschlußform ergangenen isolierten Entscheidungen – vgl. § 621e I ZPO – steht die Beschwerde offen, ebenfalls an das OLG, vgl. § 119 I Nr. 2 GVG, mit den verfahrensrechtlichen Besonderheiten aus § 621a ZPO. Für die Revision gilt § 621d ZPO, für die weitere Beschwerde § 621e IV ZPO (mit den Einschränkungen aus § 629a ZPO).

Besonderheiten bedingt die Zusammenfassung der einzelnen Teilausschnitte im Entscheidungsverbund, vgl. dazu § 629 ZPO.[139] Rechtsmittel in der Hauptsache transportieren auch Folgesachen in die nächste Instanz; der Verbund wird erhalten (mit Beschränkungsmöglichkeiten), vgl. § 629d ZPO. Auf Antrag einer Partei ist ihr im Urteil vorzubehalten, eine Folgesache als selbständige Familiensache fortzusetzen, § 629 III 2 ZPO. Dabei gilt § 626 II 3 ZPO entsprechend. Wird ein Urteil im Instanzenzug aufgehoben, durch das der Scheidungsantrag abgewiesen ist, ist die Sache an das Gericht zurückzuverweisen, das die Abweisung ausgesprochen hat, wenn bei diesem Gericht eine Folgesache zur Entscheidung ansteht, § 629b I 1 ZPO. Eine Folgesache steht dort zur Entscheidung an, wenn sie in der Instanz anhängig (gemacht) war, eine Entscheidung aber nicht gefallen ist (vgl. § 629 III 1 ZPO).[140] Ein Ermessensspielraum bei der Zurückverweisung ist nicht eingeräumt; § 629b I 2 ZPO bewirkt zudem, daß das Gericht, an das der Rechtsstreit zurückverwiesen wird, die rechtliche Beurteilung, die die Aufhebung trägt, der nun zu treffenden Entscheidung zugrunde zu legen hat.

Gegen das im Verbund ergangene Urteil (§ 629 I ZPO) ist Berufung/Revision statthaft, selbst wenn sich der Angriff im Kern gegen Ausschnitte richtet, die den Verfahrensregeln des FGG unterliegen. Isolierte Verfahren sind über § 119 I Nr. 1 GVG – ebenfalls Berufung – oder über §§ 119 I Nr. 2 GVG, § 621e ZPO – Beschwerde – anzugreifen. Wird gegen ein im Verbund erlassenes Urteil lediglich zu einem Teil vorgegangen, verweist § 629a II 1 ZPO auf § 621e ZPO,[141] soweit für eine Anfechtung die Beschwerde „richtiges" Rechtsmittel wäre.

Wichtige Komplettierung der Regeln zur Teilanfechtung: § 629e ZPO.[142] Zu den Übergangsvorschriften vgl. Diederichsen, NJW 1977, 649 (660f.). Zur einstweiligen Anordnung §§ 127a, 620ff. ZPO[143] und Brüggemann, FamRZ 1978, 1(12).[144]

V. IPR.

1. Durch das 1. EheRG sind – von Kleinigkeiten abgesehen – IPR und internationale Zuständigkeit unangetastet geblieben, hauptsächlich wegen von der Bundesregierung ohnehin geplanten umfassenden Neuregeluungen des internationalen Familienrechts.[145] § 606 b ZPO und Art. 17 EGBGB gelten also fort.

Besitzt keiner der Ehegatten die deutsche Staatsangehörigkeit, kann von einem deutschen Gericht in der Sache nur entschieden werden (= internationale Zuständigkeit), wenn
1. der gewöhnliche Aufenthaltsort des Mannes oder der Frau im Inland gelegen ist und nach dem Heimatrecht des Mannes die von dem deutschen Gericht zu fällende Entscheidung anerkannt wird oder auch nur einer der Ehegatten staatenlos ist;
2. wenn die Frau zur Zeit der Eheschließung deutsche Staatsangehörige war und sie auf Aufhebung oder Nichtigerklärung der Ehe oder auf Feststellung des Bestehens oder Nichtbestehens der Ehe klagt, § 606 b ZPO.
Gegenschluß: Ist *ein* Gatte deutscher Staatsbürger, ist ein deutscher Gerichtsstand stets begründet.

Auf diese Weise sollen divergierende Entscheidungen vermieden werden.[146] Innerhalb des Verfahrensrechts ist damit bereits das anwendbare materielle Recht berücksichtigt, spiegelbildlich zu § 328 ZPO – Anerkennung ausländischer Ehescheidungen –,[147] sodaß Art. 3 II GG als Maßstab greift. Die Folgen sind einfach: Die Privilegierung des Mannesrechts und die Bedeutungslosigkeit des Heimatrechts der (ausländischen) Frau brechen sich am Verfassungsgebot der Gleichberechtigung.[148] Da § 606 b ZPO nachkonstitutionelles Recht ist – im Auslegungsweg ist keine verfassungskonforme Lösung zu erzielen –, bleibt für die Gerichte im Rahmen eines anhängigen Verfahrens nur die Vorlage an das Bundesverfassungsgericht, Art. 100 GG.[149] Voraussetzung ist allerdings stets die Entscheidungserheblichkeit der Vorfrage;[150] daran wird es häufig fehlen.[151]

2. Gemäß Art. 17 I EGBGB ist für die Scheidung einer Ehe das Heimatrecht des Mannes maßgeblich, mit einigen Abmilderungen für die deutsche Ehefrau: Art. 17 III EGBGB erklärt für ihr Scheidungsbegehren in allen Fällen die deutschen Gesetze für anwendbar (nach der Gerichtspraxis gilt dies auch für die Widerklage);[152] zudem wirken sich Art. 17 II u. IV EGBGB zu ihren Gunsten aus. Damit ergibt sich ein eigentümlicher Schluß; Art. 17 EGBGB ist gleich in doppelter Hinsicht gleichberechtigungswidrig, jedenfalls in seiner gängigen Interpretation. Die deutsche Frau wird gegenüber dem deutschen Mann ungleich behandelt, soweit sie Beklagte ist, *und* die ausländische Frau wird gegenüber dem ausländischen Mann „benachteiligt", weil es auf ihr Heimatrecht niemals ankommt. Die hauptsächlichen Angebote für eine Anpassung (Art. 17 EGBGB ist vorkonstitutionelles Recht,[15] , so daß ein Verfahren nach Art. 100 GG nicht eingeleitet werden kann) betreffen a. das letzte gemeinsame Heimatrecht, b. das letzte gemeinsame Heimatrecht, wenn es bei Klageerhebung wenigstens für einen Teil noch zutrifft; scheitert dies, soll der Grundsatz des schwächeren Rechts gelten (womit

eine Scheidung möglich wird, wenn auch nur *ein* Heimatrecht sie gewährt),[154] c. die gemeinsame effektive Staatsangehörigkeit, daneben der gemeinsame gewöhnliche Aufenthalt; läßt dieses Recht eine Scheidung nicht zu, wohl aber das Heimatrecht eines Teils, gewinnt das „scheidungsfreundlichere" die Überhand, schließlich d. das Heimatrecht des Klägers.[155] Letztlich befriedigend ist keiner dieser Vorschläge. Dabei ist der Streit erheblich brisanter als bei der Anknüpfung für die persönlichen Ehewirkungen, das Eheschließungsrechts oder das Güterrecht. Offene Differenzen zu diesen anderen Teilbereichen des deutschen internationalen Eherechts sollten allerdings vermieden werden; die linke Hand muß wissen, was die rechte tut. Für eine Ausrichtung auf die Parteirolle sprechen immerhin Gesichtspunkte der Praktikabilität und Griffigkeit.[156] Und: Stets kann sich ein deutscher Partner durch eigene Aktivität Zugang zu seinem Heimatrecht verschaffen, Art. 17 EGBGB. Die Ungereimtheiten gewinnen in jedem Fall beträchtlichen Umfang. Kennt das anwendbare ausländische Recht die Scheidung wegen Verschuldens, muß das Familiengericht entsprechend verfahren; doch fehlen die prozessualen Möglichkeiten.[157] Läßt das ausländische Recht eine einverständliche Scheidung zu, kommt – Prozeßrecht bestimmt sich nach der lex fori – § 630 ZPO ins Spiel,[158] obwohl im ausländischen Sachstatut vielleicht keine so weitreichenden Einigungsanordnungen getroffen sind.[159] Besonders unerfreulich ist die weitgehend selbständige Plazierung von Scheidungsfolgen neben der Hauptsache: Scheidung auf griechisch mit deutschen Unterhaltszahlungen (wegen des Aufenthaltes in der Bundesrepublik Deutschland) ist jedenfalls ein unschöner Mißklang.[160] Harmonie schafft allein die Dominanz des Scheidungsstatuts auch über die Nebenpunkte;[161] für Absprachen und Vereinbarungen als Hilfen in Ehen mit Auslandsberührung öffnet sich in jedem Fall ein weites und wichtiges Feld,[162] das die Kautelarjurisprudenz bisher noch unzureichend bestellt.

3. Zur Anerkennung ausländischer Ehescheidungen vgl. § 328 ZPO (Art. 7 § 1 FamÄndG 1961).[163] Zu staatsvertraglichen Regelungen, insbesondere dem Haager Abkommen über Ehescheidungen sowie Trennungen von Tisch und Bett vom 1. 6. 1970 (noch nicht in Kraft) vgl. Palandt/Heldrich 37., Art. 17 EGBGB Anm. 6b.

Anmerkungen

1 Empirische Untersuchungen von Waller-Döhner/Kulms/Höh, S. 81 f.
2 Quellen: Statistische Jahrbücher, herausgegeben vom Statistischen Bundesamt.
3 Stichtag jeweils 31. 12. Hochgerechnet auf 1990: 57937000, Statistisches Jahrbuch 1977, 62.
4 Wolf/Lüke/Hax, S. 456 f.
5 Wolf/Lüke/Hax, S. 471; Kühn, ZRP 1975, 163 (165).
6 Häßliches Beispiel aus jüngster Vergangenheit LG Frankfurt, FamRZ 1976, 342.
7 Dazu kanpp Kühn, ZRP 1975, 165 (167 f.).
8 Mit allen Einschränkungen, lediglich als Tendenz.
9 MK/Rebmann, Einl. S. 57.

10 Von rund 16 Millionen, vgl. Statistisches Jahrbuch 1977, 60.

11 Statistisches Jahrbuch 1977, 66.

12 Zur beruflichen Stellung der Frau vgl. Statistisches Jahrbuch 1977, 96 f. sowie die Daten bei Giesen, S. 309 f.

13 Zur Sache 1/77, S. 23.

14 Zur Sache 1/77, S. 23.

15 Rechtsvergleichend Henrich, Festschrift Ferid, S. 525 f.

16 Bei manchen Gerichten „reichte" in den letzten Jahren die schlichte Fortsetzungsverweigerung eines Ehegatten aus, um die Ehe zu scheiden (= Weigerung, die Ehe mit dem anderen Gatten „fortzusetzen"), in der Sache eine Vorwegnahme von §§ 1565 ff. BGB. Häßliche Folge jedenfalls: Unterschiedliche Scheidungsgeographie.

17 Beispiel für die Härte der Auseinandersetzung OLG München, FamRZ 1969, 93 (und den Bericht dazu von Lüderitz, Gutachten, S. 21): Mehr als 18 Monate lang durchsuchte die Ehefrau Anzüge und Hosentaschen ihres Mannes nach Beweisstücken, bis sie fündig wurde; einen weiteren Brief konnte sie, obwohl mit der Tochter gemeinsam auf offener Straße angreifend, nicht an sich bringen, da ihr Mann ihn inzwischen unter dem Oberhemd versteckte.

18 Müller-Freienfels, S. 50. Ähnlich Bosch, FamRZ 1977, 569 (573/574).

19 Dazu Lüderitz, Gutachten, S. 21.

20 Beklagenswert war außerdem die Scheidungsgeographie, die allerdings nicht einfach ein schlichtes Nord-Süd-Gefälle wiederspiegelte, knapp dazu Lüderitz, Gutachten, S. 13 f.

21 Lüderitz, Gutachten, S. 14.

22 Eheberatungsstellen könnten hier eine segensreiche Tätigkeit entfalten; doch fehlen sie zu weitgehend.

23 Vgl. die von Brüggemann, FamRZ 1978, 91 (97) geschilderte Situation.

24 Nach allen Schätzungen sind Konventionalscheidungen mit rund 95% am Gesamtaufkommen beteiligt, vgl. nur Kühn, ZRP 1975, 163 (165). Doch sind in diesen 95% eben auch die „unechten", erzwungenen Einverständnisse enthalten.

25 Dazu die Auseinandersetzung zwischen Begerfurth, FamRZ 1976, 581; ders., FamRZ 1977, 227 und Scheld, FamRZ 1977, 226; Schröder, FamRZ 1977, 767 und Brüggemann, FamRZ 1978, 91 (98).

26 Dazu BT – Ds 7/650, S. 60 und S. 75.

27 Vgl. FR vom 1. 11. 1977, S. 9 – 415 Scheidungsanträge für die Zeit vom 1. 7. 1977 bis 30. 9. 1977; das entspricht einer Rate von rund 50% der vorher üblichen Zahlen. Sicher wird sich allerdings wohl bald wieder der alte Stand einspielen.

28 Dazu früher schon Stöcker, NJW 1972, 553 (558).

29 Neueres Beispiel LG Frankfurt, FamRZ 1976, 342.

30 Kühn, ZRP 1975, 163 (167 f.).

31 „Scheitern" und „Zerrüttung" sind identisch, vgl. dazu Diederichsen, NJW 1977, 273 (274) und gleich im folgenden. „Altehen" sind jedenfalls einbezogen, ohne verfassungsrechtliche Bedenken, dazu BGH, JZ 1978, 804.

32 Wolf/Lüke/Hax, S. 300. Vgl. auch Lüke, S. 638.

33 Immerhin anklingend bei Bosch, FamRZ 1974, 569 (574). Vgl. auch AG Sulingen, FamRZ 1977, 793.

34 Lüke, S. 638.

35 Diederichsen, NJW 1977, 271 (274).

36 BT – Ds 7/650, S. 104.

37 BT – Ds 7/650, S. 104.

38 Richtig Diederichsen, NJW 1977, 273 (275).

39 Diederichsen, NJW 1977, 273 (275); Lüke, S. 639. Deutlich BT – Ds 7/650, S. 105.

40 Vgl. BGHZ 26, 196; dazu Lüderitz, Gutachten, S. 23 f.

41 BT – Ds 7/650, S. 105. Diederichsen, NJW 1977, 273 (275) beweist Lückenhaftigkeit, mit extremen Beispielen; ähnlich Schwab, FamRZ 1976, 491 (498).

42 BT – Ds 7/650, S. 105.

43 BT – Ds 7/650, S. 105.

44 Schwab, FamRZ 1976, 491 (494).

45 Dazu Palandt/Diederichsen (37.), § 1565 Anm. 3, der unverändert den bisherigen Katalog von Eheverfehlungen weiterführt als Zerrüttungsursachen. Zurückhaltender Schwab, FamRZ 1976, 491 (494).

46 So Schwab, FamRZ 1976, 491 (494).

47 Manche Gerichte nahmen §§ 1565 ff. BGB „vorweg", indem sie die „Fortsetzungsverweigerung" bereits für ausreichend hielten, um die Ehescheidung aus § 43 EheG 1946/ 1961 auszusprechen.

48 Vgl. dazu OLG Köln, FamRZ 1977, 792; OLG Köln, NJW 1978, 1009. Dagegen engagiert Lüke, NJW 1978, 139 und Deubner, NJW 1978, 2585.

49 So insbesondere OLG Köln, FamRZ 1977, 792; OLG Köln, NJW 1978, 1009.

50 Deshalb haben oft die Parteien selbst ein Interesse daran, § 1566 I BGB zu vermeiden, zu § 1565 I 1 BGB zurückzukehren: § 630 ZPO löst Anwaltskosten aus (s. § 118a III ZPO).

51 Dazu Diederichsen, NJW 1977, 273 (275).

52 OLG Köln, FamRZ 1977, 792; OLG Köln, NJW 1978, 1009 – dazu Lüke, NJW 1978, 139 und Deubner, NJW 1978, 2585.

53 In der Sache ein vernünftiges Ziel – was sonst soll „Scheitern der Ehe" belegen?

54 Vgl. auch MK/Wolf, § 1565 Rn 52: Eigenes Fehlverhalten kann Scheitern der Ehe ausmachen, insbesondere ein Verhältnis mit einem anderen Partner; § 1565 Rn 47: einjährige Trennungsfrist aus § 1566 I BGB ist jedenfalls für sich schon wichtiges Indiz.

55 Damrau, NJW 1977, 1620 (1622).

56 So etwa OLG Frankfurt, 1 WF 415/77.

57 Dabei sollten sowohl „Unzumutbarkeit" als auch „Härte" auf die Person des betroffenen Ehegatten bezogen (= subjektive Ausrichtung), nicht nach objektiven Vorgegebenheiten beschrieben werden. In der Rechtsprechung der Oberlandesgerichte wird erörtert, ob die Fortsetzung der Ehe „dem Bande nach" oder „in tatsächlicher Lebensgemeinschaft" unzumutbar sein muß, vgl. dazu OLG Oldenburg, FamRZ 1978, 155 mit Nachweisen.

58 MK/Wolf, § 1565 Rn 88. Nimmt man die Sachverhalte aus der OLG-Rechtsprechung – Beispiele OLG Frankfurt, 1 WF 362/77 und 3 WF 29/78 –, scheint dieser Punkt allerdings nicht mehr so sicher.

59 MK/Wolf, § 1565 Rn 88 und OLG Düsseldorf, FamRZ 1977, 894 gegen Lüke, S. 639. Etwas einschränkender OLG Schleswig, FamRZ 1977, 805.
Weitere Einzelheiten in OLG Stuttgart, FamRZ 1977, 807; OLG Bremen, FamRZ 1977, 807; OLG Bremen, FamRZ 1977, 805; OLG Düsseldorf, FamRZ 1977, 810; OLG München, FamRZ 1977, 810; KG, FamRZ 1977, 810; OLG München, FamRZ 1978, 113; OLG Saarbrücken, FamRZ 1978, 114; OLG Frankfurt, FamRZ 1978, 115.

60 So sehr entschieden Schwab in seinem Vortrag auf dem Dt. Familiengerichtstag 1978 unter weitgehender Zurückstellung anderer Regelungsziele von § 1565 II BGB – FamRZ 1979, 14 (20/21).

61 BT – Ds 7/4361, S. 10. Vgl. zu den Gründen für § 1565 II BGB Brüggemann, FamRZ 1978, 91 (93); kritisch Schwab, FamRZ 1976, 491 (503/504).

62 Lüke, S. 639.

63 Vgl. OLG Frankfurt, 1 WF 362/72 und 3 WF 29/78. Zu den Zwecken von § 1565 II BGB ausführlich Schwab, FamRZ 1979, 14 (17 f.).

64 OLG Frankfurt, 3 WF 29/78.

65 Dokumentation bei Brüggemann, FamRZ 1978, 91 (96 Fn 53–55). Anders nur noch OLG Koblenz, FamRZ 1978, 31 und OLG Karlsruhe, FamRZ 1978, 416. Vgl. allerdings auch Schröder, FamRZ 1977, 767 (768).

66 So Lüke, AcP 178, 1 (26); Palandt/Diederichsen (36.), § 1565 Anm. 4c; anders nun Palandt/Diederichsen (37.), § 1565 Anm. 4.

67 Palandt/Diederichsen (36.), § 1565 Anm. 4c; Holzhauer, JZ 1977, 729 (732/733). Vorteil: Die Parteien brauchen sich nicht über „getürkte" Erklärungen Zugang zu § 1566 I BGB zu verschaffen. Allerdings wird mit dieser Interpretation von § 1565 II BGB das Verhältnis zu § 1566 I BGB, insbesondere mit dem Einbezug von § 630 ZPO, empfindlich gestört, vgl. dazu OLG Frankfurt, FamRZ 1977, 801.

68 So OLG Stuttgart, FamRZ 1976, 646.

69 Brüggemann, FamRZ 1978, 91 (96).

70 Brüggemann, FamRZ 1978, 91 (96 f.); anders mit beachtlichen Gründen Schwab in seinem Vortrag auf dem Dt. Familiengerichtstag 1978, FamRZ 1979, 14.

71 So Brüggemann, FamRZ 1978, 91 (94/95), im Anschluß an Schwab, FamRZ 1976, 491 (504).

72 Anders OLG Oldenburg, FamRZ 1978, 188. Dazu Brüggemann, FamRZ 1978, 91 (94).

73 Über die Arbeit des Berliner Hauses für geschlagene Frauen liegt inzwischen der erste Erfahrungsbericht vor; jeder Abwiegelungsversuch verstummt vor dem vorgelegten Material.

74 1. Teil 3. Kapitel XI a. E. Schwab, Handbuch, Rn 146 S. 61 setzt sich – vorsichtig – für eine Anwendung von § 1565 II BGB in solchen Fällen ein; deutlicher nun ders., FamRZ 1979, 14 (20/21).

75 Anders als die überwiegende Meinung auch Diederichsen, NJW 1977, 273 (275/276); Lüke, AcP 178, 1 (26) sowie AG Berlin-Charlottenburg, FamRZ 1978, 186.

76 Das zielt auf den Streit um die Unzumutbarkeit der Fortsetzung der Ehe „dem Bande nach" oder in „tatsächlicher Lebensgemeinschaft", vgl. dazu OLG Oldenburg, FamRZ 1978, 188. Weitere Frage: Muß sich die Bewertung auf das Zuwarten beziehen oder ist sie unabhängig von der kurzen Frist? Dazu Schwab, FamRZ 1979, 14 (17).

77 Zum Ganzen OLG Frankfurt, NJW 1978, 645; OLG Frankfurt, NJW 1978, 892; OLG Frankfurt, 1 WF 362/77.

78 Zu § 628 ZPO vgl. OLG Frankfurt, FamRZ 1978, 433.

79 Dazu OLG Hamm, FamRZ 1978, 28; OLG München, FamRZ 1978, 113; OLG Saarbrücken, FamRZ 1978, 415 und die Nachweise in OLG Frankfurt, NJW 1978, 892 (893).

80 Dazu insbesondere OLG Frankfurt, NJW 1978, 892 (893). Vgl. nun OLG Hamm, FamRZ 1979, 37 – Verweigerung des ehelichen Verkehrs.

81 Vgl. OLG Karlsruhe, FamRZ 1978, 592 und KG, FamRZ 1978, 594.

82 So insbesondere OLG München, FamRZ 1978, 29 (31); OLG Oldenburg, FamRZ 1978, 188.

83 Kissel, Bd. 1, S. 89.

84 Der Streit, ob § 1566 I BGB tatsächlich *noch* eine Vermutung enthält oder *schon* eine Fiktion, mag auf sich beruhen, dazu MK/Wolf, § 1566 Rn 32.

85 Diederichsen, NJW 1977, 273 (276).

86 So der Vorlagebeschluß des AG Sulingen, FamRZ 1977, 793, allerdings zu § 1568 II BGB; Trennung: 1944!

Bedenken schon bei Habscheid, S. 356f. gegen Simitis, ZRP 1971, 38 (40). Vgl. auch OLG Köln, FamRZ 1977, 792.

87 AG Sulingen, FamRZ 1977, 793.

88 Vgl. Lüke, NJW 1978, 139.

89 Anders noch BT – Ds 7/650, S. 112 (widerlegliche Vermutung); zur Entwicklung Habscheid, S. 368f. und OLG Hamburg, NJW 1978, 1962.

90 Dazu gleich im folgenden.

91 Vgl. Schwab, FamRZ 1976, 491 (494); übersichtlich Kissel, Bd. 1, S. 99 f.

92 Anders Schwab, FamRZ 1976, 491 (494).

93 Anders Schwab, FamRZ 1976, 491 (494).

94 Lüderitz, Gutachten, S. 99.

95 KG, FamRZ 1978, 335 – Trennung und Strafhaft.

96 Palandt/Diederichsen (37.), § 1567 Anm. 2a. E. Für vollständige Trennung OLG Köln, FamRZ 1978, 34; zurückhaltender OLG Köln, NJW 1978, 2556.

97 BT – Ds 7/650, S. 104.

98 Zutreffend OLG München, FamRZ 1978, 596 – funktionelle Betrachtung, so daß kein völliger Abbruch aller Kontakte notwendig ist; anders OLG Frankfurt, FamRZ 1978, 595 – § 1567 I BGB ist erst erfüllt, wenn die Trennung in allen Lebensbereichen vollzogen ist. Vgl. dazu inzwischen BGH, FamRZ 1978, 671 – vermittelnd; zu diesem Punkt jetzt auch Schwab, FamRZ 1979, 14 f.

99 Vgl. dazu anschaulich Plassmann, JZ 1977, 587 (591). Ähnlich für § 1565 II BGB OLG München, FamRZ 1978, 29 (31).

100 Zum Ganzen Gernhuber, Neues Familienrecht, S. 114 f.

101 Gleichwohl ist § 1568 BGB „Mußvorschrift", Kissel, Bd. 1, S. 95; Schwab, FamRZ 1976, 491 (504). Wie hier Lüke, S. 642.

102 Vgl. zur Geschichte BT – Ds 7/650, S. 114 f. Ausführlich (bis 1970) Lüderitz, Gutachten, S. 82 f.

103 S. 116; dazu Ambrock, FamRZ 1978, 314 (315).

104 Vgl. Brüggemann, FamRZ 1978, 91 (96).

105 Zum Verlauf im einzelnen Habscheid, S. 358; MK/Wolf, § 1566 Rn 74 und § 1568 Rn 11 f.

106 Dazu Diederichsen, NJW 1977, 273 (278). Die Endfassung trägt deutlich die Spuren des „politischen Kampfes", Hillermeier, FamRZ 1976, 577 (579), was eine Umsetzung in tägliche Anwendungspraxis nicht gerade erleichtert. – Zum Verhältnis der einzelnen Tatbestandsteile zueinander vgl. Gernhuber, Neues Familienrecht, S. 117/118 und Schwab, FamRZ 1977, 491 (504).

107 Hillermeier, FamRZ 1976, 577 (579).

108 Sehr hart gegen die Befristung – konsequent vom eigenen Ausgangspunkt – Bosch, FamRZ 1977, 569 (574) „. . . soll nie der Triumph der Niedertracht verhindert werden können?"

109 So ausdrücklich auch Diederichsen, NJW 1977, 273 (278), in der Sache die bisherige Rechtsprechung der Oberlandesgerichte, auf die ich noch eingehe. Umgekehrt in der Tendenz Schwab, FamRZ 1976, 491 (504).
Zur Kinderschutzklausel in § 1568 I BGB vgl. Vogel, FamRZ 1976, 481 (484) unter Hinweis auf das Gutachten von Maunz, das den Satz enthielt, Kindern könne nichts Schlimmeres passieren, als in einer gescheiterten Ehe zu bleiben.

110 BT – Ds 7/650, S. 116.

111 BT – Ds 7/650, S. 116.

112 BT – Ds 7/650, S. 116. Das übersieht MK/Wolf, § 1568 Rn 22 und 26. Vgl. auch Beitzke (19.), § 19 I 4 S. 127.

113 Eingefügt durch BT – Ds 7/4361, S. 13. Schwab sieht solche materiellen Nachteile, die durch § 1568 BGB aufzufangen sind, auch schon in einer „Verstoßung" aus der durch die Ehe erlangten gesellschaftlichen Stellung, FamRZ 1976, 491 (505 f.).

114 Mit Vorwürfen an die Eheleute vor allem Bosch, FamRZ 1977, 569 (574).

115 Zudem besteht die Möglichkeit der Verfahrensaussetzung.

116 Zu Einzelheiten der beiden Härteklauseln in § 1568 vgl. MK/Wolf, § 1568 Rn 54 ff. Lüke, AcP 178, 1 (32/33) hält § 1568 BGB sogar für verfassungswidrig; dag. Ambrock, FamRZ 1978, 314.

117 Anders Schwab, Handbuch, Rn 158 S. 65/66.

118 Hillermeier, FamRZ 1976, 577 (579). Habscheid, S. 356 f. und Bosch, FamRZ 1977, 569 (574) – noch weitergehend Roth – Stielow, FamRZ 1977, 766 (767) – äußern verfassungsrechtliche Bedenken gegen § 1568 BGB. Diese Bedenken sind aufgegriffen in AG Sulingen, FamRZ 1977, 793; nicht so weit OLG Köln, FamRZ 1976, 742. Gegen diese Richtung engagiert Lüke, NJW 1978, 139; zurückhaltender Ambrock, FamRZ 1978, 314, der einen offenen Verfassungsbruch verneint, durch „Korrekturen" (?) aber harte Ergebnisse abmildern will.

119 Ebenso Diederichsen, NJW 1977, 273 (279).

120 Vgl. zu dieser Praxis auch Görgens, FamRZ 1978, 647.

121 Eine lange Trennung allein hindert das AG Sulingen allerdings nicht, § 1568 BGB zur Überprüfung durch das BVerfG zu stellen, FamRZ 1977, 793.

122 Dazu Schwab, FamRZ 19766, 491 (505 f.); vgl. auch BT – Ds 7/650, S. 118 f. mit Beispielen.

123 OLG Düsseldorf, FamRZ 1978, 36.

123a Abl. Anm. von Ambrock, FamRZ 1978, 898.

124 Ambrock, FamRZ 1978, 314 (318) erwähnt eine ältere Entscheidung des LG Berlin, die er heute noch § 1568 BGB unterstellen würde (38 R 435/71): Ein aufgestiegener Student dürfe sich nicht ohne weiteres von seiner durch Geburten erschöpften Frau trennen mit dem Hinweis, sie interessiere sich nur für Küche, Kinder, Kitschromane, gebe ihm nichts.

125 Ausführlich zum Verfahren Schwab, Handbuch, Rn 1 f. S. 1 f. und Diederichsen, ZZP 91, 397.

126 Knapp zur Kritik an der „kleinen Lösung" durch das 1. EheRG Brüggemann, Familienrechtsreform, S. 109; zu den Möglichkeiten Giesen, Familiengerichtsbarkeit.

127 Dazu Schwab, FamRZ 1976, 658.

128 „Isolierte Verfahren" ohne Verbindung mit einer Hauptsache – Ehescheidung – gehen immer noch großenteils eigene Wege, vgl. § 621 II u. III ZPO.

129 Zu den Ausnahmen Schwab, Handbuch, Rn 1 S. 1.

130 Vgl. nur Diederichsen, NJW 1977, 273 (276). Zu Einzelheiten Damrau, NJW 1977, 1169; Jauernig, FamRZ 1977, 761. Zum Übergangsrecht vor allem Brüggemann, FamRZ 1977, 582; Vogt, FamRZ 1977, 778.

131 Ist § 630 ZPO nicht erfüllt, erfolgt Klageabweisung durch Prozeßurteil (als unzulässig), dazu Brüggemann, FamRZ 1978, 91 (96 f.); anders Schwab in seinem Vortrag auf dem Dt. Familiengerichtstag 1978.

132 Dazu Brüggemann, FamRZ 1978, 1 (8). BT – Ds 7/650, S. 91 f. bringt deutlich zum Ausdruck, daß über § 625 ZPO die bisher weitverbreitete Praxis, auf anwaltliche Hilfe zu „verzichten", verhindert werden soll. Ausweg vielleicht: § 118a III ZPO.

133 Dazu Bergerfurth, FamRZ 1976, 581; ders., FamRZ 1977, 227 und Scheld, FamRZ 1977, 226; Schröder, FamRZ 1977, 767 und Brüggemann, FamRZ 1978, 91 (98).

134 Vgl. Brüggemann, FamRZ 1978, 91 (98).

135 Zur Anwendbarkeit von § 251 ZPO – vor Ablauf des Trennungsjahres, beschränkt auf die Ehesache, um zwischenzeitlich die Folgesachen vorbereiten zu können – KG, FamRZ 1978, 34 einerseits, OLG Karlsruhe, NJW 1978, 1388 andererseits.

136 Richtig Brüggemann, FamRZ 1978, 91 (99).

137 Wenn die Aussetzung des Verfahrens das Ziel haben soll, die Ehe zu erhalten, wäre eine Eheberatung sicher sinnvoll, wenn auch die „zwanghafte Verordnung" Erfolge eher behindern würde.

138 Zu Einzelheiten der Anfechtung der im Verbund ergangenen Entscheidungen vgl. Diederichsen, NJW 1977, 649 (659f.).

139 Weitere Einzelheiten bei Diederichsen, NJW 1977, 649 (659f).

140 Dazu Rolland, § 629b ZPO Rn 2.

141 Kein Anwaltszwang, vgl. §§ 569 II 2, 78 II ZPO.

142 Weitere Einzelheiten bei Diederichsen, NJW 1977, 649 (659f.).

143 Zum Umfang OLG Celle, FamRZ 1977, 203 – Rauchverbot ab 20 h.

144 Kein Anwaltszwang, dazu Brüggemann, FamRZ 1977, 289; zu den Rechtsmitteln vgl. OLG München, NJW 1978, 1635 – kein Verfassungsverstoß, trotz der Beschränkungen.

145 Dazu Jayme, NJW 1977, 1378 und BT – Ds 7/4361, S.53.

146 Berkemann, FamRZ 1977, 295.

147 Berkemann, FamRZ 1977, 295..

148 Dazu Luther, S.291f.

149 Berkemann, FamRZ 1977, 295 (296f); Jayme, NJW 1977, 1378 (1379).

150 Sie fehlt, wenn die deutsche Entscheidung von beider Heimatrecht anerkannt wird, Beispiel OLG Stuttgart, FamRZ 1974, 459; zu weiteren Einzelheiten Berkemann, FamRZ 1975, 295 (297f.).

151 Zu internationalen Abkommen in diesem verfahrensrechtlichen Bereich vgl. Kissel, Bd.2, S.295f. Zum internationalen Verfahrensrecht für Angelegenheiten der freiwilligen Gerichtsbarkeit vgl. BayObLG, FamRZ 1959, 364f. und Kissel, Bd.2, S.291f.

152 Berkemann, FamRZ 1977, 295 (299). Zu Fragen der „effektiven Staatsangehörigkeit" von Doppelstaatlern vgl. Jayme, NJW 1977, 1378 (1380f.).

153 Berkemann, FamRZ 1977, 295 (299f.); a. A. Palandt/Heldrich (37)., Art.17 EGBGB Anm.2.

154 Dazu Jayme, NJW 1977, 1378 (1379).

155 Ausführlich Berkemann, FamRZ 1977, 295 (300f.). Nachweise auch bei Palandt/Heldrich (37)., Art.17 EGBGB Anm.2.

156 Weiter noch AG Hamburg, FamRZ 1978, 416; danach soll deutsches Recht stets anwendbar sein, wenn ein deutscher Staatsangehöriger im Scheidungsverfahren beteiligt ist, unabhängig von der Parteirolle; ähnlich Berkemann, FamRZ 1977, 295 (301); a. A. Jayme, NJW 1977, 1378 (1380). Zum Ganzen Kroppholler, FamRZ 1976, 318 (319f.).

157 Dazu OLG München, NJW 1978, 1117; OLG Hamm, NJW 1978, 2452.

158 § 630 ZPO ist wohl eindeutig prozessual zu qualifizieren.

159 Dazu Jayme, NJW 1977, 1378 (1382).

160 Jayme, NJW 1977, 1378 (1382/1383)).

161 Jayme, NJW 1977, 1378 (1382/1383); Palandt/Heldrich (37)., Art.17 EGBGB Anm.5. Besondere Schwierigkeiten lauern beim Versorgungsausgleich, dazu Jayme, NJW 1978, 2417.

162 Richtig Jayme, NJW 1977, 1378 (1383).
163 Weitere Einzelheiten bei Kegel, § 20 VI 3c S.299f.; Palandt/Heldrich (37.), Art.17
EGBGB Anm.6b.
Zum interlokalen Ehescheidungsrecht – Verhältnis zur DDR – vgl. Kegel, § 20 VI 6
S. 304; Palandt/Heldrich (37.), Art. 17 EGBGB Anm. 7.
Aus der neueren Praxis BayOblG, FamRZ 1978, 243.

8. Kapitel

Scheidungsfolgen.

I. Einführung.

Auch für das Recht der Scheidungsfolgen löst sich das 1. EheRG vom „Schuld-prinzip", das bisher auf weiten Strecken schlechthin ausschlaggebend war oder wenigstens mitsteuernd eingriff,[1] ersetzt es durch objektive, entkrampfte Merk-male, eine Selbstverständlichkeit nach dem Vorlauf im Scheidungsrecht. So wer-den im Unterhaltsrecht „Bedürftigkeit" des einen und „Leistungsfähigkeit" des anderen Teils ausschlaggebend – nach dem Schlagwort der Informationsbroschüre hilft „der stärkere Gatte seinem schwächeren Partner" –, allerdings in bemerkens-werter Halbherzigkeit, mit vielen Unklarheiten und Billigkeitsregeln, schließlich mit negativen Härteklauseln, nach denen Schuldgesichtspunkte „an sich" beste-hende Unterhaltsforderungen wieder kappen.[2] Unsicherheit über die grundle-gende Konzeption der Ehe – ist sie tatsächlich lebenslange Versorgungseinrich-tung? – machen sich breit. Zudem ist Sachzwängen nachzugeben. Angesichts unserer Wirklichkeit ist die glatte Forderung „jeder sorgt nach der Scheidung für sich selbst, nur ausnahmsweise und kurzzeitig für den anderen", nicht zu halten. Andererseits erfolgt die Verbeugung vor den Zwängen vielleicht doch zu schnell; jedenfalls werden Veränderungschancen nicht genutzt, wohl nicht einmal gesehen. Ein langfristig angelegtes Programm beruflicher und schulischer Möglichkeiten für Arbeitnehmer, die wegen ihrer Eheschließung aus dem Erwerbsleben ausge-schieden sind (von den unter 20jährigen Frauen ist ein fast ebenso hoher Prozent-satz im Arbeitsleben tätig wie bei den Männern), fehlt praktisch völlig. Gerade dort aber liegen die entscheidenden Ansätze verborgen. Selbstverwirklichung als Lebensziel und die Betrachtung der Ehe als kurz, mittel-[3] oder langfristiges Vor-sorgeinstitut mit Alimentierungsverpflichtungen sind handfeste Widersprüche in sich. Bei der Verteilung der elterlichen Gewalt über gemeinsame Kinder in der Ehe übernimmt das „Wohl des Kindes" Zuweisungsaufgaben; allerdings spielte hier schon zuvor die Scheidungsschuld eine untergeordnete Rolle, vgl. § 1671 III a. F. BGB und die zusätzlich angebrachten Restriktionen der Vormundschaftsgerichte. Über den Versorgungsausgleich wird ähnlich wie beim Zugewinnausgleich der §§ 1372ff. BGB dem nicht-erwerbstätigen Ehegatten – in der Regel also der Frau – ein Zugriff auf die Altersversorgung der anderen Seite eröffnet, ohne daß Schuldgesichtspunkte maßgeblich werden. Damit ist endlich ernstgemacht mit der These, Einkommen und Absicherung gegen Risiken werde in der Ehe grundsätz-lich durch beide Gatten, durch ihr bestimmungsgemäßes Zusammenwirken erar-beitet, während die äußerliche Zuordnung als „Vermögen" oder als Versorgung zufällig bleibe. Wiederum liegt allerdings auch der Angriff nahe. Ein letztlich gesellschaftlicher Mißstand, kaum individuell verantwortet, wird gleichwohl individuell angeknüpft und aufgelöst; ein Ehegatte – eben der Berufstätige – muß Rentenkürzungen oder sonstige Einbußen hinnehmen, weil der andere, nicht-erwerbstätige oder kürzere Zeit, in geringerem Umfang oder zu niedrigerem Verdienst beschäftigte Partner entsprechend beteiligt werden soll, um eigene Abstriche auszugleichen. Die eigentliche Ursache des Übels, die berufliche Benachteiligung der Frau – „ungleicher Lohn für gleiche Arbeit" –, gerät von vornherein nicht ins Visier, entzieht sich der Kritik und der Veränderung. Und, ähnlich wie die Einwände gegen den Zugewinnausgleich in der Doppelverdienerehe: Ist es wirklich in *jedem* Fall „richtig", die mitarbeitende Frau/den mitarbeitenden Mann an den Ergebnissen der Tüchtigkeit der anderen Seite zu beteiligen, wenn die erworbene geringere Qualifikation und das Maß der ausgeübten Tätigkeit auf eigene selbständige Entschließung zurückgehen? Wird nicht ganz zu Unrecht, eben ohne feinere Verteilungsschlüssel, nivelliert? § 1408 II BGB wird nicht immer hilfreich zur Verfügung stehen.

Ein wichtiger Punkt ist allerdings festzuhalten: Als Handelsobjekt im Scheidungsverfahren sind die Scheidungsfolgen durch das 1. EheRG recht weitgehend (nicht vollständig) ausgeschaltet; die früher verbreitete unwürdige Kungelei und Feilscherei um diese Punkte sind damit ebenso weitgehend beseitigt. Doch wird gleichzeitig ein neues Feld für ärgerliche Auseinandersetzungen geschaffen. Vereinbarungen schon bei der Eheschließung oder im weiten Vorfeld der Auflösung einer Ehe sind „interessanter" geworden, da die beschriebenen Folgen oft außerordentlich belastend sein können; solche Vereinbarungen sind möglich, vgl. §§ 1379 III 2, 1408 II BGB (notarielle Beurkundung allein schützt wenig). Gerade für den Versorgungsausgleich ist die Öffnung des Schlupflochs bedauerlich, zudem wenig verständlich, wenn die sozialpolitische Funktion dieses Instruments so hoch veranschlagt wird, daß eine Übergangsregelung für Altehen fehlt.[4]

II. Unterhalt.

1. Nach §§ 48 ff. EheG 1946/11961 traten Unterhaltsfolgen ein
   – gegen den allein oder überwiegend schuldig geschiedenen *Mann*, soweit die Einkünfte aus dem Vermögen der Frau und die Erträgnisse einer Erwerbstätigkeit[5] nicht ausreichten. Maßstab: der nach den Lebensverhältnissen der Ehegatten angemessene Unterhalt;
   – gegen die allein oder überwiegend schuldig geschiedene *Frau*, soweit der Mann außerstande war, sich selbst zu unterhalten, vgl. § 58 EheG 1948/61.[6]
   Die Differenzierung zwischen Mann und Frau verstieß gegen den Gleichberechtigungsgrundsatz aus Art. 3 II GG; gleichwohl[7] war keine Prüfungskompetenz des BVerfG eröffnet (alliiertes Gesetz);[8]
   – gegen den anderen Ehegatten als Unterhaltsbeitrag im Rahmen der Billigkeit, wenn

beide Seiten schuld an der Scheidung waren, keine von ihnen jedoch ein überwiegender Schuldvorwurf traf, vgl. § 60 EheG 1946/1961.

Bei einer Scheidung aus objektiven Gründen – Musterfall: § 48 EheG 1946/1961 – entstanden Unterhaltsverpflichtungen gegen den „hypothetisch Schuldigen" aus §§ 58 und 59 EheG 1946/1961, wenn das Urteil einen entsprechenden Schuldausspruch enthielt. Fehlte eine solche Feststellung, griff die Regelung aus § 61 II EheG 1946/1961 ein. Unterhalt war zu zahlen, wenn dies mit Rücksicht auf die Bedürfnisse und die Vermögens- und Einkommensverhältnisse der geschiedenen Ehegatten und der nach § 63 EheG 1946/1961 nachrangig unterhaltpflichtigen Verwandten des Berechtigten „der Billigkeit" entsprach. Wer dieser Lösung „Ausgewogenheit" bescheinigt – §§ 58 ff. EheG 1946/1961 bieten „keinerlei unterhaltsrechtliche Anreize, die Versorgungsgemeinschaft Ehe durch schuldhaftes Fehlverhalten zu zerstören oder mit einer Zerrüttungsklage preiszugeben; umgekehrt bemühen sie sich, die Unterhaltsnot des Ehegatten zu lindern, dem der Partner die Ehe durch sein schuldhaftes Fehlverhalten gründlich verleidet oder aber nur aus Zerrüttungsgründen aufgekündigt hat" –, verschließt die Augen vor der Wirklichkeit[9] oder überfordert sie durch Wunschdenken, erweist sich in seinem Unverständnis für die Nöte der Betroffenen als menschenfeindlich und verbittert.

Besonders häßliche Folgen rief die undifferenzierte Härte des „alten" Unterhaltsrecht hervor, das nach dem Prinzip „alles oder nichts" vorging. Durch einen einmaligen, vielleicht eher belanglosen Fehltritt konnte sich ein Partner endgültig und irreparabel Unterhaltsansprüche verscherzen, ohne Rücksicht auf seine Bedürftigkeit, wenn er wegen alleinigem oder überwiegendem Verschulden geschieden wurde; umgekehrt konnte er sich aber auch durch ähnliche Fehler lebenslange Verantwortlichkeit für den anderen aufhalsen. Sicher ist nicht allzu viel Phantasie notwendig, um sich die Schärfe und Unnachgiebigkeit manches Scheidungsverfahrens vorzustellen, die Unsachlichkeit, mit der während einer Vorbereitungsphase agiert wurde, die gegenseitigen Belauerungsaktionen,[10] Überwachungen, Verfolgungen, um die eigenen Positionen für die entscheidenden Verhandlungen zu verbessern. Konfliktbewältigung, faire Konfliktlösung, Trennung ohne Haß und Harm standen jedenfalls nicht im Vordergrund.

Nach §§ 1569 ff. BGB – nunmehr zuständig für Unterhaltsansprüche nach der Scheidung – rückt die Bedürftigkeit eines Gatten als maßgeblicher Gesichtspunkt in die Mitte; sie wird orientiert an der Leistungsfähigkeit der anderen Seite.

Zwar soll „nicht jede schicksalsbedingte Bedürftigkeit stets und auf Lebensdauer Grund dafür sein, die Mitverantwortlichkeit des früheren Ehegatten auszulösen. Dann jedoch, wenn die Bedürfnislage in Verbindung mit der Ehe steht, soll der Grundsatz der Mitverantwortlichkeit eingreifen. Diese Verbindung zur Ehe besteht, wenn die Einigung der Ehegatten über die Arbeitsteilung in der Ehe nach der Scheidung zum Nachteil eines Ehegatten fortwirkt, weil er seine wirtschaftliche Lage eng an seinen Partner geknüpft hat, indem er arbeitsteilig die Verwaltung des hauswirtschaftlichen Bereichs übernommen und auf eine Sicherung durch eigene Erwerbstätigkeit verzichtet hat".[11]

Folgerichtig angeschlossen an diesen Grundsatz sind die einzelnen Unterhaltstatbestände:
- Unterhalt wegen der Pflege oder Erziehung eines gemeinschaftlichen Kindes durch den Bedürftigen, die eine eigene Erwerbstätigkeit verhindern,
- Unterhalt wegen Alters (unter den gleichen Voraussetzungen),
- Unterhalt wegen Krankheit und Gebrechens,

– Unterhalt wegen allgemeiner arbeitsmarktpolitischer Schwierigkeiten,
– schließlich Unterhalt wegen einer Fortbildung oder Umschulung, wenn ein
Ehegatte in Erwartung der Ehe oder während ihres Bestandes eine Ausbildung
nicht aufgenommen oder abgebrochen hat, vgl. §§ 1570 ff. BGB. Krönung ist
eine Billigkeitsklausel, § 1576 BGB.[12]
Ausgestaltet sind die einzelnen Regeln wie aneinander passende Ringe einer
Kette. So muß – als pointiertes Beispiel – ein Ehegatte zunächst Unterhalt zahlen,
weil sein Partner sich der Pflege und Erziehung eines Kindes widmet, anschließend
eine Umschulung finanzieren, wiederum Unterhaltsleistungen wegen einer nun
auftretenden Krankheit übernehmen – eine vorherige „nachhaltige Sicherung des
Unterhalts" nach der Umschulung gelang nicht –, für die Schwierigkeiten des älter
gewordenen Arbeitnehmers auf dem Arbeitsmarkt aufkommen, am Ende insgesamt für die unmöglich gewordene/gescheiterte Vermittlung einstehen. Erneut ist
der Angriffspunkt klar: Gesellschaftlich begründete Mängel werden individuell
angeknüpft, „verteilt" (besser: verschüttet).[13] Vom Ausgang – nicht jede schicksalsbedingte Bedürftigkeit führt zur Verantwortung oder Mitverantwortung des
geschiedenen Gatten – bleibt gerade in den kritischen Fällen nicht viel übrig. „Der
Stärkere hilft dem Schwächeren" – dann aber auch in Situationen, die er als Stärke-
rer nicht zu verantworten hat. Angesichts der hohen Rate an Wiederverheiratungen, der (relativen) Umkehr in § 1582 BGB in der Rangfolge – Zusammentreffen
des Geschiedenen mit dem „neuen", nun häufig nachrangigen Ehepartner –, sind
die Belastungen für diese zweite Verbindung ebenso naheliegend wie störend;
Floskeln und Vertröstungen[14] decken die häßlichen Folgen nur zum Schein zu.
2. Nach § 1569 BGB hat ein Ehegatte nach der Scheidung einen Anspruch auf
Unterhalt gegen seinen Partner, wenn er nicht selbst für sich sorgen kann. An §
1569 BGB schließt § 1577 BGB an, der die *allgemeine* Bedürftigkeit des Unterhaltsgläubigers beschreibt. Lebt die Ehefrau mit einem Dritten in einem eheähnlichen Verhältnis, hat sie die Voraussetzungen aus § 1569 BGB („Bedürftigkeit")
zu beweisen; nach der Lebenserfahrung – und das rechtfertigt die Umkehr der Beweislast ebenso wie die größere Beweisnähe – ist von unterhaltsähnlichen Zuwendungen des Lebensgefährten auszugehen, die einen Zugriff auf den geschiedenen
Ehemann ausschließen,[15] eine neutral gefaßte Ausflucht vor § 1579 I Nr. 4, II BGB
(noch neutraler wäre der Ansatz eines „fiktiven Hausdamengehaltes"). Gemäß §
1577 I BGB kann Unterhalt nicht verlangt werden, soweit ein geschiedener Ehegatte sich aus seinen Einkünften und seinem Vermögen unterhalten kann. Der
Stamm des Vermögens muß dabei nicht angetastet werden, wenn eine Verwertung
unwirtschaftlich oder nach den beiderseitigen wirtschaftlichen Verhältnissen unbillig wäre, § 1577 III BGB. Ob und wann dies zutrifft, ist unter Berücksichtigung
sämtlicher Umstände des Einzelfalles festzustellen (Lebensweise der geschiedenen
Eheleute, Ergiebigkeit des Verwertungserlöses, Einkommen des Verpflichteten
etc.).

„Ist die Verwertung wirtschaftlich, kann sie gleichwohl ausgeschlossen sein, wenn sie eine
unbillige Härte bedeutet (z. B. Verwertung eines nur kleinen Vermögens eines älteren Berechtigten oder eines Kunstwerkes von nicht bedeutendem Wert)."[16]

Einkünfte sind nicht anzurechnen, soweit der Verpflichtete nicht den vollen Unterhalt (§ 1578 BGB) leistet,[17] nicht unbedingt einleuchtend.[18] Einkünfte, die den vollen Unterhalt übersteigen, sind insoweit anzurechnen, als dies unter Berücksichtigung der beiderseitigen wirtschaftlichen Verhältnisse der Billigkeit entspricht, § 1577 II BGB, erneut eine wenig präzise Billigkeitsregelung. Und: § 1577 IV BGB – die nachhaltige Sicherung des Unterhalts aus eigenem Vermögen schließt Unterhaltsforderungen nach außen aus; bei Wegfall des Vermögens leben sie nur dann wieder auf, wenn der Anspruchsteller aus § 1570 BGB vorgehen kann, wegen der Pflege oder Erziehung eines gemeinschaftlichen Kindes.

Kann nur ein Teil des benötigten und geschuldeten Aufwands (= § 1578 BGB) aus eigenem Verdienst abgedeckt werden, gewährt § 1573 II BGB einen Anspruch auf den Rest,[19] als Aufstockung. Konnte zwischenzeitlich der Unterhalt durch eine Erwerbstätigkeit nachhaltig gesichert werden, fallen die Voraussetzungen später aber wieder weg, leben erloschene Forderungen *nicht* wieder auf (anders als in § 1577 IV BGB). War ein Teil des Unterhalts nachhaltig gesichert, ein anderer Teil dagegen nicht, gilt § 1573 IV a. E. BGB; der Unterschiedsbetrag kann ohne Abstriche verlangt werden.

3. Stets braucht ein geschiedener Ehegatte nur eine angemessene (sind unangemessene Tätigkeiten nicht von vornherein ein Widerspruch in sich?)[20] Erwerbstätigkeit auszuüben, § 1574 I BGB. § 1574 II BGB versucht Hinweise und Anleitungen, ist aber vage und dunkel.

„Angemessen ist eine Erwerbstätigkeit, die der Ausbildung, den Fähigkeiten, dem Lebensalter und dem Gesundheitszustand des geschiedenen Gatten sowie den ehelichen Lebensverhältnissen entspricht; bei den ehelichen Lebensverhältnissen sind die Dauer der Ehe und die Dauer der Pflege und Erziehung eines gemeinschaftlichen Kindes zu berücksichtigen."

§ 1574 III BGB statuiert eine *Verpflichtung* zur Fort- oder Ausbildung und Umschulung (in dieser Zeit bestehen Unterhaltsansprüche gegen den Partner, § 1575 BGB).

4. §§ 1570–1572 BGB (und Nachbarbestimmungen; die Gesetzesfassung ist leider recht unübersichtlich) beschreiben die *spezifische* Unterhaltsbedürftigkeit. Erhalten sind die allgemeinen Grundzüge: Einsatz der eigenen Arbeitskraft zur Unterhaltssicherung, Ausfall ihrer Verwertung und Verbindung dieses Ausfalls zur Ehe (dies letztere zum Teil gebrochen, mit der Folge weitgehender Verantwortlichkeit des geschiedenen Teils für Defizite bei seinem Partner).

a) Nach § 1570 BGB kann ein Ehegatte nach seiner Scheidung Unterhalt vom anderen verlangen, solange und soweit von ihm wegen der Pflege und Erziehung eines gemeinschaftlichen[21] Kindes eine Erwerbstätigkeit nicht erwartet werden kann,[22] wohl ein Kernpunkt[23] des neuen Unterhaltsrechts. Dabei muß gerade die Betreuungsbedürftigkeit des Kindes die Erwerbstätigkeit des Elternteils behindern oder ausschließen; diese Voraussetzung ist nicht stets und selbstverständlich schon erfüllt, wenn während der Betreuung des Kindes der Zugang zum Arbeitsmarkt nicht gelingt: Teilzeitbeschäftigungen sind nicht zu finden, Krankheiten oder ein Unfall stehen im Wege etc.[24] Zwar wird auch in diesen Situationen Unterhalt geschuldet (grundsätzlich), doch entfallen mit der formalen Umpolung wesentliche Privilegierungen, die allein an § 1570 BGB geknüpft sind – die Billigkeitsschranken aus § 1579 I BGB hemmen nicht (§ 1579 II BGB),[25] der Wegfall eines Vermögens, das den Unterhalt des Berechtigten ohne Hilfe des anderen Gatten nachhaltig zu sichern schien, läßt *diesen* Anspruch wieder aufleben (§ 1577 IV 2 BGB), § 1582 II 2 BGB schafft manchen Vorteil bei erneuter Eheschließung, § 1586a BGB schließlich setzt nach Scheidung einer zweiten Ehe den ersten Partner erneut Forderungen aus § 1577 BGB aus.

Praktische Rechtsanwendung wird ihr Interesse vor allem darauf konzentrieren, wann und wie lange von einem Ehegatten wegen der Kinderbetreuung eine Erwerbstätigkeit nicht erwartet werden kann. Beispiel: Geschiedene Kindergärtnerin mit 6jährigem Sohn; im Stadtteil ist eine Ganztagsschule vorhanden – kann der Frau eine Teilzeitbeschäftigung abverlangt werden? Wann muß sie wieder in vollem Umfang arbeiten gehen? Die Tendenzen und Vorlieben in der amtlichen Begründung jedenfalls sind deutlich; sie werden sich niederschlagen. „Im Zweifel" sprechen sie für eine Unterhaltsverpflichtung[26] gegenüber dem Elternteil, der sich für ungestörte, persönliche Pflege, Sorge und Erziehung seines Kindes entscheidet; wie weit „unsachliche", eben vordergründig materielle Überlegungen über Vorteile, die man erhalten oder verschenken kann, eine Rolle spielen werden, steht dahin.

b) § 1571 BGB gewährt einen Unterhaltsanspruch, wenn wegen des Alters des geschiedenen Gatten eine Erwerbstätigkeit von ihm nicht erwartet werden kann. Dabei ist nicht auf feste Altersgrenzen, Versorgungsdaten etc. schlechthin abgestellt; vielmehr bleibt § 1571 BGB offen. Umgekehrt allerdings löst der Eintritt in einen entsprechenden Lebensabschnitt[27] sicher die Folgen aus § 1571 BGB aus.[28] Maßgeblicher Zeitpunkt (mit dieser Ausrichtung ist die Hintereinanderschaltung der einzelnen Unterhaltstatbestände erreicht) wird die Ehescheidung, die Beendigung der Pflege oder Erziehung eines gemeinschaftlichen Kindes oder der Wegfall der Voraussetzungen für einen Unterhaltsanspruch nach §§ 1572, 1573 BGB. Am Gegenpol gilt wie stets die Härteklausel aus § 1579 BGB.[29]

c) Ähnlich räumt § 1572 BGB einen Unterhaltsanspruch des geschiedenen Gatten bei Krankheit ein (mit einer Erweiterung bei den sachlichen Voraussetzungen: Krankheit zum Zeitpunkt der Beendigung einer Umschulung oder Fortbildung, § 1575 BGB). Erwerbsunfähigkeit muß nicht notwendig als Krankheitsfolge eintreten; „ausreichend" ist vielmehr eine schwerwiegende Beeinträchtigung des Gesundheitszustandes, die eine angemessene Erwerbstätigkeit in Frage stellt.[30] Zeitlich knüpft § 1572 BGB an § 1571 an, sichert das Ineinandergreifen der einzelnen Unterhaltsregeln aus §§ 1570–1573, 1575 BGB erneut ab.

d) Schließlich erhält ein geschiedener Ehegatte Unterhalt nach § 1573 BGB, wenn er nach der Scheidung keine angemessene Erwerbstätigkeit finden kann. Angemessenheit der Erwerbstätigkeit wird dabei in § 1574 BGB – recht unpräzise – beschrieben. Über § 1573 BGB sind folglich konjunkturelle und sonstige allgemeine Erscheinungen auf dem Arbeitsmarkt dem Scheidungsgegner aufgebürdet;

eine inhaltliche Verbindung zur Ehe ist nicht zu sehen (oder wird lediglich fiktiv hergestellt, über eine von der Frau getroffene Entscheidung für Ehe und Familie und gegen die selbständige Berufstätigkeit).[31] Überzeugende Gesichtspunkte für die Überlastung sind kaum zu finden.[32] § 1579 BGB wird nur in Ausnahmen eingreifen, schon aus Beweisgründen; gerade dann, wenn Entwicklungen auf dem Arbeitsmarkt die ernsthafte Absicht tätig zu werden beeinträchtigen oder verhindern, versagt die Vorschrift notwendig und von vornherein. Wer findet schon den „trickreichen Provokateur", der „angesichts der bevorstehenden Scheidung die von ihm ausgeübte angemessene Erwerbstätigkeit aufgibt, um mit der Scheidung allein, in böser Absicht, einen Unterhaltsanspruch zu erlangen"?[33] Nicht einmal personenbezogene Einstellungshindernisse – Alkoholismus, Tablettensucht, Straffälligkeit, sonstige Unzuverlässigkeiten – schließen Unterhaltsforderungen aus § 1573 BGB schlechthin aus[34] (wiederum bleibt allein die Härteklausel aus § 1579 BGB).

Gemäß § 1573 IV 1 BGB kann der geschiedene Ehegatte Unterhalt verlangen, wenn die Einkünfte aus einer angemessenen Erwerbstätigkeit wegfallen, weil es ihm trotz seiner Bemühungen nicht gelungen ist, den Unterhalt durch die Erwerbstätigkeit nach der Scheidung nachhaltig zu sichern. Nicht jede eben nur vorübergehende Berufstätigkeit kappt Forderungen aus § 1573 I BGB damit auf Dauer. Vielmehr ist ein Blick in die Zukunft zu werfen, eine Beurteilung der Bestandsicherheit der Erwerbsquelle erforderlich. Umgekehrt wird über § 1573 IV 1 BGB vermieden, daß jede kurze Tätigkeit zum gefährlichen Bumerang, zum „unterhaltsrechtlichen Verhängnis"[35] gerät mit der weiteren häßlichen Folge, daß sich ein Gatte im Zeitpunkt der Scheidung hüten müßte, durch sein Einkommen den anderen vorläufig zu entlasten, sich selbst tastend auf eigene Füße zu stellen. Allerdings sind die Konturen der „nachhaltigen Sicherung" des Unterhalts verschwommen und dunkel. Nur wenig Licht in die Finsternis bringt die Stellungnahme der amtlichen Begründung (in Anlehnung an die Erfahrungen mit § 75 BEB).[36]

„Danach wird eine Tätigkeit nicht als nachhaltig gesichert anzusehen sein, die der Berechtigte in Überschätzung seiner Leistungsfähigkeit, etwa trotz Alters oder Krankheit übernimmt und nach einiger Zeit wieder aufgeben muß. Das gleiche gilt für eine Tätigkeit, die in Unkenntnis einer bereits vorhandenen Krankheit aufgenommen wird, für eine besonders krisenanfällige Tätigkeit, für eine Tätigkeit, die deshalb scheitert, weil der Ehegatte nach langer Ehezeit nur noch über unzureichende Berufserfahrungen verfügt oder für eine Tätigkeit mit schwankendem Einkommen (? P. F. Verdienst als Arzt, Zahnarzt oder Rechtsanwalt ist also niemals nachhaltig gesichert?); eine Tätigkeit sichert den Unterhalt erst dann nachhaltig, wenn sie eine zeitlang ein stetiges Einkommen erbringt."[37] Immerhin ein erster Anhaltspunkt: § 1573 IV 1 BGB ist überschritten, wenn die Wahl des Berufs oder des Arbeitsplatzes bei einem vergleichbaren Dritten nicht als besonders riskant beanstandet werden kann, der Dritte aber – aus der Rückschau betrachtet – auch nicht mehr Sicherheit erwarten durfte.[38] Nur: Wer ist „vergleichbarer Dritter", was sind „Beanstandungen als nicht besonders riskant", wann und von wem soll der Dritte keine Sicherheit erwarten dürfen? ungeklärte Fragen nach wie vor.[39]

Soweit es zur Aufnahme einer angemessenen Erwerbstätigkeit nötig ist, muß ein geschiedener Ehegatte sich umschulen lassen oder sich fortbilden, wenn ein erfolgreicher Abschluß zu erwarten steht, § 1574 III BGB.[40] Die Anschlußfrage drängt sich sofort auf: Greift, wenn es nach der Umschulung nicht gelingt, einen Arbeitsplatz zu finden oder dort den Unterhalt nachhaltig zu sichern, § 1573 I BGB wieder ein – auf der erhöhten Basis – oder wird der Ausfall ganz oder partiell umgebürdet?[41] Stimmungsvolle Bilder eignen sich wenig zur Vorbereitung einer Lösung („Umschulgeschäftigkeit, mit der sich ein Ehegatte – mehr oder weniger planvoll – am Arbeitsmarkt vorbeibildet, darf das Unterhaltsrecht nicht belohnen");[42] ob sie einen völligen Ausfall vorbereiten sollen, scheint zudem ungewiß – ein solcher Ausschluß wäre auch nicht akzeptabel. Maßstab ist jedenfalls nicht § 1575 III BGB, der die durch Ausbildung gewonnene Qualifikation ohne Einfluß auf den Umfang der Verpflichtung läßt, mit gutem Grund. § 1574 BGB belastet den Ehegatten im Interesse der anderen Seite; erst die erfüllte Obliegenheit aus dieser Bestimmung schafft eine Grundlage, auf der die Ausübung einer Erwerbstätigkeit verlangt werden kann. Dann ist diese Steigerung aber nicht nur Zielpunkt für die Bewertung der „Angemessenheit", sondern auch für die Form der Unterhaltsverpflichtung.[43] Damit ist § 1573 BGB angesteuert.

Zeitlich paßt sich § 1573 BGB in das Mit- oder Nacheinander der einzelnen Unterhaltsfolgen ein, vgl. § 1573 III BGB.

e) § 1575 BGB spricht dem geschiedenen Gatten, der in Erwartung der Ehe oder während ihres Verlaufs eine Schul- oder Berufsausbildung nicht angefangen oder abgebrochen hat, die Unterhaltsberechtigung zu, wenn er die abgebrochene/unterlassene oder eine entsprechende Ausbildung sobald wie möglich aufnimmt, um eine angemessene Erwerbstätigkeit – die den Unterhalt nachhaltig sichert – zu erlangen und der erfolgreiche Abschluß der Ausbildung zu erwarten ist. Der Anspruch besteht längstens für die übliche Zeit der Ausbildung; ehebedingte Verzögerungen sind zusätzlich zu berücksichtigen. Der Unterschied zu § 1574 III BGB ist deutlich. Dort *muß* sich der geschiedene Ehegatte umschulen/fortbilden lassen, um durch eigene Erwerbstätigkeit Unabhängigkeit vom Partner zu erreichen, diesen umgekehrt zu entlasten (mit drohendem Verlust seiner Forderungen aus § 1573 BGB), hier dagegen sind Wahl- und Entschließungsmöglichkeiten eingeräumt. Der Ehegatte *kann* eine Ausbildung nachholen, *kann* Anschluß an die fortgelaufene Entwicklung suchen. Findet er nach erfolgreicher Ausbildung keinen angemessenen Arbeitsplatz, entstehen Befugnisse aus §§ 1573 I, 1575 III BGB; das selbst dann, wenn ein sicherer Arbeitsplatz aufgegeben wurde, vgl. § 1575 III BGB.[44] Im einzelnen bietet die Bestimmung danach beträchtlichen Zündstoff.[45] An einigen Beispielen erläutert:[46]

Eine junge Sekretärin ist mit einem Studenten der Medizin verheiratet; nach einer Ehedauer von vier Jahren wird die Ehe geschieden. Inzwischen hat der Student seine Examina abgelegt und die Facharztausbildung begonnen; auch insoweit steht er kurz vor dem Abschluß. Während der Ehe wurde der Lebensunterhalt der Familie praktisch ausschließlich durch das Arbeitseinkommen der Frau bestritten. Nach der Scheidung plant die Frau ein Studium der

Romanistik, schon lange heiß ersehnt. § 1575 BGB gibt ihr entsprechende Unterhaltsansprüche. Zwar kommt es auf „die ehelichen Lebensverhältnisse an", zu denen der Mann während seines Studiums – materiell – kaum etwas beigetragen hat. Doch sind diese Lebensverhältnisse durch den Verzicht der Frau mitgeprägt; der Hinweis, die Frau habe während des Studiums des Mannes nicht ihrerseits ihre Berufstätigkeit aufgeben dürfen, sei an ihre Zusage und an die Absprache zwischen den Gatten gebunden gewesen, ist zwar richtig, ändert aber am Ergebnis nichts. Die ehelichen Lebensverhältnisse, die über den Zuschnitt von Arbeit, Ausbildung, Freizeit, Zusammenleben in der Familie entscheiden (= § 1578 I BGB), sind nicht gleichzusetzen mit den schlicht greifbaren Einkommens- und Vermögensverhältnissen. Bedroht ist der Anspruch aus § 1575 BGB „lediglich" durch § 1579 BGB – kurze Dauer der Ehe. Nach bisherigem Recht wäre diese Frau auf wohlwollende Zugeständnisse seitens ihres Mannes angewiesen gewesen; Ausbildungs- und Fortbildungsbedarf zählten nicht zum abzudeckenden Unterhalt, weder vor noch nach der Scheidung (mit manchen Ausnahmen).

Die Ehe zwischen einem Verwaltungsinspektor und einer Rechtspflegerin wird geschieden. Er möchte nun die Verwaltungsakademie besuchen, sie Rechtswissenschaft studieren. Wer zuerst kommt, mahlt zuerst – ein nicht unbedingt einleuchtendes Ergebnis.[47]

Geschieden wird die Ehe eines Kfz-Mechanikers mit einer Schneiderin. Beide Ehegatten haben während der Ehe durch Erwerbstätigkeit ihre Unterhaltsverpflichtungen erfüllt. Nunmehr will der Mann die Fachhochschule in seiner Sparte absolvieren, mit dem angestrebten Grad eines Ing. grad. (später vielleicht noch studieren). Begründung: Seit er auf eigenen Füßen stehe, keine Verantwortung mehr für seine Partnerin trage, könne er sich endlich seine Berufswünsche erfüllen[48] (auf Kosten der geschiedenen Frau?).Die Frau betreibt einen gutgehenden Schneidersalon, könnte Unterhalt nach § 1575 BGB zahlen, ohne selbst Mangel zu leiden.

In allen Fällen wird der Ausblick frei auf öffentlich-rechtliche Ausbildungshilfen[49] (hauptsächlich nach AFG und BAFöG). Dort, meine ich, sind auch die Probleme zu verankern und ihre Lösungen zu suchen, nur mit einem kleineren Ausschnitt im Zivilrecht (in § 1575 BGB, in – wie sich später noch zeigen wird – § 1612 BGB und bei in letzter Zeit häufig erörterten Fragen nach der elterlichen Finanzierungspflicht einer Zweitausbildung, vgl. BGH, FamRZ 1977, 629 m. Anm. Bosch); dort sollten Änderungen angebracht werden, vor allem für den Punkt „Familienabhängigkeit". Bildung und Ausbildung sind zu einem erheblichen Teil staatliche, weniger familiengeprägte Aufgaben; Sozialstaatsgebote drängen auf verwirklichte Chancengleichheit.

f) § 1576 BGB schließlich enthält eine allgemeine (positive) Billigkeitsklausel als Voraussetzung der Unterhaltsgewährung. Erfaßt sind Situationen, in denen aus sonstigen schwerwiegenden Gründen von einem geschiedenen Ehegatten eine Erwerbstätigkeit nicht erwartet werden kann. Einer schlichten Markierung von Schuldgesichtspunkten – offensichtlich vom Gesetzgeber erwartet – ist von vornherein ein Riegel vorgeschoben. Schwerwiegende Gründe dürfen nicht allein deshalb berücksichtigt werden, weil sie zur Zerrüttung der Ehe geführt haben, § 1576, 2 BGB; endgültig ausgeschieden sind diese Gründe damit allerdings nicht[50] – wo sonst sollte § 1576 BGB überhaupt Platz greifen? Bedeutsamer ist folglich die andere tatbestandliche Einschränkung – die Versagung von Unterhalt muß unter Abwägung der Belange beider Ehegatten grob unbillig sein. Damit erweist sich

§ 1576 BGB als Zielpunkt für seltene Ausnahmen, nicht als letzte Vervollständigung eines „maschendichten Netzwerkes für Unterhaltsaktivisten."[51] Gefallen ist in der jetzigen Fassung des § 1576 die ursprünglich sogar gesondert ausgedrückte[52] sachliche Beziehung zu den ehelichen Lebensverhältnissen; damit entsteht ein eigentümlicher, auch offener Bruch mit dem unterhaltsrechtlichen Grundsatz, nicht jeder schicksalhafte Rückschlag, jede ehefern entstandene Bedürftigkeit dürfe lebenslange oder nur zeitweise Mitverantwortlichkeit des Unterhaltsschuldners auslösen. Nicht einmal zeitliche Grenzen sind festgelegt, sodaß selbst Umstände, die erst lange Jahre nach der Scheidung eintreten und belasten, den geschiedenen Gatten mit Unterhaltsansprüchen (wieder) ausstatten können.[53] Sicher wird meist die fehlende Unbilligkeit als Ausweichstelle dienen; doch ist der Weg dorthin umständlich, unübersichtlich, daher gefährlich.[54]

5. Ausgeschlossen sind Unterhaltsansprüche nach §§ 1571 ff. BGB durch § 1579 BGB (negative Härteklausel) bei grober Unbilligkeit für den Verpflichteten, wenn

Nr. 1: die Ehe nur von kurzer Dauer war (dabei steht der Zeit der Ehedauer die Zeit gleich, in der der Berechtigte nach § 1570 BGB wegen der Pflege und Erziehung eines Kindes Unterhalt verlangen konnte: Ehezeit und Pflegezeit sind zusammengerechnet),[55]
Nr. 2: der Berechtigte sich eines Verbrechens oder schweren vorsätzlichen Vergehens gegen den Verpflichteten oder einen nahen Angehörigen schuldig gemacht hat,
Nr. 3: der Berechtigte seine Bedürftigkeit mutwillig herbeigeführt hat, oder
Nr. 4: ein anderer Grund vorliegt, der ebenso schwerwiegt.

Nr. 2 und Nr. 3 dieses Katalogs spielen praktisch keine große Rolle, Nr. 2 tatsächlich nicht, Nr. 3 wegen der Beweisschwierigkeiten, die sich bei einer Auseinandersetzung auftürmen: Wie soll ein für Unterhaltszahlungen herangezogener Ehegatte nachweisen, sein Partner habe die nun vorhandene Bedürftigkeit mutwillig herbeigeführt?[56] Irgendein sinnvoller Gesichtspunkt für die veranlaßte Veränderung wird sich wohl immer finden lassen; Mutwilligkeit ist dann sofort ausgeschlossen. Allerdings werden hier die Akzente inzwischen manchmal anders verteilt.[57] Das Schwergewicht liegt deshalb auf Nr. 1 – wann ist eine Ehe von kurzer Dauer?[58] –, vor allem aber auf Nr. 4. Eine ausdrückliche Klarstellung nach dem Vorbild von § 1576, 2 BGB fehlt in § 1579 BGB, und prompt taucht die Scheidungsschuld als Versagungsmerkmal[59] für Unterhaltsforderungen auf; selbst nacheheliches Fehlverhalten soll eine Rolle spielen.[60] Grundsätzliche Markierungen des 1. EheRG für das Recht der Scheidungsfolgen sind damit zur Seite geschoben, an einer wichtigen Stelle mit nachhaltigen Auswirkungen. Ein Ausweg, der eine Rückkehr zur „reinen Lehre" böte, ist gleichwohl nicht zu sehen; die Brüche bleiben. Die ursprüngliche Fassung des Entwurfs – § 1580 I Nr. 4 BGB – E schloß Unterhaltsbegehren aus, wenn der Anspruchsteller während der Ehe längere Zeit hindurch seine Pflicht zum Familienunterhalt beizutragen gröblich verletzt hat[61] – ist nicht Gesetz geworden.[62] Sicher hindert dieser Umstand allein kaum eine Interpretation der jetzigen Bestimmung, die ausschlaggebend auf wirtschaftliche Gegebenheiten und Versäumnisse abstellt, nicht als versteckte Scheidungsstrafe träfe. Rückhalt böte zudem § 1381 BGB mit dem Ausschluß des Zugewinnausgleichs wegen grober Unbilligkeit. Erfaßt wären vor allem Fälle der nach der Scheidung eingegangenen „Onkelehen" oder vergleichbare Gemeinschaften, wenn durch sie Unterhaltsforderungen gegen den geschiedenen Gatten erhalten werden sollen,[63] sowie sonstige Manipulationen mit ähnlicher Zielrichtung, nicht jedoch „schlichte Ehewidrigkeiten" für sich. Doch ist eine Trennung dieser Art – Eheverfehlungen auf der einen, Verfehlungen mit materiellem Kern auf der anderen Seite – nur auf dem Papier in Schärfe durchzuführen; tatsächlich sind die Übergänge fließend. Und: Letztlich steht selbst hinter der neutraleren Fassung nicht einmal versteckt ein Schuldvorwurf. Sicher birgt jeder Versuch, § 1579 BGB als Schlüsselbestimmung des Unterhaltsrechts[64] zu markieren, neben dem eigentlichen Kern weitere Ziele in sich. Durch die Hintertür des Scheidungsfolgenrechts sollen die Geister wieder hereingelassen werden, um deren Abdrängung durch den Hauptausgang (des Scheidungsrechts) sich der Reformgesetzgeber gerade bemühte. Doch ist dieser Zwiespalt unauflösbar in § 1579 BGB angelegt; einfache Rechtsanwendung nach den üblichen Schritten kann daher nicht zum äußeren Ausgleich führen, muß vielmehr die Widersprüche einfangen. Eine in sich stimmige Lösung kann allein eine erneute Reform bieten. Nicht „Scheidungsschuld" sollte als (kaschiertes) Kriterium zur unterhaltsrechtlichen Entlastung des „Betrogenen" führen und Eigenverantwortlichkeit und Eigenzuständigkeit erzwingen, mit zufälligen und unbefriedigenden Folgerungen. Vielmehr ist das Rad der Entwicklung nach vorne weiter zu drehen und mit dem Grundsatz ernst zu machen, daß nach Zerbrechen einer Ehe jeder Partner für sich auch wirtschaftlich aufzukommen hat. Dabei sind – um es ein letztes Mal zu wiederholen – Hilfen aufzubauen,[65] die die Ablösung vom anderen Teil erlauben und von der bedrückenden Abhängigkeit befreien.[66] § 1579 II BGB hält Unterhaltsansprüche nach § 1570 BGB stets unangetastet aufrecht (vgl. Fn 25).

6. Das Maß des zu leistenden Unterhalts bestimmt sich nach den ehelichen Lebensverhältnissen;[67] umfaßt ist der gesamte Lebensbedarf, § 1578 I BGB. An einem späteren beruflichen Aufstieg des Unterhaltsschuldners nimmt der Berechtigte nicht teil, muß aber auch nicht die Folgen eines Niedergangs tragen (das stimmt nur im Ausgang; sinkt die Leistungsfähigkeit unter bestimmte Mindestgrenzen ab, hat der Unterhaltsgläubiger das Nachsehen). Nach § 1578 II und III BGB sind die Kosten für bestimmte Versicherungsarten als Unterhalt zu übernehmen.[68]

7. Unterhaltsverpflichtungen setzen neben der Bedürftigkeit des Gläubigers eigene Leistungsfähigkeit voraus, § 1581 BGB. Der Stamm des Vermögens des Schuldners braucht nicht angetastet zu werden, falls dies unwirtschaftlich ist und nicht die beiderseitigen wirtschaftlichen Verhältnisse eine Verwertung verlangen. Zahlungen sind bei Gefährdung des eigenen angemessenen Unterhalts nur nach „Billigkeit" zu erbringen, § 1581, 1 BGB; damit entfällt § 1578 I BGB als Richtschnur.[69]

8.a) Nach § 1582 BGB haftet der geschiedene Ehegatte vor den sonstigen unterhaltsverpflichteten Verwandten des Berechtigten. Ausnahme: Bei fehlender Leistungsfähigkeit nach § 1581 BGB kehrt sich die Rangfolge um.[70]

b) Unterhaltsberechtigte geschiedene Ehegatten stehen mit unterhaltsberechtigten minderjährigen unverheirateten Kindern auf einer Stufe, also ohne Vorrang, § 1608 II BGB; daran ändert § 1582 BGB nichts (vgl. § 1582 II BGB). Für das Zusammentreffen mehrerer Ehegatten als Unterhaltsgläubiger entwirft § 1582 BGB in Abkehr von der bisherigen Regelung einen komplizierten Folgekatalog:

– Der geschiedene Partner geht einem neuen Gatten vor, wenn er Unterhalt aus § 1570 BGB und § 1576 BGB verlangen kann oder wenn die Ehe, aus der er stammt, von langer Dauer war; der eigentliche Ehedauer wird dabei die Zeit aus § 1570 BGB hinzugerechnet. Dieser Vorrang bleibt erhalten, selbst wenn der Partner der neuen Verbindung gleichartige Unterhaltsansprüche besitzt.[71]

– Im übrigen ist entscheidend, ob der neue Ehegatte nach dem hypothetisch angewendeten Unterhaltstatbeständen unterhaltsberechtigt wäre; ist dies der Fall, haben beide Gatten gleichen Rang, andernfalls geht der geschiedene Teil vor. Ausnahme wiederum: Vorrang des Geschiedenen in den Fällen der §§ 1570 BGB und § 1576 BGB. Ausgespart ist allerdings § 1575 BGB, mit wenig überzeugender Begründung:[72] Der neue Ehegatte soll nicht Fortbildung oder Ausbildung „auf Kosten" des geschiedenen Vorgängers genießen dürfen.[73]

Die Belastungen, die diese Anordnungen für eine neue Verbindung mit sich bringen können, liegen auf der Hand. Häufig wird aus materiellen Gründen die interne Ausgestaltung als Hausfrauenehe von vornherein blockiert sein.[74] Die erläuternde Beschreibung in der amtlichen Begründung –" die Möglichkeit, eine Hausfrauenehe zu wählen, wird den Ehegatten der neuen Ehe nach der vorgesehenen Regelung oft nicht mehr offenstehen. In manchen Fällen wird in der neuen Ehe auch auf Kinder verzichtet werden müssen, weil der zweite Ehegatte seinen Unterhalt nur durch fortdauernde eigene Erwerbstätigkeit sichern kann. Wenn aber Kinder aus der zweiten Ehe hervorgehen oder durch diese Ehe nicht – eheliche Kinder legitimiert werden, so kann auch dann eher (warum? P. F.) der zweite Ehegatte als der frühere auf die Inanspruchnahme von öffentlichen Hilfen verwiesen werden. Insoweit schließt sich der Entwurf der Meinung der Eherechtskommission an, wonach die neue Ehe mit einer „wirtschaftlichen Hypothek" belastet ist, die von der zweiten Ehefrau mitgetragen werden muß"[75] – liest sich nicht gerade beruhigend, rechtfertigt die Belastungen jedenfalls nicht.

c)[76] „Bei der Errechnung des Unterhalts nach §§ 1581, 1582 BGB ist zunächst der Selbstbehalt[77] des Unterhaltsverpflichteten festzustellen. Der danach verbleibende, für die Unterhaltszahlungen verfügbare Betrag ist in zwei Berechnungsstufen auf die Unterhaltsberechtigten zu verteilen. In einer ersten Berechnungsstufe wird der den minderjährigen Kindern zustehende Unterhalt festgestellt. In dieser Berechnung wird der Bedarf aller Kinder und aller unterhaltsberechtigten Ehegatten berücksichtigt. In einer zweiten Berechnungsstufe wird der Unterhalt des geschiedenen Ehegatten ermittelt. In diese Berechnung ist nur der Bedarf des geschiedenen Ehegatten und der Kinder einzubeziehen. Der Bedarf des späteren Ehegatten des Unterhaltsverpflichteten bleibt hier unberücksichtigt. Bleibt, nachdem vom verfügbaren Einkommen des Unterhaltsberechtigten der Unterhalt der Kinder und der Unterhalt des früheren Ehegatten abgezogen worden ist, noch ein Restbetrag, so erhält ihn der neue Gatte des Verpflichteten."[78] Beispiel:[79] Einkommen des unterhaltsverpflichteten Mannes   DM 1800,–

Unterhaltsbedarf

der geschiedenen Frau	DM 600,–	
der zweiten Ehefrau	DM 600,–	
eines Kindes aus erster Ehe	DM 200,–	
eines Kindes aus zweiter Ehe	DM 200,–	
Eigener „angemessener" Bedarf des Mannes		DM 700,–
Verfügbarer Betrag		DM 1100,–

1. Berechnungsdurchgang:
Die verfügbaren DM 1 100,– werden im Verhältnis 600:600:200:200 aufgeteilt. Jedes Kind erhält danach 1/8, also DM 137,50;

2. Berechnungsdurchgang:
Die verfügbaren DM 1100,– werden auf die geschiedene Frau und die Kinder im Verhältnis 600:600:200:200 aufgeteilt; die geschiedene Frau erhält DM 600,–, da die DM 1100,– ausreichen (! P. F.). Der neue Ehegatte bezieht den Rest = DM 225,– (DM 600,– + DM 137,50 + DM 225,– = DM 1100,–).

Allerdings behandelt dieser Ansatz die unterhaltsberechtigten minderjährigen Kinder und den geschiedenen Ehegatten gerade nicht gleich, setzt die Kinder vielmehr zurück. Vorgeschlagene Korrektur daher: eine Nachberechnung, die die auf den geschiedenen Gatten und die Kinder entfallende Position im Verhältnis 6:2:2 umlegt.

Folge: Für den geschiedenen Gatten DM 575,–,
für jedes Kind DM 175,–.

Der Teil der zweiten Frau beträgt wie bisher DM 225,–.[80]

Fraglich ist zudem die Berechnung des Selbstbehalts, der mit der Gefährdungsgrenze aus § 1581 BGB nichts zu tun hat, vielmehr eine „Belohnung" und einen gewissen „Anreiz" für den arbeitenden Ehegatten darstellt;[81] die Beachtung von Pfändungsfreigrenzen hätte den Unterhaltsschuldner jedenfalls bessergestellt.[82] Zur Berechnung im einzelnen vgl. 3. Teil 10. Kapitel III 3. (zur Düsseldorfer Tabelle und ähnlichen verbreiteten Schlüsseln), dazu auch NJW 1977, 289 und NJW 1979, 25.

9. Für die Art der Unterhaltsgewährung sieht § 1585 BGB grundsätzlich eine monatlich im Voraus zu zahlende Geldrente vor. Ausnahme § 1585 II BGB: Abfindung in Kapital. Weitere Einzelheiten in §§ 1585a und 1585b BGB.

Mit dem Tod oder der Wiederverheiratung des Berechtigten erlischt der Unterhaltsanspruch gegen den geschiedenen Gatten, § 1586 BGB (mit der Möglichkeit eines Wiederauflebens für die Unterhaltspflicht aus § 1570 BGB bei Zerbrechen der neuen Ehe, § 1586a BGB). Stirbt der Verpflichtete, geht die Unterhaltsschuld als Nachlaßverbindlichkeit auf den Erben über, § 1586b I 1 BGB, ohne Begrenzung durch § 1581 BGB. Der Erbe haftet jedoch nicht über den Betrag hinaus, der dem Pflichtteil entspricht, welcher dem Berechtigten zustände, wenn die Ehe nicht geschieden worden wäre, § 1586b I 3 BGB. Güterrechtliche Besonderheiten bleiben außer Ansatz, § 1586b II BGB. Offene Wertungswidersprüche zu § 1615 I BGB sind damit vermieden. Zu Einzelheiten der – höchst komplizierten – Berechnung Dieckmann, FamRZ 1977, 161 (169), häufig gegen BT – Ds 7/650, S. 153.

Praktisch wichtig: § 1585c BGB, mit der dort vorgesehenen Möglichkeit von Unterhaltsverträgen zwischen den Ehegatten für die Zeit nach der Scheidung.[83] Besonderes Problem: Unterhaltsverzicht „zu Lasten" eines Dritten (oft der öffentlichen Hand).[84]

10. Statistisch dürfte sich durch das neue Unterhaltsrecht kaum etwas ändern, trotz gegenteiliger Beteuerungen im Ausgangspunkt.[85] Vom Grundsatz der Eigenverantwortlichkeit jedes Gatten bleibt nicht viel[86] übrig, was angesichts unse-

rer Wirklichkeit – die eben solche Eigenverantwortlichkeit weitgehend ausschließt – auch kaum verwundert.[87]

Zur Identität von ehelichen (auch bei Getrenntleben) und nachehelichen Unterhaltsverpflichtungen vgl. Palandt/Diederichsen (37.), § 1360 Anm. 2d und Scheld, FamRZ 1978, 651 (653). Zum Verfahren 7. Kapitel IV.

III. Hausrat und Ehewohnung.

1. Können sich die Eheleute bei der Scheidung nicht darüber einigen, wer die bisherige Ehewohnung behalten und die Wohnungseinrichtung und den sonstigen Hausrat besitzen soll, regelt auf Antrag die Richter die entsprechenden Rechtsverhältnisse, § 1 HausratsVO.[88] Wird das Scheidungsverfahren aus §§ 1565 I 1, 1566 I BGB betrieben, ist ein Vorschlag der Ehegatten über die Verteilung von Wohnung und Hausrat notwendiger Verfahrensbestandteil, § 630 I Nr. 3 ZPO; verhandelt und entschieden wird nach §§ 621 I Nr. 7, 621a I 1 ZPO, 13 f. HausratsVO, also nach den Bestimmungen des FGG und der HausratsVO. Zuständig ist das Familiengericht, bei dem die Hauptsache anhängig ist, § 11 I HausratsVO, wie stets im Entscheidungsverbund, § 623 ZPO. Ist eine Ehesache nicht anhängig, wird das Familiengericht am Wohnsitz der Eheleute tätig, § 11 II HausratsVO. Erfaßt sind damit zwei Konstellationen:

a) Hausratsverteilung schon *vor* der Scheidung, während des Getrenntlebens;
b) Hausratsverteilung *nach* ausgesprochener Ehescheidung (möglich aus § 630 ZPO oder – sicher selten – aus § 628 I Nr. 3 ZPO).

Rechtsmittel: Beschwerde nach § 621e ZPO, unter den Voraussetzungen des § 14 HausratsVO. Zur Bindung einer Anordnung vgl. §§ 16 I, 17 HausratsVO.

In seiner Entscheidungsfindung ist der angerufene Richter sehr weitgehend frei. Er gestaltet die Rechtsverhältnisse der Ehegatten nach billigem Ermessen, hat dabei alle Umstände des Einzelfalles, insbesondere das Wohl vorhandener Kinder und die Erfordernisse des Gemeinlebens zu berücksichtigen, § 2 HausratsVO. Lediglich §§ 3 ff. HausratsVO bringen Einschränkungen von unterschiedlichem Gewicht und aus verschiedenen Richtungen. Ist einer der beiden Streitenden Eigentümer des Hauses (vielleicht auch zusammen mit einem Dritten), in dem sich die eheliche Wohnung befindet, soll der Richter diese Wohnung dem anderen Teil lediglich ausnahmsweise zuweisen, dann nämlich, wenn eben diese Maßnahme notwendig ist, um eine unbillige Härte zu vermeiden (Krankheit, die unter einem Umzug litte, hohes Alter mit Anpassungsproblemen bei Umsetzungen etc.), § 3 I HausratsVO mit den Erweiterungen aus II. Bei einer Dienst- oder Werkwohnung soll eine richterliche Einweisung nur erfolgen, wenn der Dritte (= Dienstherr o. ä.) einverstanden ist. Grundeigentum genießt danach vorrangigen Schutz,

Befugnisse Außenstehender werden beachtet; § 7 HausratsVO stellt ihre Interessen zusätzlich sicher durch Beteiligung am Verfahren.

Nach § 5 HausratsVO kann der Richter Fortsetzung eines gemeinsamen Mietverhältnisses durch einen Ehepartner anordnen, kann seinen Eintritt festlegen, selbst wenn er bisher in der vertraglichen Absprache nicht erfaßt war. Fehlt es überhaupt an einer bindenden Vereinbarung, kann der Richter durch seinen Spruch ein Mietverhältnis an der Wohnung begründen, § 5 II 1 HausratsVO, und die Höhe des Mietzinses festlegen, immerhin bemerkenswert. Nach sonstigen Vorschriften notwendige Genehmigungen sind ohne Bedeutung, § 16 II HausratsVO. Selten wird es zweckmäßig sein, nach § 6 HausratsVO – Teilung der Wohnung – vorzugehen.[89] Hausrat,[90] der beiden Ehegatten gemeinsam gehört, verteilt der Richter gerecht und zweckmäßig, § 8 I HausratsVO. Gemeinsame Anschaffungen während der Ehezeit gelten dabei als gemeinsames Eigentum, es sei denn, Alleineigentum eines Beteiligten stände fest, § 8 II HausratsVO, anders § 1363 II 1 BGB. Mit der Zuweisung gehen die Gegenstände in neu begründetes Eigentum über; dem Begünstigten kann allerdings eine Zahlungspflicht gegenüber der anderen Seite auferlegt werden, falls dies der Billigkeit entspricht, § 8 II HausratsVO. Nach § 9 HausratsVO hat der Richter darüberhinaus die Möglichkeit, in gesicherte Eigentümerpositionen einzugreifen; ist ein Gatte auf die weitere Benutzung eines Hausratsteils angewiesen und ist der Gegenseite die Überlassung zuzumuten, kann entsprechend entschieden werden. Dabei kann der Richter statt der scharfen und endgültigen Enteignung ein weniger belastendes und eher vorläufiges, internes Mietverhältnis begründen, § 9 II HausratsVO.[91] Sind Schulden im Zusammenhang mit dem Hausrat vorhanden, kann ihre Verteilung im Innenverhältnis gesondert geregelt werden, § 10 I HausratsVO. Für Lieferungen unter Eigentumsvorbehalt gilt § 10 II HausratsVO.

Gemäß § 18a HausratsVO sind die Bestimmungen der HausratsVO schon für die Auseinandersetzungen vor der förmlichen Einleitung des Scheidungsrechtsstreits – bei Getrenntleben vgl. § 1361a BGB – anwendbar, jedoch mit einer wichtigen Ausnahme: Über die eheliche Wohnung kann nicht entschieden werden.[92] Die Verschärfung gegenüber dem bisherigen Rechtszustand ist wenig einsichtig; Auswege sind nicht ganz leicht zu finden (und sicher besteht ein Bedürfnis nach vorläufiger Regelung der Benutzung der Ehewohnung). Nach § 627 I ZPO a. F.[93] konnte ein Ehegatte durch einstweilige Anordnung gerichtliche Gestattung des Getrenntlebens vom Partner erreichen, ganz abgesehen von der jederzeit anzubringenden Scheidungsklage, über § 19 HausratsVO a. F. – ebenfalls durch einstweilige Anordnung – die Benutzung der ehelichen Wohnung regeln lassen, und diese Möglichkeit besteht nicht mehr, da erst der Scheidungsantrag aus §§ 1565 ff BGB den Zugang zu den Vorschriften über das Eilverfahren freigibt (vgl. §§ 620 ff. ZPO, insbesondere § 620 Nr. 7, der sich mit der einstweiligen Verteilung von Hausrat und Ehewohnung beschäftigt), dieser Scheidungsantrag aber in vielen, gerade den kritischen Fällen nicht mehr erfolgversprechend gestellt werden kann: Die Fristen aus § 1566 BGB sind nicht abgelaufen, dem Antragsteller gelingt es nicht, das Gericht von seiner Not (= unzumutbare Härte, § 1565 II BGB) zu überzeugen. § 1565 II BGB wird in einem Randbereich folglich noch einmal verschärft.[94] Der Ausweg: Antrag auf Feststellung des Rechts zum Getrenntleben nach § 606 I ZPO (Maßstab aus § 1353 II BGB – Scheitern), in diesen Rahmen eingepaßte Anordnung nach „§ 620 Nr. 7 ZPO".[95] Zu diesen Punkten vgl. auch Deisenhofer, FamRZ 1979, 102.

IV. Versorgungsausgleich[96]

1. Mit der Einführung des Versorgungsausgleichs wagt sich das 1. EheRG auf bisher unbestelltes Terrain vor, ohne unmittelbare Vorbilder im deutschen oder ausländischen Recht.[97] Leitende Gesichtspunkte sind:
– §§ 1372 ff. BGB beteiligen den nicht-erwerbstätigen Ehegatten am Vermögen, das während der Ehezeit angeschafft wurde und übertragen den erzielten Zugewinn, die Differenz zwischen Anfangs- und Endbestand auf ihn, falls die Ehe aufgelöst wird, unter rechnerischer Durchbrechung formaler Zuordnung durch Eigentum und Inhaberschaft. Renten- und Versorgungsanwartschaften, Pensionsansprüche, Ruhegelder sind vom Zugewinnausgleich dagegen nicht erfaßt. Doch ist die Aufnahme dieser Positionen in ein allgemeines Verteilungssystem nur konsequent, da die persönliche Anknüpfung, die Ausrichtung allein auf den erwerbstätigen Partner ebenso zufällig bleiben wie bei §§ 1372 ff. BGB. Endlich wird ernstgemacht, mit der These, daß Erwerb und Fortkommen in der Ehe auf das planmäßige Zusammenwirken beider Gatten zurückgehen, durch Haushaltsführung *und* Erwerbstätigkeit außer Haus.[98] Die Einwände liegen allerdings ebenfalls auf der Hand: „Zugewinngemeinschaftsideologie".[99] Das Einkommen des Mannes und die von ihm geschaffene soziale Sicherung habe nichts oder so gut wie nichts mit der Haushaltsführung der Frau zu tun, die Versorgung beruhe auf eigenem Aufwand, die Verbindung mit Arbeit und Verdienst sei eben deshalb nicht formal, vielmehr sachlich durchaus berechtigt; sie stelle ein „höchstpersönliches Ausnahmerecht" dar, das jedem Güterstand vorgelagert sei, nicht in nivellierenden Ausgleichsschematismus einbezogen werden dürfe.[100] Zugewinn bilde einen faßbaren Wert in der Gegenwart; ob die vom Versorgungsausgleich tangierte Versorgung hingegen in der Zukunft realisiert werde, sei völlig ungewiß.[101]
– Das bisherige Netz sozialer Sicherheit erwies sich als dünn geflochten, unzureichend vor allem an zwei Schwachstellen:[102] Für den nichterwerbstätigen Ehegatten (in der Regel die Frau) waren zu Lebzeiten des anderen lediglich abgeleitete Befugnisse und mittelbare Anrechte vorgesehen, über Unterhaltsansprüche, mit allen Mängeln, die das Unterhaltsrecht auszeichnete, insbesondere die Orientierung auf die Scheidungsschuld;[103] starb der Unterhaltsschuldner, wirkte die vorherige Scheidung zusätzlich belastend bis zum möglichen Bruch[104] – Geschiedenen-Hinterbliebenenrente und vergleichbare Leistungen flossen allein unter engen, noch einmal eingeschränkten Voraussetzungen:

Beamtenrechtliche Unterhaltsbeiträge (§§ 125 II a. F. BBB, 73 I a. F. BRRG) wurden gezahlt, wenn die Ehe aus alleinigem oder überwiegendem Verschulden[105] des verschiedenen Beamten aufgelöst war und der Berechtigte im Fall ihres Fortbestehens Witwen-/Witwergeld erhalten hätte. Der Unterhaltsbeitrag, der maximal den Umfang des Witwengeldes erreichen konnte, war limitiert durch den Unterhaltsanspruch. Hinterließ der Beamte aus seiner zweiten Ehe eine weitere Witwe, kumulierte deren Witwengeld mit dem Unterhaltsbeitrag der geschiedenen Frau bis zum Höchstbetrag aller Hinterbliebenen-Leistungen, also bis zur Höhe des Ruhegehalts des Verstorbenen; soweit die fiktive Summe das Ruhegehalt überschritt, waren die Einzelteile in einem angemessenen Verhältnis zu kürzen, § 128 III a. F. BBG.

Ein Anspruch auf Geschiedenen-Hinterbliebenenrente[106] bestand, (§§ 592, 1265 RVO, 42 AVG) wenn

– der Versicherte zur Zeit seines Todes Unterhalt leisten mußte, wiederum in Ausrichtung auf die Unterhaltsverpflichtung der §§ 58ff. EheG 1946/1961,
– er im letzten Jahr vor seinem Tode nicht nur geringfügig tatsächlich Unterhalt zahlte (Säumnisse, Nachlässigkeiten, Entgegenkommen des Unterhaltsgläubigers wirkten sich damit verhängnisvoll aus),
– falls eine Witwen-/Witwerrente nicht zu gewähren war[107] auch dann, wenn
  – eine Unterhaltsverpflichtung wegen der Vermögens- oder Erwerbsverhältnisse des Versicherten nicht realisierbar erschien,
  – der Berechtigte im Zeitpunkt der Scheidung mindestens ein Kind zu erziehen oder, falls er gebrechlich war, zu versorgen hatte,
  – er im Zeitpunkt der Scheidung das 45. Lebensjahr vollendet hatte, solange er berufs- oder erwerbsunfähig war und ein waisenrentenberechtigtes Kind zu erziehen oder für es zu sorgen hatte,
  – er das 60. Lebensjahr vollendet hatte.[108]
– War der Versicherte mehrmals verheiratet, waren daher ein Ehegatte und ein früherer Ehegatte oder mehrere frühere Ehegatten anspruchsberechtigt, erhielt jeder der Berechtigten lediglich den Teil der (einzigen) Witwen-/Witwerrente, der im Verhältnis zu den anderen Berechtigten der Dauer seiner Ehe mit dem Versicherten entsprach.[109]
  Sowohl die beamten- als auch die sozialversicherungsrechtlichen Bestimmungen setzten voraus, daß der Berechtigte zu Lebzeiten des Versicherten nicht wieder geheiratet hatte. Eine Wiederheirat nach dessen Tod brachte die Leistungen zum Ruhen, mit unterschiedlicher Abfindung. Bei Auflösung der späteren Ehe lebten Ansprüche falls nötig unter Anrechnung gezahlter Abfindungen und nun erworbener weiterer Unterhalts-, Versorgungs- oder Rentenforderungen wieder auf.[110]
  Diese „Entsorgung" insbesondere der geschiedenen Frau war häufig genug Anlaß für ihren verzweifelten Widerspruch aus § 48 II EheG 1946/1961.

– Der wirtschaftlich schwächere Teil erhält eine soziale Grundsicherung als Verwirklichung des Sozialstaatsprinzips.[111] Die Ehezeit bleibt damit in Umkehr des bisherigen Zustandes stets und zwingend Bestandteil der sozialen Biographie beider Ehegatten; sie wird nicht, je nach gesetzlich verordneten Zufälligkeiten, aus ihr gelöscht.[112] Da Unterhaltsansprüche wenigstens dem Bekenntnis nach allein für eine Übergangszeit eingeräumt werden – in spezifischen Unterhaltatbeständen (vgl. § 1570ff. BGB) –, war die alte Unterhaltsersatz-Konzeption der sozialen Sicherung geschiedener Eheleute ohnehin hinfällig.[113]
Trotz mancher Angriffe wird das 1. EheRG wohl die sozialrechtlichen Schei-

dungsfolgen „auf nicht absehbare Zeit" prägen.[114] „Unabhängig von der Frage einer umfassenden sozialrechtlichen Lösung muß jedenfalls die einseitige versorgungsmäßige Benachteiligung eines der Ehegatten im Falle der Scheidung beseitigt werden."[115] In künftige Entwürfe – eingeleitet und angestoßen durch BVerfG, NJW 1975, 919 (zur Witwerrente, mit dem Auftrag an den Gesetzgeber, bis 1984 eine passende und sachgemäße Reform abzuschließen) –, nach einer neuen Art des Unterhaltsersatzes oder einer eigenständigen Partnerrente,[116] wird sich der Versorgungsausgleich daher einfügen[117] als dann bereits gefestigtes Teilstück. Allerdings bleibt der Appell[118] an die geschiedenen Gatten, durch eigene Erwerbstätigkeit ihre soziale Absicherung auszubauen; auch insoweit gilt der Grundsatz „jeder sorgt für sich selbst". Nur soweit entsprechende Verpflichtungen nicht bestehen (§§ 1570 ff. BGB), sehen Unterhalts- und Sozialrecht Ergänzungen und Abhilfen vor.

2. Die Grundzüge und leitenden Ideen des Versorgungsausgleichs sind einfach zu überschauen; gleichwohl ist die Abwicklung im einzelnen höchst kompliziert und zeitraubend. Dabei vollzieht sich die Verteilung von Rentenanwartschaften und ähnlichen Leistungen unabhängig von der Form der Auflösung der Ehe (Scheidung, Aufhebung, Nichtigkeit),[119] von Unterhaltsverpflichtungen[120] und sonstigen Nachwirkungen, schließlich vom Güterstand, vgl. § 1587 III BGB. Umgekehrt allerdings gilt ein Ausschluß der Ausgleichsforderung als Vereinbarung der Gütertrennung, doch kann ausdrücklich für die Zugewinngemeinschaft votiert werden, vgl. § 1414 BGB. Primär wird die Übertragung von Versorgungsansprüchen durch den öffentlich-rechtlichen Versorgungsausgleich verwirklicht, erst nachrangig schuldrechtlich. Beim öffentlich-rechtlichen Versorgungsausgleich hat der Ausgleichpflichtige dem Rentenberechtigten in Höhe der auszugleichenden Werte (= der Hälfte des Wertunterschiedes, bezogen auf die während der Ehe erworbenen Versorgungsanteile beider Eheleute) Rentenanwartschaften in einer gesetzlichen Rentenversicherung zu verschaffen. Eigene Aktivitäten und Abtretungserklärungen sind weder notwendig noch ausreichend; tätig wird vielmehr allein das Gericht im Rahmen eines anhängigen Ehescheidungsverfahrens durch Gestaltungsurteil.[121] Nach Maßgabe der gerichtlichen Entscheidung führen die Träger der Sozialversicherung den Ausgleich durch, ohne zusätzlichen Antrag und ohne Vollstreckung (Ausnahmen bei § 1587b III BGB). Nebeneinander stehen

– das Rentensplitting, § 1587b I BGB; Anwartschaften in der gesetzlichen Rentenversicherung werden umverteilt, dem einen Ehegatten genommen, dem anderen zugewiesen;
– das „Quasi-Splitting" oder die „fiktive Nachversicherung", § 1587b II BGB; hier werden Anwartschaften in der gesetzlichen Rentenversicherung für einen Ausgleichsberechtigten zu Lasten der Versorgungsanrechte aus einem öffentlich-rechtlichen Dienstverhältnis des Verpflichteten begründet;
– § 1587b III BGB, die Pflicht zur Begründung einer Anwartschaft in der gesetzlichen Rentenversicherung durch nachträgliche Einzahlungen; da im Rahmen des § 1587b III BGB für den Verpflichteten beträchtliche Belastungen auftreten

können, kann das Gericht auf Antrag das zeitweilige Ruhen anordnen, Ratenzahlungen festlegen, schließlich seine Entscheidung bei Änderung der Verhältnisse ebenfalls ändern, § 1587d BGB (vgl. die Voraussetzungen dort im einzelnen);

– § 1587b IV 1 BGB;

„Würde sich die Übertragung oder Begründung von Rentenanwartschaften in den gesetzlichen Rentenversicherungen voraussichtlich nicht zugunsten des Berechtigten auswirken, oder wäre der Versorgungsausgleich in dieser Form nach den Umständen des Falles unwirtschaftlich, soll das Familiengericht den Ausgleich auf Antrag einer Partei in anderer Weise regeln."

Erfaßt sind damit insbesondere die Fälle des § 1587b V BGB. Durch die zu übertragenden oder neu zu begründenden Anwartschaften können, falls bereits eigene Anrechte angesammelt sind, die vorgesehenen Höchstbeträge nicht überschritten werden; Überhänge bringen dem Ausgleichsempfänger folglich nichts,[122] belasten lediglich die andere Seite.

– Das leitet über zum schuldrechtlichen Versorgungsausgleich, § 1587ff. BGB.

3. a) „Der Gedanke, daß eine zu erwartende oder gewährte Versorgung auf der gemeinschaftlichen Leistung beider Ehegatten beruht, läßt sich allein insoweit rechtfertigen, als die Versorgung einen Bezug zur Ehezeit hat; das gleiche gilt für die Annahme, daß die Versorgung den beiderseitigen Unterhalt der Ehegatten zu dienen bestimmt sei."[123]

§ 1587 II BGB verlangt daher, daß die Versorgungsanwartschaft oder ein entsprechendes Anrecht „während der Ehezeit" begründet oder aufrechterhalten wurde, beschränkt den Ausgleich gleichzeitig auf diese Teile. Als Ehezeit gilt „die Zeit vom Beginn des Monats, in dem die Ehe geschlossen worden ist, bis zum Ende des Monats, der dem Eintritt der Rechtshängigkeit des Scheidungsantrags vorausgeht", § 1587 II BGB; auf die Rechtskraft des Scheidungsausspruchs kommt es nicht an.[124]

§ 1587 III BGB stellt klar, daß in den Versorgungsausgleich bloße Aussichten[125] auf Versorgung einzubeziehen sind, selbst wenn die in der nach § 1587 II BGB maßgeblichen Zeit verdichtete Positionen noch nicht entstehen konnten. Ausgenommen sind lediglich Anrechte, die nach der Scheidung begründet werden,[126] auch bei nachträglicher Anrechnung von Zeiten, die in die Ehe fallen.

Rechnerisch und abwicklungstechnisch ergibt sich für den öffentlich-rechtlichen Versorgungsausgleich folgendes Verfahren:[127]

In einem *ersten* Schritt wird für jeden Ehegatten gesondert festgestellt, welche Versorgungswerte (ausgedrückt im Betrag einer Monatsrente) er während der Ehezeit erworben hat, mit gestufter Abfolge: Hat ein Gatte überhaupt Versorgungsanwartschaften erlangt? Unterliegen diese Anwartschaften dem Versorgungsausgleich? Zu welchem Wertanteil sind sie in der Ehe begründet oder aufrechterhalten worden? Mehrere Positionen, die bei einem Berechtigten aufgelaufen sind, sind für den Versorgungswert und Ausgleichsbetrag zusammenzuzählen.

Im *zweiten* Schritt werden die Summen der auf beiden Seiten während der Ehezeit erworbenen Versorgungswerte gegenübergestellt. Der Ehegatte mit den werthöheren Positionen – vielleicht entstanden aus der Addition mehrerer Einzelbeträge, wobei ein Einzelbetrag durchaus unter dem Pendant dieses Betrags beim Partner liegen darf[128] – ist in Höhe der Hälfte des Wertunterschiedes zum Ausgleich verpflichtet, §§ 1587a I, 1587g I 1 BGB. Mit dem *dritten* und letzten Schritt wird der Ausgleich schließlich vollzogen, vgl. §§ 1587b und 1587g, i BGB.

b) Die auszugleichenden Versorgungsansprüche beschreibt § 1587a II BGB nach ihrer Art, allerdings in einem nicht geschlossenen Katalog, vgl. § 1587a V BGB. Die grobe Linie legt § 1587 I 2 BGB fest: „„Außer Betracht bleiben Anwartschaften oder Aussichten, die weder mit Hilfe des Vermögens noch durch Arbeit der Ehegatten begründet oder aufrechterhalten sind". Dem Versorgungsausgleich unterliegen demnach nicht[129] (z. B.) Renten nach dem Bundesversorgungsgesetz oder Renten aus der gesetzlichen Unfallversicherung (mit Ausnahmen); für sie überwiegt der Entschädigungscharakter bei eigenen Einbußen.[130] Im übrigen sind Anrechte nach öffentlichem Recht (wie Rentenanwartschaften aus den gesetzlichen Rentenversicherungen oder Anrechte auf beamtenrechtliche Versorgung) wie privatrechtlich begründete Versorgungsberechtigungen (so etwa Anrechte aufgrund betrieblicher Ruhegeldzusagen oder Rentenanwartschaften aus der privaten Rentenversicherung)[131] gleichermaßen betroffen.

c) Die Bewertung der einzelnen Versorgungspositionen bildet die schwierigste Etappe bei der Durchführung des Versorgungsausgleichs. Wegen der Verschiedenheit der erfaßten Versorgungssysteme (vgl. nur § 1587a II BGB) können einheitliche Regeln nicht entworfen werden; vielmehr enthält § 1587a II – V BGB für die einzelnen Versorgungsarten passende, auf die jeweils anderen Teile bezogene Berechnungsschlüssel. Besonders verschärfend wirkt sich die Ausgestaltung der Leistungen aus der gesetzlichen Rentenversicherung (ähnlich in der Beamtenversorgung) aus, ihre Dynamisierung, ihre Ankopplung an die allgemeine Einkommensentwicklung. Da andere Vorsorgearten nicht – oder wenigstens nicht in gleicher Manier – von selbst anpassungsfähig sind, stellen sich komplizierte Umrechnungsaufgaben. Dynamisierte und nicht-dynamisierte Versorgungen sind in ihr Verhältnis zu bringen, nicht-dynamisierte Anrechte in Anrechte einer dynamisierten Versorgung umzuwandeln,[132] vgl. dazu § 1587a III, IV BGB. Ob die für die tatsächliche Leistung von Versorgungsbezügen notwendigen zeitlichen Voraussetzungen bereits bei Rechtshängigkeit des Scheidungsantrags verwirklicht sind – Wartezeit, Mindestbeschäftigungszeit, Mindestversicherungszeit u. ä. –, spielt keine Rolle, § 1587a VII BGB; diese Punkte erfüllen sich regelmäßig später. Allerdings bleibt ein Rest Unsicherheit; realisiert sich diese Unsicherheit, muß eine nachträgliche Korrektur einer Entscheidung über den Versorgungsausgleich möglich sein.[133]

Auszuscheiden bei der Bewertung sämtlicher Versorgungsarten sind Zuschläge, die lediglich wegen einer bestehenden Ehe gewährt werden sowie Kinderzuschläge oder ähnliche familienbezogene Bestandteile, § 1587a VIII BGB.

d) Für die Ermittlung der Ausgleichsverpflichtungen bei Rentenanwartschaften aus den gesetzlichen Rentenversicherungen, die den gesetzlichen Rentenanpassungen unterliegen, ist der Betrag zugrunde zu legen, der sich bei Eintritt der Rechtshängigkeit des Scheidungsantrags aus den in die Ehezeit fallenden anrechnungsfähigen Versicherungsjahren als Altersruhegeld ergäbe; seine Ermittlung richtet sich im einzelnen nach den Vorschriften über die gesetzlichen Rentenversicherungen, § 1587a II Nr. 2 BGB. § 1304 I RVO fingiert dabei das Ende der Ehe als Zeitpunkt des Versicherungsfalles; der Rentenwert aus § 1587a II Nr. 2 BGB wird durch einen Monatsbetrag des Altersruhegeldes, bezogen auf dieses fiktive Ereignis, ausgedrückt.[134] Zu errechnen ist somit zunächst die Gesamtrente für den „Versicherungsfall" aus § 1304 I RVO; in einem zweiten Durchgang sind die ehebedingten Wertanteile zu ermitteln, schließlich Überschüsse zu verteilen.

Die Rentenformel für die Jahresrente (Monatsbetrag: × ¹/₁₂) lautet (vgl. § 1255 RVO): (pV × aB) × (Vj × St).[135] Es sind[136]

pV = der „persönliche Vomhundertsatz", gebildet aus der persönlichen Bemessungsgrundlage für die anrechnungsfähigen Versicherungsjahre und dem durchschnittlichen Verhältnis zur allgemeinen Bemessungsgrundlage;

pB = die persönliche Bemessungsgrundlage, der Prozentsatz der allgemeinen Bemessungsgrundlage, der dem Verhältnis entspricht, in dem während der zurückgelegten Beitragszeiten das Bruttojahresarbeitsentgelt des Versicherten zu dem für das jeweilige Jahr maßgeblichen durchschnittlichen Bruttojahresarbeitsentgelt (= aB) aller Versicherten der Arbeiterrenten- und Angestelltenversicherung bzw. der knappschaftlichen Rentenversicherung (jeweils ohne Lehrlinge) stand. Beispiel:[137]

Ein Versicherter, der 1977 DM 30000,– brutto verdiente, hat für dieses Jahr (aB = DM 21808,–) in der Arbeiterrenten- bzw. Angestelltenversicherung eine persönliche Bemessungsgrundlage (pB) von

$$\frac{30.000}{21.800} \times 100 = 137,56\%$$

erreicht. Die Prozentzahl entspricht gleichzeitig den Werteinheiten,[138] die für dieses Jahr gutzuschreiben sind. Allerdings wird in der Arbeiterrenten- und in der Angestelltenversicherung die persönliche Bemessensgrundlage nur bis zu einem Jahressatz von 200% oder einem Monatssatz von 16,66% berücksichtigt (vgl. §§ 1255 I RVO, 32 I AVG sowie §§ 1260b RVO, 37b AVG). Für mehrere Jahre mit unterschiedlicher pB werden Durchschnittswerte gebildet; dieser Jahresdurchschnitt ergibt den „persönlichen Vomhundertsatz", pV.

$$pV = \frac{\text{Summe der Werteinheiten}}{\text{Summe der anrechnungsfähigen Versicherungsmonate}} \times 12$$

aB = die allgemeine, durchschnittliche Bemessensgrundlage,
Vj = die Zahl der anrechnungsfähigen Versicherungsjahre.
St = Steigerungssatz, vgl. dazu § 1253 I 1, II 1, 1254 I 1 RVO, 30 I 1, II 1, 31 I 1 AVG; er beträgt bei der Rente wegen Berufsunfähigkeit 1% pro anrechnungsfähiges Versicherungsjahr, bei der Rente wegen Erwerbsunfähigkeit und beim Altersruhegeld 1,5%.[139]

Nach dieser Rentenformel ist das allgemeine Altersruhegeld aus der gesetzlichen Rentenversicherung (oder vergleichbare Leistungen) zu bestimmen.

Auszugleichen sind indes lediglich die während der Ehe begründeten oder aufrechterhaltenen Anwartschaften und Aussichten. Deshalb sind nun im zweiten Durchgang die in die

Ehezeit fallenden Werteinheiten in ihr Verhältnis zu den für die Gesamtrente (fiktiv bezogen auf den Zeitpunkt aus § 1587 II BGB) maßgeblichen Werteinheiten zu setzen, in eine wechselseitige Zeit – Wert – Beziehung[140] zu bringen. Das bedeutet

$$\frac{\text{Summe der Werteinheiten in der Ehezeit}^{141}}{\text{Summe der Werteinheiten insgesamt}} \times \text{Monatsbetrag}$$

$$= \text{monatliches Alterungsruhegeld aus der Ehe oder}$$

$$\frac{\text{Monatliches Altersruhegeld}}{\text{Summe der Werteinheiten insgesamt}} = \frac{\text{monatl. Altersruhegeld aus der Ehe}}{\text{Summe der Werteinheiten in der Ehezeit}}$$

Der Monatsbetrag der auf die Ehezeit entfallenden Rente ist in den Versorgungsausgleich einzubeziehen, in die Gesamtsaldierung aller Versorgungsanrechte auf beiden Seiten. Auf versicherungsrechtliche Besonderheiten ist allerdings zu achten[142] (vgl. etwa §§ 1272 III,[143] 1304 II 5 und 6, 1260b RVO).

e) Die Einzelheiten der Wertberechnung bei beamtenrechtlichen oder beamtenähnlichen Versorgungen oder Versorgungsanwartschaften regelt § 1587a II Nr. 1 BGB. Der Ablauf für die Ermittlung der auszugleichenden Anteile ist nun bereits bekannt: Zunächst werden, zeitlich orientiert an § 1587 II BGB – § 1587a II Nr. 1 BGB spricht ungenau vom Eintritt der Rechtshängigkeit, ist deshalb auf die allgemeine Regel hin zu begradigen –,[144] die ruhegehaltsfähigen Dienstbezüge des Beamten (vgl. dazu §§ 4 III, 5 BeamtVG) festgestellt. In einer zweiten Operation wird dann das Verhältnis zu den Anrechten erfaßt, die während der Ehe begründet oder aufrechterhalten wurden; nur diese Teile sind in den Ausgleich einzubeziehen. Wesentlich sind folgende Einzelgrößen:
– Die ruhegehaltsfähigen Dienstbezüge; sie setzen sich zusammen aus dem Grundgehalt, das dem Beamten am Ende der Ehe zusteht, oder vergleichbaren Dienstbezügen, ferner dem Ortszuschlag – wegen § 1587a VIII BGB nur in der Höhe des Zuschlags für Ledige –, schließlich sonstigen Dienstbezügen, die im Besoldungsrecht als ruhegehaltsfähig bezeichnet sind (§ 5 I 1 Nr. 3 BeamtVG);
– die ruhegehaltsfähige Dienstzeit; sie bestimmt über den für die Höhe des Ruhegehalts maßgeblichen Prozentsatz (bis 10 Jahre ruhegehaltsfähige Dienstzeit = 35 %, ansteigend um je 2 % pro Dienstjahr bis zum 25. Dienstjahr, von da an um jährlich 1 % bis zum Höchstsatz von 75 %).[145] Die einzelnen Dienstjahre haben folglich in der sozialen Biographie des Beamten unterschiedliches Gewicht, wiegen gerade am Anfang der Dienstzeit, in „scheidungsfreudigerem" Alter, vergleichsweise wenig. Daher versucht § 1587 II Nr. 1 S. 2 BGB eine Austarierung, bemüht sich – zum Zwecke des Versorgungsausgleichs – um ein rechnerisches Gleichgewicht für alle versorgungsrechtlich relevanten Dienstjahre. Zwar ist zunächst allein die bis zum Ende der Ehezeit zurückgelegte Dienstzeit zu ermitteln; doch ist sie im Anschluß bis zur Altersgrenze zu erweitern[146] (= Gesamtzeit). Maßgeblich wird die Gesamtzeit. Beispiel: Beläuft sich die nichterweiterte ruhegehaltsfähige Dienstzeit auf 18 Jahre 10 Monate (Geburt des Beamten: 10.5. 1938, ruhegehaltsfähige Dienstzeit ab 1.7. 1959, Eheschließung am 25.5. 1965, Rechtshängigkeit des Scheidungsantrags 16.5. 1978)), wird sie über § 1587a II Nr. 1 S. 2 BGB auf 43 Jahre 11 Monate gestreckt (Stichtag: 31.5. 2003, Altersgrenze), so daß der Höchstsatz von 75 % erreicht ist.[147]

Zu Einzelheiten der Berechnung vgl. §§ 6 bis 13 BeamtVG.[148]
Den Monatsbetrag der am Ende der Ehe erreichten Altersversorgung ergibt die Multipli-

kation der ruhegehaltsfähigen Dienstbezüge × Prozentsatz (einschließlich der Erweiterungen aus § 1587a II Nr. 1 S. 2 BGB). Allerdings ist wegen des Zuwendungscharakters des Weihnachtsgeldes, vgl. §§ 2 II, 50 IV BeamtVG, der Endbetrag nochmals um $^1/_{12}$ zu erhöhen. Für die beamtenrechtliche Versorgung und ihre Berechnung im Rahmen des Versorgungsausgleichs arbeiten §§ 1587 ff. BGB danach gleich mit einer doppelten Fiktion, der vertrauten Gleichsetzung Ende der Ehe = Eintritt des Versicherungsfalles sowie der Erweiterung der ruhegehaltsfähigen Dienstzeit bis zum Erreichen der Altersgrenze (das bringt häufig den Höchststeigerungssatz zur Anwendung). Für diese zweite Operation schafft § 1587a II Nr. 1 S. 2 BGB beträchtliche Erleichterungen; die einzelnen Dienstjahre sind nicht jeweils gesondert zu gewichten, vielmehr durch einfache Division zu errechnen. Der bezifferte Monatsbetrag ist mit dem Bruch

$$\frac{\text{Ehezeit}}{\text{erweiterte ruhegehaltsfähige Dienstzeit}}$$

zu multiplizieren, der Endbetrag stellt den in den Versorgungsausgleich aufzunehmenden Anteil der Versorgungsanrechte dar. Als Formel gilt danach: Ruhegehaltsfähige Dienstzeit × Prozentsatz gemäß erweiterter Dienstzeit, § 1587a II Nr. 1 S. 2 BGB ×

$$\frac{13}{12} \times \frac{\text{in die Ehe fallende Dienstzeit}}{\text{erweiterte Dienstzeit}} = \text{Wert einer in der Ehezeit erworbenen}$$

Versorgungsanwartschaft[149].

f) Nach § 1587a II Nr. 3 BGB[150] sind in den Versorgungsausgleich weiterhin Leistungen, Anwartschaften und Aussichten auf Leistungen aus der betrieblichen Altersversorgung[151] einzubeziehen. Allerdings führt die Behandlung dieser Positionen im Rahmen des öffentlich-rechtlichen Versorgungsausgleichs zu beträchtlichen Schwierigkeiten. Für den Berechtigten wird keine unmittelbare Beteiligung innerhalb der betrieblichen Versorgungssysteme geschaffen; vielmehr werden für ihn eben Anwartschaften in einer gesetzlichen Rentenversicherung begründet. Beide Einrichtungen sozialer Sicherheit unterscheiden sich aber ganz maßgeblich voneinander. Nur zwei Punkte: In aller Regel sind betriebliche Versorgungsformen nicht vollständig dynamisiert, selbst wenn inzwischen Wertsicherungs- und Anpassungsklauseln[152] gebräuchlich sind, § 16 BetrAVG[153] manche wichtige Abhilfe gebracht hat (nach dieser Vorschrift muß der Arbeitgeber alle drei Jahre eine Anpassung der laufenden Leistungen[154] der betrieblichen Altersversorgung prüfen und über sie nach billigem Ermessen entscheiden; dabei sind insbesondere die Belange des Versorgungsempfängers und die wirtschaftliche Lage des Arbeitgebers zu berücksichtigen). Zudem sind Positionen aus einer betrieblichen Altersversorgung weit weniger sicher als Forderungen gegen die gesetzliche Rentenversicherung;[155] dem trägt das Gesetz selbst in einem Ausschnitt Rechnung, wenn es lediglich unverfallbare Anwartschaften in den Versorgungsausgleich einschließt, noch nicht unverfallbare Anrechte dagegen in das schuldrechtliche Verfahren verweist, § 1587a II Nr. 3 S. 3 BGB. Enttäuschen sich Hoffnungen auf betriebliche Ruhegelder nachträglich endgültig, stellt sich mit besonderer Dringlichkeit die Frage nach der Korrektur eines gerichtlichen – anders lautenden – Erkenntnisses;[156] die frühere Entscheidungsgrundlage jedenfalls trägt nicht mehr.

Von vornherein ausgenommen von § 1587a II Nr. 3 BGB sind Leistungen von Kapitalbeträgern und entsprechende Anwartschaften und Aussichten, selbst wenn diese Leistungen Versorgungszwecken dienen und dem BetrAVG unterfallen.[157] Versorgungsausgleich orientiert sich auf laufende Einkünfte, ist auf laufende Leistungen hin konzipiert. Bei privaten Versicherungen ist konsequent die Renten-, nicht aber die Kapitalversicherung erfaßt. Lebensversicherungen sind einzubeziehen, wenn sie Rentenform aufweisen, nicht aber, wenn Kapitalbeträge zu zahlen sind (für sie ist – vielleicht[158] – der Zugewinnausgleich zuständig).[159] Unberücksichtigt bleiben weiterhin Treueprämien, Tantiemen,[160] sonstige Beteiligungen, verkappte Lohnzahlungen; erst offener Ettikettenschwindel schadet.[161] Manipulationen ist manches Tor offengehalten, ein ärgerlicher Punkt gerade bei einem Instrument mit hoher sozialpolitischer Bedeutung. Doch sind andererseits eben die Grenzen erreicht für einen Ausgleich, der sich immer noch an präzisierten Einzelpunkten festmacht, nicht schlechthin eine Verteilung sämtlicher Vermögenswerte zum Inhalt hat.

Zur Unverfallbarkeit von Versorgungsanwartschaften vgl. Schwab, Handbuch, Rn 556 ff. S. 220 ff.

Für die Berechnung des betrieblichen Ruhegeldes ist zu unterscheiden, ob die betriebliche Zugehörigkeit im Zeitpunkt aus § 1587 II BGB bereits beendet ist (dann steht die Höhe der betrieblichen Versorgung fest, § 1587a II Nr. 3b BGB) oder ob sie noch andauert, § 1587 II Nr. 3a BGB.

Fall 1 – Beendigung[162]

$$\text{Auszugleichende Versorgungsanrechte} = \frac{\text{Betriebszugehörigkeit in der Ehezeit}}{\text{tatsächliche Dauer der Betriebszugehörigkeit}}$$

$$\times \quad \text{tatsächlich erlangte Versorgung}$$

Fall 2 – Fortbestand,[163] mit Eigentümlichkeiten; der übliche Doppelschritt entfällt, vielmehr wird unterstellt, daß der Arbeitnehmer bis zum Erreichen der Altersgrenze im Betrieb tätig bleibt.

$$\text{Auszugleichende Versorgungsanrechte} = \frac{\text{Betriebszugehörigkeit in der Ehezeit}}{\text{maximal mögliche Betriebszugehörigkeit}}$$

$$\times \quad \text{maximal mögliche Versorgung}$$

Der danach errechnete Wert der in der Ehe erworbenen Versorgung ist in einen der gesetzlichen Rentenversicherung entsprechenden Wert umzubilden, vgl. § 1587a IV, III Nr. 2 BGB. Dieser Rechenvorgang ist notwendig, wenn eine betriebliche Alterssicherung nicht die gleiche Qualität erreicht wie die gesetzliche Rentenversicherung, also nicht (oder wenigstens nicht vollständig) dynamisiert ist. Maßgeblich ist die Rechtsverordnung über die Ermittlung des Barwertes,[164] vgl. § 1587 III Nr. 2 S. 2 BGB (dazu gleich im folgenden i.).

g. Rentenanwartschaften oder Ansprüche auf Leistungen aus einem privatrechtlichen Versicherungsvertrag sind nach § 1587a II Nr. 5 BGB auszugleichen. Wiederum sind Kapitalversicherungen von vornherein nicht erfaßt, Kapitalversicherungen mit einer Rentenoption erst nach Ausübung dieser Option[165] (und erneut ist an die mögliche Zuständigkeit des Zugewinnausgleichs zu erinnern). Weiterhin sind ausgenommen (als Beispiele)
– Unfall- und Krankenversicherungen,
– bloße Todesfallversicherungen, selbst auf Rentenbasis,
– Versorgungspositionen aufgrund eines Versicherungsvertrages, falls der Abschluß von einem Dritten als unentgeltliche Zuwendung an den versicherten Ehegatten geplant ist (etwa: Eltern übertragen ihrer Tochter das Bezugsrecht aus einem von ihnen vereinbarten und aufrechterhaltenen Lebensversicherungsvertrag), § 1587 I 2 BGB,

– Versorgungspositionen aus einem Versicherungsvertrag, den ein Ehegatte mit Vermögen betreibt, das – wenn er im gesetzlichen Güterstand lebte – nicht als Zugewinn auszugleichen wäre,[166] eine sinnvolle Reduktion des zu weiten Gesetzeswortlauts, da nicht-ehebedingte „Verdienste" sonst ausgleichspflichtig wären (vgl. wiederum § 1587 I 2 BGB).

Bei einer Konkurrenz mit § 1587a II Nr. 3 BGB – betriebliche Altersversorgung durch eine vom Arbeitgeber zugunsten seiner Arbeitnehmer eingegangene Versicherung – geht die sich aus dieser Vorschrift ergebende Regelung und Abwicklung (lex specialis) vor.[167] Für die Behandlung der privaten Rentenversicherungsverträge, deren Leistungen ausschließlich aus einem Deckungskapital oder einer vergleichbaren Deckungszusage (Prämienreserve) aufgebracht werden, besteht dagegen Uneinigkeit: Gilt § 1587a II Nr. 5 BGB[168] oder greift stattdessen allein § 1587a III Nr. 1 BGB ein?[169]

Bei einer nach § 1587a II Nr. 5 BGB auszugleichenden Position ist zu differenzieren, ob die Prämienzahlungspflicht über den Eintritt der Rechtshängigkeit des Scheidungsantrags hinaus fortdauert oder ob sie erloschen ist.

Fall 1 – Erlöschen der Prämienzahlungspflicht; maßgeblich ist der Rentenbetrag, der sich als Leistung des Versicherers ergäbe, wenn im Zeitpunkt des § 1587 II BGB der Versicherungsfall eingetreten wäre. Sind Prämien vor der Ehe gezahlt worden, ermäßigt sich der Endbetrag. Stets ist die Umrechnung nach § 1587a III Nr. 2 BGB durchzuführen (Barwert-Verordnung).

Fall 2 – Auszugehen ist von dem Rentenbetrag, der sich nach vorheriger Umwandlung in eine prämienfreie Versicherung als Leistung des Versicherers ergäbe, wenn in diesem Zeitpunkt der Versicherungsfall eingetreten wäre, vgl. § 174 VVG. Die Fiktion ist doppelt: Einmal wird die Umwandlung in eine prämienfreie Versicherung unterstellt; zum anderen ist von § 1587 II BGB als „Versicherungsfall" ausgegangen.[170] Voreheliche Prämienzahlungen wirken sich mindernd aus, vgl. § 1587a II Nr. 5 S. 2 BGB, und: Umrechnung nach der Barwert-VO.

h. Zur Bewertung der Position aus § 1587a II Nr. 4 BGB vgl. Schwab, Handbuch, Rn 589f. S. 233.[171]

i. Für die regelmäßig nicht oder nicht vollständig dynamisierten Versorgungsanrechte oder -aussichten aus § 1587a II Nr. 4 u. 5 BGB gibt § 1587a III BGB erste Hinweise für eine Umrechnung (die eingelöst werden durch die Barwert-VO).[172] Für die betriebliche Altersversorgung nach § 1587a II Nr. 2 BGB gilt § 1587 IV BGB.

§ 1587a III Nr. 1 BGB: „Werden die Leistungen aus einem Deckungskapital oder einer vergleichbaren Deckungsrücklage gewährt, ist das Altersruhegeld zugrunde zu legen, das sich ergäbe, wenn der während der Ehe gebildete Teil des Deckungskapitals oder der auf diese Zeit entfallende Teil der Deckungsrücklage als Beitrag in der gesetzlichen Rentenversicherung entrichtet würde."

Vorzugehen ist in folgenden Einzelschritten:[173] Zunächst ist die bis zum Ende der Ehezeit (§ 1587 II BGB) angesammelte Prämienreserve zu ermitteln (Prämien einschließlich der Sparbeiträge, Zinsen, Überschußanteile, ohne die in den Prämien enthaltenen Risikobeiträge). Von diesem Wert ist die vor der Ehe bereits gebildete Prämienreserve abzuziehen. Dann ist das Altersruhegeld zu berechnen, das sich ergäbe, wenn das in der Ehe gebildete Deckungskapital im Zeitpunkt § 1587 II BGB als Beitrag in eine gesetzliche Rentenversicherung eingezahlt würde. Für die Rechnung gelten Tabellen, die jährlich nach § 1304c III RVO vom Bundesminister für Arbeit und Soziales für das folgende Kalenderjahr bekannt gemacht werden (vgl. Schwab, Handbuch, Anhang II S. 344f.).[174]

Der „Preis" einer Werteinheit in der gesetzlichen Rentenversicherung belief sich 1977 auf DM 39,2544 (auszugehen ist von dB = DM 21 808, dB = 100 Werteinheiten, Beitragssatz = 18 %).

Durchschnittliches Bruttojahresarbeitsentgelt
aller Versicherten = dB

$$\frac{\text{Durchschnittliches Bruttojahresarbeitsentgelt aller Versicherten} = dB}{100} \times \text{Beitragssatz} = \text{Preis einer Werteinheit}[175]$$

Multiplikator: 0,025479 (für 1977)

DM 10000,– Deckungskapital ergeben folglich DM 254,75 Werteinheiten = DM 64,20 Rente (monatliche Rente für eine Werteinheit: DM 0,2520125).[176]

§ 1587a III Nr. 2 BGB: „Werden die Leistungen nicht oder nicht ausschließlich aus einem Deckungskapital oder einer vergleichbaren Deckungsrücklage gewährt, ist das Altersruhegelt zugrunde zu legen, das sich ergäbe, wenn ein Barwert der Teilversorgung für den Zeitpunkt des Eintritts der Rechtshängigkeit des Scheidungsantrags ermittelt und als Beitrag in der gesetzlichen Rentenversicherung entrichtet würde,"[177] wiederum mit doppelter Fiktion. Zur Umrechnung vgl. Ruland/Tiemann, Rn 194 ff. S. 74 ff.

4. a) § 1587b BGB geht von einer festen Reihenfolge bei der technischen Abwicklung des öffentlich-rechtlichen Versorgungsausgleichs aus. Soweit die Voraussetzungen des § 1587b I BGB vorliegen, ist die Form des Rentensplitting zu wählen; kommt das Splitting nicht in Betracht oder wird nicht der gesamte auszugleichende Wertüberschuß abgeschöpft, ist nach § 1587b II BGB das Quasi-Splitting durchzuführen. Fallen beide Übertragungsarten aus, kommt § 1587b III BGB ins Spiel.[178] Die einzelnen Modalitäten des öffentlich-rechtlichen Versorgungsausgleichs[179] schließen sich dabei nicht gegenseitig aus; vielmehr ist ihr Nebeneinander in einem Scheidungsverfahren durchaus möglich. Zu erinnern ist allerdings an § 1587a I BGB. Danach sind Ehegatten nur *insgesamt* ausgleichsberechtigt oder ausgleichsverpflichtet, nach einer Addition sämtlicher Versorgungsanwartschaften, die von ihnen geschaffen wurden. Eine isolierte Verteilung, im Wechselspiel – der Mann trug die werthöheren Anrechte in der gesetzlichen Rentenversicherung zusammen, während die Frau Ansprüche auf ein betriebliches Ruhegeld erwarb; beides bleibt ohne unmittelbares Gegenüber beim Partner –, ist ausgeschlossen. Vgl. auch § 1587b III 3 BGB.

b) Nach § 1587b I BGB – Rentensplitting[180] – wird der Versorgungsausgleich durch Übertragung von Rentenanwartschaften in der gesetzlichen Rentenversicherung durch einfache Umbuchung vom Versicherungskonto des Verpflichteten auf das (vielleicht erst zu errichtende) Konto des Berechtigten vollzogen. Das Urteil nach § 629 ZPO (oder der Beschluß nach § 621a I ZPO) lautet also:

„Der Antragsgegner ist zum Versorgungsausgleich in Werthöhe von DM . . .[181] verpflichtet. Von dem Versicherungskonto des Antragsgegners Nr. . . . bei der Landesversicherungsanstalt X.[182] werden Rentenanwartschaften in Höhe von monatlich DM . . ., bezogen auf den (= Zeitpunkt aus § 1587 II BGB), auf das Versicherungskonto der Antragstellerin bei der Landesversicherungsanstalt Y. übertragen."[183]

Beispiel 1[184]

Ehemann	DM 800,– Anwartschaften in der gesetzlichen Rentenversicherung (GRV)[185]
Ehefrau	DM 400,–[186] Anwartschaften GRV

Der Ehemann ist in Werthöhe von DM 200,– ausgleichspflichtig; der Ausgleich erfolgt durch Abbuchung von seinem Versicherungskonto zugunsten des Kontos der Frau.

Beispiel 2
Ehemann   DM 800,– GRV
Ehefrau   DM 200,– GRV
                     DM 200,– Beamtenversorgung (BV)
Ergebnis wie in Beispiel 1.

Beispiel 3
Ehemann   DM 800,– GRV
Ehefrau   DM 400,– BV
Ergebnis wie in Beispiel 1.

Beispiel 4
Ehemann   DM 1000,– GRV
Ehefrau   DM   400,– GRV
                     DM   600,– Private Rentenversicherung (PV)
    Kein Ausgleich, § 1587b III 3 BGB = wertgleiche Versorgungspositionen, wenn auch unterschiedlicher Natur. Außer Ansatz bleiben stets – vgl. den Wortlaut von § 1587a II Nr. 2 BGB – Anwartschaften in der gesetzlichen Rentenversicherung, die nicht den gesetzlichen Anpassungen unterliegen, also etwa die Anwartschaften aus Steigerungsbeträgen für Beiträge der Höherversicherung, §§ 1272 III RVO, 49 III AVG.

Beispiel 5
Ehemann   DM   800,– GRV
                     DM   400,– PV
Ehefrau   DM 1000,– GRV
    Ein Splitting nach § 1587b I BGB versagt, weil der Ausgleichsverpflichtete (der Ehemann ist in Werthöhe von DM 100,– ausgleichspflichtig) wertniedrigere Anwartschaften aus § 1587a II Nr. 2 BGB gegenüber den Anwartschaften des Ausgleichsberechtigten aus § 1587a II Nr. 1 u. 2 BGB aufweist. Vorzugehen ist nach § 1587b III BGB.

Beispiel 6
Ehemann   DM 1000,– GRV
Ehefrau   DM   200,– GRV
                     DM   200,– PV
    Auszugleichen sind DM 300,– Werthöhe. Zwar sind nach § 1587b I BGB nur Anwartschaften nach § 1587a II Nr. 1 und 2 BGB (Beamtenversorgung und gesetzliche Rentenversicherung) erfaßt, nicht sonstige Anrechte auf Versorgung (eben aus § 1587a II Nr. 3–5 BGB). Doch findet ein Rentensplitting lediglich bis zur Werthöhe des Ausgleichsbetrages statt, der sich bei der Gesamtsaldierung nach § 1587a I BGB (unter Einschluß sämtlicher für den Versorgungsausgleich zu berücksichtigender Einzelteile) ergibt; dieser Ausgleichsbetrag ist folglich stets vorweg festzustellen, als steuerndes Merkmal.

Beispiel 7
Ehemann   DM 1000,– GRV
Ehefrau   DM   400,– PV
    Rentenanwartschaften aus § 1587a II Nr. 1 oder 2 BGB sind nicht vorhanden. Deshalb wird bisweilen die Ansicht vertreten, einzuleiten sei das Verfahren aus § 1587b III BGB.[187] Andere Autoren plädieren gleichwohl für Rentensplitting. Seien überhaupt keine Versor-

gungsanrechte angesammelt, sei § 1587b I BGB zweifellos zuständig; ein sinnvoller Grund, die Vorschrift auszuschließen, falls einige, eben nicht unmittelbar in das Splitting einzubeziehende Anrechte zu verrechnen seien, könne jedenfalls nicht gefunden werden.[188]

Beispiel 8
Ehemann	DM 1000,– GRV
Ehefrau	DM 400,– Betriebliche Altersversorgung (BAV), noch nicht unverfallbar.

Bei der Abrechnung bleiben die noch nicht unverfallbaren Anwartschaften aus der betrieblichen Altersversorgung außer Ansatz; für sie ist nach § 1587a II Nr. 3 S. 3 BGB der schuldrechtliche Versorgungsausgleich vorgesehen, für beide Seiten der Gleichung.[189] Deshalb muß der Ehemann seiner geschiedenen Frau (zunächst) Anteile an seiner Versorgung aus der GRV in Werthöhe von DM 500,– nach § 1587b I BGB übertragen. Realisiert sich die Aussicht auf das betriebliche Ruhegeld später, dient zugunsten des Mannes in einem weiteren Schritt der schuldrechtliche Versorgungsausgleich als Korrektur.[190]

Das Rentensplitting ist – wie die anderen Formen des Versorgungsausgleichs auch – endgültig.[191] Stirbt nach Vollzug der ausgleichsberechtigte Gatte, wird die frühere Umbuchung von Rentenanwartschaften nicht etwa revidiert, durch Rückfall an den ausgleichspflichtigen Partner und einer Aufstockung seiner Anrechte. Tritt der Versicherungsfall ein, ist nur die geminderte Rente zu zahlen;[192] die ausgeglichenen Werteinheiten entfallen ersatzlos. Allerdings kann dieser Verlust wenigstens teilweise wieder wettgemacht werden durch Nachentrichtung von Beiträgen, vgl. §§ 1304a VI RVO, 83a VI AVG; pro übertragene Werteinheit mußten 1977 DM 39,2544 aufgebracht werden (das sind immerhin DM 31 152,74 für DM 200,– Rente im Monat).

In den Werteinheiten, die dem ausgleichsberechtigten Ehegatten gutgeschrieben werden, steckt neben den schlichten Geld- auch ein Zeitfaktor ($pV \times Vj$); Versicherungszeiten brauchen deshalb nicht gesondert übertragen zu werden. Andererseits setzt die Gewährung einer Rente aus den aufgestockten oder umgeschaffenen Anrechten die Erfüllung von Wartezeiten voraus, im üblichen Rahmen. Deshalb ist eine Anrechnung notwendig; sie leisten §§ 1304a RVO, 83a AVG. Der in den Werteinheiten verborgene Zeitfaktor[193] verkürzt die Wartezeit. Dem Berechtigten werden so viele Monate auf die Wartezeit angerechnet, wie bei einer Versicherung in der Arbeiterrenten- oder Angestelltenversicherung auf der Basis der Rente nach Mindesteinkommen notwendig wäre, um eine Rente in Höhe der ausgeglichenen Anwartschaft zu erlangen.[194] Bei der Rente nach Mindesteinkommen werden im Monat 6,25 Werteinheiten vergütet;[195] der anzurechnende Zeitfaktor ergibt sich danach aus einer einfachen Division übertragene Werteinheit: 6,25.

Beispiel 9
1977 führte die Übertragung einer Rentenanwartschaft von DM 100,– in der Arbeiterrenten- oder Angestelltenversicherung zu einer Gutschrift von 396,81 Werteinheiten (Faktor: 3,968057).[196] In diesen Werteinheiten ist enthalten 396,81 : 6,25 = 63 4896 = 64 Monate; damit ist die „kleine Wartezeit" für die Berufs- Erwerbsunfähigkeits- und die Hinterbliebenenrente erfüllt,[197] §§ 1246 III, 1247 III RVO, 23 III, 24 III AVG gegen §§ 1248 VII RVO, 25 VII AVG, „Große Wartezeit" (= 180 Monate) für die Altersrente.[198] Umgekehrt: Bereits DM 1,58 Rentenanwartschaft brachte 1977[199] die Anrechnung eines Versicherungsmonats auf die Wartezeit. Es liegt auf der Hand, daß aus diesen besonderen zeitlichen Gründen selbst ein „Miniausgleich" von Versorgungspositionen außerordentlich interessant werden kann.

c) „Quasi-Splitting" oder „fiktive Nachversicherung" von Rentenanwartschaften sieht § 1587b II BGB als Form des Versorgungsausgleichs vor; dabei begründet das Familiengericht Versorgungsanrechte in einer gesetzlichen Rentenversicherung im Wege der Umbuchung. Erfaßt sind die Fälle der in der Ehezeit (vgl. § 1587 II BGB) geschaffenen beamtenrechtlichen Versorgung, vgl. dazu §§ 6 I Nr. 2, 8 I AVG. Die durch die gerichtliche Entscheidung für den Träger der gesetzlichen Rentenversicherung entstehenden Aufwendungen sind vom zuständigen Träger der beamtenrechtlichen Versorgung zu erstatten; nach Rechtskraft kürzt der Träger der beamtenrechtlichen Versorgung die Versorgungsbezüge (nicht die Dienstbezüge) des Ausgleichspflichtigen.[200] Diese Bezüge vermindern sich zugunsten der neubegründeten Versorgungspositionen des Ausgleichsberechtigten in der gesetzlichen Rentenversicherung[201] (fiktiv ist das gesamte Geschehen, weil Beiträge tatsächlich nicht entrichtet werden). Der Tenor des Urteils nach § 629 ZPO (oder des Beschlusses nach § 621a I ZPO) lautet folglich: „Zu Lasten der für (den Ehemann) bei (Träger der Versorgung des Beamten) bestehenden Versorgungsanwartschaften aus (Dienstverhältnis) werden auf dem Versicherungskonto Nr. . . . der Ehefrau bei der Landesversicherungsanstalt X.[202] Rentenanwartschaften in Höhe von monatlich DM . . ., bezogen auf (= § 1587 II BGB), begründet."[203]

Beispiel 10
Ehemann   DM1000,– BV
Ehefrau   keine Versorgungspositionen
Auszugleichen sind durch Quasi-Splitting DM 500,– Werthöhe.

Beispiel 11
Ehemann   DM 400,– GRV
                 DM 800,– BV
Ehefrau   DM 400,– GRV
Insgesamt errechnet sich ein Ausgleichsbetrag von DM 400,– Werthöhe zugunsten der Ehefrau. Das Rentensplitting kann nicht durchgeführt werden, da sich insoweit gleiche Versorgungspositionen gegenüberstehen (§ 1587b I BGB ist stets vorrangig); bleibt das Quasi-Splitting, das die Umverteilung übernimmt, § 1587b II BGB.

Beispiel 12[204]
Ehemann   DM 400,– GRV
                 DM 1000,– BV
                 DM 200,– PV
Ehefrau   DM 600,– GRV
Der Mann ist in Werthöhe von DM 500,– ausgleichspflichtig. Die Voraussetzungen des Splitting sind nicht gegeben. Quasi-Splitting nach § 1587b II BGB schöpft einen Betrag von DM 400,– ab (zu addieren sind die Positionen aus § 1587a II Nr. 1 u. 2 BGB). Der verbleibende Rest in Höhe von DM 100,– ist nach § 1587b III BGB zu behandeln.

Beispiel 13
Ehemann   DM 1000,– BV
Ehefrau   DM 400,– GRV
                 DM 200,– PV
Auszugleichen sind DM 200,– Werthöhe. § 1587b I BGB versagt. § 1587b II BGB greift „an sich" in Höhe von DM 300,– ein (DM 1000,– minus DM 400,–, davon die Hälfte). Doch bildet der zuvor errechnete Gesamtbetrag des Versorgungsausgleichs (= DM 200,–) wie stets die Obergrenze.

Beispiel 14
Ehemann   DM   500,– GRV
                  DM 1000,– BV
                  DM   300,– PV
Ehefrau   DM   200,– GRV
                  DM   600,– BAV

Insgesamt beläuft sich der Ausgleichsbetrag zu Lasten des Ehemannes auf DM 500,– Werthöhe. Nach § 1587b I BGB – Splitting – können Positionen in einer Werthöhe von DM 150,– übertragen werden. § 1587b II BGB – Quasi-Splitting – erfaßt „an sich" Anwartschaften in Höhe von DM 650,–; doch sind die bereits ausgeglichenen DM 150,– von vornherein abzuziehen. Am Rest in Höhe von DM 500,– ist schließlich ein weiterer Abzug in Höhe von DM 150,– anzubringen, da insgesamt lediglich DM 500,– zu verteilen sind.

Beispiel 15
Ehemann   DM 1000,– GRV
                  DM   200,– BV
Ehefrau   DM   400,– GRV
                  DM   200,– PV

Splitting: DM 300,–; Quasi-Splitting zielt ins Leere, da kein auszugleichender Überschuß vorhanden ist.

Beispiel 16
Ehemann   DM   600,– GRV
                  DM   600,– BV
Ehefrau   DM   400,– GRV
                  DM   600,– BV

Auszugleichen sind DM 100,– Werthöhe. § 1587b I BGB versagt, da auf Seiten des Berechtigten Positionen aus § 1587a II Nr. 1 BGB mit solchen aus Nr. 2 zusammenzuzählen sind. Bleibt § 1587b II BGB.[205]

Beispiel 17
Ehemann   DM   600,– GRV
                  DM   600,– BV
Ehefrau   DM   600,– BV

Ergebnis ähnlich wie in Beispiel 16: Quasi-Splitting in Werthöhe von DM 300,–.

d) Kann der Ausgleich vorhandener Wertüberschüsse nicht durch Splitting oder Quasi-Splitting vorgenommen werden, greift § 1587b III BGB ein;[206] der Verpflichtete hat für den Berechtigten Beiträge zur Begründung von Rentenanwartschaften in einer gesetzlichen Rentenversicherung zu entrichten. § 1587b III BGB wird damit vor allem praktisch bei Ansammlung von unverfallbaren betrieblichen Versorgungspositionen, privaten Versicherungsverhältnissen (und Anrechten aus der gesetzlichen Rentenversicherung, die nicht der Dynamisierung unterliegen), vgl. § 1587a II Nr. 2 BGB).

Die gerichtliche Entscheidung lautet: „Der (Ehemann) hat als Beiträge zur Begründung von Anwartschaften auf eine Rente von monatlich DM . . . bezogen auf (= Zeitpunkt aus § 1587 II BGB) zugunsten der (Ehefrau) auf dem Versicherungskonto Nr. . . . bei der Landesversicherungsanstalt X. den Betrag von DM . . . zu zahlen."[207]

Beispiel 18
Ehemann   DM 1000,– BAV
Ehefrau   DM 400,– GRV
                 DM 200,– PV
Ausgleichsbetrag: DM 200,– Werthöhe. Splitting oder Quasi-Splitting treffen nicht, da der Ausgleichsverpflichtete kein Anrechte aus § 1587a II Nr. 1 oder 2 BGB besitzt. Maßgeblich wird § 1587b III BGB.
Der Berechnungsvorgang wirkt inzwischen vertraut: Zunächst ist der Ausgleichsbetrag in seiner Gesamthöhe festzustellen, vgl. §§ 1587b III 3, 1587a I 1 BGB; mit dem zweiten und weiteren Schritten ist der Stufenfolge des § 1587b BGB nachzugehen, Rentensplitting, Quasi-Splitting, § 1587b III BGB; dabei sind die Reste zu verteilen, die von der jeweils vorrangigen Übertragungsaktion nicht (oder nicht vollständig) erfaßt wurden.

Beispiel 19
Ehemann   DM 800,– GRV
                 DM 200,– BV
                 DM 600,– PV
Ehefrau   DM 600,– GRV
                 DM 200,– PV
Ausgleichsbetrag: DM 400,–. Ins Spiel kommen alle Unterformen des § 1587b I – 3 BGB. Splitting ist möglich für einen Anteil von DM 100,– (DM 800,– minus DM 600,– davon ½), Quasi-Splitting für DM 200,– (DM 1000,– minus DM 600,–, davon die Hälfte) – jedoch sind von diesen DM 200,– DM 100,– abzuziehen, die bereits durch § 1587b I BGB verteilt sind –, der Rest von DM 200,– ist über § 1587b III BGB auszugleichen. In Ziffern: DM 31 152,74 (für DM 200,–), bezogen auf 1977.
§ 1587b III BGB kann offensichtlich erhebliche Bedrängnisse auslösen; deshalb sieht § 1587d BGB eine Härteklausel vor. Danach kann – auf Antrag – das Familiengericht anordnen, daß die Zahlungspflicht aus § 1587b III BGB „ruht, solange und soweit der Verpflichtete durch die Zahlung unbillig belastet, insbesondere außerstande gesetzt würde, sich selbst angemessen zu unterhalten und seinen gesetzlichen Unterhaltspflichten gegenüber dem geschiedenen Ehegatten und den mit diesem gleichrangig Berechtigten nachzukommen", § 1587b I 1 BGB. Zu weiteren Einzelheiten s. § 1587d BGB und Schwab, Handbuch, Rn 630 ff. S. 248 f.[208] Zum Verfahren vgl. §§ 53b–g FGG.
e) Nach § 1587b IV BGB hat das Familiengericht den Versorgungsausgleich – auf Antrag einer Partei – „in anderer Form" zu regeln, wenn „sich die Übertragung oder Begründung von Rentenanwartschaften in der gesetzlichen Rentenversicherung voraussichtlich nicht zugunsten des Berechtigten auswirken würde", abgezielt auf § 1587b V BGB[209] und vergleichbare Kostellationen.
f) Der öffentlich-rechtliche Versorgungsausgleich soll den nichterwerbstätigen (oder in geringerem Umfang, zu geringem Verdienst erwerbstätigen) Ehegatten – idealtypisch – für ehebedingte Einbußen entschädigen. Er soll ihm aber keine zusätzlichen Vorteile verschaffen. Deshalb bildet der versicherungsrechtliche Höchstbetrag ein Limit, §§ 1304a I 4 RVO, 83a I 4, 5 AVG; der Monatsbetrag der auszugleichenden Anwartschaften darf addiert mit dem Monatsbetrag der bereits begründeten Anwartschaften aus eigener Berufstätigkeit vor und während der Ehezeit die allgemeine Markierung nicht übersteigen, § 1587b V BGB.[210]
g) § 1587c BGB formuliert eine negative Härteklausel für den öffentlich-rechtlichen Versorgungsausgleich (zusätzlich gilt § 1587d BGB für die Fälle des § 1587b III BGB sowie § 1587h BGB für die schuldrechtliche Alternative). Danach findet der Versorgungsausgleich nicht statt:

„1. Soweit die Inanspruchnahme des Verpflichteten unter Berücksichtigung der beiderseitigen Verhältnisse, insbesondere des beiderseitigen Vermögenserwerbs während der Ehe oder im Zusammenhang mit der Scheidung, grob unbillig wäre; hierbei dürfen Umstände nicht allein deshalb berücksichtigt werden, weil sie zum Scheitern der Ehe geführt haben; 2. soweit der Berechtigte in Erwartung der Scheidung oder nach der Scheidung durch Handeln oder Unterlassen bewirkt hat, daß ihm zustehende Anwartschaften oder Aussichten auf eine Versorgung, die nach § 1587 I auszugleichen wären, nicht entstanden oder entfallen sind; 3. soweit der Berechtigte während der Ehe längere Zeit hindurch seine Pflicht, zum Familienunterhalt beizutragen, gröblich verletzt hat".

§ 1587c Nr. 2 BGB verhängt Sanktionen für schlichten Rechtsmißbrauch, allerdings mit den üblichen Beweisschwierigkeiten. § 1587c Nr. 3 BGB knüpft an § 1381 BGB an, bestraft vordergründig materiell geprägtes Fehlverhalten eines Gatten in der Ehe. § 1587c Nr. 1 BGB ermöglicht Kürzung oder Streichung von Ausgleichbeträgen, ohne eine eindeutige Begrenzung in dieser Richtung (§ 1381 II BGB) zu enthalten. Der Zusatz, ehezerstörende Umstände dürfen nicht allein deshalb berücksichtigt werden, weil sie zum Scheitern der Ehe beigetragen haben, entspricht § 1576, 2 BGB, stellt aber den völligen Ausschluß, das Verbot eines Rückgriffs nicht sicher, im Gegenteil. Neben anderen Umständen können auch schwere Eheverfehlungen ohne vermögensrechtliche Auswirkungen § 1587c BGB stützen. Angesichts der eminent wichtigen sozialpolitischen Bedeutung des Versorgungsausgleichs, der weit über Ziele und Möglichkeiten des Zugewinnausgleichs hinausweist, dem schwächeren Partner in der Ehe wenigstens manche Versorgungsanrechte verschafft, erscheint § 1587c Nr. 1 BGB selbst in seiner Zurückhaltung schwerlich akzeptabel; Schulderwägungen finden wieder einmal Eingang in das 1. EheRG, zudem an besonders bedrückender Stelle. Jede „erweiternde" Interpretation verschiebt zusätzlich die Gewichte, verschärft die Situation. Leider sind diese Punkte nicht immer und überall mit genügender Klarheit herausgestrichen. Zwar wird betont, daß nicht „schon jede – auch unbillige – Härte zur Bejahung des Anspruchsgrundes führen können"; notwendig sei vielmehr eine besondere Qualität, die *grobe* Unbilligkeit. Grob unbillig sei der Ausgleich nach § 1587ff. BGB nur, wenn „die Erfüllung der Verpflichtung der Gerechtigkeit in nicht erträglicher Weise widersprechen würde".[211] Konsequent ist auf einen – neutralen – Vergleich der Vermögens- und Versorgungslage der Eheleute abgestellt.[212] Andererseits dürfen die Gerichte nicht „in der Auslegung der Vorschrift" in unerwünschter Weise eingeengt werden,[213] wenn auch umgekehrt der „Anwendungsbereich der Vorschrift (nicht) in unerwünschter Weise erweitert" werden darf.[214] „Ist die eheliche Solidarität von einem Ehegatten in grober Weise verletzt worden, insbesondere durch Verhaltensweisen, die schon den allgemeinen Regeln des gegenseitigen Respekts im mitmenschlichen Umgang widersprechen, so kann die Durchführung des Versorgungsausgleichs ein unerträgliches Unrecht bedeuten";[215] „die Regelungen des § 1579 I Nr. 2 und des § 2335 BGB (werden) entsprechend heranzuziehen sein".[216] Das Dilemma, in dem sich der Interpret von § 1587c BGB bald befindet, ist offensichtlich; es leitet sich her aus einer unaufgelösten Auseinandersetzung während der Gesetzgebungsgeschichte, zielt auf den grundlegenden Widerspruch des Rechtsinstituts Versorgungsausgleich überhaupt, mit einem privatrechtlichen und einem sozialrechtlichen Aspekt; auch in anderen Bereichen wird es schwerfallen, diese auseinanderstrebenden Ziele miteinander zu verbinden (dabei spielt § 1408 II BGB eine besondere Rolle).[217]

§ 1587c Nr. 1 BGB fand seine endgültige Fassung erst recht spät. Der Regierungsentwurf ließ allein die Berücksichtigung der wirtschaftlichen Verhältnisse zu. Doch mußte er Widerständen weichen. Der jetzige Kompromiß bezieht zwar den personalen Hintergrund in der

Ehe ein,[218] verlegt aber nach wie vor den besonderen Wertungsakzent auf die Vermögenssituation, während die Ehescheidungsgründe und sonstiges persönliches Verhalten und Fehlverhalten lediglich am Rande Bedeutung gewinnen, ein Wechselspiel, das eben kaum in übersichtliche und faßbare Bahnen zu lenken ist.

Für mich ist ein Ergebnis allerdings (fast) selbstverständlich. Mehr noch als im Unterhaltsrecht – vgl. § 1579 BGB – ist beim Einsatz der Härteklausel aus § 1587c BGB Zurückhaltung geboten (= Anwendung allein in „eng begrenzten Ausnahmefällen",[219] bei unerträglichen Widersprüchen[220] und Brüchen mit Billigkeits- und Gerechtigkeitsvorstellungen).[221]

h) Zu § 1587e BGB Ruland/Tiemann, Rn 478 f. S. 179 f.; zum Auskunftsanspruch gleich im folgenden 6.

5. Zuständig für den schuldrechtlichen Versorgungsausgleich sind §§ 1587 f–n BGB. Unter den engen Voraussetzungen des § 1587 f BGB oder bei wirksamer Vereinbarung der Eheleute tritt diese Form der Umverteilung von Rentenanwartschaften an die Stelle der öffentlich-rechtlichen Alternative, was an der grundsätzlichen Subsidiarität des schuldrechtlichen Versorgungsausgleichs nichts ändert, sie vielmehr gerade bestätigt. § 1587g I 1 BGB beschreibt die Abwicklung im einzelnen. Der ausgleichspflichtige Ehegatte hat dem ausgleichsberechtigten Partner eine Geldrente (= Ausgleichsrente) in Höhe der Hälfte der „besseren", wertübersteigenden Versorgung zu entrichten.

Beispiel 20

Ehemann	DM 1400,–	Rente GRV
Ehefrau	DM 850,–	Rente GRV
Differenz:	DM 550,–,	Ausgleichsrente DM 275,–.

Varianten zur Ausgleichsrente § 1587 i BGB – Abtretung von Versorgungsansprüchen – und § 1587 l BGB – Abfindung künftiger Ausgleichsansprüche.

„Die Rente kann erst dann verlangt werden, wenn beide Ehegatten eine Versorgung erlangt haben oder wenn der ausgleichspflichte Ehegatte eine Versorgung erlangt hat und der andere Ehegatte wegen Krankheit oder anderer Gebrechen oder Schwächen seiner körperlichen oder geistigen Kräfte auf nicht absehbare Zeit eine ihm nach Ausbildung und Fähigkeit zumutbare Erwerbstätigkeit nicht ausüben kann oder das 65. Lebensjahr vollendet hat." § 1587g I 2 BGB stellt damit sicher, daß Ausgleichszahlungen erst geschuldet werden, wenn auf Seiten des Verpflichteten der Versicherungsfall, auf Seiten des Berechtigten eine Versorgungslage oder eine ähnliche Situation eingetreten sind. Damit ist die „Kardinalschwäche"[222] des öffentlich-rechtlichen Versorgungsausgleichs vermieden, die Umbuchung von Versorgungspositionen vielleicht à fonds perdu, mit einem Griff in die Zukunft (ohne vollständige Korrektur, wenn sich dieser Vorgriff als unzulänglich oder verfehlt erweist). Diesen Vorteilen stehen andererseits handfeste Nachteile gegenüber: geringere Sicherheiten für den Ausgleichsberechtigten (vgl. aber § 1587 i BGB). Zum Ganzen vgl. von Maydell, FamRZ 1978, 749.

Für die Berechnung gilt § 1587a BGB, § 1587g III BGB. Der unterhaltsrechtlichen Ausprägung der Ausgleichsrente folgend ordnet § 1587k BGB weitgehend die Übernahme unterhaltsrechtlicher Bestandteile an,[223] §§ 1585 I 2 u. 3, § 1585b II, III und 1586 II BGB mit einem Höhepunkt in § 1587h BGB, einer negativen Härteklausel.

6. a) § 1587e I BGB verweist für den öffentlich-rechtlichen Versorgungsausgleich nach § 1587b BGB auf § 1580 BGB, räumt damit Auskunftsansprüche zwischen den Gatten ein. § 1580k I BGB erstreckt diese Regelung auf die schuldrechtliche Variante. Auf Verlangen ist danach Auskunft zu erteilen über alle Fragen, die für die Berechnung und Durchführung

des Versorgungsausgleichs von Bedeutung sein können. Über die Angaben im einzelnen sind Nachweise, etwa Bescheinigungen des Arbeitgebers, vorzulegen, § 1605 I 2 BGB (über § 1580 BGB). Besteht Grund zu der Annahme, daß der auskunftspflichtige Ehepartner unrichtige oder unvollständige Daten angibt, hat er die Richtigkeit seiner Auskunft zu Protokoll an Eides Statt zu versichern, §§ 1605 I 3, 260 f. BGB; verweigert er jede Mitwirkung, ist der Klageweg offen.[224] Nach der Scheidung beschränkt § 1605 II BGB zu intensive Neugier.

Der Streit, ob jedem Versicherten Auskunftsansprüche gegenüber den Trägern der Versorgung eingeräumt sind[225] – I § 15 I SGB einerseits, §§ 1325 III RVO, 104 II AVG iVm § 3 VO vom 22. 12. 1975[226] andererseits –, hat inzwischen seine Bedeutung verloren. Mit dem 11. 8. 1977 ist die Zweite Verordnung über die Erteilung von Rentenauskünften an Versicherte der gesetzlichen Rentenversicherung[227] in Kraft getreten, die in § 1 I 2 ausdrücklich entsprechende Ansprüche vorsieht (über einen Rechtsanwalt).

b) Im Rahmen eines anhängigen Scheidungsverfahrens kann das Familiengericht „über Grund und Höhe der Versorgungsanwartschaft bei den hierfür zuständigen Behörden, Rentenversicherungsträgern, Arbeitgebern, Versicherungsgesellschaften und sonstigen Stellen Auskünfte einholen. Die in Satz 2 bezeichneten Stellen sind verpflichtet, dem gerichtlichen Ersuchen Folge zu leisten", § 53b II 2 und 3 FGG (vgl. § 12 FGG); § 33 I 1 FGG verleiht einem entsprechenden Auskunftsbegehren Nachdruck, durch Androhung von Zwangsgeldern (ausgenommen: öffentlich-rechtliche Versorgungsträger).[228] Allerdings versagt die Bestimmung bei Untätigkeit der Parteien. §§ 1587e I, 1587k I BGB statuieren keine Aufklärungspflichten gegenüber dem Gericht, ein ärgerlicher Mißstand, der schon manchen Familienrichter zu bitteren Klagerufen veranlaßte.[229] Bei Unklarheiten gilt § 53c FGG.

7. § 1587f Nr. 5 BGB verweist bereits auf § 1587o BGB, ordnet den schuldrechtlichen Versorgungsausgleich an, wenn die Parteien – wirksam – eine Vereinbarung dieses Inhalts getroffen haben. Über den engen Rahmen hinaus gibt § 1587o I BGB allgemein den Weg frei zu privatrechtlichen Absprachen. Notwendig ist allerdings notarielle Beurkundung (ersetzbar nach § 127a BGB) und familiengerichtliche Genehmigung, vgl. § 1587a II 1 u. 2 BGB. „Die Genehmigung soll nur verweigert werden, wenn unter Einbeziehung der Unterhaltsregelung und der Vermögensauseinandersetzung offensichtlich die vereinbarte Lösung nicht zur Sicherung des Berechtigten für den Fall der Erwerbsunfähigkeit und des Alters geeignet ist oder zu keinem nach Art und Höhe angemessenen Ausgleich unter den Ehegatten führt", § 1587o II 3 BGB.[230] § 1587o BGB – und wohl mehr noch § 1408 II BGB, eine in vieler Hinsicht gefährliche Vorschrift – hält damit den Versorgungsausgleich recht großzügig zur Disposition der Eheleute. Die Bedenken, die insbesondere der Bundestagsausschuß für Arbeit und Sozialordnung, ihm folgend die Mehrheit des Rechtsausschusses und des Bundestages – erst im Vermittlungsausschuß drang die parlamentarische Opposition mit ihren Forderungen zu einem erheblichen Teil durch – anbrachten,[231] sind weitgehend in den Wind geschlagen, die Mahnungen, nun sei zu befürchten, die freie Verfügungsmöglichkeit könne „zu unlauteren Machenschaften und zur Übervorteilung des ausgleichsberechtigten Ehegatten mißbraucht werden",[232] praktisch ungehört verhallt. Verheerend wirkt sich vor allem die Kappung des Zeitfaktors aus, der in den Ausgleichsbeträgen verborgen steckt,[233] selbst in Mini-Renten, die für sich völlig unbedeutend sind. Die eminent wichtige sozialpolitische Funktion des neugeschaffenen Instrumentariums aus §§ 1587ff. BGB, mit dem für die Erwerbsunfähigkeit und das eigene Alter durch Umverteilung von Rentenanwartschaften und Versorgungspositionen (wenigstens im Ansatz) Vorsorge getroffen wird, hätte eine Beschränkung der Parteiherrschaft durch verbindliche Vorgaben nähergelegt.[234] Im Streit um die Verfassungswidrigkeit der Einbeziehung von „Altehen" wirkt die Räumung des Kampf-

feldes – und nur mit der besonderen Bedeutung des Versorgungsausgleichs läßt sich die fehlende Übergangsregelung verfassungsrechtlich rechtfertigen – zudem ärgerlich und deplaziert. Die Behandlung der Vertragsfreiheit bei §§ 1587ff. BGB „entscheidet darüber, ob und in welchem Ausmaß das neue Eherecht eine Art von Versorgungsehe zum allgemein verbindlichen Typus macht",[235] eignet sich folglich vorzüglich, eigene Vorstellungen durchzudrücken und gesetzgeberische Zielvorstellungen zur Seite zu schieben.[236]

Manchmal allerdings können besondere Verträge unter den Gatten auch segensreich sein, das ist gar nicht zu bestreiten – etwa dann, wenn erst die Absprache einen Weg freigibt zu einer sonst blockierten „Versorgung" (vgl. dazu §§ 1587b IV, V BGB)[237] oder unnütze Verluste vermeidet;[238] oft werden auch die sachlichen Voraussetzungen für einen Ausgleich von Versorgungspositionen nicht vorliegen,[239] vor allem bei einer Ehe, die von Anfang an als „Doppelverdienerehe" organisiert war. Doch hätte ohne unüberwindliche Schwierigkeiten §§ 1587o, 1408 II BGB eine entsprechende Orientierung beigegeben werden können, um den Schutz[240] des sozial schwächeren Teils eben stets zu garantieren. Mit „verfehlter Gleichmacherei" in „obrigkeitsstaatlicher Beglückungsstrategie"[241] hat das nichts zu tun. Gerade der Versorgungsausgleich in seiner gesetzlich vorgesehenen Fassung reagiert recht fein und elastisch auf die ehezeitliche Verteilung von Verdienst und Erwerb und auf die erreichten Standards.[242]

§ 1587o II 2 BGB verlangt für die Wirksamkeit eines Vertrages über den Versorgungsausgleich im Rahmen eines Scheidungsverfahrens die Genehmigung des Familiengerichts;[243] S. 3 gibt Richtlinien für die Erteilung oder Versagung, wirkt immerhin als (grobe; erst Offensichtlichkeit von Verstößen schadet) Kontrolle und Korrektiv. Auf eine Ausrichtung auf „Angemessenheit" der Versorgung, auf Ausgewogenheit von Leistung und Gegenleistung wie sie § 1587o II 3 BGB wenigstens ansatzweise fordert, verzichtet § 1408 II BGB[244] dagegen völlig, birgt somit besondere, zusätzliche Gefahren. Weder die zeitliche Fixierung – der Ausschluß des Versorgungsausgleichs ist unwirksam, wenn innerhalb eines Jahres nach Vertragsschluß Antrag auf Scheidung der Ehe gestellt wird, § 1408 II 2 BGB –,[245] noch der Formzwang (§ 1410 BGB: Abschluß zur Niederschrift eines Notars, bei gleichzeitiger Anwesenheit beider Teile) schaffen Beruhigung. Die Frist aus § 1408 II 2 BGB ist kurz und leicht zu umgehen. Notarielle Mitwirkung belehrt, gibt – mehr oder weniger – Klarheit über die Folgen, hindert aber nicht am Vollzug; Erfahrungen aus anderen Gebieten (etwa bei Kaufanwartschaftsverträgen und § 313 BGB) belegen diese Einschätzung hinreichend. Nicht einmal die ersatzlose Preisgabe eigener Ausgleichsbefugnisse ist stets erfolgreich zu bekämpfen, da die Abwehrwaffe des § 138 I BGB[246] meist nicht greifen wird. Die Voraussetzungen für ihren Einsatz sind jeweils einzeln festzustellen, bezogen auf das konkrete Geschäft, nicht typisiert;[247] andernfalls wäre über § 138 I BGB § 1408 II BGB schlechthin aus den Angeln gehoben.[248]

Eine eigentümliche Übergangsregelung[249] entwirft Art. 12 Nr. 3 III 2;[249] danach sind §§ 1587–1587p BGB nicht anwendbar „für Ehen, die nach dem Inkrafttreten dieses Gesetzes geschieden werden, wenn der Ehegatte, der nach den Vorschriften dieses Gesetzes einen Ausgleichsanspruch hätte, von dem anderen vor Inkrafttreten dieses Gesetzes durch Übertragung von Vermögensgegenständen für künftige Unterhaltsansprüche endgültig abgefunden ist und wenn nach den Vorschriften dieses Gesetzes auszugleichenden Anwartschaften oder Aussichten auf eine Versorgung Gegenstand eines vor Inkrafttreten dieses Gesetzes abgeschlossenen Vertrages sind".[250] S. 3 gibt ein kleines Trostpflaster für hart Getroffene von einem bisher erfolgreichen Widerspruch aus § 48 II EheG 1946/1961:[251] Der Ausgleichsanspruch kann bei grober Unbilligkeit der vollen Gewährung bis auf die Hälfte gekürzt werden.

8. Sonstige Übergangsregelungen – abgesehen von der Selbstverständlichkeit, daß das 1. EheRG für Ehen, die nach früherem Recht schon geschieden sind, keine Auswirkungen bringt, Art. 13 Nr. 3 III 1 – stellt das 1. EheRG für die Scheidungsfolgen nicht auf. „Altehen", die vor dem 1. 7. 1977 geschlossen wurden, sind danach einbezogen.[251a] Bei einer späteren Auflösung unterfallen sie ohne Ausweg (meist wird aus tatsächlichen Gründen auch die Zuflucht zu §§ 1408 II, 1587o BGB versperrt sein, zumindest für Scheidungsverfahren im unmittelbaren zeitlichen Anschluß an das Inkrafttreten des 1. EheRG) der neuen Regelung mit ihren veränderten unterhaltsrechtlichen Bestimmungen, insbesondere aber den §§ 1587ff. BGB. Die Frage nach der Verfassungsmäßigkeit einer solchen Anordnung drängt sich geradezu auf;[252] allerdings wird sie wohl bald ihre Antwort aus berufenem Munde erfahren.[253] Die Diskussion im einzelnen wurde bereits vor Inkrafttreten des 1. EheRG mit Engagement und Verve geführt;[254] auch sie ist ein Zeichen für die tiefe Betroffenheit, die gerade die (geplante) Reformierung des Familienrechts auslöste, für die Erregung und die Bereitschaft, den Kampf gegen mißliebige gesetzliche Lösungsvorschläge mit einer vorher nicht geahnten Schärfe aufzunehmen.[255] Argumentativen Einsatz finden vor allem Artt. 3 I,[256] 6,[257] 14 I 1,[258] 20[259] sowie 33 V GG. Den Kernpunkt bildet der Vorwurf unzulässiger Gesetzeserstreckung auf abgeschlossene Sachverhalte. Das 1. EheRG entfalte für Ehegatten, die vor dem 1. 7. 1977 geheiratet und ihre gesamten Rechtsbeziehungen auf die damals gültigen Bestimmungen eingerichtet hätten, rechtsstaatswidrige Rückwirkungen, Art. 20 III GG; soweit es in bereits bestehende Versicherungsanwartschaften nach Art des § 1587b II Nr. 2 BGB eingreife, tangiere es Art. 14 I 1 GG (und Art. 33 V GG, soweit § 1587b II Nr. 1 BGB betroffen sei). §§ 1408 II und 1587o BGB änderten an dieser Absage wenig;[260] zum großen Teil sei ein Ausweg aus diesem Tor schon praktisch verstellt, da – falls einmal die zeitlichen Voraussetzungen gegeben seien – der andere Ehegatte sich entsprechenden Änderungsplänen widersetzen könne. Als leuchtendes Vorbild wird dem 1. EheRG schließlich das GleichberG vorgehalten, selbst wenn die Proklamierung gemeinsamer Ziele beider Reformvorhaben sonst befehdet und die Unterschiedlichkeit mit Nachdruck betont wird; dort habe der Gesetzgeber einen differenzierten Katalog[261] entworfen, der für ebenso differenzierte Übergangstatbestände ein jeweils passendes Muster empfehlen konnte (das ist weitgehend richtig).

Einigkeit[262] herrscht inzwischen über den Ausgangspunkt. Das 1. EheRG bringt mit der Erstreckung der §§ 1587ff. BGB auf Altehen keine „echte", sondern lediglich eine „unechte" Rückwirkung. Nicht vollständig abgeschlossene Tatbestände werden umgeschaffen und verwandelt, vielmehr wird „nur" in laufende Ereignisse eingegriffen. Gesetze mit unechten Rückwirkungen sind im Gegensatz zu ihrer echten Variante nicht schlechthin[263] untersagt.[264] Zwar können auch sie mit Interessen der Rechtsunterworfenen auf Fortbestand der Situation (= Rechtssicherheit, Vertrauensschutz, Art. 20 III GG) kollidieren; doch erlaubt erst eine umfangreiche Abwägung zwischen den Erhaltungsinteressen des Betroffenen und den Änderungsinteressen des Gesetzgebers die endgültige Beurteilung als

„erlaubt" oder „unerlaubt". Diese Abwägung schlägt zugunsten der Änderung aus (etwa), wenn das „Vertrauen auf den Fortbestand einer bestimmten gesetzlichen Regelung" eine Rücksichtnahme durch den Gesetzgeber „billigerweise"[265] nicht für sich beanspruchen kann. Letztlich entscheidend werden damit auf beiden Seiten objektive Strukturmerkmale; auf subjektive Kriterien – „Vorhersehbarkeit" – und den jeweiligen Informationsstand der Beteiligten kommt es dagegen nur am Rande an, trotz gegenteiliger Behauptungen im Ansatz.[266] Für die (partielle) Umschichtung der Alters- und Invaliditätsunterhaltswerte durch das 1. EheRG sprechen nun aber „erhebliche, vom alten Recht der Geschiedenen-Witwensicherung grob vernachlässigte soziale Schutzbedürfnisse geschiedener Ehegatten",[267] vor allem geschiedener Ehefrauen.

„Rechtsstaatlicher Schutz des Vertrauens des Bürgers in einen Fortbestand der alten, dürftigen Altersunterhaltsschutzordnung zwischen Eheleuten (muß) zurücktreten gegenüber dem drängenden Anliegen der Reform, dem sozial schwächeren Ehegatten als Grundstock eigener Sozialversicherung sofort bei Scheidung eigene, individuelle Versicherungswerte (Werteinheiten und verbesserte Wartezeiterfüllungschancen) mitzugeben und damit dem rechtlich und vor allem auch faktisch labilen Unterhaltsrechtsschutzmechanismus einen engeren Anwendungsbereich zuzuweisen. Es sind auch die Ziele der Reform ihrerseits verfassungsrechtlich abgestützt: Hinter ihnen steht der allgemeine Leistungsgleichheitssatz des Art. 3 I GG, welcher eine prinzipielle Gleichbewertung von Erwerbsarbeit und Arbeit bei Haushalts- und Kinderbetreuung fordert, weiterhin der Verfassungsgrundsatz von der Gleichberechtigung der Geschlechter in Art. 3 II GG und schließlich vor allem der Sozialstaatssatz. Dieser Satz verlangt vom Staat, daß er in auf Dauer angelegten Privatrechtsverhältnissen Vorkehrungen gegen unbillige Enttäuschungen eines bestimmte Funktionsteilungs-Abreden in der Familie miterfüllenden Ehegatten bezüglich seines Vertrauens in ein gesichertes Alter nach Lebensplan trifft."[268]

Die Solidarität der Ehegatten überspielt im wirtschaftlichen Bereich die Auswirkungen unterschiedlicher Einkommen oder der Einkommenslosigkeit,[269] und diese Solidarität kann nicht einseitig aufgekündigt werden. Trotz ähnlicher Zielsetzung von Versorgungsausgleich und Ausgleich des Zugewinns bleibt ein wesentlicher Unterschied. Die Altersunterhaltssicherung in Systemen sozialer Vorsorge gewinnt seit langem für breiteste Teile der Bevölkerung schlechthin existentielle Bedeutung; neben ihr verblaßt das angesammelte – und über §§ 1372 ff. BGB verteilte – Vermögen als Rücklage und Sicherheit nahezu vollständig.[270] Dem Gesetzgeber bietet sich daher für beide Felder eine je eigene „Umverteilungslogik";[271] die Überleitungsregelung des GleichberG wird schon deshalb nicht zum schlechthin ausschlaggebenden Maßstab.

Die unechte Rückwirkung des 1. EheRG verstößt nach diesen (zu knappen) Bemerkungen nicht gegen verfassungsrechtliche Gebote. Die überragend wichtige sozialpolitische Bedeutung der Alters- und Invaliditätssicherung des (typisch schwächeren) geschiedenen Ehegatten gewinnt ihr Übergewicht gegenüber Bestandsinteressen des anderen Partners. Ohne die Rückwirkung wären die besonderen Ziele nicht durchsetzbar gewesen. Auf lange Jahre hätten mehrere Vorsorgeformen nebeneinander gestanden – mit der ohnehin sofort anschließenden Frage nach der inneren Berechtigung *dieser* Differenzierung –, voneinander getrennt lediglich durch das zufällige Datum der Eheschließung.[272]

An eine frühere Bemerkung darf ich erinnern: Angesichts des überragenden Gewichts der §§ 1587 ff. BGB bei der Absicherung geschiedener Eheleute ist der Rückzug des Gesetzgebers bei §§ 1408 II, 1587o BGB unverständlich, diskreditiert die Ausgangsthese zudem ganz unnötig.

9. § 1578 III BGB ergänzt die Regeln über den Versorgungsausgleich, stellt die Verbindung zum Nachbarfeld „Unterhalt" her.[273] Danach umfassen Unterhaltsansprüche nach §§ 1570–1573, 1576 BGB auch die Kosten für eine angemessene Versicherung für den Fall des Alters sowie der Berufs- oder Erwerbsunfähigkeit. § 1361 I 2 BGB vervollständigt die „soziale Biographie" für die Zeit des Getrenntlebens mit einem Verweis auf § 1578 III BGB.

10. Zum Verfahren vgl. 7. Kapitel IV.; Ruland/Tiemann, Rn 663 f. S. 242 f. und Schwab, Handbuch, Rn 468 f. S. 187 f. Beachte auch §§ 53b ff. FGG.

11. Zu § 1671 BGB – Verteilung der elterlichen Gewalt nach der Ehescheidung – vgl. unten 3. Teil 10. Kapitel VII.

12. Résumé.

Strahlende Begeisterung für § 1587 ff. BGB ist danach sicherlich unangebracht. Mehr als ein erster Schritt in Richtung auf eine umfassende soziale Absicherung beider Ehegatten in der Ehe – und nicht nur nach dem Zerbrechen – ist nicht erfolgt. Andererseits ist aber auch jede Abwertung verfehlt, in einfacher Schwarz-Weiß-Malerei.[274] Tatsächlich lag wohl die Geschiedenen-Hinterbliebenenrente „im Durchschnitt"[275] höher als die nun umzuverteilenden Beträge, schon oft beschworen als Minirenten (ganz zu Unrecht; selbst bei Minirenten bleibt ein außerordentlich wichtiger Punkt: die Anrechnung des Zeitfaktors). Doch kamen die meisten geschiedenen Eheleute gar nicht erst in den Genuß der für sie eingeräumten Sicherheiten.[276] Die Gründe dafür sind vielfältig. Einmal sahen – im wesentlichen – allein die gesetzliche Rentenversicherung und die Beamtenversorgung überhaupt Leistungen an geschiedene Hinterbliebene vor, nicht aber die sonstigen Vorsorgesysteme; auch bei ihnen wirkten allerdings weitere Einschränkungen stark selektierend. Hinderlich war schließlich die anteilige Kürzung beim Zusammentreffen mit anderen Hinterbliebenen, bitter oft das Ruhen von Leistungen bei eigener Wiederheirat. Die aus der Ehe erwachsene, über den Versorgungsausgleich umgelegte soziale Absicherung wird im Ausgang häufig niedriger sein. Doch entspricht sie der sozialen Biographie des geschiedenen Ehegatten. Zudem sind grundsätzlich alle Formen der Altersversorgung umfaßt, betriebliche Pensionsansprüche ebenso wie Aussichten aus privaten Versicherungen (mit der Ausnahme der Kapitalversicherung; für sie ist der Zugewinnausgleich zuständig). Vor allem aber sind die Voraussetzungen gelöst von der Ehe und von den Abläufen dort – kein Schuldvorwurf – und von der Person des Ehepartners, der früher stets als Vermittler auftrat; vielmehr ist eine eigene Versorgung geschaffen.

In Einzelpunkten schließlich ist manche Kritik anzubringen. Der schuldrechtliche Versorgungsausgleich ist eine schwache Entschädigung. §§ 1408 II BGB, 1587o BGB wirken ärgerlich und bedrohlich. § 1587c BGB – und ähnliche negative Härteklauseln – eignet sich als Einfallstor für Schuldvorwürfe mit herben Auswirkungen. Bei einer umfassenden Reform[277] des Rechts der sozialen Absicherung (Fixpunkt: 1984),[278] für die der Versorgungsausgleich nur einen schmalen Ausschnitt abdeckt – eben die spezifischen Unzulänglichkeiten gerade bei der Scheidung –, sollten diese Höcker geglättet werden.[279]

V. IPR

1. Nacheheliche Unterhaltsansprüche richten sich (vorrangig) nach dem Scheidungsstatut, Art. 17 EGBGB. Scheidung auf griechisch mit deutschen Unterhaltsfolgen[280] bringt ärgerliche Mißklänge. Eine isolierte Zuwendung zum Aufenthaltsprinzip, so sinnvoll sie sonst sein mag, wäre verfehlt. Das von der Bundesregierung noch nicht ratifizierte neue Haager Unterhaltsabkommen vom 2. 10. 1975 sieht folgerichtig in Art. 8 – Ausnahme vom gerade dort verfochtenen Aufenthaltsprinzip als maßgeblichen Anknüpfungspunkt – die Fortgeltung des Scheidungsrechts für Unterhaltsansprüche als Scheidungsfolgen vor.[281]

Zu §§ 620 ff. ZPO vgl. OLG Celle, FamRZ 1970, 1960; OLG Stuttgart, FamRZ 1972, 373.[282]

2. Für den Versorgungsausgleich streiten Art. 15 EGBGB[283] – Güterrechtsstatut; immerhin sind Ähnlichkeiten mit dem Zugewinnausgleich unverkennbar – und Art. 17 EGBGB[284] miteinander.[285] Die besseren Gründe sprechen dabei wohl für die Unterstellung unter das Scheidungsstatut.[286] Allerdings bleibt stets die Möglichkeit abweichender ehevertraglicher Vereinbarung (bei Ehen mit Auslandsberührung außerordentlich bedeutsam). Es gilt:

a) Bei einer Scheidung im Ausland ist im Inland ein Nachverfahren einzuleiten, das sich auf den Versorgungsausgleich beschränkt. Voraussetzung: Anerkennung des ausländischen Urteils.

b) Ausländische Rentenanwartschaften können aus dem Versorgungsausgleich nicht schlechthin ausgenommen werden; sie bilden einen – vielleicht sogar wesentlichen – Bestandteil der sozialen Vorsorge des Versicherten. Andererseits kann der deutsche Richter keine öffentlich-rechtlichen Maßnahmen treffen mit Auswirkungen auf die ausländische Versorgung (etwa § 1587b I BGB oder § 1587b II BGB). Bleibt nur § 1587b III BGB[287] (oder eine schuldrechtliche Entschädigung), mit mannigfachen Bewertungsproblemen.[288]

c) Ist der Antragsgegner Ausländer – Situation des Art. 17 III EGBGB –, wird der Versorgungsausgleich im üblichen Rahmen durchgeführt. Anders Bürgle, FamRZ 1978, 388 (390): Maßgeblich ist Art. 14 EGBGB.

d) Bei Auslandskontakten empfehlen sich Vereinbarungen nach §§ 1408 II, 1587o BGB, um das „utopische" Greifen[289] nach ausländischen Versorgungspositionen zu vermeiden.
3. Für den Hausrat und die Ehewohnung vgl. OLG Hamm, FamRZ 1974, 25 und Kissel, Bd. 2, S. 305.

Anmerkungen

1 Parteiabsprachen änderten an diesem Automatismus allerdings viel.
2 Erste Erfahrungen OLG Hamburg, NJW 1978, 545. Vgl. im übrigen gleich im folgenden II.5.
3 Das 1. EheRG bietet sogar in manchen Randbereichen neue Möglichkeiten, vgl. dazu Dieckmann, FamRZ 1977, 81 (83). Wichtig: § 1570 BGB, Betreuung und Erziehung gemeinschaftlicher Kinder verschaffen Unterhaltsansprüche.
4 Zur verfassungsrechtlichen Auseinandersetzung um den „umgekehrten" Fall – keine Einbeziehung schon vor dem 1.7. 1977 rechtskräftig geschiedener Ehen – vgl. BVerfG, FamRZ 1978, 173. Ausführlich unten IV. 8.
5 Ständiger Streitpunkt: Wann kann der Frau die Aufnahme/Fortsetzung einer Erwerbstätigkeit zugemutet werden? Dieser Streitpunkt bleibt allerdings für das 1. EheRG weitgehend erhalten.
6 Grenzen zieht § 59 EheG 1946/1961, der Unterhaltsforderungen des geschiedenen Gatten bei Gefährdung des eigenen Unterhalts, des Unterhalts eines minderjährigen Kindes oder des neuen Ehegatten ausschließt. Rangfolge also: 1. neuer Ehegatte, 2. geschiedener Ehegatte.
7 Vgl. Dieckmann, FamRZ 1977, 81 (82).
8 Dazu BVerfGE 36, 146.
9 So Dieckmann, FamRZ 1977, 81 (82). Dieckmann macht aber aus seinem Eheverständnis – und der Wirklichkeitswiedergabe durch seine Thesen – keinen Hehl, sehr deutlich S. 119 ff.
   Im übrigen zielt schon der Sprachgebrauch an der Realität weit vorbei. Unter Berufung auf den „Rosenkavalier" – „Für mich selber steh' ich ein" – wird davon gesprochen, daß ein Gatte „bei der nächsten Gelegenheit mit dem ersten besten Fratz durchgeht", S. 123; der Mann wendet sich in seinen zweit- oder drittbesten Jahren von seiner Frau wegen einer jüngeren Partnerin ab, S. 125/126, während ihm die Frau unter ebenso fragwürdigen Umständen die Ehe aufkündigt, S. 126 etc. Hinter solch' markigen Aussprüchen verbergen sich offensichtlich eigene Ängste; entgegen den erklärten Absichten kommt zudem ein geradezu klägliches Ehebild zum Vorschein. Ich kann nur wiederholen (aus eigenen Anwaltserfahrungen und aus der Mitarbeit in einer Eheberatungsstelle), daß diese Vorstellungen über Ehe und Ehescheidung lediglich (ein Glück!) in manchen Köpfen spuken, der Wirklichkeit aber weitgehend fremd sind; diese Wirklichkeit ist geprägt von Leid, Kummer und beiderseitiger Not während der Ehe und während ihrer Auflösung.
10 Dazu häßliches Beispiel OLG München, FamRZ 1969, 93; zu dieser Entscheidung Lüderitz, Gutachten, S. 21.
11 BT – Ds 7/650, S. 121/122.

12 Gefallen ist § 1577 E – Unterhalt wegen geringerer Versorgungsleistungen, vgl. BT – Ds 7/650, S. 122.

13 Angesichts unserer Realität kann ein schlichtes Verharren bei einer Floskel nach dem Muster „Jeder sorgt für sich allein" nicht in Frage kommen. Langfristig liegen hier aber wesentliche Möglichkeiten (richtungsweisend immerhin § 1575 BGB). Grundsätzlich skeptisch hinsichtlich der „Eheanbindung" der Unterhaltsverpflichtungen Holzhauer, JZ 1977, 73.

14 So BT – Ds 7/650, S. 143.

15 OLG Bremen, NJW 1978, 1331.

16 Zum Ganzen BT – Ds 7/650, S. 135.

17 Zudem wird die Versorgungseinrichtung Ehe erhalten – warum soll der Ehegatte, der eine angemessene Erwerbstätigkeit ausübt, aber weniger verdient, diesen Zuschlag vom anderen verlangen können? Dazu Dieckmann, S. 128.

18 Dazu Schwab, Handbuch, Rn 302 f. S. 124 f.

19 Zu einem besonders zweifelhaften Fall Dieckmann, FamRZ 1977, 81 (87) mit Berechnungsbeispiel.

20 Adomeit, S. 74.

21 Auch eines adoptierten oder an Kindes statt angenommenen Kindes, nicht aber eines gemeinsamen Pflegekindes, schon gar nicht eines „sonstigen" Kindes, das nicht vom geschiedenen Ehegatten abstammt, dazu Dieckmann, FamRZ 1977, 81 (93). Ob ein nachehelich geborenes nicht-eheliches Kind vom geschiedenen Gatten Unterhaltsansprüche aus § 1570 BGB auslöst – immerhin handelt es sich um ein gemeinschaftliches Kind –, ist wohl zweifelhaft, verneinend Dieckmann, FamRZ 1977, 81 (93).

22 „Abgesichert" über die eigentümliche Erziehungsrente, vgl. dazu Ruland/Tiemann, Rn 644 f. S. 234 f. Maßgeblich sind §§ 1265a I RVO, 42a I AVG.

23 Dieckmann, FamRZ 1977, 81 (93).

24 Dieckmann, FamRZ 1977, 81 (93/94).

25 AG Pinneberg, FamRZ 1978, 119 und AG Lörrach, FamRZ 1978, 338 – 412 halten diese Privilegierung des Unterhaltsanspruchs aus § 1570 BGB für verfassungswidrig (Art. 20 III GG – rechtsstaatswidrig, da manifest ungerecht), haben die Vorschrift des § 1579 II BGB daher in die Überprüfung des BVerfG gestellt (Art. 100 I GG). A. A. OLG Stuttgart, FamRZ 1979, 40.

26 BT – Ds 7/650, S. 122 bringt zwei Beispiele: Der Entwurf habe davon abgesehen, eine bestimmte Altersgrenze nach oben zu fixieren (genannt sind 15 Jahre; Gegenschluß wohl: Unter dieser Grenze sind die Voraussetzungen aus § 1570 BGB – fast – zweifelsfrei erfüllt); auch die Betreuung von zwei 16 und 17 Jahre alten Kindern, die sich noch in der Ausbildung befinden, könne einen geschiedenen Gatten an eigener Erwerbstätigkeit hindern.

27 OLG Düsseldorf, FamRZ 1978, 342: § 1571 BGB greift auch dann ein, wenn die Eheleute erst in fortgeschrittenem Alter geheiratet haben; Korrekturen sind lediglich aus § 1579 I Nr. 1 BGB – kurze Dauer der Ehe – möglich.

28 Dieckmann, FamRZ 1977, 81 (95) mit Erweiterungen; MK/Richter, § 1571 Rn 8.

29 Zu weiteren Einzelheiten Dieckmann, FamRZ 1977, 81 (95).

30 Dazu Dieckmann, FamRZ 1977, 81 (95/96).

31 BT – Ds 7/650, S. 121/122.

32 Ähnliche Zweifel wie hier bei Dieckmann, FamRZ 1977, 81 (88).

33 BT – Ds 7/650, S. 125. Ausnahme ohnehin: §§ 1570, 1579 II BGB – ein Ehegatte entscheidet sich für Pflege und Erziehung der Kinder.
Praktische Erfahrungen: AG Mainz, NJW 1978, 707.

34 Kritisch deshalb auch Dieckmann, FamRZ 1977, 82 (89).

35 Dieckmann, FamRZ 1977, 81 (89).

36 Dabei ist insbesondere zu bedenken, daß die Unterschiede zum BEG beträchtlich sind
– dort meist alte, kranke, vernichtete Menschen, hier in der Regel gesunde, arbeitsfähige
und arbeitswillige Eheleute in der Blüte ihrer Jahre.

37 BT – Ds 7/650, S. 127/128. Zur nachhaltigen Sicherung des Einkommens vgl. auch Vogt,
FamRZ 1977, 105; sie spielt eine Rolle in §§ 1573 IV, 1575 I u. 1577 IV BGB.

38 Dieckmann, FamRZ 1977, 81 (90).

39 Weitere Einzelheiten bei Schwab, Handbuch, Rn 262 f. S. 110 f.

40 Palandt/Diederichsen (37.), § 1574 Anm. 3 hat verfassungsrechtliche Bedenken aus
Art. 2 I u. 6 I GG; der haushaltsführende Gatte habe ein Recht darauf, daß seine Entscheidung nicht nachträglich vom Gesetz für verfehlt erklärt werde; anders MK/Rich-
ter, § 1574 Rn 11.

41 Dafür wohl Dieckmann, FamRZ 1977, 81 (91), aber nicht sicher.

42 Dieckmann, FamRZ 1977, 81 (91).

43 Zögernd gegenüber einer Übernahme von § 1575 BGB Dieckmann, FamRZ 1977, 81
(91). Vgl. dazu Schwab, Handbuch, Rn 284 S. 118 – Unterhaltsanspruch aus § 1573
BGB, mit erneuter Ausbildungs- oder Umschulungspflicht aus § 1574 III BGB.

44 Unzufrieden mit dem Ergebnis Dieckmann, FamRZ 1977, 81 (93).

45 Verschärft noch durch den möglichen Zugriff der Ausbildungsförderungsstellen.

46 Dazu Dieckmann, FamRZ 1977, 81 (91 f.).

47 Beide Beispiele von Dieckmann, FamRZ 1977, 81 (91/92).

48 Mit dieser Begründung sind die sachlichen Voraussetzungen des § 1575 I BGB wohl
(? P. F.) erfüllt. Ausbildungsförderung geht allerdings vor.

49 Ausführliche Übersicht bei Rolland, § 1575 Rn 26 f.

50 Richtig Dieckmann, FamRZ 1977, 81 (98).

51 So Dieckmann, FamRZ 1977, 81 (97).

52 BT – Ds 7/4381, S. 16. In BT – Ds 7/650 ist die Billigkeitsklausel überhaupt nicht enthalten; allerdings war ein Unterhaltsanspruch als Ausgleich für Versorgungsnachteile vorgesehen, § 1577 BGB – E.

53 Darauf weist auch Dieckmann, FamRZ 1977, 81 (97) hin. Zur Gesetzesgeschichte vgl.
Hillermeier, FamRZ 1976, 577 (579).

54 Eine Fallgruppe für § 1576 BGB, über die sich zu diskutieren lohnt, habe ich nur bei
Dieckmann, FamRZ 1977, 81 (98) gefunden – Pflegedienste für sonstige Verwandte, außerhalb des Rahmens von § 1570 BGB; ähnlich (aber zurückhaltender) MK/Richter, §
1570 Rn 5; gegen diese Fallgruppe Schumacher, MDR 1976, 881 (883).

55 Zusätzliche Privilegierung durch § 1579 II BGB.

56 Vgl. dazu AG Mainz, NJW 1978, 707; OLG Bremen, FamRZ 1978, 338 – Aufgabe einer
Halbtagsbeschäftigung durch die kinderlose Ehefrau, Umzug an einen kleinen Ort, in
dem eine Arbeitsvermittlung praktisch mißlingen muß. Vgl. auch OLG Bremen, NJW
1978, 1331 – bei Zusammenleben mit einem Dritten muß die Ehefrau ihre Bedürftigkeit
beweisen, da nach der Lebenserfahrung von unterhaltsähnlichen Zuwendungen des
neuen Partners ausgegangen werden könne.

57 AG Mainz, NJW 1978, 707; OLG Bremen, FamRZ 1978, 338; OLG Bremen, NJW
1978, 1331.

58 Dazu Dieckmann, FamRZ 1977, 81 (103/104); OLG Düsseldorf, FamRZ 1978, 342.

59 So zunächst OLG Hamburg, NJW 1978, 545; AG Mainz, FamRZ 1978, 413; immerhin
schon als Möglichkeit OLG Celle, FamRZ 1977, 726. Weitergehend noch – wenigstens

dem Worte nach – Palandt/Diederichsen (37.), § 1579 Anm. 3; zurückhaltend Beitzke (19.), § 20 III 5 d S. 133/134; MK/Richter, § 1579 Rn 14 f. Für den Fall des Getrenntlebens vgl. OLG München, FamRZ 1979, 34.

60 Dieckmann, FamRZ 1977, 81 (105); sehr dezidiert in dieser Richtung Schwab, Handbuch, Rn 386 S. 157.

61 Dazu BT – Ds 7/650, S. 10, 138.

62 BT – Ds 7/4361, S. 17/18. Deshalb ablehnend gegenüber einer entsprechenden Interpretation von § 1579 BGB Schwab, Handbuch, Rn 386 S. 157.

63 Vgl. die Beispiele bei Dieckmann, FamRZ 1977, 81 (105), unter zutreffendem Hinweis auf die Absage des Sozialhilferechts an entsprechende Verbindungen. Ähnlich OLG Bremen, NJW 1978, 1331 – bei „Leistungen" aus der neuen Verbindung fehlt es an der Bedürftigkeit des Unterhaltsschuldners; von entsprechenden Leistungen ist in der Regel auszugehen = Beweislastfolgen.

64 So Dieckmann, FamRZ 1977, 81 (103/104).

65 Hilfen, die eine Eingliederung oder Wiedereingliederung in das Berufsleben erlauben.

66 Zur Gefahr einer eigenen „Geographie" dieser Bestimmung Gernhuber, Neues Familienrecht, S. 109.

67 Auf die Schwierigkeiten bei der Ausfüllung dieser Formel weist namentlich Holzhauer, JZ 1977, 73/74 hin.

68 Dazu Bartsch, JZ 1978, 180.

69 Einzelheiten bei Dieckmann, FamRZ 1977, 161 (162).

70 Mit einer weiteren Vorverlegung durch § 1607 II BGB.

71 Rechenbeispiele bei Rolland, § 1582 Rn 10 ff. Zum Zusammentreffen mehrerer geschiedener Ehegatten vgl. dort Rn 15 ff.

72 Dazu Dieckmann, FamRZ 1977, 161 (163).

73 Zustimmend Dieckmann, FamRZ 1977, 161 (163).

74 Das wird selbst von den Anhängern weitergehender Sanktionen für den untreuen Gatten beklagt, leidet doch hier vielleicht ein Außenstehender Not, der mit der Untreue in der Ehe nichts zu tun hat, dazu Dieckmann, FamRZ 1977, 161 (163).

75 BT – Ds 7/650, S. 143. Verfassungsrechtliche Bedenken bei Dieckmann, FamRZ 1967, 161 (163) gegen BT – Ds 7/650, S. 144.

76 Zu diesem Punkt ausführlich Kissel, Bd. 1, S. 148 f. – die verschiedenen Berechnungsformeln, entwickelt in der Gerichtspraxis (gängigster Schlüssel sicher: Düsseldorfer Tabelle), die Verteilung des Selbstbehalts. Dazu auch NJW 1977, 289 und die Neufassung durch das OLG Düsseldorf, NJW 1979, 25. Einzelheiten s. 10. Kapitel III. 3.

77 Dazu auch OLG Saarbrücken, FamRZ 1978, 501.

78 BT – Ds 7/4361, S. 33/34.

79 BT – Ds 7/4361, S. 34. Das Beispiel findet sich auch bei Henrich (2.), § 15 I 2a bb S. 107 und – kommentiert – bei Dieckmann, FamRZ 1977, 161 (164).

80 Zu diesem Beispiel Dieckmann, FamRZ 1977, 161 (164).
Noch anders Schwab, Handbuch, Rn 360, 361 S. 147/148: Zu verteilen ist der Unterhaltsbedarf (er beläuft sich auf DM 2300,–) in Relation zum Einkommen nach dem Schlüssel Gesamtbedarf der Beteiligten: Kindesbedarf = Einkommen: X, also 2300:200 = 1800: X, ergibt DM 156,52 für jedes Kind; für den geschiedenen Ehegatten bleibt bei Vorrang gegenüber einer zweiten Frau der volle Satz von DM 600,– zu Lasten der zweiten Frau – sie erhält danach DM 339,14 –, bei gleichem Rang für beide DM 469,52. Der Unterhaltsverpflichtete behält DM 547,82 (ohne Berücksichtigung eines Selbstbehalts?).

81 Dazu nur OLG Düsseldorf, FamRZ 1977, 203 – Ergänzung 397 – mit ausführlicher

Anm. von Morawietz, FamRZ 1977, 546 (DM 982,– Selbstbehalt bei DM 1224,– Einkommen). Die Rechtsprechung ist sonst zurückhaltender, vgl. OLG Saarbrücken, FamRZ 1978, 501 und die Düsseldorfer Tabelle, zuletzt NJW 1977, 289 mit Neufassung vgl. NJW 1979, 25.

82 So auch Dieckmann, FamRZ 1977, 161 (164 Fn 179b).

83 Einzelheiten bei MK/Richter, § 1585c Rn 15 ff.; Palandt/Diederichsen (37.), § 1585c Anm. 3.

84 Dazu Beitzke (19.), § 20 III 12 S. 136; Dieckmann, FamRZ 1977, 161 (164/165); Köhler, § 37 S. 85 f.

85 Vorsichtig sogar in die Gegenrichtung Holzhauer, JZ 1977, 73 (74).

86 Vgl. KG, NJW 1978, 692, eine bezeichnende Entscheidung.

87 Gemeint ist die Abhängigkeit der Frauen, dazu 7. Kapitel I Tabelle 17.

88 Verordnung über die Behandlung der Ehewohnung und des Hausrats vom 21. 10. 1944, RGBl. I 256.

89 Auch im Zusammenhang mit der Übertragung der Ehewohnung können Ausgleichszahlungen festgelegt werden, BayObLG, NJW 1960, 102.

90 Zum Begriff Hausrat vgl. Palandt/Diederichsen (37.), § 1 HausratsVO Anm. 1.

91 Für die Eigentumsübertragung ist als Gegenleistung eine Zahlungspflicht festzulegen; umgekehrt: Eine unentgeltliche Zuweisung ist unzulässig, vgl. Palandt/Diederichsen (37.), § 9 AusratsVO Anm. 2.

92 OLG Oldenburg, FamRZ 1978, 47; anders OLG Frankfurt, FamRZ 1978, 191 und vielleicht OLG Köln, NJW 1979, 53. Zum Streitstand MK/Wacke, § 1361a Rn 6; Schwab, Handbuch, Rn 370 S. 338; neuerdings Deisenhofer, FamRZ 1979, 102.

93 Vor Inkrafttreten des 1. EheRG.

94 OLG Frankfurt, FamRZ 1978, 191 suchte offensichtlich einen Ausweg aus dem Dilemma, entwarf eine Analogie zu §§ 18a HausratsVO, 1361a III IV BGB. § 620a II 1 ZPO wird nur selten helfen; sicher kann eine einstweilige Anordnung erlassen werden, wenn die Ehesache anhängig ist – aber eben nicht, wenn der Scheidungsantrag seine Erfolglosigkeit als sichtbares Zeichen auf der Stirn trägt.

95 Tatsächlich sind die allgemeinen Bestimmungen für die einstweilige Verfügung maßgeblich, vgl. §§ 935 f. ZPO.
Zu dieser Möglichkeit OLG Stuttgart, FamRZ 1978, 686 und OLG Bremen, NJW 1978, 2101.

96 Vgl. zum Versorgungsausgleich zunächst die parlamentarischen Debatten, die Anhörungen und Beratungen, zusammengefaßt in Zur Sache 2/76; ausführliche Literaturhinweise von Schwab, FamRZ 1977, 701.

97 Dazu BT – Ds 7/650, S. 73 f.; Ruland/Tiemann, Rn 1 S. 1, zur Geschichte der Reform ausführlich Rn 14 ff. S. 7 ff.

98 BT – Ds 7/650, S. 155.

99 Dieckmann, S. 135; Ruland/Tiemann Rn 24 S. 13 mit Nachweisen. Ähnlich Müller, NJW 1977, 1745 (1747); ders., NJW 1978, 2273.

100 Vgl. die Nachweise bei Ruland/Tiemann, Rn 24 S. 13; sehr kritisch auch Schwab, Handbuch, Rn 476 ff. S. 199 ff.

101 Schwab, Handbuch, Rn 481 S. 193.

102 Bisweilen waren für den geschiedenen Ehegatten keinerlei Versorgungsansprüche vorgesehen, vgl. dazu Ruland/Tiemann, Rn 4 Fn 13 S. 3.

103 Eine eigenständige, unmittelbare Alters- und Invaliditätssicherung konnte die Ehefrau – bis auf seltene Ausnahmen, mit hohem Preis – gerade nicht aufbauen, vgl. dazu BT – Ds 7/650, S. 154.

104 Die Zahl der Hinterbliebenen, die entsprechende Leistungen bezogen, war gering, vgl. Ruland/Tiemann, Rn 10 S. 5/6.

105 Auch die sonstigen unterhaltsrechtlichen Anforderungen mußten erfüllt sein.

106 Witwerrente bestand nach der geschiedenen Frau nur dann, wenn die Frau den Unterhalt der Familie überwiegend bestritten hatte, §§ 1266 RVO, 43 AFG; dazu BVerfG, NJW 1975, 919.

107 Mit skurrilen Ergebnissen: Die geschiedene Frau erhielt bei Lebzeiten ihres Mannes keinen Unterhalt, nach seinem Tod jedoch Geschiedenen-Hinterbliebenenrente, Ruland/ Tiemann, Rn 9 S. 5; Altersgrenzen, Berufs- und Erwerbsunfähigkeit spielten bei ihr keine unmittelbare Rolle – gleichwohl standen ihr nach dem Tod des Ehemannes plötzlich Leistungen zu.

108 Ruland/Tiemann, Rn 3 ff. S. 2ff.

109 Dazu Ruland/Tiemann, Rn 6 a. E. S. 4.

110 Vgl. Ruland/Tiemann, Rn 7 S. 4.

111 BT – Ds 7/4361, S. 19.

112 Dazu Ruland/Tiemann, Rn 8 S. 5 unter Bezug auf Zacher, S. 274.

113 Ruland/Tiemann, Rn 13 S. 7.

114 Ruland/Tiemann, Rn 17 S. 9.

115 BT – Ds 7/650, S. 154/155.

116 Teilweise wird allerdings präjudizierende Wirkung des Versorgungsausgleichs befürchtet, mit der Gefahr der Zufriedenheit mit der schlechteren Lösung, vgl. dazu Gitter in seiner Anhörung am 2. und 9.6. 1978, Zur Sache 2/76, S. 35; dagegen Bogs, S. 36.

117 Ruland/Tiemann, Rn 18 S. 10.

118 Und der Appell an den Gesetzgeber, Pläne und Vorhaben in dieser Richtung zu unterstützen.

119 Einzelheiten bei Ruland/Tiemann, Rn 32f. S. 16f.; zweifelnd Kissel, Bd. 1, S. 168.

120 Allerdings kann eine eigene Versorgung aus den übertragenen Anwartschaften die Unterhaltsbedürftigkeit aufheben.

121 Vgl. Schwab, Handbuch, Rn 462 S. 184; Rechtsanwenderbroschüre, S. 245.

122 Beitzke (19.), § 20 IV 3 b S. 139 nennt dieses Beispiel.

123 BT – Ds 7/650, S. 155.

124 Eine gesonderte gerichtliche Feststellung des für § 1587 II BGB maßgeblichen Zeitpunktes erfolgt nicht, OLG Stuttgart, NJW 1978, 1489.

125 Präzisierungen bei Schwab, Handbuch, Rn 486 S. 195.

126 Dazu BT – Ds 7/650, S. 155.

127 Übersichtlich Schwab, Handbuch, Rn 464 S. 185 f.

128 Vgl. Schwab, Handbuch, Rn 464 S. 185/186.

129 Einzelfälle bei Schwab, Handbuch, Rn 483 f. S. 194 f. Sehr ausführlich Ruland/Tiemann, Rn 57 ff. S. 23 ff.

130 Beispiel in BT – Ds 7/650, S. 155.

131 BT – Ds 7/650, S. 155.

132 Zum ganzen Schwab, Handbuch, Rn 492 S. 197.

133 Dazu Schwab, Handbuch, Rn 493 S. 198. Steht bei Scheidung der Ehe schon fest, daß die zeitlichen Voraussetzungen von den Ehegatten nicht mehr erfüllt werden können, sind ausgleichsfähige Anwartschaften nicht erworben.

134 Schwab, Handbuch, Rn 497 a. E. S. 199.

135 Umformung in einen Bruch bei Schwab, Handbuch, Rn 513 S. 205.

136 Ausführlich Ruland/Tiemann, Rn 77 ff. S. 33 ff.

137 Ruland/Tiemann, Rn 80 S. 33.

138 Bei den Werteinheiten handelt es sich um prozentuale Verhältnisse, die – für jedes Versicherungsjahr ermittelt – angeben, in welchem Verhältnis das von einem Versicherten erzielte Bruttojahreseinkommen zum jeweiligen durchschnittlichen Bruttojahreseinkommen aller Versicherten steht. Decken sich beide Zahlen, sind 100 Werteinheiten in die Rechnung einzustellen, Ruland/Tiemann, Rn 81 S. 33.

139 Zu Einzelheiten vgl. Ruland/Tiemann, Rn 103 S. 41.

140 Rechtsanwenderbroschüre, S. 227.

141 Dazu Schwab, Handbuch, Rn 516 S. 206.

142 Vgl. Schwab, Handbuch, Rn 517 S. 206.

143 Durchgerechnete Beispiele finden sich in der Rechtsanwenderbroschüre, S. 228 f.; vgl. auch Ruland/Tiemann, Rn 243 f. S. 92. und Schwab, Handbuch, Rn 508 f. S. 203 f.

144 Schwab, Handbuch, Rn 530 Fn 54 S. 211.

145 Im einzelnen Schwab, Handbuch, Rn 530 S. 211.

146 Schwab, Handbuch, Rn 531 S. 211.

147 Beispiel von Schwab, Handbuch, Rn 531 a. E. S. 212.

148 Dazu Schwab, Handbuch, Rn 533 S. 212.

149 Entwickelt von Schwab, Handbuch, Rn 538 S. 213. Ausführliche Berechnung für Einzelfälle bei Ruland/Tiemann, Rn 219 f. S. 82 f. Vgl. auch AG Hamburg, NJW 1978, 2511.

150 Von vornherein ausgenommen sind Leistungen aus einer Zusatzversorgung des öffentlichen Dienstes, auf die § 1587 II Nr. 4 c BGB anzuwenden ist.

151 Zur Berechnung ausführlich Heubeck, BB 1977, Beilage 6.

152 Dazu Schwab, Handbuch, Rn 548 S. 217.

153 Vom 19. 12. 1974, BGBl. I 3610. Dazu Schaub, NJW 1978, 2076.

154 Die Verhandlungs- und Entscheidungspflicht erstreckt sich danach allein auf schon laufende Leistungen, nicht auf noch ausstehende Anwartschaften.

155 Schwab, Handbuch, Rn 549 S. 217/218.

156 Richtig Schwab, Handbuch, Rn 549 a. E. S. 218.

157 Schwab, Handbuch, Rn 552 S. 218.

158 Werden die Ansprüche erst nach der Eheauflösung fällig, versagen §§ 1372 ff. BGB.

159 BGH, FamRZ 1977, 41; dazu MK/Gernhuber, § 1375 Rn 10. Kritisch Bogs, FamRZ 1978, 81 (85).

160 Schwab, Handbuch, Rn 553 S. 219.

161 Schwab, Handbuch, Rn 553 S. 219.

162 Dazu Ruland/Tiemann, Rn 285 S. 115.

163 Ruland/Tiemann, Rn 275 S. 112.

164 Vom 24. 6. 1977, BGBl. I 1014.

165 Ruland/Tiemann, Rn 314 S. 126; Schwab, Handbuch, Rn 582 S. 231.

166 Ruland/Tiemann, Rn 315 S. 126, unter Verweis auf Rn 55 S. 22.

167 Ruland/Tiemann, Rn 315 S. 126.

168 So Ruland/Tiemann, Rn 316 ff. S. 127 ff.; Schwab, Handbuch, Rn 585 S. 232.

169 So die überwiegende Meinung, vgl. die Nachweise bei Ruland/Tiemann, Rn 315 S. 126.

170 Vgl. Schwab, Handbuch, Rn 587 S. 233.

171 Ausführliche Rechenbeispiele bei Ruland/Tiemann, Rn 324 f. S. 131.

172 Nach dem Gesetzeswortlaut gilt § 1587a III BGB für Nr. 5 grundsätzlich, für Nr. 4 nur dann, wenn die Dynamisierung nicht besteht – eine nicht unbedingt einleuchtende Unterscheidung.

173 Schwab, Handbuch, Rn 597 S.235/236.
174 Beispiele auch bei Ruland/Tiemann, Rn 318 S.128. Einem Deckungskapital von DM 20000,– entsprach 1977 eine Rente von DM 128,40 monatlich.
175 Ruland/Tiemann, Rn 185 S.71/72. Daten für 1978 in NJW 1978, 2138.
176 Vgl. die Nachweise bei Ruland/Tiemann, Rn 187f. S.72f.
177 Ausführliche Rechenbeispiele bei Ruland/Tiemann, Rn 166ff. S.66ff.
178 Vgl. dazu Schwab, Handbuch, Rn 598 S.236.
179 Schwab, Handbuch, Rn 599 S.236; vgl. auch Rechtsanwenderbroschüre, S.52.
180 Schätzungen sagen rund 80% am gesamten Ausgleich von Versorgungsanwartschaften aus § 1587b I BGB voraus, vgl. Ruland/Tiemann, Rn 343 S.138.
181 Leichte Abwandlung zu Schwab, Handbuch, Rn 601 S.237/238; vgl. Rechtsanwenderbroschüre, S.256/257.
      Zur Umrechnung in Werteinheiten vgl. Ruland/Tiemann, Rn 355f. S.141f. 1977 kostete eine Werteinheit DM 39,2544. Vgl. auch AG Hamburg, NJW 1978, 2511.
182 Zu technischen Einzelheiten vgl. § 1329 RVO und Ruland/Tiemann, Rn 350 S.139/140.
183 Besteht dort kein Konto, ist zu tenorieren: „. . . werden auf ein für die Antragstellerin bei der Landesversicherungsanstalt Y. zu errichtendes Konto" übertragen, vgl. § 1304c RVO.
184 Beispiele von Schwab, Handbuch, Rn 602f. S.238f.
185 Daneben werden als Abkürzungen im folgenden verwendet: Beamtenversorgung = BV; betriebliche Altersversorgung = BAV; private Versicherung = PV.
186 Ist überhaupt keine Versorgung geschaffen, ist vom Wert 0 auszugehen; vom Gesetz wird diese Situation ausdrücklich allerdings nicht erwähnt, vgl. § 1587a II BGB.
187 So Palandt/Diederichsen (37.), § 1587b Anm.2.
188 So Schwab, Handbuch, Rn 608 S.241.
189 Schwab, Handbuch, Rn 609 S.241.
190 Weitere Einzelheiten zum Rentensplitting bei Ruland/Tiemann, Rn 345f. S.138f.
191 Die übertragenen Anwartschaften teilen das Schicksal des „Hauptrechts", dazu Ruland/Tiemann, Rn 370 S.144.
192 Dazu nur Ruland/Tiemann, Rn 373 S.145. AG Altena, FamRZ 1977, 794 – verfassungswidrig; dazu Bogs FamRZ 1978, 81 (86).
193 Zu den Einschränkungen vgl. Bogs, FamRZ 1978, 81.
194 Ruland/Tiemann, Rn 324 S.145/146.
195 Dazu Ruland/Tiemann, Rn 374/375 S.146.
196 Aus der allgemeinen Rentenformel entwickelt bei Ruland/Tiemann, Rn 357 S.141/142.
197 Beispiel bei Ruland/Tiemann, Rn 377 S.146.
198 Mit Besonderheiten bei der Anrechnung, vgl. Ruland/Tiemann, Rn 379f. S.146f.
199 Ruland/Tiemann, Rn 378, S.146.
200 Einzelheiten bei Ruland/Tiemann, Rn 414f. S.157f.
201 Zum Vorgang insgesamt Schwab, Handbuch, Rn 610 S.241/242.
202 Oder einem anderen Träger der gesetzlichen Rentenversicherung.
203 Rechtsanwenderbroschüre, S.257.
204 Schwab, Handbuch, Rn 617 S.244. Anschaulich die graphische Darstellung in der Rechtsanwenderbroschüre, S.248f.
205 Zu den Beispielen vgl. Schwab, Handbuch, Rn 619ff. S.244ff.
206 Verfassungsrechtliche Bedenken bei Bogs, FamRZ 1978, 81 (89/90). Vorlagebeschluß nun von AG Oberhausen, FamRZ 1979, 53.
207 Vgl. dazu Rechtsanwenderbroschüre, S.257.

208 Zur „Bereiterklärung" des Verpflichteten – sie steht der Beitragsentrichtung gleich, nimmt ihre Wirkungen vorweg – Ruland/Tiemann, Rn 452 f. S. 169 f.

209 Zu weiteren Einzelheiten vgl. Schwab, Handbuch, Rn 628, 629 S. 253, 254. Zu den Möglichkeiten einer Verteilung vgl. ebda., Rn 650, 651 S. 254/255.

210 Zu Einzelheiten vgl. Schwab, Handbuch, Rn 636 f. S. 250 f.

210a Keine grobe Unbilligkeit, wenn durch den Versorgungsausgleich dem „Belasteten" lediglich ein Rest verbleibt, der unterhalb der Sozialhilfegrenze liegt, OLG Stuttgart, NJW 1979, 48.

211 Zitate aus BT – Ds 7/650, S. 162.

212 Vgl. die Beispiele in BT – Ds 7/650, S. 162.

213 BT – Ds 7/4361 S. 43.

214 BT – Ds 7/4361, S. 43.

215 Schwab, Handbuch, Rn 659 S. 257/258.

216 Schwab, Handbuch, Rn 659 S. 258.

217 Von Maydell, FamRZ 1978, 749.

218 Schwab, Handbuch, Rn 654 S. 256.

219 Ruland/Tiemann, Rn 468 S. 175; ebenso Bogs, FamRZ 1978, 81 (84).

220 Vgl. BT – Ds 7/650, S. 162.

221 Zu weitgehend AG Düsseldorf, NJW 1978, 2039 – Ausschluß von Amts wegen, bei nahezu gleichem Verdienst in der Ehe. Grobe Unbilligkeiten vermag ich nicht zu sehen (allenfalls eine nicht unbedingt sinnvolle Belastung der Versorgungsträger mit Verwaltungsaufwand).

222 Schwab, Handbuch, Rn 693 S. 273.

223 Zu weiteren Einzelheiten des schuldrechtlichen Versorgungsausgleichs vgl. Ruland/ Tiemann, Rn 492 ff. S. 183 ff.; Schwab, Handbuch, Rn 693 ff. S. 272 ff.

224 Ruland/Tiemann, Rn 162 S. 64. Für Klagen auf Zustimmung zur Auskunft gegenüber dem Versorgungsträger vgl. ebda., Rn 161 S. 64. Neuerdings BVerfG, FamRZ 1978, 769. Zu weiteren Einzelheiten Fließ, FamRZ 1978, 394.

225 Dazu Ruland/Tiemann, Rn 163 f. S. 64 f.

226 BGBl. I S. 3184.

227 BGBl. I S. 1486; dazu Bergner, NJW 1977, 1748 und Göppinger, Rn 410 S. 144/145.

228 Zum Ganzen Ruland/Tiemann, Rn 157, S. 62.

229 Fließ, FamRZ 1978, 394; ebenso OLG Düsseldorf, FamRZ 1978, 423; a. A. Vogel, FamRZ 1978, 391; AG Lörrach, NJW 1978, 1367. Vgl. auch OLG Hamm, FamRZ 1978, 700 und OLG Koblenz, FamRZ 1978, 702.

230 Dazu von Maydell, FamRZ 1978, 749.

231 Zur Gesetzgebungsgeschichte vgl. knapp Ruland/Tiemann, Rn 565 S. 207.

232 RA – Ds 7/140 S. 10.

233 Dazu Ruland/Tiemann, Rn 613 S. 222.

234 Von Maydell, FamRZ 1978, 749.

235 Schwab, Handbuch, Rn 668 S. 261.

236 Vgl. etwa Schwab, FamRZ 1977, 768 (770), allerdings für die Härteklauseln (insoweit verwandt).

237 Dazu Ruland/Tiemann, Rn 674 f. S. 226 f.

238 Vgl. dazu von Maydell, FamRZ 1978, 749.

239 Zutreffend Schwab, Handbuch, Rn 670 S. 262; ders., FamRZ 1977, 768/769.

240 Abweichend Schwab, Handbuch, Rn 670 S. 262, der vor allem den individuellen Charakter der Vereinbarung nach §§ 1587o, 1408 II BGB betont, ohne typisierten Schutz nach Art des Sozialhilfe- oder Sozialversicherungsrechts.

241 So Schwab, DNotZ 1977, 51 (58) – Sonderheft.

242 Bogs, FamRZ 1978, 81 (84).

243 Vgl. – insoweit verwandt – AG Ulm, NJW 1978, 2037 – Zulässigkeit der höheren Bewertung der vom Familiengericht zu übertragenden Wertanteile; vgl. auch AG Hamburg, NJW 1978, 2511, das beim Ausgleich einer betrieblichen Altersversorgung statt eines „an sich" in die Rentenversicherung einzubezahlenden Betrages eine höhere Umbuchung – gegenüber den über das Rentensplitting zu verteilenden Anrechten – in der gesetzlichen Rentenversicherung vornimmt.

244 Zum Verhältnis beider Bestimmungen zueinander Bogs, FamRZ 1978, 81 (87 f.).

245 Dazu Bergerfurth, FamRZ 1977, 44o.

246 Ruland, NJW 1976, 1713 (1715). Dagegen ausführlich AG Münster, NJW 1978, 1592.

247 Richtig Schwab, Handbuch, Rn 673 S. 263 im Anschluß an von Maydell, FamRZ 1977, 172 (181); zutreffend Kissel, Bd. 1, S. 198.

248 Sehr ausführlich zu den möglichen Vereinbarungen Göppinger, Rn 407 f. S. 144 f.

249 Mit vielen Unklarheiten, vgl. Schwab, FamRZ 1977, 768 (772 f.).

250 Vermischung von Elementen des Versorgungsausgleichs mit unterhaltsrechtlichen Bestandteilen, zutreffend Schwab, Handbuch, Rn 691 S. 271.

251 Mit einer kaum zu verstehenden Ungenauigkeit im Textfassung – wann „durfte" eine Ehe wegen des Widerspruchs aus § 48 II EheG 1946/1961 nicht geschieden werden? Dazu OLG Hamm, NJW 1978, 761 (765); OLG Düsseldorf, NJW 1978, 2159 hält die Regelung deshalb für verfassungswidrig. A. A. OLG Köln, NJW 1979, 111. Aufteilung: Die in die Ehezeit fallenden Anwartschaften werden im Verhältnis Gesamtzeit der Ehe:Trennungszeit geteilt.

251a Dazu BGH, JZ 1978, 804.

252 Entschieden ist bisher der umgekehrte Fall: Keine Verfassungswidrigkeit der zeitlichen Fixierung auf den 1. 7. 1977, des aufgeschobenen Wirksamwerdens des 1. EheRG (und der fehlenden Rückwirkung entgegen Art. 12 Nr. 3 III 1), BVerfG, NJW 1978, 629. Fast selbstverständlich BVerfG, NJW 1978, 259 – keine Verfassungsbeschwerde „gegen das 1. EheRG" ohne konkrete Betroffenheit; die Beschwerdeführer lebten in Scheidung, eine gerichtliche Entscheidung war noch nicht erfolgt.

253 Dem BVerfG liegen die Vorlagebeschlüsse des OLG Hamm, NJW 1978, 761, des OLG Celle, NJW 1978, 1333 und des AG Hagen, FamRZ 1978, 516 sowie 16 weitere Vorlagebeschlüsse vor, vgl. dazu die Erklärung des Bundesministers der Justiz vom 26. 6. 1978. Von 85 Verfassungsbeschwerden sind allein 65 nicht zur Entscheidung angenommen. Die Verfassungswidrigkeit verneint ausdrücklich (mit anderen Gerichten) OLG Celle, FamRZ 1978, 518 (17. Zivilsenat), läßt aber – unverständlich – keine weitere Beschwerde an den BGH zu, richtig die Anmerkung Bosch. Zum Ganzen vgl. auch Müller, NJW 1978, 2273 sowie die Übersicht in FamRZ 1978, 905.

254 Vgl. auch die Wiedergabe in Zur Sache 2/76, S. 72 f., insbesondere Friauf und Schwab.

255 Als Beispiel BVerfG, NJW 1978, 259 – wer würde sich schon vor einer gerichtlichen Auseinandersetzung an das BVerfG wenden, wenn nicht ein zentraler Bereich der eigenen Existenz und Identität berührt wäre? Welcher Anwalt würde sich engagieren?

256 Mit unterschiedlicher Blickrichtung, vgl. einerseits Müller, NJW 1977, 1745 (1746), andererseits Ruland/Tiemann, Rn 722 f. S. 263 f.

257 Auch Art. 1 u. 2 GG werden herangezogen, vgl. Müller, NJW 1977, 1745 (1747): Die finanziellen Belastungen einer Ehescheidung seien immens gestiegen, kaum noch aufzubringen; viele Ehegatten werde dieser Umstand verleiten, in gescheiterten Beziehungen dahinzuvegetieren, ohne Hoffnung. Zum Ganzen OLG Hamm, NJW 1978, 761.

258 Dazu OLG Hamm, NJW 1978, 761 (763 f.): In manchen Situationen entziehen §§ 1587 ff. BGB Rentenanwartschaften, ohne sie umzuverteilen, etwa bei vorzeitigem Tod des Ausgleichsberechtigten, bei verfehlter Wartezeit etc.; dies sei eine (unzulässige) entschädigungslose Enteignung.
Weitere Einzelheiten OLG Hamm, NJW 1978, 761 (764).

259 Oder Art. 20 I GG, als Verkörperung des „Vertrauensgrundsatzes", so Müller, NJW 1977, 1745.

260 Dazu insbesondere OLG Celle, NJW 1978, 1333 (1335).

261 Vgl. dazu oben 1. Teil 3. Kapitel VII; in diese Richtung OLG Hamm, NJW 1978, 761 (764/765) und Müller, NJW 1977, 1745.

262 Zweifelnd aber wiederum OLG Hamm, NJW 1978, 761 (764/765); einschränkend auch Ruland/Tiemann, Rn 704 S. 257 f. – echte Rückwirkung für vor dem 1. 7. 1977 bereits eingeleitete Scheidungsverfahren.

263 Ausnahmen sind nur in ganz engen Grenzen zugelassen, vgl. Ruland/Tiemann, Rn 702 S. 256.

264 Dazu BVerfGE 11, 139 (145); 13, 261 (270); 14, 288 (297); 22, 241 (248); 33, 73 (82).

265 Deutlich BVerfGE 14, 288 (300); 24, 220 (230).

266 Nicht überzeugend daher Bogs, FamRZ 1978, 81 (86/87) und Ruland/Tiemann, Rn 706 f. S. 258, die auf diesen Umstand abstellen.

267 Bogs, FamRZ 1978, 81 (86).

268 Bogs, FamRZ 1978, 81 (86). Gegen die Annahme eines Verfassungsverstoßes Kissel, DRiZ 1978, 133.

269 Ruland/Tiemann, Rn 710 S. 260.

270 Dazu Finger, JZ 1975, 461 (466 f.) für § 1365 BGB; Bogs, FamRZ 1978, 81 (84 f.).

271 Bogs, FamRZ 1978, 81 (87).

272 Diskutabel bleibt das Verdikt für einen – immer unwesentlicher werdenden – Ausschnitt, der geprägt ist von „echter Rückwirkung": bei Scheidungsverfahren, die bereits vor dem 1. 7. 1977 eingeleitet wurden, vgl. Ruland/Tiemann, Rn 704 f. S. 257 f. Der weiteren Auffassung, das 1. EheRG sei wegen fehlender Übergangsregelung für vor dem 14. 6. 1976, dem Tag seiner Verkündung, geschlossene Ehe hinsichtlich des Versorgungsausgleichs wirkungslos, Rn 721 f. S. 260 f. vermag ich nicht zu folgen; sie stellt maßgeblich auf „Vorhersehbarkeit" und Information der Rechtsunterworfenen ab, während es nach meiner Ansicht auf objektive Gesichtspunkte ankommt. Wie Ruland/Tiemann auch Müller, NJW 1977, 1745 (1748) – „offensichtlicher" Verstoß gegen Art. 20 I GG. Friederici, ZRP 1978, 234 will auch bei Altehen den Versorgungsbestand stets einbeziehen, der nach dem 1. 7. 1977 geschaffen wurde.

273 Zu § 1578 III BGB OLG Karlsruhe, FamRZ 1978, 501 mit Anm. Morawietz.

274 Ruland/Tiemann, Rn 735 S. 267.

275 Ruland/Tiemann, Rn 736 S. 268.

276 Zur Verfassungswidrigkeit der Limitierung der Witwenrente (allgemein) auf 6/10 der Versichertenrente (§§ 1368 III RVO, 45 III AVG) vgl. nunmehr BVerfG, FamRZ 1978, 487.

277 Zur unterschiedlichen Behandlung des geschiedenen gegenüber dem verheirateten Ehegatten vgl. insbesondere Ruland/Tiemann, Rn 721 f. S. 262 f.

278 BVerfG, NJW 1975, 919. Zu neuen Plänen vgl. FR vom 16. 8. 1978, S. 4.

279 Vgl. dazu Pappai, S. 279.

280 Jayme, NJW 1977, 1378 (1382/1383).

281 Dazu Jayme, NJW 1977, 1378 (1382/1383).

246

282 Und die Nachweise bei Palandt/Heldrich (37.), Art. 17 EBGBB Anm. 5.
283 AG Charlottenburg, NJW 1978, 1116; AG Hannover, NJW 1978, 1117. Der Mißklang, daß die Zubilligung von Ausgleichsrenten von der zufälligen Rollenverteilung im Scheidungsverfahren abhängt – Art. 17 III EBGBG –, ist vermieden.
284 Dazu AG Charlottenburg, FamRZ 1978, 38.
285 Jayme, NJW 1977, 1378 (1383); umfassende Nachweise bei Bürgle, FamRZ 1978, 388 und Jayme, NJW 1978, 2417 (lex fori, Internationales Sozialversicherungsrecht u. a.).
286 Jayme, NJW 1977, 1378 (1383); ders., NJW 1978, 2417. Vgl. außerdem Bürgle, FamRZ 1978, 388 (290); Jochem, JuS 1978, 708.
287 Jayme, NJW 1977, 1378 (1383).
288 Dazu Jayme, NJW 1977, 1378 (1383).
289 Jayme, NJW 1977, 1378 (1383).

3 TEIL

9. Kapitel

Elterliche Gewalt; elterliche Sorge.

I. Einführung.

Die Auseinandersetzungen um die grundsätzliche Ausrichtung, die eine Neufassung des Eherechts, insbesondere des Scheidungsrechts, finden soll, haben sich inzwischen deutlich abgeschwächt. Entscheidende Beruhigung leistet dabei das 1. EheRG mit seinem vorläufigen Abschluß und seiner prägenden Wirkung. Die Praxis lebt mit dem neuen Gesetz, trotz mancher Widerstände (was wichtig genug ist wegen der häufigen Freiräume). In Zukunft wird sich der Streit daher vorwiegend um einzelne Interpretationsfragen drehen, um isolierte Vorschriften und Vorschriftengruppen. Versuche, an der gesamten Konzeption zu rütteln, etwa mit dem offenen Ziel, Schuldgesichtspunkten bei der Regelung der Scheidungsfolgen doch wieder ausschlaggebendes Gewicht beizumessen, werden sicher seltener, wenn auch nicht unbedingt leiser werden, als grollende Rückzugsgefechte. Mit unvermittelter Heftigkeit tobt hingegen der Kampf an einer anderen Front, verstärkt noch durch den Zulauf freigewordener Kräfte: im Eltern-Kind-Verhältnis. Mehrere Entwürfe zur Neuregelung der §§ 1626 ff. BGB liegen vor: BT – Ds 8/111 (identisch mit BT – Ds 7/2060, nach Ablauf der Wahlperiode des 7. Deutschen Bundestages erneut eingebracht von den Fraktionen der Regierungsparteien), ein Alternativ-Entwurf des Juristinnenbundes, Vorschläge der Interessengemeinschaft steuerreformgeschädigter unterhaltpflichter Väter und Mütter (ISUV), des Bundesarbeitskreises Christlich-Demokratischer Juristen (BACDJ)[1] sowie eine Neufassung von BT – Ds 8/111, die von den ursprünglichen Zielen nicht viel übrig läßt. Von der „elterlichen Gewalt", so die Überschrift zu § 1626 BGB, zur „elterlichen Sorge", so BT – Ds 8/111 (= BT – Ds 7/2060), auf diese Schlagworte läßt sich die Gesetzesreform verkürzen; vom „Herrschaftsrecht" zum (fremdnützigen) Pflichtenkatalog wäre eine ungefähre Parallele. Elternrechte sind reduziert, Kindesrechte aufgewertet; kindliche Selbstbestimmung als Mittel, sich frühzeitig – zunächst in Abhängigkeit und unter Kontrolle, später unbeschränkt – in Verantwortung und Handlungsautonomie, Konfliktbewältigung und Unabhängigkeit einzuüben, als Vorbereitung zum Erwachsenwerden, steht als Überzeugung (oder Bekenntnis) und Fixpunkt im Hintergrund, im Reformentwurf der Bundesregierung und in mehr oder weniger gemilderter oder variierter Form in den anderen genannten Entwürfen, kaum noch dagegen in der letzten Umbildung von BT – Ds 8/111. Das eigentliche Feld ist allerdings beträchtlich zu erweitern, über die enge Beziehung zwischen Eltern und ihren Kindern hinaus; BT – Ds 8/111 deckt lediglich einen schmalen Ausschnitt ab. Kindheit und Gesellschaft suchen ihr Verhältnis zueinander, mit den Untertiteln Familie und Erziehung, Familie und Autorität, Autorität und Charakterstruktur, Familie und Schule, Familie und sonstige Sozialisationsinstanzen, Absicherung von Familie. Übersetzt in tagespolitische Fragen: Wie sind neue Erziehungskonzepte und Lebensformen, die sich um die Realisierung neuer Erziehungskonzepte bemühen, einzuschätzen? Was bleibt für eine rechtsförmige Erfassung? Wie ist Schule zu organisieren, damit sie ihre Aufgaben wahrnehmen kann, wie Vorschule und Kindergarten, Kindertagesstätte? Welche Schulform verdient den Vorzug, die (integrierte oder kooperative) Gesamtschule oder der bisher übliche Mehrklang aus verschiedenen Einzeltypen? Wie sieht die Schule der Zukunft aus? Welche Eingriffsbefugnisse stehen für Schule und Schulreform der Administration, der Kultusbürokratie offen, was ist dem Gesetzgeber vorbehalten? – Stichworte: Reform der gymnasialen Oberstufe, Rahmenrichtlinien und andere Lehrplanveränderungen, Sexualkundeunterricht –, welche unantastbaren Positionen der Eltern sind zu achten?[2] Wie verhält sich Schule zu Familie? Wie verläuft das Wechselspiel zwischen Autorität[3] und Autonomie in den verschiedenen Einrichtungen, wie in der Familie? Wie lassen sich Erziehungsziele formulieren? Welchen Grad von Verbindlichkeit kann ein solcher Katalog erlangen? Welche Kontrollen (etwa JWG) sind für Abweichungen vorzusehen? Gibt es überhaupt wirksame, greifende Kontrollen, stoßen sie sich nicht mit anderen Grundwerten (etwa Art. 6 I 1 GG)? Unschwer sind weitere Einzelaspekte aneinanderzureihen. Dabei dürfen die zunächst eher äußerlichen „gravierenden Fehlentwicklungen im Leben deutscher Familien (nicht) außer Acht" gelassen werden, „die überall ablesbare Wohnungsnot kinderreicher Familien, die deprimierend mangelhaften Spielmöglichkeiten in den Städten, die Fernsehüberflutung oder das Faktum, daß nach Schätzungen (welche? P. F.) heute schon zwanzig bis dreißig Prozent der Kinder als verhaltensgestört oder verhaltensauffällig bezeichnet werden"[4] müssen. Den Ursachen für diese Fehlentwicklung ist mit Aufmerksamkeit nachzugehen, die so bedrückende Kinderfeindlichkeit gerade unserer Gesellschaft auf ihren Begriff zu bringen. Familienrechtliche Reformen im Kernbereich leisten allerdings kaum grundlegenden Wandel; sie langen vielmehr schnell an „natürlichen" Grenzen an, an Intimität, an Regelungsfreiheit, an Beharrlichkeit aller Instanzen. Flankierende Maßnahmen werden daher besonders wichtig als Stütze und Absicherung, ein nun schon bekannter Umstand[5] – und auf den Nebenfeldern geschieht zu wenig.

Ergebnisse benachbarter Sozialwissenschaften gewinnen für die rechtliche Beurteilung des Eltern-Kind-Verhältnisses unmittelbares Gewicht, vor allem auf der Mikroebene. Kindliche Bedürfnisse, vereinigt in der Formel vom „Kindeswohl", die als Leitlinie dient und maßgebliche Steuerungsaufnahmen übernimmt, sind ohne einen Blick über das eigene Gehege hinaus kaum zureichend zu erfassen. Selbst die praktisch beliebten Alltagstheorien, die häufig und stereotyp verwendet werden, orientieren sich noch an außerrechtlich entworfenen Erziehungskonzepten, ohne sich und potentiellen Kritikern jedoch offen Rechenschaft über diesen

Vorgang abzulegen. Kindliche Schädigungen (vgl. dazu §§ 1666, 1711 BGB) sind ohne „fremde" Hilfe lediglich zu erahnen, nicht aber einzuordnen und auf ihre tieferen Ursachen zurückzuführen. Elterlicher Einfluß wird erst einschätzbar vor dem Hintergrund der kindlichen Bedürfnisse. Entwicklungspsychologie in ihrer unterschiedlichen grundsätzlichen Ausrichtung findet deshalb ein ebenso breites Betätigungsfeld wie Kinder- und Jugendpsychiatrie – wiederum: Die krankmachenden und krankhaltenden, insbesondere die schizophrenogenen Wirkungen von Familie[6] in bestimmten Konstellationen (= folie à famille)[7] sind inzwischen weitgehend anerkannt,[8] bestimmte Delegationsformen (= Sündenbock) und Kommunikationssperren (double-bind) in der Familie Untersuchungsgegenstand –, Lernpsychologie, Verhaltens- und Sozialisationsforschung, Kriminologie und Familiensoziologie. Dabei entscheidet der durch die Fragestellung und den jeweiligen Forschungsansatz vorgegebene Brennwinkel über den Ausschnitt aus der Wirklichkeit, auf den das Interesse gelenkt ist. Ein Nebeneinander einzelner Teile mit partiellen Überschneidungen, sogar mit Widersprüchen, nicht etwa ein gegenseitiger Ausschluß, ist möglich und hilfreich. Vermittelt und vielfältig gebrochen sind dagegen die nachgewiesenen Einflüsse auf der Makroebene (= Kindheit und Gesellschaft). Vielleicht nicht einmal so weit entfernt in der Sache, wie zunächst angesichts der Unterschiede bei der Bewertung zu vermuten wäre, stehen sich die Äußerungen Fromm's[9] – „. . . in der Produktion gesellschaftlicher erwünschter seelischer Strukturen (liegt) die wichtigste Funktion der Familie . . ." –, von Schmidt-Relenberg/Luetkens[10] –

„In einer kapitalitsichen Gesellschaft sichern diese Bedingungen die Ausbeutung der einen Klasse durch die andere, und diese Sicherung erfordert den nichtkritischen, in Widerstand ungeübten und ohnmächtigen, den fleißigen und angepaßten Menschen. Die Aufrechterhaltung kapitalistischer Produktionsweise gelingt um so besser, je mehr man die Mitglieder einer Gesellschaft so zurichtet und sozialisiert, daß ihnen die Antizipation anderer gesellschaftlicher, das heißt vor allem anderer ökonomischer Zustände absurd und widersinnig erscheint" –,

Horkheimer's[11] –

„Infolge der raum-zeitlichen Trennung von beruflicher und familiärer Existenz kann nun jeder bürgerliche Vater, auch wenn er im sozialen Leben eine armselige Funktion ausübt, und einen krummen Rücken machen muß, zu Hause als Herr auftreten und die höchst wichtige Funktion ausüben, die Kinder an Bescheidung und Gehorsam zu gewähnen", mit häßlichen Folgen wie neuere Untersuchungen von Mantell belegen –

und die Einschätzungen (statt vieler anderer) von Erikson und Claessens gegenüber, die gerade der Kleinfamilie wesentliche Aufgaben bei der Kinderaufzucht zuweisen, ihr gleichzeitig mehr oder weniger gute Erledigung dieser Aufgaben bestätigen.

Auf die Präsentierung eines eigenen Konzepts für („richtige") Erziehung und („funktionierende") Ausbildung von Kindern muß ich verzichten, ganz einfach weil ich ein solches Konzept nicht besitze. Meine Vorlieben und die ungefähre

Richtung, zu der ich neige, die übernommenen Theoriesplitter will ich gleichwohl skizzieren, in aller gebotenen Kürze; das erleichtert die Einschätzung von Einzelergebnissen, öffnet sie der kritischen Durchleuchtung. Eine sinnvoll und ernsthaft diskutable Alternative zur Erziehung in der Familie vermag ich mir, zumindest für unsere gegenwärtige Situation, nicht vorzustellen.[12] Berichte aus kollektiven Modellen – Kibbuzim[13] u. a. – sind kaum überprüfbar auf ihren Realitätsgehalt, lösen jedenfalls Skepsis aus. Die schlichte Übertragung scheitert zudem von vornherein, da gerade diese Modelle bezogen sind auf eine bestimmte historische Epoche des Übergangs (die Kibbuz-Erziehung wohl auch nur verständlich wirkt in der exponierten Lage Israels, in der Geschichte und im Verhältnis zu den Nachbarn). Erfahrungen aus sozialistischen Ländern fehlen weitgehend, abgesehen von den Ansätzen bei Wera Schmidt;[14] vor allem in der DDR ist überdies eher eine Rückkehr zur „Wiederbelebung familiärer Beziehungen"[15] zu beobachten.[16] Jedenfalls schreckt die Wirklichkeit in unseren Heimen. Die Prägungen und Verformungen der kindlichen Persönlichkeit durch Heimaufenthalte sogar bei kurzer Dauer sind offensichtlich unvermeidbar, wenn auch sicherlich abzumildern. Hospitalisierungssyndrome und sonstige Ausfallkrankheiten bei partiellem oder völligem Entzug affektiver Zufuhr sind seit den Untersuchungen von René Spitz[17] bekannte Erscheinungen. Guter Wille der „Lohnerzieher" allein hilft nicht weiter, selbst bei allen sonstigen Vorbehalten gegen die Schilderungen/vermuteten Notwendigkeiten bei Heinsohn/Knieper.[18] Über das Verhältnis der einzelnen Sozialisationsinstanzen zueinander ist damit allein allerdings noch keine abschließende Einschätzung gefällt, kein selbstverständlicher Vorrang der Familie (sprich: elterliche Betreuung) gegenüber schulischen und ähnlichen Ausbildungsapparaturen begründet. Vielmehr ist erst der gegenseitige Bezug aufeinander zu schaffen, ohne Primat der einen oder anderen Seite (bzw. mit unterschiedlicher Abfolge für die verschiedenen Altersstufen). Die Kleinfamilie mit ihrer (idealtypisch) abgeschirmten liebevollen/emotionalen Binnenatmosphäre schließt wohl noch die besten Voraussetzungen in sich ein, das heranreifende Kind auf sein Leben in der Gesellschaft vorzubereiten und einzustimmen, Zugang zur Welt zu finden, Vertrauen zu sich selbst und zur Umgebung zu entwickeln, Autonomie, Konfliktfähigkeit und Handlungskompetenz auszubilden.[19] Alleinstehende Väter und Mütter haben dagegen schon mit fast unüberwindlichen praktischen Schwierigkeiten zu kämpfen, verfallen deshalb oft in Distanz oder in overprotection. Alternative Lebensformen – Wohngruppen, Wohngemeinschaften, Großfamilien – können weitgehend, fast austauschbar, die Aufgaben[20] der Kleinfamilie übernehmen, Wärme und Geborgenheit zu vermitteln, vielleicht sogar mit manchen Vorteilen (insbesondere den aus dem Säuglingsalter entwachsenen Kleinkindern stehen mehrere liebevolle Bezugspersonen gegenüber; sie sind nicht auf Gedeih und Verderb an Vater und Mutter ausgeliefert), aber auch handfesten Nachteilen, wenn mit den eigenen Forderungen nach Andersartigkeit ernstgemacht wird. Die Geschichte der anti-autoritären Kinderladenbewegung belegt dies ebenso eindrucksvoll wie der stille Tod, den viele Alternativprojekte inzwischen gestorben[21] sind. Gesellschaftliche Zwänge lassen sich nicht auf Dauer ausblenden; alles andere wäre Augenwischerei auf Kosten der Kinder.[22] Um einem Mißverständnis jedoch gleich von vornherein vorzubeugen: Platter Biologismus wird von mir nicht propagiert; vielmehr verstehe ich die Mutterrolle weniger biologisch als psychologisch[23] (in aller Regel deckt sich beides). Nicht Herkunft und Abstammung entscheiden über Mutterfunktionen und Elternschaft, sondern die Aufnahme als Kind, die Zuwendung, Bildung, Pflege und Sorge. Wichtig bleibt zudem die Erkenntnis von Claessens:[24] „Die Kernfamilie kann von jeder Gesellschaft in ihren Dienst gestellt werden" als gut funktionierender Transmissionsriemen zwischen Gesellschaft und Individuum bei der Vermittlung von Einstellungen und Werthaltungen sowie bei der Herausbildung einzelner Persönlichkeitskomponenten. Familie hat über Erziehung eine besondere Beziehung zu den Herrschaftsstrukturen in einer Gesellschaft.[25] Aufklingendem Familienzentrismus schließlich ist vorzubeugen, die Öffnung zur Gesellschaft herzustellen und offenzuhalten; die Flucht in die Innerlichkeit ist jedenfalls nur ein Zerrbild.

Auf die Formulierung von Sozialisationszielen, präziser als die von mir angegebene Richtung, muß ich ebenfalls verzichten, weil mir eine Präzisierung nicht gelingt und weil ich auch sonst keinen faßbaren Katalog ausmachen kann; BT – Ds 7/3502[26] – 2. Familienbericht der Bundesregierung – etwa listet Selbstsicherheit, Ausbildung eines Gewissens, Entwicklung intellektueller Fähigkeiten, Leistungsmotivation, Empathie und Solidarität, produktive Konfliktbewältigung auf, bleibt damit aber ebenfalls allgemein, einmal abgesehen von der Tatsache, daß ich manche Teilaspekte gar nicht, andere erst bei eingegrenzter Anwendbarkeit akzeptieren möchte.

Ein Punkt vielleicht zum Abschluß. Bei allem verständlichen – betroffenen! – Engagement sollten die Auseinandersetzungen über die „richtige" Verteilung von Eltern- und Kindesrechten, über Erziehung in unserer Gesellschaft, über Emanzipation von Kindern und von Eltern[27] mit größerer Fairneß geführt werden; das beliebte Spiel, sich den Gegner in der Sache zunächst als verachtenswerten Popanz aufzubauen, um ihn anschließend um so vernichtender schlagen zu können, sollte so schnell wie möglich sein Ende finden. Dafür nur zwei Beispiele: Oft wird die „elterliche Gewalt" des BGB als drückendes Herrschaftsrecht beschrieben, der Herausgabeanspruch aus § 1632 BGB in die Nähe von § 985 BGB gerückt. Sachenrechtliche Assoziationen klingen auf, genährt allerdings durch manche langlebigen Atavismen; noch Nipperdey[28] zitiert zustimmend Hölder's Pandekten, wonach das Kind ein Objekt der Beherrschung des Vaters sei, nicht „als ein zum Gehorsam gegen ihn verpflichtetes, sondern als ein vom Recht seiner Einwirkung preisgegebenes".[29] Schon die Motive[30] belehren jedoch:

„Dem Entwicklungsgange des Rechtes folgend hat der Entwurf die elterliche Gewalt von einer einheitlichen Grundlage aus gestaltet und dabei das natürliche Schutzbedürfnis zum Ausgangspunkte genommen. Demgemäß behandelt er die elterliche Gewalt ihrer wesentlichen Grundlage nach als eine vormundschaftliche im modernen Sinne der Vormundschaft, d. h. als ein dem Interesse des Kindes dienendes Schutzinstitut, welches für den Inhaber der elterlichen Gewalt die Pflicht und das Recht (in dieser modernen Reihenfolge, vgl. BT – Ds 8/111), für die Person wie das Vermögen des Kindes zu sorgen, begründet."[31]

Andererseits weiß ich nicht, warum es tatsächlich unmöglich sein soll, sich „ernsthaft dem von Fromme formulierten Satz (zu) verschließen",[32] wonach „niemand . . . behaupten (wird), daß die Kinder heutzutage unter einer elterlichen Gewalt ‚litten‘, die ihnen die Entfaltung eigenen Wollens schmählich verwehre".[33] Ist es so zweifelsfrei, daß in der Familie „viel weniger" Gewalt geübt wird als früher?[34] Belegen nicht die Erfahrungsberichte – vgl. dazu etwa den Bericht des Berliner Hauses für geschlagene Frauen – das Gegenteil? Werden nicht die erschreckenden Zahlen über Kindesmißhandlungen und das verdeckte Dunkelfeld damit bagatellisiert? Ist die Verkürzung auf diesen Punkt überhaupt zulässig? Beklagen nicht viele Untersuchungen die völlige Sprachlosigkeit zwischen Eltern und (älteren) Kindern? Tragen nicht vielleicht auch die Eltern „Schuld" an diesem Umstand, durch ihre Konsumorientierung, das schnelle Nachgeben vor Zwängen aus der Berufswelt, ihr politisches Desinteresse, die oft ärgerliche Verständnislosigkeit für „abweichendes Verhalten" der Jüngeren,[35] das schlichte Anderssein? Muß Recht sich dem beugen, ohne versuchte Einflußnahme?

II. Modelle.

Erneut sei daran erinnert: Rechtliche Regelung stößt bei einem intimen/privaten Bereich nach Art des Eltern-Kind-Verhältnisses schnell an seine Grenzen. Verbindlichkeit in Rechtsform können Erziehungskonzepte und Sozialisationsmodelle jedenfalls in unserer Gesellschaft nicht erlangen. Durch flankierende Maßnahmen kann lediglich ein Zugang eröffnet, Raum für Entfaltung und breite Ausnutzung geschaffen werden. Ob allerdings „angeordnete Kommunikation" – vgl. § 1626 II 2 EFrakt: „Maßnahmen sollen sie (sc. die Eltern) mit dem Kind erörtern und nach Möglichkeit im Einvernehmen mit ihm treffen" – den richtigen Schlüssel bildet, steht auf einem anderen Blatt.[36]

Mit diesen Vorbehalten sind die nachfolgenden schematischen Übersichten zu lesen.

1.37 Lebensalter

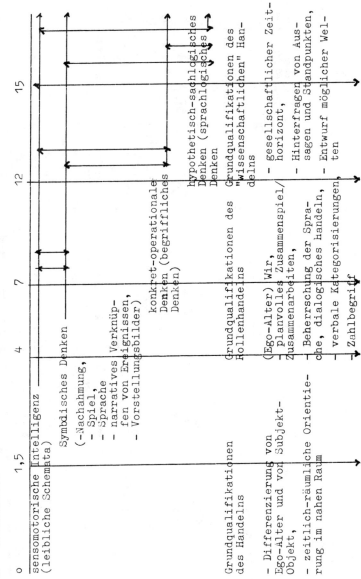

Lebensalter: 0   1,5   4   7   12   15

sensomotorische Intelligenz
(leibliche Schemata)

Symbdisches Denken
(-Nachahmung,
 - Spiel,
 - Sprache
 - narratives Verknüp-
   fen von Ereignissen,
 - Vorstellungsbilder)

konkret-operationale
Denken (begriffliches
Denken)

hypothetisch-sachlogisches
Denken (sprachlogisches
Denken)

Grundqualifikationen
des Handelns

- Differenzierung von
  Ego-Alter und von Subjekt-
  Objekt,
- zeitlich-räumliche Orientierung im nahen Raum

Grundqualifikationen des
Rollenhandelns

(Ego-Alter) Wir,
- planvolles Zusammenspiel/
  Zusammenarbeiten,
- Beherrschung der Spra-
  che, dialogisches handeln,
- verbale Kategorisierungen,
- Zahlbegriff

Grundqualifikationen des
"wissenschaftlichen" Han-
delns

- gesellschaftlicher Zeit-
  horizont,
- Hinterfragen von Aus-
  sagen und Standpunkten,
- Entwurf möglicher Wel-
  ten

254

2. 38a.

A. Psychosoziale Krisen	B. Umkreis der Beziehungspersonen	C. Elemente der Sozialordnung	D. Psychosoziale Modalitäten	E. Psychosexuelle Phasen
I. Vertrauen vs. Mißtrauen	Mutter	Kosmische Ordnung	Gegeben, bekommen, geben	Oral-respiratorisch, sensorisch, kinästhetisch (Einverleibungsmodi)
II. Autonomie vs. Scham, Zweifel	Eltern	Gesetz und Ordnung	Halten (Festhalten), Lassen (Loslassen)	Anal-urethral muskulär (retentiv-eliminierend)
III. Initiative vs. Schuldgefühl	Familienzelle	Ideale Leitbilder	Tun (Drauflosgehen), "Tun als ob" (=spielen)	Infantil-genital lokomotorisch (eindringend, einschließend)
IV. Werksinn vs. Minderwertigkeitsgefühl	Wohngegend, Schule	Technologische Elemente	Etwas "Richtiges" machen, etwas mit anderen zusammen machen	Latenzzeit
V. Identität und Ablehnung vs. Identitätsdiffusion	"Eigene Gruppen", "die anderen", Führer-Vorbilder	Ideologische Perspektiven	Wer bin Ich? (Wer bin ich nicht?) Das Ich in der Gemeinschaft	Pubertät
VI. Initimität und Solidarität vs. Isolierung	Freunde, sexuelle Partner, Rivalen, Mitarbeiter	Arbeits- und Rivalitätsordnungen	Sich im anderen verlieren und finden	Genitalität

VII. Generativität vs. Selbstabsorption | Gemeinsame Arbeit, Zusammenleben in der Ehe | Zeitströmungen in Erziehung und Tradition | Schaffen, versorgen | —

VIII. Integrität vs. Verzweiflung | "Die Menschheit", "Menschen meiner Art" | Weisheit | Sein, was man geworden ist, wissen, daß man einmal nicht mehr sein wird | —

b. Zuzuordnen sind die Altersstufen[39] I. Säuglingsalter, II. Kleinkindalter, III. Spielalter, IV. Schulalter, V. Adoleszenz, VI. frühes Erwachsenenalter und VIII. reifes Erwachsenenalter.

c. Zu ergänzen ist a. noch un noch um die Beziehungen zwischen den einzelnen Komponenten[40]; für die ersten drei Lebensabschnitte und die Merkmale Urvertrauen, Autonomie und Initiative ergibt das (fortzuführen für die anderen Merkmale):

Erstes Stadium (etwa 1. Lebensjahr)	Urvertrauen	Frühform der Autonomie	Frühform der Initiative
Zweites Stadium (etwa 2. und 3. Lebensjahr)	Spätere Form des Urvertrauens	Autonomie	Frühform der Initiative
Drittes Stadium (etwa 4. und 5. Lebensjahr)	Spätere Form des Urvertrauens	Spätere Form der Autonomie	Initiative

für die folgenden Abschnitte entsprechend fortlaufend

Damit „soll angedeutet werden, daß erstens jedes zu diskutierende Problem der gesunden Persönlichkeit systematisch mit allen anderen verbunden ist, und daß alle von der richtigen Entwicklung zur rechten Zeit abhängen, und daß zweitens jedes Problem schon existiert, bevor es normaler Weise in seine entscheidende, kritische Zeit eintritt"[41] (und drittens sind Rückschritte und Verharren auf früheren Stufen einleuchtend zu erklären, P. F.).

d) Besonderes Interesse findet ein Entwicklungsabschnitt zwischen Phase III. und Phase IV. in Erikson's lebenszyklischem Modell – die ödipale Situation, in unterschiedlichen Konstellationen.[42]

„Jedes Kind, das die phallische Phase durchläuft, (wird) mit dem Ödipus-Komplex konfrontiert. Sein weiteres Leben ist Ausdruck dafür, wie und ob es diese Konfrontation überstanden hat. Seine persönliche Entwicklung, seine Beziehungen zu anderen Menschen, seine Anfälligkeit für Neurosen oder Psychosen spiegeln die Bewältigung bzw. Nichtbewältigung des Ödipus-Komplexes wider. Um hier erfolgreich zu sein, muß ein Knabe (warum nicht auch ein Mädchen? P. F.) auf einem schmalen Pfad wandeln können. Er bedarf eines gütigen Vaters, mit dem er sich in Bewunderung und Vertrauen zu identifizieren vermag. Zugleich braucht er einen Vater, der stark und gegenwärtig genug ist, um als Rivale wahrgenommen und (in bestimmten Grenzen) bekämpft werden zu können. Er bedarf einer Mutter, die ihm intime Wärme und Schutz gibt und dabei seine zärtlichen und erotischen Gefühle stimuliert (aber nicht überstimuliert), wodurch er ein Bild von ihr verinnerlicht, das ihn später auf geeignete weibliche Partner hinlenkt. Aber zugleich braucht er eine Mutter, die sich allmählich von ihm ablöst und ihn freisetzt. Angesichts dieses immer prekären Gleichgewichts zwischenmenschlicher Kräfte ist es verständlich, daß die ödipale Gratwanderung leicht mißlingt und in der Folge zu Entwicklungsstillstand und diversen seelischen und charakterlichen Störungen führen kann."

Allerdings erscheint mir zweifelhaft, ob die übliche Beschreibung der ödipalen Situation tatsächlich die Wirklichkeit trifft. Mißlich ist schon, daß sich für die psychosexuelle Entwicklung des kleinen Mädchens ein passendes/entsprechendes Erklärungsmuster nicht finden läßt (was mit der sehr einseitigen – oder besser: nicht vorhandenen – Einstellung Freud's gegenüber der weiblichen Sexualität zusammenhängen mag).[44] Ödipus ist damit Ausdruck der männlichen Sexualität, verkennt ihre Gesamtdimension als menschliche Produktivkraft;[45] die Ödipalisierung gibt der „Unterdrückung der Sexualität die von der kapitalistisch-patriarchalischen Gesellschaft geforderte oder benötigte Form".[46] In unvollständigen Familien – und das zielt besonders auf eine rechtliche Verwendung im Rahmen des § 1671 BGB – kann zudem eine ödipale Situation schon definitionsgemäß nicht entstehen (oder wird umgelenkt auf einen anderen Partner). Schließlich gerät die historische Bedingtheit psychoanalytischer Erklärungsmuster allzu leicht in Vergessenheit, ihre schichtenspezifische Orientierung aus dem Blickfeld;[47] auch ihre Erkenntnisse sollten nicht zu anthropologischen Konstanten aufgewertet werden.

3. Einen eigenständigen Ansatz für die Entwicklung des heranwachsenden Kindes und seine Position im Generationenwechsel[48] liefert Stierlin.[49] Maßgeblich sind als Einzelstücke:[50]

– Bezogene Individuation; sie bedeutet in erster Linie „die Fähigkeit und die Bereitschaft zum Dialog – zum Teilen eines gemeinsamen Aufmerksamkeitsfokus, Einstimmen auf die Wesenszüge des anderen, bei gleichzeitiger Abgrenzung und Artikulation der eigenen Position";

– die Interaktionsmodi von Bindung und Ausstoßung; diese Verhaltensformen eröffnen den „Blick für eine weitere Dimension negativer Gegenseitigkeit. Sie offenbart sich vor allem im Trennungsprozeß zwischen den Generationen". Bindung kann sich dabei auf drei Ebenen auswirken, „auf einer affektiven Ebene, auf der kindliche Abhängigkeitsbedürfnisse manipuliert und ausgebeutet werden" – Es-Bindung –, „auf einer kognitiven Ebene", auf der ein enttäuschter Elternteil sein eigenes Ich dem Kind verzerrend aufoktroyiert – Ich-Bindung – und einer „dritten Ebene, auf der kindliche Loyalitätsbedürfnisse sowohl genährt als auch ausgebeutet werden" – = Überich-Bindung. Ausstoßung forciert die Ablösung/Trennung des Kindes, mit der Folge frühreifer (= unentwickelter, unfertiger) Autonomie;[51]

– Delegation markiert die Auftragserteilung der Eltern an ihre Kinder mit Entgleisungsmöglichkeiten bei Überforderung durch Aufträge, die sich mit den Talenten, Reserven und altersangemessenen Bedürnissen des Delegierten nicht in Einklang bringen lassen – Überforderung durch Auftrags- und Überforderung durch Loyalitätskonflikte;

– Vermächtnis und Verdienst ist zum Teil als Ausweitung des Delegationsprinzips auf mehrere Generationen zu verstehen, als „Schuld/Verdienst-Buchführung"[52] mit motivierender Kraft und besonderen Handlungsanstößen.

III. Statistik.

Entscheidende Daten sind bereits bekannt (2. Teil 7. Kapitel I): Bei leicht rückläufiger Wohnbevölkerung (1974 61,9 Mio, 1975 61,65 Mio Einwohner), stark sinkenden Eheschließungszahlen (1964 492128, 1975 386429), zunehmender Geburtenkontrolle/Familienplanung (wobei dieser Punkt für sich betrachtet häufig überschätzt wird) und – aus vielerlei Gründen – abnehmender Bereitschaft zur Elternschaft schwächt sich die Geburtenrate ab; gegenwärtig beläuft sie sich auf 9,7 Lebendgeborene auf je 1000 Einwohner. In absoluten Zahlen für 1975: 600512, davon 16% mit ausländischer Staatsangehörigkeit. Von je 1000 lebendgeborenen Kindern stammten (ebenfalls 1975) 61,2 aus einer nicht-ehelichen Verbindung, eine seit Jahren stagnierende Quote (die sich nur in der Relation zu der Gesamtzahl verändert). Jahr für Jahr werden von der Scheidung der elterlichen Ehe rund 100000 minderjährige Scheidungswaisen betroffen, insgesamt inzwischen ein Heer von rund 1 Million Kindern. Zusätzliche Probleme entstehen durch die hohe Rate erneuter Eheschließung der sorgeberechtigten Elternteile, im Spannungsfeld Stiefkind – Stiefvater/Stiefmutter – leibliche Mutter/leiblicher Vater. In unvollständigen Familien in im einzelnen ganz unterschiedlicher Situation leben rund 2,2 Millionen Kinder, davon rund 1,3 Millionen Kinder in Restfamilien, aus denen ein Elternteil durch Tod ausgeschieden ist (meist schon älter). Erschreckend ist der Anteil totgeborener Kinder, noch erschreckender die zusätzliche Steigerung bei nicht-ehelicher Geburt (auf das 1½fache des „zu erwartenden" Satzes).

Gesamtzahl aller Geburten (1975) 600512, davon ehelich 563738, nicht-ehelich 36774. Totgeborene 4689, davon ehelich 4263, nicht-ehelich 426[53] (= gesamt 0,780%, bei ehelicher Geburt 0,756%, bei nicht-ehelicher Geburt 1,158%).[54]

Im ersten Lebensjahr starben 1975[55] 11875 Kinder (6873 Knaben und 5002 Mädchen), davon 1184 nicht-ehelich Geborene (700 Knaben/484 Mädchen). Auf die einzelnen Abschnitte übertragen:

0–6 Tage 6.967 (4.047/2.920), davon nicht-ehelich 737 (439/298)
0–27 Tage 8.326 (4.766/3.550), davon nicht-ehelich 869 (511/358)
　　Erwerbstätigkeit der Mutter – damit in aller Regel beider Elternteile – ist auch in vollständigen Familien längst ein alltägliches Ereignis geworden; in unvollständigen Familien „verschärft" sich die Lage weiter.[56]
　　Zur prozentualen Quote der erwerbstätigen Frauen – bezogen auf Erwerbstätigkeit schlechthin, auf die Gesamtzahl der Frauen entsprechenden Familienstandes, auf die Zahl der Kinder und die Altersgruppe der Kinder in der Familie – vgl. 2. Teil 7. Kapitel I Tabelle 16 und Statistisches Jahrbuch 1977, 100; Zur Sache 1/77, S. 23 f.

Noch einige Daten zur Selbsteinschätzung der Beteiligten:[58] Bei einer Umfrage 1974 bezeichneten 67% der heranwachsenden 16–19Jährigen ihre Kindheit als glücklich. Dabei bilden freilich die Situation im Elternhaus und elterliches Verhalten nur einen unter mehreren maßgeblichen Faktoren (und inzwischen dürfte die glückliche Besinnung gerade in dieser Altersgruppe, die unter Schul- und Berufssorgen, Arbeitslosigkeit und Zukunftsängsten wie kaum eine andere zu leiden hat, noch nachgelassen haben oder wirkt nur als Rückschau, auf der Suche nach der verlorenen Zeit). 80% der 13–15Jährigen, 74% der 16–17Jährigen waren nach einer anderen Befragung mit ihrem Familienleben sehr oder überwiegend zufrieden.[59] Unter den Erziehungszielen wird „Selbständigkeit und Verantwortung" überwiegend an erster Stelle genannt, bei einer Emnid-Umfrage allerdings nur von 51,6%, mehr als ein Schönheitsfehler.[60] Gleich danach taucht ohnehin „sich durchsetzen, sich nicht unterkriegen lassen" auf; „Toleranz" wird erst auf den vierten Platz gesetzt.[61] Endgültig getrübt wird der schöne Schein durch einige Zusatzdaten: Ein erheblicher Prozentsatz der befragten Jugendlichen würde die eigenen Kinder anders erziehen, als die Eltern es getan haben; zudem finden die Eltern bei indirekten Befragungen überwiegend negative Beurteilungen.[62] Offensichtlich sind die Hemmschwellen, offene Abneigungen zu äußern, und der Zwang, „Farbe zu bekennen" und eigene Ziele entwickeln zu müssen, zu hoch. Und: Nur 19% der Eltern beteiligen ihre Kinder an familiären Entscheidungen.[63]

Ein besonders trauriges[64] Kapitel bildet die „Gewalt gegen Kinder"; jede Bagatellisierung ist unangebracht.[65] 1975 zählte die Polizeistatistik[66] der Bundesrepublik 159 getötete Kinder, 91 Tötungsversuche und 4000 schwere Körperverletzungen und Mißhandlungen[67] sowie 1201 Fälle von Vernachlässigung[68] auf. Das „Institut für Demoskopie" in Allensbach fertigte im April 1971 eine Meinungsumfage zur Prügelstrafe an.[69] Die Auswertung brachte ein betrübliches, wenn auch nicht unerwartetes Ergebnis: 26% der Befragten halten Schläge für verkehrt, 42% benutzen sie als letztes Mittel; für 28% sind sie notwendiger Bestandteil der Erziehung.[70] Allerdings ist wohl richtig, daß mit einer Änderung des Straf- und Familienrechts allein – Verbot der Prügelstrafe; doch was ist das? – wenig auszurichten ist. Schwere Übergriffe sind bereits heute strafbar, bleiben gleichwohl zu einer erheblichen Quote ungeahndet und unentdeckt. Offensichtlich wirken sich Beharrlichkeit im Erziehungsverhalten und die Absicht, familiäre Binnenräume gegen strafende Eingriffe des Staates abzuschotten (Stichwort: Poenalisierung des Familienrechts) hinderlich aus; fehlende Verantwortung, Zurückhaltung und Angst im Nachbarschaftsverhältnis tragen zu der kaum zu unterschätzenden Dunkelziffer bei. Die Widerstände gegen die – vor diesem Hintergrund fast zufällige – Sanktionierung „kleinerer Übergriffe" sind daher vielleicht verständlich.[71]

Andererseits bilden auch sonst nicht die Aufklärungsarbeit der Strafverfolgungsbehörden und ihre Erfolge die notwendigen Zugangsvoraussetzungen für die Kri-
minalisierung eines Verhaltens, falls nur dessen Unwert erkannt ist; Eigentumsde-
likte leichterer Form, vor allem Warenhausdiebstähle und ähnliche Übergriffe,
müßten sonst schnell aus der Palette des strafbaren Unrechts gestrichen werden
(was nicht heißen soll, daß er gerade für diesen Bereich nicht funktionierendere
Reaktionen geben könnte als die einfalls-, weil meist folgenlose Bestrafung).[72]

IV. §§ 1626ff. BGB.

1. Art. 6 II 1 GG garantiert den Eltern „Pflege und Erziehung der Kinder" als
„natürliches Recht", fügt allerdings gleich die Bindung an („zuvörderst oblie-
gende Pflicht"). II 2 betont das Wächteramt des Staates: „Über ihre (der Eltern)
Betätigung wacht die staatliche Gemeinschaft." Entsprechend legt § 1626 II Hs.
1 BGB fest, daß die Eltern kraft ihrer „elterlichen Gewalt das Recht und die Pflicht
haben, für die Person und das Vermögen des Kindes zu sorgen". § 1627 BGB setzt
die Orientierungspunkte:

„Die Eltern haben die elterliche Gewalt in eigener Verantwortung und in gegenseitigem Einvernehmen zum Wohle des Kindes auszuüben. Bei Meinungsverschiedenheiten müssen sie
versuchen, sich zu einigen."

Eingriffsbefugnisse von außen gewähren § 1666 BGB – Entziehung der elterlichen
Gewalt bei Mißbrauch, Kindesvernachlässigung oder ehrlosem und unsittlichem
Lebenswandel – und das JWG in gestufter Abfolge. Das Spannungsfeld, in dem
sich „elterliche Gewalt" bewegt, ist damit grob markiert zwischen unbeschränk-
ten Rechten der Eltern (= Herrschaftsrechte) auf der einen, ebenso unbeschränk-
ten Kindsrechten auf der anderen Seite. Schon seit langem versucht ein umfangreiches Schrifttum, Abbau der Spannung und Ausgleich zu bewirken, allerdings
bisher mit geringem Erfolg. Ob § 1626 II 1 BGB ein (eigenes) Recht der Eltern
beschreibt, dessen Pflichtgehalt der Rechtsmacht an Intensität zumindest nicht
nachstehe,[73] ob die Pflicht vielleicht gar in den Vordergrund[74] drängt, während
die verleihenden Anteile eben nur die zwangsläufige Kehrseite abgeben – mit einem eigentümlichen äußeren Arrangement,[75] nach dem jeweils eine der Positionen
den Sieg über die andere davontragen muß – oder ob Elternrechte von vornherein
strikt fremdnützig sind, die dem Kinde gegenüber zu erfüllenden Aufgaben lediglich konkretisieren, sie sich deshalb „permanent von den Kindesinteressen her legitimieren"[76] müssen, bleibt bei aller Vorliebe für die zuletzt genannte Funktiona-
lisierung[77] zweitrangig und ohne unmittelbare Aussagekraft für einzelne
Ergebnisse. Der Streit auf dem formalen Vorfeld erweist sich daher weitgehend
als Scheingefecht.[78] Sachliche Entscheidungen fallen an anderer Stelle.
  Schon die Motive[79] geben sich dem Worte nach erstaunlich „kindfreundlich";
sie werden noch übertroffen durch den BGH,[80] der betont:

„Das Recht der elterlichen Gewalt ist den Eltern nicht zur Verfolgung eigennütziger Interessen, sondern vielmehr zum Schutz des Kindes und zur Förderung seines Wohls und seiner Entwicklung gegeben worden. Wenn der Gesetzgeber diese Befugnisse nicht, wie die des Vormunds, als Amt, sondern als ein subjektives Recht ausgestaltet hat, so beruht dies auf dem Gedanken, daß in aller Regel Eltern das Wohl ihrer Kinder mehr am Herzen liegt als irgendeiner anderen Person, daß die Eltern also ein rechtlich zu schützendes Interesse am Wohlergehen ihrer Kinder haben. Das Gesetz bezeichnet den Inbegriff der elterlichen Befugnisse zwar auch heute noch als „elterliche Gewalt". Darin liegt aber nur eine Reminiszenz an das römische Recht; den derzeitigen Rechtszustand (§ 1631 BGB) gibt dieser Ausdruck in einer wenig passenden Weise wieder. In Wirklichkeit handelt es sich nur um ein dem Interesse des Kindes dienendes Schutzverhältnis."[81]

Die – verbale – Verwandtschaft zur Ansicht von Simitis ist unübersehbar. Gleichwohl wäre der Schluß, auch die gefundenen Folgen müßten übereinstimmen, übereilt und unrichtig. Umgekehrt setzen sich etwa Lüderitz[82] und Diederichsen[83] für eine schärfere Akzentuierung zugunsten der Eltern ein. Trotzdem fällt der BGH in der Sache hinter manche ihrer Forderungen zurück, wie sich bei einer näheren Durchsicht der Rechtsprechung zeigen wird. Als Unterpunkte bieten sich dabei an: Berufs- und Ausbildungsfragen (Schule/Schulform, Hochschule), Außenkontakte – auch sexueller Art – mit anderen Menschen, Briefkontrolle, körperliche Züchtigung oder verwandte „Erziehungsmittel", schließlich ärztliche Behandlung (dazu unten ausführlich 10. Kapitel V).

2. § 1631 BGB beschreibt die Personensorge. „Die Sorge für die Person des Kindes umfaßt das Recht und die Pflicht, das Kind zu erziehen, zu beaufsichtigen und seinen Aufenthalt zu bestimmen." Nach II hat das Vormundschaftsgericht die Eltern bei der Erziehung des Kindes durch geeignete Maßnahmen zu unterstützen (vgl. § 48 c JWG). Bestandteil und Ausfluß der Personensorge ist der Herausgabeanspruch aus § 1632 BGB bei widerrechtlichem Vorenthalten; in dieser Bestimmung angesiedelt ist der äußerst bittere Streit zwischen leiblichen Eltern – häufig der nicht-ehelichen Mutter – und Pflegeeltern, vgl. dazu die Geschichte der Angelika Kurtz.[84]

§ 1633 BGB beschränkt die Personensorge für minderjährige verheiratete Kinder auf die Vertretung in persönlichen Angelegenheiten (vgl. § 1 II EheG 1946/1961), selbst nach einer Auflösung der Ehe. Heirat macht – ein bißchen – frei.
    Zur Verwirkung der elterlichen Gewalt vgl. §§ 1676, 1679 BGB, zu ihrem Ruhen §§ 1678 ff. BGB. Zur Situation beim Tode eines Elternteils vgl. § 1681. Wichtig: § 1666 BGB.[85]

Einen Restbestandteil der Personensorge nach Verlust des Stammrechts bietet § 1634 BGB an.
    „Ein Elternteil, dem die Sorge für die Person des Kindes nicht zusteht, behält die Befugnis, mit ihm persönlich zu verkehren." Hauptanwendungsfeld: bei Scheidung der Eltern und Übertragung der elterlichen Gewalt auf einen Elternteil, vgl. § 1671 BGB.[86] II gibt Einschränkungen, und die Frage liegt nahe, ob nicht viel häufiger als heute üblich von diesen Einschränkungen Gebrauch gemacht werden sollte (dazu unten 10. Kapitel VII 2.).

Zur religiösen Kindererziehung und den dortigen besonderen Alterserfordernissen vgl. RKEG (§ 5: „Nach der Vollendung des vierzehnten Lebensjahres steht dem Kinde die Entscheidung darüber zu, zu welchem religiösen Bekenntnis es sich halten will. Hat das Kind das zwölfte Lebensjahr vollendet, so kann es nicht gegen seinen Willen in einem anderen Bekenntnis als bisher erzogen werden"; für das 10jährige Kind sieht § 2 III 5 ein – zwingendes – Anhörungsrecht im vormundschaftsgerichtlichen Verfahren vor.). Betroffen ist die Teilnahme am Gottesdienst und Kulthandlungen sowie am Religionsunterricht.[87] Zum Wohnsitz § 11 BGB, zur Staatsangehörigkeit §§ 4ff. RuStAG, zum Namen § 1616 BGB.

3. Zur elterlichen Vermögensverwaltung, ihrem Umfang und ihren Beschränkungen vgl. §§ 1638ff. BGB und Dölle, § 94 S. 199f.

V. Reformentwürfe.

1. Anfang 1977 wurde von den Koalitionsfraktionen beim Bundestag ein Reformentwurf zu §§ 1626ff. BGB eingebracht – BT – Ds 8/111 –,[88] der sich inhaltlich mit dem Entwurf BT – Ds 7/2060 deckt; BT – Ds 7/2060 blieb in der 7. Legislaturperiode unerledigt.[89] Inzwischen ist dieser Entwurf allerdings nochmals überarbeitet worden.

Die Begründung in BT – Ds 8/111 – geringfügig verändert gegenüber BT – Ds 7/2060 – „lohnt" die ausführliche Wiedergabe:

„A. Zielsetzung.

Es wird vorgeschlagen, das elterliche Sorgerecht insgesamt zu reformieren. Die geltende Regelung ist veraltet. Es besteht die Notwendigkeit, sie den Wertvorstellungen des Grundgesetzes und den heutigen tatsächlichen Gegebenheiten anzupassen. Es ist nötig, die elterlichen Rechte und Pflichten neu zu beschreiben, den Schutz gefährdeter Kinder zu verbessern und dem Gedanken zunehmender Selbstverantwortlichkeit der Heranwachsenden Rechnung zu tragen. Dabei ist entsprechend Artikel 6 des Grundgesetzes die Familie und ihre Selbstverantwortlichkeit zu respektieren, zu schützen und zu fördern. Das von der Verfassung geschützte Elternrecht ist zu beachten. Zugleich ist die dem Staat durch Artikel 6 Abs. 2 des Grundgesetzes übertragene Aufgabe zu erfüllen.

B. Lösung.

Die elterlichen Rechte und Pflichten werden neu definiert, die Pflichtgebundenheit der elterlichen Rechte wird betont. Das Elternrecht wird nicht mehr als Gewaltverhältnis, sondern als Sorgeverhältnis verstanden.

Der Schutz gefährdeter Kinder wird verbessert. Das Vormundschaftsgericht soll bei einer Gefährdung des persönlichen Wohls des Kindes die erforderlichen Maßnahmen treffen können, unabhängig davon, ob den Eltern ein schuldhaftes Fehlverhalten vorzuwerfen ist (das zielt auf die Neufassung von § 1666 BGB, P. F.). Die Kinder, deren Eltern getrennt leben oder geschieden sind, sollen ebenfalls wirksamer als bisher vor einer Gefährdung bewahrt werden. Der Entwurf verbessert ferner den Schutz des Kindesvermögens. Die Rechtsstellung des heranwachsenden Kindes wird verstärkt.

Die Eltern werden verpflichtet, auf den Willen des einsichtsfähigen Kindes Rücksicht zu

nehmen. In Angelegenheiten der Ausbildung und des Berufes sollen Begabung und Neigung des Kindes maßgeblich sein.
C. Alternativen.
Keine (sic, P. F.).
D. Kosten.
Keine (sic! P. F.)."

Auch die Begründungen für die einzelnen Veränderungen sind meist dürftig. Harsche Vorwürfe werden mit einer solchen Praxis geradezu herausgefordert.[90] Insgesamt wirkt BT – Ds 8/111 merkwürdig vorläufig, halbherzig, unabgesichert und beliebig. Zwei Punkte wiegen für mich besonders schwer: 1. Die alte Trennungslinie zwischen ehelicher Kindschaft (= Legitimität) und nicht-ehelicher Kindschaft (= Illegitimität) wird beibehalten, nicht einmal im Ansatz in Zweifel gezogen; dabei steht fest, „daß derlei Kategorisierungen für ein Gesetz, das den heutigen Gegebenheiten Rechnung tragen will, nicht haltbar sind".[91] Ein einheitliches Kindschaftsrecht[92] tut not, mit Vorschriftengruppen für die vollständige und für die unvollständige Familie (unter Einschluß der Adoption, der Pflegekindschaft und der nicht-ehelichen Geburt), nicht ein aufgesplitterter und unterschiedlicher Bestand punktualisierter und partiell widersprüchlicher, unabgestimmter Regelungen. Konkretes Beispiel: § 1634 BGB vs. § 1711 BGB.[93] 2. Die Reform von §§ 1626 ff. BGB bleibt isoliert; das nun schon häufig beschworene Netzwerk flankierender Maßnahmen, das erst die praktische Realisierung ermöglicht, fehlt. In der nochmaligen Neufassung verliert der Fraktionenentwurf zudem praktisch jede eigene Bedeutung; von den ursprünglichen Zielsetzungen ist nahezu nichts übrig. Seiner Gesetzwerdung steht nun allerdings wohl auch kein Widerstand mehr im Wege.

Eine knappe Skizze: EFrakt benennt „elterliche Gewalt" um in „elterliche Sorge", dreht konsequent das Verhältnis Recht/Pflicht in § 1626 I BGB, hebt primär auf die Pflichtgebundenheit ab und zeichnet erst sekundär die Berechtigungsebene nach; in der Sache ist damit jedoch wenig gewonnen. Im übrigen wird § 1626 I BGB nicht verändert. § 1626 II BGB EFrakt:

„Soweit ein Kind zu einer eigenen Beurteilung seiner Angelegenheiten in der Lage ist, haben die Eltern bei der Ausübung der elterlichen Sorge darauf Rücksicht zu nehmen. Maßnahmen sollen sie mit dem Kind erörtern und nach Möglichkeit im Einvernehmen mit ihm treffen (Erinnerungsposten: 19% der Eltern verhalten sich ‚korrekt', P. F.). Maßnahmen, die die Ausbildung oder den Beruf des Kindes betreffen, sollen seiner Begabung und Neigung entsprechen; bei Meinungsverschiedenheiten soll der Rat eines Berufs- und Bildungsberaters eingeholt werden."

Von der (verordneten) Absprache zwischen Eltern und Kinder erhofft sich der Gesetzgeber offensichtlich klimatische Verbesserungen in der Familie und mehr Rücksicht auf die Situation der jeweils anderen Seite, mehr Toleranz (und mehr „Richtigkeit"). Doch: Warum die Einbahnstraße?[94] Im übrigen sind zu hochgespannte Erwartungen schnell zu dämpfen, § 1626 II BGB EFrakt auf den Boden der Tatsachen zurückzuführen. Kommunikation in der Familie scheitert sicher viel weniger am bösen Willen, viel eher dagegen an der Unfähigkeit der Mitglieder, sich aufeinander einzulassen. Daran kann eine Verpflichtung zum Austausch nichts ändern.[95] Schließlich fehlt jegliche Sanktion bei Verstößen gegen das Gebot. Allerdings wäre eine solche Sanktion etwa durch Einschaltung des Vormundschafts-/Familiengerichts auch wenig zuträglich und wirkte eher erstickend.[96] Mit diesen Einschränkungen halte ich den Zusatz in § 1626 II 2 BGB EFrakt (ähnlich III; nur hätte dieser Abschnitt zwingender formuliert werden können)[97] für hilfreich; langfristig angelegte Veränderungen gewinnen ihr Übergewicht über Stilfragen.[98] Ein ständiger Streitpunkt ist in § 1626 II BGB EFrakt ohnehin einprogrammiert: Wann ist ein Kind „zu einer eigenen Beurteilung" seiner Angelegenheiten in der Lage? Der E des Juristinnenbundes bemüht sich für vertypte Konflikte um Präzisierungen (= feste Altersgrenzen); EFrakt zeigt sich insoweit durchgängig reserviert (Ausnahmen: §§ 1634, 1671; 1626a BGB).

Besonders herausgestrichen ist die eigenständige Zustimmung des Kindes zu einem ärztlichen Heileingriff; zwingende Notwendigkeiten, gerade diesen Ausschnitt abgespalten zu regeln, sehe ich allerdings nicht,[99] so lange andere Teilmündigkeiten nicht angesprochen sind. Die Neufassung zieht daraus die Konsequenz; sie streicht § 1626a BGB ersatzlos.

§ 1626a BGB EFrakt: „Die Einwilligung in eine Heibehandlung kann, soweit gesetzlich nichts anderes bestimmt ist, das Kind nach Vollendung des vierzehnten Lebensjahres selbst erteilen, wenn es fähig ist, Grund und Bedeutung der Heilbehandlung einzusehen und seinen Willen hiernach zu bestimmen; die Befugnis der Eltern, in eine Heilbehandlung des Kindes einzuwilligen, bleibt unberührt."
Die amtliche Begründung erwartet von der Übertragung von Zuständigkeiten auf den Minderjährigen (unausgesprochen) erhöhte Rationalität der Entscheidung.[100] „Stehen die Eltern, etwa aus religiösen Gründen, einem erforderlichen Heileingriff ablehnend gegenüber, so kann das über vierzehn Jahre alte Kind selbst die Einwilligungserklärung wirksam erteilen, wenn es die erforderliche Einsichtsfähigkeit besitzt."

Doch ist diese Hoffnung – mit Verlaub – naiv. Bei religiös motivierter Abneigung gegen einen ärztlichen Eingriff oder eine Behandlung – bei uns sind Weigerungen der Zeugen Jehovas bekanntgeworden gegen Bluttransfusionen,[101] Diederichsen berichtet über die „verbotene" chemotherapeutische Behandlung eines an Leukämie erkrankten Kindes (USA), dem ohne diese Behandlung eine Überlebenschance von vielleicht einem halben Jahr verblieb; in den Niederlanden sperrt sich eine religiöse Minderheit nachdrücklich gegen die Impfung gegen Kinderlähmung mit der schrecklichen Folge einer im Vergleich hohen Krankheitsquote in den betroffenen Gebieten – wird in aller Regel das Kind bis in sein späteres Leben hinein dieselben Wertungen wie seine Eltern in sich tragen;[102] es wird lieber sterben als unter Bruch der eigenen Identität „vernünftige" Entscheidungen treffen. Dann aber versagt § 1626a BGB EFrakt von vornherein. § 1666 BGB wird deshalb auch in Zukunft im Bereich ärztlicher Heileingriffe seinen Part spielen, geht es doch um die Durchsetzung einer objektiv als erwünscht angesehenen Versorgung und Rettung[103] unter Mißachtung individueller Fehlentscheidungen.[104]

Wichtige Teilbereiche mit alltäglicher Anwendungspraxis sind in EFrakt ohnehin leider ausgespart: Wie sind Informationspflichten des Arztes gegenüber den Eltern zu formulieren, wenn er von einem Minderjährigen konsultiert wird? Bestehen solche Informationspflichten überhaupt? Sind sie zu senken bei „heiklen" Krankheiten, bei Drogenmißbrauch, Alkoholabhängigkeit? Darf der Arzt ohne Rückfragen Antikonzeptiva verschreiben? Auch an Vierzehnjährige? Wie steht es mit der Entscheidungsbefugnis für einen Schwangerschaftsabbruch?[105] Liegt sie bei den Eltern oder bei der Schwangeren, falls sie nur das 14. Lebensjahr vollendet hat, vielleicht sogar in allen Fällen[106] bei ihr? Welche Rolle übernimmt § 1666 BGB? Wie sind Kostentragungspflichten zu verteilen; welche Folgen ergeben sich für die gesetzliche Krankenversicherung?[107]

Schließlich verrät die Begründung von EFrakt:[108] Die Altersgrenze – Vollendung des 14. Lebensjahres – ist „auch deshalb gewählt worden, weil dem Minderjährigen in anderen Rechtsbereichen in diesem Alter Mitbestimmungsrechte, teilweise sogar die volle Entscheidungsbefugnis vom Gesetz eingeräumt wird", etwa §§ 5 RKEG, 59 FGG, 1729 I, 1751 II BGB, 4 G über die freiwillige Kastration.[109] Entwicklungspsychologisch ist diese Erkenntnis leider nicht abgesichert (vieles spricht gegen die Limitierung gerade auf das 14. Lebensjahr); ohne große Schwierigkeiten ließe sich zudem das zusammengewürfelte Angebot durch einen anderen bunten Strauß von Vorschriften mit anderen Altersgrenzen austauschen.[110]

Die Personensorge beschreibt wie zuvor § 1631 BGB EFrakt, fügt als zusätzlichen inhaltlichen Bestandteil „die Pflege" des Kindes an. Die in § 1626 I a. E. BGB angesprochene Vertretungsmacht der Eltern wird in § 1629 I BGB EFrakt ausgelagert, dort näher geregelt. An § 1627 BGB wird § 1628 BGB EFrakt angeschlossen, der sich mit den Folgen vergeblicher Einigungsbemühen beschäftigt.

„Können sich die Eltern in Angelegenheiten der elterlichen Sorge, deren Regelung für das Kind von erheblicher Bedeutung ist, nicht einigen, so kann das Vormundschaftsgericht auf Antrag eines Elternteils die Entscheidung einem Elternteil übertragen, sofern dies dem Wohl des Kindes entspricht. Die Übertragung kann mit Auflagen verbunden werden.

Vor der Entscheidung soll das Vormundschaftsgericht darauf hinwirken, daß sich die Eltern auf eine dem Wohl des Kindes entsprechende Regelung einigen."

§ 1632 I BGB wird um II ergänzt: „Der Elternteil, dem die Personensorge zusteht, kann auch die Herausgabe der zum persönlichen Gebrauch des Kindes notwendigen Sachen verlangen." II ist umgeformt: „Die Personensorge umfaßt ferner das Recht, den Umgang des Kindes auch mit Wirkung für und gegen Dritte zu bestimmen." § 1632 III BGB EFrakt bringt wenig neues gegenüber § 1632 II BGB. § 1633 BGB bleibt unverändert. Wichtig: § 1634 BGB EFrakt, mit seiner Übertragung von Entscheidungsbefugnissen auf das mindestens vierzehn Jahre alte Kind – es kann ein Veto gegen elterliche Umgangsverlangen geltend machen (gefallen in der Neufassung): „Ein Elternteil, dem die Personensorge nicht zusteht, behält die Befugnis zum persönlichen Umgang mit dem Kinde. Gegen den Willen des Kindes, das das vierzehnte Lebensjahr vollendet hat oder das nach seinem Entwicklungsstand zu einer selbständigen Beurteilung fähig ist, darf die Befugnis nicht ausgeübt werden. Das Familiengericht kann über den Umfang der Befugnis entscheiden und ihre Ausübung, auch Dritten gegenüber, näher regeln; es kann die Befugnis ausschließen oder einschränken, soweit dies zum Wohle des Kindes erforderlich ist.

Ein Elternteil, dem die Personensorge nicht zusteht, kann bei berechtigtem Interesse vom Personensorgeberechtigten Auskunft über die persönlichen Verhältnisse des Kindes verlangen, soweit ihre Erteilung mit dem Wohle des Kindes vereinbar ist. Über Streitigkeiten, die das Recht auf Auskunft betreffen, entscheidet das Vormundschaftsgericht (warum dieser Zuständigkeitswechsel? P. F.).

Steht beiden Eltern die Personensorge zu und leben sie nicht nur vorübergehend getrennt, so gelten die vorstehenden Vorschriften entsprechend."

Spiegelbildlich zu § 1634 BGB EFrakt wirkt § 1671 II BGB EFrakt, der vorsieht: „Unterbreiten die Eltern einen übereinstimmenden Vorschlag oder begehrt ein Kind, welches das vierzehnte Lebensjahr vollendet hat (geändert in der Neufassung, P. F.) oder das nach seinem Entwicklungsstand zu einer selbständigen Beurteilung fähig ist, die Übertragung der elterlichen Sorge auf einen Elternteil, so soll das Familiengericht eine davon abweichende Entscheidung nach Absatz 1 und 2 nur treffen, wenn dies zum Wohle des Kindes erforderlich ist. Stimmen Elternvorschlag und Kindeswille nicht überein, so entscheidet das Familiengericht nach Absatz 1 und 2."

Die Einwände liegen auf der Hand, mit unterschiedlichem Gewicht. Entwicklungspsychologisch ist die Grenzziehung bei der Vollendung des 14. Lebensjahres wenig einsichtig; der Reformentwurf räumt selbst ein, ihm sei es auf Erkenntnisse aus diesem Bereich nicht angekommen, vielmehr habe er Anschluß an vertraute Regelungen gesucht.[111] In die Zeit der Stürme der Pubertät und der Schwächung durch sie fällt der Zwang zur Parteinahme für den einen (und doch auch: gegen den anderen!) Elternteil, wobei das Kind ohnehin schon die Trennung der Eltern und die innere Ablösung voneinander zerreißend miterlebte. Die unterschiedliche Ausgestaltung von § 1634 I 2 BGB EFrakt – Vetorecht des Kindes – und § 1671 III BGB EFrakt – positive Mitwirkungsbefugnisse – ist nicht unbedingt einleuchtend.[112] Zumindest eine Überprüfung der Entscheidung des Kindes auf ihre Sachrichtigkeit wäre wohl naheliegend (über § 1671 III 1 BGB EFrakt hinaus); immerhin sind die Verlockungen und Manipulationen, die angebracht werden können – „schlichte" Beeinflussung zur Parteinahme, Suche nach Bundesgenossen im Konflikt mit dem geschiedenen Ehepartner, Kampf um Unterhaltsansprüche oder Entlastung von ihnen, vgl. §§ 1570, 1579 II BGB –,[113] schwerwiegend und vielseitig und werden kindliche Abwehrchancen häufig übersteigen. Der bisher offen zwischen den Eltern im Scheidungsverfahren oder seinem Umfeld ausgetragene Streit verlagert sich; Streitstätte wird mehr noch als bisher die Person des Kindes, ein höchst unerfreulicher Effekt. Schließlich kann sich die feste Altersgrenze geradezu als Bumerang auswirken, selbst mit den beigefügten Zusätzen, die auf „Einsichtsfähigkeit" nach dem Entwicklungsstand abheben. Gegenwärtige Gerichtspraxis berücksichtigt den Willen des Kindes bei der Verteilung der elterlichen Gewalt bei der Scheidung und bei der Reglementierung des Verkehrsrechts schon längst als Gesichtspunkt,[114] auch jenseits der Altersgrenzen. Verfestigungstendenzen – 14. Lebensjahr als Richtwert, Abkehr allein in „begründeten Ausnahmen" – drohen. Gleichwohl wirkt die harsche Konsequenz der Neufassung des Fraktionenentwurfs ärgerlich.

Gestrichen ist § 1676 BGB; angesichts der veränderten Fassung des § 1666 BGB

EFrakt entfällt das Bedürfnis für einen besonderen Verwirkungstatbestand.[115] In § 1678 II BGB EFrakt wird das „Kindeswohl" als (negativ) steuerndes Kriterium eingefügt (ebenso in § 1681 I 2 BGB EFrakt). Wichtig:

„Die Unterbringung eines Kindes in einer Heil- oder Pflegeanstalt[116] bedarf der Genehmigung des Vormundschaftsgerichts (das war bisher anders; Eltern entschieden allein!);[117] § 1800 Abs. II Satz 2 und 3 gilt entsprechend", § 1631a BGB EFrakt.

Schließlich wird § 1666 BGB neugefaßt und als schärferes Eingriffsmittel ausgestaltet, insbesondere – sichtbar – von Schuldelementen befreit:

„Wird das persönliche Wohl des Kindes gefährdet, und sind die Eltern nicht gewillt oder nicht in der Lage, die Gefahr abzuwenden, so hat das Vormundschaftsgericht die erforderlichen Maßnahmen zu treffen. Es kann erforderliche Erklärungen eines Elternteils oder des Kindes ersetzen, wenn dies zur Abwendung einer Gefahr für die Person des Kindes notwendig ist."

Wiederum – wie schon bei §§ 1634, 1671 BGB EFrakt – sind die angebrachten Veränderungen allerdings vorwiegend kosmetisch. Das in § 1666 BGB nicht einmal ausdrücklich genannte Schuldmerkmal hat bisher kaum die Kontrolle und Korrektur elterlicher Fehlgriffe durch Vormundschaftsgerichte verhindert; die wesentlichen Mängel liegen im Vorfeld verborgen – Zugriff setzt Informationen voraus; Informationen werden aber häufig nicht gegeben, wobei sich besonders bedrückend nachbarschaftliches Desinteresse auswirkt. Auch § 1666 BGB EFrakt wird nicht mehr leisten können (im einzelnen dazu 10. Kapitel VI), trifft er doch auf die gleiche Mauer des Schweigens.

Zur Vermögenssorge vgl. §§ 1640, 1642, 1667 u. 1668 BGB EFrakt.[118]

2. § 1626 I BGB EJB[119] lehnt sich an § 1626 I BGB an mit der Rückkehr zur vertrauten Reihenfolge „Rechte und Pflichten" (anders § 1626 I BGB EFrakt: „Pflichten und Rechte"), betont die „eigene Verantwortung" der Eltern.

II: „In der Eltern-Kind-Beziehung ist die Menschenwürde zu achten und die freie Entfaltung der Persönlichkeit aller Familienmitglieder zu ermöglichen. Gewalt darf nicht angewendet werden",[120] eine Positivierung der Drittwirkung von Grundrechten mit vorwiegend deklamatorischen Effekten.

III: „Das minderjährige Kind ist entsprechend seinem Reifegrad an Entscheidungen über seine Angelegenheiten und an der sich daraus ergebenden Verantwortung[121] zu beteiligen."

§ 1629 BGB EJB enthält die übliche Anfügung der Vertretungsbefugnis; § 1630 BGB EJB bringt eine Einschränkung bei Pflegerbestellung, § 1631 BGB EJB bei Heirat. §§ 1627 und 1628, 1632, 1633 EJB bemühen sich um eine Konfliktbeschreibung und Konfliktlösung in typischen Feldern. § 1627 BGB EJB (Beruf und Ausbildung): „Entscheidungen, welche Wahl und Durchführung von Ausbildung und Beruf betreffen, können die Eltern gegen den Willen des minderjährigen Kindes, welches das 14. Lebensjahr vollendet hat, nicht fällen. Bei Meinungsverschiedenheiten findet § 1633 Abs. 1 Anwendung.

Vor einer Anrufung des Familiengerichts soll von den Beteiligten der Rat eines Berufs- oder Bildungsberaters eingeholt werden." Und § 1628 BGB EJB (Ärztliche Behandlung): „In eine ärztliche Behandlung kann das minderjährige Kind, welches das 16. Lebensjahr vollendet hat, nur selbst einwilligen. Das gleiche gilt für die Zustimmung zum legalen Schwangerschaftsabbruch, unabhängig vom Alter der Minderjährigen[122] (! P. F.).

Ein minderjähriges Kind, welches das 14. Lebensjahr vollendet hat, kann sich ohne Zustimmung seiner Eltern einer ärztlichen Behandlung unterziehen. Bei dringenden ärztlichen Eingriffen zur Beseitigung oder Vorbeugung ernsthafter Gesundheitsschäden reicht die Einwilligung des minderjährigen Kindes unabhängig von seinem Alter aus, wenn die Einholung der elterlichen Zustimmung mit schwerwiegenden Nachteilen für den Minderjährigen verbunden wäre.[123] Die Vorschriften des Kastrationsgesetzes bleiben unberührt.[124]

Aus einer mit alleiniger Zustimmung des minderjährigen Kindes vorgenommenen ärztlichen Behandlung werden auch die Eltern schuldrechtlich verpflichtet. Eine mit Freiheitsentziehung verbundene Unterbringung eines Kindes in einer psychiatrischen Krankenanstalt bedarf der Genehmigung des Familiengerichts; § 1800 Abs. 2 Satz 1 und 2 gilt entsprechend."

§ 1632 BGB EJB: „Bei Konflikten zwischen Eltern oder Eltern und Kind in bezug auf Erziehungsfragen soll auf Anregung eines der Beteiligten ein Erziehungsberater zu Rate gezogen werden. Der Erziehungsberater soll auf eine einvernehmliche Lösung des Konflikts hinwirken." § 1633 BGB EJB: „Kommt bei Erziehungsfragen oder in anderen Fällen von erheblicher Bedeutung für das Kindeswohl eine Einigung nicht zustande, so kann das Familiengericht auf Anregung eines der Beteiligten dem Elternteil, dessen Vorschlag dem Wohle des Kindes am besten entspricht, die Entscheidung übertragen; die Entscheidung[125] kann mit Auflagen versehen werden. Das Familiengericht kann, wenn dies aus besonderen Gründen erforderlich ist, die Entscheidung auch selbst treffen. In dringenden Fällen ist eine vorherige Beratung nach § 1632 BGB entbehrlich. Das Familiengericht kann die Beteiligten jedoch auch in diesen Fällen zunächst an den Erziehungsberater verweisen."

Für das Verkehrsrecht sieht EJB folgende Regelung vor, § 1635 BGB EJB (Umgangsrecht): „Einem Elternteil, dem die Personensorge nicht zusteht, ist vom Sorgeberechtigten die Möglichkeit zu geben, die Entwicklung des Kindes zu verfolgen und mit dem Kind in Verbindung zu bleiben, insbesondere mit ihm umzugehen. Der Berechtigte hat seine Befugnisse so auszuüben, daß das Personensorgerecht nicht beeinträchtigt wird.

Auf Antrag des nicht sorgeberechtigten Elternteils kann das Familiengericht diesem ein Umgangsrecht einräumen und den Umgang und die Art der Ausübung näher regeln, soweit dies dem Kindeswohl dient.[126] Es kann den Sorgeberechtigten verpflichten, dem nicht sorgeberechtigten Elternteil Auskunft über die persönlichen Verhältnisse des Kindes zu erteilen.

Der Wille des Kindes, welches das 14. Lebensjahr vollendet oder einen dementsprechenden Reifegrad hat, ist zu beachten." Nicht ganz folgerichtig orientiert § 1671 I 1 BGB EJB die Verteilung der elterlichen Gewalt nach der Scheidung am „Kindeswohl, wobei auch Wunsch und Wille des Kindes angemessen zu beachten sind".[127]

§ 1666 BGB EJB erhält einen ausdrücklichen Hinweis auf Art. 6 III GG.

Eine interessante Regelung sieht § 1650 BGB EJB vor, knüpft damit an den Pflichtencharakter von Kindespositionen (spiegelbildlich zu Elternrechten) an, über den Rahmen von Mitarbeitspflichten aus § 1619 BGB hinaus: „Soweit die Eltern dem Minderjährigen bei der Personensorge Entscheidungen übertragen haben, ist es zulässig, zur Durchführung derselben sein Arbeitseinkommen, Einkünfte oder den Stamm seines Vermögens zu verwenden, wenn nicht entweder der Unterhaltspflicht der Eltern vorgeht (wann? P. F.) oder Vermögen nach § 1603 Abs. 2 bzw. Einkünfte nach § 1649 hierfür zu verwenden sind."

Der Herausgabeanspruch aus § 1632 BGB (= § 1634 BGB EJB) ist vor dem Familiengericht zu verhandeln; gleichzeitig werden die Zähne gezogen:[128] Zwangsvollstreckung „mit

Gewalt" gegen das Kind ist blockiert, vgl. § 33 I 1 FGG EJB.[129] Zur Vermögenssorge nur ein Punkt, § 1637 BGB EJB (Beschränkung der Vermögenssorge): „Die Vermögenssorge erstreckt sich nicht auf Einkünfte des Kindes aus eigener Arbeit sowie aus eigener Tätigkeit in einem Beruf oder Gewerbe. Diese Einkünfte stehen unter der Verwaltung des Kindes. Lebt das Kind mit den Eltern in häuslicher Gemeinschaft, so können diese verlangen, daß es einen angemessenen Beitrag zu seinem Unterhalt leistet." Ich vermag nicht einzusehen, warum diese Umkehr der Befugnisse die Eltern zu Bittstellern herabwürdigt,[130] Zumutbarkeitsschranken deshalb überschreitet; ungehinderter Zugriff der Eltern[131] hält die Kinder als Objekte für Fremdbestimmung. § 1649 II 2 BGB EJB schränkt die Verwendung der Einkünfte aus Kindesvermögen ein: „Eine Verwendung für den Unterhalt der Geschwister des Kindes ist nur zulässig, wenn der Geschwisterteil das 25. Lebensjahr noch nicht vollendet hat, unverschuldet nicht erwerbstätig ist, weder Arbeitslosengeld noch Arbeitslosenhilfe bezieht, und der Ehegatte oder frühere Ehegatte außerstande ist, ihn zu unterhalten. Ein Anspruch auf eine solche Verwendung besteht nicht. Die Befugnis erlischt mit der Eheschließung des Kindes."

Ein Vorschlag sollte sich bei allen sonstigen Widerständen jedenfalls durchsetzen: die einheitliche Zuständigkeit des Familiengerichts[132] für sämtliche Entscheidungen.

3. Dem Rechtsausschuß zugeleitet ist inzwischen ein neuer Entwurf[132a] der Regierungsparteien; dieser Entwurf verzichtet auf wesentliche Reformziele, fällt zum Teil sogar noch hinter gegenwärtige Praxis zurück, wird aber gerade deshalb wohl kaum noch auf Widerstand stoßen – ganz anders als seine Vorläufer. Andererseits enthält er manch' wichtige Verbesserung (insbesondere bei §§ 1634, 1671; 1666 BGB). Im einzelnen:

Offensichtlich als Beruhigung an Kritiker des EFrakt, die „Zerstörung der Familie" lautstark beklagen, dient das Bekenntnis in § 1618a: „Eltern und Kinder sind einander Rücksicht und Beistand schuldig." § 1626 beschreibt die „elterliche Sorge" – bei diesem Begriff bleibt es – inhaltlich in bewährter Form. II legt die Eltern auf Kindesinteressen fest, allerdings vorsichtiger als § 1626 II BGB EFrakt. „Bei der Pflege und Erziehung berücksichtigen die Eltern die wachsende Fähigkeit und das wachsende Bedürfnis des Kindes zu selbständigem verantwortungsbewußtem Handeln. Sie besprechen mit dem Kind, soweit es nach dessen Entwicklungsstand angezeigt ist, Fragen der elterlichen Sorge und streben Einvernehmen an." Berufs- und Ausbildungsfragen sind ausgelagert in § 1626a: „In Angelegenheiten der Ausbildung und des Berufes nehmen die Eltern insbesondere auf Eignung und Neigung des Kindes Rücksicht. Bestehen Zweifel, so soll der Rat eines Lehrers (sehr gut, P. F.) oder einer anderen geeigneten Person eingeholt werden. Nehmen die Eltern offensichtlich keine Rücksicht auf Eignung oder Neigung des Kindes, und wird dadurch die Besorgnis begründet, daß die Entwicklung des Kindes erheblich beeinträchtigt wird, so entscheidet das Vormundschaftsgericht. Das Gericht kann erforderliche Erklärungen der Eltern oder eines Elternteils ersetzen." § 1626a BGB EFrakt – selbständige Entscheidung/Einwilligung des Kindes bei Heilbehandlungen und anderen ärztlichen Eingriffen – ist ersatzlos gestrichen, ohne daß dieser Verlust besonders zu beklagen wäre.

Präzisiert ist § 1631a. „Eine Unterbringung des Kindes, die mit Freiheitsentziehung verbunden ist, ist nur mit Genehmigung des Vormundschaftsgerichts (warum keine einheitliche Zuständigkeit beim Familiengericht? P. F.) zulässig. Ohne die Genehmigung ist die Unterbringung nur zulässig, wenn mit dem Aufschub Gefahr verbunden ist; die Genehmigung ist unverzüglich nachzuholen. Das Gericht hat die Genehmigung zurückzunehmen, wenn das Wohl des Kindes die Unterbringung nicht mehr erfordert." In § 1632 (Herausgabeanspruch) ist ein wichtiger Zusatz aufgenommen nach bedrückenden Erfahrungen mit Streitigkeiten um Pflegekinder (auf deren Kosten). „Lebt das Kind seit längerer Zeit bei einer anderen Person als den Eltern oder einem Elternteil, dem die Personensorge zusteht, in Familienpflege, so kann das Vormundschaftsgericht von Amts wegen oder auf Antrag der Pflegeperson den Verbleib des Kindes bei der Pflegeperson anordnen, wenn und solange die Entfernung des Kindes aus der Pflegestelle sein Wohl gefährden würde."

In § 1634 ist das Vetorecht des (mindestens) 14jährigen Kindes gegen die Umgangsbefugnis des nicht-sorgeberechtigten Elternteils gefallen. In I wird 2 angefügt: „Der Elternteil, dem die Personensorge nicht zusteht, und der Personensorgeberechtigte haben alles zu unterlassen, was das Verhältnis des Kindes zum anderen beeinträchtigt oder die Erziehung erschwert", mit der leider verfehlten Hoffnung, mit dieser Einschwörung den Kampf der geschiedenen Eltern gegeneinander in der Person des Kindes beenden oder wenigstens auf faire Waffen beschränken zu können.

§ 1666: „Wird durch das Verhalten eines Elternteils oder durch Dritte das geistige, seelische oder leibliche Wohl des Kindes gefährdet, und sind die Eltern nicht gewillt oder nicht in der Lage, die Gefahren abzuwenden, so hat das Vormundschaftsgericht die erforderlichen Maßnahmen zu treffen.

Das Gericht kann auch Maßnahmen mit Wirkung gegen einen Dritten treffen, in dessen Obhut sich das Kind befindet.

Das Gericht kann insbesondere die Eltern, den Dritten, in dessen Obhut sich das Kind befindet, und das Kind beraten, ermahnen und ihm bestimmte Weisungen erteilen.

Das Gericht kann Erklärungen der Eltern oder eines Elternteils ersetzen, wenn dies zur Abwehr der Gefahr notwendig ist.

Das Gericht kann einem Elternteil auch die Vermögenssorge entziehen, wenn er das Recht des Kindes auf Gewährung des Unterhalts verletzt hat und für die Zukunft eine Gefährdung des Unterhalts zu besorgen ist", mit einer Ergänzung in § 1666a: „Maßnahmen, mit denen eine Trennung des Kindes von der elterlichen Familie verbunden ist, sind nur zulässig, wenn der Gefahr nicht auf andere Weise, auch nicht durch öffentliche Hilfen, begegnet werden kann. Die gesamte Personensorge darf nur entzogen werden, wenn andere Maßnahmen erfolglos geblieben sind oder wenn anzunehmen ist, daß sie zur Abwendung der Gefahr nicht ausreichen." Verändert sind §§ 1671 II – „Das Gericht trifft die Regelung, die dem Wohl des Kindes am besten entspricht; hierbei sind die Bindungen des Kindes, insbesondere an seine Eltern und Geschwister zu berücksichtigen" – und III in Fortsetzung von § 1634: „Von einem übereinstimmenden Vorschlag der Eltern soll das Gericht (hier: Familiengericht, P. F., vgl. aber I) nur abweichen, wenn dies zum Wohle des Kindes erforderlich ist. Dies gilt nicht, wenn ein Kind, welches das 14. Lebensjahr vollendet hat, einen abweichenden Vorschlag macht."

Zur Vermögenssorge vgl. §§ 1638, 1640, 1642 ff. und 1667 f. BGB.

4. Résumé.

Mit BT – Ds 7/2060, BT – Ds 8/111 und der Neufassung des Fraktionenentwurfs darf das letzte Wort noch nicht gesprochen sein; zu viele Einzelheiten sind offen, zu viele Vorschläge unfertig. Der nochmalige Schritt zurück ist zusätzlich bedauerlich. Von der „elterlichen Gewalt" zur „elterlichen Sorge" – das wäre als einziges verwirklichtes Ziel wohl doch reichlich dürftig, träfe sich aber mit ähnlich wortreichen, sachlich folgenlosen Bekenntnissen; trauriges Beispiel gerade für Anspruch und verfehlte Wirklichkeit ist die Erklärung der Rechte des Kindes durch die Vollversammlung der Vereinten Nationen aus dem Jahre 1959.[133]

Anmerkungen

1 Vgl. dazu Diederichsen, FamRZ 1978, 461; zu weiteren Entwürfen ebda., Fn 8.
2 Zur Reform der gymnasialen Oberstufe BVerfG, NJW 1977, 1723; zum Sexualkundeunterricht BVerfG, NJW 1978, 807.
3 Zur „väterlichen Autorität" und deren Auswirkungen auf die Kindespsyche vgl. die Visionen von Kafka, insbesondere in „Die Verwandlung" sowie „Brief an den Vater", weiterhin die „Denkwürdigkeiten eines Nervenkranken" von Schreber.
4 Diederichsen, FamRZ 1978, 461 (462). Vgl. auch BT – Ds 7/3502, S. XIXff.
5 Vgl. dazu 1. Teil 2. Kapitel III 4.a.E.
6 Zum Fall Schreber – „Denkwürdigkeiten eines Nervenkranken" auf der einen, „Kallipädie oder Erziehung zur Schönheit" auf der anderen Seite – vgl. Schatzman und Niederland.
    Eindrucksvoll der Film von Kenneth Loach „family life".
7 Foudrain, S. 327.
8 Dazu die Untersuchungen von Bateson/Jackson/Laing sowie Krüll, S. 94 f.; Lidz, Familiendynamik 1976, 90. Vgl. außerdem Watzlawick et al. in den verschiedenen kommunikationstheoretischen Arbeiten, kritisch dazu Schülein, Psychotechnik als Politik und ders., Leviathan 1976, 53; vgl. auch Gastager/Gastager und Richter, Patient Familie sowie die familientherapeutisch orientierten Erfahrungsberichte von Blanck/Blanck, Selvini Palazzoli/Boscolo/Cecchin/Prata und Stierlin.
9 Fromm, S. 87.
10 Schmidt-Relenberg/Luetkens/Rupp, S. 88.
11 Horkheimer, S. 58.
12 Vgl. dazu Rosenbaum, Gegenstruktur (2.), 153 f.
13 Dazu den Bericht von Bettelheim und die Nachweise bei Rosenbaum, Gegenstruktur (2.), S. 154 f.
14 Dazu Rosenbaum, Gegenstruktur (2.), S. 155 f.
15 Diederichsen, FamRZ 1978, 461 (462). Vgl. auch Grandke u. a. S. 211: „Die Hauptaufgabe der Familie, entsprechend ihren spezifischen Möglichkeiten ihren Beitrag zur Entwicklung sozialistischer Persönlichkeiten zu leisten, wird zu einem wesentlichen Teil durch die Erziehung der Kinder in der Familie geleistet . . . Kann die Erziehung nicht in der eigenen Familie geleistet werden, so kann der Staat Maßnahmen treffen, durch die die Familienerziehung in anderer Weise gewährleistet wird."
16 Zur Familienerziehung in der DDR vgl. auch die umfassenden Untersuchungen von Busch.
17 Objektbeziehungen, S. 86 mit einem Schaubild; ders., Säugling, S. 213 f.; ausführliche Stellungnahme bei Claessens, Wertsystem, S. 88 f.
18 Insbesondere S. 218 f.
19 Vgl. dazu ausführlich die Schilderung des Konzepts von Claessens, oben 1. Teil 2. Kapitel III 2.b.
20 Spezifische Vorteile vermag ich dann allerdings nicht mehr zu sehen.
21 Der Frankfurter KITA-Konflikt ist dafür nur ein Beispiel.
22 Das darf nicht als Aufforderung zur Anpassung mißverstanden werden.
23 Dazu insbesondere Goldstein/Anna Freud/Solnit, S. 22 f.; ähnlich Hassenstein, Familiendynamik 1977, 104 – „faktische Elternschaft".
24 Wertsystem, S. 18.
25 Claessens, Wertsystem, S. 15.
26 S. 14. Vgl. auch Wurzbacher, Sozialisationsfaktor, S. 16 f.

27 Auf diesen gegenseitigen Bezug weist Lüderitz, AcP 178, 263 (267f.) hin; ähnlich Stierlin, Hitler, S.52f.
28 Enneccerus/Nipperdey, § 73 I 2 S.441 (Fn 6).
29 Zitiert nach Lüderitz, AcP 178, 263 (264).
30 Mot. IV S. 724.
31 Einschränkend gegenüber zu weiten Folgerungen Lüderitz, AcP 178, 263 (264).
32 Diederichsen, FamRZ 1978, 461.
33 FAZ vom 23. 5. 1978, S.12.
34 Lüderitz, FamRZ 1978, 475.
35 Vgl. nur Stierlin, Hitler, S.55f.
36 Kritisch Diederichsen, FamRZ 1978, 461 (462). Vgl. zu diesem Punkt auch Troje, S.240f. und Simitis, Vorwort zu Simitis/Zenz, S.45.
37 Vgl. zunächst Piaget/Inhelder und Spiel, Phasen der kindlichen Entwicklung. Die Übersicht, die ich hier wiedergebe, stammt von Mollenhauer/Brumlik/Wudtke, S.117.
38 Erikson, Identität und Lebenszyklus, S.214/215.
39 Erikson, Identität und Lebenszyklus, S.150/151.
40 Erikson, Identität und Lebenszyklus, S.60.
41 Erikson, Identität und Lebenszyklus, S.59.
42 Wenn man psychoanalytische Erklärungsmuster überhaupt für schlüssig hält.
43 Stierlin, Hitler, S.31. Ausführlich David, S.42f. und Muldworf, S.52f.
44 Zutreffend Theweleit, S.278.
45 Theweleit, S.278.
46 Theweleit, S.533.
47 Richtig Rosenbaum, Gegenstruktur (2.), S. 162/163.
48 Erneut sei betont, daß hier weniger sich gegenseitig ausschließende Muster geliefert als vielmehr unterschiedliche Schwerpunktbildungen vorgenommen werden.
49 Knappe Präsentierung in Familiendynamik 1978, 170 (171f.); vgl. jetzt auch den Sammelband „Delegation und Familie".
50 Zu den einzelnen Punkten vgl. auch Stierlin, Hitler, S.52f.
51 Zum Ganzen vgl. Stierlin, Familiendynamik 1978, 170 (172).
52 Stierlin, Familiendynamik 1978, 170 (172/173).
53 Statistisches Jahrbuch 1977, 68 und 72.
54 Vergleiche mit anderen Ländern bei Petri/Lauterbach, S.11f.
55 Statistisches Jahrbuch 1977, 75.
56 Zur Frauenerwerbstätigkeit vgl. oben 2. Teil 7. Kapitel II Tabelle 14 A. und B., außerdem Zur Sache 1/77.
57 Vgl. auch Statistisches Jahrbuch 1977, 100.
58 Dazu Lüderitz, AcP 178, 263 (273f.).
59 Lüderitz, AcP 178, 263 (274).
60 Petri/Lauterbach, S.13f. erwähnen ohnehin andere Daten.
61 Lüderitz, AcP 178, 263 (273).
62 Lüderitz, AcP 178, 263 (273).
63 BT – Ds 7/3502, S.37.
64 Vgl. den Überblick bei Peschel-Gutzeit, S.97f.
65 In diese Richtung ist die Bemerkung von Lüderitz, FamRZ 1978, 475: „In der Familie wird heute weniger Gewalt geübt als früher" zumindest mißzuverstehen.
66 Polizeistatistik 1971 bis 1975 für die Bundesrepublik Deutschland und Westberlin, in den einschlägigen Teilen abgedruckt in Bast/Bernecker/Kastien/Schmitt/Wolff, S. 326f.

67 Mit zusätzlich hohem Dunkelfeld; Petri, ZRP 1976, 64 nennt 6000 bis 150 000 Mißhandlungen im Jahr, Bleuel, S. 9 gar rund 1000 Todesfälle. Allerdings bleiben diese
   Schätzungen ebenso dunkel wie der Bereich, den sie ausleuchten sollen, zutreffend Lüderitz, AcP 178, 263 (287).
   Petri/Lauterbach, S. 10/11 erwähnen die ebenfalls erschreckend hohen Unfallzahlen
   von Kindern unter 15 Jahren im Straßenverkehr, die vergleichbare Länder übersteigen.
68 Vgl. Tourneau, S. 11.
69 Einzelheiten bei Petri/Lauterbach, S. 27 f.
70 Wiederum liest Lüderitz, AcP 178, 263 (289) diese Zahlen anders.
71 Kritischer noch Lüderitz, AcP 178, 263 (288).
72 Ein Verbot der Prügelstrafe muß eben nicht zwangsläufig bedeuten, daß Eltern, die gegen dieses Verbot verstoßen, in „leichteren Fällen" im Strafbefehlsverfahren zu kleinen
   Geldstrafen verurteilt werden; ein differenzierter Katalog von Reaktionen könnte stattdessen entworfen werden.
73 Gernhuber, § 2 II 6 S. 14.
74 So etwa Dölle, § 92 I S. 148.
75 Zutreffend Simitis, Nachwort zu Goldstein/Anna Freud/Solnit, S. 108; kritisch auch
   Diederichsen, FamRZ 1978, 461 (462, 463).
76 Simitis, Nachwort zu Goldstein/Anna Freud/Solnit, S. 95 f., 108.
77 Stärkere Betonung der Elternpositionen wieder bei Lüderitz, AcP 178, 263 (267 f.).
78 Ähnlich wohltönend, aber letztlich nebensächlich ist die Auseinandersetzung um die
   Grundrechtsfähigkeit/Grundrechtsmündigkeit Minderjähriger; sie verlagert sich lediglich auf ein anderes Feld. Die Positionen im einzelnen zeichnen Reuter, S. 19 f. und
   Zenz, AcP 173, 527 (536 f.) nach. Wie hier Diederichsen, FamRZ 1978, 461 (462).
79 IV S. 724.
80 BGHZ 66, 334 (337).
81 Ähnlich BVerfGE 24, 119 (143): „In Art. 6 Abs. 2 Satz 1 GG sind Recht und Pflicht
   von vornherein unlöslich miteinander verbunden; die Pflicht ist nicht eine das Recht
   begrenzende Schranke, sondern ein wesensbestimmender Bestandteil dieses Elternrechts", das insoweit treffender als Elternverantwortung bezeichnet werden könnte.
82 AcP 178, 263 (267 f.).
83 FamRZ 1978, 461.
84 Dazu nur KG, FamRZ 1966, 155; ausführlich Wiethölter, S. 18 f.
85 Dazu gleich V 1. und 2. sowie 10. Kapitel VI.
86 Dazu 10. Kapitel VII 1.
87 Richtig Henrich (2.), § 18 IV 2 S. 138 unter Bezug auf BGHZ 21, 340 (351 f.).
88 Vgl. dazu auch die Sachverständigenanhörung vom 12. 9. 1977, zusammengefaßt in Zur
   Sache 1/78.
89 Polemischer Sprachgebrauch beweist die Voreingenommenheit: Auf ein „Erbstück aus
   der vorigen Wahlperiode, sozusagen ein Brocken, den ein Rechtsreform-Gesetzgeber,
   der den Mund zu voll genommen hatte, schließlich liegen lassen mußte", kann getrost
   verzichtet werden, Zitat Fromme, FAZ vom 23. 5. 1978, S. 12, wiedergegeben aber auch
   bei Diederichsen, FamRZ 1978, 461.
90 Vgl. nur Diederichsen, FamRZ 1978, 461 und Lüderitz, AcP 178, 263; ders., FamRZ
   1978, 475.
91 Simitis, Nichtehelichenrecht, S. 210.
92 Tourneau, S. 8 unter Berufung auf Simitis, Nachwort zu Goldstein/Anna Freud/Solnit,
   S. 99, der dem Gesetzgeber (nicht nur ihm) „zwanghaftes Schubladendenken" und die
   „Anlage sorgfältig gepflegter Schrebergärten" vorwirft.

93 Dazu LG Mainz, FamRZ 19778, 734 mit einem eigentümlichen Versuch der Versöhnung.

94 Diederichsen, FamRZ 1978, 461 (463).

95 Diederichsen, FamRZ 1978, 462 (464) betont deshalb besonders nachdrücklich die Notwendigkeit von Hilfen auf der richtigen Ebene: Beratungsstellen und Beratungsangebote.

96 Diederichsen, FamRZ 1978, 461 ((464) mit arg. ad absurdum: Neben der verbalen ist auch nicht-verbale Kommunikation der Eltern mit den Kindern äußerst wichtig zu deren Entwicklung; soll deshalb eine Außeninstanz Liebe und Zuwendung vorschreiben und Spiele anordnen?

97 Einzelheiten unten 10. Kapitel V 1.

98 Dazu Diederichsen, FamRZ 1978, 461 (463).

99 Wenig verständlich ist auch die besondere Aufmerksamkeit, die § 1626a BGB EFrakt für die Begründung findet, vgl. BT – Ds 7/2060, S. 17 f.

100 BT – Ds 7/2060, S. 18.

101 Dazu etwa OLG Hamm, FamRZ 1968, 221.

102 Zutreffend Diederichsen, FamRZ 1978, 461 (471).

103 Richtig Diederichsen, FamRZ 1978, 461 (472).

104 Über diesen Punkt kann man durchaus streiten; in den Niederlandçn tut man sich schwer, elterliche, religiös begründete Ablehnung gegen die Kinderlähmungs-Schutzimpfung zur Seite zu schieben; dazu Art. 4 GG und 10. Kapitel V 4.

105 Im einzelnen Lüderitz, AcP 178, 263 (277 f.).

106 So § 1628 II 2 BGB EJB; Lüderitz nennt diesen Vorschlag „unhaltbar", AcP 178, 263 (278 Fn 91). Vgl. Coester/Coester-Waltjen, ZBlJugR 1976, 459; ablehnend auch Hohmann, S. 124.

107 Lüderitz, AcP 178, 263 (278, 279).

108 BT – Ds 7/2060, S. 19.

109 Vom 15. 8. 1978, BGBl. I 1143.

110 Den Nachweis der Vergleichbarkeit der genannten Vorschriften mit EFrakt hat auch Knöpfel, FamRZ 1977, 600 (605 f.) nicht führen können, richtig Diederichsen, FamRZ 1978, 461 (465 Fn 53).

111 BT – Ds 7/2060, S. 19.

112 Knöpfel, FamRZ 1977, 600 (608).

113 Einzelheiten bei Diederichsen, FamRZ 1978, 461 (466).

114 Übersicht bei Diederichsen, FamRZ 1978, 461 (465). §§ 1634, 1671 BGB EFrakt bringen dann in der Sache wenig Veränderungen. Einzelheiten unten 10. Kapitel VII 2.

115 BT – Ds 7/2060, S. 35.

116 Diese Bestimmung wird durch die Neufassung noch präzisiert, vgl. gleich im folgenden.

117 Dazu den Film von Kenneth Loach „family life".

118 Zum EFrakt vgl. insgesamt Knöpfel, FamRZ 1977, 600 und ders., S. 189.

119 Besprechung dazu bei Schulz, ZRP 1977, 202 und (ausführlich) Lüderitz, FamRZ 1978, 475; vgl. auch Coester-Waltjen, ZRP 1977, 177.

120 Dazu engagiert (anderer Meinung) Lüderitz, FamRZ 1978, 475.

121 Dazu Lüderitz, FamRZ 1978, 475.

122 Lüderitz, AcP 178, 263 (278 FN 91): unhaltbar; gleichwohl erwähnt er einen einsichtigen Hintergrund: Angst vor den Eltern könnte die „Kinder" in die Arme von „Engelmacherinnen" treiben. Vgl. im einzelnen Coester/Coester-Waltjen, ZBlJugR 1976, 459.

123 Zur Zahlungspflicht vgl. Coester-Waltjen, S. 83; dazu Lüderitz, FamRZ 1978, 475 (476).

124 Vom 15. 8. 1960, BGBl. I 1143.
125 Richtig wohl: Übertragung.
126 Damit ist die Regelung identisch mit § 1711 BGB.
127 Abgesichert durch ein Anhörungsrecht des urteilsfähigen Kindes, § 50 II 2 FGG EJB.
128 Lüderitz, FamRZ 1978, 475 (476).
129 Ablehnend deshalb Lüderitz, FamRZ 1978, 475 (476).
130 So Lüderitz, FamRZ 1978, 475 (476); das Faktum selbst – Umkehr – ist natürlich gar nicht zu bestreiten.
131 So das Votum von Lüderitz, FamRZ 1978, 475 (476).
132 So auch Lüderitz, FamRZ 1978, 475 (476).
132a Zu dieser Neufassung Beitzke, FamRZ 1979, 8.
133 Auszugsweise abgedruckt und mit der Wirklichkeit konfrontiert bei Johansen, S. 229 f.

10. Kapitel

Eheliche Kindschaft.

I. Abstammung.

Für die eheliche Abstammung formuliert das Gesetz zwei einfache Vermutungen.

„Ein Kind, das nach der Eheschließung geboren wird, ist ehelich, wenn die Frau es vor oder während der Ehe empfangen, und der Mann innerhalb der Empfängniszeit der Frau beigewohnt hat", § 1591 I 1 Hs. 1 BGB; und: „Es wird vermutet, daß der Mann innerhalb der Empfängniszeit der Frau beigewohnt hat", § 1591 II 1 BGB.

Die Vermutung aus § 1591 I 1 Hs. 1 BGB ist nur schwer zu entkräften. Sie versagt erst, wenn die Vaterschaft des Mannes „offenbar unmöglich" ist, steht damit in deutlichem Gegensatz zu § 1600 o II 2 BGB (für die nicht-eheliche Kindschaft). Dort greift § 1600 o II 1 BGB schon nicht mehr, wenn „schwerwiegende Zweifel[0] an der Vaterschaft verbleiben". Da die Mutter innerhalb der Empfängniszeit – die „Zeit vom einhundertachtzigsten bis zum dreihundertzweiten Tage vor dem Tage der Geburt des Kindes" mit Einschluß der Eckdaten, § 1592 I BGB – in mehreren Ehen gelebt haben kann (vgl. allerdings § 8 EheG 1946/1961), bestimmt § 1600 I BGB eine wohl realistische Rangfolge. Danach gilt ein Kind bei Vermutung aus § 1591 BGB für *beide* Ehemänner als eheliches Kind des späteren Gatten, mit der zusätzlichen Eigentümlichkeit aus II: Wird die Ehelichkeit angefochten und rechtskräftig festgestellt, daß das Kind kein eheliches Kind des zweiten Mannes ist, gilt es als eheliches Kind des ersten Mannes; erst wenn auch er sich wehrt, kommen die üblichen Folgen aus §§ 1593 ff. BGB zur Anwendung.

II. Anfechtung der Ehelichkeit.

1. Die Wirkungen aus § 1591 BGB – eheliche Vaterschaft des „Muttergatten" – können nur in einem besonderen Klageverfahren[1] beseitigt werden, §§ 1593 ff. BGB; § 1591 I 2 BGB täuscht. Parteien des Verfahrens sind der Mann bzw. dessen Eltern (§ 1595 a BGB) und das Kind (mit einem eigenen Anfechtungsrecht unter den engen Voraussetzungen des § 1596 BGB), nicht die Mutter.[2] Ist das Kind minderjährig, kann der gesetzliche Vertreter die Ehelichkeit mit Genehmigung des Vormundschaftsgerichts anfechten, § 1597 I BGB, mit den Besonderheiten aus III

für den Vormund oder Pfleger. Recht kurz sind die Überlegungsfristen; Ruhe und Sicherheit sollen in die Familie bald wieder einkehren, ohne Störung durch ein lang verfügbares Druckmittel. Die Frist beläuft sich für den Mann auf zwei Jahre, gerechnet von „dem Zeitpunkt, in dem (er) Kenntnis von den Umständen erlangt, die für die Unehelichkeit[3] des Kindes sprechen", § 1594 II 1 BGB. Abgehoben ist also nicht auf sicheres Wissen, vielmehr reichen vernünftige Zweifel aus, Tatsachen, aus denen sich die nicht ganz fernliegende Möglichkeit einer nicht-ehelichen Abstammung ergibt.[4] Frühestens beginnt der Ablauf mit § 1594 II 2 BGB. Für die Eltern des Mannes, der bis zu seinem Tod nichts von der Geburt wußte (nicht: der Nichtehelichkeit), sieht § 1595 a I 2 BGB eine eigene Entscheidungsfrist vor – ein Jahr nach Kenntnis vom Tode des Mannes und der Niederkunft der Ehefrau. § 1595 a 1 BGB gilt auch, wenn der Mann „innerhalb von zwei Jahren seit der Geburt des Kindes gestorben ist, ohne die Ehelichkeit des Kindes angefochten zu haben", § 1595 a II 1 BGB. Blockierend wirkt jedoch sein Wunsch, sich mit den äußeren Gegebenheiten abzufinden, § 1595 a II 2 BGB. Für das Kind räumt § 1596 II BGB eine Anfechtungsfrist von ebenfalls zwei Jahren ein, allerdings lediglich für die Situation nach I Nr. 1–3 BGB:[5] Tod des Mannes oder Todeserklärung ohne vorherigen Verlust des Anfechtungsrechts aus § 1594 BGB, Scheidung, Aufhebung, Nichtigerklärung der Ehe oder dreijähriges Getrenntleben der „Eltern" ohne ernsthafte Aussicht auf Wiederherstellung der ehelichen Lebensgemeinschaft, schließlich Heirat der Mutter mit dem wirklichen Erzeuger des Kindes;[6] Nr. 4 – Anfechtung wegen ehrlosen oder unsittlichen Lebenswandels oder wegen einer schweren Verfehlung des Mannes gegen das Kind, bei sittlicher Rechtfertigung des Bruches mit der legalen Abstammung – und Nr. 5 – sittliche Rechtfertigung der Anfechtung wegen einer schweren Erbkrankheit des Mannes – sind von der kurzen Frist dagegen nicht bedroht. Nach Volljährigkeit kann das Kind stets – binnen zwei Jahren – das Verfahren einleiten, selbst wenn der gesetzliche Vertreter (bei § 1596 I Nr. 1–3 BGB) den richtigen Anfechtungszeitpunkt verpaßte, § 1598 BGB.

§§ 1593 ff. BGB versperren der Mutter schlechthin[7] den Zugang zur Klärung der Abstammungsfrage; ihre Position ist in §§ 1596, 1597 BGB nur partiell und als Nebenfolge, daher zufällig einbezogen. Das Kind ist auf die Kasuistik des § 1596 I BGB verwiesen; noch in Nr. 4 und 5 sind seine Interessen an der „Leugnung aller verwandtschaftlichen Beziehungen zum Ehemann der Mutter . . . in das begrenzende, nicht eben scharf umrissene Tatbestandselement der Rechtfertigung vor der Moral"[8] gedrängt. Maßgeblich werden die Absichten des Mannes/Vaters; auf ihn hin sind §§ 1593 ff. BGB definiert. Patriarchalische Familienleitbilder wirken prägend, Bedürfnisse nach Kenntnis der eigenen Wurzeln[9] und nach Abstammungsehrlichkeit treten zurück.

Bei der Interpretation von § 1593 BGB –

„Die Unehelichkeit eines Kindes, das während der Ehe oder innerhalb von dreihundertzwei Tagen nach Auflösung[10] oder Nichtigerklärung der Ehe geboren wird, kann nur geltend gemacht werden, wenn die Ehelichkeit angefochten und die Unehelichkeit rechtskräftig festgestellt ist" –

verfährt die Rechtsprechung streng und formalistisch. Blockiert ist der Nachweis des Ehebruchs der Frau im Scheidungsverfahren,[11] abgeschnitten sind Ansprüche auf Unterhaltserstattung;[12] der Scheinvater, der jahrelang gezwungen Unterhalt an das Kind leistete, es liebgewonnen hat und sich daher von ihm nicht trennen will, gleichwohl materielle Entschädigung sucht, geht danach leer aus. Ein Höhepunkt: Selbst Schadensersatzforderungen gegen den nachlässigen Rechtsanwalt, der die Anfechtungsfrist aus § 1594 BGB verstreichen läßt, tritt § 1593 BGB in der Weg.[13] Bezeichnende Ausnahme: BayOblG, JZ 1962, 442. Institutionelles Rechtsdenken setzt sich durch, behält die Oberhand gegenüber liberalem Vertragsdenken[14] (oder vergleichbaren Figuren); dabei wird der Umkreis bei §§ 1593 ff. BGB besonders weit gezogen, ist doch in allen Fällen die „Nichtehelichkeit" des Kindes nicht eigentliches Thema.

2. Zu den Beweismitteln, die nach den Fortschritten der medizinischen Erkenntnis § 1591 I 2 BGB einen beträchtlichen Teil seiner Schärfe nehmen:
– Tragezeitgutachten[15] gehen vom Reifegrad des Kindes bei der Geburt aus, bewerten sonstige Umstände, die Schlüsse auf den Eintritt der Schwangerschaft zu einem bestimmten Zeitpunkt gestatten (Menstruationszyklus der Mutter als Beispiel). Die Schwächen liegen allerdings auf der Hand: Die maßgeblichen Daten (Reifemerkmale bei der Geburt, Beiwohnungshäufigkeit und -partner, Menstruationsablauf) sind nicht unmittelbar zugänglich, erschließen sich erst aus den Angaben der Beteiligten.
– Serologische Gutachten (Blutgruppengutachten) stützen sich auf die Vererbungsregeln, die für Blutfaktoren gelten. Mit ihrer Hilfe kann ein Mann als Vater des Kindes ausgeschlossen werden, wenn ein Blutfaktor des Kindes weder bei der Mutter noch bei ihm vorhanden ist (= „klassischer Ausschluß"), und wenn er und das Kind entgegengesetzt reinerbig sind (= „Reinerbigkeitsausschluß").[16]
– Serostatistische Gutachten[17] ergänzen die Blutgruppengutachten mit einer mathematisch errechneten – positiv! – Vaterschaftswahrscheinlichkeit, die auf der unterschiedlichen Häufigkeitsverteilung der Blutmerkmale in der Bevölkerung beruht (vorwiegend nach der „Essen-Möller-Formel").[18]
– Anthropologisch-erbbiologische Gutachten[19] konstatieren Ähnlichkeiten (oder Unähnlichkeiten), summiert aus rund 300 Einzelmerkmalen, die je für sich geringe Beweiskraft haben, zusammengefaßt aber nach dem Prinzip der Wahrscheinlichkeitsmultiplikation den Ausschluß (negativ) oder (positiv) den Vaterschaftsnachweis gestatten.[20]
Zum Wirbelsäulenvergleich vgl. Roth-Stielow, Rn 233 f. S. 95 f.[21/22]

3. Für das Verfahren der Ehelichkeitsanfechtung gelten §§ 640 ff. ZPO (Kindschaftssachen, vgl. § 640 II Nr. 3 ZPO, mit den Besonderheiten aus § 55 b FGG). Kosten sind gegeneinander aufzuheben, § 93 b ZPO, um die früheren Zufälligkeiten zu vermeiden (nach dem Motto: „Wer zuerst kommt, mahlt zuerst").
4. Mit erfolgter Rechtskraft der Anfechtung der Ehelichkeit erlangt das Kind rückwirkend auf den Zeitpunkt der Geburt den Status der Nichtehelichkeit mit völligem Bruch mit dem „Muttergatten": Keiner seiner Akte in der Vergangenheit findet seine Rechtfertigung noch in der elterlichen Gewalt, keine Leistung ihren

Rechtsgrund im gesetzlichen Unterhaltsrecht.[23] Auch Fortwirkungen von Eltern-
befugnissen – etwa § 1634 BGB – sind nicht vorgesehen. Freigegeben ist die (positive) Klärung der Abstammung, die mit der schlichten Verneinung eben noch nicht
erfolgt ist oder erfolgt sein muß.

§ 1615b II BGB sieht zugunsten des Scheinvaters, der Unterhalt zahlte – und
zahlen mußte; ihn trafen gesetzliche Unterhaltspflichten – einen Forderungsüber-
gang vor, stattet ihn mit unverjährten Ansprüchen gegen den „eigentlichen Unterhaltsschuldner" aus, selbst wenn die einzelnen Raten weit zurück in die Vergangenheit reichen (arg. § 198 BGB; entstanden ist ein Anspruch erst, wenn er
ausgeübt werden kann).[24] Doch bringen die Folgevorschriften herbe Enttäuschungen. Nach § 1600a BGB können die Rechtswirkungen der Vaterschaft nur
vom Zeitpunkt ihrer verbindlichen Feststellung (vgl. § 1600a 1 BGB) geltend gemacht werden. § 1615b II, I 2 BGB versagt die Ausübung übergangener Rechte
zum Nachteil des Kindes, etwa bei Schmälerung künftiger Ansprüche – eine
merkwürdig deplazierte Regelung, trifft sie doch einen „Fremden", nicht wie
sonst im Unterhaltsrecht einen nahen Verwandten.[25] § 1615i III BGB unterwirft
den Regreß des Ehemannes den Billigkeitsschranken aus § 1615i I und II BGB
(Stundung und Erlaß) zugunsten des nicht-ehelichen Vaters und zum eigenen
Nachteil, „obwohl jene Rücksichten, die vielleicht das Kind selbst nehmen muß
(weil es mit seinem Vater verwandt ist) für den Ehemann nicht mehr einsichtig
sind , und ein anderer Grund für seine Benachteiligung nicht zu entdecken ist".[26]
Die Überzeugung, daß es „an sich vertretbar sei, einem Mann, der mit der Mutter
in der Empfängniszeit verkehrt hat, jedes Rückgriffsrecht zu versagen" – wieviel
mehr ist dann eine Beschränkung zulässig –, verfehlt eine Grundkonzeption des
Nichtehelichenrechts, das eben nicht (deliktsähnlich) den bösen Schein oder das
böse Verhalten sanktioniert, sondern nach Abstammung fragt. Unterhalt schuldet
der Vater; Unterhalt schuldet nicht, wer Vater hätte werden können, es aber tatsächlich nicht geworden ist.[27] Gerade vor diesem Hintergrund werden Alternativen zum Unterhaltsregreß interessant: § 823 BGB, Bereicherungsrecht, Ge-
schäftsführung ohne Auftrag.[28]

III. Unterhalt.[29]

1. Nach § 1601 BGB sind „Verwandte in gerader Linie verpflichtet, einander Unterhalt zu gewähren". Im Mittelpunkt steht dabei das Verhältnis der Eltern zu ihren Kindern; schon die Umkehr ist selten geworden, obwohl ein erheblicher Teil
der sozialen Leistungen, die als Unterhaltsersatz eintreten, im Ausgang „familienabhängig" gehalten ist (vgl. dazu BSHG,[30] BAföG). Über den Rahmen des § 1601
BGB hinaus – in die Seitenlinie (Geschwister sind gegenseitig nicht unterhaltspflichtig) oder in weitläufigere Verwandtschaft – schafft das BGB keine unterhaltsrechtlichen Verbindungen, so daß sich Unterhaltsrecht nicht mit Erbrecht

deckt, eine beachtliche Diskrepanz; der Kreis der erbberechtigten „Angehörigen" ist durch § 1924 ff. BGB jedenfalls beträchtlich[31] weiter gezogen.

Unterhaltsberechtigt ist (nur), wer außerstande ist, für sich selbst aufzukommen, § 1603 I BGB. § 1602 II BGB privilegiert dabei das minderjährige, unverheiratete Kind; es wird zwar auf die Einkünfte aus seinem Vermögen und den Ertrag seiner Arbeit vorrangig verwiesen, muß aber nicht den Vermögensstamm[32] antasten. Auch bei der Reihenfolge – falls mehrere Bedürftige Ansprüche stellen, die Leistungsfähigkeit des Unterhaltsschuldners jedoch erschöpft ist – findet das minderjährige unverheiratete Kind besondere Aufmerksamkeit, § 1609 I BGB. Es gehen vor

- die minderjährigen unverheirateten Kinder (untereinander gleichberechtigt) den anderen Kindern,
- die Kinder den übrigen Abkömmlingen,
- Abkömmlinge den Verwandten der aufsteigenden Linie und
- nähere Verwandte den entfernteren, § 1609 I BGB.

Über § 1609 II 1 BGB wird der Ehegatte in die Gruppe der Höchstbegünstigten einbezogen, mit den Einschränkungen aus 2 bei der Scheidung oder Auflösung der Ehe. Mit dem Tode des Berechtigten erlöschen Unterhaltsansprüche, § 1615 BGB, mit den Nachwirkungen aus II für die Kosten der Beerdigung, falls diese Kosten nicht vom Erben zu tragen sind.

Unterhaltsverpflichtungen richten sich nach § 1603 I BGB. Erst die Gefährdung des eigenen angemessenen Unterhalts bei Berücksichtigung der sonstigen Verpflichtungen bildet eine Schranke vor der Inanspruchnahme. Gegenüber minderjährigen unverheirateten Kindern haben sich Eltern noch zusätzlich anzustrengen; sie müssen alle verfügbaren Mittel zu ihrem eigenen und dem „fremden" Unterhalt gleichmäßig verwenden, § 1603 II 1 BGB. Ausnahmen greifen lediglich bei Vorrang eines anderen leistungsfähigen Verwandten oder einem möglichen Zugriff auf den Stamm des Kindesvermögens ein, § 1603 II 2 BGB.

Die Reihenfolge der Unterhaltspflichtigen legt § 1606 BGB fest, in Korrespondenz mit § 1609 BGB. Es haben

- Abkömmlinge vor den Verwandten der aufsteigenden Linie,
- unter den Abkömmlingen und unter allen Verwandten der absteigenden Linie die näheren vor den entfernteren
Unterhalt zu leisten. Mehrere gleichnahe Verwandte haften anteilig nach ihren Erwerbs- und Vermögensverhältnissen, § 1606 III 1 BGB. „Die Mutter erfüllt ihre Verpflichtung, zum Unterhalt eines minderjährigen unverheirateten Kindes beizutragen, in der Regel durch die Pflege und Erziehung des Kindes", § 1606 III 2 BGB.

Geschärfte Verantwortung zu Lasten des Ehegatten des Bedürftigen begründet § 1608 BGB, wiederum als Antwort auf § 1609 II 1 BGB. Erst wenn der Ehegatte ausfällt, kommt die allgemeine Rangfolge aus § 1606 BGB zum Zuge.

§ 1607 BGB sichert den Unterhaltsberechtigten ab, bemüht sich, stets greifbare und leistungsfähige Schuldner bereitzuhalten.

„Soweit ein Verwandter aufgrund des § 1603 nicht unterhaltspflichtig ist, hat der nach ihm haftende Verwandte den Unterhalt zu gewähren" (= Ersatzhaftung, Einstandspflicht). „Das gleiche gilt, wenn die Rechtsverfolgung gegen einen Verwandten im Inland ausgeschlossen oder erheblich erschwert ist. Der Anspruch gegen einen solchen Verwandten geht, soweit ein anderer Verwandter den Unterhalt gewährt, auf diesen über" (= Unterhaltsregreß). „Der Übergang kann nicht zum Nachteil des Unterhaltsberechtigten geltend gemacht werden."

§ 1611 BGB: Beschränkung und Wegfall der Unterhaltsberechtigung bei eigenem sittlichem Verschulden, grober Nachlässigkeit und vorsätzlichen schweren Verfehlungen, mit der Folge einer Beschränkung auf Billigkeitsunterhalt oder gänzlichen Wegfalls.

Zum Umfang der Unterhaltsforderung äußert sich § 1610 BGB. „Das Maß des zu gewährenden Unterhalts bestimmt sich nach der Lebensstellung des Bedürftigen (angemessener Unterhalt)", zu zahlen durch eine Geldrente monatlich im voraus, § 1612 I 1, III BGB. „Der Unterhalt umfaßt den gesamten Lebensbedarf einschließlich der Kosten einer angemessenen Vorbildung zu einem Beruf, bei einer der Erziehung bedürftigen Person auch die Kosten der Erziehung.
Verlangt ein eheliches Kind, das in den Haushalt eines geschiedenen Elternteils aufgenommen ist, von dem anderen Elternteil Unterhalt, so gilt als Bedarf des Kindes bis zur Vollendung des 18. Lebensjahres mindestens der für ein nichteheliches Kind der entsprechenden Altersstufe festgesetzte Regelbedarf. Satz 1 ist entsprechend anzuwenden, wenn die Eltern nicht nur vorübergehend getrennt leben oder ihre Ehe für nichtig erklärt worden ist."

Kinder in unvollständigen Familien sind meist besonders schutzwürdig (das rechtfertigt allerdings nicht unbedingt die Absenkung auf den Regelbedarf des nicht-ehelichen Kindes),[33] Väter in dieser Lage oft zahlungsunwillig. § 1610 III BGB gibt deshalb einen einfachen Berechnungsschlüssel als ersten Schritt zu Zwangsmaßnahmen.
2. Ins Gerede gekommen, auch in der tagespolitischen Auseinandersetzung, ist in jüngster Zeit der Umfang des Ausbildungsanspruchs nach § 1610 II BGB, insbesondere aus einer Richtung: Müssen Eltern ihren fast erwachsenen oder erwachsenen Kindern eine „Zweitausbildung" finanzieren? Unter welchen Voraussetzungen? Wo verlaufen die Grenzen? Inzwischen sorgte der BGH[34] wohl wieder für weitgehende Beruhigung der durch Entscheidungen mancher Instanzgerichte und einseitige Informationen aufgeschreckten und erhitzten Gemüter. Allerdings war die Aufregung schon bisher ganz unnötig; für den Insider jedenfalls bringt BGH, FamRZ 1977, 629 keine Überraschungen,[35] ist vielmehr gut vorbereitet durch die Judikatur der unteren Gerichte[36] in ihrer überwiegenden Mehrzahl. Nach diesen Leitlinien des BGH sind Eltern „im allgemeinen" nicht gehalten, die Kosten für eine weitere Ausbildung zu tragen, wenn sie „ihre Pflicht, ihrem Kind eine angemessene Berufsausübung zu gewähren, in rechter Weise erfüllt"[37] haben. Viele Fragen jedoch bleiben immer noch offen, bei aller erkennbaren Tendenz, Eltern zu entlasten.

„Zwar ist als angemessene Vorbildung zu einem Beruf . . . nach heutiger gewandelter Auffassung eine Berufsausbildung zu verstehen, die der Begabung und den Fähigkeiten, dem Leistungswillen und den beachtenswerten Neigungen des Kindes am besten entspricht, ohne daß es insoweit auf Beruf und gesellschaftliche Stellung der Eltern (Unterhaltspflichtigen) ankommt und die sich hinsichtlich ihrer Finanzierung in den Grenzen der wirtschaftlichen Leistungsfähigkeit der Eltern hält" (Widersprüche? Auflösung nach welcher Richtung? P. F.).

„Geschuldet wird von den Eltern also eine ihnen wirtschaftlich zumutbare Finanzierung einer optimal begabungsbezogenen Berufsausbildung ihres Kindes, die den Neigungen des Kindes entspricht, ohne daß jedwede Neigungen oder Wünsche berücksichtigt werden müssen, insbesondere nicht die, die sich als nur flüchtig oder vorübergehend erweisen oder mit den Anlagen oder Fähigkeiten des Kindes und den wirtschaftlichen Verhältnissen der Eltern nicht zu vereinbaren sind."[38]

Offensichtlich ist mit dieser wechselnden Ausrichtung an den Begabungsreserven des Kindes und der Leistungsfähigkeit der Eltern nur der äußere Rahmen gesetzt, ohne Feinabstimmung und präzise Vorgaben für die Entscheidung in jeweils veränderten Situationen: Wann liegt eine Zweitausbildung vor, wann (lediglich) eine Weiterbildung? – wobei diese Weiterbildung, falls andere Kostenträger nicht einspringen, stets (? P. F.) von den Eltern zu bezahlen ist, solange noch ein zeitlicher Zusammenhang mit der „Grundausbildung" besteht.[39] Wann sind „kindliche" (oft 30–40jähriger Erwachsener) Begabungsreserven erschöpft? Welche Maßnahmen sind zu entwickeln, um diese Reserven auszuloten? Verläuft die Grenze innerhalb oder außerhalb der Universität (für Abiturienten), vor der Fachhochschule oder in ihr (für Realschüler)? Hat ein „begabter" Realschüler „Anspruch" auf den Besuch der höheren Handelsschule,[40] eine Hauswirtschaftslehrerin auf den „Aufstieg" zur Berufsschullehrerin,[41] ein Gärtnergeselle auf Ausbildung zum Gartenbauarchitekten? Reicht ein innerer Zusammenhang aus zwischen den verschiedenen Einzelschritten, zwischen der Graduierung zum Betriebswirt und dem Studium der Rechtswissenschaft,[42] zwischen dem Abschluß als Betriebswirt und dem Fach „Wirtschaftsingenieur",[43] zwischen einer Tätigkeit als Stadtinspektorin und dem ersehnten Beruf als Juristin[44] (ebenso im tatsächlichen Hintergrund BGH, FamRZ 1977, 629: Verwaltungsinspektor, anschließend Studium der Rechtswissenschaft; der BGH lehnt eine Unterhaltsverpflichtung der Eltern aus § 1610 II BGB allerdings ab), zwischen Maschinenbau an der Fachhochschule und Maschinenbau an einer Technischen Universität?[45] Ist dieser Punkt umgekehrt ganz unwichtig? Wie weit ist die Leistungsfähigkeit der Eltern auszuschöpfen (vgl. OLG München, FamRZ 1976, 59 – zu versteuerndes Jahreseinkommen des Vaters, eines Konditormeisters, DM 162543,–)?[46] Muß der „reiche" Unterhaltsschuldner auch den letzten Rest des bildbaren Materials aktivieren, während in „ärmeren Familien" schon einmal größere Reserven ungenutzt schlummern dürfen? Spielen Verwertungschancen auf dem Arbeitsmarkt[47] eine Rolle, kann also der arbeitslose Lehrer nunmehr von seinen Eltern verlangen, ihm eine Ausbildung als Ingenieur zu ermöglichen? Können die Eltern ihrerseits auf diesen Umstand hinweisen, auf die zu erwartende „Brotlosigkeit"? Nach welchen Richtlinien? Ist es entscheidend, ob die Verwertungsschwierigkeiten strukturell/konjunkturell bedingt sind oder auf besonders unglücklichen persönlichen Schicksalsschlägen beruhen (Unfälle, Krankheiten usw.); müssen die Eltern für solche Verläufe eintreten? Der Katalog läßt sich ohne große Anstrengungen verlängern.[48] Doch will ich abbrechen. Ein Schluß drängt sich bei Durchsicht der Rechtsprechung geradezu auf. Fast alle einschlägigen Streitverfahren sind von Ämtern/Trägern öffentlicher Ausbildungsförderung eingeleitet (vorwiegend nach BAföG; Ausbildungsförderung nach diesen Maßstäben ist familienabhängig, unterliegt also der Einforderung im Familienverband qua umgeleiteter Unterhaltspflicht, falls die Bewilligungsstelle in Vorlage getreten ist, nach Rechtswahrungsanzeige an die Eltern), nicht von den unterhaltsbedürftigen Kindern. Offensichtlich empfinden es diese Kinder und jungen Erwachsenen selbst als Zumutung, gegen ihre alt gewordenen Eltern vorgehen zu müssen, um dort die meist doch karg bemessenen Mittel für einen zusätzlich qualifizierenden Abschluß einzutreiben. Vollends unerträglich erscheint mir, unmittelbaren Zwang auf die Eltern auszuüben, ihren Lebensstil (wieder) zu verändern und sie mit dem Zugriff auf das mühevoll Geschaffene zu bedrohen (1603 BGB schützt nicht vollständig), vielleicht sogar ihre Altersruhe anzutasten.[49] Bildungspolitik findet ihren Schwerpunkt in staatlicher Bildungsförderung, kaum im privaten Unterhaltsrecht;[50] staatliche Bildungsförderung sorgt für Chancengleichheit – gerade kompensatorisch – in Realisierung des Sozialstaatsgebots aus Artt. 20 I, 28 I GG, schöpft Bildungsreserven aus. Gerade ein Ansatz, der stets erneut Entfaltung und Selbstbestimmung als Ziele betont, die Familienrecht zu verfolgen, zumindest aber nicht zu behindern hat, muß bei § 1610 II BGB zudem Farbe bekennen. Selbstbestimmung schließt als Korrespondenz Selbstverantwortung und Selbstverantwortlichkeit ein. Verpflichtungen der Eltern – als „Fremdbestimmung" – treten demgegenüber stark zurück.

3. Feste Richtwerte für den Unterhalt ehelicher Kinder nennt das BGB nicht, abgesehen von der Orientierung in § 1610 III BGB auf den Regelbedarf des nicht-ehelichen Kindes als Untergrenze, vgl. dazu die Regelunterhalts-VO 1976.[51] Der allgemeine Bezug in § 1610 BGB auf „Angemessenheit" der Leistungen/des Bedarf ist wenig hilfreich. Deshalb bemüht sich die Praxis um faßbare Berechnungsschlüssel, mit inzwischen nahezu verbindlicher Geltung. Verbreitet sind vor allem die „Berliner Tabelle" („Erfinder": KG) und die „Düsseldorfer Tabelle" des LG Düsseldorf[52] (mit großer Gefolgschaft).

Berliner Tabelle

Nettoeinkommen	o-6 Jahre	7-12	13-18	19-25
bis 1352	165	2oo	237	285
1353-1554	182	22o	261	314
1555-1757	198	24o	285	342
1758-196o	215	26o	3o9	371
1961-2163	231	28o	332	399
2164-2365	248	3oo	356	428
2366-2568	264	32o	38o	456
2569-2771	281	34o	4o3	485
2772-2974	297	36o	427	513
2975-3127	314	38o	451	542
3128-3379	33o	4oo	474	57o
338o-3582	347	42o	498	599
3583-3785	363	44o	522	627
3786-3988	38o	46o	546	656
3989-419o	396	48o	569	684
4191-4393	413	5oo	593	713
4394-4596	429	52o	617	741
4597-4799	446	54o	64o	77o
48oo-5oo2	462	56o	664	798
5oo3-52o4	479	58o	688	827
52o5-54o7	495	6oo	711	855
54o8-561o	512	62o	735	884
5611-5813	528	64o	759	912
5814-6o16	545	66o	783	941
6o17-6218	561	68o	8o6	969

Maßgeblich wird:

1. Ausgangspunkt der Tabelle ist der Regelunterhalt; nach
diesem Schlüssel sind alle Kinder zu "versorgen", eheliche
wie nichteheliche.

2. Die für die Berechnung des Regelunterhalts verwendete
"Warenkorbmethode" - was braucht ein Kind? was kostet das?-
versagt für höhere Einkommen, da es für sie keine eigens
zusammengestellten Warenkörbe gibt (das könnte man nach-

284

holen, P. F.).

3. Deshalb ist eine Steigerungsrate pauschaliert anzubringen, die $1/2$ höher liegt (für das Einkommen) als bei den Regelunterhaltssätzen.

4. Einkommen bis zu DM 1351,9o netto/Monat entspricht den Regelunterhaltssätzen.

5. Ein Mehrverdienst von DM 2o2,79 (= 15 %) zieht jeweils einen Zuschlag von 1o % auf den Regelunterhalt nach sich.

6. Für die Altersgruppe der 18-25jährigen wird die Zuschlagsregression von 3 % (21 % : 18 % : 15 %) berücksichtigt, so daß sich der Grundbetrag auf DM 285,- beläuft[53] - was nicht unbedingt sinnvoll ist, da gerade hier der Unterhaltsbedarf häufig sprunghaft steigt, durch Studium, auswärtige Ausbildung u.ä.

7. Diese Berechnung erfaßt alle Ehen, in denen ein bis drei Kinder zu unterhalten sind.

Düsseldorfer Tabelle (die gängigste)[54]

	bis 6	6-12	12-18	ab 18	Selbstbehalt
nichteheliche Kinder nach der RegelunterhaltsVO 1976, insoweit verbindlich	165	2oo	237		
eheliche Kinder nach Nettoeinkommen des/der Unterhaltspflichtigen				nach den Umständen des Falles	
bis 13oo	165	2oo	237		6oo
13oo-16oo	18o	22o	26o		65o
16oo-2ooo	2o5	25o	295		7oo
2ooo-25oo	23o	28o	33o		8oo
25oo-31oo	265	32o	38o		9oo
31oo-39oo	295	36o	425		11oo
39oo-5ooo	33o	4oo	475		13oo
über 5ooo	nach den Umständen des Falles				

Damit ist die Düsseldorfer Tabelle der RegelunterhaltsVO 1976 ab 1.1.1979 wieder angepaßt.

Dabei ist bestimmend:

1. Ausgerichtet sind die Richtwerte der Tabelle auf monatliche Leistungen eines Unterhaltsschuldners gegenüber seinem Ehegatten und zwei Kindern. Bei einer größeren/geringe-
ren Zahl von Unterhaltsberechtigten können Abschläge/Zu-
schläge angemessen sein, im Regelfall begrenzt durch die
nächsthöhere oder nächstniedrigere Gruppe.
Überstundenvergütung wird zu $^1/_2$ angerechnet. Notwendige
berufsbedingte Unkosten sind abzuziehen.

2. Die 2. Altersstufe beginnt mit der Vollendung des sechsten, die 3. Altersstufe mit der Vollendung des zwölften
Lebensjahres.

3. Selbstbehalt des Unterhaltspflichtigen:
    a. gegenüber Minderjährigen (§ 1603 II BGB) wenigstens
    DM 600,- ,
    b. im übrigen, isbesondere gegenüber Volljährigen (§
    1603 I BGB), im Regelfall wenigstens DM 1000,- bis ca.
    $^1/_3$ des Nettoeinkommens.

4. Der Sorgeberechtigte erbringt grundsätzlich bis zur
Vollendung des 15. Lebensjahres des Kindes vollwertige
Naturalunterhaltsleistungen und ist daher insoweit im Verhältnis zum anderen Elternteil weder arbeits- noch barun-
terhaltspflichtig.

5. Der Gesamtunterhaltsbedarf eines nicht am Wohnort seiner Eltern Studierenden beträgt in der Regel monatlich DM
660,-[55].

6. Kindergeld wird bei Minderjährigen in der Regel auf die
Richtsätze anteilig zu $^1/_2$, bei Volljährigen ganz angerechnet.

7. Ausbildungsbeihilfe wird beim Unterhalt des Studenten
voll, im übrigen nach Billigkeit angerechnet[56].

Für den Ehegattenunterhalt - wiederum mit einem Schwerpunkt bei der Scheidung - sind die Richtwerte schwanken-
der, angepaßt an die unterschiedlichen Verhältnisse auf
beiden Seiten (im übrigen noch nicht auf das 1. EheRG

ausgerichtet, trotz der Neufassung zum 1.1.1979). Unter-
haltsvereinbarungen sind stets vorrangig; bei Ehegatten[57]
sind sie verbreitet. Grobe Umrisse:
- keine Arbeit und keine Arbeitspflicht des Berechtigten:
  ca. $2/_5$ des Nettoeinkommens des Verpflichteten;
- Arbeit des Berechtigte: ca. $2/_5$ des Unterschiedsbetrages
  beider Einkommen;
- Arbeit des Berechtigten ohne Arbeitspflicht: ebenso; jedoch bleibt in Höhe des Unterschiedsbetrages zwischen
  dem angemessenen Unterhaltsbedarf und dem an sich geschuldeten Unterhalt das Einkommen des Berechtigten an-
  rechnungsfrei (§ 1577 II 1 BGB). Im übrigen Anrechnung
  nach Billigkeit. Folge: Der Unterhaltsgläubiger kann durch
  diese Begünstigung insgesamt höhere Beträge für sich zur
  Verfügung haben als der Schuldner – deshalb findet sich
  auch Kritik an dieser Berechnung.
- gegen einen nicht-erwerbstätigen Schuldner: ca. $3/_7$
  der Einkünfte;
- bei eigenen Einkünften des Unterhaltsgläubigers: wie bei
  eigenem Arbeitseinkommen;
- Selbstbehalt: wenigstens DM 650,- bis ca. $1/_3$ des Nettoeinkommens[58].

Zu weiteren Berechnungsschlüsseln der Praxis vgl. Kalt-
hoener/Haase-Becker/Büttner, Rn 6 ff. S. 4 ff. Beliebt
ist insbesondere der "Zwickauer-Schlüssel", der ein ein-
faches Verteilungsverhältnis für mehrere Nutznießer eines
Einkommens aufstellt, etwa 4 : 2 : 1 (Mann : Frau : Kind),
4 : 2 : 1 : 1 (Mann : Frau : Kind : Kind), 4 : 2 : 1
(Mann : Frau : 2. Frau) und 12 : 4 : 4 : 3 (Mann : Frau :
Kind über 1o Jahre : Kind unter 1o Jahre)[59]. Vgl. außerdem die Berechnung durch das OLG Hamm, FamRZ 1978, 849.

Ausführlich zur Düsseldorfer Tabelle s. OLG Düsseldorf,
NJW 1979, 25.

4. „Das Kind ist, solange es dem elterlichen Hausstand angehört und von den Eltern erzogen oder unterhalten wird, verpflichtet, in einer seinen Kräften und seiner Lebensstellung entsprechenden Weise den Eltern in ihrem Hauswesen und Geschäfte Dienste zu leisten", § 1619 BGB. Zur gemeinsamen Kostentragung im Haushalt vgl. § 1620 BGB.

Zur Ausstattung aus dem Elternvermögen (auch „Aussteuer") § 1624 BGB.

5. Zuständig für Streitigkeiten mit unterhaltsrechtlicher Prägung ist nach dem 1. EheRG das Familiengericht, §§ 23 b I Nr. 5 GVG, 621 I Nr. 4 ZPO. Ist ein Scheidungsverfahren anhängig, ist über die Unterhaltsfolgen im Verbund zu verhandeln und zu entscheiden, § 623 I 1 ZPO. Nach § 630 I Nr. 3 ZPO ist bei einverständlicher Scheidung nach §§ 1565, 1566 I BGB über die Regelung des Unterhalts der Ehegatten untereinander oder gegenüber einem Kind ein vollstreckbarer Schuldtitel zu beschaffen, als Urteilsvoraussetzung für die Hauptsache. Verfahrensregeln: nach der ZPO, vgl. § 621 a I 1 ZPO.

Zur einstweiligen Anordnung vgl. §§ 620 Nr. 4 und 6, 620 aff. ZPO.

Rechtsmittel: Berufung an das OLG, §§ 119 I Nr. 1 GVG, 511 ZPO, Zulassungsrevision an den BGH, §§ 133 I Nr. 1 GVG, 621 d I, 545 I, 546 ZPO. Besondere Schwierigkeiten treten in der Phase des Übergangs auf, da klare, zweifelsfreie Überleitungsvorschriften fehlen.

Weitere Einzelheiten VI 3. und VIII sowie 2. Teil 7. Kapitel IV.

6. § 1612 a BGB[61] sieht eine einfache und schnelle Abänderung überholter Unterhaltstitel vor anstelle der bisher üblichen Abänderungsklage nach § 323 ZPO.

„Ist die Höhe der für einen Minderjährigen als Unterhalt zu entrichtenden Geldrente in einer gerichtlichen Entscheidung, einer Vereinbarung oder einer Verpflichtungsurkunde festgelegt, so kann der Berechtigte oder der Verpflichtete verlangen, daß der zu entrichtende Unterhalt gemäß den Vorschriften des Abs. 2 der allgemeinen Entwicklung der wirtschaftlichen Verhältnisse angepaßt wird", § 1612 a I 1 BGB. Ausnahmen: ausdrücklicher Ausschluß der Anpassung (§ 1614 BGB?) oder Absicherung des Unterhaltsgläubigers gegen Entwertungsverluste „auf andere Weise", § 1612 a I 2 BGB (Beispiel: Regelunterhalt des nicht-ehelichen Kindes mit verordneten Steigerungsraten).

Durch Rechtsverordnung (Anpassungsverordnung) bestimmt die Bundesregierung bei einer erheblichen Änderung der allgemeinen wirtschaftlichen Verhältnisse nach der allgemeinen Entwicklung, insbesondere der Entwicklung der Verdienste und des Lebensbedarfs, den Vomhundertsatz, um den die Unterhaltsrente herabzusetzen oder zu erhöhen ist. Die Anpassung kann erst vier Monate nach Inkrafttreten der jeweiligen Verordnung verlangt werden; sie ist ausgeschlossen, wenn die angegriffenen Leistungen innerhalb der letzten 12 Monate festgesetzt, geändert oder schon einmal angepaßt wurden, § 1612 a II 3, IV BGB. Alle zwei Jahre hat der Verordnungsgeber zu prüfen, ob die Voraussetzungen des § 1612 a BGB erfüllt sind, Art. 5 des G vom 29. 7. 1976. Erstmals erlassen wurde eine AnpassungsVO am 22. 6. 1977 (BGBl. I 977), die eine Erhöhung der Unterhaltsbeträge nach § 1612 a BGB um 10 % ausspricht.

Wirksam wird die Erhöhung/Senkung „mit der Erklärung", § 1612 a II 4 Hs. 1 BGB, eine dunkle Umschreibung des tatsächlichen Geschehens: Im Zusammenhang mit der AnpassungsVO begründet § 1612 a BGB einen „verhaltenen Anspruch, der im Wege der Vereinbarung zwischen den Beteiligten oder mit Hilfe der Gerichte durchzusetzen ist",[62] kein Gestaltungsrecht mit einseitiger Vollzugsbefugnis. Ohnehin wird in aller Regel § 1612 a II 4 Hs. 2 BGB betroffen sein

– ein Unterhaltstitel, aus dem die Zwangsvollstreckung stattfindet; dann aber gelten §§ 641 l ff. ZPO mit dem vereinfachten gerichtlichen Verfahren, den zusätzlichen Beschleunigungs-/Rationalisierungseffekten aus § 641 l IV ZPO (maschinelle Bearbeitung, dazu VordruckVO vom 24. 6. 1977, BGBl. I 978).[63]
Zum Unterhalt für die Vergangenheit vgl. § 1613 BGB, zum Verzicht für die Zukunft § 1614 BGB. Auskunftsansprüche unter Verwandten: § 1605 BGB.
Zur Unterhaltspflicht als „Schadensposition" – Geburt eines Kindes nach Sterilisation der Mutter oder bei Versagen sonstiger antikonzeptioneller Mittel – vgl. aus jüngster Zeit OLG Celle, JZ 1978, 528 einerseits, OLG Bamberg, JZ 1978, 529 andererseits (mit Anm. Deutsch).
Zu Plänen „staatlicher Vorschußleistung" (= Unterhaltsvorschußkassen) vgl. FR vom 20. 4. 1978, S. 1 und Görgens, JZ 1978, 422 (Bericht über ein Hamburger Projekt, angelehnt an Erfahrungen in Österreich).[64]

IV. § 1612 II BGB.

Beträchtlichen Zündstoff in sich birgt § 1612 II BGB,[65] räumt den Eltern wenigstens dem ersten Anschein nach weitreichende Anordnungs- und Eingriffsbefugnisse gegenüber ihren Kindern ein noch jenseits der Volljährigkeit; nach Absenkung dieser Grenze auf die Vollendung des 18. Lebensjahres – Stichtag: 1. 1. 1975[66] – sind Auseinandersetzungen aus § 1612 II BGB häufiger und im Ton schärfer geworden. Zwar ist der Unterhalt „durch Entrichtung einer Geldrente zu gewähren", § 1612 I 1 BGB (weil Verwandte meist nicht im Haus wohnen). Doch können die Eltern bei Unterhaltszahlungen an ein unverheiratetes Kind bestimmen – es fehlt der sonstige übliche Zusatz „minderjährig"; also gilt § 1612 II 1 BGB auch für Volljährige –, in welcher Art und für welche Zeit im voraus der Unterhalt gewährt werden soll, § 1612 II BGB (weil unverheiratete, unterhaltsabhängige Kinder regelmäßig eben „zu Hause" leben). Nur ausnahmsweise kann das Vormundschaftsgericht (nicht: das Familiengericht)[67] die elterliche Vorgabe abändern, § 1612 II 2 BGB. Eigenen Lebensplänen heranwachsender Kinder/junger Erwachsener können danach Eltern recht nachhaltig in den Weg treten (wohlgemerkt: bei einer Interpretation von § 1612 II BGB, die keine Einschränkungen in sich aufnimmt, vielleicht gerade noch „krasse Entgleisungen" korrigiert). Berufswünsche können sie beeinflussen und blockieren, indem sie auf eine „ebenso gute" Ausbildungsstätte an ihrem Wohnort verweisen, intensive Kontakte mit Freunden und Partner verhindern, wenn sie ein eigenes Zimmer, regelmäßige Mahlzeiten, sonstige Versorgung anbieten. Für eine ganze Gruppe von Jugendlichen werden die Orientierungspunkte Selbstbestimmung und Selbstverantwortung, auf die sie hinarbeiten, weggerückt, jedenfalls im Konflikt überrollt von Fremdbestimmung und Fremdverantwortung, von elterlichem Vorrang (wenn auch fortwirkende Erziehungsmacht selten so ausdrücklich betont wird wie von Bosch, FamRZ 1977, 631);[68] Mündigkeit als Ziel entpuppt sich als wohltönend und als Bekenntnis ohne aktuelle Verbindlichkeit.[69] Fraglich ist allerdings, ob mit dieser einfachen Verteilung der Gewichte in § 1612 II BGB tatsächlich der richtige Ausgleich gelingt, ob nicht andererseits Restriktionen anzubringen sind. Zunächst ein Überblick über die Rechtsprechung:

KG, NJW 1969, 2241 (ein Vorläufer): Zerwürfnisse zwischen den Eltern und ihrem Sohn, einem 25jährigen Studenten – Verweigerung des Hausschlüssels, verlangte Unterwerfung unter eine eigens fixierte Hausordnung, mit besonderer Besuchsregelung (! P. F.), ständiger Druck, das Mittagessen zu Hause einzunehmen, weil das „Mensa-Essen nicht munde".[70] Gegen die harschen Anordnungen wehrt sich der Sohn; es kommt zu lautstarken Reibereien, schließlich zu Tätlichkeiten. Doch schlagen die Vorfälle nicht zurück auf ihn, als Verschulden.[71] Vielmehr akzeptiert das KG den Wunsch nach Unabhängigkeit, greift nach § 1612 II 2 BGB ein. Keine Rolle spielen (ausdrücklich):
– fortbestehende Erziehungswünsche der Eltern (sie glauben sich nach wie vor dem Kind in Liebe zugetan, wollen sein Bestes);
– die zusätzlich trennende Wirkung der gerichtlichen Maßnahme.[72]

OLG Koblenz, FamRZ 1974, 226: Elterlicher Wohnort Koblenz, Studienort Mainz; der Vater weigert sich, in Mainz eine Wohnung für seinen Sohn zu bezahlen, verlangt vielmehr tägliche Fahrten (über 80 km eine Strecke) – zulässig im Rahmen des § 1612 BGB nach dem OLG.

AG Mettmann, FamRZ 1975, 709:[73] Der Sohn ist 21 Jahre alt, das dritte von vier Kindern des Rektors einer Hauptschule; er beklagt elterliche Beschränkung seiner „inneren und äußeren Freiheit", die er zur Entwicklung seiner eigenen Persönlichkeit benötige. Ein weiteres Zusammenleben mit den Eltern sei ihm nicht mehr möglich; insbesondere den Vater, einen bewußt katholischen Christen, habe er immer als dominierend, erdrückend und demütigend empfunden, nicht allein wegen häufiger Schläge und rigoroser Erziehungsanweisungen. Von Zwang und Zugriffen der Familie und in der aufgepreßten Pfadfindergruppe habe er sich endlich befreien können, lebe nun bei Freunden. Die Eltern berufen sich vor allem auf wirtschaftliche Erschöpfung infolge der Unterhaltsverpflichtungen gegenüber den anderen Kindern. Zudem sind sie der Ansicht, ihre Maßnahmen seien im Interesse des Sohnes und der Ordnung im Hause notwendig und angemessen.[74]

Das AG Mettmann lehnt die Korrektur nach § 1612 II 2 BGB ab. „Bei allem Wissen und aller Bildung, die sich Jugendliche heute durch die ihnen gebotene Schulung aneignen können, bleibt nämlich zu berücksichtigen, daß dem Volljährigen mit 18 Jahren ganz einfach noch eine Menge an Lebenserfahrung fehlt, was zugleich eine Gefährdung in sich birgt. Insoweit wird dem jungen Menschen im Elternhaus und in der familiären Gemeinschaft auf jeden Fall ein größerer Schutz geboten als anderswo."[75] Und:[76] Zumutbarkeitserwägungen wirtschaftlicher Art.

OLG Bremen, FamRZ 1976, 642 (Beschwerdeinstanz zu LG Bremen, FamRZ 1976, 458 – dazu gleich): Auszug einer fast 20jährigen Tochter aus dem – offensichtlich begüterten – Elternhaus nach Spannungen und Reibereien; unmittelbarer Anlaß waren Kontakte mit Freunden, die nicht die elterliche Zustimmung fanden.[77] „Für heutige Verhältnisse ist (§ 1612 II BGB) im Lichte des Grundgesetzes und insbesondere der durch den Grundrechtskatalog gesetzten Wertordnung auszulegen. Eine solche Auslegung schließt zwar gegenüber einem Volljährigen eine „Bevormundung" und auch eine Erziehung im engeren Sinne, nicht dagegen jegliche Einflußnahme auf (die) Lebensführung aus." Dem Anspruch des Kindes auf Unterhalt entspricht „das Recht der unterhaltspflichtigen Eltern darauf, daß das Berufsziel verständig ausgewählt, mit angemessenem Eifer und mit Sparsamkeit verfolgt und nicht durch eine Lebensführung gefährdet wird, die den Erfolg der Ausbildung in Frage stellt oder unangemessen hinauszögert,[78] Stereotypen, die die spätere Entwicklung der Judikatur prägen. „Erfahrungsgemäß erfordert das selbständige Leben, selbst wenn es in einer Wohngemeinschaft stattfindet, einen erheblichen Zeitaufwand für die Nahrungsbeschaffung und -zubereitung und die häuslichen Kleinarbeiten auf Kosten der Zeit für Schularbeiten oder Berufsvorbereitung." Konsequent richtet das OLG seine abschließenden Ratschläge für die interne Organisation des erneuten Zusammenlebens auf diesen Punkt aus. Ehrlicher wäre es allerdings, die – vorgeschobene – Ebene reiner Ökonomie zu verlassen und offen den Erziehungsvorrang der Eltern zu fordern/einzuräumen.

So OLG Bremen, FamRZ 1976, 702. Mit Vollendung des 18. Lebensjahres ist die Tochter aus dem Elternhaus ausgezogen. Sie erhält jetzt Sozialhilfe. Der Vater ist rechnischer Fernmeldehauptsekretär bei der Bundespost, die Mutter halbtags als Büroangestellte tätig. Zu Hause leben zwei unterhaltsbedürftige Geschwister. Die Tochter klagt über mangelndes Verständnis des Vaters und über Unterdrückung durch ihn; ihre Mutter sieht sie in ebenfalls leidvoller Abhängigkeit. Der Vater habe sie bis zum 16. Lebensjahr häufig geschlagen, sie angeschrieen, sie aus dem Haus getrieben. Deshalb habe sie viel Zeit bei ihrem Freund zugebracht (und weil sie dort in Ruhe habe arbeiten können; in der Familie sei das nicht möglich gewesen, da sie ihr Zimmer mit ihrer Schwester habe teilen müssen). Der Vater räumt einige Punkte ein. Angebrüllt habe er seine Tochter, als er sie beim Rauschgiftkonsum erwischt habe, ihr „anständig den Hintern versohlt", als sie danach einige Male nachts nicht nach Hause gekommen sei.

Eltern sollen – so das OLG – über § 1612 II BGB Einfluß auf die Handlungs- und Lebensweise ihrer Kinder nehmen, die trotz Beendigung der elterlichen Gewalt die Fähigkeit noch nicht erlangt haben, sich selbst zu unterhalten, aber ihre rechtliche Selbständigkeit dazu mißbrauchen, den Eltern die Last des Unterhalts unnötig zu erschweren,[79] vgl. Mot. IV S. 704 – fast gleichlautend. Das Vormundschaftsgericht darf allein bei Vorliegen besonderer Gründe nach § 1612 II 2 BGB eingreifen, dann nämlich, wenn die elterlichen Anordnungen den wohlverstandenen Interessen des Kindes zuwiderlaufen.[80] Die Abwägung muß das Lebensalter, den erreichten Ausbildungsstand und die bisher gezeigte Zielstrebigkeit (bei der Verfolgung „akzeptabler Ziele", P. F.) berücksichtigen. „Insbesondere wird man den Eltern dort mehr Einflußnahme zugestehen müssen, wo sich ein Weg zur Berufswahl und damit zur vollen, auch wirtschaftlichen Vollständigkeit noch nicht abgezeichnet hat" (? § 1612 II BGB geht von dieser Abhängigkeit gerade aus). „Persönliche Entfremdung und Zerwürfnisse zwischen den Eltern und ihrem Kind erfüllen nicht ohne weiteres die Voraussetzungen für eine Abänderung der von den Eltern getroffenen Bestimmung. Es bedarf vielmehr einer eingehenden Prüfung ihrer Ursachen. Denn es ist nicht gerechtfertigt, dem Verlangen des Kindes nach Unterhaltszahlung in Form einer Geldrente dann zu entsprechen, wenn es selbst die Zerrüttung der familiären Verhältnisse verursacht hat."[81] Damit ist die Marschroute für die Zukunft[82] festgelegt. Zerrüttungsschuld wird zum bestimmenden Kriterium mit der zusätzlichen schnellen Bereitschaft, entsprechendes Verschulden zu konstatieren.[83] Die Sperren vor § 1612 II 2 BGB sind hoch geworden (vgl. etwa BayObLG, NJW 1977, 680: Vater und Stiefmutter prügeln ihre 19jährige Tochter/Stieftochter bis in die jüngste Vergangenheit – zweimal krankenhausreif –, beschimpfen und bedrohen sie ernstlich; nun werden elterliche Anordnungen durch das Vormundschaftsgericht korrigiert).

OLG Frankfurt, NJW 1977, 1297, mit geringfügiger Verschiebung der Gewichte: Die Tochter ist knapp 20 Jahre alt, der Vater arbeitet in der Gemeindeverwaltung und betreibt zudem ein Versicherungsbüro. Die Mutter ist Hausfrau. Nach dem Besuch des Wirtschaftsgymnasiums studiert das Mädchen. „Noch in der Schulzeit nahm sie Beziehungen zu einem Mitschüler auf, den (die Eltern) wegen seiner politischen, sittlichen und weltanschaulichen Vorstellungen, die ihrer religiös und moralisch ausgeprägten Lebensauffassung entgegengesetzt" sind, ablehnen. Nach häufigen Auseinandersetzungen kommt es zum offenen Bruch, mit Hausverbot. Immer mehr gelangt die Tochter in den Bannkreis ihres Freundes, zu dem sie nach Vollendung des 18. Lebensjahres schließlich zieht. Seitdem erhält sie Sozialhilfe; eine Rückkehr ins Elternhaus lehnt sie ab.

Das OLG wertet – im Anschluß an OLG Bremen, FamRZ 1976, 702 – die Beziehungen in der Familie, sucht die Fehler- und Störungsquelle (= Zerrüttungsschuld des Kindes?), findet sie allerdings bei den Eltern in ihrer fehlenden Kommunikationsbereitschaft und mangelnden Toleranz. Allerdings sind die Bemühungen des Kindes um den Familienzusammenhalt und um Verständnis und Auskommen auch besonders ausgeprägt; die Tochter schaltete zunächst den Klassenlehrer ein, dann die Schulleiterin und einen Psychologen, besuchte schließlich einen Kurs in der Volkshochschule, um die Möglichkeiten einer Familientherapie kennenzulernen und abzutasten. Wer lädt diese Mühsal schon auf sich? Generationenkonflikte und Unverständnis der Eltern gegenüber den Kindern, der Kinder gegenüber den Eltern, Scheitern in diesen Konflikten mit Abbruch- und Ausbruchsversuchen, ohne daß sinnvoll die Schuldfrage gestellt und beantwortet werden könnte, schlagen jedenfalls zum Nachteil des heranwachsenden jungen Menschen zu Buche: § 1612 II 2 BGB erlöst ihn nicht,[84] jedenfalls in aller Regel.

LG Bremen, FamRZ 1976, 458[85] (Vorinstanz zu OLG Bremen, FamRZ 1976, 642) – ein hoffnungsvoller Aufbruch – ist danach nicht einmal unerhört verhallt, vielmehr eingeholt vom Gang der Entwicklung. Das LG ist aufgrund der schriftlichen Äußerungen der Beteiligten und ihrer persönlichen Anhörung überzeugt, „daß das Verhältnis zwischen (Tochter und Eltern) derart gestört ist, daß ein enges räumliches Zusammenleben, selbst wenn es in zwei voneinander getrennten Wohnungen innerhalb des gleichen Hauses geschieht, zum verstärkten Aufbrechen der Streitigkeiten führen würde". „Trotz wechselseitiger Bemühungen in den vergangenen Jahren ist keine Annäherung der Standpunkte festzustellen."[86] Da ohnehin Erziehungseinfluß über die Schwelle der Volljährigkeit hinaus nicht mehr ausgeübt werden dürfe – das folgert das LG Bremen aus der amtlichen Begründung zur Absenkung der Volljährigkeit, BT – Ds 7/717, S. 6 f. –,[87] ist Unterhalt als Geldrente (nicht Unterhalt in Naturalien) zu leisten, § 1612 II 2 BGB.

Was bleibt? § 1612 II 1 BGB kann nicht dazu dienen, den haltenden und strafenden Arm der Eltern über die Vollendung des 18. Lebensjahres ihrer Kinder hinaus zu verlängern. Ablösung und Trennung aus bisherigen Bindungen[88] sind wichtige Schritte auf dem Wege zur inneren Selbständigkeit und Selbstverantwortung des Jugendlichen. Eltern sollten sich nicht hindernd entgegenstemmen; sie blockieren notwendige Prozesse oder bewirken – schlimmer noch – durch ihre Unnachgiebigkeit den völligen Bruch[89] mit herben Verlusten für beide Seiten. Vielleicht führt die eigene Wahl des Kindes manchmal (oder häufiger als manchmal) ins Unglück; sicher ist es schwer für Eltern, wissend und untätig zuzuschauen. Allein: Sind die Motive stets so lauter? Stehen nicht eigene Wünsche und eigene Sorgen im Vordergrund? Sind nicht befürchtete Verluste, Ängste vor der Einsamkeit und der Leere im Haus, vielleicht sogar mit geahnter Rückwirkung auf das eigene Eheleben, prägend, aber ebenso unsachlich wie Phantasien um „den schlechten Umgang" des Kindes?[90] Ohnehin kann elterliche Macht, selbst wenn sie sich in § 1612 II 1 BGB bewährt, befürchtetes Unglück nicht endgültig verhindern, im Gegenteil: Die Umkehr wird schwerer.[91] Deshalb sollte die objektive Zerrüttung des Verhältnisses allein Anknüpfungsmerkmal für die vormundschaftsgerichtliche Umwandlung einer „in Natur angebotenen Versorgung"[92] sein; die Schuldfrage hingegen sollte nicht aufgeworfen werden[93] (die Parallelen zum 1. EheRG sind deutlich, in der Sache und in der Lösung). Einseitige „Aufkündigung" durch das widerspenstige, bösartige Kind ist eingeschlossen, sicher. Doch wirkt gerade in diesem Fall harsches Machtgebahren besonders verheerend und reizt nur zu Widerständen. Begeben sich Eltern schließlich nicht der Überzeugungskraft ihrer besseren Argumente, wenn sie gegen den Ausbruch ihr Unterhaltsbestimmungsvorrecht fordernd und drohend einsetzen?[94]

Andererseits kann für mich kein Zweifel bestehen, daß Eltern als Unterhaltsschuldner ein manifestes und vernünftiges Interesse daran haben, nur „sinnvolle" Pläne zu finanzieren und nicht in ein Faß ohne Boden zu investieren (ein Problem des § 1610 II BGB; Berufswünsche und Ausbildungsvorhaben sind im Rahmen der Angemessenheit – Begabungsreserven vs. Leistungsfähigkeit – zu unterstützen).[95] Doch fehlt die ständige Kontrolle auf verständige Auswahl, auf angemessenen Eifer bei der Verfolgung der gesetzten Ziele, schließlich auf Sparsamkeit; wer würde wohl diese Kontrolle dem Ehemann gegenüber der geschiedenen Ehefrau – etwa im Rahmen von § 1575 BGB – zubilligen?[96] Folge: Beweislastumkehr; die Eltern müssen Beweise für die Fehlsamkeit der Wahl, für eingetretene Verzögerungen und Interesselosigkeiten ihres Kindes antreten und liefern. Zudem muß auf ihre Belastbarkeit Rücksicht genommen werden (dazu § 1603 BGB). Zusätzliche Gesichtspunkte der „Wirtschaftlichkeit/Sparsamkeit" – am Ort sind sämtliche Bildungseinrichtungen vorhanden, warum ein auswärtiges Studium? im Haus stehen Zimmer frei, warum eine eigene Wohnung, Schlafstätte? – treten dagegen zurück; sie spielen auch sonst im Unterhaltsrecht keine Rolle, vgl. § 1612 I 2 BGB.[97] Ist tatsächlich die Grenze überschritten, und wird die Substanz angegriffen, baut sich § 1603 I BGB auf. Der eigene angemessene Unterhalt ist stets vorrangig; lediglich bei minderjährigen *un*verheirateten Kindern verlangt § 1603 II BGB größere Anstrengungen. Gröbsten Fehlgriffen mag § 1611 I BGB – eine seltene Ausnahme – entgegengehalten werden.[98] Damit wird erreicht:

– Über Ausbildungsziele und Ausbildungsgänge bestimmt das (volljährige) Kind ohne Kontrolle und drohende Korrektur;

– eigene Lebenspläne des volljährigen Kindes können durch § 1612 II BGB nicht blockiert werden; Trennung und Ablösung sind notwendige Entwicklungsstufen, eine Verklammerung im Elternhaus wirkt nur schädlich;

– die Leistungsfähigkeit der Eltern bildet die auch sonst im Unterhaltsrecht übliche Markierung, ohne zusätzliche Steigerung.

Persönliche Bevormundung als Folge ökonomischer Abhängigkeit – „wer trotz Mündigkeit weiter Alimente beansprucht, soll . . . nach wie vor . . . familiären Bindungen unterstehen, mindestens bis zur Gründung einer eigenen Familie[99] durch Eheschließung"[100] – wird nach diesen Vorschlägen für § 1612 II BGB beseitigt. Ohnehin gewinnt staatliche Ausbildungsförderung größeres Gewicht als bisher und trägt damit zur Beruhigung bei.

V. Typisierbare Konflikte im Eltern-Kind-Verhältnis.

§§ 1626 ff. BGB enthalten in ihrer noch gültigen Fassung keine verbrieften Befugnisse heranwachsender Kinder auf Beteiligung an Entscheidungsprozessen in der Familie, auf Mitwirkung oder Selbstbestimmung; Beschränkungen – Elternrechte als treuhänderische Positionen tragen die Fremdbestimmung in sich und bauen sich langsam ab, wie sich Kindesrechte ebenso langsam aufbauen – bleiben intern. Reformvorhaben zielten auf Änderung dieses Zustandes, sind inzwischen jedoch zu weitgehender Bedeutungslosigkeit verblaßt (vgl. dazu die letzte Vorlage von BT – Ds 8/111). Außenkontrolle ist nur möglich über § 1666 BGB, eine scharfe und deshalb selten ergriffene Waffe; sie schlägt Kindesvernachlässigung, Mißbrauch der elterlichen Gewalt und grobe Fürsorgeverletzungen zurück. Familienrecht stößt im Eltern-Kind-Konflikt besonders schnell an seine Grenzen. Bindende Lösungen vermag es kaum zu liefern. Das Klima in der Familie und die Bereitschaft, miteinander zu reden und aufeinander Rücksicht zu nehmen, schließlich Interessen des Schwächeren zu fördern, sind durch entsprechende Rechtsregeln kaum zu verbessern oder zu beeinflussen. Jeder Versuch, eigene Zonen des Kindes zu schaffen, trifft auf (hauptsächlich zwei) Schwierigkeiten: eine sachliche – wie lassen sich unterschiedliche Bereiche ausgliedern? – und eine zeitliche – wie sind ihnen feste Altersstufen zuzuordnen?

Die Rechtsprechung beschäftigte sich vor allem mit Auseinandersetzungen aus vier Lebensausschnitten: mit Schul- und Ausbildungsfragen/Fragen der Berufswahl, mit Außenkontakten/Briefkontrolle, mit der Prügelstrafe, schließlich mit ärztlichen Heileingriffen (vgl. zu diesem letzten Punkt § 1626 a BGB EFrakt, gestrichen in der Neufassung).

1. Mit der Absenkung der Volljährigkeitsgrenze auf die Vollendung des 18. Lebensjahres hat die früher mit Verve diskutierte Frage nach dem Verhältnis von Elternrechten zu Kindesrechten bei der Auswahl von Beruf, Ausbildung, Schule und Lehrstelle des heranwachsenden Jugendlichen viel von ihrer Bedeutung verloren. Gleichwohl bleiben wichtige Reste: der Besuch fortführender Schulen einerseits – Alter ungefähr 12/13 Jahre – und die Berufsentscheidung von Hauptschulabgängern andererseits – Alter dann 14–16 Jahre.

Einige Zahlen:
Nach Untersuchungen 1975 – mitgeteilt bei Lüderitz[101] – konnten 72% der Kinder oder Jugendlichen mit festem Berufsziel ihre Wünsche verwirklichen. 18% mußten mit Widerständen kämpfen; doch lediglich bei einer Minderheit von 1,5% gingen diese Widerstände von den Eltern aus. Zwischen 70 und 80% der befragten Eltern erklärten – mehrere Erhebungen –, die Berufswahl (letztlich) den Betroffenen selbst überlassen zu haben. In einigen Berufszweigen – Lüderitz erwähnt Handwerker mit eigenem Betrieb, Ärzte, Apotheker, Anwälte und Lehrer[102] – sind zwar besondere Traditionen in der Familie und der Verwandtschaft verpflichtend, ohne jedoch zum Zwang zu erstarren. Auch generell wird autonome Entscheidung befürwortet. Bei der Frage, ob der einzige Sohn eines Bäckermeisters das väterliche Geschäft übernehmen oder seiner Neigung folgend Lehrer werden solle, gaben 74%

dem Neigungsberuf den Vorzug gegen die Familienüberlieferung. [103] Ein erstaunlich harmonisches Bild – offensichtlich wirkt Einfluß im Verborgenen, verdichtet sich mit Anregungen aus der Schule und mit sonstigen Hinweisen in den letzten Schuljahren zu einer allseitigen Übereinkunft, die von den Eltern nicht mehr als steuernde Leitung, von den Kindern als eigener Entschluß empfunden wird.

Ein Überblick über die Rechtsprechung:

OLG Schleswig, SchlHA 1957, 280, eine auf weiten Strecken überholte, heute in dieser Form wohl kaum noch denkbare Entscheidung. [104] Die Tochter ist 17 Jahre alt, der Vater als Postbeamter im mittleren Dienst beschäftigt; während des Krieges war er Hauptmann der deutschen Wehrmacht, geriet in russische Kriegsgefangenschaft, aus der er erst 1949 heimkehrte. In dieser Zeit wohnte die Tochter mit ihrer Mutter – sie starb 1952 – bei den Eltern des Vaters; nach seiner Entlassung aus der Gefangenschaft lebte auch zunächst der Vater dort, zog jedoch einige Monate später in die Wohnung einer anderen Frau, die er 1953 dann heiratete. Seine Tochter nahm er nicht mit; sie blieb bei den Großeltern. Nach einem Schulwechsel 1956 – zuvor waren die Leistungen mittelmäßig, nach beträchtlichen Schwierigkeiten – entwickelte sich das Mädchen zu einer hervorragenden Schülerin und fand äußerst günstige Beurteilungen bei ihren Lehrern; sie rühmen die Gewissenhaftigkeit, die Ausdauer und die Zielstrebigkeit ihrer Schülerin. Angespornt äußert sie sehnsuchtsvoll Berufswünsche: Sie will Lehrerin werden, engagiert sich als Vorbereitung – freiwillig – bei nachmittäglicher Hausaufgabenhilfe für schwächere Mitschüler. Seit 1957 erhält sie monatlichen Förderungszuschuß von DM 70,–. Ostern 1957 meldet der Vater seine Tochter in der Schule ab mit der „mittleren Reife", gegen den händeringenden Widerstand der Lehrer und gegen die flehentlichen Wünsche des Kindes; sie soll Postbeamtin im mittleren Dienst werden. Offensichtlich aus Trotz und Verzweiflung besteht sie allerdings die Aufnahmeprüfung dort nicht. Danach wird sie zu einem Buchhändler in die Lehre gegeben. Über das weitere Schicksal ist nichts bekannt.

Das OLG Schleswig lehnt einen Eingriff nach § 1666 BGB – der einzige Weg – ab. Diese Vorschrift könne nur selten herangezogen werden, wenn die Entscheidung des Vaters/der Mutter „willkürlich, bösartig oder doch so unverständlich (ist), daß sie sich in keiner Weise rechtfertigen" (läßt), die bekannte Formel für das Merkmal „Mißbrauch der elterlichen Gewalt" in § 1666 I 1 BGB. Davon kann aber – so das OLG – nicht die Rede sein, wenn ein Vater darauf besteht, daß seine Tochter (und der Sohn? P. F.) von der höheren Schule mit der mittleren Reife abgeht und in das Berufsleben tritt, „zumal wenn er ihr die Wahl des Berufs nach Maßgabe der erlangten Schulbildung freistellt, ihr weiterhin jede Hilfe und Förderung zuteil werden lassen will, bis sie wirtschaftlich selbständig ist. Die Entscheidung des Vaters mag höchst unzweckmäßig sein – ein anderer Vater mag anders handeln. § 1666 jedoch ist nicht erreicht."

Sicher herrscht heute weitgehend Einigkeit, [105] daß OLG Schleswig, SchlHA 1957, 280 falsch entschieden, § 1666 BGB sehr wohl erreicht ist. Nachwirkungen sind gleichwohl zu verzeichnen:

LG Kassel, FamRZ 1970, 597. Die Tochter, 20 Jahre alt, lebt im Haushalt ihrer Eltern; der Vater ist von Beruf Werkmeister, die Mutter Hausfrau. Nach dem Besuch der Mittelschule und einer anschließenden Lehrzeit als Bürokaufmann arbeitet die junge Frau als kaufmännische Angestellte in der betriebswirtschaftlichen Abteilung ihrer Lehrfirma. Als Jugendvertreterin gehört sie zum Betriebsrat; in ihrer Freizeit leitet sie eine Pfadfindergruppe.

Wegen mangelnder Aufstiegsmöglichkeit und fehlender innerer Befriedigung kündigt sie das Arbeitsverhältnis zum 30. 11. 1969. Seitdem besucht sie die Höhere Fachschule für Sozialarbeit mit dem Berufsziel „Fürsorgerin". Monatliche Förderung: DM 310,–, die allerdings nur gewährt wird, wenn die Eltern den Schulbesuch verbieten (am Rande: Ob das Vorgehen nicht abgesprochen ist? Eine vorgetäuschte Auseinandersetzung macht erst den Weg frei zum ersehnten Stipendium). LG Kassel jedenfalls: kein § 1666 BGB; die Eltern handeln nicht willkürlich, da sie ihrer Tochter bereits eine Berufsausbildung bezahlt haben.

OLG Köln, FamRZ 1973, 265, eine Entscheidung, die auch die Tagespresse bewegte. Der Sohn ist 20 Jahre alt, offensichtlich aus „reicher Familie". Nach dem Abitur im Frühjahr 1971 will er „im Hauptfach Philosophie" mit den Nebenfächern „aus dem Bereich Soziologie, Psychologie, Publizistik" an einer deutschen Universität studieren, um „im Lehramt, Dozentur, bei Presse oder Rundfunk, im pädagogischen oder sozialen Bereich" später tätig zu werden. Die Eltern widersetzen sich diesen Plänen, halten sie für brotlos. Ihr Sohn „verkehre in extremen Kreisen, habe zudem die Absicht, nichts zu tun, um auf ihre Kosten zu leben". Voran gingen Auseinandersetzungen während der letzten Schuljahre um Haartracht, Lebensstil, Alkoholkonsum und Drogengenuß, um Freunde und politische Betätigungen (allerdings standen diese Punkte deutlich im Hintergrund; sie spielen auch für die gerichtliche Entscheidung kaum eine Rolle).[106]

Das OLG Köln lehnt Maßnahmen nach § 1666 BGB ab, setzt sich über ein psychologisches Gutachten ausdrücklich hinweg; dieses Gutachten betont die Gefahr einer Verwahrlosung des Jugendlichen, die aber durch elterliche Beaufsichtigung noch gesteigert werde in laufende Aggressionen. Die Eltern „dürfen" danach ihrem Sohn bindende Anweisungen für Studienfach und Studienort erteilen. Allerdings drängt sich die Sinnfrage geradezu auf; wem ist mit dieser „Abwägung" gedient? Und: Selbstverständlich studiert der Sohn längst – aber ob das Mädchen aus OLG Schleswig, SchlHA 1957, 280, Lehrerin geworden ist?

OLG Karlsruhe, FamRZ 1974, 661.[107] Ein von der Mutter erstrebter Schulwechsel des Sohnes – kein Abbruch der Ausbildung – wird verworfen nach § 1666 BGB, mit lesenswerter und ausführlicher Begründung.

Ähnlich OLG Hamm, FamRZ 1974, 29.

Im umgekehrten Fall – Verweigerung weiteren Schulbesuchs durch das Kind, Arbeitsniederlegung – ist elterliche Erziehung am Ende, wenn die Grenze der Schulpflicht erreicht ist; für Zwang aus §§ 62ff. JWG sehe ich keinen Raum.[108]

Seit OLG Karlsruhe, FamRZ 1974, 661 und OLG Hamm, FamRZ 1974, 29 – jeweils mit wohlwollender Aufnahme im Schrifttum[109] – ist es ruhig geworden um Eltern-Kind-Konflikte bei Ausbildung und Schul- und Berufswahl. Die Frage scheint für die Rechtspraxis geklärt. Gemäß §§ 3, 4 BerufsbildungsG müssen Lehrverträge überdies von den Jugendlichen selbst (neben den Eltern) unterschrieben werden, was eine gewisse Mitsprache garantiert; das allgemeine Arbeitsrecht verfährt entsprechend.[110] Gleichwohl halte ich eine zivilrechtliche Aufnahme für hilfreich (als Anregung für eine Reform), selbst wenn § 1626 II Entwurf BGB vielleicht „ein verspäteter Gast" in der gesetzlichen Regelung wäre.[111] Immerhin werden mit der Entscheidung für Schule und Ausbildung vielfach irreversible[112] Prozesse eingeleitet mit langfristigen und häufig lebenslangen Konsequenzen. EJB ist daher EFrakt vorzuziehen; die Sollvorschrift dort stört (vgl. § 1626 II 2 BGB – EFrakt); zudem ist die Fixierung einer festen Altersgrenze – Vollendung des 14. Lebensjahres, vgl. § 1627 BGB EJB – der vagen Fassung des EFrakt überlegen.[113]

2.a) Briefkontrolle, Telefonüberwachung und ähnliche Aktionen wie Durchsicht von Aufzeichnungen und Tagebüchern, „Aufräumen" des Schreibtischs tasten *auch* Rechtspositionen des Kindes an,[114] Artt. 2 I, 10 I GG – von sonstigen bedrückenden Auswirkungen einmal ganz zu schweigen. Heimlichkeit, verstecktes Mißtrauen, gegenseitiges Auflauern und Nachspionieren schaffen eine verlogene und unerträglich belastende Atmosphäre, die glückliche und vernünftige Entfaltung schon im Keime erstickt. Vertrauen ist gut, Kontrolle schlechter. Allerdings können Eltern Briefkontakte nach außen „verbieten" in den Grenzen, in denen sie auch sonst Außenkontakte überwachen und verbieten können.[115]

Sanktionen für Fehlverhalten bietet (erneut) lediglich § 1666 BGB, ein wenig passendes Mittel,[116] ein viel zu grober Keil. Eine gesonderte gesetzliche Regelung mit allgemeinem Verbot halte ich gleichwohl nicht für erforderlich[117] (und nichtssagend, wirkungslos).

b) Auch um das elterliche Umgangsverbot mit Dritten ist es ruhig geworden. Offensichtlich findet die Senkung der Volljährigkeitsgrenze ihre (positive) Resonanz; noch vor einigen Jahren waren entsprechende Verfahren und Anträge auf einstweilige Verfügungen gerichtliche Alltagskost. Bis heute fortwirkende Markierungen der Praxis:

LG Hannover, NJW 1949, 625 – elterliche Gewalt ist als „absolutes Recht" i. S. von § 823 I BGB zu definieren, wird daher gegen jeden unwillkommenen „Außenangriff" geschützt, insbesondere wenn von dort Gefährdungen für den Minderjährigen drohen (das Mädchen war fast 20 Jahre alt, bezog „unzüchtige Briefe von ihrem Liebhaber" und unterhielt sexuelle Beziehungen zu ihm).

OLGKoblenz, FamRZ 1959, 137 mit Anm. Bosch. Abgesichert ist das Elternrecht über §§ 823 I, 1004 BGB lediglich dann, wenn der Erziehungsberechtigte „triftige Gründe" für seine Abwehrversuche gegen „Eingriffe" vorbringen kann; solche Eingriffe fehlen, wenn die 20jährige Tochter mit einem Diplomvolkswirt (Dr. rer-pol.) verlobt ist, so bald wie möglich heiraten möchte, und diese Eheabsicht ernst gemeint und ernsthaft erscheint (die Ehemündigkeit nach §§ 1, 3 III EheG 1946/1961 war schon seit Jahren erreicht).

Allerdings unterscheiden sich beide Linien trotz abweichendem Ausgangspunkt in der Sache kaum voneinander. Den „kritischen" Kern machen sexuell geprägte Beziehungen unter Jugendlichen mit älteren Partnern aus ohne ernste Heiratspläne – für diesen Kern liegen „triftige Gründe" der Eltern an einem Abbruch der Beziehung „auf der Hand". Bemerkenswerter als das konkret gefundene Ergebnis bleibt daher die allgemeine Begründung in OLG Koblenz, FamRZ 1958, 137: Elternrechte werden als treuhänderische Positionen gesehen, die sich mit zunehmendem Alter der heranwachsenden Kinder zunehmend verflüchtigen – Gesichtspunkte, die es auf weiten Strecken erst noch einzulösen gilt.

Weitere Stationen,[118] meist ohne spürbare Aufnahme von OLG Koblenz, FamRZ 1958, 137:

OLG Nürnberg, FamRZ 1959, 71 – erfolgreiche Abwehr gegen das Liebesverhältnis des 18jährigen Sohnes mit einer 25jährigen geschiedenen Frau, die selbst Mutter zweier Kinder ist. Das   Sorgerecht der nicht-ehelichen Mutter (= Klägerin) ist nicht von persönlichen Voraussetzungen abhängig und wird durch etwaige Mängel in moralischer Hinsicht nicht tangiert (eine ärgerliche Bemerkung, P. F.)

KG, MDR 1960, 497: Erfolg der Eltern gegen die „Verlobung" ihrer 19jährigen Tochter mit einem 21jährigen Vorbestraften (wegen Raubes mit Komplizen).

LG München, NJW 1962, 809. Solange die elterliche Anordnung dem Kindeswohl nicht widerspricht und einen Mißbrauch der elterlichen Gewalt darstellt, verbleibt der Beurteilungsspielraum für Erziehungsmaßregeln bei den Erziehungsberechtigten. Schon der eigene Vortrag des Beklagten (= Liebhaber der 20 Jahre alten Tochter, P. F.) beweist dem LG, daß die Klägerin (= Mutter) in keiner Form egoistisch versuche, ihre Tochter von der Außenwelt abzuschließen. Ähnlich OLG Köln, FamRZ 1963, 447.

LG Stuttgart, MDR 1964, 56 belegt meine Einschätzung, OLG Koblenz, FamRZ 1958, 137 bringe sachlich kaum Fortschritte, sei jedenfalls für einen zurückhaltenden Einsatz verwendbar: Schon der unkontrollierte, mit Zärtlichkeiten verbundene Umgang eines 15jährigen Mädchens mit einem 19jährigen jungen Mann (warum auf einmal Mann? P. F.) bringt für das Mädchen erhebliche Gefahren mit sich, so daß triftige Gründe für elterliches Einschreiten ohne weiteres gegeben sind.

LG Tübingen, FamRZ 1967, 108: Aus der Pflichtengebundenheit des Elternrechts folgt noch nicht, daß der Inhaber der elterlichen Gewalt den Umgang nur dann verbieten darf, wenn er triftige und sachliche Gründe vorbringen kann. Elterliches Ermessen kann nicht durch richterliches Ermessen ersetzt werden, ein Verstoß gegen Art. 6 II GG. Überdies spricht eine „natürliche Vermutung" für die Richtigkeit der Maßnahme der Eltern (sie: 19 Jahre alt, er: 27 Jahre, geschieden, Vater zweier Töchter). Ähnlich – für den Umgang, nicht das Briefverbot – OLG Hamburg, MDR 1967, 764; OLG Hamm, FamRZ 1974, 136; OLG Frankfurt, FamRZ 1975, 218.

Elterliche Umgangsverbote finden keine Anerkennung/Bestätigung in OLGSchleswig, FamRZ 1975, 224 mit Anm. Gernhuber und Bosch – Bauers-Eheleute klagen gegen einen 29jährigen Landarbeiter, der mit ihrer 18jährigen Tochter seit Jahren befreundet ist, ein Kind hat und sie heiraten will. Allerdings sind sich Mann und Frau über den Umfang des begehrten Verbots nicht einig; ihre Uneinigkeit verwendet das OLG als Einfallstor für eigene Richtigkeitserwägungen: baldige Heirat der jungen Leute ohne Zwist mit den Eltern (das wird in einem ausführlichen obiter dictum dargelegt) –, in OLG Hamburg, MDR 1967, 764 für Briefkontakte und LG Köln, FamRZ 1972, 376.

Was bleibt? Evident ist, daß Erziehung in der Familie und durch die Eltern deren Befugnis umfaßt, „den Umgang des Kindes auch mit Wirkung für und gegen Dritte zu bestimmen"; § 1632 II EFrakt bringt insofern lediglich eine Klarstellung. Gerade von außen drohen Eingriffe, Gefährdungen und Verunsicherungen, sie müssen abgewehrt, die Quellen des Übels verstopft werden können. Ebenso evident ist aber auch, daß Außenkontakte nicht schlechthin und ohne Einschränkung elterlicher Kontrolle und elterlicher Bestimmung unterliegen dürfen. Umgang mit anderen Menschen ist ein wesentliches Ereignis und eine Aufgabe, der sich der heranwachsende Jugendliche stellen muß; jeden Umgang zu verhindern wäre erzieherischer Mißbrauch.[119] Erst im Austausch mit Partnern außerhalb des bisher vertrauten Binnenraumes bewährt sich die eigene Persönlichkeit. Arbeitsfähigkeit vermittelt sich über Diskussionen und Erfahrungen mit anderen, die um die gleichen Fragen und Antworten auf sie ringen. Konfliktbereitschaft knüpft an durchstandene Auseinandersetzungen an, ohne Abbruch/Flucht und ohne stillen Rückzug; sie setzt überwundene/abgearbeitete Konflikte mit anderen voraus. Sexuelles Glück und der Wunsch, Glück und Zufriedenheit weiterzugeben, baut auf eigenen glücklich aufgenommenen Erlebnissen auf. Schwer allerdings fällt es mir, eine Altersgrenze für die Übernahme eigener Verantwortung vorzuschlagen; vielleicht bietet sich aus biologischen Gründen die Vollendung des 16. Lebensjahres an. Meine Anregung daher für § 1632 II 2 BGB: „Mit der Vollendung des 16. Lebensjahres bestimmt der Jugendliche selbst über seinen Umgang"[120] (in Anlehnung an § 1632 II 1 BGB EFrakt). Die Zumutung an die Eltern, untätig zusehen zu müssen, wie ihr Kind ins Unglück läuft, und nichts tun zu können, ist geringer, als es zunächst den Anschein hat. Einmal darf die Wirksamkeit selbst harscher Verbote – „bei Vermeidung einer Geldstrafe in unbegrenzter Höhe wird dem X. untersagt, Beziehungen zur Tochter des Antragstellers aufzunehmen/fortzuführen", so etwa kann der Tenor einer einstweiligen Verfügung lauten – nicht überschätzen. Bekanntlich ist kein Wasser so tief, als daß es von Liebenden nicht überwunden werden könnte. Ob es sinnvoller ist, die Unglücklichen den Gefahren des Ertrinkens auszusetzen, sie zumindest in Heimlichkeit, Lüge und Heuchelei zu treiben? Wie viele überstürzte Ehen – nicht nur vor dem Dorfschmied in Gretna Green – gingen wohl auf elterliches Unverständnis zurück?[121] Wie oft wird elterlicher Widerstand reizen, eine gescheiterte und verlorene Beziehung aufrechtzuerhalten, einfach weil von dort ein wenig Hilfe und Zuspruch kommt? Sicher können Eltern Trennungsversuche verständnisvoller unterstützen als durch gerichtliche Schritte gegen den „Störer". Angriffe dieser Art zwingen fast zu solidarischem Verhalten.[122] Schließlich läßt die Durchsicht der einschlägigen Rechtsprechung manche Zweifel an der Lauterkeit der Abwehrversuche aufklingen: Welches (vorrangige) Interesse haben Bauern, die Beziehung ihrer 18jährigen Tochter mit einem Landarbeiter abzubrechen – ein Kind ist bereits vorhanden –, wenn eine Heirat „droht"?[123] Selbst die Richter des OLG Schleswig rieten den Widerstrebenden, von ihrer Hartherzigkeit abzurücken und sich in die Gegebenheiten zu fügen. Was mag wohl die Eltern in OLG Koblenz, FamRZ 1958, 137 bewogen haben, ein graphologisches Gutachten – es fiel ungünstig aus – über den Verlobten der fast volljährigen Tochter einzuholen und sich so nachdrücklich gegen weitere Kontakte zu sperren? Wie oft sind Trennungsängste entscheidend, Ablösungsprozesse nicht gelungen? – wohlgemerkt, auf Seiten der Eltern. Selbständigkeit als Erziehungsziel schließt Selbstverantwortung ein– und Selbstverantwortung birgt Risiken in sich.

Besonders bewähren könnte sich auch bei diesen Störungen/Differenzen im Eltern-Kind-Verhältnis eine Instanz, die im Vorfeld eines streitigen Verfahrens vor den Familiengerichten klärend und aufklärend wirken soll, vgl. dazu § 1632 BGB EJB: „Bei Konflikten zwischen Eltern oder Eltern und Kind in Bezug auf Erziehungsfragen soll auf Anregung eines der Beteiligten ein Erziehungsberater zu Rate gezogen werden. Der Erziehungsberater soll auf eine einvernehmliche Lösung des Konflikts hinwirken."[124] Für Ausbildung und Schulwahl sollte daneben ein Berufsberater eingeschaltet werden; insofern ist § 1626 II 2 BGB EFrakt überlegen. Die Neufassung bringt zusätzliche Vorteile: Mitwirkung des Lehrers.

3. Über die traurige Realität der „Gewalt gegen Kinder" habe ich bereits (kurz) berichtet und Zahlen ausgebreitet.[125] Die Konsequenz ist für mich eindeutig: „Gewalt darf nicht angewendet werden", § 1631 II 2 BGB EJB als Vorschlag für eine künftige Fassung. Gegenwärtiges Recht distanziert sich dagegen nicht eindeutig von Züchtigungen, von körperlichen Strafen und ausgeübter Gewalttätigkeit, hält vielmehr Randbereiche offen, greift lediglich bei schweren Ausschreitungen nach §§ 223ff. StGB ein. Dabei ist die Schädlichkeit gewalttätiger und mit

Gewalt drohender Erziehung erwiesen. Erlebter Zwang verleitet zur Weitergabe, spätestens an die eigenen Kinder. Druck und Einschüchterung bringen in Situationen, in denen Nachgiebigkeit „angeraten", und Widerstand zwecklos erscheint, Schwäche und Duckmäusertum hervor. Autoritäre Erziehung spielt ihren Part bei der Ausbildung autoritärer Charaktere[126] mit allen häßlichen Folgen. Wie oft stecken zudem in verteilten Schlägen „erziehungsfremde" Wünsche, erlebte Unzulänglichkeiten und Rückschläge; wie häufig tritt der Erziehungszweck zurück.[127] Heftige Schläge durch Eltern werden von Kindern als Racheakte und primitive Reaktionen empfunden – nicht als Lebenshilfe, die Vertrauen begründen könnte;[128] Schläge unterwerfen voll Schmach, drängen zudem zur leidvollen Einsicht der eigenen Minderwertigkeit und Hilflosigkeit und erzeugen den Wunsch nach „Ausgleich", der dann an noch hilfloseren Opfern ausgelassen wird. Kein Zweifel besteht allerdings, daß manche psychischen Strafen ebenso schlimme oder noch verhängnisvollere Folgen nach sich ziehen können als eine „mittlere Tracht Prügel" oder der vielzitierte „Klaps auf den Po" (der sicher meist folgenlos bleibt). Dabei denke ich gar nicht einmal vorrangig an Maßnahmen, deren Verwandtschaft zu Schlägen auf der Hand liegt – Essensentzug, körperliche Entstellung durch Haareabschneiden,[129] Einsperren, Hausarrest –, sondern an schwerer faßbare Ereignisse wie demonstrative Ablehnung,[130] abgebrochene Gesprächsbereitschaft, verordnetes Schweigen und offensichtlich gewolltes/beabsichtigtes Übergehen kindlicher Bedürfnisse – Verhaltensformen, die in tiefe Unsicherheit, Orientierungslosigkeit und Selbstwertzweifel stürzen müssen. Ein Gewaltverbot muß folglich auch diese „subtileren" Formen einschließen, verdammt sich damit allerdings zu weitgehender Wirkungslosigkeit. Zuneigung und Liebe sind nicht zu verschreiben; Außenkontrolle auf Erledigung der Rezepte wäre völlig unerträglich, 1984 nicht mehr fern. Gleichwohl halte ich einen gesetzlichen Ausspruch für wichtig als Bekenntnis zur Gewaltlosigkeit, mit beträchtlicher Signalwirkung. „Poenalisierung" des Familienlebens[131] – sicher, so weit eben Straftatbestände reichen (schon nach gegenwärtigem Recht sind schwere Übergriffe vom „elterlichen Züchtigungsrecht nicht gedeckt, damit strafbar; Strafverfolgung scheitert leider zu häufig; Erlösung der gepeinigten Kinder erfolgt zu selten – dazwischen türmt sich die Mauer des Schweigens auf[132]).

4. Wenig notwendig erscheint mir eine gesonderte Regelung für ärztliche Heileingriffe nach Art des § 1626 a BGB EFrakt; folgerichtig verzichtet die Neufassung auf eine entsprechende Bestimmung. Orientierungspunkt kann allein die „Richtigkeit" der ärztlichen Behandlung nach objektiven Maßstäben sein. Für diese Richtigkeit ist aber der Kindeswille kein besserer Anhalt als die elterliche Anordnung.[133] Schließlich lebt das Kind in den Werthaltungen, die es vermittelt bekommt. Vor diesem Hintergrund sind die Hoffnungen der amtlichen Begründung[134] verfehlt. „Objektive Richtigkeit" einer ärztlichen Maßnahme ist zudem schwer denkbar gegen einen mit allen Kräften widerstrebenden Patienten. Psychosomatische Verbindungen sind heute weitgehend bekannt. Zweifel und Hemmungen liegen nahe; wer möchte sich schon über den dezidiert geäußerten Willen eines Zeugen Jehovas hinwegsetzen, der sich gegen eine lebenswichtige Bluttrans-

fusion sperrt? Religiöser und ähnlich motivierter Eifer zwingt zum Rückzug trotz „besserer Erkenntnis", Art. 4 I und II GG; Eingriffe sind unzulässig (ob sie strafbewehrt sind, steht auf einem anderen Blatt). Auf der anderen Seite ist es in meinen Augen unerträglich, im Wortsinn irreversible Prozesse bei Kindern und Jugendlichen einfach hinzunehmen; mir fällt es schon bei Erwachsenen schwer genug.[135] § 1666 BGB spielte hier bisher seinen Part, sollte ihn auch in Zukunft weiterhin spielen. § 1626 a BGB EFrakt findet sein Anwendungsfeld folglich bei weniger einschneidenden Behandlungen und Eingriffen. Ärztliche Informationen und Warnungen haben sich für sie am Kindeshorizont aufzurichten; Mitwirkung und Zustimmung des jungen Patienten sind herbeizuführen. Die allgemeine Altersgrenze sollte dem SGB (Vollendung des 15. Lebensjahres) angepaßt werden.[136] Für einzelne Ausschnitte sind im übrigen Sonderregeln zu schaffen mit abweichenden zeitlichen Fixierungen und differenzierter Unterrichtung der Eltern (für mich wichtig: Drogen- und Alkoholmißbrauch, Schwangerschaft und Schwangerschaftsabbruch, Einnahme und Verschreibung von Verhütungsmitteln u. ä.). Helfende Außeninstanzen müssen (vielleicht) zunächst ohne Wissen und Zustimmung der Eltern handeln und handeln dürfen, sich allein auf die Nöte des Ratsuchenden konzentrieren können, ohne andere Interessen im Auge zu haben und höher zu bewerten. Ohne diese Möglichkeiten wäre die Arbeit mancher Beratungsstelle heute schon schnell beendet; Kinder und Jugendliche in Gefahr wenden sich vorwiegend dorthin (wenn überhaupt), mit mehr oder weniger großem Vertrauen, seltener an die Familie (das mag man bedauern).

Im einzelnen ist in diesem Ausschnitt noch vieles offen; die Diskussionen haben gerade erst begonnen.[137] Andererseits leuchtet das besondere Interesse von EFrakt wenig ein, solange andere, wichtigere Teilbereiche ohne gesetzliche Regelung bleiben.

VI. § 1666 BGB.

1. § 1666 BGB erlaubt Eingriffe von außen bei „Gefährdung des Kindeswohls". „Wird das geistige oder leibliche Wohl des Kindes dadurch gefährdet, daß der Vater oder die Mutter das Recht der Sorge für die Person des Kindes mißbraucht (= Mißbrauchstatbestand, P. F.), das Kind vernachlässigt (= Vernachlässigungstatbestand) oder sich eines ehrlosen oder unsittlichen Verhaltens schuldig macht, so hat das Vormundschaftsgericht die zur Abwehr erforderlichen Maßnahmen zu treffen. Das Vormundschaftsgericht kann insbesondere anordnen, daß das Kind zum Zwecke der Erziehung in einer geeigneten Familie oder in einer Erziehungsanstalt untergebracht wird." § 1666 II BGB beschäftigt sich mit der Entziehung der Vermögenssorge bei Unterhaltspflichtverletzungen, §§ 1667–1670 BGB behandeln allgemein die „Gefährdung von Vermögensinteressen des Kindes" und beschreiben die Abwehr elterlichen Fehlverhaltens.

§ 1666 I BGB bietet außerordentliche, scharfe Waffen, die schwere Verstöße der Eltern bekämpfen. Bei leichteren Pflichtvergessenheiten und bei Konflikten, in

denen beide Seiten achtbare Überlegungen und Motive für sich ins Feld führen
können, versagt die Bestimmung dagegen von vornherein. Ein weniger beein-
trächtigendes Verfahren wäre daher wichtig und segensreich, vgl. dazu § 1632
BGB EJB und § 1626 II 2 BGB EFrakt (die Neufassung von BT – Ds 8/111 nimmt
diese Einschätzung in § 1666 II auf, mit den dort vorgesehenen Beratungen und
Ermahnungen durch das Vormundschaftsgericht, die sich heute eher in den „erforderlichen Maßnahmen" des § 1666 I 1 BGB verstecken).

Ins Gerede gekommen ist § 1666 BGB in letzter Zeit im wesentlichen unter drei
Aspekten. Einmal wird die tatbestandliche Verengung beklagt; sie erfasse die
Wirklichkeit höchst unzureichend, öffne zu große Lücken.[138] Zum anderen enthalte die Regelung ein – ungeschriebenes – Schuldmerkmal,[139] knüpfe an schuldhaftes Fehlverhalten der Eltern an, statt sich an objektiven Beeinträchtigungen des
Kindeswohls zu orientieren. Schließlich sei der Katalog der Korrekturen, Maßnahmen und Eingriffe nicht gerade reichhaltig[140] (vgl. etwa § 1666 I 2 BGB); unklar bleibe das Verhältnis zum öffentlichen Jugendhilferecht. Doch sind diese
Vorwürfe, jedenfalls in ihrer meist spitzen Form, weitgehend unberechtigt und
übertrieben, zudem durch kleine und einfache Schritte auszuräumen. § 1666 I
BGB EFrakt und § 1666 BGB EJB führen deshalb kaum weiter, fallen vielmehr
in manchen Punkten hinter den gegenwärtigen Stand zurück. Hilfreich ist dagegen
die letzte Fassung von BT – Ds 8/111.

a) In beiden Reformentwürfen werden die verschiedenen Tatbestandsbruch-
stücke des § 1666 I BGB ersetzt durch die allgemeine Beziehung auf die Gefährdung des Kindeswohls – § 1666 I EFrakt: „Wird das persönliche Wohl des Kindes
gefährdet"; § 1666 I BGB EJB: „Droht dem persönlichen Wohl des Kindes eine
nachhaltige Beeinträchtigung", mit nochmaliger Vorverlagerung auf „drohende"
Vorfälle, die lediglich „beeinträchtigen", nicht „gefährden" (dafür aber „nachhaltig"). Allerdings wird mit dieser Umformung wenig gewonnen, eher im Gegenteil.
Im Laufe der Rechtsprechungsentwicklung geschaffene Typisierungen – Mißbrauch, Vernachlässigung, ehrloser und unsittlicher Lebenswandel mit jeweiligen
Zuordnungen/Eingruppierungen – sind ohne Not aufgegeben und dem „Kindeswohl" geopfert, einem vagen und blassen Orientierungspunkt, der Leitbildaufga-
ben jedenfalls nicht übernehmen kann (dazu gleich VIII 1.).

„Die Reduzierung der relativen Merkmalsfülle des § 1666 auf das alleinige Kriterium des
Kindeswohls wirft für den späteren Rechtsanwender sämtliche Probleme auf, die mit der
Subsumtion unter wertausfüllungsbedürftige Begriffe verbunden sind. In dem dann einset-
zenden Dogmatisierungsprozeß müssen sich Rechtswissenschaft und Rechtsprechung um
die Bildung von Fallgruppen im Rahmen eines von der Rechtssicherheit her geforderten Ty-
pisierungsprozesses bemühen",[141]

und schnell werden sie wieder in den ausgetretenen Pfaden des § 1666 BGB[142]
wandeln, da bisher neue Gefährdungsfälle nicht zu sehen sind, die in das überlie-
ferte Schema nicht einzupassen wären.

b) Tatsächlich wird in der Rechtsprechung zu § 1666 I BGB überwiegend Vorwerfbarkeit des elterlichen Fehlverhaltens gefordert, wenigstens dem Worte nach (für den praktisch häufigsten und wichtigsten Fall des „Mißbrauchs" der Personensorge; „Vernachlässigung" des Kindes und „ehrloser oder unsittlicher" Lebenswandel sind ohne große Mühen mit Schuldvorwürfen zu belegen). In der bekannten Floskel lautet diese Forderung: Mißbrauch kann erst festgestellt werden, wenn die Maßnahme „willkürlich, bösartig oder doch so unverständlich ist, daß sie sich in keiner Weise rechtfertigen läßt",[143] ein „anderer Vater mag anders handeln", die gefundene Lösung „mag höchst unzweckmäßig sein. § 1666 BGB jedoch ist nicht erreicht."[144] Die Sorgen von BT – Ds 7/2060, S. 28 scheinen vor diesem Hintergrund nur zu verständlich, Abhilfen zwingend.

„Es sind zahlreiche Fälle denkbar, in denen das Wohl des Kindes gefährdet wird, ohne daß gegen die Eltern ein Schuldvorwurf erhoben oder jedenfalls bewiesen werden kann. Beispielsweise ist ein Verschulden der Eltern dann nicht gegeben, wenn sie trotz bestem Willen und persönlichem Einsatz der Erziehungsaufgaben nicht gewachsen sind." Fast schamvoll wird allerdings eingeräumt,[145] daß die Rechtsprechung nicht stehengeblieben ist, vielmehr Auswege suchte (und fand); sie läßt Uneinsichtigkeit und Unbelehrbarkeit eines Elternteils bereits ausreichen, um ihm sein Verhalten anzulasten.[146]

Ein kurzer Überblick der Entziehungspraxis zu § 1666 BGB:

– OLG Stuttgart, FamRZ 1974, 538 – Studienrat schlägt seine 15jährige Tochter;
– KG FamRZ 1972, 646 – Eltern lehnen die psychiatrische Untersuchung ihres Sohnes ab, der sich zum Sonderling entwickelt;
– LG Lübeck, FamRZ 1955, 270[147] – hysterische Tobsuchtsanfälle der Eltern;
– KG, OLGZ 1967, 219 – Hinauswurf aus dem Elternhaus in blinder Wut;
– BayObLG, FamRZ 1963, 192 – schroffer Wechsel in der religiösen Erziehung eines Kindes, dadurch hervorgerufene Verwirrung, seelische Erschütterung und Orientierungslosigkeit;
– OLG Karlsruhe, FamRZ 1974, 661 – Schulabmeldung und Verletzung von Kindesinteressen;
– BGH, FamRZ 1963, 560 – Herausreißen des leiblichen Kindes aus seiner bisherigen, gewohnten Umgebung, mit schrecklichen Erlebnissen (dazu im einzelnen 12. Kapitel II 1.);
– OLG Hamm, FamRZ 1978, 221; BayObLG, FamRZ 1976, 43 – religiös motivierte Verweigerung einer lebensnotwendigen Bluttransfusion.[148]

„Die Praxis hat im Laufe der Zeit den Verschuldensbegriff im Zusammenhang mit § 1666 so weit aufgeweicht, daß er praktisch als aufgelöst betrachtet werden kann."[149] Konsequent verzichtet ein beträchtlicher Teil des Schrifttums inzwischen ausdrücklich auf das Schuldmerkmal.[150] Sicher wirkt eine Formulierung, die diese Anregungen aufnimmt, hilfreich; in der Sache ändert sie jedoch nicht viel.[151]

Andererseits soll durch den Überblick über die Judikatur keineswegs der Eindruck einer heilen Welt erzeugt werden, die schon gewonnen sei; in manchen Teilbereichen verfehlt die Anwendungspraxis ihre Ziele noch kräftig. Doch ist die Kampfstätte „Verschulden" im Rahmen des § 1666 I BGB falsch gewählt, lenkt von den eigentlichen Sachfragen ab: Wo verläuft die Grenze zwischen elterlichen Regelungsbefugnissen und Kindesrechten? Für einzelne Ausschnitte habe ich mich um eine Klärung bemüht (vgl. oben V.); für andere Konflikte[152] wären ähnlich abgestimmte Lösungen zu entwerfen. Dabei spielt objektiver Kindesschutz die ausschlaggebende Rolle. Daneben reicht § 1666 I BGB in seiner jetzigen Fassung aus.[153]

c) § 1666 I 2 BGB erwähnt lediglich zwei Maßnahmen, die das Vormundschaftsgericht treffen kann – Unterbringung in einer geeigneten Ersatzfamilie und Aufenthalt in einem Heim. Angesichts der traurigen Wirklichkeit in unseren Heimen wirkt insbesondere der letzte Hinweis abschreckend und blockierend, verlangt Zurückhaltung. Doch türmt § 1666 I 2 BGB vor richterlicher Phantasie keine Hürden auf; die zur Abwendung der Gefahr erforderlichen Maßregeln sind zu ergreifen, Ermahnungen und Gebote auszusprechen, Verbote zu erlassen, einzelne Teilausschnitte aus der elterlichen Gewalt zu entziehen (Aufenthaltsbestimmungsrecht, Bestimmungsbefugnisse für Schulausbildung und Berufswahl u. v. a.).[154] § 1666 I 2 BGB bildet lediglich die letzte Grenze. § 1666 II in der nun vorliegenden Fassung von BT – Ds 8/111 schließt daran an. Übergänge zu § 1631 II BGB und zum Jugendhilferecht[155] werden damit fließend.

3. Zuständig für Anordnungen nach § 1666 BGB ist das Vormundschaftsgericht, nicht das Familiengericht. Erst der EJB schafft Abhilfe und beseitigt das Nebeneinander (anders EFrakt).[156] Zu weiteren Einzelheiten unten VIII.

VII. Scheidungsfolgen.

1. Neben der Unterhaltsregelung und der Übertragung des materiellen Zugewinns aus der Ehe – Zugewinn- und Versorgungsausgleich – auf den schwächeren Gatten mit dem geringeren Zuwachs spielt die Verteilung der elterlichen Gewalt im Ehescheidungsverfahren eine wichtige, häufig die ausschlaggebende Rolle. Zum Schmerz und der Wut über den Verlust des Partners kommen Ängste hinzu, nun gänzlich allein zu sein und auch noch auf die Kinder verzichten zu müssen; zudem „eignen" sich Kinder als schon vertraute Kampfgefährten gegen den anderen Teil,[157] werden häufig – leider bedenkenlos – auf diesem Feld als Bundesgenossen eingesetzt, mit einem Schwerpunkt in § 1634 BGB. Insgesamt sind die Belastungen gerade für sie nur mühsam zu verkraften. Sie erleben meist schon seit Jahren das langsame Zerbrechen der Bindung zwischen beiden von ihnen geliebten Elternteilen; sie werden in Auseinandersetzungen hineingezogen, müssen sich – mit wechselnder Frontlinie – für den einen und gegen den anderen entscheiden und aussprechen, haben zu taktieren und finassieren und bleiben selbst mit ihren Nöten ungehört und allein. Den äußeren Bruch müssen sie hinnehmen, wobei dieser Bruch auch eine Erlösung darstellt und einen Anfang mit neuen Chancen; sie sind gezwungen, sich auf die neue Situation einzustellen. Ist der äußere Ausfall – kaum auszugleichen über § 1634 BGB – des anderen, nicht-sorgeberechtigten Ehepartners mit Leid und Schmerz überwunden, wobei sich insbesondere § 1634 BGB selbst hinderlich auswirkt, weil er die notwendige Trauerarbeit[158] nachhaltig erschwert, stellen sich zusätzliche Probleme aus den Konflikten mit dem Stiefvater/

der Stiefmutter; die Quote der Wiederheirat Geschiedener ist hoch, die Scheidung ist eben keine Absage an die Ehe schlechthin, vielmehr (nur) der Versuch der Korrektur einer verfehlten Wahl.

In dieser Situation brauchen Kinder besonderen Schutz und verstärkte Hilfe. Sie kann nur von außen kommen, da die Eltern mit ihrem eigenen Verhältnis und seinem Zerbrechen beschäftigt (vgl. gleichwohl §§ 1671 II BGB, 630 I Nr. 2 ZPO), sonstige Familienmitglieder dabei meist eingeschaltet und befangen sind. Doch bietet das BGB wenig. § 1568 I BGB sieht neben anderen Punkten eine negative Härteklausel vor, blockiert ein Scheidungsbegehren, wenn die Aufrechterhaltung der Ehe aus besonderen Gründen im Interesse der minderjährigen Kinder „ausnahmsweise notwendig erscheint", kann aber Wohlverhalten und liebevolle Zuneigung untereinander und dem Kind gegenüber nicht sicherstellen, schafft im besten Fall (oder im schlechtesten) eine Atmosphäre ständiger Spannung und stetigen Mißtrauens, gespielter Ehrlichkeit und vorgetäuschter Besorgnis, oft voll Zorn und Abneigung. Praktisch ist die Bestimmung ohnehin weitgehend bedeutungslos. Für die Verteilung der elterlichen Gewalt bei der Scheidung sind die gesetzlichen Vorgaben knapp.

„Wird die Ehe der Eltern geschieden, so bestimmt das Familiengericht, welchem Elternteil die elterliche Gewalt über ein gemeinschaftliches Kind zustehen soll.

Von einem gemeinsamen Vorschlag der Eltern soll das Familiengericht nur abweichen, wenn dies zum Wohle des Kindes erforderlich ist. Haben die Eltern keinen Vorschlag gemacht oder billigt das Familiengericht ihren Vorschlag nicht, so trifft es die Regelung, die unter Berücksichtigung der gesamten Verhältnisse dem Wohle des Kindes am besten entspricht", § 1671 I–III BGB. Ersatzlos gefallen ist – eine Selbstverständlichkeit für das 1. EheRG – § 1671 III 2 a.F. BGB, der eine Privilegierung des schuldlos geschiedenen Elternteils aussprach,[159] allerdings vor den Vormundschaftsgerichten schon bisher erhebliche Einschränkungen fand. Die zeitliche Fixierung in § 1671 III 1 a.F. BGB ist verfahrensrechtlichen Besonderheiten gewichen, vgl. §§ 630 I Nr. 2, 623 I und III ZPO. § 1672 BGB ordnet entsprechende Anwendung dieser Regeln (im wesentlichen) bei Getrenntleben der Ehegatten an, das nicht nur vorübergehend bleibt; für die Nichtigerklärung der Ehe oder ihrer Aufhebung gilt § 1671 VI BGB.

§ 1671 IV BGB: „Die elterliche Gewalt soll in der Regel einem Elternteil allein übertragen werden. Erfordert es das Wohl des Kindes, so kann einem Elternteil die Sorge für die Person, dem anderen die Sorge für das Vermögen des Kindes übertragen werden.

Das Familiengericht kann die Sorge für die Person und das Vermögen des Kindes einem Vormund oder Pfleger übertragen, wenn dies erforderlich ist, um eine Gefahr für das geistige oder leibliche Wohl oder für das Vermögen des Kindes abzuwenden."

a) Oberste Richtschnur für die Verteilung der elterlichen Gewalt bei der Ehescheidung ist folglich das Wohl des Kindes.[160] Am Kindeswohl muß sich die gerichtliche Entscheidung, aber auch die elterliche Vereinbarung orientieren, das Kindeswohl muß sich verwirklichen; allerdings sind die Gewichte für die beiden Situationen unterschiedlich verteilt. Konnten sich die Eltern einigen – etwa: die elterliche Gewalt erhält die Mutter –, soll das Familiengericht nur abweichen, wenn dies im Interesse des Kindes erforderlich ist (§ 1671 II BGB); der elterliche

Vorschlag bringt eine gewisse Verbindlichkeit mit, trägt die Vermutung der Richtigkeit in sich und legt das Familiengericht fest. Das „Kindeswohl" wirkt lediglich als Ausschlußgrund, als negativer Begrenzungstatbestand. Fehlt eine Absprache gänzlich oder findet die angezeigte Regelung nicht die Billigung des Familiengerichts, ist die Entscheidung zu treffen, die „dem Wohle des Kindes am besten entspricht", § 1671 III BGB – Kindeswohl als positiver Anordnungstatbestand.[161] Und: § 1671 V BGB – Gefahrenabwehr. Diese Rangfolge wird durch EFrakt beseitigt; der Elternvorschlag verliert an Bedeutung und kann schon umgestoßen werden, wenn dies dem „Kindeswohl" dient. In der Neufassung findet sich wieder die Rückkehr zum gegenwärtigen Zustand, vgl. § 1671 III 1.

b) Seit einiger Zeit wird engagiert die Frage diskutiert, ob beide Eltern nach und trotz der Scheidung ihrer Ehe weiterhin gemeinsam die elterliche Gewalt über ihre Kinder ausüben können.[162] Die besseren Gründe sprechen allerdings wohl gegen diese Lösungsvariante, die auf den ersten Blick so viele Vorteile für sich verbuchen kann, beschränken sie zumindest auf seltene Ausnahmen. Dabei treten methodologische Probleme – wie ist das Ergebnis zu gewinnen, über eine verfassungskonforme Auslegung von § 1671 BGB,[163] über eine rechtsfortbildende Analogie[164] zu § 1671 II BGB oder erst nach einer verfassungsgerichtlichen Verwerfung von § 1671 I, III BGB wegen Verstoßes gegen Artt. 3 I und 6 II GG?[165] – ebenso hinter sachliche Erwägungen zurück wie die formalen Einwände bei Dieckmann, falls die Ehegatten noch Reste von Einigkeit in Erziehungsfragen erzielen könnten, sei ihre Ehe nicht gescheitert und könne daher nicht geschieden werden,[166] so daß sich weitere Interpretationsfeinheiten zu § 1671 BGB von vornherein erübrigten (mir sind diese Thesen allerdings nicht einsichtig: Einverständnis im Bereich „Kinderfürsorge" bedeutet nicht selbstverständlich und zwingend „Übereinstimmung im Verhältnis untereinander"; der Gegenschluß lautete folgerichtig: Wenn sich Ehegatten auch äußerlich trennen, dürfen sie keinerlei Gemeinsamkeiten mehr miteinander haben – das wäre traurig).[167] Meist ist der Bruch zwischen den Eltern ohnehin so tief, daß unbelastete, „richtige" Beschlüsse für die Kinder nicht mehr in enger und vertrauter Absprache getroffen werden können; unverarbeitete Enttäuschungen, Vorbehalte und Bitterkeiten, oft sogar Haß prägen vielmehr das Bild. Gerade jüngere Kinder bedürfen zudem ständiger, liebevoller Einwirkung und kontinuierlicher Zuwendung. Einflußnahmen von außen sind störend, gefährden die Abläufe in ihrer Regelhaftigkeit – einmal abgesehen von der praktischen Zumutung, für jede Maßnahme jenseits alltäglicher Banalität erst die Zustimmung eines vielleicht entfernten Partners einholen zu müssen. Ihr Anwendungsfeld kann danach die gemeinsame Ausübung der elterlichen Gewalt nach der Scheidung nur bei älteren Kindern finden, die beide Elternteile in ständigem Kontakt und störungsfrei erleben. Beispiel: OLG Düsseldorf, FamRZ 1978, 266.

Seit der Trennung besprechen die Eltern gemeinsam – wie zuvor – alle Erziehungsprobleme; der Vater betreibt einen kaufmännischen Betrieb in der Nähe der Wohnung, in der die geschiedene Frau mit den Kindern lebt, sieht sie regelmäßig, sorgt für den Familienunterhalt und hält Arbeitschancen in seinem Unternehmen für später offen.[168]

Gänzlich verfehlt ist dagegen eine „rollierende" Zuweisung:[169] ein Jahr Zusammenleben mit dem Vater, ein Jahr Zusammenleben mit der Mutter, selbst bei Einschränkungen (kein erzwungener Schulwechsel, keine sonstigen Veränderungen); vertrauensvolle und liebenswürdige Beziehungen können sich dabei zu keinem Elternteil aufbauen. Ausnahmen vielleicht: Jugendliche kurz vor Erreichen der Volljährigkeitsgrenze.

c) Somit bleibt für den Regelfall nur die Trennung mit Verlust des Vaters oder der Mutter (und des Kindes, trotz § 1634 BGB); Trauerarbeit wird für alle Beteiligten notwendig. Allgemeine Maßstäbe, die über die einzelne Situation hinausweisen, sind bisher nicht entwickelt; sie gibt es auch nicht. Sicher hat die Mutter einen Vorrang,[170] doch ist dieser Vorrang eher zufällig; in unserer Gesellschaft spendet eben sie Wissen und Zuwendung, sorgt für Nahrung und Körperpflege und vermittelt zunächst den Zugang zur Welt.[171] Nur ist eben „nicht gesagt (nicht einmal für Kleinkinder; mit zunehmendem Alter verliert sich der Vorsprung ohnehin, P. F.), daß es sich dabei unbedingt um die leibliche Mutter handeln muß. Aus der Perspektive des Kindes kommt es vielmehr lediglich darauf an, eine genügend gute Mutter zu haben. Infolgedessen kann die Bezugsperson durchaus ein Dritter sein, immer aber unter einer ausschlaggebenden Voraussetzung: er muß die für die Entwicklung des Kindes unerläßliche Hingabe als seine Funktion aufbringen. Der Schwerpunkt liegt insofern bei der Bereitschaft und der Fähigkeit, eine psychische Beziehung zu begründen."[172] Zwar verpflichtet „das Wohl des Kindes", doch lassen sich faßbare Anweisungen und konkrete Entscheidungshilfen aus der vagen Formel nicht entwickeln. Über prospektive Testverfahren, kinderpsychologische Untersuchungen und Gutachten sind kindliche Neigungen und Vorlieben (weitgehend; viele Kinder „merken" worum es geht, vermeiden eine Festlegung,[173] da *Zu*neigung zu einem Elternteil immer *Ab*neigung gegen den anderen Elternteil einschließt) zu erfassen, meist allerdings in einer unentwirrbaren Gemengelage: Vater *und* Mutter werden als wichtige Personen empfunden; Zuständigkeiten werden nach Ausschnitten verteilt, eine Trennung von einem liebgewordenen Partner gar nicht erst erwogen. Ältere Kinder können gefragt werden – vgl. dazu § 1671 III 1 BGB EFrakt und die Neufassung: Vollendung des 14. Lebensjahres –, ohne daß sich in der Sache viel ändert.[174] Über ähnliche Berichte können Fähigkeiten der Eltern ermittelt werden – wer ist der „bessere Erzieher"? –, doch wiederum vorwiegend als Gemisch oder für Teilaspekte. Vor allem aber: Wer kann den Aufwand verantworten,[175] jährlich über 100 000 Kinder und 200 000 Eltern Gutachten anzufertigen;[176] wer will ein intensives Eindringen in persönliche Bereiche von Eltern und Kindern, wo schon aus praktischen Gründen die jeweiligen Auswirkungen dürftig sein müssen? „Kindeswohl" erweist sich folglich eher als ferner Richtwert und als ungefähre Leitlinie oder Bekenntnis, vielleicht sogar als praktische[177] „Mystifikation",[178] weniger als faßbares Merkmal. Ehrlicher, allerdings kaum hilfreicher ist daher von vornherein ein Verzicht auf die positive Ausrichtung am „Kindeswohl", umgekehrt die versuchte Orientierung an der „am wenigsten schädlichen Alternative" unter vielen schädlichen Möglichkeiten.[179]

„Als allgemeine Richtlinie für die Kindesunterbringung schlagen wir vor, statt vom ‚Wohl des Kindes' von der ‚am wenigsten schädlichen Alternative zum Schutz von Wachstum und Entwicklung des Kindes' zu sprechen. Dieser neue Maßstab umfaßt inhaltlich die drei Richtlinien, die wir bereits dargestellt haben. Die am wenigsten schädliche Alternative ist danach die Unterbringung und die Verfahrensweise, die – unter Berücksichtigung des kindlichen Zeitgefühls und auf der eingeschränkten Grundlage kurzfristiger Prognosen – die Chance des Kindes erhöhen, erwünscht zu sein, und die es ermöglichen, daß das Kind eine dauerhafte Beziehung mit wenigstens einem Erwachsenen eingeht, der seine psychologische Elternperson ist oder werden wird. Obwohl wir dem vorgeblichen Zweck der ‚zum Wohl des Kindes'-Formel zustimmen, sprechen mehrere Gründe für die Einführung eines neuen Maßstabs. Erstens, im Gegensatz zu dem Ausdruck ‚am wenigsten schädliche Alternative' weist die herkömmliche Formel nicht darauf hin, daß das betreffende Kind bereits ein Opfer seiner sozialen Umweltbedingungen geworden ist, daß es in hohem Maße gefährdet ist, und daß schnelles Handeln geboten erscheint, damit weiterer Schaden von der gesunden psychischen Entwicklung des Kindes abgewendet werden kann. Zweitens, die alte Richtlinie beinhaltet infolge ihrer Anwendung und Auslegung durch Fürsorgebehörden, Gerichte und Gesetzgeber mittlerweile weniger, als was tatsächlich dem Wohle des Kindes dient. Die Interessen des Kindes werden oft genug mit den Interessen und Rechten Erwachsener abgewogen und letzteren meistens untergeordnet."[180]

Einige Einzelheiten als Anhalt:

Elterliches und eheliches Fehlverhalten kann ein wichtiger Gesichtspunkt für die Übertragung der Personensorge auf den anderen Ehegatten sein (= die am wenigsten schädliche Alternative), wenn sich das Fehlverhalten gezielt oder zufällig gegen das Kind richtet.[181] Beispiel: Übertriebener Alkoholgenuß mit Neigung zu Tätlichkeiten. Bei Auseinandersetzungen zwischen den Eltern – § 1632 BGB EJB könnte im Vorfeld klärend wirken, Widerstände abbauen und Informationen mitteilen – ist besonders auf den Wahrheitsgehalt der in Anspruch genommenen Beweggründe zu achten und auf die Lauterkeit der verdeckten. Bisher verbreitete häßliche Streitereien im Ehescheidungsverfahren – Kampfplatz: Schuldfrage – haben eine noch häßlichere Ergänzung gefunden: Die Zuteilung eines Kindes kann als „Unterhaltsversicherung" auf Dauer reizvoll sein;[182] § 1570 BGB schafft einen Unterhaltsanspruch des geschiedenen Gatten, von dem wegen der Erziehung gemeinsamer Kinder eine Erwerbstätigkeit nicht erwartet werden kann, §§ 1582, 1586 BGB privilegieren diesen Anspruch gegenüber konkurrierenden Forderungen, § 1579 II BGB sichert ihn gegen Entzug ab.[183] Hinter dem vorgeschobenen Kind taucht gierig die offene Hand des Anspruchstellers (Unterhalt) auf. Im Verfahren nach § 1671 BGB ist diesem Mißbrauch ein Riegel vorzulegen.[184]

Geschwister sollten nicht auseinandergerissen werden (vgl. § 1671 II der Neufassung) – seltene Ausnahme: Unverträglichkeit untereinander –,[185] die bisherige Umgebung, der Freundeskreis, der Kindergarten und die Schule sollten erhalten werden (bei sonst gleicher Dichte der Beziehungen zu beiden Elternteilen, gleicher Eignung). Auf die Trennungsempfindlichkeit des Kindes, seine Belastbarkeit und die

Fähigkeit, mit seelischen Erschütterungen fertig zu werden, ist Rücksicht zu nehmen.[186] Das kindliche Zeitgefühl – dazu die Untersuchungen von Piaget[187] – verlangt aufmerksame Zuwendung mit der Folge, daß Verzögerungen im Verfahren (vor allem bei Säuglingen und Kleinkindern) für den Partner streiten, der schon gegenwärtig tatsächlich Fürsorge- und Pflegeaufgaben erfüllt. Das beweist eindringlich die Notwendigkeit einer allgemeinen Beschleunigung.

Heftig umstritten ist die Frage nach der aktiven Beteiligung des betroffenen Kindes. § 1695 BGB stellt sie in das Ermessen des Vormundschaftsgerichts. § 1671 I BGB EJB sieht eine „angemessene" Beachtung von Wunsch und Wille des Kindes vor, § 1671 III 1 BGB EFrakt reicht scheinbar noch weiter:

„Unterbreiten die Eltern einen übereinstimmenden Vorschlag oder begehrt ein Kind, welches das vierzehnte Lebensjahr vollendet hat und das nach seinem Entwicklungsstand zu einer selbständigen Beurteilung fähig ist, die Übertragung der elterlichen Sorge auf einen Elternteil, so soll das Familiengericht eine davon abweichende Entscheidung nach Abs. 1 und 2 nur treffen, wenn dies dem Wohle des Kindes dient"; § 1671 III 2 der Neufassung geht nicht ganz so weit. Die Barrieren vor einem Eingriff sind deutlich gesenkt im Vergleich mit dem Ist-Zustand = § 1671 II BGB – Abweichung vom gemeinsamen Elternvorschlag[188] erst bei „Erforderlichkeit" einer Korrektur.

§ 1671 I BGB EJB ist seinem Pendant in EFrakt gleichwohl überlegen. Die vage Fassung – Vollendung des 14. Lebensjahres *oder* entsprechende Einsichtsfähigkeit – wird in der Praxis recht schnell zu einer naheliegenden Verkürzung führen: Vollendung des 14. Lebensjahres als Regel mit seltenen Ausnahmen (vielleicht);[189] ohnehin fällt EFrakt hinter den gegenwärtig schon erreichten Stand zurück.[190] Entwicklungspsychologisch ist die strikte Grenzziehung (14. Lebensjahr) wenig einleuchtend. Sie zwingt das Kind, das mit den inneren Stürmen der Pubertät zu ringen hat, über die ohnehin schon hohe Belastung mit den elterlichen Konflikten hinaus zu deutlichen und ausdrücklichen Entscheidungen. EFrakt räumt selbst die Zufälligkeit der getroffenen Alterswahl ein und versucht gar nicht erst eine positive Begründung,[191] verweist stattdessen lapidar auf „andere" gesetzliche Regelungsbereiche mit gleicher Fixierung, ohne sich um die fehlende Ähnlichkeit mit § 1671 III 1 BGB zu bekümmern. Die Diskrepanzen zu § 1634 BGB EFrakt – Vetorecht in gleicher Situation – stören und verlangen nach einer Auflösung. Elterlicher Einfluß droht, mit besonderer Hartnäckigkeit; spielten sich Kämpfe um das Kind als Bundesgenossen gegen den Ehepartner oder als Faustpfand bisher eher heimlich und unter der Oberfläche ab, treten sie jetzt offen ans Licht des Tages. Schweigen, Ausweichen und Flucht in die „Fremdbestimmung" durch das Gericht sind verstellt. Das Kind *muß* selbst wählen; zumindest wird jeder Elternteil eine Entscheidung – natürlich zu seinen Gunsten – erwarten und fordernd auf § 1671 III 1 BGB EFrakt verweisen. Diese Wahl enthält stets einen positiven Aspekt für den einen und einen negativen Ausschnit gegen den anderen Elternteil; begreiflicherweise wird das Kind vor ihr daher oft zurückschrecken,[192] selbst wenn es durchaus entsprechende Vorlieben besitzt. Nicht so sehr willensabhängige Entschlüsse stehen im Vordergrund, die um so mehr Respekt verdienen, je selbständiger sie getroffen werden, als emotionale Kategorien,[193] bei denen „Rationalität" als Maßstab versagt. Deshalb erscheint mir eine „weichere" Fassung der Lösung vorzuziehen, die Zuständigkeiten auf den heranwachsenden Jugendlichen überträgt und ihn allein entscheiden läßt, auch wenn dies meinen sonstigen Tendenzen widerspricht (oder der widersprechen scheint).

§ 50 II 2 FGG[194] EJB sichert die Mitwirkung ab:

„Ein Kind, das aufgrund seines Lebensalters zu einer selbständigen Beurteilung eigener Angelegenheiten fähig sein kann (eine zusätzliche Erweiterung, P. F.), muß vor einer seiner Person betreffenden Entscheidung persönlich gehört werden, es sei denn, daß der Anhörung schwerwiegende Hindernisse oder das Wohl des Kindes entgegensteht." Die Situation nach § 1695 BGB: „Das Vormundschaftsgericht hat vor einer Entscheidung, welche die Sorge für die Person oder das Vermögen des Kindes betrifft, die Eltern zu hören. Es darf hiervon nur aus schwerwiegenden Gründen absehen.

Das Vormundschaftsgericht kann mit dem Kind persönlich Fühlung nehmen."

§ 50 a FGG in der Neufassung von EFrakt:

„Das Gericht hört in einem Verfahren, das die Personen- oder Vermögenssorge für ein Kind betrifft, auch den Elternteil an, der nicht oder in der Angelegenheit nicht sorgeberechtigt ist, wenn es die Anhörung für geeignet hält, dem Wohle des Kindes zu dienen.

In den Fällen der §§ 1666 und 1666 a des Bürgerlichen Gesetzbuches hört das Vormundschaftsgericht die Eltern persönlich an, um mit ihnen zu klären, wie die Gefährdung des Kindeswohls abgewendet werden kann. Dies gilt nicht, wenn von der Anhörung eine Klärung nicht erwartet werden kann. Die Anhörung kann bei Gefahr im Verzuge unterbleiben; in diesem Fall ist sie unverzüglich nachzuholen."

§ 50 b: „Das Gericht hört ein Kind persönlich an, wenn die Neigungen, Bindungen oder der Wille des Kindes für die Entscheidung von Bedeutung sind, oder wenn es zur Feststellung des Sachverhalts angezeigt erscheint, daß sich das Gericht von dem Kind einen unmittelbaren Eindruck verschafft.

Hat ein Kind das vierzehnte Lebensjahr vollendet und ist es nicht geschäftsunfähig, so hört das Gericht in einem Verfahren, das die Personensorge betrifft, das Kind stets persönlich an. In vermögensrechtlichen Angelegenheiten soll das Kind persönlich angehört werden, wenn dies nach der Art der Angelegenheit angezeigt erscheint. Bei der Anhörung soll das Kind, soweit nicht Nachteile für seine Entwicklung oder Erziehung zu befürchten sind, über den Gegenstand und möglichen Ausgang des Verfahrens in geeigneter Weise unterrichtet werden; ihm ist Gelegenheit zur Äußerung zu geben. In den Fällen des Abs. 1 und Abs. 2 Satz 1 darf das Gericht von der Anhörung nur aus schwerwiegenden Gründen absehen.

Die Absätze 1 bis 3 gelten für Mündel entsprechend."

Diese Vorschläge verbuchen als Vorzüge für sich:[195]

– Die Beteiligung des Kindes am Verfahren ist unabhängig von einer festen Altersgrenze (vgl. deutlich § 50 II 2 FGG EJB und die Neufassung) sichergestellt;

– das „Kindeswohl" übernimmt allein die maßgeblichen Steuerungsaufgaben, der gemeinsame Elternvorschlag verliert seine Verbindlichkeit, vgl. § 1671 II BGB gegen § 1671 I 2 und III 1 BGB EFrakt und § 1671 I 2 und III BGB EJB;

– das Kind kann sich äußern in kindgemäßer Form, ohne in die harte Alternative einer Zusage an die eine und einer Absage an die andere Seite gezwungen zu sein;

– offenem Einfluß der Eltern und gezielter Manipulation ist der Boden entzogen (und gegen unterschwellige Versuche, das Kind zu sich herüberzuziehen und für sich zu gewinnen, ist ohnehin kein Abwehrmittel sichtbar);
– ausdrückliche Abneigung (sie bleibt möglich) setzt sich durch, vgl. die Neufassung; eine Übertragung der elterlichen Gewalt auf den hartnäckig abgelehnten Elternteil verletzt offensichtlich Kindesinteressen (= Kindeswohl) und degradiert einen Verfahrensbeteiligten – das Kind – zum schlichten Objekt.[196] Dieckmanns Befürchtungen – was geschieht, wenn der Wunschpartner die elterliche Gewalt als Belastung von sich weist, wie ist zu entscheiden, wenn das Kind beide Eltern „abwählt" und aus der Familie strebt?[197] – schrecken nicht (sie veranlassen ihn, ein greifendes Vetorecht des Kindes auszuschließen). Zum Teil sind die Sorgen realitätsfern, zum anderen ist ihnen mit einfachen und üblichen Mitteln Rechnung zu tragen. Haben sich die Eltern geeinigt – auf die Mutter etwa –, hat in der Regel der Vater erst nach langem Ringen mit sich nachgegeben, unter Schmerzen; eine Änderung wird er als segensreich empfinden (nur am Rande: Meist wird schon in dem elterlichen Entscheidungsprozeß der dezidierte Kindeswille Eingang finden). Verzichtet er ohne große Anteilnahme und weigert sich sogar auf Bitten und Drängen, das Kind aufzunehmen und weiter Vater zu sein, folgt die Reaktion auf dem Fuße als enttäuschte Absage an ihn (und, wiederum am Rande: Die Abneigung kann dem Kind nicht verborgen geblieben sein durch die Jahre hindurch; deshalb wird es wohl kaum eine Wahl treffen, die eigenen Interessen in dieser harschen Form zuwiderläuft). Kampf um das Kind, oft mit letztem Einsatz ausgetragen, in Ängsten und Verzweiflung – das ist die Wirklichkeit, nicht Gleichgültigkeit oder gar Erleichterung, endlich drückende Aufgaben wegschieben zu können. Drängt das Kind tatsächlich einmal aus der Familie und äußert Widerwillen gegen beide Eltern, ist häufig § 1671 V BGB erreicht: Wie schmerzlich muß es die Ausfälle von Vater und Mutter erfahren haben, wie traurig seine bisherige Entwicklung verlaufen sein, daß eine unbekannte Zukunft vorgezogen wird?[198/199] Hilfreich wirkt stets § 1632 BGB EJB.

Keine Rolle spielen im Rahmen des § 1671 BGB (für sich allein):
– materielle Gesichtspunkte;[200]
– anderweitige Bindungen[201] (als Absage wohlgemerkt; eine feste und vertraute Beziehung zu einem neuen Partner – ehelich oder „frei" – kann maßgebliche Steuerungsfunktionen übernehmen, wenn das Kind diesen Partner schätzt und neue vertrauliche Kontakte aufbaut);
– gemeinsames religiöses Bekenntnis eines Elternteils und des Kindes (mit Einschränkungen);[202]
– die tatsächliche Abstammung.[203]

2. Für den nicht-sorgeberechtigten Elternteil (nur ihn, nicht für Dritte)[204] sieht § 1634 BGB[205] ein Umgangsrecht mit dem Kind vor[206] als (selbstverständliche?) Entschädigung und als Mittel, persönliche Verbindungen und Einfluß aufrechtzuerhalten und Informationen über die weitere Entwicklung zu gewinnen. Auch Kindesinteressen scheinen berücksichtigt; wenigstens partiell bleibt der verlorene Partner präsent. § 1634 BGB:

„Ein Elternteil, dem die Sorge für die Person des Kindes nicht zusteht, behält die Befugnis, mit ihm persönlich zu verkehren." Doch trügt der schöne Schein. Deshalb sieht bereits II vor: „Das Familiengericht kann den Verkehr näher regeln. Es kann ihn für eine bestimmte Zeit oder dauernd ausschließen, wenn dies zum Wohle des Kindes erforderlich ist."

Die Barrieren für Eingriffe sind hoch und werden von den Gerichten, allerdings schon für den gegenwärtigen Zustand zu Unrecht, nur selten überstiegen.[207] Eindeutig setzen sich Elternwünsche – oft nicht einmal lautere – gegen Kindesinteressen durch.

Die Einwände gegen ein weites Verkehrsrecht sind leicht zusammenzustellen. Knapp skizziert mit unterschiedlichen Richtungen:

– Das Kind wird immer wieder Trennungsituationen ausgeliefert, mit traumatisierenden Folgen,[208] seinem Zeitgefühl nicht Rechnung getragen;[209] notwendige Trauerarbeit, die Verluste eben als Verluste begreift und abschließt, kann nicht geleistet werden;

– Erziehungskontinuität ist unterbrochen; der Sorgeberechtigte muß Einflüsse von außen hinnehmen und auffangen;

– das Kind erlebt den anderen Elternteil zunehmend als Fremden und Unbekannten (wer kann sich dem Schrecken entziehen, den Faßbinders „Effi Briest" auslöst?), andererseits oft in besonders angenehmer Situation mit Sonntags- und Feriengesicht, während es zu Hause nur den grauen, versagungsvollen Alltag gibt;

– Besuchsbefugnisse werden häufig mißbraucht zur Fortsetzung nicht abgearbeiteter Konflikte unter den geschiedenen Eheleuten. Verdeckte Wünsche nach Parteinahme, subtile Versuche, einen Bundesgenossen zu gewinnen, wechseln ab mit offenen und derben Manipulationen. Aus einen Gutachten:[210] Am Telefon äußert der Vater zu seiner dreijährigen Tochter: „Annette, Deine Mutti erlaubt nicht, daß ich komme" (also ist die Mutter schlecht, deshalb ist Annette manchmal böse auf sie, schlägt und tritt nach ihr);[211] „Vati weint, weil Mutti nicht erlaubt, daß ich euch besuche"[212] (zusätzlich fügt die Mutter dem liebevollen Vater Schmerzen zu; schuld daran ist – auch – Annette, sie flüchtet in körperliche Symptome).[213]

Für das Kind kann dieser Zwiespalt unerträglich werden; im „günstigsten" Fall entwickelt es sich gezwungenermaßen zum Intriganten, Heuchler, Opportunisten[214] und Komödianten. Eindrucksvoll Lempp:[215]

„Die Wechselsituation ist für diese Kinder sehr belastend. Das Kind läßt eine traurig, ängstlich oder gar vorwurfsvoll blickende Mutter[216] zurück. Wie wird es sie abends wieder antreffen? Ist es ein Wunder, daß das Kind, auch wenn es sich gar nicht so ungern vom Vater einen Tag lang verwöhnen ließe, zunächst der Mutter zeigen möchte, daß es mit ihr übereinstimmt? Es äußert sein Einverständnis durch eine negative Äußerung über seinen Vater und seinen Besuch. Die Mutter fühlt sich bestätigt, meint das Kind vor dem Besuch schützen zu müssen und vergrößert dadurch die Zwiespalt für das Kind noch. Ist das Kind den Blicken der Mutter entschwunden, dann genießt es das Zusammensein mit dem Vater durchaus entspannt (im günstigsten Fall; fortwirkende Belastungen können auch alles verderben, P. F.), bis es abends denselben Wechsel in umgekehrter Weise durchmachen muß. Zunächst wird es dem Vater ‚Freundlichkeiten' sagen, die ihn glauben machen, es gehe ungern zur Mutter zurück, später beim Anblick der Mutter wird es sich vielleicht weinend und erleichtert an deren Brust werfen. Aufgrund dieses Verhaltens ist meist jeder Elternteil ehrlich der Meinung, das Kind sei lieber bei ihm als beim anderen, und allein der andere gönne ihm seinen Frieden nicht.

In solchen Situationen müssen die Kinder zu Opportunisten und Schauspielern werden. Die Verhältnisse nötigen sie dazu. Wenn das Kind merkt, daß die Mutter z.B. traurig wird, wenn es fröhlich über einen Besuchstag berichtet, daß sie nur geringen oder geheuchelten Anteil an seinen Erlebnissen nimmt, dann wird es das nächste Mal bestenfalls nichts mehr erzählen oder aber der Mutter zuliebe negative Dinge berichten. In jedem Fall wird ihm die Freude an dem Besuch vergällt sein. Das Kind wird ein schlechtes Gewissen haben, wenn ihm der Besuch Vergnügen bereitete und es sich auf den nächsten Besuch freut."

Identifikationskonflikte dieser Intensität hinterlassen Spuren als Selbstzweifel, unsichere Wertorientierung,[217] fehlende Übereinstimmung mit sich und der Umwelt mit Ambivalenzen und Sprüngen. Mit einfachen – leider verbreiteten – Rezepten ist Abhilfe nicht zu schaffen. Die Mutter „kann" keine Freude beim Kind vermitteln, auf den Besuch vorbereiten, Abneigungen abbauen[218] und Hindernisse ausräumen, ohne nun ihrerseits heucheln zu müssen, Zuflucht zu nehmen zu Lüge und Betrug; das Kind bemerkt es doch, die Situation verschärft sich ein weiteres Mal: Warum verstellt sich die Mutter so; bin ich daran schuld, daß sie dieses Leid auf sich nimmt? u.ä.[219]

„§ 1634 BGB ist Ausdruck einer atavistischen Haltung dem Kind gegenüber, da er den Elternteilen, d.h. den Erwachsenen dem Kind gegenüber ein Verfügungsrecht einräumt und damit das Kind zum Objekt macht. Das für geschiedene Eltern eigentlich zu bestreitende Elternrecht wirkt sich in diesem Falle für das Kind als Pflicht aus, sich von beiden Eltern nach der Scheidung noch besuchen zu lassen. Eine solche Pflicht kann es m.E. nicht geben. Der psychische Kontakt zwischen zwei Menschen muß auf Freiwilligkeit aufgebaut sein und kann nicht Ausfluß eines Rechtsanspruches sein.[220] Man kann sich wahrlich keine geeignetere Methode vorstellen, eine Antipathie zwischen dem Kind und dem nichtsorgeberechtigten Elternteil aufkommen zu lassen, als diejenige, zu bestimmen, daß ein Kind oder ein junger Mensch alle 4 Wochen sein Wochenende mit dem nichtsorgeberechtigten Elternteil verbringen muß."[221]

Zumindest am Widerstand des Sorgeberechtigten sollte danach das Besuchsrecht des geschiedenen Ehegatten scheitern, auch wenn ein erzwungener Verzicht für ihn hart sein mag. Grenzen: Mißbrauch, eine sicher seltene Ausnahme; die schlichte Absage ist ein wesentliches Indiz für den Fortbestand von Konflikten aus der Ehezeit und setzt sich deshalb durch im Interesse des Kindes, selbst wenn sie für sich betrachtet wenig verständlich, töricht oder hilflos bleibt,[222] vgl. § 1711 BGB.[223] Vorbildlich OLG Stuttgart, NJW 1978, 1593.

Was bringen die Reformentwürfe? § 1634 BGB EFrakt[224] führt ein Vetorecht des Kindes ein, das das 14. Lebensjahr vollendet hat oder zu einer selbständigen Beurteilung seiner Angelegenheiten in der Lage ist. Gegen seinen Willen darf die

Befugnis nicht ausgeübt werden. Nach II ist eine Beschränkung durch das Familiengericht möglich, wenn sie im Interesse des Kindes „erforderlich ist". Nicht ganz so weit geht (scheinbar) § 1635 III BGB EJB, wonach bei der Entscheidung der Wille des Kindes, das das 14. Lebensjahr vollendet oder einen entsprechenden Reifegrad erreicht hat, lediglich „zu beachten" ist. Gleichwohl verdient EJB den Vorrang, wenn auch immer noch – leider – ein Umgangsrecht für Dritte, für Großeltern oder sonstige wichtige Partner des Kindes fehlt, und § 1666 BGB zu häufig versagt. § 1635 I und II BGB enthalten die wesentlichen Punkte:

„Einem Elternteil, dem die Personensorge nicht zusteht, ist vom Sorgeberechtigten die Möglichkeit zu geben, die Entwicklung des Kindes zu verfolgen und mit dem Kind in Verbindung zu bleiben, insbesondere mit ihm umzugehen.

Der Berechtigte hat die Befugnis so auszuüben, daß das Personensorgerecht nicht beeinträchtigt wird.

Auf Antrag des nicht sorgeberechtigten Elternteils kann das Familiengericht diesem ein Umgangsrecht einräumen und den Umfang und die Art der Ausübung näher regeln, soweit dies dem Kindeswohl dient. Es kann den Sorgeberechtigten verpflichten, dem nicht sorgeberechtigten Elternteil Auskunft über die persönlichen Verhältnisse des Kindes zu erteilen", Maßnahmen, die jederzeit geändert und aufgehoben werden können, §§ 1696 BGB,[225] 19 FGG. Konsequent ist auf eine Altersgrenze – oder einen Ersatz – verzichtet.

Die Neufassung umschließt Licht und Schatten. § 1634: „Ein Elternteil, dem die Personensorge nicht zusteht, behält die Befugnis zum persönlichen Umfang mit dem Kind. Der Elternteil, dem die Personensorge nicht zusteht, und der Personensorgeberechtigte haben alles zu unterlassen, was das Verhältnis des Kindes zum anderen beeinträchtigt oder die Erziehung erschwert.

Das Familiengericht kann über den Umfang der Befugnis entscheiden und ihre Ausübung, auch gegenüber Dritten, näher regeln; soweit es keine Bestimmung trifft, übt während der Dauer des Umgangs der nicht personensorgeberechtigte Elternteil das Recht nach § 1632 Abs. 2 aus. Das Familiengericht kann die Befugnis einschränken oder ausschließen, wenn dies zum Wohle des Kindes erforderlich ist.

Ein Elternteil, dem die Personensorge nicht zusteht, kann bei berechtigtem Interesse vom Personensorgeberechtigten Auskunft über die persönlichen Verhältnisse des Kindes verlangen, soweit ihre Erteilung mit dem Wohle des Kindes vereinbar ist. Über Streitigkeiten, die das Recht auf Auskunft betreffen, entscheidet das Vormundschaftsgericht."

Gefallen ist das offene Vetorecht des mindestens 14jährigen Jugendlichen gegen verordneten Umgang mit einem Elternteil. Andererseits sehen §§ 50a und 50b FGG weitgehende Anhörungsrechte im Verfahren vor, so daß Abneigungen ihr Ziel finden, da über entsprechende Äußerungen wohl kaum hinweggeschritten werden kann. Wie bei § 1671 BGB bildet nicht die „Richtigkeit" einer Entscheidung den Kern, sondern emotionale Verläufe, Zu- und Abneigungen, Einstellungen zum einen oder anderen Elternteil;[226] deshalb verdient auch hier die „weichere" Lösung den Vorzug. Zudem kann sich gerade das ältere Kind gegen Besuchszumutungen auf seine eigene Weise wehren: durch Passivität, durch stillen Boykott[227] und Aufsässigkeiten.[228]

3. „Ist ein Elternteil gestorben, so steht die elterliche Gewalt dem anderen Teil

allein zu", § 1681 I BGB. Immer wieder[229] wird diese Bestimmung als Rechtfertigung für das Umgangsrecht aus § 1634 BGB genannt: Sterbe der Sorgeberechtigte, gehe die elterliche Gewalt auf den geschiedenen Gatten über; wie solle er aber seine Aufgaben lösen, wenn nicht in den Jahren zuvor Vertrauen aufgebaut werden konnte und Kontakte erhalten blieben? Mich überzeugt der Hinweis auf § 1681 I BGB schon aus „rechtstatsächlichen" Gründen nicht; einer wohl kleinen Anzahl von Heimfällen nach dieser Bestimmung steht das Heer der Besuchsberechtigten aus § 1623 BGB gegenüber, deren „Chance" aus § 1681 I BGB damit verschwindend gering wird. Zum anderen enthält auch § 1681 I BGB kein unumstößliches Dogma. Konsequent paßt EJB die Vorschrift an:

„Ist ein Elternteil gestorben, so steht die elterliche Sorge dem anderen Teil allein zu. War der verstorbene Elternteil nach § 1671, 1672 sorgeberechtigt, so hat das Familiengericht die elterliche Sorge dem überlebenden Teil zu übertragen, wenn und soweit dies dem Wohl des Kindes entspricht (Neufassung von EFrakt: nicht widerspricht). Andernfalls bestellt es einen Vormund oder Pfleger."[230]

VIII. Verfahren.

Zuständig für Anordnungen nach § 1671 und 1634 BGB ist das Familiengericht, § 23 b I Nr. 2 und 3 GVG (nicht für § 1666 BGB; selbst EFrakt und die Neufassung[231] halten an der Zuständigkeit des Vormundschaftsgerichts fest, erst EJB schafft Abhilfe). Über beide Punkte ist im Verbund mit dem Scheidungsverfahren zu verhandeln und zu entscheiden, §§ 623 I, 621 I Nr. 1 und 2 ZPO. § 627 ZPO bestimmt eine Ausnahme:

„Beabsichtigt das Gericht, von einem übereinstimmenden Vorschlag der Ehegatten zur Regelung der elterlichen Gewalt über ein gemeinschaftliches Kind abzuweichen, so ist die Entscheidung vorweg zu treffen." Mit der Regelung der Kernfrage wird das Verhalten der streitenden Parteien für die sonstigen Scheidungsfolgen und vielleicht in der Hauptsache beeinflußt und gesteuert.[232]

Bei § 1634 BGB sind ohnehin isolierte Verfahren verbreitet, zur Änderung getroffener Regelungen außerhalb des Verbundes (vgl. §§ 1696 BGB, 18 FGG und gleich im folgenden). Bei einverständlicher Ehescheidung aus §§ 1565, 1566 I BGB muß die Antragsschrift eines Ehegatten einen übereinstimmenden Vorschlag über die Verteilung der elterlichen Gewalt nach § 1671 BGB und über das Besuchsrecht aus § 1634 BGB enthalten, § 630 I Nr. 2 ZPO; beides kann nachgeholt werden bis zum Schluß der mündlichen Verhandlung. Zur einstweiligen Anordnung vgl. §§ 620 Nr. 1 und 2, 620 a ff. ZPO. Besonderheit: § 620 c 1 ZPO. Danach findet nach einer Entscheidung des Gerichts ersten Rechtszuges nach mündlicher Verhandlung zugunsten des anderen Elternteils das Rechtsmittel der sofortigen Beschwerde statt; im übrigen sind die Maßnahmen nach §§ 620, 620 b ZPO unanfechtbar, vgl. § 620 c

2 ZPO.[232a] Familiensachen des § 621 I Nr. 1 und 2 ZPO unterwirft § 621 a I 1 ZPO den Verfahrensregeln des FGG mit den Ausnahmen aus 2.[233] Wichtig sind vor allem §§ 18 I FGG, 1696 BGB (zu §§ 50, 50 a, 50 f FGG; vgl. 10. Kapitel VII 1. c a. E. für die verschiedenen Reformvorschläge).

„Erachtet das Gericht eine von ihm erlassene Verfügung nachträglich für ungerechtfertigt, so ist es berechtigt, sie zu ändern; soweit eine Verfügung nur auf Antrag erlassen werden kann, und der Antrag zurückgenommen worden ist, darf die Änderung nur auf Antrag erfolgen" (die Antragsberechtigung folgt aus spezialgesetzlicher Zuweisung, allgemein aus materieller Beteiligung; für minderjährige Kinder statuiert das FGG – trotz § 59 II FGG und der dort niedergelegten eigenen Beschwerdebefugnis nach der Vollendung des 14. Lebensjahres – kein selbständiges Antragsrecht, so daß ihnen allein informelle Möglichkeiten offenstehen – Anregungen, Informationserteilung und Wünsche, vgl. dazu §§ 12 FGG, 1694 BGB. II: „Zu der Änderung einer Verfügung, die der sofortigen Beschwerde unterliegt, ist das Gericht nicht befugt", vgl. im Gegensatz §§ 322, 325 ZPO.

Beträchtliche Einschränkungen will § 1696 BGB EJB anbringen, mit einem Vorrang vor § 18 FGG: „Das Familiengericht soll während der Dauer der elterlichen Sorge seine Anordnungen nur ändern, wenn dies zum Wohle des Kindes unabweisbar ist." Umgekehrt in der Tendenz § 1696 EFrakt; II: „Maßnahmen nach den §§ 1666, 1667 und nach § 1671 Abs. 4 sind aufzuheben, wenn eine Gefahr für das Wohl des Kindes nicht mehr besteht." III: „Länger dauernde Maßnahmen nach den §§ 1666 und 1667 und nach 1671 Abs. 4 hat das Gericht in angemessenen Zeitabständen zu überprüfen" (ebenso die Neufassung).

Einmal mehr verdienen die Vorschläge des EJB den Vorzug. Kontinuitätsgesichtspunkte gewinnen bei der Kindererziehung schnell ein Eigenleben und verdrängen Änderungsabsichten. Dem Interesse des Kindes an einem möglichst ruhigen und stetigen Verlauf seiner Entwicklung muß der Vorrang gegenüber elterlichen Interessen zukommen.[234] Eine Entscheidung wie OLG Frankfurt, 20 W 375/73[235] sollte sich nicht wiederholen.[236]

Rechtsmittel: Beschwerde an das Oberlandesgericht, §§ 119 I Nr. 2, 621 e I ZPO; Zulassungsbeschwerde – in einer Sonderform – an den BGH (§§ 133 I Nr. 2 GVG, 621 e II ZPO); bei isolierten Verfahren oder Teilanfechtung (§ 629 a II 1 ZPO) im Verbund gelten Besonderheiten. Dazu und zu weiteren Einzelheiten vgl. 2. Teil 7. Kapitel IV und Diederichsen, NJW 1977, 649 (659 f.).

IX. IPR.

1. Gemäß § 4 I Nr. 1 RuStAG erwirbt ein eheliches Kind die deutsche Staatsangehörigkeit, wenn ein Elternteil Deutscher ist[237] (früher: Orientierung auf den Vater). Folge: In gemischt-nationalen Ehen bei ausländischem Vater und deutscher Mutter wird das Kind regelmäßig Doppelstaatler, vgl. aber § 26 RuStAG.

2. Nach Art. 18 EGBGB richtet sich die eheliche Abstammung eines Kindes nach den deutschen Gesetzen, „wenn der Ehemann der Mutter zur Zeit der Ge-

burt des Kindes Deutscher ist, oder, falls er vor der Geburt des Kindes gestorben ist, zuletzt Deutscher war". II unterstellt die Anfechtung der Ehelichkeit den deutschen Gesetzen, selbst wenn allein die Mutter des Kindes die deutsche Staatsangehörigkeit besitzt oder – falls sie tot ist – zuletzt besaß. Diese Kollisionsnorm ist nach den inzwischen bekannten Regeln zu erweitern: Stets entscheidend ist das Heimatrecht des Ehemannes der Mutter. Ebenso bekannt sind allerdings auch die verfassungsrechtlichen Bedenken, Art. 3 II GG.[238] Zu den vorgeschlagenen Alternativen Palandt/Heldrich (37.), Art. 18 EGBGB Amn. 2; besondere Beachtung verdient der Vorschlag, der sich für eine Anknüpfung über den gewöhnlichen Aufenthalt des Kindes einsetzt.

Art. 19 EGBGB erklärt für das Rechtsverhältnis zwischen Eltern und einem deutschen Kind über die Ausdehnung zur Allseitigkeit das Heimatrecht des Vaters, hilfsweise – falls er gestorben ist – das Heimatrecht der Mutter für maßgeblich. Wiederum liegt der Verstoß gegen Art. 3 II GG offen zu Tage. Deshalb mehren sich die Stimmen, die (neutral) an den gewöhnlichen Aufenthalt des Kindes anknüpfen;[237] ebenso das ohnehin vorrangige Haager Übereinkommen über die Zuständigkeit der Behörden und das anzuwendende Recht auf dem Gebiete des Schutzes von Minderjährigen vom 5. 10. 1961,[240] in Kraft seit dem 17. 9. 1971 in der Bundesrepublik (gleichzeitig wichtig für die Zuständigkeit deutscher Vormundschaftsgerichte und Behörden; zu weiteren Staatsverträgen vgl. Palandt/ Heldrich (37.), Art. 19 EGBGB Anm. 5). Für das Unterhaltsrecht vgl. das Haager Übereinkommen über das auf Unterhaltsverpflichtungen gegenüber Kindern anzuwendende Recht vom 24. 10. 1956,[241] in Kraft in der Bundesrepublik seit dem 1. 1. 1962.

Anmerkungen

0 Zum Begriff „schwerwiegende Zweifel" vgl. BGHZ 61, 165.

1 Ist das Kind gestorben, erfolgt die Anfechtung durch Antrag beim Vormundschaftsgericht, § 1599 III BGB.

2 Sie kann also nur über das Kind die wirkliche Abstammung durchsetzen. Zu Bedenken aus Art. 3 II GG vgl. Gernhuber, § 45 II 2 S. 482f. Zur Rechtslage in Frankreich vgl. Libman, S. 172f.

3 Der Wortlaut ist noch nicht an das NEhelG angepaßt.

4 BGH, NJW 1978, 1629 (1630); MK/Mutschler, § 1594 Rn 4. Irrtum schadet – und Irren ist in diesem Bereich verbreitet, das Wissen um „die Verfälschung der tatsächlichen Blutsbeziehungen durch die Rechtsordnung" – so Gernhuber, § 45 III 3 S. 485 – sicher nicht Allgemeinbestand.

5 Zur Gesetzgebungsgeschichte knapp aber instruktiv Beitzke (19.), § 22 III 1 S. 149.

6 Damit verlieren die vor dem Kind zu schützenden Werte – Familie, Familienfriede – an Gewicht, da eine intakte Bindung eben nicht mehr besteht, so Gernhuber, § 45 V 3 S. 489/490.

7 Auch dem außerehelichen Erzeuger, dazu Beitzke (19.), § 22 II 1 S. 149.

8 Gernhuber, § 45 V 2 S. 489. Gernhuber sucht auch vergeblich nach einem Grund für

die Verweigerung gleichartiger Befugnisse (in § 1595 I Nr. 4 u. 5 BGB) gegenüber dem Ehemann.

9 Vgl. dazu Gernhuber, § 45 III 1 S. 484. Ausführlich auch Diederichsen, FamRZ 1978, 461 (463) unter Bezug auf Paul, Familiendynamik 1977, 159.

10 Das verschärft die Situation bei den Anfechtungsfristen: Wer weiß schon, daß auch nach der Auflösung der Ehe noch § 1591 BGB gilt, eine Anfechtung notwendig wird, um die Folgen verordneter ehelicher Vaterschaft zu beseitigen?

11 BGHZ 45, 356; a. A. MK/Mutschler, § 1593 Rn 17. Durch das 1. EheRG hat die Frage ihre Bedeutung verloren, da festgestelltes eheliches Fehlverhalten nicht mehr Voraussetzung eines Scheidungsantrags ist.

12 BGHZ 14, 358; BGH, NJW 1962, 1057.

13 OLG Köln, NJW 1967, 1090 mit abl. Anm. Dunz; a. M. MK/Mutschler, § 1593 Rn 20. Vgl. inzwischen BGH, NJW 1979, 418.

14 Wiethölter, S. 203. Dazu entschieden anders BGHZ 45, 356 (359 f.).

15 Knappe Skizzierung bei Gernhuber, § 45 VII 6 S. 497; ausführlich Roth-Stielow, Rn 195 S. 81, Rn 266 S. 111/112 (mit Beispielen).

16 Weitere Einzelheiten bei Gernhuber, § 45 VII 7 S. 497, insbesondere zu den einzelnen Blutfaktoren und -systemen. Ausführlich Roth-Stielow, Rn 198 f. S. 82 ff.

17 Knapp Gernhuber, § 45 VII 8 S. 498; ausführlich Roth-Stielow, Rn 213 f. S. 86 ff.

18 Sie ist erläutert bei Roth-Stielow, Rn 213 f. S. 86 f.; ders., NJW 1977, 214.

19 Gernhuber, § 45 VII 9 S. 498; ausführlich Oepen/Ritter, NJW 1977, 2107 und Roth-Stielow, Rn 224 f. S. 91 ff.

20 Gernhuber, § 45 VII 9 S. 498.

21 Und Gernhuber, § 45 VII 9 S. 498.

22 Knapper Überblick insgesamt bei Beitzke (19.), § 22 I 4 S. 146 f.

23 Gernhuber, § 45 VIII 1 S. 500.

24 Zutreffend Gernhuber, § 45 VIII 3 S. 501.

25 Gernhuber, § 45 VIII 4 S. 502.

26 Gernhuber, § 45 VIII 4 S. 502.

27 Vgl. zum Ganzen Gernhuber, § 45 VIII 4 S. 502.

28 Dazu ausführlich Gernhuber, § 45 VIII 5 f. S. 503 f.

29 Statistische Angaben zum Phänomen „Verwandtenunterhalt" bei Schlüter, S. 241 f.

30 Knapper Überblick bei Gernhuber, § 41 II 4 S. 447. Nachweise auch bei Beitzke (19.), § 22 II 4 S. 153.

31 Er wäre wohl enger zu stecken, mit nochmaliger Aufwertung der Position des überlebenden Ehegatten und einem Abbruch nach der dritten Ordnung, vgl. dazu auch das Gutachten Coing.

32 Ausführlich zu diesem Punkt Gernhuber, § 41 II 2 S. 445, 446.

33 Häufig wird sich wohl auch nach den maßgeblichen Tabellen kein höherer Unterhaltsanspruch des Kindes ergeben.

34 BGH, FamRZ 1977, 629 mit Anm. Bosch. Vgl. auch OLG Stuttgart, FamRZ 1976, 381 (Berufungsinstanz).

35 Dazu Bosch in seiner Anmerkung zu BGH, FamRZ 1977, 629.

36 Vgl. dazu gleich im folgenden.

37 Leitsatz in BGH, FamRZ 1977, 629. Sehr umfangreich MK/Köhler, § 1610 Rn 20 ff. und Palandt/Diederichsen (37.), § 1610 Anm. 4 a; ausführliche Nachweise aus der Rechtsprechung in BGH, FamRZ 1977, 629 (630).

38 BGH, FamRZ 1977, 629/630.

39 Er ist unterbrochen, wenn „das Kind ihn nach Abschluß der Erstausbildung längere
Zeit nicht geltend gemacht hat, die Eltern seinem Verhalten die künftige Nichtinan-
spruchnahme entnehmen mußten und sich hierauf in ihrer Lebensführung eingerichtet
haben", OLG München, FamRZ 1976, 59 – Ausbildung als Kindergärtnerin, danach
5 Jahre Pause, dann Studium an einer Fachhochschule für Sozialberufe, schließlich –
offensichtlich – Pädagogik an einer Universität. Nicht so „eng" LG Lübeck, FamRZ
1976, 715.

40 Bejahend LG Duisburg, FamRZ 1975, 226.

41 Palandt/Diederichsen (37.), § 1610 Anm. 4a im Anschluß an LG Ulm, FamRZ 1964,
634.

42 LG Hagen, NJW 1976, 111.

43 VG Berlin, FamRZ 1974, 484.

44 LG Berlin, FamRZ 1976, 122.

45 AG Traunstein, FamRZ 1976, 123; vgl. auch LG Hannover, FamRZ 1976, 380,
OLG Oldenburg, NdsRpfl 1978, 112.

46 Allerdings war der Vater 1975 nicht mehr berufstätig, bezog lediglich rund DM 1000,–
aus einer KB-Rente und der Vermietung einer Eigentumswohnung; der Ehemann der
Tochter verdiente rund DM 1000,– im Monat.

47 Knapp LG Lüneburg, FamRZ 1976, 61; ähnlich LG Wuppertal, FamRZ 1976, 378 und
LG Limburg, FamRZ 1976, 379.

48 Eine gesonderte Untersuchung verdiente insbesondere der Studienwechsel/Studienab-
bruch und die elterliche Kostentragung aus § 1610 II BGB. Dazu – als trauriger Höhepunkt – KG Karlsruhe, FamRZ 1975, 115 – Wechsel nach 17 Semestern Theologie, da
der nun vollzogene Gesinnungswandel (Art. 4 I GG) dem zunächst erstrebten Beruf als
Religionslehrer im Wege stehe. Anders LG Hagen, FamRZ 1975, 597.

49 Die sonst üblichen Belastungsgrenzen des Unterhaltsrechts sollten hier keine Geltung
finden.

50 Bosch weist in seiner Anmerkung zu BGH, FamRZ 1977, 629 auf die unterschiedlichen
Rechtsbereiche hin. Grundlegend Schwab, FamRZ 1971, 1; neuerdings Kunz, FamRZ
1977, 291.

51 Vom 30. 7. 1976, BGBl. I 2042, abgedruckt in NJW 1977, 289 – dazu 11. Kapitel II.

52 Beide präsentieren sich in neuester Fassung in NJW 1977, 289, angepaßt an die RegelunterhaltsVO 1976 ab 1. 1. 1979 durch OLG Düsseldorf, NJW 1979, 25.

53 Vgl. NJW 1977, 289; s. Fn 52.

54 NJW 1977, 289; s. Fn 52.

55 OLG Düsseldorf, NJW 1978, 1590. Etwas höher KG, FamRZ 1979, 64 und KG,
FamRZ 1979, 67: DM 700,–.

56 NJW 1977, 289 (290); s. Fn 52.

57 Bei Kindern „droht" § 1614 BGB.

58 Dazu NJW 1977, 289 (290); s. Fn 52.

59 Vgl. Kalthoener/Haase–Becker/Büttner, Rn 30 f. S. 15 f.

60 Diederichsen, NJW 1977, 649 (660 f.); Schlüter, S. 60 f.

61 Eingeführt durch Gesetz zur vereinfachten Abänderung von Unterhaltsrenten vom
29.7. 1976, BGBl. I 2029, in Kraft seit dem 1.1. 1977, eine Fortentwicklung des Dyna-
misierungsgedankens der Rentenversicherung. Zum Ganzen ausführlich Franz, FamRZ
1977, 24; Schlüter, S. 59 f.

62 Dazu Palandt/Diederichsen (37.), § 1612a Anm. 2; a. A. wohl MK/Köhler, § 1612a
Rn 6.

63 Vgl. Palandt/Diederichsen (37.), § 1612 a Anm. 4.
64 Weitere Einzelheiten bei Hopf, S. 207 und Huvalé, S. 229, inzwischen Gesetzentwurf. BT–Ds 8/1952.
65 Rechtsprechungsbericht bei Moritz, RdJ 1977, 264.
66 G vom 31. 7. 1974, BGBl. I 1713.
67 Zutreffende Kritik bei Bosch, FamRZ 1977, 55.
68 Vgl. prononciert auch Bosch, S. 72; dazu Zenz, ZRP 1977, 195 (196).
69 Vgl. zum Ganzen Zenz, ZRP 1977, 195.
70 So KG, NJW 1969, 2241 (2242).
71 Für die spätere Judikatur wird dieser Gesichtspunkt entscheidend, vgl. – abgewogen – OLG Frankfurt, NJW 1977, 1297.
72 KG, NJW 1969, 2241 (2242); ähnlich KG, FamRZ 1970, 415 und LG Mannheim, NJW 1976, 245.
   Unzumutbare wirtschaftliche Belastungen trafen die Eltern nach der Ersetzung ihrer Anordnung durch das Vormundschaftsgericht (Geldrente) nicht.
73 Sehr ausführlich dazu Zenz ZRP 1976, 195 (200).
74 AG Mettmann, FamRZ 1975, 709.
75 AG Mettmann, FamRZ 1975, 709 (710).
76 AG Mettmann, FamRZ 1975, 709 (711).
77 Reaktion der Tochter: Flucht aus dem elterlichen Haus; sie wurde von der Polizei zurückgebracht, erhielt zwei Wochen Hausarrest, mußte zudem zur bestimmten Zeit abends zu Hause sein. Der Schulerfolg ist mäßig/Wiederholung der 12. Klasse.
78 OLG Bremen, FamRZ 1976, 642 (644).
79 OLG Bremen, FamRZ 1976, 702/703.
80 OLG Bremen, FamRZ 1976, 702/703.
81 OLG Bremen, FamRZ 1976, 702 (704).
82 Vgl. OLG Köln, FamRZ 1977, 54; LG Hamburg, NJW 1977, 201; OLG Karlsruhe, NJW 1977, 681; OLG Frankfurt, NJW 1977, 1297; LG Bremen, FamRZ 1977, 654. Auch BayObLG, NJW 1977, 680 geht hiervon aus.
83 LG Bremen, FamRZ 1977, 654, besonders deutlich: Generationenkonflikte und beiderseitiges Unverständnis gehen zu Lasten des Kindes.
84 So ausdrücklich LG Bremen, FamRZ 1977, 654.
85 Mit ablehnender Anmerkung Bosch.
86 LG Bremen, FamRZ 1976, 458/459.
87 Sicher eine Schwäche; § 1612 II BGB ist durch dieses Gesetz nicht geändert worden. Auch zuvor war völlig unstreitig, daß die Unterhaltsbestimmung eben auch gegenüber volljährigen Kindern greift.
88 Oft stehen solche Trennungsängste der Eltern wohl hinter ihrer Weigerung, das Kind „aus dem Haus ziehen zu lassen"; ein erheblicher Teil der Entscheidungen knüpft an die Verschlechterung der Beziehungen nach intensiven Kontakten zu Freunden/Freundinnen an.
89 Richtig Wiesner, FamRZ 1977, 28 (29).
90 Vgl. dazu Bosch, FamRZ 1976, 460 und Zenz, ZRP 1977, 195 (198).
91 Ähnlich Wiesner, FamRZ 1977, 28 (29); vgl. auch Schwerdtner, NJW 1977, 1268. Zum Ganzen Zenz, ZRP 1977, 195.
92 So ausdrücklich auch Zenz, ZRP 1977, 195 (200) mit vielen Nachweisen aus der jugendpsychologischen Literatur (zu Ablösungskonflikten und ihrer Bearbeitung/Lösung).
93 Die Befürchtungen von Bosch – nun könnten Kinder den Bruch geradezu provozieren und sich Zugang zum angenehmeren § 1612 I BGB verschaffen – teile ich nicht. In einer

funktionierenden Familie entstehen keine Brüche, in einer nicht mehr funktionierenden Beziehung sind (materielle) Auswirkungen für die Eltern leichter hinzunehmen als die (schweren, gesundheitlichen/psychischen) Schäden der Kinder.

94 Wiesner, FamRZ 1977, 28.
95 Zutreffend Wiesner, FamRZ 1977, 28 (29).
96 Richtig Zenz, ZRP 1977, 195 (198).
97 Dazu Gernhuber, § 41 VII S. 460; Zenz, ZRP 1977, 195 (196).
98 So auch Wiesner, FamRZ 1977, 28 (29).
99 Zwang zur Ehe, in neuem Gewand? Dazu Wiesner, FamRZ 1977, 28 (29).
100 Bosch, S. 72. In FamRZ 1977, 631 verlagert Bosch seine Aufmerksamkeit allerdings auf staatliche Ausbildungsförderung.
101 AcP 178, 263 (284).
102 Lüderitz, AcP 178, 263 (284).
103 Lüderitz, AcP 178, 263 (284).
104 Zutreffend Lüderitz, AcP 178, 263 (284).
105 Vgl. nur Lüderitz, AcP 178, 263 (284).
106 Richtig Diederichsen, FamRZ 1978, 461 (468 Fn 84).
107 Dazu Kramer, ZRP 1976, 84; Münder, JuS 1976, 74 (75).
108 Anders Lüderitz, AcP 178, 263 (285).
109 Kramer, ZRP 1976, 84; Lüderitz, AcP 178, 263 (285); Münder, JuS 1976, 74 (75); ähnlich Diederichsen, FamRZ 1978, 461 (472).
110 Diederichsen, FamRZ 1978, 461 (472); Lüderitz, AcP 178, 263 (285).
111 So Diederichsen, FamRZ 1978, 461 (472).
112 Richtig Lüderitz, AcP 178, 263 (285); ähnlich Zenz, Kindeswohl, S. 171.
113 Zenz, Kindeswohl, S. 173. Zustimmend in der Sache auch Diederichsen, FamRZ 1978, 461 (472); Lüderitz, AcP 178, 263 (285).
114 Lüderitz, AcP 178, 263 (282); Quambusch, S. 76. Einschränkungen bei Coester-Waltjen, S. 71: Kontrolle des geschiedenen Ehegatten, ob der andere Teil Briefkontakte mit dem Kind zu Hetzkampagnen gegen ihn mißbraucht – für mich nicht akzeptabel; noch enger Peschel–Gutzeit, S. 97: Triftige Gründe müssen für die Eltern streiten, dann können sie überwachen.
115 Zutreffend Lüderitz, AcP 178, 262 (282). Der weitergehenden These – Eltern stehe die Information zu, mit wem das Kind korrespondiere, um ihren Erziehungseinfluß ausüben zu können – möchte ich mich nicht anschließen; ohnehin steht dieser Punkt vorwiegend auf dem Papier.
116 Kaum einmal wird sich der volle Entzug elterlicher Gewalt rechtfertigen lassen; schlichte Ermahnungen – sonstige Reaktionen vermag ich mir nicht vorzustellen – fruchten wenig.
117 Ebenso Coester-Waltjen, S. 71.
118 Dazu die Übersicht bei Hartwieg/Reebe, S. 42 f.
119 Lüderitz, AcP 178, 263 (279).
120 Vorteil wiederum: Eine solche Gesetzesfassung überläßt dem Minderjährigen eigene Handlungsspielräume und greift nicht zurück auf die – unpassende – Ausnahmeregelung aus § 1666 BGB, dazu Lüderitz, AcP 178, 263 (281/282).
121 Muster: BGH, GRUR 1965, 256 – Gretna Green.
122 Vgl. dazu insbesondere OLG Frankfurt, FamRZ 1975, 218; anders als hier Lüderitz, AcP 178, 263 (282).
123 Vgl. zu ähnlichen Situationen Simitis, Nachwort zu Goldstein/Anna Freud/Solnit, S. 108.

124 Dagegen Lüderitz, AcP 178, 263 (295 f.). Noch weitergehend als die Reformpläne Frommann, S. 92 f. In Schweden ist inzwischen ein entsprechendes Gesetz in Kraft.

125 9. Kapitel III.

126 Dazu die Arbeiten von Adorno, Horkheimer und Mantell. Weitere Einzelheiten bei Diederichsen, FamRZ 1978, 461 (471 Fn 133) und Peschel-Gutzeit, S. 98 f. Sicher können mit diesen kurzen Beschreibungen lediglich grobe Tendenzen wiedergegeben werden.

127 Richtig Diederichsen, FamRZ 1978, 461 (472); zu medizinischen Folgen Quambusch, S. 61 ff.

128 Peschel-Gutzeit, S. 100.

129 Dazu BGH, NJW 1953, 1440.

130 Peschel-Gutzeit, S. 100.

131 So Lüderitz, AcP 178, 263 (288, 289); differenzierend Diederichsen, FamRZ 1978, 461 (471/472).

132 So aber Lüderitz, AcP 178, 263 (288/289); wie hier Diederichsen, FamRZ 1978, 461 (472).

133 Vgl. zu diesem Punkt 9. Kapitel V 1 a.E.

134 BT – Ds 7/2060, S. 18.

135 Vgl. auch Lüderitz, AcP 178, 263 (276 f.).

136 Knapp Diederichsen, FamRZ 1978, 461 (471/472); Peschel-Gutzeit, S. 105 f. Ausführlich Hohmann, S. 121 f. und Lüderitz, AcP 178, 263 (276 f.).

137 BT – Ds 7/2060, S. 28; dazu ausführlich Diederichsen, FamRZ 1978, 461 (466 f.).

138 BT – Ds 7/2060, S. 28 f.; dazu Diedrichsen, FamRZ 1978, 461 (466 f.); Lüderitz, AcP 178, 263 (289 ff.). Neuerdings Beitzke, FamRZ 1979, 8 (9), unter Hinweis auf BVerfG FamRZ 1959, 416 (421).

139 Dazu BT – Ds 7/2060, S. 28/29. Zum Ganzen vgl. die Untersuchungen von Hinz.

140 Diederichsen, FamRZ 1978, 461 (467).

141 Ähnlich Diederichsen, FamRZ 1978, 461 (467); MK/Hinz, § 1666 Rn 17.

142 OLG Schleswig, SchlHA 1957, 280; dazu Diederichsen, FamRZ 1978, 461 (469 f.); Hinz, S. 13 ff.; MK/Hinz, § 1666 Rn 3, 4 u. 17.

143 OLG Schleswig, SchlHA 1957, 280.

144 BT – Ds 7/2060, S. 28 – die Rechtsprechung „behilft sich mit der Annahme, wonach ein Elternteil infolge Uneinsichtigkeit und Unbelehrbarkeit schuldhaft handeln kann".

145 Vgl. BGH, FamRZ 1956, 350; einschränkend BayObLG, FamRZ 1976, 163.

146 Ähnlich OLG Köln, NJW 1948, 342.

147 Weitere Einzelheiten bei MK/Hinz, § 1666 Rn 23 ff.; Palandt/Diederichsen (37.), § 1666 Anm. 4.

148 Ähnlich Gernhuber, Neues Familienrecht, S. 49; Höhne, S. 109.

149 Vgl. dazu MK/Hinz, § 1666 RN 22 f.; Gernhuber, § 49 VIII 3 S. 548/549 (Hinweis auf den Gesetzestext; er fordere Verschulden lediglich für den Sittenverstoß); OLG Stuttgart, FamRZ 1974, 538.

150 Differenzierter Lüderitz, AcP 178, 263 (291) unter Hinweis auf OLG Stuttgart, FamRZ 1975, 167 und LG Kleve, FamRZ 1977, 335 – Schuldfähigkeit fehlt.

151 In diese Richtung Höhne, S. 148 ff.

152 Ausführlich Diederichsen, FamRZ 1978, 461 (469); Hinz, S. 13 f. und ders., FamRZ 1978, 475 (476); Lüderitz AcP 178, 263 (289 f.).

153 Vgl. Palandt/Diederichsen (37.), § 1666 Anm. 5.

154 Dazu Palandt/Diederichsen (37.), § 1666 Anm. 8.

155 Zustimmend Lüderitz, FamRZ 1978, 475 (477).
156 Knapp Simitis, Nachwort zu Goldstein/Anna Freud/Solnit, S. 123; ausführlich Richter, Eltern, Kind, Neurose (2.), S. 227f.
157 Dazu insbesondere Furman, S. 63f.
158 Schuldgesichtspunkte sollten auch nicht versteckt wieder aufgenommen werden, dazu Coester, FamRZ 1977, 217 (221).
159 Dieckmann, AcP 178, 298 (310). Allerdings liegt es auf der Hand, daß Fehlverhalten bestimmter Qualität bei der Entscheidung nach § 1671 BGB zu berücksichtigen ist; richtig Coester, FamRZ 1977, 217 (219f.).
160 In der Sache wird sich wohl an der „höheren Chance" der geschiedenen Frau, die Kinder zu „bekommen", nicht viel ändern.
161 Zur Rechtsnatur des elterlichen Einvernehmens und seiner Behandlung – Anfechtung, Rücktritt, Wirksamkeitsvoraussetzungen – vgl. Beitzke (19.), § 29 III 3 S. 206/207.
162 Bejahende Gerichtsentscheidungen LG Mannheim, FamRZ 1971, 185; LG Wiesbaden, FamRZ 1977, 60; LG Bremen, FamRZ 1977, 402; OLG Düsseldorf, FamRZ 1978, 266; OLG Schleswig, SchlHA 1979, 170. Aus dem Schrifttum Lüderitz/Lenzen, FamRZ 1971, 625; Evans-von Krbek FamRZ 1975, 20 und dies., FamRZ 1977, 371 sowie Knieper, JZ 1976, 158 – dagegen insbesondere Dieckmann, AcP 178, 298 (305f.).
163 LG Mannheim, FamRZ 1971, 185 (186); LG Wiesbaden, FamRZ 1977, 60 (62).
164 Evans-von Krbek, FamRZ 1977, 371 (372).
165 LG Bremen, FamRZ 1977, 402 – Vorlagebeschluß an das BVerfG. (Vgl. allerdings schon BVerfG, FamRZ 1971, 421). Zum Ganzen Dieckmann, AcP 178, 298 (304); Evans-von Krbek, FamRZ, 1977, 371.
166 AcP 178, 298 (305f.). Weitere ablehnende Stimmen dort; vgl. auch BT – Ds 7/2060, S. 32.
167 Eine solche Verschärfung des Konflikts kann gerade vom 1. EheRG nicht gewollt sein.
168 Ähnlich – trotz weiter räumlicher Entfernung – die Situation in LG Wiesbaden, FamRZ 1977, 60. Zu den Schlußfolgerungen wie hier Lüderitz/Lenzen, FamRZ 1971, 625; ähnlich Diederichsen, FamRZ 1978, 461 (473/474).
169 Dazu le Monde vom 30./31. 7. 1978, S. 9. Vgl. auch Libman, S. 96/97.
170 Unrichtig daher BayObLG, 1 Z 69/77: „Weibliche Erziehung ist besser", zumindest für ein Mädchen; zur mütterlichen Betreuung vgl. auch Barth, ZBlJugB 1978, 49.
171 Simitis, Vorwort zu Simitis/Zenz, S. 43/44.
172 Simitis, Vorwort zu Simitis/Zenz, S. 44.
173 Vgl. Zenz, Kindeswohl, S. 177. Zu den Tests vgl. OLG München, NJW 1979, 603.
174 Sicher können sich auch eindeutige Ergebnisse zeigen, eindeutige Ablehnungen und eindeutige Zuneigungen; doch sind sie seltene Ausnahme.
175 Die Kosten müßten von den streitenden Parteien erstattet werden – Ehescheidungsverfahren samt Folgesachen würden für weite Teile der Bevölkerung fast unerschwinglich.
176 Sehr hart Dieckmann, AcP 178, 298 (316, 317); ähnlich Zenz, Kindeswohl, S. 179.
177 Dieckmann, AcP 178, 298 (318).
178 Mnookin, FamRZ 1975, 1 (4); Diederichsen, FamRZ 1978, 461 (468).
179 Vgl. Goldstein/Anna Freud/Solnit, S. 49f.
180 Goldstein/Anna Freud/Solnit, S. 49.
181 Richtig Coester, FamRZ 1977, 217 (219f.).
182 Dazu Dieckmann, AcP 178, 298 (311).
183 Vgl. Derleder/Derleder, FamRZ 1977, 587 und Dieckmann, AcP 178, 298 (311f.).
184 MK/Hinz, § 1671 Rn 34 a. E.

185 BT – Ds 7/2060, S. 31; vgl. dazu auch die Neufassung.
186 MK/Hinz, § 1671 Rn 36 u. 37.
187 Die Bildung des Zeitbegriffs beim Kinde, dazu Goldstein/Anna Freud/Solnit, S. 18 f. Aufgenommen sind die Ergebnisse bei Dieckmann, AcP 178, 298 (320).
188 Dazu Dieckmann, AcP 178, 298 (313).
189 Dazu Diederichsen, FamRZ 1978, 461 (465).
190 Ebenso Diederichsen, FamRZ 1978, 461 (46t).
191 BT – Ds 7/2060, S. 19.
192 Richtig Zenz, Kindeswohl, S. 179; ähnlich Lempp, S. 21.
193 Richtig Zenz, Kindeswohl, S. 182.
194 Über den Vorschlag EFrakt hinaus.
195 Zu weiteren Ungereimtheiten in EFrakt vor allem Dieckmann, AcP 178, 298 (314 f.); ähnlich wie hier Zenz, Kindeswohl, S. 177, 178.
196 Ähnlich Dieckmann, AcP 178, 298 (313/314).
197 AcP 178, 298 (314/315).
198 Beispiel bei Ell, Jugendwohl 1976, 113 (119/120).
199 Ohnehin wird wohl meist die Absage an die Eltern mit dem Wunsch, bei einem Dritten zu leben, verbunden sein – Großmutter, Pflegeeltern u. ä., dazu unten 12. Kapitel II.
200 Zurückhaltender Palandt/Diederichsen (37.), § 1671 Anm. 3 a.
201 Dazu Palandt/Diederichsen (37.), § 1671 Anm. 3 b; ablehnend OLG Stuttgart, FamRZ 1976, 282; differenzierend AG Tettnang, DAVorm 1977, 670.
202 Palandt/Diederichsen (37.), § 1671 Anm. 3 b a. E.
203 Anders BayObLG, JZ 1962, 442 mit abl. Anm. Schwoerer; wie hier OLG Karlsruhe, ZBlJugR 1961, 276.
204 Es bleibt nur § 1666 BGB, vorsichtig dazu Diederichsen, FamRZ 1978, 461 (472).
205 Ausführliches Material aus der Rechtsprechung bei Dürr.
206 Rechtsprechungsbericht auch bei Vollertsen, ZBlJugR 1977, 230.
207 Erfreuliche Ausnahme zuletzt OLG Stuttgart, NJW 1978, 1593.
208 Beispiel bei Ell, Jugendwohl 1976, 193.
209 Plastisch Ell, Jugendwohl 1976, 193 (195).
210 Ell, Jugendwohl 1976, 193.
211 Ell, Jugendwohl 1976, 193 (195).
212 Ell, Jugendwohl 1976, 193 (196). Die Folgerungen bei Ell sind allerdings unannehmbar: Die Mutter habe Schuld an dieser Situation; sie brauche einfach nur die Einflüsse auf die Tochter umzukehren und Freude über den Besuch des Vaters zu vermitteln (über den sie sich gerade nicht freut).
213 Vgl. dazu Ell, Jugendwohl 1976, 193.
214 Zenz, Kindeswohl, S. 181.
215 S. 34 f.
216 Häufige gerichtliche Entscheidung: Sorgerecht für die Mutter, Besuchsrecht für den Vater.
217 Zenz, Kindeswohl, S. 182.
218 Dazu Ell, Jugendwohl, 1976, S. 93 (197).
219 Weitere Einzelheiten bei Goldstein/Anna Freud/Solnit, S. 38; Haffter, S. 117 f.
220 Lempp, NJW 1972, 315 (317); ablehnend Dieckmann, AcP 178, 298 (321/322 Fn 76).
221 Lempp, NJW 1972, 315 (317).
222 Ebenso Lempp, NJW 1972, 315 (317).
223 Ähnlich Zenz, Kindeswohl, S. 183.

224 Wortlaut 9. Kapitel V 1.

225 Auch wenn diese Bestimmung bei § 1671 BGB besser nicht greifen sollte, dazu VIII.

226 Vgl. dazu Dieckmann AcP 178, 298 (323).

227 Dazu Zenz, Kindeswohl, S. 180; zutreffend in der Einschätzung auch Dieckmann, AcP 178, 298 (323).

228 Keine Argumente sind in meinen Augen: Unterhaltsleistungen des Vaters, so aber Dieckmann, AcP 178, 298 (322) – auch der nicht-eheliche Vater leistet Unterhalt, erhält (meist zu Recht) keine Umgangsbefugnis – und § 1681 BGB – so neuerdings wieder Diederichsen, FamRZ 1978, 461 (464) und Dieckmann, AcP 178, 298 (324 f.) –, da diese Bestimmung ihrerseits dringend einer Korrektur bedarf. BVerfG 31, 194 steht nicht entgegen, da § 1634 BGB nicht aufgehoben, lediglich – aus zwingenden Gründen – umgewandelt wird.

229 Neuerdings wieder bei Diederichsen, FamRZ 1978, 461 (464) und Dieckmann, AcP 178, 298 (324 f.).

230 Gegen diesen Vorschlag Dieckmann, AcP 178, 298 (325). Wenig folgerichtig EFrakt: „War der verstorbene Elternteil nach den §§ 1671, 1672 sorgeberechtigt, so hat das Vormundschaftsgericht die elterliche Sorge dem überlebenden Elternteil zu übertragen, wenn dies sonst dem Wohle des Kindes nicht widerspricht."

231 Auch sonst bleibt das Nebeneinander von Vormundschaftsgericht und Familiengericht erhalten, vgl. § 1634 III 2 als Beispiel.

232 Dazu Diederichsen, NJW 1977, 649 (653).

232a § 620c ZPO gilt auch dann, wenn nur Teilbereiche – Aufenthaltsbestimmungsrecht z.B. – auf einen Elternteil übertragen werden, dazu OLG Hamm, NJW 1979, 49.

233 Nähere Einzelheiten bei Diederichsen, NJW 1977, 649 f. – und BGH, NJW 1979, 109.

234 Begründung EJB, S. 61.

235 Berichtet bei Simitis, Nachwort zu Goldstein/Anna Freud/Solnit, S. 115 f.

236 Nachträgliche Änderung einer Entscheidung nach § 1671 BGB auf Antrag der Mutter; das Kind wuchs beim Vater auf, wurde von der Großmutter versorgt. Begründung: Zwar halte das Jugendamt in seiner Stellungnahme fest, daß das Kind gut versorgt sei, zur Großmutter eine enge Beziehung (Mutter-Kind-Verhältnis) aufgebaut habe – doch sei gerade dies unnatürlich, da eine Mutter-Kind-Beziehung nur im Verhältnis zur leiblichen Mutter entstehen könne und dürfe (!).

237 Dazu BVerfG, NJW 1974, 1609.

238 Abweichend BayObLG, StAZ 1977, 187: Der Mann ist für die Abstammungsfrage besonders betroffen, deshalb ist die Anknüpfung über ihn sachgemäß.

239 Vgl. Palandt/Heldrich (37.), Art. 19 EGBGB Anm. 2.

240 BGBl. 1971 II 217, abgedruckt bei Palandt/Heldrich (37.), Anhang zu Art. 23 EGBGB; dazu ausführlich Kropholler.

241 BGBl. 1961 II 1012; dazu Palandt/Heldrich (37.), Anhang zu Art. 21 EGBGB: Anknüpfung an den gewöhnlichen Aufenthalt des Kindes.
    Zu weiteren internationalen Abkommen vgl. Palandt/Heldrich (37.), Anhang zu Art. 21 EGBGB Anm. 5.

11. Kapitel

Nicht-eheliche Kindschaft.[1]

I. Abstammung.

Für die nicht-eheliche Abstammung befolgt das BGB ein dualistisches System – Anerkennung[2] der Vaterschaft und gerichtliche Feststellung, § 1600 a BGB.

1. Die Anerkennungserklärung ist als personenstandsgestaltende Maßnahme unbedingt und unbefristet und blockiert einen nachfolgenden Versuch eines anderen Mannes, § 1600 b I und III BGB; sie kann schon vor der Geburt des Kindes vorgenommen werden, II. Zur Geschäftsfähigkeit vgl. § 1600 d BGB. Erforderlich ist die Zustimmung des Kindes, § 1600 c BGB; dabei handelt die Mutter als gesetzliche Vertreterin, §§ 1707, 1705 BGB, häufiger wohl ein Pfleger, § 1706 BGB. Eigenständige Mitwirkung der Mutter ist dagegen nicht vorgesehen. Anerkennung und Zustimmung müssen öffentlich beurkundet werden (§ 1600 c I 1 BGB); für die Zustimmung des gesetzlichen Vertreters sind die formellen Anforderungen niedriger, vgl. § 1600 e I 2 BGB. Wirksam wird die Anerkennung, wenn alle notwendigen Erklärungen formgerecht abgegeben sind. Die Beischreibung eines Randvermerks im Geburtenbuch des Kindes nach § 29 PStG hat lediglich rechtsbekundende Bedeutung.[3] Unwirksamkeit tritt ein, wenn die gesetzlichen Anforderungen für das Zustandekommen nicht erfüllt sind: mangelnde Geschäftsfähigkeit, fehlende Vertretungsbefugnis, Fehlen oder Verspätung der Zustimmung, Formmangel. Selbst diese Unwirksamkeit kann jedoch nur innerhalb einer Frist von fünf Jahren nach Eintragung im Personenstandsbuch geltendgemacht werden, ohne daß es einer besonderen Klärung bedarf.[4] Zulässig ist daneben die Klage auf Feststellung des Nichtbestehens der nicht-ehelichen Vaterschaft mit den verfahrensrechtlichen Besonderheiten aus §§ 640 II Nr. 1, 641 ff. ZPO.

Sonstige Einwände – Gesetzesverstoß, § 138 BGB, Willensmängel u. ä. – sind von vornherein in den Anfechtungsrechtsstreit verwiesen.

2. Wird die Vaterschaft angefochten, entfällt mit Rechtskraft des Urteils rückwirkend die Anerkennung, § 1600 f. I BGB. Dabei wird die Vaterschaft des Mannes vermutet, der sie zuvor anerkannt hatte, § 1600 m I 1 BGB, mit den Einschränkungen nach I 2; sie gilt es zu widerlegen, vgl. § 1600 I 2 BGB.

3. „Ist die Vaterschaft nicht anerkannt, so ist sie auf Klage des Kindes oder des Mannes, der das Kind gezeugt hat (nicht: der Mutter, P. F.) gerichtlich festzustellen.[5] Nach dem Tode des Mannes ist die Vaterschaft auf Antrag des Kindes, nach dem Tode des Kindes auf Antrag der Mutter vom Vormundschaftsgericht festzustellen", § 1600 n BGB. Hilfreich wirkt die Vermutung aus § 1600 o II BGB – zu den Beweismitteln im einzelnen vgl. oben 10. Kapitel II 2. –, die allerdings schon ausgeräumt ist, wenn „schwerwiegende Zweifel" verbleiben; bei der ehelichen Kindschaft greift § 1591 I 1 BGB erst bei „offenbarer Unmöglichkeit" nicht mehr,[6] ohne daß eine Rechtfertigung für die Unterschiede sichtbar wird. Zum Verfahren vgl. §§ 641 ff. ZPO.

Übergangsrecht Art. 12 § 3 NEhelG; zu Art. 12 §§ 12–13, 18–21 NEhelG vgl. Beitzke (19.), § 23 V S. 163.

II. Rechtsstellung der Mutter.

„Den unehelichen Kindern sind durch die Gesetzgebung die gleichen Bedingungen für ihre leibliche und seelische Entwicklung und ihre Stellung in der Gesellschaft zu schaffen wie den ehelichen Kindern", Art. 6 V GG.

Diesem Verfassungsauftrag kam der Gesetzgeber erst mit den Erlaß des NEhelG[8] nach. Die Änderungen zuvor, insbesondere durch das FamRÄndG 1961 – Verlängerung der Unterhaltspflicht des Vaters bis zur Vollendung des 18. Lebensjahres des Kindes; § 1707 II BGB mit der Chance der Mutter, auf ihren Antrag die elterliche Gewalt in vollem Umfang übertragen zu erhalten – blieben eher knapp. Bereits im Sprachgebrauch erfährt das betroffene Rechtsverhältnis eine Aufwertung; aus „Unehelichkeit" mit dem Anklang an Illegitimität/Illegalität wird „Nicht-Ehelichkeit" als schlichte Verneinung. Doch ist sicherlich die „Verbesserung" im wesentlichen kosmetisch, nicht einmal auf dieser vordergründigen Ebene sonderlich wirkungsvoll. Wichtiger ist schon die Streichung von § 1589 II a. F. BGB, wonach „ein uneheliches Kind und dessen Vater als nicht verwandt" (galten). Verstärkt wird damit die vermögensrechtliche Bindung über verschärfte Unterhaltpflichten, Erbbeteiligungen/Pflichtteilsrechte. Immer noch unterentwickelt ist allerdings das Verständnis für die persönlichen Beziehungen. § 1711 BGB mit seinem Automatismus ist dafür ein (schlechtes, weil im sachlichen Gehalt oft zutreffendes) Beispiel. Der allgemeine Mangel liegt offen: An ein bestimmtes, äußerlich gekennzeichnetes Phänomen – Nicht-Ehelichkeit – werden Folgen angeknüpft, pauschal und undifferenziert, ohne Untersuchungen und Analysen im Gegenstandsbereich. Persönliche Entfremdung zwischen Kind, Vater und Mutter *kann* das Bild prägen – und wird es oft –, sie kann aber auch ersetzt sein durch liebevolle Zuwendung, Zuneigung, „Elternschaft". Die Abgrenzung sollte daher nicht nach der Qualität der Geburt – Ehelichkeit/Nicht-Ehelichkeit – erfolgen, vielmehr nach „Vollständigkeit/Unvollständigkeit" der Familiensituation; Gemeinsamkeiten und Unterschiede für eine rechtsförmige Behandlung ergeben sich aus diesen Verhältnissen, nicht aus den biologischen Zufälligkeiten (§ 1711 BGB erneut als Beispiel). Schließlich ist die diskriminierende Unterwerfung der Mutter unter die Amtsvormundschaft des Jugendamtes gefallen; der Mutter stand zuvor lediglich die tatsächliche Befugnis zu, für die Person des Kindes zu sorgen, nicht aber die elterliche Gewalt, § 1707 I BGB mit der Chance aus III. Stattdessen übt die nicht-eheliche Mutter nun ohne weitere Einschränkungen die elterliche Gewalt aus, solange das Kind minderjährig ist, § 1705 BGB. Doch konnte sich der Gesetzgeber zu vollem Vertrauen in ihre Unbefangenheit und Ehrlichkeit nicht durchringen; ein Rest Kontrolle schien ihm angebracht, vgl. §§ 1706 ff. BGB. Nach diesen Bestimmungen ist ein Pfleger zu bestellen,

1. für die Feststellung der Vaterschaft und alle sonstigen Angelegenheiten, die die Feststellung oder Änderung des Eltern-Kind-Verhältnisses oder des Familiennamens des Kindes betreffen;

2. für die Geltendmachung von Unterhaltsansprüchen einschließlich der Ansprüche auf eine an Stelle des Unterhalts zu gewährende Abfindung sowie die Verfügung über diese Ansprüche; ist das Kind bei einem Dritten entgeltlich in Pflege, so ist der Pfleger berechtigt, aus dem vom Unterhaltpflichtigen Geleisteten den Dritten zu befriedigen;

3. die Regelung von Erb- und Pflichtteilsangelegenheiten, die dem Kind im Falle des Todes des Vaters und seiner Verwandten zustehen.

Pfleger ist dabei regelmäßig das Jugendamt, § 1709, 1 BGB. Auf Antrag der Mutter hat das Vormundschaftsgericht (§ 1707 I BGB)

1. anzuordnen, daß die Pflegschaft nicht eintritt;
2. die Pflegschaft aufzuheben oder
3. den Wirkungskreis zu beschränken.

Dem Antrag ist zu entsprechen, wenn die beantragte Entscheidung dem Wohl des Kindes nicht widerspricht. Das Vormundschaftsgericht kann seine Entscheidung ändern, wenn dies zum Wohl des Kindes erforderlich ist.

Eine besondere Rolle spielt § 1707 BGB bei der „beharrlichen", hartnäckigen Weigerung einer Mutter, den Namen des Erzeugers ihres Kindes preiszugeben. So lehnt[9] BayObLG, FamRZ 1977, 521 es ab, in dieser Situation die Pflegschaft aus § 1706 BGB aufzuheben; Kindesinteressen seien gefährdet, dem müsse ein Riegel vorgeschoben werden. Doch: Welche Interessen des Kindes sind betroffen? Sollen nicht vielmehr Erstattungsrechte für die unterhaltsgewährende Stelle geschaffen werden? Ist es dann aber gerechtfertigt, die Mutter, die ihr eigenes Leben führen will und gebrochen hat mit ihrer Vergangenheit, stets erneut mit dieser zu konfrontieren? Ist es zulässig, in intimsten Bereichen eines Menschen nachzuforschen gegen seinen erklärten Willen?[10] Welche Beweismittel existieren überhaupt? Behördliche Schnüffelei in der Nachbarschaft oder am Arbeitsplatz, um die Vaterschaft zu klären und Unterhaltsvorschüsse beitreiben zu können, sind jedenfalls eine ebenso skurrile wie bedrückende Vorstellung (und deshalb „unzulässig").

„Die Vorschriften über die elterliche Gewalt über eheliche Kinder gelten im Verhältnis zwischen dem nichtehelichen Kind und seiner Mutter (im übrigen) entsprechend", § 1705, 2 BGB. Dazu 9. und 10. Kapitel.

III. Rechtsstellung des Vaters.

Nach der Streichung von § 1589 II a. F. BGB ist die natürliche Verwandtschaft des nicht-ehelichen Vaters mit seinem Kind nun auch rechtlich anerkannt. Doch ist die Situation immer noch enttäuschend und einseitig; die Verbindung erschöpft sich im wesentlichen in Zahlungsverpflichtungen, Erb- und Pflichtteilsrechten, vgl. §§ 1615 aff., 1924 I, 1934 af. BGB, mit einem knappen persönlichen Rest in §§ 1711, 1712 BGB.

1. § 1615a BGB erklärt die allgemeinen unterhaltsrechtlichen Bestimmungen

auf die Ansprüche des nicht-ehelichen Kindes gegen den Vater oder andere Unterhaltsschuldner für anwendbar. Das bedeutet:

- Die Unterhaltsberechtigung ergibt sich aus § 1602 BGB, die Unterhaltsverpflichtung aus § 1603 BGB, beide Male mit den besonderen Privilegierungen für das minderjährige unverheiratete Kind;
- die Reihenfolge der Verpflichteten legt § 1606 BGB, die Rangverhältnisse unter den Berechtigten § 1609 BGB fest, mit der Besonderheit aus II: gleicher Rang für den Ehegatten und die minderjährigen unverheirateten Kinder;
- nach § 1606 III 2 BGB erfüllt die Mutter ihre Unterhaltspflichten dem Kind gegenüber in aller Regel durch „Naturalleistungen", Pflege, Betreuung und Erziehung; für den Vater bleibt Zahlung/Geldrente;
- das Maß des Unterhalts bestimmt sich nach § 1610 BGB – Angemessenheit –, mit den Besonderheiten aus § 1615 c: „Bei Bemessung des Unterhalts ist, solange das Kind noch keine selbständige Lebensstellung erlangt hat, die Lebensstellung beider Eltern zu berücksichtigen" – im Gegensatz zu früher, als es allein auf den Lebenszuschnitt der Mutter ankam, § 1708 I 1 a. F. BGB; die praktischen Unterschiede sind gleichwohl gering. Zu zahlen ist (mindestens) der Regelunterhalt, § 1615 f I 1 Hs. 1 BGB; das gilt jedoch nicht, wenn das Kind in den Haushalt des Vaters aufgenommen ist, Hs. 2, eine Selbstverständlichkeit.

„Regelunterhalt ist der zum Unterhalt eines Kindes, das sich in der Pflege seiner Mutter befindet, bei einfacher Lebenshaltung (warum? P. F.) im Regelfall erforderliche Betrag (Regelbedarf), vermindert um die nach § 1615 g anzurechnenden Beträge", § 1615 f I 2 BGB.

Der Regelbedarf wird von der Bundesregierung durch Rechtsverordnung festgesetzt; er kann nach dem Alter des Kindes und nach den örtlichen Unterschieden in den Lebenshaltungskosten abgestuft werden, § 1605 f II BGB – bisher nicht eingelöste Zusätze. Er beträgt

bis zur Vollendung des sechsten Lebensjahres ab 1. 11. 1976 monatlich DM 165,–;
bis zur Vollendung des zwölften Lebensjahres ab 1. 11. 1976 monatlich DM 200,–;
bis zur Vollendung des 18. Lebensjahres ab 1. 11. 1976 monatlich DM 237,–.[11]
Eingegangen in diese Zahlen sind „Warenkörbe verschiedener Gegenden, die Gerichtspraxis, ferner die Angaben des Deutschen Vereins für öffentliche und private Fürsorge, die Regelsätze der Sozialhilfe, die Aufwendungen für eheliche Kinder, Statistik von Wirtschaftsberechnungen privater Haushalte";[12] Ausgangspunkt ist ein monatliches Einkommen des Vaters von DM 900,– bis DM 1035,–.

Zuschläge[13] – Versuch einer Pauschalierung

Für die Angemessenheit maßgebende Lebensverhältnisse der Eltern, gekennzeichnet durch einige Berufsangaben	Monatliches Familieneinkommen[14]	Lebensalter des Kindes		
		bis sechs	bis zwölf	bis 18
1. Einfachste Verhältnisse, Hilfskräfte ohne Qualifikation	0–1000	165	200	237
2. Irgendwie ausgebildete Arbeitskräfte (Zuschläge)	800–1200	170 (10%)	220 (10%)	250 (10%)
3. Arbeitskräfte mit abgeschlossener Ausbildung und Lehre, kleine Gewerbetreibende, Angestellte und Beamte	1100–1600	200 (20%)	240 (20%)	280 (20%)
4. Qualifizierte Facharbeiter, Handwerker, mittlere Angestellte und Beamte	1500–1900	215 (30%)	260 (30%)	310 (30%)
5. Selbständige Handwerker, Gewerbetreibende, Lehrer, Ing. (grad.), Berufsanfänger der höheren Gruppen (Ärzte, Rechtsanwälte u. ä.)	1700–2000	230 (40%)	280 (40%)	350 (50%)
6. Akademiker ohne besonders herausgehobene Stellung, Gewerbetreibende mit mittleren Betrieben, leitende Angestellte	1800–3500	250 (50%)	300 (50%)	415 (65%)
7. Führungskräfte von Wirtschaft und Verwaltung, Ärzte, Gewerbetreibende mit großen Betrieben	2800–7000	265 (60%)	340 (70%)	450 (90%)
8. Angesehene Persönlichkeiten des öffentlichen Lebens und der Wirtschaft, Großunternehmer und deren Manager	6000–12000 und mehr	300 (80%)	400 (100%)	520 (120%)

Mehr- oder Sonderbedarf des Kindes (besonders hohe unabwendbare – ? P. F. –
Miete, Krankenhauskosten, die nicht versicherungsgedeckt sind, getrennte Haushaltsführung, Studienkosten, Bücher, Fahrtkosten[15] – Heimunterbringung)[16]
führt zur Erhöhung der Richtsätze, Minderbedarf (vor allem eigenes Einkommen
oder anrechenbares Vermögen) zur Herabsetzung. Überbürdung des Unterhaltspflichtigen mit anderen Unterhaltslasten zwingt zur Verteilung und zur Kürzung;
stets ist der Selbstbehalt als Sicherung und Anreiz zu beachten.

„Das auf das Kind entfallende Kindergeld, Kinderzuschläge und ähnliche regelmäßig wiederkehrende Geldleistungen, die einem anderen als dem Vater zustehen, sind auf den Regelbedarf zur Hälfte anzurechnen. Kindergeld ist jedoch nur dann anzurechnen, wenn auch der
Vater die Anspruchsvoraussetzungen erfüllt, ihm aber Kindergeld nicht gewährt wird, weil
ein anderer vorrangig berechtigt ist. Leistungen, die wegen Krankheit oder Arbeitslosigkeit
gewährt werden, sind nicht anzurechnen. Eine Leistung, die zwar dem Vater zusteht, aber
einem anderen ausgezahlt wird, ist in voller Höhe anzurechnen.

Waisenrenten, die dem Kind zustehen, sind nicht anzurechnen", § 1615 g BGB.
Nähere Einzelheiten in der Regelunterhalts-VO.

Die ohnehin eher bescheidenen Unterhaltsbeiträge können nach § 1615 h BGB zusätzlich
abgesenkt werden. „Übersteigt der Regelunterhalt wesentlich den Betrag, den der Vater dem
Kinde ohne Berücksichtigung der Vorschriften über den Regelunterhalt leisten müßte (etwa
nach der Düsseldorfer Tabelle, die für eheliche Kinder ‚gilt', P. F.), so kann er verlangen,
daß der zu leistende Unterhalt auf diesen Betrag herabgesetzt wird. Vorübergehende Umstände können nicht zu einer Herabsetzung führen", § 1615 h I 1 und 2 BGB.

II: „Die Herabsetzung des Unterhalts unter den Regelunterhalt läßt die Verpflichtung des
Vaters, dem Kinde wegen Sonderbedarfs Unterhalt zu leisten, unberührt."

Vor diesem Hintergrund nehmen sich die (gleich mehrfachen?)[17] Privilegierungen
des nicht-ehelichen Kindes im Unterhaltspunkt eher bescheiden aus. Zwar muß
die Bedürftigkeit bis zur Vollendung des 18. Lebensjahres nicht jeweils nachgewiesen werden; das Gesetz geht von ihr selbstverständlich aus in den Grenzen des
Regelbedarfs, verweist den Vater bei eigenem Verdienst des Kindes auf § 1615 h
BGB. Doch deckt der Regelbedarf nicht einmal die notwendigsten Unkosten. Zudem ist die Zahlungsmoral der Unterhaltsschuldner betrüblich schlecht; deshalb
werden auch in der Bundesrepublik – in Österreich[18] bereits Realität – Pläne über
staatliche Unterhaltsvorschußkassen diskutiert, die in Vorlage treten und diese
Vorlagen dann beim Säumigen eintreiben oder einzutreiben versuchen.[19] Sicher
kann im Gegensatz zu § 1613 BGB Unterhalt für die Vergangenheit gefordert
werden (§ 1615 d BGB), doch sieht § 1615 i BGB Stundung und Erlaß vor, mindert
damit Belastungen ab.

„Rückständige Unterhaltsbeträge, die fällig geworden sind, bevor der Vater die Vaterschaft
anerkannt hat oder durch gerichtliche Entscheidung zur Leistung von Unterhalt verpflichtet
worden ist, können auf Antrag des Vaters gestundet werden, soweit dies der Billigkeit entspricht.

Rückständige Unterhaltsbeiträge, die länger als ein Jahr vor Anerkennung der Vaterschaft
oder vor Erhebung der Klage auf Feststellung der Vaterschaft fällig geworden sind, können

auf Antrag des Vaters erlassen werden, soweit dies zur Vermeidung unbilliger Härten erforderlich ist. Der Erlaß ist ausgeschlossen, soweit unbillige Härten durch Herabsetzung des Unterhalts unter den Regelunterhalt für die Vergangenheit oder durch Stundung vermieden werden können", § 1615 i I und II BGB.

Schließlich läßt § 1615 i BGB Vereinbarungen für die Zukunft und Abfindungsverträge zu mit vormundschaftsgerichtlicher Genehmigung, II. I 2 deutet die Richtung an: „Ein unentgeltlicher Verzicht auf den Unterhalt für die Zukunft ist nichtig", eine Variation zu § 1614 BGB. Jenseits der Grenze herrscht Vertragsfreiheit, und mancher Vertreter des Kindes wird Nachteile hinnehmen, um einer Auseinandersetzung über Grund und Höhe des Unterhalts und der Last fortlaufender Verfolgung der Ansprüche aus dem Wege zu gehen[20] (allerdings mit den Haftungsrisiken aus § 1833 BGB). Zum Unterhaltsregreß vgl. §§ 1615 d und 1615 i III BGB sowie oben 10. Kapitel II 4.

Durch § 1615 d II BGB – „Absatz 1 gilt entsprechend, wenn ein Dritter als Vater dem Kinde Unterhalt gewährt" – ist der alte Streit[21] um die Erstattungsforderungen des unehelichen Scheinvaters gegen den „richtigen" Unterhaltsschuldner erledigt (der Scheinvater wurde nicht in den Kreis der aus § 1709 II a. F. BGB Begünstigten einbezogen, da er nicht – wie etwa der Ehemann, der Muttergatte – aufgrund gesetzlicher Bestimmungen zu seinen Leistungen verpflichtet war – formalistisch).

2. Nach § 1925 I BGB zählt der nicht-eheliche Vater zu den gesetzlichen Erben zweiter Ordnung nach seinem Kind; § 1589 II a. F. BGB steht nicht mehr weiter entgegen. Beachte § 1934 a II BGB. Zum Erbrecht des Kindes vgl. § 1934 a ff. BGB und gleich im folgenden IV 2.

3. Formalisierte Mitwirkungsrechte bei der Erziehung des Kindes, Mitsprachebefugnisse oder nur Informationsansprüche besitzt der nicht-eheliche Vater nicht. § 1705 ff. BGB gehen von persönlicher Fremdheit und Entfernung von Vater, Mutter und Kind aus, mehr noch: von Abneigungen der Mutter gegen den Vater und von der Schädlichkeit gesuchter oder fortdauernder Einflüsse auf das Kind, die es daher zu unterbinden gilt.[22] Sicher trifft diese Einschätzung häufig den Kern, zielt aber andererseits auch daneben, entrechtet den sorgevollen und Kind und Mutter nahestehenden Vater ohne Grund; dabei gleicht seine Situation völlig der eines ehelichen Vaters, bis auf den „Makel" der Nicht-Ehelichkeit (und dieser Makel darf nicht entscheiden).[23] Anzuknüpfen ist an das Merkmal „Vollständigkeit/Unvollständigkeit" in der Familie/familienähnlichen Situation, nicht an die Qualität der Geburt. Schon gar nicht sollte die Entfernung des Vaters von seinem Kind als gewünschte Sanktion für sein „Fehlverhalten" mißbraucht werden nach dem Wahrspruch: „Er kann die Mutter ja heiraten."[24]
Allein §§ 1711 f. BGB schaffen einen Rest persönlicher Kontakte.

„Derjenige, dem die Sorge für die Person des Kindes zusteht, bestimmt, ob und in welchem Umfange dem Vater Gelegenheit gegeben werden soll, mit dem Kinde persönlich zu verkehren. Wenn ein persönlicher Umgang mit dem Vater dem Wohl des Kindes dient, kann das Vormundschaftsgericht entscheiden. Es kann seine Entscheidung jederzeit ändern. In geeigneten Fällen soll das Jugendamt zwischen dem Vater und dem Sorgeberechtigten vermitteln", § 1711 BGB.

In der Sache halte ich die Zuständigkeitsverteilung meist für angemessen und zutreffend; sie entspricht meinen Vorschlägen für § 1634 BGB.[25] Sie wahrt Erziehungskontinuität und mutet dem sorgeberechtigten Elternteil nicht stets sich wiederholenden unerwünschten Einfluß von außen zu, stellt konsequent die Entscheidungsbefugnis in sein Ermessen. Andererseits trifft die Bestimmung auch manchmal daneben, ist zudem wohl weniger das Ergebnis allgemeiner Überlegungen zum Umgangsrecht als eine willkommene Absage an den „sozialen Schädling"[26] – „er kann die Mutter heiraten".[27]

„Das Vormundschaftsgericht soll vor einer Entscheidung, welche die Sorge für die Person oder das Vermögen des Kindes betrifft, den Vater hören, wenn es die Anhörung nach seinem Ermessen für geeignet hält, dem Wohle des Kindes zu dienen", § 1712 BGB. EFrakt fügt in § 1711 BGB einen Hinweis auf § 1634 II BGB an – nähere Bestimmung des Umgangs durch das Vormundschaftsgericht –, verweist in § 1711 II BGB auf § 1634 III BGB und das dort beschriebene Auskunftsrecht über die persönlichen Verhältnisse des Kindes. § 1712 BGB wird durch § 50 III FGG ersetzt. EJB bezieht sich pauschal auf § 1635 BGB (Umgangsrecht bei ehelichen Kindern), erklärt aber – wie durchweg – das Familiengericht für zuständig.

IV. Rechtsstellung des Kindes.

1. Im Verhältnis zur Mutter besitzt das nicht-eheliche Kind im wesentlichen die Rechtsstellung eines ehelichen Kindes, vgl. § 1705 BGB. An immer noch verbreiteten Diskriminierungen in anderen Bereichen, an Zurückstellungen wegen des brennenden Makels, an Spott, Gemeinheit und Häme vermag dieser Umstand allerdings ebensowenig zu ändern wie das Verfassungsgebot aus Art. 6 V GG. Unterhalt: §§ 1705, 1, 1606 III 2.

2. Neben Unterhaltsansprüchen gegen den nicht-ehelichen Vater – und Unterhaltslasten, die aber nicht zu schmerzlich drücken – kann das Kind seit der Streichung von § 1589 II a. F. BGB auch auf eine erbrechtliche Beteiligung hoffen. Es zählt zu den gesetzlichen Erben erster Ordnung, § 1924 I BGB, kann folglich durch abweichende letztwillige Verfügung jederzeit verdrängt werden. Grenzen allein: § 2338a BGB – Pflichtteilsersatzanspruch. Allerdings ist ein Zusammentreffen mit ehelichen Kindern oder dem Ehegatten des Erblassers delikat. Deshalb wird der Zusammenschluß der Erben in der sonst üblichen Erbengemeinschaft vermieden und dem nicht-ehelichen Kind der Zugang zu ihr versperrt; es erhält stattdessen einen Erbersatzanspruch, vgl. § 1934a BGB. Zur Berechnung § 1934b BGB. Stets kann das Kind selbst aktiv werden und Erbausgleich[27a] fordern:

„Ein nicht-eheliches Kind, welches das einundzwanzigste, aber noch nicht das siebenundzwanzigste Lebensjahr vollendet hat, ist berechtigt, von seinem Vater einen vorzeitigen Erbausgleich in Geld zu verlangen.

Der Ausgleichsbetrag beläuft sich auf das Dreifache des Unterhalts, den der Vater dem Kinde im Durchschnitt der letzten fünf Jahre, in denen es voll unterhaltsbedürftig war, zu leisten hatte. Ist nach den Erwerbs- und Vermögensverhältnissen des Vaters unter Berücksichtigung seiner anderen Verpflichtungen eine Zahlung in dieser Höhe entweder dem Vater nicht zuzumuten oder für das Kind als Erbausgleich unangemessen gering, so beläuft sich der Ausgleichsbetrag auf das den Umständen nach Angemessene, jedoch auf mindestens das Einfache, höchstens das Zwölffache des in Satz 1 bezeichneten Unterhalts", § 1934 d I und II BGB. Stundung V; zur Form vgl. IV. Rechtsfolgen: Endgültige Erledigung erbrechtlicher Forderungen, § 1934 e BGB.

§ 2338 a BGB regelt die Pflichtteilsansprüche des nicht-ehelichen Kindes.

3. Das nicht-eheliche Kind ist in den Kreis sonstiger Verwandten auf Vater- wie auf Mutterseite einbezogen mit den üblichen Rechtsfolgen, im Unterhaltsrecht, im Erbrecht, an anderer Stelle.

V. Rechtsstellung der Eltern untereinander.

Gegenüber der nicht-ehelichen Mutter treffen den Vater lediglich beschränkte Ersatzverpflichtungen, vor allem für die Entbindungs- und die Beerdigungskosten, falls die Mutter infolge der Schwangerschaft oder bei der Geburt stirbt, §§ 1615 k u. m. Außerdem hat der Vater

„der Mutter für die Dauer von sechs Wochen vor und acht Wochen nach der Geburt des Kindes Unterhalt zu gewähren.

Soweit die Mutter einer Erwerbstätigkeit nicht nachgeht, weil sie infolge der Schwangerschaft oder einer durch die Schwangerschaft oder die Entbindung verursachten Krankheit dazu außerstande ist, ist der Vater verpflichtet, über die in Absatz 1 bezeichnete Zeit hinaus Unterhalt zu gewähren. Das gleiche gilt, wenn die Mutter nicht oder nur beschränkt erwerbstätig ist, weil das Kind andernfalls nicht versorgt werden könnte. Die Unterhaltpflicht beginnt frühestens vier Monate vor der Entbindung; sie endet spätestens ein Jahr nach der Entbindung", § 1615 l BGB, eine Bestimmung, die nicht unbedingt im Wertungseinklang mit §§ 1570 ff. BGB – insbesondere mit § 1570 selbst – zu bringen ist. Zur Rangfolge vgl. § 1615 l III BGB.

VI. Legitimation. Ehelicherklärung.

1. § 1618 BGB sieht eine äußerliche Behebung des „Makels" nicht-ehelicher Geburt vor. „Die Mutter und deren Ehemann können dem Kinde, das einen Namen nach § 1617 BGB führt und eine Ehe noch nicht eingegangen ist, ihren Ehenamen, der Vater des Kindes seinen Familiennamen durch Erklärung gegenüber dem Standesbeamten erteilen", § 1618 I 1 BGB (= Einbenennung). Notwendig ist die Einwilligung des Kindes und – bei Einbenennung durch den Vater – die Einwilligung der Mutter, § 1618 I 2 BGB. Daneben bleibt das NÄndG.[28]

2. Praktisch wichtiger ist die „Legitimation durch nachfolgende Ehe". „Ein nicht-eheliches Kind wird ehelich, wenn sich der Vater mit der Mutter verheiratet; dies gilt auch, wenn

die Ehe für nichtig erklärt wird", § 1719, 1 BGB. „Die Eheschließung zwischen den Eltern hat für die Abkömmlinge des (nicht-ehelichen) Kindes die Wirkungen der Legitimation (selbst dann), wenn das Kind vor der Eheschließung gestorben ist", § 1722 BGB. Zur Namenserstreckung vgl. § 1720 BGB – das vierzehn Jahre alte oder ältere Kind muß sich der Namensänderung anschließen.

3. „Ein nicht-eheliches Kind ist auf Antrag seines Vaters vom Vormundschaftsgericht für ehelich zu erklären, wenn die Ehelicherklärung dem Wohle des Kindes entspricht und ihr keine schwerwiegenden Gründe entgegenstehen", § 1723 BGB. Die Ehelicherklärung kann nicht nach dem Tode des Kindes erfolgen, nach dem Tode des Vaters nur dann, wenn ein entsprechender Antrag beim Vormundschaftsgericht bereits eingereicht oder nach der Beurkundung nach § 1730 BGB der Notar mit der Einreichung beauftragt war, § 1731 I und II BGB. Notwendig ist die Einwilligung des Kindes und, solange das Kind minderjährig ist, die Einwilligung der Mutter (vgl. außerdem §§ 1728, 1729 BGB). „Ist der Vater verheiratet, bedarf es auch der Einwilligung seiner Ehefrau", § 1726 I BGB. „Die Einwilligung der Mutter ist nicht erforderlich, wenn die Mutter zur Abgabe einer Erklärung dauernd außerstande oder ihr Aufenthalt dauernd unbekannt ist. Das gleiche gilt von der Einwilligung der Frau des Vaters", § 1726 III BGB. „Das Vormundschaftsgericht hat auf Antrag des Kindes die Einwilligung der Mutter zu ersetzen, wenn die Ehelicherklärung aus schwerwiegenden Gründen zum Wohle des Kindes erforderlich ist. Das Vormundschaftsgericht kann auf Antrag des Kindes die Einwilligung der Ehefrau des Vaters ersetzen, wenn die häusliche Gemeinschaft der Ehegatten aufgehoben ist. Die Einwilligung darf nicht ersetzt werden, wenn berechtigte Interessen der Ehefrau und der Familie der Ehelicherklärung entgegenstehen", § 1727 BGB.

Durch die Ehelicherklärung erlangt das Kind die rechtliche Stellung eines ehelichen Kindes (des Vaters, wohlgemerkt), § 1736 BGB. Die Mutter verliert das Recht – und wird von ihrer Pflicht entbunden –, die elterliche Gewalt auszuüben, § 1738 I BGB, mit den Korrekturen aus II. Vor einer Übertragung der elterlichen Gewalt nach dieser Bestimmung hat das Vormundschaftsgericht das Kind nach Vollendung des vierzehnten Lebensjahres persönlich zu hören, III. Konsequent werden dem Vater vorrangige Unterhaltslasten aufgebürdet, § 1739 BGB. „Auf die Wirksamkeit der Ehelicherklärung ist es ohne Einfluß, wenn mit Unrecht angenommen worden ist, daß ihre gesetzlichen Voraussetzungen vorlagen. Die Ehelicherklärung ist jedoch unwirksam, wenn durch rechtskräftige gerichtliche Entscheidung – Anfechtung der Anerkennung oder Wiederaufnahme des Verfahrens;[29] § 1735 a BGB mit seinem besonderen Gang ist gestrichen, P. F. – festgestellt worden ist, daß der Mann nicht der Vater des Kindes ist", § 1735 BGB. §§ 1740 a ff. BGB sehen eine Ehelicherklärung auf Antrag des Kindes vor.

4. Schließlich bleibt dem Vater die Adoption, §§ 1741 ff. BGB, dazu gleich 12. Kapitel I.

VII. IPR.

1. Nach § 4 I 2 RuStAG erwirbt das nicht-eheliche Kind einer deutschen Mutter die deutsche Staatsangehörigkeit. Eine nach den deutschen Gesetzen wirksame Legitimation durch einen Deutschen begründet für das Kind die Staatsangehörigkeit des Vaters, § 5 RuStAG. Schließlich sieht § 10 RuStAG die Einbürgerung des

„nicht-ehelichen Kindes eines Deutschen vor, wenn eine nach den deutschen Gesetzen wirksame Feststellung der Vaterschaft erfolgt ist, das Kind seit drei Jahren rechtmäßig seinen dauernden Aufenthalt im Inland hat und den Antrag vor der Vollendung des dreiundzwanzigsten Lebensjahres stellt".

2. Das Rechtsverhältnis zwischen einem nicht-ehelichen Kind und seiner Mutter wird nach deren Heimatrecht beurteilt, Art. 20, 1 EGBGB ausgedehnt zum allgemeinen Grundsatz.[30] Vorrangig sind allerdings internationale Abkommen, insbesondere das Haager Übereinkommen über die Zuständigkeit von Behörden und das anzuwendende Recht auf dem Gebiet des Schutzes von Minderjährigen vom 5. 10. 1961;[31] maßgeblich wird danach der gewöhnliche Aufenthalt des Kindes.

„Die Unterhaltspflicht des Vaters gegenüber dem unehelichen Kinde und seine Verpflichtung, der Mutter die Kosten der Schwangerschaft, der Entbindung und des Unterhalts zu ersetzen, wird nach den Gesetzen des Staates beurteilt, dem die Mutter zur Zeit der Geburt des Kindes angehört; es können jedoch nicht weitergehende Ansprüche geltend gemacht werden, als nach den deutschen Gesetzen begründet sind", Art. 21 EGBGB.

Wiederum sind internationale Abkommen vorrangig, vor allem das Haager Übereinkommen über das auf Unterhaltsverpflichtungen gegenüber Kindern anzuwendende Recht vom 24. 10. 1956;[32] entscheidender Anknüpfungspunkt wird erneut der gewöhnliche Aufenthalt des Kindes.

Die Legitimation eines unehelichen Kindes und die Annahme als Kind richten sich nach den Gesetzen des Staates, dem der Vater zum Zeitpunkt der Legitimation oder der Annehmende bei der Annahme angehört, Art. 22 I EGBGB mit der üblichen Erweiterung aus der Einseitigkeit.[33] Wichtige Einschränkung[34] in II, ein materiell-rechtlicher Zusatz:

„Gehört der Vater oder der Annehmende einem fremden Staate an, während das Kind die (deutsche Staatsangehörigkeit) besitzt, so ist die Legitimation oder die Annahme unwirksam, wenn die nach den deutschen Gesetzen erforderliche Einwilligung des Kindes oder eines Dritten, zu dem das Kind in einem familienrechtlichen Verhältnisse steht, nicht erfolgt ist. Die Einwilligung des Kindes zur Annahme bedarf der Genehmigung des Vormundschaftsgerichts."

Zum Übereinkommen über die Erweiterung der Zuständigkeit von Behörden, vor denen nicht-eheliche Kinder anerkannt werden können vom 14. 9. 1961[35], vgl. Palandt/Heldrich (37.), Anhang zu Art. 21 EGBGB.

Anmerkungen

1 Maßgeblich ist seit dem 1.7. 1970 das Gesetz über die rechtliche Stellung nicht-ehelicher Kinder vom 19.8. 1969, BGBl. I 1243 (= NehelG).
2 Zur Rechtsnatur vgl. Beitzke (19.), § 23 II 1 S.156.
3 Beitzke (19.), § 23 II 6 S.157.
4 Palandt/Diederichsen (37.), § 1600 f Anm. 1; unrichtig daher Beitzke (19.), § 23 II 7 S.157, 158.
5 Das Nebeneinander von Unterhaltsklage und Statusklage – nach früherem Recht möglich, mit unterschiedlicher Rechtskraftwirkung – ist beseitigt.
6 Zu den Unterschieden vgl. Palandt/Diederichsen (37.), § 1600 o Anm. 2; ausführlich Roth-Stielow, Rn 296 f. S.127 f.
7 Dazu BGH, NJW 1973, 996.
8 Vom 19.8. 1969, BGBl. I 1243, in Kraft seit dem 1.7. 1970.
9 Ebenso OLG Karlsruhe, FamRZ 1972, 95; anders LG Offenburg, FamRZ 1971, 319. Zum Streitstand Zenz, § 1707 BGB, S.233 f.
10 Zum Ganzen Zenz, § 1707 BGB, S. 233 f.
11 VO vom 30.7. 1976, BGBl. I 2042, abgedruckt in NJW 1977, 289.
12 Palandt/Diederichsen (37.), § 1615 f Anhang § 1 VO Anm. 2.
13 Dazu Köhler, Anhang S.220.
14 Nettoeinkommen = Bruttoeinkommen (einschließlich aller, auch der geringsten Nebeneinkünfte), abzüglich der Steuern und Sozialabgaben. Stand: 1.4. 1977.
15 So Köhler, Anhang S.220 Fn 3.
16 Ist das Kind außerhalb untergebracht, muß auch die Mutter mit Geld zum Unterhalt beitragen, vgl. BVerfG, FamRZ 1969, 467.
17 So Beitzke (19.), § 24 II 1 S.170.
18 Über Erfahrungen in Österreich vgl. Hopf, S. 207 f.; über die Hamburger Unterhaltsvorschußkasse Görgens, JZ 1978, S.422 und Huvalé, S.229.
19 Einzelheiten bei Görgens, JZ 1978, 422. Inzwischen sind diese Pläne zu einer Gesetzesvorlage geronnen, vgl. BT – Ds 8/1952.
20 Zutreffend Beitzke (19.), § 24 IV 2 S.174.
21 BGH, FamRZ 1967, 145.
22 Dazu Odersky, § 1711 Anm. II 5.
23 Zum Ganzen Simitis, StAZ 1970, 255 (264 – Verfassungswidrigkeit der Regelung).
24 So Odersky, § 1705 Anm. II a. E.
25 Gerade umgekehrt in der Tendenz – Interpretation des § 1711 BGB auf § 1634 BGB hin – LG Mainz, FamRZ 1978, 734.
26 Sehr knapp Odersky, § 1705 Anm. III; ausführlich MK/Hinz, § 1711 Rn 1. Gegen die Regelung Simitis, StAZ 1970, 255.
27 Odersky, § 1705 Anm. III a. E.; vgl. dazu die Situation in LG Köln, MDR 1973, 586.
27a Zum Erbausgleich des nicht-ehelichen Kindes vgl. Stöcker, JZ 1979, 87. Zu diesem Punkt auch BVerfG, JZ 1969, 294 mit Anm. Simitis und das Europäische Übereinkommen über die Rechtsstellung der außerhalb der Ehe geborenen Kinder vom 15.10. 1975, dazu BT – Ds 8/2109.
28 Vom 5.1. 1938, RGBl. I 9; dazu OVG Berlin, StAZ 1975, 161 und OVG Berlin, NJW 1977, 9773.
29 Palandt/Diederichsen (37.), § 1735 Anm. 2.
30 Palandt/Heldrich (37.), Art. 20 EGBGB Anm. 1. Über Qualifikationsfragen – wann liegt Nicht-Ehelichkeit vor? – entscheidet das nach Art. 18 EGBGB berufene Recht.

31 BGBl. 1971 II 217, in Kraft für die Bundesrepublik Deutschland seit dem 17.9. 1971, abgedruckt bei Palandt/Heldrich (37.), Anhang zu Art. 21 EGBGB.

32 BGBl. 1963 II 1012 mit Ergänzungsgesetz vom 2.6. 1972, BGBl. II 589, abgedruckt bei Palandt/Heldrich (37.), Anhang zu Art. 21 EGBGB.

33 Palandt/Heldrich (37.), Art. 22 EGBGB Anm. 2.

34 Zur Vereinbarkeit mit Art. 3 II GG Palandt/Heldrich (37.), Art. 22 EGBGB Anm. 1 mit weiteren Nachweisen.

35 BGBl. 1965 II 17, in der Bundesrepublik Deutschland in Kraft seit 24.7. 1965; vgl. auch BGBl. 1965 II 1162 und 1967 II 2376.

12. Kapitel

Adoption, Pflegekinder.

I. Adoption.

1. Statistisches Material.

a. Zur Situation der Abgebenden:

In den letzten 25 Jahren (1952-1976) kamen in der Bundesrepublik rund 19oooo Kinder (minderjährige!) zur Adoption[1].
Die Entwicklung[2]:

	Adopti-onen ins.	Mj. durch Verwandte	Ausl.	am Jahresende vorgemerkte Mj.	vorhan-dene A-doptions-stellen
1961	7673	–	1776	4957	2921
1965	7748	2o58	1226	4499	4455
197o	7165	1918	645	3157	6oo9
1973	7745	2o17	533	3368	9211
1976	99551	2564	373	2994	179o9

Die Zahl der Minderjährigen-Adoptionen ist in den letzten
Jahren beträchtlich gestiegen (Zuwachs 197o-1976: rund 25
%); gleichwohl konnte das Interesse der Adoptionswilligen
noch längst nicht befriedigt werden, zumal es allein in
den beiden abgelaufenen Jahren erneut um rund 3oo % zu-
nahm. Die Scheæ öffnet sich immer weiter; inzwischen ringen
um einen vorgemerkten Minderjährigen fast sechs Bewerber.
Andererseits warten immer noch viele Kinder auf eine neue,
eine "Ersatzfamilie"; leider sind viele von diesen Kindern
kaum zu vermitteln, bleiben deshalb ohne Hoffnung und Ausweg zum Abschluß ihrer Heimkarriere (das droht meist) verdammt.
Die Zahl der Adoptionen durch Ausländer sinkt stark ab,
vermutlich als Folge des nachlassenden oder verschobenen
Engagements der Mitglieder der bei und stationierten Streit-
kräfte.
Alter der Abgebenden (nach einer von Barth durchgeführten
Untersuchung, N = 338)

13 - 16 Jahre	12
17 - 2o Jahre	65

```
21 - 25 Jahre      98
26 - 3o Jahre      75
31 - 39 Jahre      71
4o Jahre und       17
älter
```

Signifikante Abweichungen nach dem Alter der abgabebereiten Mütter (meist handelt es sich um sie) sind nicht festzustellen; die lndläufige Annahme, besonders junge - und vielleicht ältere - Mütter seien überproportional vertreten, findet keine Bestätigung[4].

73 % der Mütter waren selbst (früher) zu keiner Zeit fremduntergebracht, was allein sicher noch wenig über die Situation in ihrem Elternhaus aussagt. Von den restliche 27 % verteilen sich (mit Mehrfachnennungen bei verschiednen Stationen) auf

```
12,4 %     nur bei der Mutter
 8,6 %     bei Verwandten
 2,7 %     In Pflegestellen
16,9 %     in Heimen
```

Bei den Kindern trägt das Bild ohnehin erheblich düsterere Farben.

Von den 338 Müttern sind lediglich 5o selbst nichtehelich geboren; das entspricht ziemlich genau dem allgemeinen Anteil nicht-ehelicher Geburten. 51,8 % sind ledig, 3o % geschieden oder verwitwet; 2o % der Abgabewilligen leben zwar (noch) in einer Ehe, doch stammt das Kind häufig nicht vom Ehemann, die häusliche Gemeinschaft ist zerbrochen und die Beziehung gescheitert. Unvollständigkeit der Familie erweist sich damit als deutlichstes Merkmal für die Weggabe von Kindern[5].

Soziale Stellung der (leiblichen) Mütter[6]

Schuldbildung

```
Sonderschule                  33
Hauptschule o. Abschluß       61
Hauptschule m. Abschluß      168
Realschule o. A.               6
```

Realschule m. A.   14
Gymnasium o. A.   2
Gymnasium m. A.   5
Studium   4
keine Angaben   42

Berufsausbildung		Berufstätigkeit	
keine	17o	ungelernte Tät.	1o3
Anlernverhältn.	18	Anlernverhältn.	23
		Prostituierte	31
Lehrberuf 2jährig	44	arbeitsunfähig/tot	9
Lehrberuf 3jährig	29	Lehrberuf	43
Qualif. Berufsausb.	4	Qual. Beruf	13
Studium	2	Akad. Beruf	3
noch in Ausbildung		Hausfrau	24
Schüler	8		
Student	13		
keine Angaben	5o	keine Angaben	89

Die Zahlen sprechen für sich.

Adoptionsfreigabe und weitere Kinder

ein weiteres Kind	75
2 weitere Kinder	42
3 weitere Kinder	22
4 weitere Kinder	1o
5 und mehr weitere Kinder	14

In 14 Fällen (zusätzlich) ist nur bekannt, daß weitere Kinder vorhanden sind, nicht aber die Anzahl. 47 Mütter gaben diese Kinder ebenfalls zur Adoption, weitere 21 haben vorgeborene Kinder freigegeben. Doch ziehen auch fas ein Drittel der Mütter eigene Kinder groß, oft in nur geringem Altersabstand zum nun betroffenen Kind.

4o %[7] der Mütter erreicht die Beratung des Jugendamtes noch vor der Geburt, so daß Hilfe früh einsetzen kann. Andererseits nimmt mehr als die Hälfte der Mütter erst nach der Geburt Kontakte mit einer Beratungsstelle auf - oft zu spät.

Schon bei der ersten Beratung stand die Weggabe der Kinder

fest

entschieden	187	= 62,8 %
im großen und **ganzen**	44	
als Alternative erwogen	24	
unsicher	34	

Die Frist aus § 1747 III 1 BGB erweist sich danach als – überdies schädliche – Formalität.

Dauer der Fremdunterbringung (des Kindes)

bis 1 Monat	52
2 Monate	21
3 Monate	34
6 Monate	3o
9 Monate	11
12 Monate	22
2 Jahre	35
3 Jahre	11
4 Jahre	1o
6 Jahre	12
1o Jahre	2
über 1o Jahre	3

Untergebracht waren

     59 nur in der Klinik
     89 bei der Mutter
     69 in der Pflege Dritter
   143 in einem Heim   =   43, 3 %[8]

Gründe der Freigabe (mit Schwierigkeiten bei der Standardisierung, deshalb hohen **F**ehlerquellen)

eigene Berufsausbildung	37
jugendliches Alter	62
weil Kind abgelehnt wird	
von der Mutter	145 (.! P.F.)
vom Vater	27
von Verwandten	14
weil schon genug eigene Kinder	43
aus sozialen Gründen	92

　　　　aus sozialen Gründen für das Kind 54

　　　　aus "zwingenden" Gründen　　　　　16

Angaben zum Vater

　　　　verweigert　　　　　　　56

　　　　der Mutter unbekannt　　　39

　　　　nicht festgestellt, aber
　　　　der Mutter bekannt　　　　8o

　　　　Vaterschaft anerkannt　　　66

　　　　Vaterschaft gerichtlich
　　　　festgestellt　　　　　　　26

　　　　Statusverfahren anhängig　5

　　　　eheliches Kind (nicht an-
　　　　gefochten)　　　　　　　　46

　　　　scheineheliches Kind　　　4

　　　　keine Angaben　　　　　　15

2o % der Väter bekannten sich von vornherein zu ihrem Kind,
lediglich in 7,4 % der Fälle mußte gegen ihren Willen ein
gerichtliches Verfahren betrieben werden.

Alter der Väter

　　　　bis 16 Jahre　　　　　－

　　　　17-2o Jahre　　　　15

　　　　21-25 Jahre　　　　33

　　　　26-3o Jahre　　　　69

　　　　31-39 Jahre　　　　82

　　　　4o Jahre und älter 21

Beruf des Vaters

　　　　ungelernter Arbeiter　　5o

　　　　angelernter Arbeiter　　15

　　　　Schüler/Student　　　　1o

　　　　Soldat　　　　　　　　22

　　　　noch in der Ausbildung　4

　　　　Beruf mit Lehrabschluß　4o

　　　　Qualifizierter Beruf　　9

　　　　Akademischer Beruf　　　6

Adoptionshindernisse[9]

behindertes Kind	3
Mischlingskind	13
Ausländerkind	1o
Prostituiertenkind	31
sonstige	5

keine Angaben: längerer Heimaufenthalt

b. Situation der Annehmenden

Alter

	Mann	Frau
bis 24 Jahre	1	13
25-3o	62	1o4
31-35	12o	121
36-4o	1o6	66
41-45	3o	16
46-55	15	9
56 Jahre und älter	1	2
nicht bekannt	2	8

Ehedauer

bis 5 Ehejahre	73
6-1o	158
11-15	56
über 16 Ehejahre	23

78,9 % der Adoptiveltern sind miteinander in erster Ehe verheiratet; für den Rest dominieren die "Stiefvateradoptionen".

Soziale Stellung des Adoptivvaters

Schulbildung

Hauptschule mit Abschluß	125
Realschule ohne Abschluß	1
Realschule m. A.	51
Gymnasium o. A.	2
Gymnasium m. A.	18
Studium	1o7 (! P. F.)

Berufsausbildung		Berufstätigkeit	
keine	4	ungelernte Tätigkeit	6
Anlernverhältnis	4	Anlernberuf	14
Lehrabschluß	124	Lehrberuf	88
Qualifiz. Berufsausb.	51	Qualifiz. Beruf	1o1
Studium	116	Akad. Beruf	1o1
noch in der Ausb.	1	"Topmanager"	1o
ohne Angaben	37	ohne Beruf	6

Soziale Stellung der Adoptivmutter

Schulbildung

Hauptschule o. A.	1
Hauptschule m. A.	134
Realschule o. A.	1
Realschule m. A.	78
Gymnasium o. A.	2
Gymnasium m. A.	22
Studium	49
ohne Angaben	5o

Berufsausbildung		Berufstätigkeit	
keine	2o	ungelernte Tätigk.	1o
Anlernverhältnis	6	Anlernberuf	28
Lehrabschluß	141	Lehrberuf	63
Qualifiz. Berufsausb.	49	Qualifiz. Beruf	25
Studium	47		
noch in der Ausbildung	2	Akad. Beruf	27
ohne Angaben	72	ohne Beruf	1
		ohne Angaben	11
		Hausfrau	171

Einkommen (netto)[11]

DM 1ooo,- bis 15oo,-	3o
DM 16oo,- bis 2ooo,-	61
DM 21oo,- bis 25oo,-	63
DM 26oo,- bis 24oo,-	74
DM 35oo,- bis 45oo,-	66

```
DM  46oo,-  und mehr         26
keine Angaben               17
```

Wohnverhältnisse
```
Mietwohnung                132
Mietshaus                    6
eigenes Haus               155 (! P.  F.)
Eigentumswohnung            12
nicht bekannt               32
```

1. Die 332 Adoptionsbewerber haben insgesamt 218 Kinder
bereits bei sich. Davon sind 65 eigene Kinder, 37 Kinder
eines Ehepartners, 116 (! P.F.) Adoptiv- oder Pflegekinder.
7o % sind allerdings bisher kinderlos geblieben[12].
2. Die Zahlen sprechen - wiederum - für sich. Mit der
Adoption wechseln die betroffenen Kinder vom untersten
Rand der sozialen Skala in ein mittelständisch/bürgerli-
ches Milieu des Wohlstands; das hat nicht nur Vorteile,
bringt vielmehr Belastungen und Brüche mit sich.
Offensichtliche addieren sich finanzielle Möglichkeiten,
"soziales Engagement" und Richtigkeitsvorstellungen der
Jugendämter/Vermittlungsstellen sowie der Vormundschaftsgerichte über die (künstliche) Placierung von Kindern[13]
zu diesem "schönnen" Bild.

Adoptionswünsche (erneut mit hoher Fehleranfälligkeit)
```
              keine Schwangerschaft möglich        258
              Schwangerschaft unwahrscheinlich      47
              Schwangerschaft unerwünscht           18
              Liebe zum Kind                       251
              Soziale Gründe für das Kind          1o6
              Vervollständigung der Familie(?P. F.) 67
              Hilfe für Heimkinder                  14
              Hilfe für Kinder der 3. Welt (besser
              wohl: gewünschte Exotik)               5
              Stabilisierung der Ehe (gefährlich, P.F.) 5
              Ersatz für verlorenen Kinder (auch ge-
              fährlich, P.F.)                        7
```

Geschwister für ein Kind   72

1. 3o1 Vermittlungen betreffen ein fremdes Kind, 3 eine
Verwandtenadoption und 21 die Annahme eines Stiefkindes.
2. Zum Zeitpunkt der ersten Beratung sind 58,2 % der Frau-
en noch berufstätig. Von ihnen beabsichtigen allerdings
mehr als die Hälfte (= 56,2 %), den Beruf gänzlich aufzu-
geben; 9,6 % wollen eine mehrjährige Pause einlegen. 14,4 %
planen weitere berufliche Aktivität, meist jedoch nur
halbtags.
3. Präferenzen für das Geschlecht des Kindes werden selten geäußert; lediglich 15 Bewerber wünschen ausdrücklich
einen Jungen, 33 ein Mädchen. In 64 Fällen besteht Bereitschaft, zwei Kinder aufzunehmen[14]. Dagegen tritt ein anderes Merkmal sehr deutlich in den Vordergrund – das Alter
des Kindes (weitgehend identisch mit der Dauer des Heim-
aufenthaltes).

Altersgrenzen

bis 1. Monat	6
bis . Monat	17
bis 4. Monat	5
bis 5. Monat	2
bis 6. Monat	13
bis 9. Monat	8
bis 1 Jahr	76
bis 18 Monate	13
bis 2 Jahre	28
bis 3 Jahre	31
bis 4 Jahre	14
bis 6 Jahre	12
bis 1o Jahre	7
bis 15 Jahre	1
älter	1
Begrenzung nicht bekannt	91

Andere Merkmale verblassen daneben. 55% der Bewerber verschweigen sich zu diesem Punkt. Die restlichen nennen

Hindernisse

behindertes Kind	40
krankes Kind	72
ausländisches Kind	24
nicht-eheliches Kind	7
Hautfarbe/Aussehen	62
„Verbrecher"-/Prostituiertenkind	6
sonstige Gründe	8

Die Vermittlungschance sinkt vor diesem Hintergrund für ein Kind, das älter als (maximal)[15] 6 Jahre ist und die übliche Heimkarriere begonnen/bereits hinter sich gebracht hat, praktisch auf den Nullpunkt, eine bittere Erkenntnis.

2. Durch das Gesetz über die Vermittlung der Annahme als Kind vom 2.7. 1976[16] wird die Adoptionsvermittlung neu und gestraffter geregelt.[17] § 2 begründet die Zuständigkeit. Adoptionsvermittlung ist Aufgabe des Jugendamtes und des Landesjugendamtes; dabei sind Adoptionsvermittlungsstellen oder zentrale Adoptionsvermittlungsstellen zu gründen. In – geringfügiger – Abwandlung des für das Jugendhilferecht allgemein geltenden Subsidiaritätsgrundsatzes gestattet § 2 II den freien Trägern die Fortführung ihrer Tätigkeit, wobei partnerschaftliche Zusammenarbeit mit den entsprechenden öffentlichen Einrichtungen angeordnet ist; vgl. aber III (= keine durchgehaltene Subsidiarität). Zusätzliche Übergangsregelung: § 15. § 5 spricht ein Vermittlungsverbot nicht zugelassener Stellen aus; § 6 untersagt Adoptionsanzeigen in öffentlichen Erklärungen.

Die Aufgaben der Adoptionsvermittlung sind vielfältig. § 7 I 1 beschreibt die Vorbereitung, ein äußerst wichtiger Punkt.[18]

„Wird der Adoptionsvermittlungsstelle bekannt, daß für ein Kind die Adoptionsvermittlung in Betracht kommt, so führt sie zur Vorbereitung der Vermittlung unverzüglich die sachdienlichen Ermittlungen bei den Adoptionsbewerbern, bei dem Kind und seiner Familie durch. Dabei ist insbesondere zu prüfen, ob die Adoptionsbewerber unter Berücksichtigung der Persönlichkeit des Kindes und seiner besonderen Bedürfnisse für die Annahme des Kindes geeignet sind."

Mit den Ermittlungen kann schon vor der Geburt des Kindes begonnen werden. Nähere Einzelheiten über die inhaltlichen Leitlinien legt die in § 7 II angekündigte RechtsVO fest. § 9 verpflichtet zu umfassender Unterstützung, Hilfeleistung und eingehender Beratung der Bewerber, vor und nach der Annahme als Kind. § 10–12 schaffen formalisierte Melde- und Untersuchungsabläufe, § 12 lenkt die Aufmerksamkeit auf Heimkinder mit einer jährlichen Meldung (vgl. auch § 78 a JWG).[19] § 10 I 1 hält die Vermittlungsstelle zur Weitergabe an die Zentrale an, wenn innerhalb von 3 Monaten nach Abschluß der Vermittlung für ein Kind eine Adoption nicht durchgeführt wurde (mit den Ausnahmen nach I 2), § 11 schließlich umreißt die Aufgaben der zentralen Einrichtung im Verhältnis zur nachrangigen Behördenorganisation – Beratung, Unterstützung, Hilfe bei schwieriger Vermittlung.

§§ 3 und 17 stellen sicher, daß in der Adoptionsvermittlung nur qualifizierte Fachkräfte tätig werden.

3. Auch das materielle Adoptionsrecht ist seit dem 1.1. 1977 einschneidend verändert.[20] Die zwei Hauptlinien auf einen kurzen Nenner gebracht: Abgelöst wird das bislang geltende Bestätigungssystem durch das Dekretsystem, das größeren Einfluß für vormundschaftsgerichtliche Kontrolle sichert; zudem ist die „Annahme an Kindes Statt", die ursprünglich einmal vorwiegend der Fortführung des Namens einer Familie oder ähnlich greifbaren Interessen galt, weniger das Kind und sein Wohlergehen im Auge hatte,[21] ersetzt durch die „Annahme als Kind", die die Herstellung eines Eltern-Kind-Verhältnisses bewirken soll, vgl. dazu § 1741 I BGB. Unter den verschiedenen gestuften Möglichkeiten trifft das BGB damit endgültig seine Wahl für die Volladoption, schneidet Varianten selbst für eine Auswahl ab.[22] Die Folgen sind deutlich: Mit der Adoption brechen sämtliche Kontakte und sämtliche Rechtsbeziehungen zur leiblichen Herkunftsfamilie ab; als Ziel gilt die vollständige Integration „als Kind" in die aufnehmende Ersatzfamilie. Ausnahmen: Verwandtenadoption, vgl. § 1756 BGB.

a) § 1741 I BGB beschreibt den Inhalt der Annahme als Kind.

„Die Annahme als Kind ist zulässig, wenn sie dem Wohl des Kindes dient und zu erwarten ist, daß zwischen dem Annehmenden und dem Kind ein Eltern-Kind-Verhältnis entsteht", mit nochmaliger Verschärfung in § 1745 BGB.

An diesem materiell rechtlich vorgegebenen Ziel orientiert sich die Auswahl unter „geeigneten Bewerbern"; Hilfe und Unterstützung fragen nach den Bedürfnissen des Kindes und den Fähigkeiten der Adoptiveltern, diese Bedürfnisse zu befriedigen.

Auf § 1741 I BGB sind die Folgebestimmungen ausgerichtet. § 1741 II BGB legt als Regelfall die Annahme durch ein Ehepaar fest[23], in Gemeinsamkeit, vgl. § 1742 BGB. Praktisch spielt daneben noch die Adoption des nicht-ehelichen Kindes des Ehegatten eine Rolle, doch wird auch hier eine „Ersatzfamilie" gegründet. Die Adoption durch einen „Alleinstehenden" wird die ganz große Ausnahme sein, vgl. § 1741 III 1 BGB. § 1743 BGB senkt erneut die Alterserfordernisse ab, nach vorangegangenen Etappen – von ursprünglich 50 Jahren, später dann 35 Jahren,[24] mit Befreiung, vgl. § 1745b a. F. BGB.

„Bei der Annahme durch eine Ehepaar muß eine Ehegatte das fünfundzwanzigste Lebensjahr, der andere Ehegatte das einundzwanzigste Lebensjahr vollendet haben.

Wer ein Kind allein annehmen will, muß das fünfundzwanzigste Lebensjahr vollendet haben.

Wer sein nicht-eheliches Kind oder ein Kind seines Ehegatten annehmen will, muß das einundzwanzigste Lebensjahr vollendet haben.

Der Annehmende muß unbeschränkt geschäftsfähig sein."

Eigene Kinderlosigkeit ist nicht (mehr, vgl. §§ 1741, 1, 1745 c a. F. BGB) gefordert. Mit der Annahme erlangt das Kind die rechtliche Stellung eines ehelichen Kindes des annehmenden Ehepaares oder – in den Fällen des § 1741 II 2, III BGB – des Annehmenden allein, § 1754 BGB. Zu den notwendigen Einwilligungen vgl. §§ 1746–1750 BGB.[25] Wichtig: § 1748 BGB:[26]

„Das Vormundschaftsgericht hat auf Antrag des Kindes die Einwilligung eines Elternteils zu ersetzen, wenn dieser seine Pflichten gegenüber dem Kind anhaltend gröblich verletzt hat oder durch sein Verhalten gezeigt hat, daß ihm das Kind gleichgültig ist, und wenn das Unterbleiben der Annahme dem Kind zu unverhältnismäßigem Nachteil gereichen würde. Die Einwilligung kann auch ersetzt werden, wenn die Pflichtverletzung zwar nicht anhaltend, aber besonders schwer ist, und das Kind voraussichtlich dauernd nicht mehr der Obhut des Elternteils anvertraut werden kann.

Wegen Gleichgültigkeit, die nicht zugleich eine anhaltende gröbliche Pflichtverletzung ist, darf die Einwilligung nicht ersetzt werden, bevor der Elternteil vom Jugendamt über die Möglichkeit ihrer Ersetzung belehrt und nach § 51a Abs. 1 (JWG) beraten worden ist und seit der Belehrung wenigstens drei Monate verstrichen sind; in der Belehrung ist auf die Frist hinzuweisen. Der Belehrung bedarf es nicht, wenn der Elternteil seinen Aufenthaltsort ohne Hinterlassung einer neuen Anschrift gewechselt hat, und der Aufenthaltsort vom Jugendamt während eines Zeitraums von drei Monaten trotz angemessener Nachforschungen nicht ermittelt werden konnte; in diesem Fall beginnt die Frist mit der ersten auf die Belehrung und Beratung oder auf die Ermittlung des Aufenthaltsortes gerichteten Handlung des Jugendamtes. Die Fristen laufen frühestens fünf Monate nach der Geburt des Kindes ab.

Die Einwilligung eines Elternteiles kann ferner ersetzt werden, wenn er wegen besonders schwerer geistiger Gebrechen zur Pflege und Erziehung des Kindes dauernd unfähig ist, und wenn das Kind bei Unterbleiben der Annahme nicht in einer Familie aufwachsen könnte und dadurch in seiner Entwicklung schwer gefährdet wäre."

Ähnlich wirkt § 1747 III BGB, der auf die Einwilligung eines Elternteils verzichtet, wenn dieser zur Abgabe einer Erklärung dauernd außerstande oder unbekannten Aufenthaltes ist. Zur Ersetzung der Einwilligung des Ehegatten des Annehmenden vgl. § 1749 I 2, 3 BGB. Sonstige Verwandte räumt das BGB keine Anhörungs-, Mitwirkungs- oder gar Einwilligungsrechte ein. Immerhin: Auch zu ihnen tritt das angenommene Kind in tatsächliche und in Rechtsbeziehungen, insbesondere für Unterhalt und Erbbeteiligung. Doch entziehen sich „aufgedrängte" Bindungen auch sonst der Beherrschung mittelbar Betroffener. Geht der Sohn eine in den Augen der Eltern häßliche Fehlehe ein, können sie sich gegen „unerwünschte" und vielleicht mißratene Enkel nur mit den üblichen Waffen wehren[27] – durch Enterbung und angepaßte letztwillige Verfügung; dieser Weg steht (selbstverständlich) für die Abdrängung unliebsamer Adoptivenkel ebenfalls offen. Nach § 1745 BGB darf „die Annahme nicht ausgesprochen werden, wenn ihr überwiegende Interessen der Kinder des Annehmenden oder des Anzunehmenden entgegenstehen, oder wenn zu befürchten ist, daß Interessen des Anzunehmenden durch Kinder des Annehmenden gefährdet werden. Vermögensrechtliche Interessen sollen nicht ausschlaggebend sein" (aber sie können berücksichtigt werden); die Lebensbedingungen eines Kindes sollen nicht zu Lasten der anderen verbessert werden.[28]

Von diesen harten Mitteln wird in der Praxis geringer – wie ich meine: zu geringer – Gebrauch gemacht (vgl. die statistischen Daten: Einwilligung ersetzt nach

§ 1748 BGB 24); die vorgesehenen Fristen sind lang, Schädigungen des Kindes können sich bereits ausprägen. Fast alle abgabebereiten Mütter sind schon bei der Geburt des Kindes fest entschlossen zu ihrem Schritt; dann aber sind die zeitlichen Aufschübe aus § 1748 BGB und der Grundsatz aus § 1747 III 1 BGB,[29] nach der die Einwilligung grundsätzlich erst erteilt werden kann, wenn das Kind acht Wochen alt ist, bloße Förmelei, im übrigen schädlich.[30]

§ 1744 BGB ordnet vor der Annahme eine angemessene Probezeit (= Pflege) für die Beteiligten an, abgesichert durch § 8 AdoptVermG und die dort vorgesehene vorrangige Eignungsprüfung. Die Belastungen für das Kind, die ein Abbruch oder sonstige Enttäuschungen mit sich bringen, sind offensichtlich.[31] Gleichwohl ist eine diskutable Alternative zu § 1744 BGB nicht zu sehen; die Aufhebung eines fehlgeschlagenen Adoptionsverhältnisses nach Jahr und Tag trifft sicher noch härter.[32] Im übrigen sind beide Ereignisse statistisch außerordentlich selten.[33]

b) „Die Annahme als Kind wird auf Antrag des Annehmenden vom Vormundschaftsgericht ausgesprochen", § 1752 I BGB; zu den Förmlichkeiten des Antrags II. Das Bestätigungssystem des alten Rechts, nach dem die Adoption durch einen Vertrag im Dreieck zwischen Kind, Mutter/Eltern und Adoptiveltern bewirkt wurde, mit der Beschränkung des Vormundschaftsgerichts auf die Bestätigung des Vertrages und die engen Überprüfungsbefugnisse aus § 1754 II BGB,[34] ist ersetzt durch das Dekretsystem, mit rechtsbegründendem Handeln des Vormundschaftsgerichts unter umfassender Steuerung und Kontrolle auf § 1741 I BGB hin. Zur Bindung an den Antrag vgl. §§ 1746 II, 1750 IV 1, 1750 II 2 und 1746 III BGB sowie Lüderitz, NJW 1976, 1865 (1867); zu den zeitlichen Grenzen für den Ausspruch der Annahme s. 1753 BGB.

c) Mit der Annahme als Kind erlöschen die bisherigen leiblichen Verwandtschaftsverhältnisse ebenso wie die daraus resultierenden Pflichten, § 1755 I 1 BGB. Ansprüche, die bis zur Annahme entstanden sind, insbesondere auf Renten, Waisengeld und andere wiederkehrende Leistungen gleichen Charakters, bleiben unberührt; das gilt nicht für Unterhaltsansprüche, § 1755 I 2 BGB. Die elterliche Gewalt der „bisherigen" Eltern ruht sogar schon vor dem Vollzug, mit der Einwilligung in die Annahme, § 1751 I 1 Hs. 1 BGB. Umgangsbefugnisse dürfen nicht ausgeübt werden, § 1751 I 1 Hs. 2 BGB (mit den Rückausnahmen aus I 1 Hs. 3; II). Das Jugendamt wird Vormund, § 1751 I 2 BGB. Unterhaltsverpflichtungen gegenüber dem Kind sind ebenfalls bereits vorgezogen.

„Der Annehmende ist dem Kind vor den Verwandten des Kindes zur Gewährung von Unterhalt verpflichtet, sobald die Eltern des Kindes die erforderliche Einwilligung erteilt haben, und das Kind in die Obhut des Annehmenden mit dem Ziel der Annahme aufgenommen ist", § 1751 IV 1 BGB (Ausnahmen: IV 2). Als Geburtsnamen trägt das Kind den Familiennamen des Annehmenden, § 1757 I BGB (nähere Einzelheiten dort). § 1758 BGB sichert § 1747 III 2 BGB ab, ordnet Wirksamkeit der Einwilligung der Eltern an trotz Unkenntnis über die Person des Annehmenden (= Inkognito-Adoption; die Blanko-Adoption ist ausdrücklich ausgeschlossen):[35] „Tatsachen, die geeignet sind, die Annahme und ihre Umstände aufzudecken, dürfen ohne Zustimmung des Annehmenden und des Kindes nicht offenbart

oder ausgeforscht werden, es sei denn, daß besondere Gründe des öffentlichen Interesses dies erfordern.
Absatz 1 gilt sinngemäß, wenn die nach § 1747 erforderliche Einwilligung erteilt ist. Das Vormundschaftsgericht kann anordnen, daß die Wirkungen des Absatzes 1 eintreten, wenn ein Antrag auf Ersetzung der Einwilligung eines Elternteils gestellt worden ist."

Weniger scharfe Wirkungen sieht § 1756 BGB für die (verbreitete) Verwandtenadoption vor. Familienbande bleiben dort weitgehend erhalten.

„Sind die Annehmenden mit dem Kind im zweiten oder dritten Grad verwandt oder verschwägert, so erlöschen nur das Verwandtschaftsverhältnis des Kindes und seiner Abkömmlinge zu den Eltern des Kindes und die sich aus ihm ergebenden Rechte und Pflichten.
Nimmt eine Ehegatte das eheliche Kind seines Ehegatten an, dessen frühere Ehe durch Tod aufgelöst ist, so tritt das Erlöschen nicht im Verhältnis zu den früheren Verwandten des verstorbenen Elternteils ein."

Bei Scheidung der Ehe der leiblichen Eltern gilt die Regel nicht.[36]
Die Volladoption mit Bruch zur Herkunftsfamilie und geplanter Integration des Kindes in die Aufnahmefamilie ist eine Schöpfung des AdoptG vom 2.7. 1976; das alte Recht ging nicht so weit, in beiden Richtungen. Zwar sah schon § 1757 a. F. BGB mit der Annahme an Kindes Statt den Erwerb der Position als eheliches Kind vor mit einer Ausstrahlung auf die Abkömmlinge, vgl. § 1762 a. F. BGB, doch allein im persönlichen Verhältnis zum Annehmenden. Konsequent schloß § 1764 a. F. BGB Wirkungen für Verwandte der Adoptiveltern aus, hielt Familienbande zu den bisherigen Angehörigen aufrecht, §§ 1765, 1766 a. F. BGB entließen nicht einmal die leiblichen Eltern vollständig aus ihrer Verantwortung. § 1759 a. F. BGB schloß ein Erbrecht des Annehmenden nach dem Kind schlechthin aus; § 1767 a. F. BGB sah für den umgekehrten Fall die Absage im Adoptionsvertrag vor. Vor dem Hintergrund der gesetzgeberischen Zielvorstellungen erscheint der Wandel allerdings nur konsequent.
Gestritten wird um die Zulässigkeit einer Adoption des eigenen Kindes durch die nicht-eheliche Mutter, die den Makel dieser Geburt beseitigen und nach außen Legitimität herstellen möchte. Mit der Annahme wird die Bindung zum Vater gekappt[37] mit manchen schmerzlichen materiellen Enttäuschungen für das Kind; das spricht gegen diesen Weg. Zwingend ist die Argumentation jedoch nicht; gerade die harten Folgen ihres Schrittes sind für die Mutter vielleicht erwünscht, weil sie die Abhängigkeiten beenden und unerwünschtem väterlichen Einfluß vorbeugen will. Nach dem NEhelG ist die Aktion allerdings weitgehend wirkungslos. Auch die nicht-eheliche Mutter ist Trägerin der elterlichen Gewalt, vgl. § 1705 BGB. Die Ziele, die sie erreichen will – Anerkennung in der Umwelt – verfehlt sie auf dem von ihr eingeschlagenen Weg fast notwendig. Im übrigen bietet die Einbenennung nach § 1618 BGB ein einfacheres Verfahren.[38]
d) Zur Aufhebung des Annahmeverhältnisses vgl. § 1759 ff. BGB. Besondere Sperre § 1761 II BGB:

„Das Annahmeverhältnis darf nicht aufgehoben werden, wenn dadurch das Wohl des Kindes erheblich gefährdet würde, es sei denn, daß überwiegende Interessen des Annehmenden die Aufhebung erfordern."

Zu den Wirkungen der Aufhebung vgl. §§ 1746, 1765 BGB.

e) Bei Scheidung der Ehe der Adoptiveltern gilt § 1671 BGB mit dem üblichen Zuteilungsverfahren.

f) Zur Adoption Volljähriger vgl. §§ 1767 ff. BGB, Lüderitz, NJW 1976, 1865 (1871) und Bosch, FamRZ 1978, 656. Wesentlicher Unterschied: Schärfere Voraussetzungen, vgl. § 1767 I 1 Hs. 1 BGB, schwächere Folgen, § 1770 BGB.

„Die Wirkungen der Annahme eines Volljährigen erstrecken sich nicht auf die Verwandten des Annehmenden. Der Ehegatte des Annehmenden wird nicht mit dem Angenommen, dessen Ehegatte wird nicht mit dem Annehmenden verschwägert. Die Rechte und Pflichten aus dem Verwandtschaftsverhältnis des Angenommenen und seiner Abkömmlinge zu ihren Verwandten werden durch die Annahme nicht berührt, soweit das Gesetz nichts anderes vorschreibt.

Der Annehmende ist dem Angenommenen und dessen Abkömmlingen vor den leiblichen Verwandten des Angenommenen zur Gewährung des Unterhalts verpflichtet." Eine Aufwertung bleibt möglich nach § 1772 BGB.

4. Die intertemporale Regelung des AdoptG ist ausführlich, wiederum im Gegensatz zum 1. EheRG, vgl. Art. 12 §§ 1–10. Grobe Skizze:

– Ab 1. 1. 1977 gelten die Rechtsregeln über die Volljährigenadoption für alle Fälle, in denen das adoptierte Kind volljährig ist, mit differenziertem Übergang für einzelne Ausschnitte, vgl. § 1 I, II–V.

– Ist der an Kindes Statt Angenommene noch minderjährig, bleibt altes Recht bis 31. 12. 1976 entscheidend, § 2 I; II 2 sieht eine Abwahl (eben bis zu der Frist 31. 12. 1976) der neuen Annahme als Kind vor für den Annehmenden, das Kind, die leiblichen Eltern oder die nicht-eheliche Mutter. Die Wirkungen einer Erklärung nach § 2 II 2 beschreibt § 3 I; es greifen die Regeln über die Adoption Volljähriger ein. Häßliche Folge: Auch die leiblichen Eltern können die vollwertige Annahme als Kind blockieren aus einseitigen Interessen; da sie weiterhin von der Ausübung der elterlichen Gewalt ausgeschlossen sind, ihnen sonstige persönliche Befugnisse im Verhältnis zum Kind nicht zustehen, gewinnen schlicht vermögensrechtliche Überlegungen Übergewicht vor Gesichtspunkten des Kindeswohles.[39]

5. Durch das AdoptG sind konsequent Eltern- und Verwandteninteressen hinter die Bedürfnisse des Kindes am Erleben einer intakten (gewählten) Familiensituation zurückgesetzt; das Kind wird aus seinen bisherigen Beziehungen gelöst (ein Blick auf das statistische Material lehrt, daß dieser Vorgang ohnehin längst schon vor der Adoption abgeschlossen ist, aus Nachlässigkeit, Desinteresse oder Überforderung der leiblichen Eltern, schließlich aus schlichter Not; das AdoptG reagiert lediglich) und in die neue Familie eingegliedert, soweit Rechtsregeln diese Aufgabe überhaupt übernehmen können. Alternativen sind für mich nicht sichtbar. Selbst umfassende Maßnahmen materieller und sonstiger Unterstützung an die Eltern/Mütter mildern allein das Leid, ohne es wirklich zu beseitigen (= Erziehungsfähigkeit herzustellen);[40] das belegt die Statistik nachdrücklich. Die Ausnahmen in § 1756 BGB scheinen mir gut gewählt und beschränkt. Weitergehende Möglichkeiten einer Wahl, die ein dualistisches System mit sich bringt, bergen er-

hebliche Gefahren[41] in sich; aus vordergründiger Eigennützigkeit sperren sich leibliche Eltern/Mütter in die Annahme als Kind, obwohl sie mit der Weggabe selbst „eigentlich" einverstanden sind.[42]

II. Pflegekinder. [43/44]

Mit dem Stichwort „Pflegekindschaft" ist ein besonders trauriges Kapitel gegenwärtigen privaten Familienrechts umrissen, das dieses Stichwort nicht einmal enthält. „Ansprüche" insbesondere leiblicher Eltern auf Herausgabe ihres Kindes (vgl. § 1632 BGB) gewinnen ohne große Entgegnung das Übergewicht gegenüber Interessen der Pflegeeltern, die ihren Zögling liebgewonnen, ihm eine vertraute Situation von Zuwendung und Wohlbehagen geschaffen haben, und – schlimmer noch – Gesichtspunkten des Kindeswohls. Das Kind muß manchmal sogar abrupt seine angestammte Umwelt verlassen, zu „Fremden" zurückkehren, die lediglich den zufälligen Vorteil leiblicher Elternschaft für sich geltend machen können. Das Schicksal der Angelika Kurtz mag für viele andere stehen (mit erstaunlich glücklichem Ende; andere Verläufe klingen erheblich schriller aus).

Angelika Kurtz wurde 1956 in West-Berlin geboren als uneheliches Kind.[45] Seit 1957 lebt sie bei den Eltern des Vaters, der sich für sein Kind ebensowenig interessiert wie – zunächst – die Mutter. 1962 stirbt der Großvater, so daß Angelika bei ihrer Großmutter allein bleibt. 1959 zieht die Mutter in die DDR, heiratet dort (einen Mann, „für den sich die Strafverfolgungsbehörden interessieren");[46] sie will ihr Kind nach Zittau holen (schon 1959), beruft sich auf ihr Recht zur Personensorge. Das Jugendamt, damals noch Amtsvormund, unterstützt den Widerstand der Großmutter unter Hinweis auf § 1666 BGB: Die Mutter Angelika's handele nicht aus eigenem Antrieb, sei vielmehr vorgeschickt von den DDR-Behörden (immerhin tritt für sie der bekannte Anwalt Dr. Kaul auf). Das Amtsgericht (= Vormundschaftsgericht) Berlin gibt erst einstweilig, dann endgültig der Großmutter und dem Jugendamt „Recht", findet in der Beschwerdeinstanz (= LG Berlin) damit jedoch keine Gefolgschaft: Fehle der Beweis, das Kindeswohl werde von der Mutter gefährdet, gehöre das Kind im Zweifel zu seiner Mutter. Im Januar 1963 bestätigt das KG das LG Berlin mit Rechtskraftwirkung, allerdings ohne unmittelbare Vollstreckbarkeit. Deshalb wird ein weiteres Verfahren eingeleitet aus § 1632 BGB auf Herausgabe von Angelika. Ort: LG Berlin. Das LG Berlin verurteilt 1964 antragsgemäß, das KG (auf Berufung) folgt. Gegen die Verweigerung der Zulassung der Revision – formal korrekt – legen die Unterlegenen Beschwerde ein und greifen zusätzlich zum versagten Rechtsmittel; beides verwirft der BGH im Juli 1965. Die anschließende Verfassungsbeschwerde weist das BVerfG (Dezember 1965) als offensichtlich unbegründet zurück, ohne die vorrangige Frage zu klären, ob „Berlin-Beschwerden" überhaupt zulässig sind. Letzter Schritt: Beschwerde an die Menschenrechtskommission des Europarates (ohne Abschluß). Vollstreckungsversuche scheitern zunächst; das AG Berlin (als Vollstreckungsgericht) stellt zweimal die Zwangsvollstreckung ein, weil das Urteil zugunsten der Mutter „Schreibtischjustiz" und „menschenrechtswidrig" sei – starke Worte, die mit einem Verweis in einem Disziplinarverfahren geahndet werden.[47] Soweit der

weniger glückliche Ablauf – fast sieben Jahre gerichtliche Auseinandersetzungen mit hohen Belastungen für alle Beteiligten, Kosten, Enttäuschungen und Entbehrungen.[48] Der heitere Abschluß:
Ende 1967 reist Angelika für zwei Probewochen – auf diesen Punkt hatte man sich in der Zwischenzeit geeinigt – zu ihrer Mutter in die DDR. Nach Ablauf soll das Mädchen „selbst entscheiden" – und eben dies tut sie, fährt nach 14 Tagen frohgemut und ungehindert zur Großmutter zurück! Vierzehn Tage beenden einen siebenjährigen Krieg.[49]
Weitere Einzelfälle:
BayObLG, FamRZ 1976, 163. Die Mutter, eine Türkin, gibt ihr 1970 geborenes Kind aus äußeren Zwängen unmittelbar nach der Geburt in wechselnde Pflegestellen und Heime. Mit 16 Monaten gelangt der Kleine mit deutlichen Hospitalismus-Erscheinungen zu seinen Pflegeeltern, die sich liebevoll um ihn kümmern. Kontakte zur Mutter halten an; sie besucht ihr Kind einmal im Monat. Als der Vater in die Bundesrepublik einreist, kommt es zum Streit; die Eltern wollen das Kind zu sich nehmen. Jugendamt und Vormundschaftsgericht sprechen sich für die Blutsbande aus; das Kind fühle sich bei seinen Eltern wohl. Das LG wirft der Mutter den unvorbereiteten Wechsel als Verschulden vor im Rahmen des § 1666 BGB. Das BayObLG folgt dem nicht: Die Pflegeeltern hätten ihren Pflegling auf eine Rückkehr in die Herkunftsfamilie einstimmen können, um ihm den entscheidenden Schritt zu erleichtern; noch im Gegenteil hätten sie es aber unterlassen, die Bindung an die Mutter zu stärken. Die Plötzlichkeit der Herausnahme des Kindes aus der ihr feindlichen „Umgebung" sei der Mutter nicht als Verschulden anzulasten.
Ähnlich BayObLG, FamRZ 1977, 473 – Vorrang der leiblichen (= türkischen) Eltern gegenüber einem inzwischen fünf Jahre alt gewordenen Mädchen, obwohl es kein Wort türkisch spricht, trotz kurzer Wege – man wohnte am selben Ort – von ihnen wenig besucht wurde; Anpassungsprobleme werden heruntergespielt – gesunde Kinder seien in hohem Maße anpassungsfähig (so das BayObLG ohne weitere Belege). Andererseits OLG Köln, FamRZ 1971, 182. Wegen eines Krankenhausaufenthaltes der Mutter wird das im Januar 1961 geborene Kind im Sommer 1969 in Pflege gegeben. Im Juli 1969 – sehr schnell also – beantragt das Jugendamt, die Personensorge zu entziehen, weil das Kind im Haushalt der Mutter nach ihrer erneuten Heirat und der Geburt eines weiteren Kindes nicht die ihm gemäße Erziehung und Förderung erfahre. Immer wieder äußere die Mutter die Absicht, ihren Ehemann zu verlassen, habe sogar einmal eine Auswanderung in die Schweiz geplant. Hauptsächlich werde das Kind zur Aufsicht für seine Geschwister herangezogen. Weitere Vorwürfe an die Mutter: Übertriebene Sauberkeit und Geschwätzigkeit nach außen. Vormundschaftsgericht und LG akzeptieren die dürftigen Hinweise, kappen vorläufig wegen besonderer Dringlichkeit das Aufenthaltsbestimmungsrecht; das Kind kann somit nach den Plänen des Jugendamtes bei den Pflegeeltern bleiben. Erst das OLG Köln korrigiert: Die der Mutter angelasteten „Mängel" seien unbedeutend; das Kind sei zudem nicht im Zusammenhang mit Fehlverhalten von ihrer Seite, vielmehr wegen eines Krankenhausaufenthaltes zu den Pflegeeltern gelangt. Selbst einschneidend bessere Milieuverhältnisse dort – ein beträchtliches geistiges und soziales Gefälle[50] wird festgestellt – reichten nicht aus, die Weigerung der Mutter, ihr Kind „wegzugeben", dem äußeren Tatbestand von § 1666 I BGB zuzuordnen, einmal abgesehen von der subjektiven Komponente.[51] Zwang zur (Anerkennung einer) Pflegschaft? Das Mädchen äußerte sogar selbst den Wunsch der Rückkehr zu seiner Mutter.[52]

Für die Eingriffe in elterliche Anordnungen gegenüber Pflegekindern und Pflegeeltern steht danach lediglich § 1666 I BGB offen;[53] ein vertypter Schutz der Dauerpflegschaft existiert nicht. Die Hauptmängel von § 1666 I BGB in dieser Lage sind schnell gekennzeichnet: „Mißbrauch" der elterlichen Gewalt kann kaum in der Heimholung eines fremduntergebrachten Kindes bestehen; gerade in diesem Versuch drückt sich vielmehr – so scheint es – elterliche Zuneigung aus. Die Vorwurfsgrenze ist hoch, fast unübersteigbar. Allerdings verletzt eine Rechtsanwendung, die in diesen Kategorien denkt, Kindesinteressen oft unnachgiebig und zwingend. „Richtige" Elternschaft kann auch den Verzicht fordern – eine schon seit Salomons Tagen bekannte Erscheinung. Zudem ist „Elternschaft" nicht selbstverständlich gleichzusetzen mit „biologischer Erzeugerschaft"; auf die emotionalen Bindungen und die geschaffenen Beziehungen zwischen Kind und „Eltern" kommt es vielmehr an (= psychologische Elternschaft, faktische Elternschaft).[54] Wird § 1666 I BGB in ein Verhältnis zum konkreten Anwendungsfall „Pflegekindschutz"[55] gebracht, so bedeutet das danach: Wie lange lebt das Kind in der Ersatzfamilie? Wie dicht ist das Beziehungsgeflecht zwischen den Familienmitgliedern geworden? Welche Folgen hätte ein erzwungener Abbruch[56] (ohne Verniedlichung)?[57] Werden Gefahren für das Kind offenbar (eine nähere Beschreibung des Grades der Gefährdung mißlingt von vornherein; deshalb sind Auseinandersetzungen um die angemessene Fassung des § 1666 I BGB insoweit müßig[58] – EFrakt nennt die schlichte Gefährdung, EJB verlegt die Barrieren vor zur nachhaltigen Beeinträchtigung, Bosch[59] andererseits verlangt erhebliche oder schwere Gefährdungen) und Verstöße gegen seine Interessen deutlich, ist in seinem Sinne zu entscheiden. Eine Reform des § 1666 I BGB, die einen Verzicht auf das Verschuldensmerkmal offenlegte – § 1666 I BGB ist schon im gegenwärtigen Zustand nicht eindeutig subjektiv ausgerichtet; die Rechtsprechung hat sich vom „Verschulden" häufig gelöst –,[60] wäre sicher hilfreich, hilfreicher noch die Überweisung der Auflösung einer Dauerpflegschaft in die Kompetenz des Vormundschaftsgerichts[61] (besser noch: Familiengericht) mit umfassender Überprüfung entsprechender Pläne und Versuche auf ihre Vereinbarkeit mit dem Kindeswohl. Eine eigene privatrechtliche Vorschriftengruppe über die „Dauerpflegschaft" wäre dann entbehrlich. Segensreich wirkt deshalb die Neufassung von BT – Ds 8/111, die in § 1632 IV vorsieht:

„Lebt das Kind seit längerer Zeit bei einer anderen Person als den Eltern oder dem Elternteil, dem die Personensorge zusteht, so kann das Vormundschaftsgericht von Amts wegen oder auf Antrag der Pflegeperson den Verbleib des Kindes bei der Pflegeperson anordnen, wenn und solange die Entfernung des Kindes aus der Pflegestelle sein Wohl gefährden würde."

Zum Schutz der Pflegekinder im Jugendhilferecht vgl. §§ 27 ff. JWG.

III. Verfahren.

Die Zuständigkeit – auch international – des Vormundschaftsgerichts bei der Annahme als Kind richtet sich nach § 43 b FGG.[62] Nähere Verfahrensregeln legen §§ 55 c, 56 d ff. FGG fest; wichtig ist vor allem § 56 b FGG, der die Einholung einer gutachtlichen Stellungnahme einer Adoptionsvermittlungsstelle vorschreibt.[63]

IV. IPR.

Eine besondere räumliche Kollisionsnorm enthält das AdoptG nicht, verweist vielmehr auf die anstehende Gesamtreform des internationalen Familienrechts.[64] Es bleibt bei der Folge aus Art. 22 EGBGB – Anknüpfung an die Gesetze des Staates, dem der Annehmende zur Zeit der Annahme angehört.[65]

Die Anerkennung ausländischer Adoptionen ist gesetzlich nicht geregelt, ein ärgerliches Manko.[66]

Anmerkungen

1 Vgl. Barth, ZBlJugR 1978, 243 (244/245).
2 Barth, ZBlJugR 1978, 243 (245).
3 ZBlJugR 1978, 243.
4 Barth, ZBlJugR 1978, 243 (247).
5 Barth, ZBlJugR 1978, 243 (249).
6 Barth, ZBlJugR 1978, 243 (249).
7 Vgl. Barth, ZBlJugR 1978, 243 (251).
8 Mit Besonderheiten durch manche Behördenpraxis, vgl. Barth, ZBlJugR 1978, 243 (252).
9 Vgl. Barth, ZBlJugR 1978, 243 (255)).
10 Barth, ZBlJugR 1978, 243 (256/257).
11 Barth, ZBlJugR 1978, 243 (258) macht auf verbreitete „Bescheidenheiten" aufmerksam (= Korrekturen nach unten).
12 Vgl. Barth, ZBlJugR 1978, 243 (259).
13 In diese Richtung Lüderitz, NJW 1976, 1865 (1869).
14 Barth, ZBlJugR 1978, 243 (260).
15 Barth, ZBlJugR 1978, 243 (260/261).
16 BGBl. I 1762, in Kraft seit dem 1. 1. 1977.
17 Ausführliche Darstellung bei Tach, ZBlJugR 1977, 1; Lüderitz, NJW 1976, 1865 (1869 f.).
18 Lüderitz, NJW 1976, 1865 (1186).
19 Dazu Lüderitz, NJW 1976, 1865 (1866).
20 Durch G vom 2. 7. 1976, BGBl. I 1749; ausführlich dazu Engler, FamRZ 1976, 584.

21 Mit Änderungen, die schon seit langem eingeleitet waren, vgl. dazu Lüderitz, NJW 1976, 1865.

22 Dazu Lüderitz, NJW 1976, 1865 (1870).

23 Lüderitz, NJW 1976, 1865 (1866).

24 Zur Entwicklung Lüderitz, NJW 1976, 1865.

25 Ausführlich Lüderitz, NJW 1976, 1865 (1867f.).

26 Verfassungsrechtliche Bedenken bei Engler, FamRZ 1975, 125 (131); ders., FamRZ 1976, 584 (587); dag. Danzig, Ersatzfamilie, S. 201 f.

27 Zutreffend Lüderitz, NJW 1976, 1865 (1868).

28 Prägnant Lüderitz, NJW 1976, 1865 (1868).

29 Wichtig § 1747 III 2 BGB – Inkognito-Adoption.

30 A. A. Danzig, Ersatzfamilie, S. 200.

331 Zutreffend Goldstein/Anna Freud/Solnit, S. 36. Ablehnend zu § 1744 BGB deshalb auch Simitis in seinem Nachwort, S. 121/122.

32 Lüderitz, NJW 1976, 1865 (1866).

33 Danzig, Ersatzfamilie, S. 196 erwähnt bei rund 90000 Adoptionen in den Jahren 1963–1974 eine Aufhebungsquote von 0,6%.

34 Zur Entwicklung Lüderitz, NJW 1976, 1865/1866. Allerdings war seit 1933 schon die Bestätigung des Annahmevertrages zu versagen, wenn begründete Zweifel daran bestanden, daß durch die Annahme ein dem Eltern-Kind-Verhältnis entsprechender Familienverband hergestellt werden sollte; die praktischen Änderungen sind daher gering.

35 BT – Ds 7/3061, S. 21; dazu differenzierend Lüderitz, NJW 1976, 1865 (1868).

36 BT – Ds 7/5087, S. 17.

37 Engler, FamRZ 1975, 125 (127); ders., FamRZ 1976, 17; Lüderitz, NJW 1976, 1865 (1866/1867). Anders Lehmann – Jessen, FamRZ 1976, 14, gerade unter Hinweis auf diese Trennung.

38 Lüderitz, NJW 1976, 1865 (1867).

39 Richtig Lüderitz, NJW 1976, 1865 (1871); zu Abhilfen vgl. dort.

40 Was natürlich nicht heißen kann, daß hier schon alles zu allseitiger Zufriedenheit erledigt wäre.

41 Eher in Richtung einer solchen Wahl Engler, FamRZ 1975, 125 (126).

42 Vgl. dazu die statistischen Angaben am Anfang dieses Kapitels.

43 Genaue Zahlen über das Phänomen „Pflegekind" sind mir nicht zugänglich. Nur ein Datum: In Frankfurt und dem näheren Umkreis leben 900 Kinder in 623 Pflegestellen, FR vom 28.7.1978, S. 14. Nicht einmal erfaßt sind dabei die – häufigeren – faktischen Pflegeverhältnisse, durch die Eltern nicht-ehelicher Mütter, durch die Großeltern bei Scheidungswaisen usw. In Berlin leben rund 4500 Pflegekinder in rund 2000 Familien, vgl. Marmon/Richter/Tietze, S. 268.

44 Zum Arbeitskreis zur Förderung von Pflegekindern vgl. Marmon/Richter/Tietze, S. 265; zum Berliner Kongreß 1976 „Kinder in Ersatzfamilien" vgl. die Kongreßunterlagen.

45 Die Darstellung folgt Wiethölter, S. 19 f.

46 Wiethölter, S. 19.

47 Wiethölter, S. 21.

48 Wiethölter, S. 21.

49 Weitere Einzelheiten in KG, FamRZ 1963, 308 und KG, FamRZ 1965, 448.

50 OLG Köln, FamRZ 1971, 182.

51 Zum Ganzen Lüderitz, AcP 178, 263 (292f.). Weitere Einzelheiten bei Danzig, Ersatzfamilie, S. 206 f.

52 Darauf weist zu Recht Diederichsen, FamRZ 1978, 461 (472/473) hin.

53 Diesen Ausgangspunkt beklagt schon Simitis in seinem Nachwort zu Goldstein/Anna Freud/Solnit, S. 116 f.
54 Hassenstein, Familiendynamik 1977, 104.
55 Die Bedenken von Simitis – § 1666 I BGB sei überhaupt ein unpassendes Mittel, Nachwort zu Goldstein/Anna Freud/Solnit, S. 116 f. – sind damit wohl ausgeräumt.
56 LG Wuppertal, DAVorm 1976, 415; Diederichsen, FamRZ 1978, 461 (473).
57 Dazu Lüderitz, AcP 178, 263 (294).
58 Richtig Lüderitz, AcP 178, 263 (294).
59 FamRZ 1977, 610.
60 Dazu ausführlich 10. Kapitel VI.
61 So der Ausschuß für Jugend, Familie und Gesundheit des Deutschen Bundestages in seiner Stellungnahme vom 19. 4. 1978 zu § 1632 IV BGB – dazu Diederichsen, FamRZ 1978, 461 (473 Fn 151).
62 Dazu Lüderitz, NJW 1976, 1865 (1871).
63 Nähere Einzelheiten bei Engler, FamRZ 1975, 584 (593).
64 Dazu Lüderitz, NJW 1976, 1865 (1871).
65 Ausführlicher 11. Kapitel VII.
66 Lüderitz, NJW 1976, 1865 (1871).

13. Kapitel

Vormundschaft, Pflegschaft.

I. Vormundschaft.

1. Vormundschaft ist unter staatlicher Aufsicht gehandhabte Fürsorge für Person oder Vermögen eines anderen, der außerstande ist, seine Angelegenheiten selbst zu besorgen.[1] Sie wird für Volljährige angeordnet bei Entmündigung, vgl. § 1896 BGB, für Minderjährige unter den Voraussetzungen des § 1773 BGB (fehlende gesetzliche Vertretungsbefugnis der Eltern, unbekannter Familienstand). Die Eltern eines minderjährigen Mündels besitzen dabei ein vorrangiges Benennungsrecht, wenn sie noch ihre elterliche Gewalt ausüben, §§ 1776 ff. BGB. Endgültig tätig wird das Vormundschaftsgericht, § 1779 I BGB.

Zu den persönlichen Anforderungen an den Vormund §§ 1780 ff. BGB. Gemäß § 1785 BGB hat „jeder Deutsche die Vormundschaft, für die er von dem Vormundschaftsgericht ausgewählt wird, zu übernehmen, sofern nicht seiner Bestellung zum Vormund einer der in den §§ 1789 bis 1784 bestimmten Gründen entgegensteht"; zu den Ablehnungsbefugnissen vgl. §§ 1786 ff. BGB.

Zum Vormund kann auch das Jugendamt bestellt werden, § 1791 b BGB. Nach § 1791 c BGB wird das Jugendamt Vormund „mit der Geburt eines nicht-ehelichen Kindes, das eines Vormunds bedarf". Vgl. auch §§ 40, 41 JWG und §§ 1705 ff. BGB, außerdem §§ 40 I, 42 a. F. JWG. Nach § 1793 BGB hat der Vormund „das Recht und die Pflicht, für die Person und das Vermögen des Mündels zu sorgen, insbesondere den Mündel zu vertreten". Ist eine Pflegschaft angeordnet (für bestimmte Ausschnitte), erstreckt sich die Vormundschaft nicht auf den Tätigkeitsbereich des Pflegers, § 1794 BGB. § 1795 BGB beschreibt den gesetzlichen Ausschluß der Vertretungsmacht, vgl. auch §§ 1821, 1822 BGB – Genehmigung der geplanten Maßnahmen durch das Vormundschaftsgericht.

Für die Personensorge des Vormunds gelten die Vorschriften über die Ausübung der elterlichen Gewalt entsprechend, vgl. § 1800 I BGB; eine Unterbringung des Mündels, die mit Freiheitsentziehung verbunden ist, ist jedoch nur mit Genehmigung des Vormundschaftsgerichts zulässig, vgl. § 1800 II BGB[2] (anders immer noch bei den leiblichen Eltern, vgl. aber § 1631 a BGB EFrakt und die Neufassung). Für die Vermögenssorge enthält das BGB umfangreiche besondere Anweisungen – die für Eltern nicht „gelten" –, um Mündelinteressen abzusichern: Der Vormund hat ein Vermögensverzeichnis für das „Übernommene" zu errichten, muß dieses Verzeichnis beim Vormundschaftsgericht einreichen – § 1802 BGB –, hat Mündelgeld sicher anzulegen (= „mündelsicher"), §§ 1806 ff. BGB; zudem trifft ihn ein Verbot von Schenkungen – § 1804 BGB – sowie eigener Verwendung des Mündelvermögens, § 1805 BGB. Wichtig: §§ 1821, 1822 BGB,[3] die die Genehmigungstätigkeit des Vormundschaftsgerichts ansprechen. Zum Aufwendungsersatz vgl. § 1835 BGB, zum Entgelt § 1836 BGB. Die Verzinsung von Mündelgeld, das der Vormund für sich in Anspruch genommen hat, richtet sich nach § 1834 BGB. § 1833 BGB statuiert eine Haftung für Fehlverhalten. Bei Fehlern des Richters oder des Rechtspflegers werden § 839 BGB, Art. 34 GG maßgebend.

Der Wirkungskreis des Vormunds beginnt mit der Bestallung; zum Ende vgl. §§ 1882 ff. BGB – Wegfall der Voraussetzungen, Entlassung durch das Vormundschaftsgericht oder Aufhebung der Vormundschaft.

2. Besondere Bedeutung kommt den Jugendämtern zu. Sie führen auf weiten Bereichen selbst die Vormundschaft, vgl. §§ 1791 I, 1791 b BGB. Daneben haben sie Vorschlags- und Anzeigeverpflichtungen – nach § 47 JWG sollen sie dem Vormundschaftsgericht geeignete Personen vorschlagen – und Überwachungsaufgaben, vgl. § 47 a JWG. Nach § 47 d JWG trifft das Jugendamt die Pflicht, Vormünder seines Bereichs „planmäßig zu beraten und bei der Ausübung ihres Amtes zu unterstützen". § 48 JWG ordnet ähnliche Tätigkeiten im Verhältnis zum Vormundschaftsgericht an. § 48 a JWG sieht eine Anhörung des Jugendamtes im gerichtlichen Verfahren für im einzelnen beschriebene Maßnahmen vor. Vgl. auch §§ 1849 ff. BGB.

3. Aufsichts- und Entscheidungsorgan ist das Vormundschaftsgericht;[4] tätig wird dort in der Regel der Rechtspfleger. Doch sind alle wichtigeren Entscheidungen dem Richter vorbehalten, §§ 3, 14 RechtspflegerG. Das Vormundschaftsgericht schaltet sich von Amts wegen ein, vgl. § 1774 BGB, unterstützt durch den Standesbeamten – Meldepflicht nach § 48 FGG –, das Prozeßgericht – vgl. § 50 FGG –, die Jugendämter – dazu §§ 47 ff. JWG – und den Gegenvormund (zu seiner Bestellung s. § 1792 BGB; zu seinen Aufgaben § 1799 BGB). Einstweilige Maßregeln bestimmen sich nach § 1846 BGB.

Für das Vormundschaftsgericht kann unter den Voraussetzungen des § 1858 ff. BGB der Familienrat handeln und kontrollieren. Zu seiner Zusammensetzung vgl. § 1800 BGB: „Der Familienrat besteht aus dem Vormundschaftsrichter als Vorsitzenden und aus mindestens zwei, höchstens sechs Mitgliedern."

4. Zum Verfahren vgl. §§ 35 ff. FGG. Rechtsmittel: § 57 FGG – einfache Beschwerde – oder § 60 FGG – sofortige Beschwerde.

II. Pflegschaft.

Weniger einschneidend wie die Vormundschaft wirkt die Pflegschaft. Sie wird für ausgegliederte Einzelmaßnahmen begründet; im übrigen bleibt der Pflegling unbeschränkt für sich selbst verantwortlich.

Die Fälle:

– Ergänzungspflegschaft, § 1909 BGB;
– Gebrechlichkeitspflegschaft, § 1910 BGB;
– Abwesenheitspflegschaft, § 1911 BGB;
– Pflegschaft für eine Leibesfrucht, § 1912 BGB und
– Pflegschaft für unbekannte Beteiligte, § 1913 BGB.
Daneben kann eine Sachpflegschaft angeordnet werden, vgl. § 1914 BGB. Pflegschaften nach ZPO oder ZVG unterliegen eigenen Regeln.[5] Zur Nachlaßpflegschaft vgl. § 1962 BGB.

„Auf die Pflegschaft finden die für die Vormundschaft geltenden Vorschriften entsprechende Anwendung, soweit sich nicht aus dem Gesetz ein anderes ergibt.
Die Bestellung eines Gegenvormunds ist nicht erforderlich“, § 1915 BGB.

III. IPR.

„Eine Vormundschaft oder eine Pflegschaft kann im Inland auch über einen Ausländer, sofern der Staat, dem er angehört, die Fürsorge nicht übernimmt, angeordnet werden, wenn der Ausländer nach den Gesetzen dieses Staates der Fürsorge bedarf oder im Inland entmündigt ist.
Das deutsche Vormundschaftsgericht kann vorläufige Maßregeln treffen, solange eine Vormundschaft oder Pflegschaft nicht angeordnet ist“, Art. 23 EGBGB.

Besondere Bedeutung kommt zwischenstaatlichen[6] und internationalen Vereinbarungen zu, dabei vor allem dem Haager Abkommen zur Regelung der Vormundschaft über Minderjährige vom 12. 6. 1902[7] und dem Übereinkommen über die Zuständigkeit der Behörden und des anzuwendenden Rechts auf dem Gebiet des Schutzes von Minderjährigen vom 5. 10. 1961.[8]

Anmerkungen

1 Beitzke (19.), § 35 S. 240.
2 Dazu BVerfGE 10, 302.
3 Ausführlich Beitzke (19.), § 37 III 5 S. 255 f.
4 Zu den einzelnen Aufgaben Beitzke (19.), § 35 II 2 S. 241 f.
5 Beitzke (19.), § 40 S. 265.
6 Dazu Palandt/Heldrich (37.), Art. 23 EGBGB Anm. 1 und Anhang.
7 RGBl. 1904, 240, abgedruckt bei Palandt/Heldrich (377.), Anhang zu Art. 23 EGBGB.
8 BGBl. 1971 II 217; abgedruckt bei Palandt/Heldrich (37.), Anhang zu Art. 23 EGBGB.

Literaturverzeichnis

Adomeit, Klaus	Die Ehescheidung und ihre Folgen in: Kühn/Tourneau, Familienrechtsreform – Chance einer besseren Wirklichkeit? S. 74
Adorno, Theodor W. (Hrsg.)	Der autoritäre Charakter Amsterdam 1968 zit.: Charakter
–	Minima moralia Frankfurt 1976
Ambrock, Erich	Ehe und Ehescheidung Berlin. New York 1977
–	Zur Verfassungsmäßigkeit und Auslegung der positiven Härteklausel des 1. Eherechtsreformgesetzes FamRZ 1978, 314
Anderson, Michael (Hrsg.)	Sociology of the family London 1971
Anschütz, Gerhard	Die Verfassung des Deutschen Reiches vom 11. 8. 1919 Ein Kommentar für Wissenschaft und Praxis 14. Aufl. Berlin 1933
Ariès, Philippe	Geschichte der Kindheit München 1975
Arnold, Egon	Angewandte Gleichberechtigung im Familienrecht Ein Kommentar zu der Rechtssituation seit dem 1. April 1953 Berlin und Frankfurt 1954
Assmann, Eckhard	Formen und rechtliche Komponenten der Familienpolitik Bielefeld 1974
Barabas, Friedrich/ Sachße, Christoph	Funktion und Grenzen der Reform des Jugendhilferechts KJ 1974, 28
–	Bevölkerungspolitik und Vergesellschaftung von Erziehung KJ 1975, 129
–	Jugendhilferechtsreform oder der unaufhaltsame Abstieg eines Reformgesetzes KJ 1975, 135
Barth, Klaus	Die Betreuungsleistung der Mutter ZBlJugR 1978, 49
–	Soziologische Daten zur Adoption Minderjähriger ZBlJugR 1978, 243
Bartsch, Herbert	Die Kosten für die angemessene Kranken- und Altersversicherung als Teil des Unterhalts nach der Ehescheidung (§ 1578 BGB) JZ 1978, 180
Bast, Heinrich/ Bernecker, Angela/ Kastien, Ingrid/ Schmidt, Gerd/ Wolff, Reinhart (Hrsg.)	Gewalt gegen Kinder. Kindesmißhandlungen und ihre Ursachen Reinbek 1975

Bastian, Günther/   1. EheRG. Das neue Ehe- und Scheidungsrecht
   Roth-Stielow, Klaus   Stuttgart 1978
Bateson, Gregory/   Schizophrenie und Familie
   Jackson, Don D./   Frankfurt 1975
   Laing, Ronald D. u. a.
   (Hrsg.)
Becker, Horst   Die Familie
   Leipzig 1935
Becker, Walter   Die Eigen-Entscheidung des jungen Menschen
   in: Festschrift für Bosch
   S. 37
Beitzke, Günther   Familienrecht
   18. Aufl. München 1976
–   19. Aufl. München 1977
–   20. Aufl. München 1979
–   Mündigkeit und Minderjährigenschutz
   AcP 172, 240
–   Nochmals zur Reform des elterlichen Sorgerechts
   FamRZ 1979, 8
Bernard, Cheryl/   Die ganz gewöhnliche Gewalt in der Ehe
   Schlaffer, Edith   Reinbek 1978
Bergerfurth, Bruno   Zweifelsfragen im neuen Eheverfahrensrecht
   FamRZ 1976, 581
–   Scheidungsantrag nach Ausschluß des Versorgungsausgleichs
   FamRZ 1977, 440
–   Besprechung von Otto Kissel (Hrsg.), Ehe und Ehescheidung
   FamRZ 1977, 885
Bergner, Ludwig   Rentenauskünfte, Rentenschätzung und Parteivereinbarungen über den Versorgungsausgleich
   NJW 1977, 1748
Berkemann, Jörg   Internationale Zuständigkeit, Scheidungsstatut und Gleichberechtigungsgrundsatz
   FamRZ 1977, 295
Bernhardt, Wolfgang   Das Recht des unehelichen Kindes und seine Neuregelung in beiden Teilen Deutschlands
   Bielefeld 1962
Bernsdorf, Wilhelm (Hrsg.)   Wörterbuch der Soziologie
   Frankfurt 1972
Bettelheim, Bruno   Die Kinder der Zukunft
   München 1973
Blanck, Rubin/   Ehe und seelische Entwicklung
   Blanck, Gertrude   Stuttgart 1978
Bleuel, Hans Peter   Kinder in Deutschland
   2. Aufl. München 1974
Böhmer, Christof   Das neue Haager Übereinkommen über die Eheschließung und die Anerkennung von Ehen
   StAZ 1977, 185
Boehmer, Gustav   Das Problem der Brautkinder im deutschen und schweizerischen Recht
   NJW 1963, 1945

–   Zur Entwicklung und Reform des Deutschen Familien- und
                               Erbrechts
                               Tübingen 1970

Böllinger, Lorenz/
  Osborg, Eckart   Psychoanalytische Gruppendynamik im Hochschulstudium.
                               Gefühlsbezogene Hochschuldidaktik – ein Projektbericht
                               Hamburg 1977

Bogs, Harald   Verfassungs- und Systemaspekte zu Gestalt und Praxis des
                               Versorgungsausgleichs
                               FamRZ 1978, 81

Bosch, Friedrich Wilhelm   Teil-Unmündigkeit trotz Volljährigkeit?
                               in: Festschrift für Schiedermair
                               S. 51

–   Die Neuordnung des Eherechts ab 1. Juli 1977. Eine grund-
                               sätzliche Betrachtung
                               FamRZ 1977, 569

–   Die gescheiterte Adoption
                               FamRZ 1978, 656

Boszormenyi-Nagy, Ivan/   Familientherapie 1 + 2. Theorie und Praxis
  Framo, James L. (Hrsg.)   Reinbek 1975

Bowlby, John   Bindung. Eine Analyse der Mutter-Kind-Beziehung
                               München 1975
                               zit.: Bindung

–   Trennung. Psychische Schäden der Folge der Trennung von
                               Mutter und Kind
                               München 1976
                               zit.: Trennung

Braga, S.   Die „subjektive Theorie" oder was sonst?
                               FamRZ 1967, 652

Bréchon, Pierre   La famille. Idées traditionelles, idées nouvelles
                               Paris 1976

Brehm, Wolfgang   Die Zulässigkeitsgrenzen bei einverständlicher Scheidung
                               JZ 1977, 596

Bruch, Carol S.   Property Rights of De Facto Sponses
                               Family Law Quarterly 1976, 101

Brüggemann, Dieter   Gesetz zur Vereinfachten Abänderung von Unterhaltsrenten
                               Heidelberg 1976

–   Zur Frage des Anwaltszwanges im Verfahren auf einstweilige
                               Anordnung nach den §§ 620 ff. ZPO (n.F.)
                               FamRZ 1977, 289

–   Erste Erfahrungen mit dem neuen Eherecht in der Praxis.
                               Übergangsrechtliche Schwierigkeiten
                               FamRZ 1977, 582

–   Familiengerichtsbarkeit
                               in: Kühn/Tourneau: Familienrechtsreform – Chance einer
                               besseren Wirklichkeit?
                               S. 103
                               zit.: Familienrechtsreform

–   Familiengerichtsbarkeit. Verfahren in Ehesachen im allgemeinen. Verfahren in anderen Familiensachen
FamRZ 1978, 1

–   Drei neuralgische Punkte des materiellen Scheidungsrechts
FamRZ 1978, 91

Brühl, G.   Unterhaltpflichten analog §§ 1569 ff. BGB nach wilder Ehe?
FamRZ 1978, 859

Brunner, Otto   Das „Ganze Haus" und die alteuropäische Ökonomik
in: Oeter, Familie und Gesellschaft
S. 120

Büddenbender, Ulrich   Die Neuordnung der „Schlüsselgewalt" in § 1357 n.F. BGB
FamRZ 1976, 662

Bürgle, Helmut   Zum Versorgungsausgleich bei Scheidungen mit Auslandsberührung
FamRZ 1978, 388

Burckhardt, Jürgen   Der Ausgleich für Mitarbeit eines Ehegatten in Beruf oder Geschäft des anderen (§ 1356 II BGB)
Bielefeld 1971

Busch, Friedrich W.   Familienerziehung in der sozialistischen Pädagogik der DDR
Düsseldorf 1972

Buschmann, Walter   Künftiges Scheidungsrecht und Kindeswohl aus sozialwissenschaftlicher Sicht
RdJ 1977, 282

Caesar, Beatrice   Autorität in der Familie. Ein Beitrag zum Problem der schichtenspezifischen Sozialisation
Reinbek 1977

Canaris, Claus-Wilhelm   Das Verlöbnis als „gesetzliches" Rechtsverhältnis. Ein Beitrag zur Lehre von der „Vertrauenshaftung"
AcP 165, 1

–   Atypische faktische Arbeitsverhältnisse
BB 1967, 165

Claessens, Dieter   Familie und Wertsystem. Eine Studie zur „zweiten, soziokulturellen Geburt" des Menschen und der Belastbarkeit der Kernfamilie
3. Aufl. Berlin 1972

Claessens, Dieter/
Menne, Ferdinand W.   Zur Dynamik der bürgerlichen Familie und ihrer möglichen Alternativen
in: Lüschen/Lupri, Soziologie der Familie
S. 169
(= Claessens/Milhoffer, Reader zur Familiensoziologie, S. 313)

Claessens, Dieter/
Milhoffer, Petra   Familiensoziologie. Ein Reader als Einführung
Frankfurt 1973

Coester, Michael   Eheverfehlungen als Kriterium der Sorgerechtsentscheidung nach neuem Recht
FamRZ 1977, 217

Coester-Waltjen, Dagmar   Von der elterlichen Gewalt zur elterlichen Sorge
ZRP 1977, 177

–	Neuregelung der elterlichen Sorge, §§ 1626–1633EFrakt in: Juristinnenbund, Neues elterliches Sorgerecht S. 67
Coester, Michael/ Coester-Waltjen, Dagmar	Zivilrechtliche Probleme legaler Schwangerschaftsunterbrechung nach deutschem und amerikanischem Recht ZBlJugR 1976, 459
Coing, Helmut	Empfiehlt es sich, das gesetzliche Erbrecht und das Pflichtteilsrecht neu zu regeln? Gutachten A zum 49. Deutschen Juristentag 1972
Conze, Werner (Hrsg.)	Sozialgeschichte der Familie in der Neuzeit Europas Stuttgart 1977
Cooper, David	Der Tod der Familie Reinbek 1972
Cosack, Konrad	Lehrbuch des Deutschen bürgerlichen Rechts auf der Grundlage des bürgerlichen Gesetzbuchs für das Deutsche Reich 2. Band Jena 1900
Dahrendorf, Ralf	Gesellschaft und Demokratie in Deutschland München 1968
Damrau, Jürgen	Das Verfahren bei der Konventionalscheidung nach dem 1. EheRG NJW 1978, 1169
–	Probleme des neuen Rechts der Ehescheidung NJW 1977, 1620
Danzig, Helga	Kindschaftsrecht Darmstadt 1974 zit.: Kindschaftsrecht
–	Die Ersatzfamilie als Lebenschance für Kinder? in: Kühn/Tourneau, Familienrechtsreform – Chance einer besseren Wirklichkeit? S. 193 zit.: Ersatzfamilie
David, Pierre	Psychanalyse et famille Paris 1976
Denninger, Erhard	Staatsrecht. Einführung in die Grundprobleme des Verfassungsrechts der Bundesrepublik Deutschland Bd. 1. Die Leitbilder: Leerformeln? Lügen? Legitimationen? Reinbek 1973
Derleder, Annegret/ Derleder, Peter	Kindesbetreuung und Ehegattenunterhalt FamRZ 1977, 587
Deubner, Karl G.	Die Beweislastverteilung bei Anwendung des § 48 Abs. 2 EheG NJW 1969, 1645
–	Der Vorrang der Zerrüttungsvermutung im Scheidungsrecht NJW 1978, 2585
Dieckmann, Albrecht	Unterhalts- und versorgungsrechtliche Betrachtungen zur Reform des Scheidungsrechts in: Festschrift für Bosch S. 119

Egner, Erich	Epochen im Wandel des Familienhaushalts
	in: Oeter, Familie und Gesellschaft
	S. 57
Ell, Ernst	Elterliche Gewalt
	Jugendwohl 1976, 113
–	Regelung des Verkehrsrechts
	Jugendwohl 1976, 193
Endemann, F.	Lehrbuch des Bürgerlichen Rechts
	2. Band 2. Abteilung Familienrecht
	8. und 9. Aufl. Berlin 1908
Engels, Friedrich	Die Lage der arbeitenden Klasse in England
	MEW 2, 225
	Berlin (Ost) 1970
–	Ludwig Feuerbach und der Ausgang der klassischen deutschen Philosophie
	Berlin (Ost) 1969
–	Der Ursprung der Familie, des Privateigentums und des Staats. Im Anschluß an Lewis H. Morgan's Forderungen
	Berlin (Ost) 1964
	zit.: Ursprung
Engler, Helmut	Der Entwurf eines Gesetzes über die Annahme als Kind
	FamRZ 1975, 125
–	Zur Adoption eines nichtehelichen Kindes durch seine Mutter
	FamRZ 1975, 325
–	Vaterlos durch Adoption?
	FamRZ 1976, 17
–	Das neue Adoptionsrecht
	FamRZ 1976, 584
Enke-Ferchland, Editha/ Enke, Helmut	Emanzipation: Rollenkonflikte in der Kleinfamilie
	in: Pflüger, Konflikt Familie
	S. 44
Enneccerus, Ludwig/ Kipp, Theodor/ Wolff, Martin	Lehrbuch des Bürgerlichen Rechts
	2. Band 2. Abteilung: Das Familienrecht
	1. und 2. Aufl. Marburg 1912
–	2. Bearbeitung Marburg 1914
Enneccerus, Ludwig/ Nipperdey, Hans Carl	Allgemeiner Teil des Bürgerlichen Rechts
	15. Aufl. Tübingen 1959
Erd-Küchler, Heide	Objektiver Faktor Subjektivität?
	KJ 1975, 141
–	Die Entwicklung der familienrechtlichen Stellung der Frau in der BRD nach 1945
	Maschinenschriftliches Manuskript Frankfurt 1976
Erikson, Erik H.	Identität und Lebenszyklus
	3. Aufl. Frankfurt 1976
–	Kindheit und Gesellschaft
	5. Aufl. Stuttgart 1974

Erman, Walter   Handkommentar zum BGB
5. Aufl. Münster 1972

Evans- von Krbek,
    Franziska-Sophie   Gemeinsame elterliche Gewalt über das Kind nach der Scheidung?
FamRZ 1975, 20

–   Gemeinsame elterliche Gewalt nach der Scheidung
FamRZ 1977, 371

Fahr, Ulrich   Die Neuregelung der Schlüsselgewalt durch das Gleichberechtigungsgesetz
Bielefeld 1962

Familienberichte der Bundesregierung
1. Familienbericht BT – Ds 6/2532
2. Familienbericht BT – Ds 7/3502

Familienrechtskommission
des Juristinnenbundes   Neues elterliches Sorgerecht. Alternativentwurf eines Gesetzes zur Neuregelung des Rechts der elterlichen Sorge mit Begründung und Stellungnahmen
Bielefeld 1977

Feil, Johannes (Hrsg.)   Wohngruppe, Kommune, Großfamilie
Reinbek 1972

Fengler, Jörg   Familie und Wohkollektiv
in: Pflüger, Konflikt Familie
S. 76

Fenn, Herbert   Die Mitarbeit in den Diensten Familienangehöriger
Bad Homburg 1970

Ferid, Murad   Glosse: „Der heiratslustige Hatschi" oder Der wirklich nicht praktische Fall mit dem weggeblasenen Kollisionsrecht
in: Festschrift für Kegel
S. 473

Festschrift für Friedrich Wilhelm Bosch zum 65. Geburtstag
Bielefeld 1976

Festschrift für Adalbert Erler, „Rechtsgeschichte als Kulturgeschichte"
Aalen 1976

Festschrift für Hans Hinderling, „Familienrecht im Wandel"
Basel und Stuttgart 1976

Festschrift für Gerhard Schiedermair
München 1976

Festschrift gewidmet der Tübinger Juristenfakultät, „Tradition und Fortschritt im Recht"
Tübingen 1977

Festschrift für Gerhard Kegel, „Internationales Privatrecht und Rechtsvergleichung im Ausgang des 20. Jahrhundert, Bewahrung oder Wende?"
Frankfurt 1977

Festschrift für Murad Ferid, „Konflikt und Ordnung"
München 1978

Filser, Franz   Einführung in die Familiensoziologie
Paderborn. München. Wien. Zürich 1978

Finger, Peter   Mitwirkendes Verschulden und Haftung für Dritte
JR 1972, 406

–	Sind Einkommen und Arbeitskraft bei der Bewertung der Vermögensverhältnisse im Rahmen des § 1365 BGB zu berücksichtigen? JZ 1975, 461
Finkbeiner, Elke	Ein kapitalistisches Gruselmärchen KJ 1975, 148
Firsching, Karl	Einführung in das Internationale Privatrecht München 1974
Fließ, Henning	Von der Berufung unserer Zeit zur Gesetzgebung FamRZ 1978, 394
Floriot, René	La réforme du divorce Paris 1975
Foucault, Michel	Histoire de la sexualité Band 1: La volonté de savoir Paris 1976
Foudrain, J.	Schizophrenie und Familie. Überblick über die Literatur zur Ätiologie der Schizophrenie aus den Jahren 1956–1960 in: Bateson/Jackson/Laing, Schizophrenie und Familie S. 305
Frantz	Richtung und Grundgedanken der reichsgerichtlichen Rechtsprechung zum Ehegesetz DR 1941, 1028
–	Zur Rechtsprechung des Reichsgerichts auf familienrechtlichem Gebiet NJW 1949, 448
Franz, Walter	Das Gesetz zur vereinfachten Abänderung von Unterhaltsrenten FamRZ 1977, 24
Freisler, Roland	Vom alten zum neuen Ehescheidungsrecht. Kritik – Vorschlag – Begründung Berlin 1937
Friederici, Peter	Der Versorgungsausgleich als Mustersystem zukünftiger Alters- und Hinterbliebensicherung? ZRP 1978, 234
Fromm, Erich	Autorität und Familie, sozialpsychologischer Teil in: Horkheimer, Autorität und Familie S. 87
Frommann, Matthias	Die Wahrnehmung der Interessen Minderjähriger im vormundschafts- bzw. familiengerichtlichen Erkenntnisverfahren der freiwilligen Gerichtsbarkeit Diss. Frankfurt 1977
Furman, Erna	Ein Kind verwaist Stuttgart 1977
Gastager, Heimo/ Gastager, Susanne	Die Fassadenfamilie. Ehe und Familie in der Krise. Analyse und Therapie München 1973
Gastiger, Sigmund/ Oswald, Günther	Familienrecht Stuttgart 1978

Gehlen, Arnold	Die Seele im technischen Zeitalter. Sozialpsychologische Probleme in der industriellen Gesellschaft Hamburg 1957 zit.: Technisches Zeitalter
–	Anthropologische Forschung. Zur Selbstbegegnung und Selbstentdeckung des Menschen Reinbek 1961 zit.: Anthropologische Forschung
–	Studien zur Anthropologie und Soziologie Neuwied 1963 zit.: Studien
Gehlen, Arnold/ Schelsky, Helmut (Hrsg.)	Soziologie. Ein Lehr- und Handbuch zur modernen Gesellschaftskunde 6. Aufl. Düsseldorf, Köln 1965
Gerhard, Ute	Verhältnisse und Veränderungen. Frauenarbeit, Familie und Rechte der Frauen im 19. Jahrhundert Frankfurt 1978
Gerlicher, Karl (Hrsg.)	Familientherapie in der Erziehungsberatung Weinheim und Basel 1977
Gernhuber, Joachim	Lehrbuch des Familienrechts 2. Aufl. München 1971
–	Kindeswohl und Elternwille FamRZ 1973, 229
–	Neues Familienrecht. Eine Abhandlung zum Stil des jüngeren Familienrechts Tübingen 1977 zit.: Neues Familienrecht
Giesen, Dieter	Zur Problematik der Einführung einer Familiengerichtsbarkeit in der Bundesrepublik Deutschland Paderborn 1975 zit.: Familiengerichtsbarkeit
–	Gleichberechtigungsgebot und Familienschutz im Erwerbsleben in: Festschrift für Bosch S. 309
–	Familienrechtsreform zum Wohle des Kindes? Bemerkungen zum Sorgerechts-Entwurf Bt-Drucks. 8/111 und zum neuen Ehescheidungsfolgenrecht FamRZ 1977, 594
–	Ehe- und Familienrecht. Schwerpunkt Scheidungsfolgen in: Praxis des neuen Familienrechts S. 155
Glendon, Mary Ann	Marriage and the state: The withering away of marriage Virgina Law Review 1976, 663
–	State, Law and Family Amsterdam. New York. Oxford 1977
Göppinger, Horst	Vereinbarungen anläßlich der Ehescheidung 3. Aufl. München 1978

Görgens, Bernhard	Zur Rechtsprechung der Oberlandesgerichte zu den Härteklauseln im neuen Scheidungsrecht (insbesondere zu §§ 1568, 1565 II BGB) FamRZ 1978, 647
Görgens, Peter	Neue Wege im Unterhaltsrecht. Das österreichische Unterhaltsvorschußgesetz und die Hamburger Unterhaltsvorschußkasse JZ 1978, 422
Görlitz, Axel (Hrsg.)	Handlexikon zur Rechtswissenschaft München 1972
Goldstein, Joseph/ Freud, Anna/ Solnit, Albert J.	Jenseits des Kindeswohls Frankfurt 1974
Goode, William J.	Soziologie der Familie 5. Aufl. München 1973
Gordon, Thomas	Familienkonferenz. Die Lösung von Konflikten zwischen Eltern und Kindern 2. Aufl. Hamburg 1972
Gottschalch, Wilfried	Schülerkrisen Reinbek 1977
Grandke, Anita (Hrsg.)	Familienrecht. Lehrbuch 2. Aufl. Berlin (Ost) 1977
Graßhof, Karin	Zur Rechtsmittelzuständigkeit in Familiensachen FamRZ 1978, 323
Greiff, Christian	Die Ordnung der Ehe Berlin 1977
Güllemann, Dirk	Berufs- und Ausbildungswahl zwischen Elternrecht und Kindeswohl MDR 1975, 293
Habscheid, Walther J.	Vermutungen im neuen Scheidungsrecht in: Festschrift für Bosch S. 355
Haffter, C.	Kinder aus geschiedenen Ehen 2. Aufl. Bern 1960
Hammer	Die Eherechtskommission der EKD und § 48 II EheG JZ 1968, 557
Hansen, Karin	Familie als Gegenstand Historischer Sozialwissenschaft. Bemerkungen zu einer Forschungsstrategie in: Wehler, Historische Familienforschung und Demographie S. 171 zit.: Historische Familienforschung
–	Die Polarisierung der „Geschlechtscharaktere" – eine Spiegelung der Dissoziation von Erwerbs- und Familienleben in: Conze, Sozialgeschichte der Familie in der Neuzeit Europas S. 363 zit.: Sozialgeschichte

Hardach-Pinke, Irene/
Hardach, Gerd (Hrsg.)   Deutsche   Kindheiten.   Autobiographische   Zeugnisse
                               1700–1900
                               Kronberg 1978

Harig, Gertrud/
Tietze, Gertrud   Vom Umgang mit dem § 218. Sozialmedizinische Überle-
                               gungen zum Schwangerschaftsabbruch
                               in: Kühn/Tourneau, Familienrechtsreform – Chance einer
                               besseren Wirklichkeit?
                               S. 273

Harris, Christopher C.   Die Familie. Eine Einführung in ihre Soziologie
                               Freiburg 1973

Hartwieg, Oskar/
Rebe, Bernd   Familienrecht und Familiensoziologie
                               in: Kühn/Tourneau, Familienrechtsreform – Chance einer
                               besseren Wirklichkeit?
                               S. 17

Hassenstein, Bernhard   Faktische Elternschaft: ein neuer Begriff der Familiendyna-
                               mik und seine Bedeutung
                               Familiendynamik 1977, 104

Heinsohn, Gunnar/
Knieper, Rolf   Erziehungsrechtsreform in der Bundesrepublik
                               KJ 1974, 1

–   Über die Leistungsgrenzen einer Familienrechtstheorie
                               KJ 1975, 415

–   Theorie des Familienrechts. Geschlechtsrollenaufhebung,
                               Kindesvernachlässigung, Geburtenrückgang
                               Frankfurt 1974

Held, Thomas   Soziologie der ehelichen Machtverhältnisse
                               Darmstadt. Neuwied 1978

Helfer, Ray E./
Kempe, Henry C.   Das geschlagene Kind
                               Frankfurt 1978

Henke, Horst-Eberhard   Die widersprüchliche juristische Ausbildung
                               FAZ vom 21. 5. 1977, S. 13

Henrich, Dieter   Schuldrechtliche Ausgleichsansprüche in der Rechtsprechung
                               des Bundesgerichtshofs
                               FamRZ 1975, 533

–   Familienrecht
                               2. Aufl. Berlin 1977

–   Schuld ohne Sühne? Rechtsvergleichende Betrachtungen zum
                               Ehescheidungsrecht
                               in: Festschrift für Ferid
                               S. 525

Heubeck, Klaus   Betriebsrenten im Versorgungsausgleich nach der Barwert-
                               Verordnung
                               BB 1977, Beilage 6 (zu Heft 32)

Hill, Reuben   Gegenwärtige Entwicklungen der Familientheorie und ihre
                               konzeptionellen Probleme
                               in: Lüschen/Lupri, Soziologie der Familie
                               S. 68

Hillermeier, Karl	Das Erste Gesetz zur Reform des Ehe- und Familienrechts aus der Sicht der Bundesratsvorschläge FamRZ 1976, 577
Hinz, Manfred	Kindesschutz als Rechtsschutz und elterliches Sorgerecht Paderborn 1976
Höhne, Norbert	Gerichtliche Kontrolle elterlicher Fehlentscheidungen Diss. Frankfurt 1974
Hoffmann, Edgar/ Stephan, Walter	Ehegesetz. Kommentar 2. Aufl. München 1968
Hoffmann, Martin	Der vollständige Ausschluß des Versorgungsausgleichs durch einen Ehevertrag NJW 1977, 235
Hoffmann-Riem, Wolfgang (Hrsg.)	Sozialwissenschaften im Studium des Rechts Band 2: Verfassungs- und Verwaltungsrecht München 1977
–	Rechtswissenschaft als Rechtsanwendungswissenschaft. Lernzielthesen zur Integration von Rechts- und Sozialwissenschaft in: Hoffmann-Riem, Sozialwissenschaften im Studium des Rechts S. 1
Hohmann, Angela	Einwilligung Minderjähriger in Heilbehandlungen in: Juristinnenbund, Neues elterliches Sorgerecht S. 121
Holzhauer, Heinz	Die Neuregelung des Unterhalts Geschiedener JZ 1977, 73
–	Auslegungsprobleme des neuen Ehrechts JZ 1977, 729
Hopf, Gerhard	Ein Jahr Unterhaltsvorschüsse in Österreich in: Praxis des neuen Familienrechts S. 207
Horn, Norbert/ Tietz, Reinhard (Hrsg.)	Sozialwissenschaften im Studium des Rechts Band 1: Zivil- und Wirtschaftsrecht München 1977
Horkheimer, Max (Hrsg.)	Autorität und Familie. Forschungsberichte aus dem Institut für Sozialforschung Paris 1936
–	Allgemeiner Teil in: Horkheimer, Autorität und Familie S. 3
Huhn, Diether	Der Fall Familie. Recht und Unrecht einer bürgerlichen Einrichtung Darmstadt und Neuwied 1977
Humanistische Union	§ 48 EheG. Eine Dokumentation zur zwangsweisen Aufrechterhaltung zerrütteter Ehen München 1968
Huvalé, Victor	Erste Erfahrungen mit der Hamburger Unterhaltsvorschußkasse in: Praxis des neuen Familienrechts S. 229

Imhof, Arthur E.	Ländliche Familienstrukturen an einem hessischen Beispiel: Heuchelheim 1690–1900 in: Conze, Sozialgeschichte der Familie in der Neuzeit Europas S. 197
Institut Nationale d'Etudes Démographiques	Le divorce et les français Band 1: Travaux et documents 69 Paris 1974 Band 2: Travaux et documents 72 Paris 1975
–	Le mariage dans la société française contemporaine. Travaux et documents 73 Paris 1975
Isele, Hellmut Georg	Familie und Familienerbe Tübingen 1938
Janssen-Jureit, Marielouise	Sexismus. Über die Abtreibung der Frauenfrage München. Wien 1976
Jauernig, Othmar	Weitere praktische Erfahrung mit dem neuen Verfahrensrecht in Familiensachen FamRZ 1977, 761
–	Neues zur praktischen Handhabung des § 119 Abs. I Nr. 1 GVG FamRZ 1978, 566
Jayme, Erik	Eherechtsreform und internationales Privatrecht NJW 1977, 1378
–	Versorgungsausgleich in Auslandsfällen NJW 1978, 2417
Johannsen, Kurt H.	Die Rechtsprechung des BGH zum Ehescheidungsrecht in der Zeit vom 1. 3. 1968 bis zum 28. 2. 1969 FamRZ 1969, 353
–	Vaterschaftsfeststellung bei nichtehelicher Abstammung in: Festschrift für Bosch S. 469
–	Vermögensrechtliche Auseinandersetzung unter Ehegatten nach Auflösung der Ehe beim Güterstand der Zugewinngemeinschaft WM 1978, 654
Johansen, Erna M.	Betrogene Kinder Frankfurt 1978
Johnson, Harry N.	Strukturell-funktionale Theorie der Familien- und Verwandtschaftssysteme in: Lüschen/Lupri, Soziologie der Familie S. 32
Jonas, Friedrich	Die Institutionenlehre Arnold Gehlens Tübingen 1969
Jülkenbeck, Hermann	Die Regelung des Sorge- und Verkehrsrechts über Kinder aus geschiedenen Ehen in: Festschrift für König S. 420

Kahl
Zur Reform des Ehescheidungsrechts
DJZ 1927, 553

Kalthoener, Elmar/
Haase-Becker, Inga/
Büttner, Helmut
Die Rechtsprechung der Landgerichte zur Höhe des Unterhalts
München 1975

Kaufmann, Ekkehard
Das „sittliche Wesen" der Ehe als Maßstab für die inhaltliche Bestimmung der Normen bei der Kodifizierung des Bürgerlichen Gesetzbuches
in: Festschrift für Erler
S. 649

Kay, Herma Hill
Text, cases and materials on sex-based discrimination in family law
St. Paul 1974

Kegel, Gerhard
Internationales Privatrecht
3. Auflage München 1971

Kirchhof, Paul
Die Grundrechte des Kindes und das natürliche Elternrecht
in: Praxis des neuen Familienrechts
S. 171

Kissel, Otto Rudolph (Hrsg.)
Ehe und Ehescheidung 1 + 2
Frankfurt 1977

–
Die Überleitung nach dem 1. Eherechtsreformgesetz
DRiZ 1978, 133

Klar, Wolfgang
Entscheidungsrelevante psychologisch-pädagogische Faktoren im Sorgerechtsverfahren von Scheidungskindern
Zeitschrift für Kinder- und Jugendpsychiatrie 1973, 37

Klippel, Diethelm
Besprechung von R. König, Familie – Alter, Mühlfeld, Familiensoziologie und Neidhardt, Die Familie in Deutschland
FamRZ 1977, 565

–
Entstehung und Strukturwandel der modernen Familie
FamRZ 1978, 558

Klunzinger, Eugen
Mitarbeit im Familienverband
FamRZ 1972, 70

Knapp, Wolfgang
Der Referentenentwurf des Jugendhilfegesetzes und die Reform des Jugendhilferechts
ZRP 1978, 136

Knieper, Rolf
Personensorge für Kinder und Scheidung der Eltern
JZ 1976, 158

Knöpfel, Gottfried
Zur Neuordnung des elterlichen Sorgerechts
FamRZ 1977, 600

–
Neuregelung des Rechts der elterlichen Sorge
in: Praxis des neuen Familienrechts
S. 189

Knur, Alexander
Probleme der Zugewinngemeinschaft
Köln und Opladen 1954

Köhler, Wolfgang
Handbuch des Unterhaltsrechts
4. Aufl. München 1978

König, René — Soziologie der Familie
in: Gehlen/Schelsky, Soziologie
S. 121
zit.: Gehlen/Schelsky

– Familie und Familiensoziologie
in: Bernsdorf, Wörterbuch der Soziologie
S. 207
Zit.: Wörterbuch der Soziologie

– Materialien zur Soziologie der Familie
2. Aufl. Köln 1974
zit.:
Materialien

– Die Familie der Gegenwart
München 1975
zit.: Gegenwartsfamilie

– 2. Aufl. München 1977
zit.: Gegenwartsfamilie (2.)

König, René/
Rosenmayr, Leopold — Handbuch der empirischen Sozialforschung. Band 7: Familie, Alter
2. Aufl. Stuttgart 1976
zit.: Handbuch

Könneker, Marie-Luise
(Hrsg.) — Kinderschaukel 1 + 2. Ein Lesebuch zur Geschichte der Kindheit in Deutschland 1745–1930
Neuwied 1976

Kötz, Hein — Deliktsrecht
Frankfurt 1976

Kramer, Helmut — Informationenkrise des Rechts und Veröffentlichungspraxis
ZRP 1976, 84

Kriele, Martin — § 218 StGB nach dem Urteil des Bundesverfassungsgerichts
ZRP 1975, 73

Kropholler, Jan — Das Haager Abkommen über den Schutz Minderjähriger
Bielefeld 1966

– Gleichberechtigung und Aufenthaltsprinzip im deutschen IPR
FamRZ 1976, 316

Krüger, Hildegard/
Breetzke, Ernst/
Nowack, Kuno — Gleichberechtigungsgesetz. Kommentar
München und Berlin 1958

Krüll, Marianne — Schizophrenie und Gesellschaft
München 1977

Kübler, Friedrich — Der deutsche Richter und das demokratische Gesetz
AcP 162, 104

Kühn, Evelyn — Scheidungsrecht in rechtspolitischer und sozialwissenschaftlicher Perspektive
ZRP 1975, 163

Kühn, Evelyn/
Tourneau, Ingrid (Hrsg.) — Familienrechtsreform – Chance einer besseren Wirklichkeit?
Bielefeld 1977

Kühne, Gunther — Zuwendungen unter Ehegatten und Zugewinnausgleich
FamRZ 1978, 221

Kühnl, Reinhard — Formen bürgerlicher Herrschaft. Liberalismus – Faschismus
Band 1 Reinbek 1971

Kunz, Achim — Besteht noch eine Unterhaltspflicht zwischen Verwandten
zweiten oder entfernteren Grades?
FamRZ 1977, 791

Kunze, Sigrid — Überlegungen zur Neufassung des § 1666 BGB
in: Juristinnenbund, Neues elterliches Sorgerecht
S. 155

Kurr, Jochen — Vertragliches „Einvernehmen" der Ehegatten gemäß § 1356
I S. 1 BGB?
FamRZ 1978, 2

Lacroix, Jean — Forces et faiblesses de la famille
Paris 1957

Laing, Ronald D. — Die Politik der Familie
Köln 1974

Laing, Ronald D./ — Sanity, madness and the family
Esterton, A. — 2. Aufl. London 1969

Lange, Heinrich — Der Bundesgerichtshof und die erb- und güterrechtliche Lösung des § 1371 BGB
NJW 1965, 369

Lange, Hermann — Kontinuität und Diskontinuität in der Entwicklung des Familienrechts
in: Festschrift Tübinger Juristenfakultät
S. 355

Langenfeld, Gerrit — Vereinbarungen über den Versorgungsausgleich in der Praxis
NJW 1978, 1503

Larenz, Karl — Zur „Institution Ehe"
JZ 1968, 96

Laslett, Peter — Familie und Industrialisierung: eine „starke Theorie"
in: Conze, Sozialgeschichte der Familie in der Neuzeit Euro-
pas
S. 13

Lau, Heinrich — Naturrecht und Restauration in der BRD
KJ 1975, 244

Lebrun, François — La vie conjugale sous l'Ancien Régime
Paris 1975

Lecheler, Helmut — Der Schutz der Familie
FamRZ 1979, 1

Lehmann-Jessen, Elsbeth — Nochmals: Die Adoption des nichtehelichen Kindes durch
seine Mutter
FamRZ 1976, 14

– — Das nichteheliche Kind und seine Mutter
in: Kühn/Tourneau, Familienrechtsreform – Chance einer
besseren Wirklichkeit?
S. 235

Lempp, Reinhard — Die Rechtsstellung des Kindes aus geschiedener Ehe aus kin-
der- und jugendpsychiatrischer Sicht
NJW 1972, 315

–	Die Ehescheidung und das Kind München 1976
–	Der Entwurf eines Gesetzes zur Neuregelung des Rechtes der elterlichen Sorge aus kinder- und jugendpsychiatrischer Sicht ZBlJugR 1977, 507
Lempp, Reinhard/ Röder, Doris	Die kinder- und jugendpsychiatrische Problematik bei Kindern aus geschiedenen Ehen Zeitschrift für Kinder- und Jugendpsychiatrie 1973, 25
Libman, Jean	Le nouveau divorce Paris 1976
Lidz, Theodore	Skizze einer Theorie der schizophrenen Störung Familiendynamik 1976, 90
Lieb, Manfred	Die Ehegattenmitarbeit im Spannungsfeld zwischen Rechtsgeschäft, Bereicherungsausgleich und gesetzlichem Güterstand Tübingen 1970
Lüderitz, Alexander	Recht von anonymen Richtern? AcP 168, 321
–	Empfiehlt es sich, Gründe und Folgen der Ehescheidung neu zu regeln? Gutachten B zum 48. Deutschen Juristentag 1970 zit.: Gutachten
–	Erneut: Gleichberechtigung im internationalen Eherecht FamRZ 1970, 169
–	Die Rechtsstellung ehelicher Kinder nach Trennung ihrer Eltern im künftigen Recht der Bundesrepublik Deutschland FamRZ 1975, 605
–	Das neue Adoptionsrecht NJW 1976, 1865
–	Mögliche Aufgaben von Humanwissenschaften bei der Ausbildung des Juristen im Familienrecht in: Horn/Tietze, Sozialwissenschaften im Studium des Rechts S. 83 zit.: JuS – Didaktik
–	Elterliche Sorge als privates Recht AcP 178, 263
–	Neues elterliches Sorgerecht FamRZ 1978, 375
Lüderitz, Alexander/ Lenzen, Gerhard	Übertragung der elterlichen Gewalt an beide Elternteile nach Scheidung? FamRZ 1975, 675
Lüke, Gerhard	Die persönlichen Ehewirkungen und die Scheidungsgründe nach dem neuen Ehe- und Familienrecht in: Festschrift für Bosch S. 627
–	Erste Entscheidungen zum neuen Ehescheidungsrecht NJW 1978, 139

Lüschen, Günther/
Lupri, Eugen (Hrsg.)   Soziologie der Familie (Kölner Zeitschrift für Soziologie und
                             Sozialpsychologie, Sonderheft 14)
                             2. Aufl. Opladen 1974
Luther, Gerhard   Probleme der internationalen Zuständigkeit in Ehesachen
                             in: Festschrift für Ferid
                             S. 291
MacPherson, C. W.   Die politische Theorie des Besitzindividualismus
                             Frankfurt 1973
Maiberg, Hermann   Ehegatten-Innengesellschaft nach der Rechtsprechung des
                             Bundesgerichtshofs
                             DB 1975, 385
Maier-Reimer, Hedwig   Empfiehlt es sich, Gründe und Folgen der Ehescheidung neu
                             zu regeln?
                             Gutachten A zum 48. Deutschen Juristentag 1970
Makarov, Alexander N.   Deutsches Staatsangehörigkeitsrecht. Kommentar
                             2. Aufl. Frankfurt. Berlin 1961
Malinowski, Bronislaw   Eine wissenschaftliche Theorie der Kultur
                             Frankfurt 1975
Mantell, David Mark   Familie und Aggression. Zur Einübung von Gewalt und Ge-
                             waltlosigkeit
                             Frankfurt 1972
Marcuse, Herbert   Marxismus und Feminismus
                             Jahrbuch für Politik 6, 86
Marmon, Joachim/
Richter, Wolfgang/
Tietze, Karl   Selbsthilfeaktionen – Möglichkeiten und Grenzen am Beispiel
                             des Arbeitskreises zur Förderung von Pflegekindern
                             in: Kühn/Tourneau, Familienrechtsreform – Chance einer
                             besseren Wirklichkeit?
                             S. 265
Marx, Karl   Thesen über Feuerbach
                             in: Engels, Ludwig Feuerbach und der Ausgang der klassi-
                             schen deutschen Philosophie
                             S. 73
–   Das Kapital. Kritik der politischen Ökonomir
                             MEW 23
                             Berlin (Ost) 1972
Maßfeller, Franz   Das großdeutsche Ehegesetz vom 6. Juli 1938 und seine Aus-
                             führungsvorschriften
                             2. Aufl. Berlin 1939
von Maydell, Bernd   Der Versorgungsausgleich
                             FamRZ 1977, 172
–   Dispositionsmöglichkeiten der Ehegatten im Rahmen des
                             Versorgungsausgleichs
                             FamRZ 1978, 749
Medick, Hans   Zur strukturellen Funktion von Haushalt und Familie im
                             Übergang von der traditionellen Agrargesellschaft zum indu-

striellen Kapitalismus: die proto-industrielle Familienwirt-
schaft
in: Conze, Sozialgeschichte der Familie in der Neuzeit Euro-
pas
S. 254

Menger, Anton Das bürgerliche Recht und die besitzlosen Volksklassen. Eine
Kritik des Entwurfs eines Bürgerlichen Gesetzbuches für das
Deutsche Reich
Tübingen 1890

Menschik, Jutta Gleichberechtigung oder Emanzipation? Die Frau im Erwerbsleben der Bundesrepublik
Frankfurt 1971 .
zit.: Gleichberechtigung

– Grundlagentexte zur Emanzipation der Frau
Köln 1976
zit.: Emanzipation

– Feminismus. Geschichte – Theorie – Praxis
Köln 1977
zit.: Feminismus

Michel, Andrée Famille, industrialisation, logement
Paris 1959

– La sociologie de la famille
Paris. Den Haag 1970

– Sociologie de la famille et du mariage
2. Aufl. Paris 1978

Milhoffer, Petra Familie und Klasse. Ein Beitrag zu den politischen Konsequenzen familialer Sozialisation
Frankfurt 1973

Mitscherlich, Alexander Auf dem Weg zur vaterlosen Gesellschaft
10. Aufl. München 1973

Mittelbach, R. Angehörige als Arbeitnehmer und Gesellschafter
3. Aufl. Herne. Berlin 1977

Mitterauer, Michael Auswirkungen von Urbanisierung und Frühindustrialisie-
rung auf die Familienverfassung an Beispielen des österreichi-
schen Raumes
in: Conze, Sozialgeschichte der Familie in der Neuzeit Euro-
pas
S. 53

Mitterauer, Michael/
Sieder, Reinhard Vom Patriarchat zur Partnerschaft – zum Strukturwandel der
Familie
München 1977

Mnookin, R. A. Was stimmt nicht mit der Formel „Kindeswohl"?
FamRZ 1975, 1

Mollenhauer, Klaus
Brumlik, Micha/
Wudtke, Hubert Die Familienerziehung
München 1975

Moritz, Heinz Peter Das „Bestimmungsrecht" der Eltern gegenüber volljährigen
Unterhaltsberechtigten
RdJ 1977, 264

Motive zu dem Entwurfe eines Bürgerlichen Gesetzbuches für das Deutsche Reich Band IV.
Familienrecht
Leipzig 1888

Mühlfeld, Klaus   Familiensoziologie. Eine systematische Einführung
Hamburg 1976

Müller, Wolfgang   Verfassungswidrigkeit des Versorgungsausgleichs bei „Altehen"?
NJW 1977, 1745

–   Zwischenbilanz zum Versorgungsausgleich
NJW 1978, 2273

Müller-Freienfels, Wolfram   Scheidungsstatut und Gleichberechtigung
JZ 1957, 141

–   Ehe und Recht
Tübingen 1962

–   Zur Scheidung wegen Glaubenswechsels
JZ 1964, 305

–   „Spanienheiraten" Geschiedener im Meinungsstreit
in: Festschrift für Kegel
S. 55

von Münch, Eva Maria   Reform des Ehescheidungsrechts
Berlin. New York 1971

Münchener Kommentar zum Bürgerlichen Gesetzbuch
Band 5: Familienrecht
München 1978
zit.: MK

Münder, Johannes   Forum: Elterliche Gewalt und schulische Ausbildung des Jugendlichen
JuS 1976, 74

–   Elterliche Gewalt und Wohl des Kindes
RdJ 1977, 358

Münder, Johannes/
Kühn, Evelyn   Mögliche Aufgaben empirischer Wissenschaften im Familienrecht, verdeutlicht am Beispiel des Kindeswohls
in: Horn/Tietze, Sozialwissenschaften im Studium des Rechts
S. 97

Muldworf, Bernard   Von Beruf Vater
Zürich. Köln 1975

Neidhardt, Friedhelm   Die Familie in Deutschland. Gesellschaftliche Stellung, Struktur und Funktion
4. Aufl. Opladen 1975

Neumann, Franz   Demokratischer und autoritärer Staat. Beiträge zur Soziologie der Politik
Frankfurt 1967

Niederland, William G.   Der Fall Schreber
Frankfurt 1978

Odersky, Felix   Nichtehelichengesetz. Handkommentar
Bielefeld 1970

Oepen, Irmgard/
Ritter, Horst   Das anthropologisch-erbbiologische Gutachten im Abstam-
                                 mungsprozeß
                                 NJW 1977, 2107
Oeter, Ferdinand (Hrsg.)   Familie und Gesellschaft
                                 Tübingen 1966
O'Neill, Lena/
O'Neill, George   Die offene Ehe. Konzept für einen neuen Typus der Monoga-
                                 mie
                                 Reinbek 1977
Oppermann, Thomas   Die erst halb bewältigte Sexualerziehung
                                 JZ 1978, 289
Palandt   Bürgerliches Gesetzbuch. Kommentar
                                 32. Aufl. München und Berlin 1973
                                 zit.: Palandt/Bearbeiter (32.)
–   36. Aufl. München 1977
                                 zit.: Palandt/Bearbeiter (36.)
–   37. Aufl. München 1978
                                 zit.: Palandt/Bearbeiter (37.)
Selvini Palazzoli, M./   Paradoxon und Gegenparadoxon
Boscolo, L./   Stuttgart 1977
Cecchin, G./
Prata, G.
Pappai, Friedrich   Eigenständige soziale Sicherung der Frau
                                 in: Simitis/Zenz, Seminar: Familie und Familienrecht, Bd. 1
                                 S. 279
Paul, N. L.   Das Bedürfnis des Kindes, seine eigenen Wurzeln zu kennen
                                 Familiendynamik 1977, 159
Pawlow, Gisela   Structure familiale et psychose
                                 Paris 1977
Pawlowski, Hans-Martin   Entwicklungen und Entwicklungstendenzen im Ehe- und
                                 Familienrecht der Bundesrepublik Deutschland und in der
                                 DDR
                                 DRiZ 1976, 101
Peschel-Gutzeit, Lore Maria   Ausgewählte Probleme der Neuregelung der elterlichen Sorge
                                 in: Juristinnenbund, neues elterliches Sorgerecht
                                 S. 89
Petri, Horst   Abschaffung des elterlichen Züchtigungsrechts
                                 ZPR 1976, 64
Petri, Horst/
Lauterbach, Matthias   Gewalt und Erziehung. Plädoyer zur Abschaffung der Prü-
                                 gelstrafe
                                 Frankfurt 1975
Pfeil, Elisabeth   Die Großstadtfamilie
                                 in: Claessens/Milhoffer, Familiensoziologie
                                 S. 144 (= Lüschen/Lupri, Soziologie der Familie S. 441)
Pflüger, Peter-Miachael
(Hrsg.)   Konflikt Familie – zwischen Anpassung und Illusion
                                 Fellbach 1975

Piaget, Jean	Die Bildung des Zeitbegriffs beim Kinde Frankfurt 1974
Piaget, Jean/ Inhelder, Bärbel	Die Psychologie des Kindes Frankfurt 1977
Plagemann, Jochen/ Plagemann, Hermann	Der Versorgungsausgleich bei Sachverhalten mit Auslands- berührung NJW 1977, 1989
Planck's	Kommentar zum Bürgerlichen Gesetzbuch nebst Einfüh- rungsgesetz 4. Aufl. Berlin und Leipzig 1928
Plassmann, Norbert	Die Wirklichkeit der Richter JZ 1977, 587

Praxis des neuen Familienrechts
Referate und Berichte der Großen Arbeitstagung des Fachverbandes Berliner Stadtvormün-
der e.V. vom 28. 11.–2. 12. 1977
Berlin. New York 1978

Pross, Harry	Die Zerstörung der deutschen Politik. Dokumente 1871 bis 1933 Frankfurt 1959
Pross, Helge	Die Wirklichkeit der Hausfrau Reinbek 1976

Protokolle der Kommission für die zweite Lesung des Entwurfs des bürgerlichen Gesetz-
buchs Band 4. Familienrecht Berlin 1897

Quambusch, Erwin	Die Persönlichkeit des Kindes als Grenze elterlicher Gewalt Diss. Freiburg 1973
Ramm, Thilo	Gleichberechtigung und Hausfrauenehe JZ 1968, 41–90
–	Die Umgestaltung des Eherechts durch das Grundgesetz JZ 1973, 722
–	Der Funktionswandel der Ehe und das Recht JZ 1965, 505
Rasehorn, Theo	Die Familie von heute in Gesellschaft und Recht RuP 1976, 169
–	Von der Ohnmacht der Rechtspflege und der Macht des Ju- risten. Zur Situation der Rechtspflege in der zweiten Hälfte der siebziger Jahre ZRP 1978, 1
Raske, August	Ehescheidungen auf Grund des § 48 des Ehegesetzes DRiZ 1960, 321
Reich, Wilhelm	Die sexuelle Revolution Frankfurt 1966
Reinartz, Berthold	Vertragliche Gestaltung des Versorgungsausgleichs NJW 1977, 81
Reuter, Dieter	Kindesgrundrechte und elterliche Gewalt Berlin 1968
RGRK (BGB)	Kommentar zum BGB 4. Band. Familienrecht 9. Aufl. Berlin 1940

–	IV. Band 3. Teil 10./11. Aufl. Berlin 1968
Richter, Horst Eberhard	Eltern. Kind. Neurose 2. Aufl. Stuttgart 1967
–	Patient Familie. Entstehung, Struktur und Therapie von Konflikten in Ehe und Familie Reinbek 1972
–	Lernziel Solidarität Reinbek 1974
–	Die Rolle des Familienlebens in der kindlichen Entwicklung Familiendynamik 1976, 5
Richter, Horst Eberhard u. a. (Hrsg.)	Familie und seelische Krankheit – eine neue Perspektive der Psychologischen Medizin und der Sozialtherapie 1. Aufl. Reinbek 1976
Ridder, Helmut	Vom Wendekreis der Grundrechte Leviathan 1977, 467
Riehl, Wilhelm Heinrich	Die Familie 2. Aufl. Stuttgart und Augsburg 1855 6. Aufl. Stuttgart und Augsburg 1862 12. Aufl. Stuttgart und Berlin 1904
Rilk, Otto	Das neue Eherecht Leipzig 1938
Rittner, Fritz	Handelsrecht und Zugewinngemeinschaft (I): die Bedeutung des § 1365 BGB im Handelsrecht FamRZ 1961, 1
–	Handelsrecht und Zugewinngemeinschaft (II): Die Bedeutung des § 1369 BGB im Handelsrecht FamRZ 1961, 185
–	Handelsrecht und Zugewinngemeinschaft (III): Der Zugewinnausgleich FamRZ 1961, 505
Röper, Gisela/ Röper, Erich	Aspekte zur Struktur der heutigen Familie FamRZ 1976, 513
Rolland, Walter	Das neue Ehe- und Familienrecht. 1. EheRG Neuwied 1977
Rosenbaum, Heidi	Familie als Gegenstruktur zur Gesellschaft – Kritik grundlegender theoretischer Ansätze der westdeutschen Familiensoziologie Stuttgart 1973 zit.: Gegenstruktur
–	2. Aufl. Stuttgart 1978 zit.: Gegenstruktur (2.)
–	Familie und Gesellschaftsstruktur – Materialien zu den sozioökonomischen Bedingungen von Familienformen Frankfurt 1974 zit.: Gesellschaftsstruktur
–	2. Aufl. Frankfurt 1978 zit.: Gesellschaftsstruktur (2.)

–	Zur neueren Entwicklung der historischen Familienforschung in: Wehler, Historische Familienforschung und Demographie S. 210 zit.: Historische Familienforschung
Roth-Stielow, Klaus	Der Abstammungsprozeß München 1974
–	Scheidungsantrag als Rechtsmißbrauch FamRZ 1977, 766
–	Zum Beweiswert des Blut- und Ähnlichkeits-Gutachtens NJW 1977, 2114
–	Rechtsfragen des ehelosen Zusammenlebens von Mann und Frau JR 1978, 233
Rüthers, Bernd	Institutionelles Rechtsdenken im Wandel der Verfassungsepochen Bad Homburg. Berlin. Zürich 1970 zit.: Rechtsdenken
–	Die unbegrenzte Auslegung. Zum Wandel der Privatrechtsordnung im Nationalsozialismus Frankfurt 1973 zit.: Auslegung
Ruland, Franz	Der Versorgungsausgleich NJW 1976, 1713
–	Auswirkungen des Versorgungsausgleichs auf die Neuregelung der Alters- und Hinterbliebenenversorgung ZRP 1978, 107
Ruland, Franz/ Tiemann, Burkhard	Versorgungsausgleich und steuerliche Folgen der Ehescheidung München 1977
Ruthe, Dietlinde	Die Neuordnung des Namensrechts FamRZ 1976, 409
Rutschky, Katharina (Hrsg.)	Schwarze Pädagogik Frankfurt. Berlin. Wien 1977
Sandrock	Zur Zähmung des widerspenstigen § 1365 Abs. 1 BGB in: Festschrift für Bosch S. 841
von Scanzoni, Gustav	Scheidung ohne Verschulden DR 1940, 753
–	Das großdeutsche Ehegesetz vom 6. Juli 1938 3. Aufl. Berlin 1943
Seetzen, Uwe	Sozialhilfeleistung und Unterhaltsprozeß NJW 1978, 1350
Sennekamp, Michael	Die Benachteiligung der Familienangehörigen in der Kraftfahrthaftpflichtversicherung ZRP 1976, 89
Shorter, Edward	Die Geburt der modernen Familie Reinbek 1977

Simitis, Spiros	Personen- und personenstandsrechtliche Grundfragen des neuen Nichtehelichenrechts StAZ 1970, 255
–	Zur Reform des Scheidungsrechts ZRP 1971, 38
–	Elterliche Sorge im neuen Nichtehelichenrecht in: Simitis/Zenz, Seminar: Familie und Familienrecht, Bd. 2 S. 210 zit.: Nichtehelichenrecht
–	Zur Situation der elterlichen Gewalt in: Simitis/Zenz, Seminar: Familie und Familienrecht, Bd. 2 S. 66 zit.: Elterliche Gewalt
Simitis, Spiros/ Zenz, Gisela (Hrsg.)	Seminar: Familie und Familienrecht 1 + 2 Frankfurt 1975
Söllner, Alfred	Die Bereicherung wegen Nichteintritts des mit einer Leistung bezweckten Erfolges (§ 812 Abs. 1 S. 2, 2. Halbsatz BGB) AcP 163, 20
Soergel/Siebert	Kommentar zum BGB IV. Band Familienrecht 9. Aufl. Stuttgart 1963
Soldan-Heppe, Henriette	Geschichte der Hexenprozesse Nachdruck der 3. Aufl. Berlin 1911
Spiel, Walter	Phasen der kindlichen Entwicklung Göttingen 1974
Spitz, René A.	Die Entstehung der ersten Objektbeziehungen. Direkte Beobachtungen von Säuglingen während des ersten Lebensjahres 3. Auflage Stuttgart 1973 zit.: Objektbeziehungen Vom Säugling zum Kleinkind Stuttgart 1976 zit.: Säugling
Sussmann, P. P./ Burchinal, L. G.	The Kin Family Network in Urban-Industrial America in: Anderson, Sociology of the family S. 99
Schatzman, Morton	Die Angst vor dem Vater Reinbek 1974
Schaub, Günter	Die Anpassung von Betriebsrenten NJW 1978, 2076
Scheld, Rudolph	Die Änderung des § 48 Abs. 2 EheG in richterlicher Sicht FamRZ 1961, 332 Zur „einverständlichen Scheidung". Gegen eine Anwendung von § 630 ZPO in der Fassung des 1. EheRG FamRZ 1977, 226
–	Unterhaltsversagung wegen grober Unbilligkeit FamRZ 1978, 651
Schelsky, Helmut	Soziologie der Sexualität Reinbek 1955

388

–   Wandlungen der deutschen Familie in der Gegenwart. Darstellung und Deutung einer empirisch-soziologischen Tatbestandsaufnahme
5. Aufl. Stuttgart 1967
zit.: Wandlungen

–   Über die Stabilität von Institutionen, besonders Verfassungen
in: Schnur, Institution und Recht
zit.: Institutionen

Schlosser, Peter   Die einverständliche Scheidung im Spannungsfeld der Streitgegenstandsdogmatik
FamRZ 1978, 319

Schlüter, Wilfried   Besondere Probleme des Unterhalts minderjähriger Kinder unter besonderer Berücksichtigung der verfahrensrechtlichen Änderungen
in: Praxis des neuen Familienrechts
S. 59

–   Unterhaltsrecht – eine noch ungelöste Aufgabe für den Gesetzgeber
in: Praxis des neuen Familienrechts
S. 241

–   Zum Versorgungsausgleich, wenn der ausgleichsberechtigte Ehegatte bereits eine Versicherungsrente aus der gesetzlichen Rentenversicherung bezieht
FamRZ 1977, 773

Schmidt, Eike   Zivilrechtlicher Grundkurs für Studienanfänger
2. Aufl. Kronberg 1977

Schmidt-Relenberg,   Familiensoziologie
Norbert/   Stuttgart 1976
Luetkens, Christian/
Rupp, Klaus-Jürgen

Schnur, Roman (Hrsg.)   Institution und Recht
Darmstadt 1968

Schreber, Daniel Gottlob   Kallipädie oder Erziehung zur Schönheit
Moritz   Leipzig 1858

Schreber, Daniel Paul   Denkwürdigkeiten eines Nervenkranken
Frankfurt, Berlin, Wien 1973

Schröder, Rudolph   Einverständliche Scheidung ohne einjährige Trennung?
FamRZ 1977, 767

Schülein, Johann August   Das neue Interesse an der Subjektivität
Leviathan 1976, 53

–   Psychotechnik als Politik. Zur Kritik der Pragmatischen Kommunikationstheorie von Watzlawick et al.
Frankfurt 1976

Schünemann, Hans-Wilhelm   Sozialwissenschaften und Jurisprudenz
München 1976

Schulz, Burkhard   Alternativentwurf zum elterlichen Sorgerecht
ZRP 1977, 202

Schulz, Wolfgang/ Ruelcker, Tobias/ Rheinländer, Achim (Hrsg.)	Tagesmütter. Was brauchen unsere Kinder in den ersten Lebensjahren? Weinheim. Basel 1975
Schumacher, Klaus	Geschiedenenunterhalt nach dem 1. Eherechtsreformgesetz MDR 1976, 881
Schwab, Dieter	Grundlagen und Gestalt der staatlichen Ehegesetzgebung in der Neuzeit Bielefeld 1967
–	Der Unterhaltsanspruch der Kinder gegen die Eltern auf Ausbildungsfinanzierung und sein Verhältnis zur öffentlichen Ausbildungsförderung FamRZ 1971, 1
–	Mündigkeit und Minderjährigenschutz AcP 172, 266
–	Das Recht der Ehescheidung nach dem 1. EheRG: Die Scheidungsgründe FamRZ 1976, 491
–	Zur Geschichte des verfassungsrechtlichen Schutzes von Ehe und Familie in: Festschrift für Bosch S. 893
–	Verfassungswidrigkeit des Versorgungsausgleichs? FamRZ 1977, 768
–	Handbuch des Scheidungsrechts München 1977 zit.: Handbuch
–	Literaturhinweise zum Versorgungsausgleich FamRZ 1977, 701
–	Gestaltungsfreiheit und Formbindung im Ehevermögensrecht und die Eherechtsreform DNotZ 1977, 51 (Sonderheft)
–	Probleme des materiellen Scheidungsrechts FamRZ 1979, 14
Schwab, Karl Heinz	Der Verbund von Scheidungs- und Folgesachen FamRZ 1976, 658
Schwägler, Georg	Soziologie der Familie 2. Aufl. Tübingen 1975
Schwarzhaupt, Elisabeth	Das Familienrechtsänderungsgesetz von 1961 FamRZ 1961, 329
–	Zu § 48 Abs. 2 EheG FamRZ 1961, 466
Schwerdtner, Eberhard	Kindeswohl oder Elternrecht? AcP 173, 227
–	Verfassungsrechtliche Grenzen der Unterhaltsbestimmung durch die Eltern NJW 1977, 1268
Staudinger	Kommentar zum BGB 4. Band Familienrecht I. Teil; II. Teil 5./6. Aufl. Berlin 1910

Stierlin, Helm   Adolf Hitler. Familienperspektiven
Frankfurt 1975
zit.: Hitler

–   Eltern und Kinder. Das Drama von Trennung und Versöhnung im Jugendalter
2. Aufl. Frankfurt 1975
zit.: Drama

–   Das erste Familiengespräch. Theorie. Praxis. Beispiele
Stuttgart 1977
zit.: Familiengespräch

–   Familienterrorismus und öffentlicher Terrorismus
Familiendynamik 1978, 170

–   Delegation und Familie
Frankfurt 1978
zit.: Delegation

Stöcker, Hans A.   Zur Kritik des Familienvermögensrecht
NJW 1972, 553

–   „Beerbung bei lebendigem Leibe"
JZ 1979, 87

Strätz, Hans-Wolfgang   Elterliche Personensorge und Kindeswohl, namentlich in der zerbrochenen Familie
FamRZ 1975, 541

Strauß, Walter   Der Entwurf des Familienrechtsgesetzes
JZ 1952, 449

Struck, Gerhard   § 1357 BGB (Schlüsselgewalt) verstößt gegen Art. 6 Grundgesetz
MDR 1975, 449

–   „Räumlich-gegenständlicher Bereich der Ehe" oder Gemeinsamkeit der Wohnung?
JZ 1976, 160

Stryker, Sheldon   Die Theorie des symbolischen Interaktionismus: Eine Darstellung und einige Vorschläge für die vergleichende Familienforschung
in: Lüschen/Lupri, Soziologie der Familie
S. 49

Tach, Eduard   Die Neuordnung des Adoptionsvermittlungsrechts durch das Adoptionsvermittlungsgesetz vom 2. Juli 1976
ZBlJugR 1977, 1

Theweleit, Klaus   Männerphantasien 1 + 2
Frankfurt 1976

Tiedtke, Klaus   Die Verpflichtung eines Ehegatten, an der Zusammenveranlagung zur Einkommensteuer mitzuwirken
FamRZ 1977, 686

–   Die Zuständigkeit des Familiengerichts für Klagen eines Ehegatten auf Mitwirkung des anderen an der Zusammenveranlagung zur Einkommensteuer
FamRZ 1978, 385

Tiemann, Burkhard/
Ferger, Gernot   Der Versorgungsausgleich im Einkommensteuerrecht
NJW 1977, 2137

Tömmel, Sieglinde	„Männlicher" Kapitalismus und „weiblicher" Sozialismus Das Argument 93, S. 835
Tohidipur, Mehdi (Hrsg.)	Verfassung, Verfassungsgerichtsbarkeit, Politik Frankfurt 1976
Toman, Walter	Familienkonstellationen. Ihr Einfluß auf den Menschen und sein soziales Verhalten 2. Aufl. München 1974
Tourneau, Ingrid	Jenseits des Rechts in: Kühn/Tourneau, Familienrechtsreform – Chance einer besseren Wirklichkeit? S. 7
Troje, Hans Erich	Die Familienpolitik des Bundesverfassungsgerichts in: Tohidipur, Verfassung, Verfassungsgerichtsbarkeit, Politik S. 225
Vogel, Hans-Jochen	Das Erste Gesetz zur Reform des Ehe- und Familienrechts vom 14. Juli 1976 FamRZ 1976, 481
Vogel, Harald	Erzwingung von Angaben betr. den Versorgungsausgleich durch das Familiengericht gemäß §§ 33 I, III FGG? FamRZ 1978, 391
Vogt, Josef	Zur „Nachhaltigkeit" der Unterhaltssicherung im künftigen Unterhaltsrecht FamRZ 1977, 105
Vollertsen, Gerhard	Die Besuchsregelung nach § 1634 BGB ZBlJugR 1977, 230
Wacke, Andreas	Änderungen der allgemeinen Ehewirkungen durch das 1. EheRG FamRZ 1977, 505
–	Französische und deutsche Scheidungsrechts-Reform in vergleichender Sicht FamRZ 1978, 217
Wagner, Eva-Maria	Untersuchungen über den weiteren Verlauf von Sorgerechts- und Verkehrsregelungsverfahren nach der Begutachtung Diss. (med.) Tübingen 1975
Wagner, Eva-Maria/ Lempp, Reinhart	Untersuchungen über den weiteren Verlauf von Sorgerechts- und Verkehrsregelungsverfahren nach der Begutachtung FamRZ 1975, 70
Waller-Döhner, Barbara/ Kulms, Annegret/ Höh, Ruth	Soziologie der Scheidung in: Kühn/Tourneau, Familienrechtsreform – Chance einer besseren Wirklichkeit? S. 81
Wallner, Ernst M./ Pohler-Funke, Margret	Soziologie der Familie Heidelberg 1977
Watzlawick, Paul	Wie wirklich ist die Wirklichkeit? Wahn. Täuschung. Verstehen München, Zürich 1976

Watzlawick, Paul/ Beavin, Janet/ Jackson, Don D.	Menschliche Kommunikation. Formen. Störungen. Paradoxien. 4. Aufl. Bern, Stuttgart, Wien 1974
Watzlawick, Paul/ Weakland, John/ Fisch, Richard	Lösungen. Zur Theorie und Praxis menschlichen Wandels Bern, Stuttgart, Wien 1974
Weber, Max	Gesammelte politische Schriften 2. Aufl. Tübingen 1958
Weber-Kellermann, Ingeborg	Die deutsche Familie – Versuch einer Sozialgeschichte 2. Aufl. Frankfurt 1975
Wehler, Hans-Ulrich (Hrsg.)	Historische Familienforschung und Demographie. „Geschichte und Gesellschaft", Zeitschrift für historische Sozialwissenschaft. 1. Jahrgang Heft 2/3 Göttingen 1975
Weinkauff, Hermann	Zwang zur Ehe? JZ 1968, 15
Weitzman, S.	Legal Regulation of Marriage. Tradition and Change California Law Review 1974, 1278
Weyrauch, Walter O.	Informal and formal marriage – an appraisal of trends in family organization The University Of Chicago Law Review 1960, 88
Wieacker, Franz	Privatrechtsgeschichte der Neuzeit, unter besonderer Berücksichtigung der deutschen Entwicklung 2. Aufl. Göttingen 1967
Wiesner, Hans	Natural- oder Geldunterhalt für volljährige Kinder? Bemerkungen zu § 1612 II BGB FamRZ 1977, 28
Wiehölter, Rudolf	Rechtswissenschaft Frankfurt 1968
–	Zur politischen Funktion des Rechts am eingerichteten und ausgeübten Gewerbebetrieb KJ 1970, 121
Willi, Jörg	Der Kampf der Geschlechter als Kollusion Familiendynamik 1978, 3
Winch, Robert F.	Theoretische Ansätze in der Untersuchung der Familie in: Lüschen/Lupri, Soziologie der Familie S. 20
Winnicott, D. W.	Familie und individuelle Entwicklung München 1978
Wolf, Ernst/Lüke, Gerhard/ Hax, Herbert	Scheidung und Scheidungsrecht Tübingen 1959
Wolf, Ernst	Zwang zur Ehe? JZ 1977, 659
–	Zwang zur Ehe – Institution Ehe? JZ 1968, 172
–	Die Eherechtskommission der EKD und § 48 II EheG. Schlußwort JZ 1968, 558
–	Nochmals: Grundgesetz und Eherecht JZ 1974, 17

Wurzbacher, Gerhard	Leitbilder gegenwärtigen deutschen Familienlebens. Methoden, Ergebnisse und sozialpädagogische Forderungen einer soziologischen Analyse von 164 Familienmonographien 4. Aufl. Stuttgart 1969 zit.: Leitbilder
–	Die Familie als Sozialisationsfaktor 2. Aufl. Stuttgart 1977 zit.: Sozialisationsfaktor
Zacher, Hans F.	Zur „sozialen Biographie" der Frau in: Simitis/Zenz, Seminar: Familie und Familienrecht, Bd. 1 S. 274
Zenz, Gisela	Zur Reform der elterlichen Gewalt AcP 173, 527
–	Kommunikation als Untersuchungsgegenstand und Forschungsinstrument, Zur Vorbereitung eines Forschungsprojekts über die vormundschaftliche Entscheidungspraxis Jahrbuch für Rechtstheoreie und Rechtssoziologie Band 4 S. 415
–	Stichwort: Familienrecht in: Görlitz, Handlexikon zur Rechtswissenschaft S. 96 zit.: Handlexikon
–	Volle elterliche Gewalt für die Mutter, die den Vater ihres Kindes nicht nennen oder feststellen lassen will? in: Simitis/Zenz, Seminar: Familie und Familienrecht S. 233 zit.: § 1707 BGB
–	Die Gewährung von Unterhalt an „volljährige Kinder". Zur Problematik des § 1612 II BGB ZRP 1977, 195
–	Kindeswohl und Selbstbestimmung in: Kühn/Tourneau, Familienrechtsreform – Chance einer besseren Wirklichkeit? S. 169 zit.: Kindeswohl
Ziege, Hans-Joachim	Begrenzung der Ausgleichsforderung des Ehegatten (§ 1378 Abs. 2 BGB) im Falle der Ehescheidung NJW 1964, 2394
Zigann, Herbert	Einführung in die Familiensoziologie Kronberg 1977

Nachträge

Bopp, Jörg	Der Linke Psychodrom Kursbuch 55, 73
Deisenhofer, Ulrich	Die Zuweisung der Ehewohnung vor Rechtshängigkeit eines Scheidungsantrags FamRZ 1979, 102

Gernhuber, Joachim	Die geordnete Ehe FamRZ 1979, 193
Gottschalch, Wilfried	Vatermutterkind Berlin 1979
Holzhauer, Heinz	Die Scheidungserschwernis des § 1565 II BGB JZ 1979, 113
Kocke, Jürgen	Restauration oder Neubeginn? Deutschland 1939–1945 L 76 11, 112
Moeller, Michael-Lukas	Zwei Personen – eine Sekte Kursbuch 55, 1

Nachtrag Frühjahr 1981 – SorgeRG[1]

I. Einführung

Am 1. 1. 1980 ist das SorgeRG in Kraft getreten,[2] das eine weitgehend umformulierte Beschreibung der Rechtsbeziehungen zwischen Eltern und (ehelichen; auf andere Bereiche sind die neuen Regelungen zu übertragen) Kindern mit sich bringt; in der Sache sind die eingetretenen oder eingeleiteten Veränderungen allerdings eher gering. Von den ursprünglich ins Auge gefaßten Zielen, von den für wichtig gehaltenen Plänen ist kaum noch etwas übriggeblieben – vom Reformeifer der ersten Jahre nicht einmal mehr eine Spur. Fast jedes jetzt erreichbare Ergebnis war nach „altem Recht" schon möglich und wurde, zumindest zu erheblichen Teilen, in der Rechtsanwendungspraxis auch vertreten; in Ausschnitten fällt das SorgeRG sogar hinter den früheren Stand der Dinge wieder zurück, blockiert damit aufgebrochene Entwicklungen. Meine gegenüber dem zuletzt dem Rechtsausschuß des Deutschen Bundestages zugeleiteten Regierungsentwurf – der nahezu unverändert Gesetz geworden ist – geäußerte Einschätzung,[3] nun seien wohl noch die schärfsten Kritiker beruhigt, findet sich gleichwohl nicht bestätigt, im Gegenteil. Nach allen Zugeständnissen auf tatsächliche oder erwartete Angriffe sieht sich der Gesetzgeber des SorgeRG unvermindert heftigsten Vorwürfen und Rügen ausgesetzt, ein Vorgang, der für mich angesichts der fehlenden Reichweite der „Reform" wenig verständlich ist.

Lediglich als Auswahl[4]: In der „Deutschen Zeitung" vom 24. 11. 1978 wird über die – damals noch geplante – Neufassung des Rechts der elterlichen Sorge unter der Schlagzeile „Die Familie wird entmündigt" berichtet, der „Rheinische Merkur" vom 9. 2. 1979 beklagt im gleichen Zusammenhang die „Zerstörung der Familie", während sich die „Welt" (3. 11. 1978) um das „Mißtrauen, das zwischen Eltern und Kindern gesät wird", sorgt, das Zentralkomitee der deutschen Katholiken sogar die vernichtende Zerstörungskraft des „Sprengstoffs, der die intakte Familie auseinandertreibt",[5] als Schrecken beschwört. Im juristischen Fachschrifttum ist die Kritik milder, sicherlich auch differenzierter; der Einwand der Verfassungswidrigkeit zumindest mancher Partien des SorgeRG wird dennoch verbreitet und – wie ich meine – zu schnell und zu Unrecht erhoben. „Weil § 1626 Abs. 2 und § 1631a Abs. 1 Erziehungsziele, -mittel und -methoden festlegen, § 1631b BGB die Eltern in der Auswahl der Erziehungsmittel beschränkt, ohne daß jeweils ein Mißbrauch elterlicher Sorge in Frage stünde, und weil die Verfassung, insbesondere Art. 6 Abs. 2 Satz 1 GG, eine Dekretierung derartiger Ziele, Mittel und Methoden nicht zuläßt, sind die §§ 1626 Abs. 2, 1631a Abs. 1 und 1631b BGB verfassungswidrig und nichtig. Eine verfassungskonforme Auslegung ist nicht möglich".[6] Diese Passagen sollte der Leser mehrfach aufmerksam durchgehen, sie anschließend (erneut) auf ihren Gegenstandsbereich beziehen. Legen §§ 1626 II, 1631a I BGB mit ihren eher vagen Vorschlägen, Einstimmungen und Absichtserklärungen wirklich „Erziehungsziele, -mittel und -methoden" fest (welche? P. F.), dann doch wohl mit einer gewissen Verbindlichkeit? Immerhin wirft Bosch dem SorgeRG insoweit gerade vor, sich mit der Formulierung pädagogischer Lehrsätze oder Programme zu begnügen,[7] statt sich zu unmittelbar faßbarer rechtlicher Konsequenz zu verdichten. Ist dem Gesetzgeber *jeder* Eingriff in das Erziehungsverhalten in der Familie und jeder Einfluß auf sie jenseits der Grenzen eines Sorgerechtsmißbrauchs untersagt, schlechthin und von vornherein?[8] Sind entsprechende Maßnahmen mit mehr oder weniger weiter Reichweite und unterschiedlich ausgeprägter Subtilität nicht längst verbreitet und alltäglich, im Schulrecht ebenso wie im Jugendhilferecht, im Sozialrecht wie im Recht der Ausbildungs- und Berufsförderung? Im übrigen werden wir uns ohnehin – wenigstens auf manchen Strecken – von der Vorstellung lösen müssen, Recht enthalte ein zumindest im Wege der Auslegung nach den verschiedenen in der Diskussion befindlichen Schritten und Methoden fixierbares Programm zur Auflösung und Entscheidung von Konflikten „von außen", durch seine einfache Anwendung.[9] Gerade familienrechtliche Vorschriften, die sich mit nicht eindeutig abgrenzbaren und zu konkretisierenden Situationen beschäftigen, die sich zudem in einem besonderen Anwendungsverfahren erst festlegen lassen und bewähren müssen, enthalten stets einen deutlichen kommunikativen Aspekt,[10] den es aufzugreifen gilt; oft mühselig entwickelte Ergebnisse werden dabei für die Parteien erst durch ihren Einbezug und ihre Verstrickung in den Findungsprozeß sowie ihre Anteilnahme akzeptabel[11] – wenn man so will, eine „Legitimation durch Verfahren"[12] auf einer anderen Ebene.

Beschränkt § 1631b BGB die Eltern wirklich – und unzulässig – in der „Auswahl der Erziehungsmittel"?[13] Ist die mit Freiheitsentziehung verbundene Unterbringung des Kindes ein solches „Mittel", das ohne weitere Kontrolle der Verfügung stehen kann?[14] Immerhin wird nun vielleicht doch eher vermieden, daß Eltern ihre behinderten Kinder, obwohl sie geistig normal sind, in Heilanstalten abschieben[15], wobei eben nicht stets „unlautere Motive" vorliegen, wie sie für ein gerichtliches Eingreifen nach § 1666 BGB notwendig wären,[16] vielmehr einfache Überforderungen, Ängste und Fehleinschätzungen[17] schon ausreichen, um dem bedrohten Kind vormundschaftsgerichtlichen Schutz zuteil werden zu lassen. Und umgekehrt – ein wichtiger Punkt – wird nach der Neufassung von § 1666a BGB die öffentliche Hand ohnehin endlich und schärfer gefordert, den Eltern behinderter Kinder größere Hilfe und Unterstützung zu gewähren, um eine Heimunterbringung abzuwenden;[18] sie soll auch in diesem Ausschnitt letztes Mittel sein.

II. Rechtsbeziehungen zwischen Eltern und Kindern bei bestehender Ehe

1. Mit der Endfassung des Regierungsentwurfs, der dem Rechtsausschuß vorlag, verpflichtet nun auch § 1618a BGB Eltern und Kinder auf Rücksicht und Beistand füreinander, ein allgemeines Bekenntnis, das offensichtlich den angeblichen und von den Kritikern beschworenen familiensprengenden Tendenzen des SorgeRG als deutliches und ausgleichendes Gegengewicht mit Signalfunktion entgegengesetzt werden sollte;[19] zu Vorbildern gerieten dabei Art. 272 SchweizZGB und § 137 II Österr. AGBG. Eine stärkere Beachtung der Vorschrift, insbesondere der durch sie (nicht erst entworfenen, aber klarer beschriebenen) Beistandspflicht kann, so hofft jedenfalls die amtliche Begründung,[20] zu größerer Familienautonomie beitragen und den Gefährdungen entgegenwirken, die sich aus ihrer fortschreitenden Institutionalisierung ergeben, Passagen, die für mich ebenso dunkel

bleiben wie der ebenfalls betonte Zusammenhang mit § 1353 BGB[21] (dem Lebens-
zeitgebot der ehelichen Gemeinschaft). Unmittelbare Sanktionen auf Verstöße
sind allerdings – und damit wird die Verbindung zu § 1353 BGB schon wieder
verlassen[22] – nicht verhängt. Da § 1618a BGB in den 4. Titel aufgenommen ist, der
allgemein das Rechtsverhältnis zwischen Eltern und ihren Kindern regelt, beschränkt sich seine Bedeutung jedenfalls nicht allein auf die Beziehungen zwischen
Eltern und ehelichen oder minderjährigen Kindern; vielmehr ist sein Anwendungsbereich zu erweitern, so daß schließlich sämtliche Mitglieder im Familienverband erfaßt und eingeschlossen sind.[23] Über § 1618a BGB – doch bestand
schon vor dieser Klarstellung daran kein Zweifel – sind auch verfassungsrechtliche
Garantien und Prinzipien in das Familienrecht und die einzelnen von ihm
geprägten Verhältnisse eingegangen,[24] insbesondere die Pflicht zur Achtung der
Menschenwürde des anderen, Art. 1 GG, das Recht zur freien Entfaltung der
Persönlichkeit, Art. 2 I GG, und das Recht auf Leben und auf körperliche
Unversehrtheit, Art. 2 II GG; über die Reichweite im einzelnen ist damit aller-
dings – und ich meine: leider, zumindest, was Art. 2 II GG angeht, vgl. § 1631 II
BGB – noch nichts gesagt.

§ 1631 II BGB verbietet ausdrücklich „entwürdigende Erziehungsmaßnah-
men", bleibt dabei aber trotz seines Wortlauts[25] und des durch ihn zunächst
geöffneten weiten Anwendungsbereichs auf halbem Wege stehen. Ein klares
Verdikt der Prügelstrafe hätte sich gegen alle Bedenken und Einwände – „Pönali-
sierung der Familie", Dunkelziffer; Unschädlichkeit leichter Klapse etc. – endlich
durchsetzen sollen. Stattdessen werden wir uns in Zukunft weiter damit zu
befassen haben, ob die von den Eltern gewählte Erziehungsmaßnahme „schon"
die Qualität eines entwürdigenden Angriffs erreicht hat oder ob sie „noch" im
Rahmen des Üblichen bleibt, sich folglich als harmloser Klaps auf die Hand (oder
andere, geeignete Körperpartien) darstellt und damit erlaubt ist[26], vielleicht sogar
als „wohlerwogene, nicht dem blinden Affekt des Elternteils entspringende
Tracht Prügel verdient"[27] oder über den eigentlichen Erziehungszweck hinaus-
geht[28] und anderen Reaktionen und Verhaltensformen der Eltern entspringt. „In
schwereren Fällen (ist) Abstimmung mit dem anderen Elternteil erforderlich",[29]
§ 1627 BGB, ein Satz, der mich wegen der angesprochenen verlangten Planung der
Züchtigung und der damit notwendig verbundenen bitteren Entwürdigung des
Kindes – das sich hilflos elterlichen Absprachen ausgesetzt sieht und zum schlichten Objekt fremder Machtausübung wird – besonders schmerzt.[30]

Schließlich verlangt § 1626 II BGB von den Eltern, bei der Pflege und Erziehung ihrer Kinder deren wachsende Fähigkeit und deren wachsendes Bedürfnis zu
selbständigem und verantwortungsbewußtem Handeln zu berücksichtigen. Fragen der elterlichen Sorge sollen sie mit den Kindern besprechen, soweit das nach
dem bereits erreichten Entwicklungsstand angezeigt ist, und Einvernehmen an-
streben. An den Einwand Schmitt Glaeser's gegen diese Beschreibung von
Familienstilen und das verordnete kommunikative Verhalten, damit die Förderung eines entlasteten und freien Binnenklimas darf ich erinnern:

„Weil § 1626 Abs. 2 BGB (neben anderen Regeln, P. F.) Erziehungsziele, -mittel und -methoden (festlegt), und weil die Verfassung, insbesondere Art. 6 Abs. 2 Satz 1 GG eine Dekretierung derartiger Ziele, Mittel und Methoden nicht zuläßt, (ist er) verfassungswidrig und nichtig".[31]

Mit dem nun geschaffenen „gesetzlichen Leitbild"[32] wäre ein „rein auf Gehorsam ausgerichteter und auf Unterwerfung unter den Willen der Eltern abzielender autoritärer Erziehungsstil, wie er Jahrzehnte hindurch gang und gäbe war und trotz seiner unbezweifelbaren (wirklich? P. F.) Effektivität für Not- und Aufbauzeiten gesetzlich verboten und (könnte) zu Maßnahmen nach § 1666 führen. Die Vorschrift ist damit Ausdruck des gegenwärtigen Zeitgeistes und insoweit trotz ihrer pädagogisch wertvollen Motivation verfassungsrechtlich nicht ganz bedenkenfrei[33] (ein für mich wenig verständlicher Gegensatz, P. F.). Die Schwierigkeit liegt darin, daß nur ein Teil der Eltern die argumentative Auseinandersetzung gelernt hat (sic! P. F.) und daß die Eltern deshalb den Kindern gegenüber schlecht etwas zeigen können, was sie auch im Verkehr mit anderen Erwachsenen nicht beherrschen. Die Frage ist daher (? P. F.), wie sich ein solcher Intellektuellenparagraph (? P. F.) mit GG 1, 2, und 6 II verträgt, insbesondere dann, wenn man die Zielrichtung des II schlechthin in der Durchsetzung des Generationendialogs sieht, also auch in der Vermeidung des Gegenstücks, nämlich dem argumentationslosen Nachgeben gegenüber den Konsumwünschen des Kindes".[34]

Diese Passagen bedürfen „eigentlich" einer umfassenden, genaueren Analyse; sie sind von unaufgeklärten Vorstellungen aus vielerlei Richtungen geprägt, beeinflußt von Ängsten, Sorgen und tiefen Verbitterungen. Hier nur so viel: Haben tatsächlich fehlende partnerschaftliche Fähigkeiten, Unsicherheiten und Unfertigkeiten im Umgang miteinander gleichzeitig eine verfassungsrechtliche Dimension, wohlgemerkt mit einer Garantie entsprechender Fehlausstattungen[35] zu Lasten anderer und schwächerer, ebenfalls mit verfassungsrechtlichen Befugnissen ausgestatteter Rechtsträger? wohl kaum.[36] Wäre nicht umgekehrt endlich dafür zu sorgen, daß Partnerschaftlichkeit gelernt und gelebt werden kann? Dabei sind die verschiedenen Bildungseinrichtungen besonders gefordert. – Im übrigen ist ohnehin das elterliche Allein- und Letztentscheidungsrecht ungebrochen erhalten; selbst bei wichtigen Angelegenheiten – Umgang mit Dritten, Wahl des Aufenthaltsorts, Arztbesuche, mit allen Folgeproblemen (auf die noch durch EFrakt ausgelöste Diskussion um § 1626a BGB darf ich erinnern) – müssen sich Eltern nicht erst auf „triftige" Gründe berufen, wenn sie dem Kind gegenüber ihre Vorstellungen und ihren Willen durchsetzen.[37]

2. Einen Kern der durch das SorgeRG geschaffenen Reform bildet § 1631a BGB, in dem so wichtige Punkte wie Ausbildungs- und Berufsfragen ausgegliedert sind und differenzierter Behandlung durch die Eltern und ihre Kinder zugeleitet zu sein scheinen; doch täuscht der erste Eindruck. Gleichwohl macht sich die allgemeine Kritik am SorgeRG noch einmal besonders an § 1631a BGB fest.[38] Angesichts der hohen Eingriffsschwellen aus § 1631a II BGB sind die vorgetragenen Angriffe allerdings nicht gerechtfertigt. Zwar sollen nun Eltern

„in Angelegenheiten der Ausbildung und des Berufs, insbesondere (also nicht allein, P. F.) auf Eignung und Neigung des Kindes Rücksicht nehmen", bei Zweifeln zudem „den Rat eines Lehrers oder einer anderen geeigneten Person" einholen, § 1631a I BGB; doch ist die Einschaltung des Vormundschaftsgerichts nur dann erfolgreich, wenn sich die Eltern „offensichtlich" rücksichtslos über die Interessen und Wünsche ihrer Kinder hinwegsetzen und „dadurch die Besorgnis begründet wird, daß die Entwicklung des Kindes nachhaltig und schwer beeinträchtigt wird", § 1631a II BGB. Wann werden diese tatbestandlichen Voraussetzungen in ihrer notwendigen Häufung schon einmal zusammentreffen?[39]

Danach liegt die Bedeutung von § 1631a BGB nicht so sehr „in einer Vorverlegung der Grenzen aus § 1666 BGB",[40] sondern ebenfalls eher in „verordneter Kommunikation", die wenigstens ansatzweise den Argumenten *beider* Seiten Gehör verschafft (und die durch die Mitwirkung von Außenstehenden sichergestellt wird), damit in einer Veränderung des Binnenklimas in der Familie.

Erfaßt von § 1631a BGB werden Ausbildungsformen, die auf eine spätere Berufstätigkeit vorbereiten oder vorbereiten können, selbst wenn sie nicht schlechthin auf sie zu beziehen sind (Führerschein, Maschineschreiben, Fremdsprachen – Segeln?);[42] andererseits unterscheidet § 1631a BGB ausdrücklich zwischen Ausbildung und Beruf, so daß auch Fähigkeiten außerhalb der „eigentlichen" Berufsvorbereitung förderungswürdig sind (Musikunterricht, Sport, zusätzliche Sprachen u. ä.).[43] Im einzelnen wird die Abgrenzung der beiden Bereiche – zuschuß- und förderungspflichtig oder nicht – noch manches Kopfzerbrechen bereiten. Neben der Eignung und Neigung des Kindes sind, darauf habe ich schon hingewiesen, noch andere unterschiedliche Gesichtspunkte für die Gesamtwürdigung wesentlich; die finanzielle Ausstattung in der Familie spielt ebenso eine Rolle „wie der Gesundheitszustand des Kindes oder anderer Familienmitglieder, die zeitliche Belastung, die Entfernung zur Ausbildungsstätte, die mit dem gewünschten Beruf oder der Ausbildung verbundenen Unfallgefahren usw.".[44]

3. „Die elterliche Sorge umfaßt die Sorge für die Person des Kindes (Personensorge) und das Vermögen des Kindes (Vermögenssorge)", § 1626 I 2 BGB. „Die Eltern haben die elterliche Sorge in eigener Verantwortung und in gegenseitigem Einvernehmen zum Wohle des Kindes auszuüben. Bei Meinungsverschiedenheiten müssen sie versuchen, sich zu einigen", § 1627 BGB; beide Elternteile sind danach gleichberechtigt, in konkreter Ausprägung des Art. 3 II GG. „Können sich die Eltern in einer einzelnen Angelegenheit der elterlichen Sorge oder in einer bestimmten Art von Angelegenheiten der elterlichen Sorge, deren Regelung für das Kind von erheblicher Bedeutung ist, nicht einigen, so kann das Vormundschaftsgericht auf Antrag eines Elternteils die Entscheidung einem Elternteil übertragen, sofern dies dem Wohle des Kindes entspricht. Die Übertragung kann mit Beschränkungen und Auflagen verbunden werden", § 1628 I BGB. Und, eine wichtige Ergänzung: „Vor der Entscheidung soll das Vormundschaftsgericht darauf hinwirken, daß sich die Eltern auf eine dem Wohle des Kindes entsprechende Regelung einigen", § 1628 II BGB. Damit orientiert sich die durch das SorgeRG eingeführte Bestimmung an der bisherigen Rspr., die sich um die Ausfüllung der nach der Verwerfung des väterlichen Stichentscheids durch das BVerfG[45] entstandenen Lücken bemühte.

„Die Personensorge umfaßt insbesondere das Recht und die Pflicht, das Kind zu pflegen, zu erziehen, zu beaufsichtigen und seinen Aufenthalt zu bestimmen", § 1631 I BGB;[46] die elterliche Sorge schließt zudem die Vertretung des Kindes ein, bei der die Eltern wiederum gemeinschaftlich handeln, § 1629 I 1 und 2 BGB. Kraft ihrer Personensorge können die Eltern die Herausgabe des Kindes von jedem verlangen, der es ihnen oder einem Elternteil widerrechtlich vorenthält, § 1632 I BGB; schließlich ist ihnen das Recht übertragen, den Umgang des Kindes auch mit Wirkung für und gegen Dritte zu bestimmen, § 1632 II BGB. „Über Streitigkeiten, die eine Angelegenheit nach Absatz 1 oder 2 betreffen, entscheidet das Vormundschaftsgericht auf Antrag eines Elternteils; verlangt ein Elternteil Herausgabe des Kindes von dem anderen Elternteil, so entscheidet hierüber das Familiengericht", § 1632 III BGB, vielleicht eine konsequente, jedenfalls aber auch eine unübersichtliche Verteilung gerichtlicher Zuständigkeiten.

„Die elterliche Sorge erstreckt sich nicht auf Angelegenheiten des Kindes, für die ein Pfleger bestellt ist", § 1630 I BGB; der Wirkungskreis der Pflegepersonen bei Familienpflege – eben ein ganz anderer Bereich – ist dagegen deutlich eingeschränkter, vgl. § 1630 III BGB.[47]

„Die Personensorge für einen Minderjährigen, der verheiratet ist oder war (also auch nach der Scheidung oder der sonstigen Auflösung der Ehe, P. F.), beschränkt sich auf die Vertretung in persönlichen Angelegenheiten", § 1633 BGB. Um es zu wiederholen: Heirat macht – ein bißchen – frei.

4. Zur Vermögenssorge vgl. §§ 1638 ff. BGB; in diesem Bereich hat sich mit dem Inkrafttreten des SorgeRG in der Sache kaum etwas geändert.[48]

5. „Eine Unterbringung des Kindes, die mit Freiheitsentziehung verbunden ist, ist nur mit Genehmigung des Vormundschaftsgerichts zulässig. Ohne die Genehmigung ist die Unterbringung nur zulässig, wenn mit dem Aufschub Gefahr verbunden ist; die Genehmigung ist unverzüglich nachzuholen. Das Gericht hat die Genehmigung zurückzunehmen, wenn das Wohl des Kindes die Unterbringung nicht mehr erfordert", § 1631b BGB, eine Bestimmung, die von Schmitt Glaeser[49] ebenfalls mit dem Verdikt der Verfassungswidrigkeit belegt wird – Eltern werde nun ein „Erziehungsmittel genommen, ohne daß ein Mißbrauch der elterlichen Sorge vorliegen" müsse; für mich besteht die wesentliche Bedeutung von § 1631b BGB und der Fortschritt allerdings gerade in dieser Verschiebung der Eingriffsgrenzen nach vorn.

6. Durch das SorgeRG verändert ist auch § 1666 BGB. „Wird das körperliche, geistige oder seelische Wohl des Kindes durch mißbräuchliche Ausübung der elterlichen Sorge, durch Vernachlässigung des Kindes, durch unverschuldetes Versagen der Eltern oder durch das Verhalten eines Dritten gefährdet, so hat das Vormundschaftsgericht, wenn die Eltern nicht gewillt oder in der Lage sind, die Gefahr abzuwenden, die zur Abwendung der Gefahr erforderlichen Maßnahmen zu treffen", § 1666 I 1 BGB;

damit ist sichergestellt, daß gerichtliche Korrekturen harschen elterlichen Fehlverhaltens – Mißbrauch der elterlichen Sorge oder Vernachlässigung des Kindes – nicht von seiner subjektiven Vorwerfbarkeit abhängen, wie das die Rspr. seit langem für § 1666 a. F. BGB gefordert hat, vielmehr schon bei „schlichter" objektiver Gefährdung des Kindeswohls erfolgen können.[50] Doch ist der Umschwung kürzergreifend als es zunächst scheint. Zum einen verfuhr die Anwendungspraxis mit dem von ihr selbst in § 1666 a. F. BGB eingefügten „Schuldmerkmal" und den darauf bezogenen Feststellungen häufig nicht gerade kleinlich; zum anderen nahm sie entsprechendes „Verschulden" eines Elternteils immer schon dann an, wenn hartnäckige Verbohrtheit und unfolgsame Unbelehrbarkeit die bessere Einsicht verstellten.[51] Der zusätzliche Schritt weiter, den das SorgeRG verlangt, schafft gleichwohl klare Verhältnisse, ist zudem für einen effektiven Kinderschutz unverzichtbar.

Für staatliche Interventionen reicht es allerdings nicht aus, daß die Eltern „trotz besten Willens und persönlichen Einsatzes der Erziehungsaufgabe nicht gewachsen sind";[52] entsprechenden Versuchen träte Art. 6 II 1 GG hindernd in den Weg. „In welche Familie (ein Kind) hineingeboren wird, ist zunächst einmal sein persönliches Schicksal, das die

Verfassung im Sinne der Gewährleistung der Familienpluralität respektiert und akzeptiert".

„Deshalb kann der Staat erst jenseits gewisser Charakteranomalien eingreifen, wobei Maßstab nicht das Wunschbild einer möglicherweise auch ihrerseits wiederum utopischen Erziehungseuphorie sein darf. Sondern der staatliche Eingriff verlangt eine sozial inadäquate Deviation des elterlichen Erziehungsverhaltens".[53] Dennoch wird die Grenzziehung im einzelnen oft schwerfallen; Angehörige „helfender Berufe" aus dem psychosozialen Bereich haben meist deutlich andere Vorstellungen von „richtiger" Einflußnahme auf Kinder als die von ihnen betreuten Klienten.[54]

§ 1666a BGB stellt sicher, daß die Trennung des Kindes von der elterlichen Familie stets nur letztes Mittel sein darf. Öffentliche Hilfe ist damit ausdrücklich gefordert; für sie ist ein weites Feld eröffnet.[55] Ähnlich entlastend für Eltern wirkt § 1631 III BGB, der ihre vormundschaftsgerichtliche Unterstützung „in geeigneten Fällen" anordnet.

Mit der Neufassung des § 1666 BGB entfällt – so der Gesetzgeber des SorgeRG[56] – das Bedürfnis nach einem eigenständigen Verwirkungstatbestand nach Art des § 1676 a. F. BGB; konsequent ist die Bestimmung gestrichen.

7. Zum Ruhen der elterlichen Sorge und zur tatsächlichen Verhinderung ihrer Ausübung vgl. §§ 1673 ff. BGB; zur Bestellung eines Beistandes §§ 1685 ff. BGB.

III. Familienpflege

Endlich ausdrückliche Beachtung hat durch das SorgeRG das „Pflegekindverhältnis" (Familienpflege) gefunden; allerdings bleiben die nun entwickelten Regelungen immer noch rudimentär, da „der grundlegenden Neuregelung des Pflegekindschaftsverhältnisses nicht vorgegriffen werden"[57] sollte. Dabei ist gerade das Leid, das in diesem Rahmen fast alltäglich ausgelöst wird, für alle Beteiligten so außerordentlich schmerzhaft; die Geschichte der Angelika Kurtz steht nur für viele andere, meist weniger glücklich verlaufende.[58]

„Geben die Eltern das Kind für längere Zeit in Familienpflege, so kann auf ihren Antrag das Vormundschaftsgericht Angelegenheiten der elterlichen Sorge auf die Pflegeperson übertragen. Soweit das Vormundschaftsgericht eine Übertragung vornimmt, hat die Pflegeperson die Rechte und die Pflichten eines Pflegers", § 1630 III BGB, eine eher geringfügige Verschiebung von Aufgaben im Verhältnis zwischen leiblichen Eltern und Pflegeeltern, die zudem wegen des Antragserfordernisses – der Eltern – weitgehend entschärft ist. Für den Bereich der Familienpflege (vgl. dazu im übrigen § 27 JWG) wird damit die ordnungsmäßige Betreuung des Kindes sichergestellt; kurzfristig zu fällende Entscheidungen und alltägliche Maßnahmen für das Kind können von der Pflegeperson getroffen werden, ohne daß erst umständliche Absprachen mit den Eltern notwendig wären.[59]

Beträchtlichen Zündstoff birgt dagegen § 1632 IV BGB; seine praktische Bedeutung ist groß. Die durch die Berichterstattung in den Massenmedien bekanntgewordenen Konfliktsituationen waren dann auch im Umfeld dieser Bestimmung angesiedelt. Sicherlich bringt die nun Gesetz gewordene Fassung für die betroffenen Pflegekinder – und die Pflegeeltern – manche Verbesserung; durch eine Textänderung, die sich zunächst allein auf einer formalen Ebene zu bewegen scheint, ist § 1632 IV BGB jedoch wieder ein ganzes Stück hinter die ursprünglichen Reformpläne zurückgefallen.

„Lebt das Kind seit längerer Zeit in Familienpflege[59a] und wollen die Eltern das Kind von der Pflegeperson wegnehmen, so kann das Vormundschaftsgericht von Amts wegen oder auf Antrag der Pflegeperson anordnen, daß das Kind bei der Pflegeperson verbleibt, wenn und solange für eine solche Anordnung die Voraussetzungen des § 1666 Abs. 1 Satz 1 insbesondere im Hinblick auf Anlaß und Dauer der Familienpflege gegeben sind", § 1632 IV BGB; abgesichert werden die Befugnisse der Pflegeeltern – hier wie stets – durch § 50c FGG, der ihre Anhörung bei Gericht bei allen das Pflegekind betreffenden Maßnahmen vorschreibt. § 1632 IV BGB in der Fassung die dem Rechtsausschuß vorlag, formulierte dagegen – ich darf es wiederholen – positiv: „. . . (kann das Vormundschaftsgericht) den Verbleib des Kindes bei der Pflegeperson anordnen, wenn und solange die Entfernung des Kindes aus der Pflegestelle sein Wohl gefährden würde". Maßgeblich wird heute wieder allein § 1666 BGB,[60/61] eine Vorschrift, die eben schon vor Jahren den Leidensweg der Angelika Kurtz nicht verhindern konnte. Im übrigen sind mir Berichte aus verschiedenen Jugendämtern bekanntgeworden, die § 1632 IV BGB aus ganz anderen Gründen beklagen: Um den Gefahren aus dieser Vorschrift zu entgehen, lassen es Eltern gar nicht erst zu längerer Familienpflege kommen – sie „sorgen" für einen frühen Wechsel ihrer Kinder.

IV. Rechtsbeziehungen zwischen Eltern und Kindern bei zerbrochener Ehe

1. Wird die Ehe der Eltern geschieden, bestimmt das Familiengericht, welchem Elternteil die Sorge für ein gemeinschaftliches Kind[62] zustehen soll, § 1671 I BGB. Dabei ist stets die Regelung zu treffen, die dem Wohl des Kindes am besten entspricht; maßgeblich für die Bewertung werden die Bindungen des Kindes, insbesondere an seine Geschwister und an seine Eltern, § 1671 II BGB (Grundsatz der Priorität des Kindeswohls). Von einem übereinstimmenden Vorschlag der Eltern soll das Gericht allerdings nur abweichen, wenn diese Abweichung zum Wohl des Kindes erforderlich ist, § 1671 III 1 BGB. Macht ein Kind, welches das 14. Lebensjahr vollendet hat, einen eigenen Vorschlag, der sich mit dem Vorschlag seiner Eltern nicht deckt, so entscheidet das Gericht nach II, § 1671 III 2 BGB. Dabei ist die Struktur der gesetzlichen Bestimmung nicht sonderlich klar. Jedenfalls haben die Eltern keinen Entscheidungsvorrang, der erst durch die Erklärung des Kindes wieder aufgehoben wird.[63] Stets hat vielmehr der Richter die ihm unterbreiteten Vorschläge am Kindeswohl zu messen, wobei jedoch die

Eingriffsschwelle bei einem gemeinsamen Elternvorschlag „höher" liegt; bei allseitiger Einigkeit kann danach von der Veranstaltung weiterer Ermittlungen abgesehen werden, vgl. § 12 FGG.[64] § 1671 IV 1 BGB blockiert ausdrücklich die Anordnung des Fortbestandes der *gemeinschaftlichen* elterlichen Sorge nach der Scheidung. In aller Regel werden zwar Eltern gar nicht in der Lage sein, in der notwendigen Form zusammenzuarbeiten und nach dem Zerbrechen ihrer Ehe verantwortungsvoll ihre Kinder zu betreuen, da die Konfliktsituation zwischen ihnen nicht abgebaut oder nur entschärft ist. Mißtrauen, Feindschaft oder schlichtes Unverständnis füreinander prägen leider häufig ihr Verhältnis; doch kann das in Einzelfällen durchaus einmal anders sein, und für sie ist das bindende Verbot der Gemeinschaftlichkeit in § 1671 IV BGB nicht einzusehen. Zunehmend lauter werden deshalb die Stimmen, die der Verfassungswidrigkeit der Vorschrift das Wort reden.[65/66]

2. Immer mehr Bedeutung durch die stets länger dauernden Scheidungsverfahren – § 1565 II BGB mit der dort vorgesehenen Möglichkeit einer Ehescheidung vor Ablauf der kurzen Trennungsfrist von einem Jahr ist von den Instanzgerichten praktisch „beseitigt",[67] eine Entwicklung, der der BGH erst langsam wieder Gegengewichte entgegensetzt[68] – gewinnt § 1672 BGB mit seiner Sorgerechtsverteilung bei Getrenntleben der Eltern, häufig eben im Vorstadium des Scheidungsverfahrens; die vorläufige Regelung wird meist die endgültige vorwegnehmen oder umgekehrt, die endgültige Entscheidung wird der vorläufigen Anordnung entsprechen. Deshalb sind für § 1672 BGB im wesentlichen die Verfahrensprinzipien einzuhalten, die auch für § 1671 BGB gelten, insbesondere also §§ 50aff. FGG, 48a JWG[69] (Anhörung des Jugendamtes) u. ä. Ist Scheidungsantrag bereits gestellt, besteht „Konkurrenz" mit §§ 620ff. ZPO (einstweilige Anordnungen im Eheverfahren).[70]

Dem „ausgeschlossenen" Elternteil stehen wie stets die Umgangsbefugnisse aus § 1634 BGB zu.

3. § 1634 BGB beschäftigt sich mit dem Umgangsrecht des nicht-sorgeberechtigten Elternteils mit seinem Kind; gegenüber der Fassung, die dem Rechtsausschuß vorlag, hat sich nichts mehr geändert,[71] so daß die ursprünglich einmal vorgesehene Beteiligung des mindestens 14 Jahre alten oder in seinem Entwicklungsstand ebensoweiten Kindes – in Form eines Vetorechts: es konnte den Umgang ablehnen – beseitigt bleibt. Angesichts von § 1671 III 2 BGB ist dieser Schritt zurück nicht unbedingt verständlich.[72] Die für § 1634 BGB fast schon typischen Streitigkeiten unter den geschiedenen Ehegatten hofft der Gesetzgeber des SorgeRG durch die in § 1634 I 2 BGB aufgenommene Wohlverhaltensklausel abzumildern oder auszuschalten, sicherlich zu erheblichen Teilen vergeblich.[73]

„Das Familiengericht kann über den Umfang der Befugnis entscheiden und ihre Ausübung, auch gegenüber Dritten, näher regeln; soweit es keine Bestimmung trifft, übt während der Dauer des Umgangs der nichtpersonensorgeberechtigte Elternteil das Recht nach § 1632 Abs. 2 aus", § 1634 II 1 BGB; er kann damit auch Besuche für

„eigentlich" nicht-umgangsberechtigte Personen, etwa Großeltern des Kindes, erlauben.[74] „Das Familiengericht kann die Befugnis einschränken oder ausschließen, wenn dies zum Wohle des Kindes erforderlich ist", § 1634 II 2 BGB.

„Ein Elternteil, dem die Personensorge nicht zusteht, kann bei berechtigtem Interesse vom Personensorgeberechtigten Auskunft über die persönlichen Verhältnisse des Kindes verlangen, soweit ihre Erteilung mit dem Wohl des Kindes vereinbar ist. Über Streitigkeiten, die das Recht auf Auskunft betreffen, entscheidet das Vormundschaftsgericht" (in einer nun wirklich kaum noch verständlichen Kompetenzvielfalt, vgl. § 1634 II BGB), § 1634 III BGB.[75]

4. Eine wichtige Änderung bringt das SorgeRG für § 1681 BGB. Der frühere Automatismus des Heimfalls des Sorgerechts beim Tod eines Gatten – der im übrigen immer wieder als Argument für ein „großzügig" zu gewährendes Verkehrsrecht aus § 1634 BGB herhalten mußte – ist gefallen und ersetzt durch eine vormundschaftsgerichtliche Entscheidung, die sich ausdrücklich am Kindeswohl orientieren und aus ihm legitimieren muß.

V. Verfahrensrecht

1. Im SorgeRG beibehalten sind die schon zuvor aus der Diskussion bekannten Vorschriften der §§ 50a ff. FGG, die sich mit der Anhörung in Sorgerechtsverfahren beschäftigen. § 50a FGG sichert die persönliche Anhörung der Eltern ab, während § 50b FGG die Anhörung des Kindes anordnet: „Das Gericht hört in einem Verfahren, das die Personen- oder Vermögenssorge betrifft, das Kind persönlich an, wenn die Neigungen, Bindungen oder der Wille des Kindes für die Entscheidung von Bedeutung sind oder wenn es zur Feststellung des Sachverhalts angezeigt erscheint, daß sich das Gericht von dem Kind einen unmittelbaren Eindruck verschafft", § 50b I FGG. „Hat das Kind das vierzehnte Lebensjahr vollendet und ist es nicht geschäftsunfähig, so hört das Gericht in einem Verfahren, das die Personensorge betrifft, das Kind stets persönlich an", § 50b II FGG. Damit kommen auf die Gerichte mannigfache organisatorische – in Frankfurt etwa ist beim OLG eine Kinderkrippe eingerichtet worden –, vor allem aber Aufgaben bei der Verhandlungsführung zu, die in § 50b II 3 FGG lediglich andeutungsweise beschrieben sind: „Bei der Anhörung soll das Kind, soweit nicht Nachteile für seine Entwicklung oder Erziehung zu befürchten sind, über den Gegenstand und möglichen Ausgang des Verfahrens in geeigneter Weise unterrichtet werden; ihm ist Gelegenheit zur Äußerung zu geben". Kinder- und jugendpsychologische Grundkenntnisse sind dabei sicherlich ebenso von Nutzen wie Einfühlungsvermögen, wache Phantasie und die Fähigkeit, sich aus früher selbstverständlichen Formen und Strukturen lösen zu können; das „Bielefelder Modell"[76] ist dafür ein Beispiel (ohne daß ich mich inhaltlich zu diesem Modell äußern möchte).

§ 50c FGG beteiligt die Pflegeperson – bei der Familienpflege – am Verfahren.

2. §§ 64a ff. FGG sichern auf verfahrensrechtlicher Ebene §§ 1631b und 1800 BGB ab. Zwingend vorgeschrieben ist die Anhörung des Kindes/Mündels unter Hinzuziehung eines Sachverständigen (§ 64a FGG) sowie die Einholung eines Sachverständigengutachtens (§ 64c FGG).[77]

3. § 1696 I BGB spricht aus, daß familien- und vormundschaftsgerichtliche Entscheidungen keine „echte" Rechtskraft erlangen (vgl. auch § 18 FGG); sie können vielmehr jederzeit geändert werden, wenn das Gericht eine solche Änderung für geboten hält, eine sicher sinnvolle Regelung, die jedoch auch manchen Schatten wirft, können doch Eltern auf Jahre hinaus stets erneut durch entsprechende Anträge die Festigung und die Stabilisierung eingeleiteter Verhältnisse verhindern – ihren Anträgen ist jedenfalls nachzugehen und das Verfahren einzuleiten. Maßnahmen nach §§ 1666–1667, 1671 V BGB sind aufzuheben, falls keine Gefahr mehr für das Wohl des Kindes besteht, § 1696 II BGB.

„Länger dauernde Maßnahmen nach den §§ 1666 bis 1667 und nach § 1671 Abs. 5 hat das Gericht in angemessenen Zeitabständen zu überprüfen", § 1696 III BGB.

Anmerkungen

1 Der Nachtrag bezieht sich insbesondere auf die Passagen bis S. 269 und bis S. 314, findet dort gleichermaßen seine inhaltliche Vorbereitung und seinen thematischen Anschluß; er wurde notwendig, da nach Erscheinen meines Buches im Sommer 1979 am 1. 1. 1980 das SorgeRG in Kraft getreten ist.

Manche Wiederholung zum bisherigen Text ist unvermeidlich, da ich eine geschlossene Darstellung des neuen Gesetzes lediglich partiellen Ergänzungen und Einschüben vorgezogen habe. Aus Vereinfachungsgründen habe ich mich andererseits aber auch für einige Verweisungen – oder starke Verkürzungen – entschieden.

2 BGBl 1979 I 1061.

3 Vgl. dazu 9. Kapitel V 3.

4 Diese Auswahl ist sicherlich nicht repräsentativ, im Gegenteil, sie ist recht einseitig, belegt aber damit auch die Einseitigkeit der wiedergegebenen Stimmen.

5 Vgl. zu den wiedergegebenen Stellen Fieseler, ZfF 1979, 193.

6 Schmitt Glaeser, These 17 des Gutachtens, S. 78. Ohne eigene Stellungnahme, lediglich mit einem Verweis auf das Gutachten von Schmitt Glaeser, Bosch, FamRZ 1980, 739 (748); ohne ausdrückliches Ergebnis, aber mit deutlichen Tendenzen auch Lecheler, FamRZ 1979, 1 (7).

7 Bosch, FamRZ 1980, 739 (748).

8 Zu den Zusammenhängen zwischen staatlicher Familienpolitik, Familiengesetzgebung und Verfassungsrecht, insbesondere den Anforderungen aus Art. 6 GG, vgl. zuletzt Zuleeg, FamRZ 1980, 210 (211 f.) mit weiteren Nachweisen; zum Problem auch Lecheler, FamRZ 1979, 1; Ramm, JZ 1981, 82 und Zuck, FamRZ 1979, 873.

9 Dazu ausführlich Finger, Rechtsberatung; eine erste Übersicht liefert auch ders., RuP 1979, 151 sowie die Sammlung verschiedener Beiträge in Bd. 5 des Jahrbuchs für Rechtssoziologie und Rechtstheorie (JRR).

10 Dazu Freund, DRiZ 1979, 72; für den Anwaltssektor vgl. Fabricius-Brand/Fabricius, MSchrKrim. 1980, 348. Zum Einbezug von Juristen in das Netz psychosozialer Versorgung Fabricius, DuR 1980, 148.

11 Deutlich hat diesen Punkt Diederichsen, NJW 1980, 1 (10/11) erkannt; für ihn (erwachsen) „die eigentlichen Fragen innerhalb der prekär gewordenen Eltern-Kind-Beziehung ... wohl doch aus dem Problem, wie innerhalb einer wesentlich materialistisch ausgerichteten Gesellschaft eine emotional geprägte Kindesbetreuung und -erziehung

und damit verläßliche Gefühlsbindung ermöglicht und gefördert werden können. Dazu kann das Recht nur bedingt etwas beitragen."

12 In Anlehnung an die gleichnamige Arbeit von Luhmann.

13 Wie es Schmitt Glaeser feststellt. Kritisch – aber nicht so scharf wie Schmitt Glaeser – auch Bosch, FamRZ 1980, 739 (749); zum Problem Diederichsen, NJW 1980, 1 (6). Im einzelnen werde ich auf die angesprochenen Sachfragen noch eingehen.

14 Zu § 1631b BGB vor allem – sehr differenziert – Diederichsen, NJW 1980, 1 (6).

15 Das Beispiel stammt von Diederichsen, NJW 1980, 1 (6); Diederichsen zieht aus ihm die Folgerung, damit seien Einwände gegen die neue Bestimmung „hinfällig".

16 Auf diese Möglichkeit weist Bosch, FamRZ 1980, 739 (749) hin.

17 Vgl. dazu den Film „family life" von Kenneth Loach.

18 Darauf macht Diederichsen aufmerksam, NJW 1980, 1 (6).

19 So deutlich Belchaus, § 1618a Rz. 1.

20 BT-Ds 8/2748, S. 43.

21 Zusammenhänge bestehen für mich lediglich in den floskelhaften, plakativen Erklärungen beider Bestimmungen, also auf einer formalen, nicht auf einer inhaltlichen Ebene.

22 § 1353 BGB ist auch mit rechtlicher Verbindlichkeit ausgestaltet, statuiert „echte Rechtspflichten" unter den Ehegatten, vgl. dazu Palandt/Diederichsen (40.), § 1618a Anm. 1; a. A. Belchaus, § 1618a Rz. 3. Zum Problem Bosch, FamRZ 1980, 739 (748); Holtgrave, JZ 1980, 665 (666).

23 Vorsichtig noch Diederichsen, NJW 1980, 1 (2); deutlich jetzt Palandt/Diederichsen (40.), § 1618a Anm. 1 a. E. Zur Entwicklung Bosch, FamRZ 1980, 739 (748). Ausdrücklich ablehnend, unter Berufung auf den Wortlaut von § 1618a BGB, Belchaus, § 1618a Rz. 4; dazu – und zu „Hilfskonstruktionen" – Palandt/Diederichsen (40.), § 1618a Anm. 1 a. E.

24 So Belchaus, § 1618a Rz. 6. Bosch, FamRZ 1980, 739 (748) hält dies für überflüssig, da ohnehin selbstverständlich.

25 Erfaßt sind eben nicht nur körperliche Angriffe, sondern auch „das Einsperren eines besonders ängstlichen (ist das wirklich Voraussetzung? P. F.) Kindes in einen dunklen Kellerraum", so Belchaus, § 1631 Rz. 9 im Anschluß an die Begründung des Rechtsausschusses, oder die „Anprangerung des Kindes durch seine Eltern", Belchaus, § 1631 Rz. 9.

26 Vgl. zum Punkt „Gewalt gegen Kinder" oben 9. Kapitel III und 10. Kapitel V 3.

27 So Palandt/Diederichsen (40.), § 1631 Anm. 5. Ebenso Diederichsen, NJW 1980, 1 (3).

28 Palandt/Diederichsen (40.), § 1631 Anm. 5.

29 Palandt/Diederichsen (40.), § 1631 Anm. 5.

30 Die positive Grundeinstellung von Diederichsen, NJW 1980, 1 (3) gegenüber § 1631 II BGB kann ich danach nicht teilen, gerade weil „Kindesmißhandlungen und ähnliches . . . in der Regel Nachahmungen des Verhaltens der eigenen Eltern" sind; „der Teufelskreis sich ewig reproduzierender Gewalttätigkeit läßt sich nur durch die *Ächtung eines auf Gewalt zurückgreifenden Erziehungsstiles* (im Original kursiv, P. F.), also durch einen Verzicht auf persönlichkeitsverletzende Strafen, durchbrechen", so differenziert Diederichsen, NJW 1980, 1 (3). Bosch hält § 1631 II BGB für überflüssig, da ohnehin selbstverständlich, Art. 1 II GG (FamRZ 1980, 739 (748)), schränkt damit aber den sachlichen Anwendungsbereich der Vorschrift noch einmal ein.

31 Gutachten, S. 78.

32 BT-Ds 7/2060, S. 16.

33 Palandt/Diederichsen (40.), § 1631 Anm. 5a.

34 Palandt/Diederichsen (40.), § 1631 Anm. 5a; differenzierter Diederichsen, NJW 1980, 1 (2/3).

35 Diederichsen beruft sich dabei sogar auf Artt. 1 und 2 GG, vgl. Palandt/Diederichsen (40.), § 1631 Anm. 5a.

36 Wie weit pädagogische Konzepte widerstrebenden Eltern „vorgeschrieben" werden können, ist eine ganz andere Frage (und um sie zu beantworten: eine solche Verbindlichkeit wäre verfassungsrechtlich unzulässig); deshalb zielt der Einwand Diederichsens auf den Zeitgeist und auf den häufigen Wandel entsprechender Überzeugungen, damit auf fehlende Verbindlichkeit daneben, vgl. NJW 1980, 1 (2/3). Wie Diederichsen auch Bosch, FamRZ 1980, 739 (748).

37 Fieseler, ZfF 1979, 193. Fieseler weist auch zutreffend darauf hin, daß sich diese Dominanz der Eltern nicht mit Vorstellungen von „Familienautonomie" (= Freiheit von staatlichem Zugriff) rechtfertigen läßt, geht es doch nicht um einen Konflikt Familie-Staat, sondern um das Verhältnis der Eltern zu ihren heranwachsenden Kindern.

38 Vgl. wiederum Schmitt Glaeser, Gutachten, S. 78. Erstaunlich knapp Bosch, FamRZ 1980, 739 (748/749).

39 Ähnlich in der Einschätzung wohl Diederichsen, NJW 1980, 1 (5/6) und Holtgrave, JZ 1980, 665 (667).

40 So Diederichsen, NJW 1980, 1 (5).

41 Dazu Diederichsen, NJW 1980, 1 (5) und – deutlicher noch – Palandt/Diederichsen (40.), § 1631a Anm. 2a. Diederichsen macht darauf aufmerksam, daß „es sich viele Eltern in den vergangenen Jahrzehnten mit der Berufswahl ihrer Kinder vielfach zu einfach gemacht und häufig auch *ihre* (im Original kursiv, P. F.) Lebenswünsche und -enttäuschungen in die Kinder projiziert haben"; zudem bringt § 1631a BGB nach seiner Ansicht manchen Eltern sogar Entlastungen, da der Vormundschaftsrichter „Schützenhilfe gegenüber allzu weitreichenden oder auch zu lässigen Ausbildungswünschen des Kindes" geben kann.

42 Palandt/Diederichsen (40.), § 1631a Anm. 2a; das Beispiel „Segeln" scheint mir allerdings reichlich weit hergeholt, dürfte lediglich in ganz seltenen Ausnahmefällen aus § 1631a BGB förderungswürdig sein; nicht jedes Hobby, schon gar nicht jeder Luxus kann jetzt als „Ausbildung" von den Eltern verlangt werden.

43 Palandt/Diederichsen (40.), § 1631a Anm. 1a.

44 Dazu Palandt/Diederichsen (40.), § 1631a Anm. 1a.

45 Vgl. dazu BVerfG, BGBl 1959 I 633; pikanterweise war dieser Stichentscheid des Vaters bei Meinungsverschiedenheiten in Erziehungsfragen gerade erst durch das Gleichberechtigungsgesetz eingeführt worden (und der Verstoß gegen Art. 3 II GG ist „eigentlich" mit Händen zu greifen).

46 Auf Antrag hat das Vormundschaftsgericht die Eltern dabei zu unterstützen, § 1631 III BGB.

47 Zur Familienpflege gleich im folgenden III.

48 Deshalb bleiben die umfangreichen Ausführungen von Dölle, § 94 S. 199f. weiterhin maßgeblich.

49 Gutachten, S. 78.

50 Vgl. zu diesen Entwicklungen BT-Ds 8/2788, S. 57–58.

51 BGH, FamRZ 1956, 350 als Beispiel.

52 Darauf macht Diederichsen, NJW 1980, 1 (6/7) aufmerksam.

53 Diederichsen, NJW 1980, 1 (7).

54 Zu „kritischen" Fällen aus der bisherigen Rspr. und dem Zugriff des neugefaßten § 1666 BGB auf sie – insbesondere Fragen des Schwangerschaftsabbruchs, vgl. dazu LG München I, FamRZ 1979, 850 einerseits, LG Berlin, FamRZ 1980, 285 andererseits – Bosch, FamRZ 1980, 739 (749).

55 Dazu Diederichsen, NJW 1980, 1 (7).

56 Dazu BT-Ds 8/2788, S. 64. Aufgehoben ist damit auch die Folgeregelung in § 1679 BGB.

57 BT-Ds 8/2788, S. 40, 47, 52; dazu Diederichsen, NJW 1980, 1 (7) und Holtgrave, JZ 1980, 665 (670).

58 Dazu unten 12. Kapitel II. Über bedrückende Fälle des „legal kidnapping", gegen die zu einem erheblichen Teil keinerlei Gegenmittel besteht, berichtet Mallmann-Döll, psychosozial 1980 Nr. 3 S. 43.

59 Vgl. Palandt/Diederichsen (40.), § 1630 Anm. 6.

59a Unklar sind die Grenzen der „Familienpflege". In erster Linie sind sicherlich die Pflegeverhältnisse gemäß §§ 27 ff. JWG gemeint; doch kann nicht entscheidend sein, ob eine solche Pflegeerlaubnis notwendig ist oder nicht, wenn es um „verbesserten Kinderschutz" geht. Deshalb greift § 1632 IV BGB auch im Bereich der Verwandtenpflege ein, dazu Palandt/Diederichsen (40.), § 1632 Anm. 3b; zum Problem Gross, S. 86 f.

§ 1632 IV BGB „versagt" dagegen wohl von vornherein, soweit eine Heimunterbringung betroffen ist, selbst wenn diese „familienähnlich" oder „familiengleich" ausgestaltet ist, Vorbild etwa: SOS-Kinderdörfer.

Zum vorsichtigen Herausnehmen des Pflegekindes aus seiner Pflegefamilie vgl. BayObLG, FamRZ 1978, 135.

60 Vgl. Diederichsen, NJW 1980, 1 (8).

61 Zur Entstehung von § 1632 IV BGB BT-Ds 8/2788, S. 52.

62 Dazu zählen Kinder, die durch die Eheschließung legitimiert sind, und gemeinschaftlich adoptierte Kinder, vgl. Palandt/Diederichsen (40.), § 1671 Anm. 1c.

63 Zutreffend Diederichsen, NJW 1980, 1 (8).

64 So auch Diederichsen, NJW 1980, 1 (8).

65 Vorlagebeschlüsse an das BVerfG haben die AGe Königstein, FamRZ 1980, 483 und Bergisch-Gladbach, FamRZ 1980, 1156 verfaßt; vgl. zudem KG, FamRZ 1980, 821 (das wegen der besonderen Situation von West-Berlin nicht an das BVerfG vorzulegen „brauchte") und Fehmel, RamRZ 1980, 758. Zur Rechtslage in den USA Neuhaus, FamRZ 1980, 1089; dazu Fehmel, FamRZ 1981, 116.

66 Zu Forderungen nach endlich verwirklichter Gleichberechtigung der Ehemänner und Väter bei der Verteilung der elterlichen Sorge – die nicht eine Gesetzesfassung, vielmehr erst eine veränderte Anwendungspraxis leisten kann – vgl. Diederichsen, NJW 1980, 1 (9).

67 Vgl. dazu Finger, DRiZ 1980, 329.

68 BGH, NJW 1981, 449.

69 Dazu Palandt/Diederichsen (40.), § 1672 Anm. 2.

70 Zum Verhältnis beider Bereiche zueinander MK/Hinz, § 1672 Rz. 10 f. und Palandt/Diederichsen (40.), § 1672 Anm. 1 a. E.

71 Vgl. dazu oben 9. Kapitel V 3 a. E.

Verfassungsrechtliche Bedenken äußert inzwischen das AG Kamen, FamRZ 1980, 623 – der besondere Schutz des personensorgeberechtigten Elternteils sowie Persönlichkeitsrechte des Kindes seien verletzt; methodisch bleibt die Entscheidung des AG Kamen allerdings außerordentlich schwach, zumindest nach dem Eindruck, den der – offensichtlich sehr verkürzte– Abdruck in der FamRZ hinterläßt. „Das streitige Umgangsrecht schädigt das Kind, weil dieses bei länger fortdauerndem Konflikt in letztlich nicht mehr lösbare Loyalitätskonflikte stürzt", stellt das AG Kamen sicherlich noch zutreffend fest, wenn auch nicht allzu differenziert; ein Bezug zu den maßgeblichen Bestimmungen des GG fehlt aber leider völlig, ebenso wie ein Hinweis, welchen weiteren Weg das AG Kamen eigentlich eingeschlagen hat, eine Vorlage an das Bundesverfassungsgericht (§ 1634 n. F. BGB ist ganz sicher nachkonstitutionelles Recht) oder eine „schlichte" Einordnung der Fallsituation in § 1634 II 2 BGB, etwa mit der These, daß ein Ausschluß des Umgangsrechts nach dem Willen des Sorgeberechtigten *immer* dem Wohl des Kindes entspricht, wobei allerdings Wertungswidersprüche zu § 1711 BGB aufbrechen.

72 Die Gesetzesbegründung – BT-Ds 8/2788, S. 53/54 – wirkt nicht unbedingt überzeugend, wenn sie sich einmal mit den Belastungen des Familiengerichts beschäftigt, die entstehen könnten, wenn jeweils der Entwicklungsstand jüngerer Kinder (unter 14 Jahre) erforscht werden müßte, andererseits einer Fixierung auf das 14. Lebensjahr vorhält, damit würde die Berücksichtigung der Wünsche jüngerer Kinder ausgeschlossen.

73 Ein Ausschluß von Umgangsbefugnissen „zum Wohl des Kindes" wird ausdrücklich abgelehnt, vgl. BT-Ds 8/2788, S. 53, da dies zu Härten (? P. F.) für den betroffenen Elternteil führen könnte – sicherlich, doch bleibt die „Begründung" nichtssagend und tautologisch, formuliert lediglich die Frage um.

74 Großeltern haben sonst nicht die Rechte aus § 1634 BGB, eine Regelung, die bisweilen beklagt wird, dazu etwa Bosch, FamRZ 1980, 739 (750).

75 Die von Diederichsen, NJW 1980, 1 (9) angeregte Ausgestaltung des Umgangsrechts in längere Zeitblöcke – „die die heutigen kurzen Aufenthalte ersetzen könnten" – halte ich für besonders gefährlich, da die Erziehungskontinuität beim personensorgeberechtigten Elternteil noch stärker unterbrochen wird.

76 Dazu Ostermeyer, Vorgänge Nr. 42 S. 59 (64 f.) und den Bericht in Psychologie heute, 1979, Heft 12; dazu auch BVerfG, FamRZ 1981, 124 und Luthin, FamRZ 1981, 111 (114 f.).

77 Weitere Einzelheiten bei Diederichsen, NJW 1980, 1 (10); einen Überblick über die ersten praktischen Erfahrungen mit den verfahrensrechtlichen Bestimmungen des SorgeRG liefert jetzt Luthin, FamRZ 1981, 111.

Athenäum

Justiz und Gesellschaft

Peter Finger
Reform der Rechtsberatung. Rechtsberatung als Sozialarbeit
1981, 99 Seiten, kt., DM 24,80
ISBN 3–7610–6339–3
Justiz und Gesellschaft, Band 13

Mit der Entscheidung des Beratungshilfegesetzes vom 18. 6. 1980 (BGBl 1980, 689) für das Anwaltsmodell der vor- und außergerichtlichen Rechtsberatung nach dem Vorbild Bayern II ist die auch in der Bundesrepublik inzwischen differenziert geführte Debatte um Einrichtungen dieser Art zunächst einmal verstummt. Doch sollte sie bald wieder aufgenommen werden; zu viele Einzelpunkte sind bisher ausgeblendet. Als Fragen stellen sich: Welche Teile der Bevölkerung sollen durch veränderte Beratungsformen überhaupt angesprochen werden? Welche Problemsituationen sind dort vorherrschend? Wie kann das Angebot vermittelt, wie weit können Zugangssperren zu behördlichen/administrativen Apparaten abgebaut werden? Werden Anwaltskanzleien diesem Behördensystem von den Ratsuchenden zugeordnet oder gleichgestellt? Jedenfalls sollte mit einer möglichst großen Zahl unterschiedlich konzipierter Beratungsformen experimentiert werden. Erfahrungen aus Großbritannien, den Niederlanden, vor allem aber aus den USA sind hilfreich.
Neben alternativen Formen der Rechtsberatung, die sich um einen Einbezug ihrer spezifischen Arbeit in die allgemeine stadtteilbezogene Sozialarbeit und die psychologische Betreuung vor Ort bemühen, gewinnen zunehmend alternative *Lösungs*konzepte neben oder statt gerichtlicher/rechtlicher Verfahren Bedeutung.
Das Buch nimmt das am 1. 1. 1981 in Kraft getretene Beratungshilfegesetz, das eine Kostenbefreiung auch für die außergerichtliche Rechtsberatung bringt, zum Anlaß, eine Übersicht über die bisher in Deutschland entwickelten und in einigen anderen Ländern erprobten Modelle nachzuholen. Der Entstehungsprozeß des Gesetzes selbst wird geschildert, die Endfassung ist kommentiert. Die notwendige Einbeziehung von Rechtsberatung in ein allgemeines, stadtteilbezogenes Konzept der Sozialarbeit – Rechtsberatung *als* Sozialarbeit – wird plastisch durch die geschilderten Erfahrungen aus einem Frankfurter Projekt „Treffpunkt und Beratung", in dem der Verfasser seit vier Jahren mitarbeitet.

Verlagsgruppe Athenäum · Hain · Scriptor · Hanstein
Postfach 1220 · 6240 Königstein/Ts.